CALLWEY

Garpa. Englische
Gartentradition

Deutsche Gesellschaft für Gartenkunst und Landschaftskultur e.V. (Hrsg.)

Ronald Clark

Gärten

Der Reiseführer zu privaten und öffentlichen Parks und Gärten in Deutschland

unter Mitarbeit von
Angelika Weißmann und Ave Knigge

CALLWEY

Danksagung

Neben den vielen Privateigentümerinnen und -eigentümern, Mitarbeiterinnen und Mitarbeitern in kommunalen und staatlichen, Stiftungs-, Kur- und Gartenverwaltungen sowie Fremdenverkehrsvereinen, Planerinnen und Planern usw. möchte ich mich herzlich bei folgenden Personen bedanken, die durch ihren besonderen Einsatz das Erscheinen dieses Gartenführers erst möglich gemacht haben: Susanne Adler, Nürnberg; Hildebert de la Chevallerie, Wiesbaden; Wilhelm Diedenhofen, Kleve; Dierk Evert, Lietzow; Karin Glockmann, Berlin; Heino Grunert, Hamburg; Gerd Hahn, Nürnberg; Ave Knigge, Hannover; Klaus von Krosigk, Berlin; Albrecht Lorenz, Berlin; Jörg Matthies, Kiel; Dr. Hans-Jürgen Freiherr von Richthofen, Gehrden; Robert Schäfer, München; Imma Schmidt; Stefan Schulte-Kellinghaus, Merbusch-Nierst; Frank Spanier, Augsburg; Angelika Weißmann, Hannover; Heinz Wiegand, Berlin; Joachim Wittig, Wünschendorf; Claudia Wollkopf, Hamburg.

Streitfeldstraße 35, 81673 München
http://www.callwey.de
E-Mail: buch@callwey.de

Die Deutsche Bibliothek – CIP-Einheitsaufnahme
Ein Titeldatensatz für diese Publikation ist bei
Der Deutschen Bibliothek erhältlich.

Idee und Konzeption: Ronald Clark und Robert Schäfer
Satz und Herstellung: VEBU Druck GmbH,
Bad Schussenried
Foto Umschlagvorderseite: © Christa Brand, Ismaning
Foto Umschlagrückseite: © Land Niedersachsen
Litho: Reproteam Siefert, Ulm
Druck und Bindung: VEBU Druck GmbH,
Bad Schussenried

Printed in Germany 2001
ISBN 3-7667-1462-7

Inhalt

Vorwort

Gärten und Parks, Alleen und Plätze bestimmen in hohem Maß die Lebensqualität und den Erlebniswert einer Stadt. Der Garten als Ort der Ruhe und Erholung gewinnt in der Hektik des Alltags immer mehr an Bedeutung. Entsprechend wächst das Angebot an Gartenliteratur, die Lust an Gartenreisen.
Gartenreisen in Deutschland? Wer an Gartenreisen denkt, richtet zunächst seinen Blick nach England mit seinen klassischen Landschaftsparks und den farbenfrohen Stauden- und Heckengärten des 19./20. Jahrhunderts, nach Frankreich mit seinen berühmten Barockgärten oder zu den Renaissancegärten in Italien.
Doch Vergleichbares findet man auch in Deutschland. Der italienische Renaissancegarten, der französische Barockgarten und der englische Landschaftsgarten fanden Einzug in die deutsche Gartenkunst und entwickelten sich zu eigenen deutschen Gartenbildern. Einmalig sind der barocke Große Garten in Herrenhausen, der Barockgarten in Schwetzingen, das im englischen Landschaftsstil gestaltete Gartenreich in Wörlitz, die Gartenlandschaft um Potsdam, die Landschaftsgärten Muskau und Branitz, der Englische Garten in München, die Wilhelmshöhe in Kassel. Die Reihe ließe sich lang fortsetzen.
Doch sind es nicht nur die großen feudalen Parks der Vergangenheit, die Interesse wecken, ebenso sind es moderne Parkgestaltungen und kleine, oft private Gärten, die den Betrachter in ihren Bann schlagen, erlebt er doch gerade hier aktuelle Gartengestaltung unserer Tage. Dies ist das Besondere des DGGL-Reiseführers: neben den Klassikern der Gartenkunst bietet er sehenswerte öffentliche Grünanlagen in vielen Städten und den Besuch zahlreicher Privatgärten, die sogenannten „Gärten der offenen Pforte“ an, ein Angebot, das man in üblichen Gartenführern vergeblich sucht.
Gartenreisen bilden und fördern zur Nachahmung des Gesehenen auf. Auch dies ist Ziel und Absicht der Herausgeberin, der im Jahr 1887 gegründeten „Deutschen Gesellschaft für Gartenkunst und Landschaftskultur e.V.“ (DGGL), die sich intensiv für die Förderung der Gartenkultur in Deutschland einsetzt. Gartenkultur heißt im ursprünglichen Wortsinn Gartenpflege, aber auch Gartenverehrung. Dies erklärt den Urwunsch des Menschen, seine Suche nach dem verlorenen Paradiesgarten und die Erkenntnis, daß, wer sich zum Garten bekennt, ihn auch pflegen muß. Diesen Zusammenhang, der Leserin und dem Leser ein großes Angebot von „Paradiesgärten“ zu machen, aber auch gleichzeitig dazu anzuregen, sich für Gartenkultur einzusetzen, einen Beitrag für die Erhaltung der Identität der Gartendenkmale, der Erhaltung ihres sozialen und kulturellen Wertes zu leisten, ist Anliegen des Reiseführers, ist Anliegen der DGGL.
Die DGGL wünscht den Benutzerinnen und Benutzern des Reiseführers durch deutsche Gartenlandschaften viel Freude am Gartenerlebnis, sei es durch ein großes Gartenschaugelände wie die BUGA 2001 in Potsdam (Brbg 35), durch einen historischen Garten, wie den ältesten Botanischen Garten in Deutschland in Sachsen (Sachs 2) oder einen kleinen Privatgarten (Nds 98). Dies alles gehört zur Gartenkultur, ist anregend, aufregend oder ganz normal.

Hildebert de la Chevallerie
Präsident der Deutschen Gesellschaft für Gartenkunst und Landschaftskultur e.V. (DGGL)

In den letzten Jahren hat sich die Gartenkultur stark gewandelt. Die öffentlichen Gärten geraten auf Grund knapperer Mittel der Kommunen und staatlichen Verwaltungen immer mehr unter Druck und werden leider oft nur als Kostenfaktor gesehen. Viele Grünflächenämter sind in den neunziger Jahren aufgelöst, geteilt oder in Wirtschaftsbetriebe umgewandelt worden. Leider ging damit oft auch die Qualität und der gartenkulturelle Anspruch verloren. Auf der anderen Seite kam es in den vergangenen drei bis vier Jahren zu einem ungewöhnlichen Aufschwung der „Offenen Pforten Aktionen“ in ganz Deutschland. Über 500 Gartenbesitzerinnen und -besitzer freuen sich auf anregende Besuche. Darüber hinaus öffnen immer mehr nicht organisierte Menschen ihre Gärten.
Zu der Verbesserung der Gartenkultur hat hoffentlich auch dieser Gartenführer seinen Teil beigetragen. Für die dritte Auflage wurden alle Angaben aktualisiert, einige Anlagen herausgenommen, viele Beiträge gestrafft. Dadurch konnten über 170 neue Gärten und Parks hinzugefügt werden, davon über 140 private Gärten. Nach Bundesländern geordnet werden insgesamt mehr als 1100 Gärten und Parks vorgestellt. Dabei sind in Kurzform die für jeden Garten touristisch relevanten Daten wie Beschreibung, Öffnungszeiten oder Erreichbarkeit aufgeführt. Alle Angaben zu den Gärten sind auf dem Stand von Mai bis September 2000 und stammen von den Besitzerinnen und Besitzern und den Gartenverwaltungen.
Allen Privateigentümern, kommunalen, staatlichen und Stiftungsverwaltungen, Fremdenverkehrsvereinen, Planerinnen und Planern möchten wir herzlich für das Material und die Hilfe danken, ohne die dieser Reiseführer nicht zustande gekommen wäre. Besonderen Dank auch allen, die durch Kritik, Aufmunterung und wertvolle Hinweise zum Gelingen beigetragen haben.
Obwohl die gelieferten Daten auf eventuelle Unstimmigkeiten überprüft wurden, können weder der Verlag, der Autor noch die Herausgeberin eine Gewähr für die Richtigkeit oder Vollständigkeit der touristischen Angaben übernehmen. Etwaige Fehler bitten wir zu entschuldigen und uns mitzuteilen. Genauere Informationen über die Anlagen sind, soweit nicht anders angegeben, von den Besitzern oder Gartenverwaltungen zu erhalten. Auch die Auswahl der regionalen Gartenführer im Anhang ist dabei hilfreich.
Auf Grund des begrenzten Umfangs konnten nicht alle wichtigen Anlagen aufgeführt werden. Für eine neue Auflage wären wir für Tips über interessante Gärten dankbar. Besonders würden wir uns über Hinweise auf weitere private Gärten oder „Offene Pforte Aktionen“ freuen. Ihre Hinweise und Anregungen senden Sie bitte an: Ronald Clark, Sedanstraße 19, 30161 Hannover,
Telefax: 0180/505255318602, E-Mail: Ronald.Clark@t-online.de.
Neben den fast 300 in diesem Gartenführer erwähnten privaten Gärten, die ihre Pforten für Interessierte und Neugierige öffnen, zeigen noch viel mehr Gartenbesitzerinnen und -besitzer ihre Gärten, wollen aber nicht in einen bundesweiten Führer aufgenommen werden. Auf Seite 498 sind Adressen von verschiedenen „Offenen Pforten“ aufgeführt, wo zusätzliches Material angefordert werden kann. Bitte respektieren Sie bei Ihren Besuchen in privaten Gärten unbedingt die jeweiligen Anmeldungswünsche, damit es für beide Seiten zu einem erquicklichen Austausch kommt.
Wir hoffen, daß dieses für Deutschland einmalige Werk Ihnen viele Anregungen geben wird. Lassen sie Sie sich in die Gartenparadiese (ver)führen.

Ronald Clark

Zeichenerklärung

Öffnungszeiten: Angegeben sind nur die jeweils längsten und kürzesten Öffnungszeiten im Sommer und im Winter.

U-Bahn*
Straßenbahn*

Bus*

S-Bahn*

Angegeben sind die nächstgelegenen Bahnhöfe.
Von hier aus besteht Anbindung mit weiteren öffentlichen Verkehrsmitteln.

Parkmöglichkeiten vorhanden. Aufgeführt sind nicht nur extra ausgewiesene Parkplätze, sondern oftmals auch Parkmöglichkeiten in angrenzenden Straßen.

Restaurant°

Café°

Hunde sind (angeleint) erlaubt.
Bei Blindenhunden wird in den meisten Anlagen eine Ausnahme gemacht.

Die Hauptbereiche sind rollstuhlgerecht. Bei schlechtem Wetter kann der natürliche Wegebelag in einigen Anlagen schwer zu befahren sein.

Hinweise zur Erreichbarkeit der Gartenanlage

Verkauf von Informationsmaterial und Andenken

Pflanzenverkauf. In einigen Gärten werden die angeführten Besonderheiten angeboten, die aber nicht immer ganzjährig verfügbar sein müssen.

* Soweit nicht anders angegeben fahren die Busse, Straßen- und U-Bahnen ab Stadtmitte beziehungsweise Hauptbahnhof.

°Die Gastronomiebetriebe sind zum Teil nur während der Saison geöffnet.

BaWü

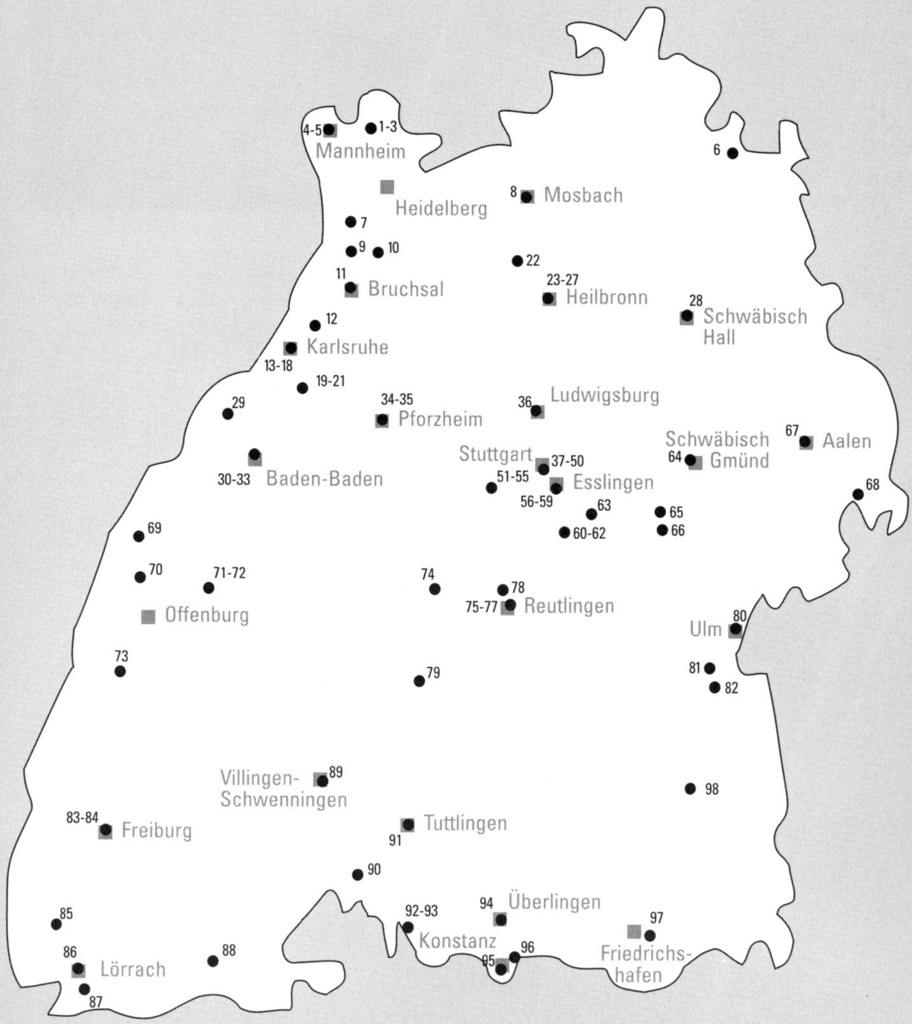
4-5
1-3
Mannheim
6
Heidelberg
8
Mosbach
7
9
10
22
11
Bruchsal
23-27
Heilbronn
28
Schwäbisch
Hall
12
Karlsruhe
13-18
19-21
29
34-35
Pforzheim
36
Ludwigsburg
Schwäbisch
Gmünd
64
67
Aalen
Stuttgart
37-50
51-55
Esslingen
56-59
30-33
Baden-Baden
63
65
66
60-62
68
69
70
71-72
74
78
75-77
Reutlingen
Offenburg
80
Ulm
73
79
81
82
Villingen-
Schwenningen
89
98
83-84
Freiburg
Tuttlingen
91
90
85
92-93
94
Überlingen
97
Konstanz
96
95
Friedrichs-
hafen
86
Lörrach
88
87

BaWü 1
Eigentümer/in: Schau- und Sichtungsgarten Hermannshof e.V., Babostraße 5, 69469 Weinheim an der Bergstraße, Tel. 06201/13652, Fax 06201/340535, E-Mail: sichtungsgarten-hermannshof@t-online.de
Größe: 2,2 ha
Öffnungszeiten: ganzjährig geöffnet, im Sommer 10–19 Uhr, Di–So
im Winter 10–16 Uhr, Di–Fr
Eintritt: frei
DB Weinheim/Bergstraße
OEG-Bahnhof
P gebührenpflichtig
(Samen)

Schau- und Sichtungsgarten

Hermannshof, Babostraße 5, Weinheim an der Bergstraße

Foto: Cassian Schmidt

Auf einem alten Gartengelände in der klimatisch besonders begünstigten Lage westlich des Odenwaldes entstand ab 1980 ein Sichtungsgarten, in dem der Gartenwert von neuen und bewährten Kultur- und Wildpflanzen, vornehmlich Stauden, erprobt wird. Die Pflanzen sind nach Lebensbereichen wie Gehölz, Gehölzrand, Freiflächen, Wasser und Beet gegliedert. Im Hermannshof sind die Lebensbereiche zum Beispiel in der Schafgarben-Salbei-Pflanzung, in der Felssteppe, in Malven-, Astern- und den Wiesen- oder Präriebeeten wiederzufinden. Neben den prächtigen Beetstauden und den vielen Wildstauden prägen alte, in Deutschland zum Teil nur selten zu findende Bäume und Großsträucher den Garten: die immergrüne Eiche (Quercus turneri 'Pseudoturneri'), die Duftblüte (Osmanthus burkwoodii) und eine über 100jährige Brautmyrte (Myrtus communis). Die Blütezeit erstreckt sich vom Vorfrühling bis weit in den Spätherbst. Ein Höhepunkt ist der duftige Vorhang der Blütentrauben unter dem Glyzinienweg. Führungen: nach Voranmeldung für Gruppen bis 20 Personen, auch für kostenl. Führungen Reservierung erforderl. 100 DM/Gruppe, für größere Gruppen: 5 DM/Person, öffentl. kostenl. Führungen jeden 3. So April – Okt.

BaWü 2
Eigentümer/in: Stadt Weinheim, Grünflächen-/Umweltamt, Obertorstraße 9, 69469 Weinheim, Tel. 06201/82400, Fax 06201/82506
Größe: 5 ha, frei zugänglich

Schloßpark Weinheim

Rote Turmstraße, Weinheim

Die in Kleiner und Großer Schloßpark gegliederte Anlage geht auf das frühe 18. Jahrhundert zurück und wurde von dem Hofgärtner Friedrich Ludwig Sckell nach 1785 landschaftlich umgestaltet. Etwa 100 Jahre später pflanzte Christian Freiherr von Berckheim, Schöpfer des Exotenwaldes, zahlreiche fremdländische Bäume. Neben in dem

milden Weinbauklima baumhoch wachsenden Eiben und Buchsbäumen steht hier die größte Libanonzeder Deutschlands.
Auch der Große Schloßpark zeichnet sich neben seinem Schloßteich mit Fontänen durch eine Vielzahl interessanter Baumarten aus, wie Schnurbäume, Gingko, Zürgelbaum, Amberbaum, Geweihbaum, Mammutbaum und eine 125 Jahre alte Atlas-Zeder. Vogelvolieren, ein Kräutergarten und das Berckheim-Mausoleum komplettieren die Anlage, von der aus man gute Aussichten auf das Schloß, Burg Windeck und die Wachenburg hat.

🚌 622, 623 Schloßpark
P gebührenpflichtig
✕ ☕ 🐕 ♿ ℹ
Veranstaltungen:
Freiluftkonzert Anfang Juli (Kultursommer)
Infos beim Verkehrsverein Weinheim, Stadtinformation, Bahnhofstraße 15,
Tel. 06201/991118

Exotenwald Weinheim

Neben dem Schloß Weinheim

Die Ursprünge des Exotenwaldes gehen auf Christian Freiherr von Berckheim im Jahr 1872 zurück. Zwei Drittel des waldartigen Bestandes sind mit fremdländischen Baumarten bepflanzt, vielfach in Kleinbeständen. Die wichtigsten Bestände und besonders sehenswerte Einzelbäume sind auf mehreren Rundwanderwegen beschildert.
Führungen: nach Voranmeldung für Einzelpersonen: Verkehrsverein Weinheim, Tel. 06201/991117, im Sommer wöchentlich für Gruppen: Anmeldung s. Eigent. Kleine Führung: 120 DM/Gruppe, Große Führung: 150 DM/Gruppe, Einzelpersonen: 50 DM/Gruppe
Attraktionen: Herbstfärbung der nordamerikanischen Baumarten Anfang – Mitte Oktober

BaWü 3
Eigentümer/in: Land Baden-Württemberg, Staatliches Forstamt Weinheim
Geiersbergstraße 1,
69469 Weinheim,
Tel. 06201/901000,
Fax 06201/9010045
Größe: 60 ha
frei zugänglich
DB Weinheim
P 🐕 ♿
ℹ beim Forstamt oder Verkehrsverein Weinheim

Luisenpark

Am Oberen Luisenpark, Mannheim

Foto: Walter Goerdes

Der um 1900 von den Gebrüdern Siesmayer aus Frankfurt angelegte Park wurde nach Luise von Baden, Tochter von

BaWü 4
Eigentümer/in: Stadtpark Mannheim GmbH
Gartenschauweg 12,
68165 Mannheim,
Tel. 0621/410050,
Fax 0621/4100555,
E-Mail: koeltzach@stadtpark.ma.uunet.de,
Internet: www.luisenpark.mannheim.de
Größe: 41 ha
Eintritt: 5 DM
Öffnungszeiten: ganzjährig geöffnet im Sommer 9–21 Uhr, im Winter 9 Uhr bis Dämmerung
Kinder frei bis 5 Jahre, ermäßigt 4 DM für Schüler, Studenten, Zivis, Soldaten; Gruppen 2 DM/Person
Führungen: nach Voranmeldung

🚋 5 Luisenpark/
Fernmeldeturm
P Luisenpark/Landesmuseum
✂ ☕ ♿
✿ Kakteen

Kaiser Wilhelm I., benannt. Zur Bundesgartenschau 1975 erfuhr er nach den Plänen der Landschaftsarchitekten Wagenfeld, Leipacher und Boyer einschneidende Veränderungen und Erweiterungen. Heute ist der Park in verschiedene Nutzungsbereiche gegliedert. Neben dem alten, artenreichen Baumbestand und vielen Stauden- und Straucharten dominieren über 400 000 Frühjahrsblüher und 250 000 Sommer- und Herbstblumen. Weiterer Anziehungspunkt ist der mit der Parkanlage harmonisierende Tierbestand in Volieren und Gehegen (u.a. Stelzvögel, Humboldt-Pinguine, tropische Schmetterlinge) sowie die verschiedenen Pflanzenschauhäuser, Spielbereiche und Sondergärten, darunter Exoten-, Heide- und Rhododendrongarten, sowie die Astilben, die Farne und die Rosenpromenade. Veranstaltungen: Konzerte, Theater u.a. auf der Seebühne. Infos bei: Tel. 0621/4100554 Sommernachtsfest. Sonderausstellungen im Pflanzenschauhaus. Aktionstage und Ferienkurse mit der grünen Schule Luisenpark

BaWü 5 NEU
Eigentümer/in: Stadtpark Mannheim GmbH
Gartenschauweg 12, 68165 Mannheim,
Tel. 0621/410050,
Fax 0621/4100555,
E-Mail: koeltzsch stadtpark.ma.uunet.de,
Internet: www.luisenpark.mannheim.de
Größe: 22 ha
DB Mannheim
🚋 1, 3 Neuer Meßplatz
4, 5 Grenadierstraße
🚌 E Carl-Benz-Straße
P ✂ ♿ ℹ

Herzogenriedpark

Max-Joseph-Straße, Mannheim

In den 1930er Jahren wurde der Herzogenriedpark als öffentlicher Erholungspark mit unter anderem Schulsportplätzen und Festwiese auf 16 Hektar Fläche angelegt. Zur Bundesgartenschau 1975 erfolgte eine Umgestaltung und Erweiterung in einen attraktiven Stadtpark. Die damals entstandene Multihalle ist mittlerweile denkmalgeschützt. Neben einem Bäuerlichen Mustergarten, Gesteinsgarten, Rosarium, Parksee und zahlreichen Brunnenanlagen sind die Hügelbeete mit ihren Wechselbepflanzungen besonders beliebt. Für Kinder gibt es zahlreiche Spielmöglichkeiten und einen Minizoo.
Veranstaltungen: Kurpfalzfest 1 × jährlich, s. Veranstaltungsprogramm
Öffnungszeiten: ganzjährig geöffnet im Sommer 9–21 Uhr, im Winter 9 Uhr bis Dämmerung
Eintritt: 2,50 DM, Kinder frei bis 5 Jahre und 100%-Behinderte, ermäßigt 2 DM für Schüler, Studenten, Zivis, Gruppen, ab 20 Personen 2 DM/Person

BaWü 6
Eigentümer/in: Land Baden-Württemberg, Staatl. Schlösser und Gärten, vertreten durch Staatl. Vermögens- und Hochbauamt Heilbronn, Rollwagstraße 16, 74072 Heilbronn,
Tel. 07934/8364,
Fax 07934/7756

Schloß Weikersheim – Schloßgarten

Schloß Weikersheim, Weikersheim

Der Weikersheimer Schloßgarten ist ein hervorragendes Beispiel Hohenlohischer Gartenkultur. Seine im Verlauf des 16. Jahrhunderts entwickelte Dreiteilung in Obst-, Gemüse- und Blumengarten ist heute noch erlebbar. Repräsentationsanspruch und Gartenfreude förderten im 17. Jahrhundert die Entstehung eines überwiegend der Zierde dienenden Gartens. Diese Tendenz fand unter Graf Carl Ludwig

von Hohenlohe mit der Anlage des barocken Lustgartens ihren Höhepunkt. Ab 1708 ließ er den Garten nach französischem Vorbild neu gestalten. Die bildhauerische Ausschmückung besorgte die Künzelsauer Bildhauerfamilie Sommer. Den Abschluß bildet ein eingetieftes Spiegelbassin, in das drei Schalenbrunnen mit Springstrahl eingestellt sind. Nach den Mustern der Geometrie in vollkommener Künstlichkeit, Symmetrie und Regelmäßigkeit durchformt, war der Garten wesentlicher Bestandteil der barocken Residenz. Mit dem Tode Carl Ludwigs 1756 endete die Glanzzeit des Gartens, der im 19. Jahrhundert durch Verwilderung und stilfremde Eintragungen seinen barocken Charakter zunehmend verlor. Nach 1945 wurden zur Rückgewinnung der barocken Ordnung behutsame Restaurierungsmaßmahmen im Garten eingeleitet, die mit der Übernahme durch das Land Baden-Württemberg im Jahre 1967 schrittweise fortgesetzt wurden und 1997 mit der Wiederherstellung der Orangerie vorläufig ihren Abschluß fanden. So kann man noch heute die poesievolle Anmut und festliche Heiterheit des Gartens erleben.
Veranstaltungen: Musikfest Weikersheim, Wandelkonzerte Juli. Infos bei: Hohenloher Kultursommer, Postfach 1362, 74643 Künzelsau, Tel. 07940/18373, Fax 07940/18363
Attraktionen: Wasserkünste (Fontänen) Mai–Oktober

Größe: 8,9 ha
Öffnungszeiten: ganzjährig geöffnet April–Oktober: 9–18 Uhr November–März: 10–12 Uhr, 13.30–16.30 Uhr
Eintritt: 2,50 DM, Kinder frei bis 6 Jahre ermäßigt 1,50 DM, für Schüler, Studenten, Zivis, Wehrdienstleistende, Gruppen ab 20 Personen 2 DM/Person
Führungen: nach Voranmeldung Schloß Weikersheim, Tel. 07934/8364 oder 97990 für Gruppen bis 30 Personen 4 DM/Person
[DB] Schloß Weikersheim
[Bus] Romantische Straße Marktplatz
im Sommerhalbjahr

Schloßpark Schwetzingen

Schloßplatz, Schwetzingen

Der Rokokogarten am Schwetzinger Schloß aus dem Jahr 1753 ist eine der bedeutendsten Gartenanlagen in Deutschland. Das von Zirkelgebäuden und Laubengängen gerahmte, kreisrunde Parterre ist mit blumengeschmückten Broderien, Brunnen und Figuren ausgestattet. Die alten, kreuzförmigen Alleen sind vor einigen Jahren erneuert worden. Am Ende der Hauptachse liegt der Spiegelweiher. Zahlreiche Parkarchitekturen und Gebäude wie Orangerie, Moschee, Merkurtempel, Apollotempel mit Naturtheater, Badehaus und das Ende der Welt sind in den hinteren und seitlichen Parkbereichen angeordnet. Ab 1775 arbeitete Friedrich Ludwig Sckell zu Beginn seiner Karriere in Schwetzingen und entwarf einige Partien im Stil des Englischen Landschaftsgartens. Aufgrund der seit einigen Jahren ausgeführten gartendenkmalpflegerischen Arbeiten ist der Park in gutem Zustand.

BaWü 7
Eintritt: frei
Öffnungszeiten: ganzjährig geöffnet im Sommer 8.00–19.00 Uhr, im Winter 8.00–16.30 Uhr
[DB] Schwetzingen
[P] gebührenpflichtig

Gartenschaupark Hockenheim

Dresdner Straße 1, Hockenheim

Der Gartenschaupark ist aus der Baden-Württembergischen Landesgartenschau 1991 entstanden. Auf dem Gelände befinden sich neben den historischen Gärten, dem

BaWü 8
Eigentümer/in: Parkanlagen GmbH Rathausstraße 1, 68766 Hockenheim, Tel. 06205/21401,

Fax 06205/21315
Herr Degen, Stadt
Hockenheim, Rathausstr. 1,
68766 Hockenheim,
Tel. 06205/21401,
Fax 06205/21315
Größe: 2 ha
Eintritt: frei
Ring-Jet Berlin-Allee Ring-Jet Schwetzinger Straße

Bauerngarten, der Seebühne und verschiedenen Kunstwerken auch etwa 500 Quadratmeter Wechselflorflächen. Die Beschilderungen einzelner Pflanzen mit botanischen Namen initiierte der Förderverein Gartenschaupark.
Veranstaltungen: Hockenheimer Kultursommer mit Parkfest, Musikveranstaltungen auf der Seebühne
Öffnungszeiten: ganzjährig geöffnet
im Sommer 8–21.30 Uhr, im Winter 8–18 Uhr

BaWü 9
Tel. Betreuung der Anlage:
Stadtverw. Mosbach,
Abt. Städt. Bauhof,
Unterm Haubenstein 2,
74821 Mosbach
Größe: 1 ha, frei zugänglich
DB Mosbach
BRN 5611 Sulzbacher Straße 1, Lohrtalschule
S Lohrtalweg, hinter dem Amtsgericht
P

Klostergarten Mosbach

Lohrtalweg, Mosbach

Der 1995 fertiggestellte Klostergarten ist historischen Vorbildern nachempfunden und erinnert an den vielseitigen Nutzwert und Symbolgehalt früherer Klostergärten. Der kreuzförmig angelegte Weg ist mit Buchs eingefaßt. Im Schnittpunkt des Kreuzes entspringt als Symbol für den Quell des Lebens ein Brunnen. Eine alte efeubewachsene Mauer aus Odenwälder Sandstein umfaßt die wichtigen Pflanzenbereiche einer klösterlichen Gartenanlage mit Obst-, Gemüse-, Blumen- und Heilkräutergarten.
Veranstaltungen: Konzerte, Konzerte historischer Musik im Rahmen des Mosbacher Sommers Juni–Sept.,
Infos bei: Stadtverwaltung Mosbach, Tel. 06261/820
Eigentümer/in: Land Baden Württemberg, vertreten durch: Staatliches Vermögens- und Hochbauamt Mannheim, Dienstgebäude Heidelberg, Rohrbacher Straße 19, 69115 Heidelberg

BaWü 10
Eigentümer/in: Gemeinde Angelbachtal, Schloßstraße 1,
74918 Angelbachtal,
Tel. 07265/91200,
Fax 07265/912033
Internet:
www.angelbachtal.de
Größe: 7 ha, frei zugänglich
DB Wiesloch–Walldorf
703 Wiesloch–Waldangelloch, 761 Sinsheim–Waldangelloch Busbahnhof Angelbachtal
P

Eichtersheimer Schloßpark

Schloßstraße, Angelbachtal-Eichtersheim

Um das im 16. Jahrhundert erbaute Wasserschloß erstreckt sich der in der zweiten Hälfte des 19. Jahrhunderts angelegte Schloßpark, der wahrscheinlich vom späteren Karlsruher Gartenbaudirektor Friedrich Ries, einem Eichtersheimer, geplant wurde. Der Park weist einige schöne alte Exemplare besonderer Baumarten auf, wie Hängebuche, geschlitztblättrige Buche und Gingko. Mehrere Großskulpturen des in Eichtersheim lebenden Künstlers Jürgen Goertz sind in den letzten Jahren im Park aufgestellt worden.
Veranstaltungen: Pfingstmarkt, Krämermarkt mit Schloßparkbeleuchtung Pfingstwochenende, Mittelalterl. Ritterturnier 2. Wochenende im August

BaWü 11
Eigentümer/in: Staatl. Vermögens- und Hochbauamt Ritterstraße 16,

Schloßgarten Bruchsal

Schönbornstraße, Bruchsal

In der ersten Hälfte des 18. Jahrhunderts ließ sich der Kardinal Damian Hugo, Reichsgraf von Schönborn, nördlich

der Stadt Bruchsal eine Residenz erbauen, die nach den massiven Zerstörungen im 2. Weltkrieg über einen Zeitraum von 50 Jahren wiederaufgebaut wurde.
Zeitgleich mit dem Schloßensemble entstand als künstlerische Einheit der Schloßgarten, der sich eng mit der in etwa 50 Einzelgebäude aufgelösten Gesamtanlage verzahnt. Die geometrische Anlage war mit aufwendigen Broderieparterres, Figuren und Springbrunnen und einem Alleensystem ausgestattet. Schon ab 1760 wurden Teile des Barockgartens landschaftlich überformt. Aus einer dritten Phase der Gartenkultur stammen die romantischen Grotten, die sich seit 1908 im Bereich des Schwanenteiches befinden.

76133 Karlsruhe,
Tel. 0721/1752487,
Fax 0721/1752454
Größe: 10 ha,
Oberer Schloßgarten 5 ha,
frei zugänglich
Bruchsal Schloßgarten
33 Oberneulander
gebührenpflichtig

Privatgarten Schreck
Kleingarten Nr. 10, Schrebergartenanlage Allmend, Eggenstein-Leopoldshafen
Reichhaltiger Clematisgarten, mit ca. 60 Arten und Hybriden. Dazu Staudenclematis und eine kleine Farnsammlung. Der naturnah gepflegte Garten ist Heimat vieler Vögel, Amphibien und Insekten.
Führungen: nach Voranmeldung, Spende zugunsten der International Clematis Society
Eigentümer/in: Ralf Martin Schreck, Heidelberger Straße 5A, 76344 Eggenstein-Leopoldshafen, Tel. 07247/2763, Fax 07247/2763

BaWü 12
Größe: 300 qm
Anmeldung erbeten
Eintritt: frei
Öffnungszeiten: ganzjährig geöffnet
DB Eggenstein
S 1, S11 Eggenstein Bahnhof
→ bei telefonischer Anmeldung
Clematis-Pflanzen und -Samen

Botanischer Garten der Universität (TH) Karlsruhe
Am Fasanengarten 2, Karlsruhe
Der Botanische Garten ist eine öffentliche und frei zugängliche Universitätseinrichtung mit einer umfangreichen Pflanzensammlung. Der Unterglasbereich gliedert sich in Palmen-, Tropen-, Wasserpflanzen-, Sukkulenten,- und Orchideenhaus. Darüber hinaus sind Sammlungen von Insektivoren (fleischverdauende Pflanzen), Begonien, Pelargonien und anderen Arten zu sehen. Im Freiland werden neben der großen systematischen Abteilung unter anderem Farne, Hochgebirgs-, Mittelmeer- und Arzneipflanzen gezeigt. Im nördlichen Teil befindet sich ein Feuchtbiotop mit interessanten Sumpf- und Wasserpflanzen.
Führungen: nach Voranmeldung kostenlos
Veranstaltungen: diverse
Öffnungszeiten: ganzjährig geöffnet, an Wochenfeiertagen und Samstagen geschl., im Sommer 8–18 Uhr, im Winter 8–15.30 Uhr, So 9–16.30 Uhr

BaWü 13
Eigentümer/in: Land Baden-Württemberg, Universität Karlsruhe, Botanisches Institut
Kaiserstraße 12,
76128 Karlsruhe,
Tel. 0721/6082145,
Fax 0721/6084290
Größe: 2 ha
Eintritt: frei
1, 2, 4, 5 Durlacher Tor
30 Durlacher Tor
S 2, 4, 5 Durlacher Tor

Nottingham-Anlage
Kaiserallee 8, Karlsruhe
Die Nottingham-Anlage, nach der englischen Partnerstadt Karlsruhes benannt, ist ein innerstädtischer Stadtteilpark.

BaWü 14
Eigentümer/in: Stadt Karlsruhe, Gartenbauamt
Lammstraße 7a,

76124 Karlsruhe,
Tel. 0721/1336725,
Fax 0721/1336709,
E-Mail: gba@karlsruhe.de
Größe: 1,8 ha, frei zugänglich
1, 2, 3 Mühlburger Tor
P gebührenpflichtig

Er entstand zwischen1985 bis 1987 auf einer ehemaligen Gewerbefläche und muß vielen Ansprüchen aus dem dicht bebauten und bevölkerten Umfeld gerecht werden. Aufgrund dessen ist die Anlage in viele verschiedene Bereiche gegliedert: Es gibt Partien von farbenfrohem Gartencharakter, attraktive Spielangebote für alle Altersgruppen, besonnte und baumbestandene Rasenflächen, großflächige Strauchpflanzungen und Sitzgelegenheiten von der Einzelbank bis zur Sitzarena. Am Hauptweg wurde 1990 eine markante Brunnenplastik „Fahne des Lebens" des Künstlers H. E. Kalinowski aufgestellt.

BaWü 15
Eigentümer/in: Stadt Karlsruhe, Gartenbauamt
Lammstraße 7a,
76124 Karlsruhe,
Tel. 0721/1336816,
Fax 0721/1336769
Größe: 22,1 ha
Öffnungszeiten: ganzjährig geöffnet, im Sommer 8–18.30 Uhr,
im Winter 9–17 Uhr
Eintritt: 5 DM, Kinder frei bis 6 Jahre, ermäßigt 2,50 DM für Senioren, Schüler, Studenten, Soldaten, Zivis und Kinder von 6–15 Jahren, Familienkarte Gruppen ab 25 Personen 4,30 DM/Person, Schulklassen u.ä. 1,50 DM/Person
Führungen: nach Voranmeldung
2, 5 Kongreßzentrum/Ettlinger Straße
S-Bahn 1, 4 Kongreßzentrum/Ettlinger Straße
P gebührenpflichtig
Veranstaltungen: Programme auf der Seebühne, Lichterfest im Sommer

Stadtgarten Karlsruhe

Bahnhofsplatz, Ettlinger Straße 6, Festplatz Karlsruhe

Der nördlich des Hauptbahnhofes gelegene Stadtgarten hat eine bewegte Geschichte. Als Anlage der Karlsruher Bürger wurde er nach 1800 aus dem Sallenwäldchen entwikkelt. 1865 eröffnete dort ein kleiner privater Tierpark, der 1877 von der Stadt übernommen wurde. Seitdem sind Zoo und gärtnerisch gestaltete Anlagen eine Einheit geblieben. Der Stadtgarten ist heute die größte innerstädtische Parkanlage. Zu Anfang dieses Jahrhunderts wurde ein Rosengarten und nach 1918 der älteste deutsche Japangarten angelegt, dessen plastische Ausstattung über Jahrzehnte durch japanische Originale erweitert wurde. Die Bundesgartenschau 1967 ermöglichte eine Sanierung und wesentliche Neugestaltung des Stadtgartens. Ein Rosengarten, ausgedehnte Stauden-, Gehölz- und Sommerblumenpflanzungen, ein artenreicher Baumbestand aller Altersstufen und ein Kletterpflanzen-Laubengang finden das Interesse von Pflanzenfreunden und -kennern. Rasengolf, Gartenschach, Brunnenanlagen und intime Sitzplätze bieten ruhige Erholung. Die beiden großen Seen wurden durch einen Kanal verbunden und mit einer automatischen Gondoletta befahrbar. Die Seebühne und eine Wasserorgel sind Attraktionen des Stadtgartensees. Der Japangarten wurde durch einen symbolhaften Fels- und Kiesgartenteil erweitert.
Attraktionen: Wasserorgel im Stadtgartensee, Gondoletta ab Ostern bis Mitte Okt.: 11–17 Uhr

BaWü 16
Eigentümer/in: Stadt Karlsruhe, Gartenbauamt
Lammstraße 7a,
76124 Karlsruhe,
Tel. 0721/1336725,
Fax 0721/1336709,
E-Mail: gba@karlsruhe.de
Größe: 82,7 ha,
frei zugänglich

Albgrün mit Günther-Klotz-Anlage

Karlsruhe

Das Flüßchen Alb durchfließt, vom Schwarzwald kommend, von Süden nach Norden das Stadtgebiet und mündet in den Rhein. Wegen des hohen Grundwasserstandes und Überschwemmungen blieb die Flußniederung bis heute weitgehend unbebaut. In langjährigen Bemühungen ist es jedoch gelungen, von Ettlingen bis fast zur Mündung eine durchgehende Grünanlage zu schaffen. Durch Renaturierungsprojekte wurden Abschnitte des vorher kanalisierten Flußlaufes in einen naturnahen Zustand zurückgeführt. Diese neue große Grün- und Freizeitanlage Karlsruhes erhielt ihren Namen nach dem Oberbürgermeister Klotz, der den Ausbau dieses Geländes zum Freizeitzentrum in die Wege leitete. Der Freizeitpark bietet ein vielseitiges Angebot: Modellbootsee, Ruderseen, Hügellandschaft mit Rodelhügel, Rollschuhbahn und Skateranlage, attraktive Spielbereiche, Spiel- und Liegewiesen, ein mystisches Labyrinth, Spazier- und Radfahrwege sowie Sitz- und Ruheplätze.

2, 4, 5 Ebertstraße

Veranstaltungen: DAS FEST überregionale Kultur-Open-Air-Veranstaltung vor den Sommerferien, nach öffentlicher Bekanntgabe

Schloßplatz, Schloßgarten, Fasanengarten, Botanischer Garten

Karlsruhe

Mittelpunkt der Schloßanlage ist der 1715/16 erbaute Schloßturm, von dem in sternförmiger Anordnung 32 schnurgerade Schneisen in den Wald geschlagen wurden. Innerhalb eines Kreisbogens mit einem Radius von 425 Metern um den Schloßturm entstanden aus den ehemaligen fürstlichen Gärten Schloßgarten, Fasanengarten und Botanischer Garten im Norden und Westen des Schlosses. Der Schloßplatz (8,2 ha) im Süden wurde vom Stadtgründer Markgraf Karl Wilhelm (1679–1738) als Botanischer Garten des Fürsten angelegt Er erlebte viele Umnutzungen und Umgestaltungen, die bisher letzten zur Bundesgartenschau 1967 und 1988. Zum Schloß führt heute eine zentrale breite Achse, die beidseitig von Reihen mythologischer Figuren begrenzt wird. Daran schließen zu beiden Seiten Gartenanlagen an, die von vierfachen Lindenreihen eingefaßt sind. Um den Najadenbrunnen liegen Anlagen im englischen Stil. Der Fasanengarten wurde bereits vor 1715 unter Karl Wilhelm angelegt und diente der Aufzucht von Jagdgeflügel. 1765–1773 wurde an einer der vom Schloß ausgehenden Alleen das Fasanenschlößchen erbaut, das mit seinen dekorativen Wandmalereien zusammen mit zwei chinesischen Teehäuschen (1764–65 erbaut) ein reizvolles Ensemble bildet. Zwischen 1880 und 1890 erfolgte eine Umgestaltung des Gartens im englischen Stil. Gleichzeitig entstand ein Tierpark mit Rehen und Hirschen und ein Biberpark mit einer Reihe von Teichen. Erst 1918 wurden die Anlagen für die Allgemeinheit geöffnet. Viele ausländische Bäume und Sträucher, insbesondere eine Sammlung seltener Nadelhölzer, konnten sich zu beachtlicher Größe entwickeln. Mit der Erneuerung zur Bundesgartenschau 1967 wurde in einer Lichtung ein großes und attraktives Spielgelände mit Bootsee, Riesenrutsche und Kletterlandschaft geschaffen. Der Schloßgarten wurde unter Karl Wilhelm im französischen Barockstil angelegt. Baumarten wie der Tulpenbaum und die Pyramidenpappel verbreiteten sich von

BaWü 17
Eigentümer/in: Land Baden-Württemberg, Staatl. Vermögens- und Hochbauamt Postfach 6249, 76042 Karlsruhe, Tel. 0721/9263008, Fax 0721/1752454
Frau Schlehuber, Stadt Karlsruhe, Gartenbauamt, Lammstr. 7a, 76124 Karlsruhe, Tel. 0721/1336725
Größe: 39 ha
Öffnungszeiten: ganzjährig geöffnet, im Sommer 6–21.30 Uhr, im Winter 7–17 Uhr
Eintritt: 2,50 DM (nur Schauhäuser), Kinder frei bis 6 Jahre, ermäßigt 1,50 DM für Schüler, Studenten, Soldaten, Zivis
Führungen: nach Voranmeldung für Gruppen bis 50 Personen (Garten) oder 25 Personen (Schauhäuser) 150 DM/Gruppe
1, 2 Marktplatz
P gebührenpflichtig

Attraktionen: Kleinbahn mit kohlebetriebener Lokomotive Ostern bis Mitte Oktober an Wochenenden
Veranstaltungen: u.a. internationales Trachtenfest

Karlsruhe aus in Europa. Sein Nachfolger Karl Friedrich ließ den Garten 1864–1868 nach englischen Vorbildern umgestalten. Den Charakter des Landschaftsgartens hat der Schloßgarten bis heute behalten. Im Rahmen der Bundesgartenschau 1967 wurden die Sichtachsen wiederhergestellt und moderne Plastiken und Brunnen den zahlreichen alten Plastiken und Denkmälern hinzugefügt. Der zentrale Schloßgartensee wurde erheblich vergrößert und der Garten durch großflächige Stauden- und Gehölzpflanzungen sowie weite Rasenflächen verschönert. Vom früheren botanischen Garten mit über 40 000 verschiedenen Pflanzen aus fast allen Regionen der Erde sind nur noch ein bemerkenswerter Bestand an Gehölzen und 20 Baumarten aus verschiedenen Kontinenten, reizvolle Rabatten mit Kleingehölzen, Zwiebelgewächsen, Stauden und Sommerblumen und zwei Schauhäuser mit Tropenpflanzen und Sukkulenten vorhanden. Sehenswert ist im Vorfrühling die Scillawiese unter einer mächtigen Buche. Das instandgesetzte Gußstahlgerüst des zerstörten Gewächshauses ist üppig mit Schlingpflanzen bewachsen und bietet geschützte Sitzplätze, im Sommer ein Café.

Foto: Gartenbaumat Karlsruhe

BaWü 18
Eigentümer/in: Stadt Karlsruhe, Gartenbauamt, Bezirksstelle für das Gartenbauwesen
Badener Straße 22,
76227 Karlsruhe,
Tel. 0721/1336725,
Fax 0721/1336709,
E-Mail: gba@karlsruhe.de
Größe: 2,9 ha
Gruppen ab 20 Personen
2 DM/Person, frei zugänglich
🚃 1, 2 Schloßplatz
🅿 gebührenpflichtig
♿

Schloßgarten Durlach

Prinzessinnenstraße/Marstallstraße, Karlsruhe

Die Markgrafen von Baden, die 1715 in Karlsruhe ihre neue Residenz bezogen, übersiedelten um 1550 aus Pforzheim nach Durlach und bauten das dortige Jagdschloß zur Residenz um. Der Schloßgarten wurde gleichzeitig mit dem Ausbau des Schlosses in der Niederung angelegt. Er hatte keinen direkten Bezug zum Schloß und wurde mehrfach umgestaltet. Heute sind die klassischen Gartenelemente kaum noch erkennbar. Sehenswert sind vor allem schöne alte Bäume, auch Exoten, die sehr alte doppelte Kastanienallee und plastischer Schmuck wie der sogenannte Nibelungenbrunnen, der 1965 aus dem Karlsruher Stadtgarten hierher versetzt wurde.

Watthaldenpark

Luisenstraße/Parkstraße, Ettlingen

Der Park wurde im Jahre 1818 nach den Plänen von Baumeister Ullrich verwirklicht. Von Beginn an wurde der Gebäudekomplex als Gastwirtschaft betrieben. Bereits zwei Jahre nach Fertigstellung wurde das Anwesen an Baron Berstetten verkauft. Er war Minister am Badischen Hof und Sammler und Liebhaber von Pflanzen. Schönstes Zeugnis dieser Liebhaberei sind die zwei Sequioa gigantea im Nahbereich der Naturbühne. Insgesamt neunmal wurde der Park verkauft, bis 1921 die Stadt Ettlingen das Gut Watthalden endgültig übernahm. Prof. Läuger (Karlsruher Kunstakademie) hatte 1924 im Auftrag der Stadt den Watthaldenpark mit dem Ziel überplant, ihn in einen öffentlichen Park umzugestalten. Nur Teile dieses Planes wurden verwirklicht, wie beispielsweise die Naturbühne, auf der für einige Jahre Theateraufführungen stattfanden. In den folgenden 60 Jahren verwilderten Teile des Parks. Im Jahre 1986 wurde der südliche Bereich mit dem See wiederhergestellt und das Wegesystems erneuert. Die Ausrichtung des Parks nach Süden begünstigt wärmeliebende Pflanzen. Entsprechend vielfältig ist die Gehölzsammlung der Anlage.

BaWü 19
Eigentümer/in: Stadt Ettlingen, Stadtbauamt, Garten- u. Friedhofsabt., Ottostr. 5, 76275 Ettlingen,
Tel. 07243/1010,
Fax 07243/101 439
Internet: www.ettlingen.de
Größe: 3,3 ha, frei zugänglich
Stadtbahn S1/S11 Albgaubad
Veranstaltungen: Kulturfestival Watthaldenfest Ende Mai

Festplatz, Horbachpark, Horbachtal

Ettlingen

Zur Landesgartenschau 1988 entstand diese Anlage am südlichen Rand des Stadtgebietes. Entlang eines kleinen Baches aus der Vorbergzone, dem Horbach, liegt ein 1,5 Kilometer langer durchgehender Grünzug. Er besteht aus drei unterschiedlich gestalteten Teilen: Der Festplatz ist eine ursprünglich um 1960 entstandene Naherholungsfläche. Bei

BaWü 20
Eigentümer/in: Stadt Ettlingen, Stadtbauamt, Garten- u. Friedhofsabt. Ottostraße 5, 76275 Ettlingen,
Tel. 07243/1010,
Fax 07243/101 439,
Internet: www.ettlingen.de
Größe: 17 ha
frei zugänglich
Stadtbahn S1/S11 Ettlingen Stadt, Erbprinz, Albgaubad
Attraktionen: Wasserfontänen Ostern bis Nov.
Veranstaltungen: Veranstaltungen von Schulen, Vereinen und der Stadt Musik, Theater und anderes
Infos bei: Stadt-Information Ettlingen,
Tel. 07243/101421

der Umgestaltung durch das Büro Klahn und Singer (Karlsruhe) wurden neue Spielplatzflächen für Kinder und Jugendliche gebaut, unter anderem ein Labyrinth, ein Basketballplatz und eine große Liegewiese. Mehrere Brunnen beleben den Park. Auf einem kleinen Verbindungsweg gelangt der Besucher in den mittleren Teil des Grünzuges, den Horbachpark, den der Landschaftsarchitekt Karl Bauer, Karlsruhe, um ein bestehendes Schulzentrum herum plante. Es entstand der Horbachsee mit einer Promenade, die entlang der Nordseite des Sees durch verschiedene Wasserkunstobjekte attraktiv gestaltet ist. Nach Osten schließt sich das Horbachtal an. Dieser Bereich wurde von den Landschaftsarchitekten Krupp und Losert, Freiburg, gestaltet. Verschiedene Brücken über den Bach und Pergolen begleiten den Weg bis zum Fuße des Schwarzwalds. Hauptattraktion dieses Bereiches ist die Landschaft selbst mit Gärten, Obstwiesen, Feldern sowie einem Aussichtspunkt über die Stadt.

BaWü 21
Eigentümer/in: Stadt Ettlingen, Stadtbauamt, Garten- u. Friedhofsabt., Ottostraße 5, 76275 Ettlingen, Tel. 07243/1010, Fax 07243/101439, Internet: www.ettlingen.de
Größe: 1 ha
frei zugänglich
Stadtbahn S1/S11 Ettlingen Stadt
P gebührenpflichtig
in der Innenstadt

Schloßgarten, Klostergarten und Stadtgarten

Ettlingen

Ein wenig versteckt, zwischen Altstadthäusern und Schloßgartenmauer, liegt der Schloßgarten, etwa 50 m südlich der wichtigsten Einkaufsstraße der Innenstadt. Er wurde zur Landesgartenschau 1988 neu angelegt und beherbergt jetzt einen Rosen- und einen Kräutergarten. Die Pergolen an der Nordseite laden zum Sitzen in der Sonne, alte Linden zum Ausruhen im Schatten ein. Unmittelbar neben dem Rosengarten liegt der Klostergarten. Hier werden verschiedene Kräuter des täglichen Lebens gezeigt. Am Ostende schuf Hans Lutz 1985 eine offene Fläche mit Brunnen und Fontäne, die von Bäumen umrahmt wird. Nach Süden hin bietet der Platz einen großartigen Blick auf die ersten Schwarzwaldberge.
Veranstaltungen: Schloßfestspiele, Theateraufführungen im Schloßhof und an anderen Orten Ende Juni–Ende Aug.

BaWü 22 NEU
Eigentümer/in: Stadt Bad Rappenau, Kirchplatz 4, 74306 Bad Rappenau, Tel. 07264/9220, Fax 07264/922119
Größe: 4 ha, frei zugänglich
DB Bad Rappenau
P
Veranstaltungen: Lichterfest Mitte August

Kurpark und Salinengarten

Gartenstraße/Salinenstraße, Bad Rappenau

Mit einem alten Baumbestand, gepflegten Blumenbeeten und idyllischem See lädt der Kurpark zu beschaulichen Spaziergängen ein. Angrenzend liegt der Salinengarten auf dem ehemaligen Gelände des Siedesalzwerkes, das bis 1973 in Betrieb war, und an das noch einige Gebäude erinnern. Der in der Nordostecke gelegene Kräutergarten birgt mehr als 150 heimische und exotische Heil- und Würzpflanzen.

BaWü 23
Eigentümer/in: Stadt Heilbronn, Grünflächenamt Cäcilienstraße 51,

Ziegeleipark

Heuchelbergstraße Heilbronn

Der Park liegt in dem ehemaligen Gelände einer Ziegelei. Der Westteil ist naturbelassen, aber durch ein Wegenetz erschlossen. Im Ostteil befindet sich ein 1,3 ha großer See mit einem Wasserspielplatz, einem Abenteuerspielplatz, weiträumigen Wiesenflächen und als Naturdenkmal geschützten Lößwänden. Eine Pappelrotunde auf einem Plateau symbolisiert einen Abraumhügel, der erschlossen wird von einem Schienenband, auf dem einst Loren den Abraum transportierten. Der Park wurde 1995 mit dem Preis des Bund Deutscher Landschaftsarchitekten (BDLA) ausgezeichnet.

74072 Heilbronn,
Tel. 07131/562992,
Fax 07131/563193
Größe: 15 ha
Führungen: nach Voranmeldung kostenlos
frei zugänglich
1, 5 Seestraße

Waldheide

Donnbronnerstraße (K 9550), Heilbronn

Die Waldheide ist ein ehemaliger Atomraketenstandort, der komplett renaturiert wurde und liegt inmitten des Stadtwaldes von Heilbronn, ca. 3 km vom Zentrum entfernt. Sie besteht zur Hälfte aus Wald-, Aufforstungs- und Sukzessionsflächen. Die andere Hälfte setzt sich aus Wiesen-, Weiden-, Callunaheideflächen und Feuchtbiotopen zusammen. Schafe beweiden die Freiflächen. Relikte und eine Installation im Eingangsbereich erinnern an die frühere Nutzung. Unter dem Stichwort Natur gleich Spielplatz wurde hier auf Spielplätze und andere Erholungseinrichtungen verzichtet.

BaWü 24
Eigentümer/in: Stadt Heilbronn, Grünflächenamt
Cäcilienstraße 51,
74072 Heilbronn,
Tel. 07131/562992,
Fax 07131/563193
Größe: 52 ha
Führungen: nach Voranmeldung kostenlos
frei zugänglich
1 Jägerhaus

Parkanlage Pfühlsee

Jägerhausstraße, Heilbronn

BaWü 25
Eigentümer/in: Stadt Heilbronn, Grünflächenamt
Cäcilienstraße 51,
74072 Heilbronn,
Tel. 07131/562230,
Fax 07131/563193
Größe: 16,3 ha
frei zugänglich
1 Pfühlpark

Im Jahre 1909 erwarb die Stadt Heilbronn das Gelände des heutigen Pfühlparks vom Fabrikanten Ernst Mayer mit der

Auflage, einen öffentlichen Park anzulegen. Bedingt durch den 2. Weltkrieg konnte der Pfühlpark aber erst ab dem Jahr 1948, erweitert durch die Anlage des Pfühlsees, entstehen. Der Pfühlpark mit seinem Bestand an Bäumen und Wasserflächen ist heute eine der wichtigsten Grünflächen der Stadt. In den letzten Jahren wurde der Park nach historischen Vorgaben umgestaltet. Blickbeziehungen wurden wiederhergestellt, der Pfühlbach erhielt ein naturnahes Bachbett und der Pfühlsee wurden von Grund auf saniert und wertvolle natürliche Uferzonen bis hin zu blühenden Flachwasserzonen geschaffen.

BaWü 26
Eigentümer/in: Stadt Heilbronn, Grünflächenamt
Cäcilienstraße 51,
74072 Heilbronn,
Tel. 07131/562230,
Fax 07131/563193,
frei zugänglich
🚌 1 Trappensee
P ✂ 🐕 ♿

Parkanlage Trappensee

Heilbronn

Ende des 16. Jahrhunderts verwandelte, von einer Romreise beeindruckt, ein Heilbronner Bürgermeister vor den Toren der Stadt eine verwahrloste Gegend in ein Landgut mit zwei Seen. Nach dem zwischenzeitlichen Besitzer Trapp bekam der See seinen Namen. Das Ende des 18. Jahrhunderts gebaute Schlößchen des holländischen Admirals von Kinkel hat im wesentlichen sein Aussehen bis heute bewahrt. Das Gut wurde zu dieser Zeit durch seine Obstzucht bekannt. Um 1880 ging das Gut an die Bierbrauerei Cluss über, die eine offene Halle mit Gartenanlagen, die heutige Trappenseegaststätte, erstellte. Der Park wurde in den letzten Jahren nach ökologischen Gesichtspunkten saniert.

BaWü 27
Eigentümer/in: Stadt Heilbronn, Grünflächenamt
Cäcilienstraße 51,
74072 Heilbronn,
Tel. 07131/56 2230,
Fax 07131/563193
Größe: 15 ha
Öffnungszeiten: ganzjährig geöffnet, 6–22 Uhr
Eintritt: frei
🚌 3, 7 Kolpingstraße
P ♿

Freizeitpark Wertwiesen

Zufahrt über Rosenbergstraße, Heilbronn

Der Freizeitpark, vorher eine Ansammlung einzelner, privater Kleingärten, wurde 1985 anläßlich der Landesgartenschau eingeweiht. Neben ausgiebigen Spiel- und Sportangeboten sind eine Kneippanlage, Duftgarten, Rosarium und ein großer Musikpavillon beachtenswert. Den Festplatz, auf dem alle zwei Jahre das Traubenblütenfest stattfindet, nutzen in den festlosen Zeiten die Boulespieler.

Ackeranlagen

Roter Steg / Sultersteg, Schwäbisch Hall
Die ursprüngliche Anlage stammt aus dem Jahre 1829. Das Gelände umfaßt den Grünzug der Flußaue des Kochers mit der Kocherinsel Unterwöhrd auf einer Länge von zirka 1500 Metern. Sie erstreckt sich vom Zentrum der Altstadt bis zum vorgelagerten Dorf Steinbach mit der burgartigen Großcomburg. Eine grundlegende Neugestaltung fand anläßlich der Landesgartenschau 1982 statt. Durch Blumenrabatten, Kinderspielgeräte, zahlreiche alte Bäume sowie das klassizistische Anlagencafé aus dem Jahre 1828 sind die Ackeranlagen zu einem Anziehungspunkt für viele Besucher geworden.
Veranstaltungen: Kuchen- und Brunnenfest der Salzsieder (auf Unterwöhrd) Pfingsten. Infos bei: Touristik-Information Schwäbisch-Hall, Tel. 0791/751246 oder 0791/751375, Sommernachtsfest Ende August

BaWü 28
Eigentümer/in: Stadt Schwäbisch Hall, Rathaus Postfach 100180, 74501 Schwäbisch Hall, Tel. 0791/751246, Fax 0791/751375
Internet: www.schwaebischhall.de
Herr Stihler, Stadtarchiv Schwäbisch Hall, Am Markt 5, 74523 Schwäbisch Hall, Tel. 0791/751359 Fax 0791/751480
Größe: 9 ha, frei zugänglich
DB Schwäbisch Hall
P

Pagodenburganlage

Kapellenstraße, Rastatt
Die Pagodenburganlage geht auf die Anlage eines Lustgartens durch die Markgräfin Augusta-Sibylla aus der Zeit um 1714 zurück. Diese Parkanlage mit ihren barocken Stilelementen, dem Parterre und Terrassenanlagen, ist die am intensivsten gestaltete Anlage im Zentrum der Stadt. Markant ist die Pagodenburg, das ehemalige Gartenschlößchen der Markgräfin sowie die Einsiedelner Kapelle am Rande der Anlage.

BaWü 29
Eigentümer/in: Stadt Rastatt Postfach 1263, 76402 Rastatt, Tel. 07222/972285, Fax 07222/972279
Größe: 2 ha, frei zugänglich
DB Rastatt
212, 231, 234, 241
Pavillon
P gebührenpflichtig

Rosengarten Gönneranlage

Ludwig-Wilhelm-Straße, Baden-Baden

Foto: Weigel

BaWü 30
Eigentümer/in: Stadt Baden-Baden, Gartenamt Winterhalterstraße 6, 76530 Baden-Baden, Tel. 07221/931200, Fax 07221/931210
Größe: 1,6 ha
Eintritt: frei
Öffnungszeiten: ganzjährig geöffnet 9 Uhr bis Sonnenuntergang
DB Baden-Baden
201 Bertholdplatz
P

Die Jugendstilanlage mit Hecken und Sommerblumen wurde von Max Läuger zwischen 1909 und 1912 erbaut. Seit 1952 ist sie ein Rosengarten mit 11 000 Rosenstöcken. Die Anlage ist sehr sehenswert, insbesondere auch wegen des Tunnels, der in offener Bauweise quer durch den Garten gebaut wurde. Der ganze Garten wurde vorbildlich restauriert.
Führungen: nach Voranmeldung kostenlos
Attraktionen: Brunnenanlage, Rosenblüte Mai–Oktober

BaWü 31
Eigentümer/in: Stadt Baden-Baden, Gartenamt Winterhalterstraße 6, 76530 Baden-Baden, Tel. 07221/931200, Fax 07221/931210
Größe: 23 ha
Führungen: nach Voranmeldung kostenlos
frei zugänglich, 9 Uhr bis Sonnenuntergang
201 Hindenburgplatz, Klosterplatz

Lichtentaler Allee

Goetheplatz/Kloster Lichtental, Baden-Baden

Ein sehr schöner alter Baumbestand zeichnet diesen Landschaftspark aus dem frühen 19. Jahrhundert aus, in den der Kurgarten integriert ist. Wasserlauf, Brücken und Pavillons prägen die Atmosphäre des Parks und lassen die Parklandschaft großzügig erscheinen. Das Kurhaus von Weinbrenner entstand zwischen 1921 und 1923, die Trinkhalle von Hübsch zwischen 1839 und 1842.
Attraktionen: Krokus- und Narzissenblüte, Rhododendronblüte, Herbstfärbung
Veranstaltungen: Oldtimerkorso, Infos bei: Baden-Baden Marketing GmbH, Tel. 07221/275200 oder 07221/275202
Rennwoche zweimal jährlich, Musikalischer Sommer

BaWü 32
Eigentümer/in: Stadt Baden-Baden, Gartenamt Winterhalterstraße 6, 76530 Baden-Baden, Tel. 07221/931200, Fax 07221/931210
Größe: 0,3 ha
frei zugänglich
Attraktionen: Brunnen und Kaskaden
Ostern bis Okt.: 9–18 Uhr
DB Baden-Baden
205 Friedrichshöhe

Gartenkunstanlage Paradies

Bernhard-/Markgrafenstraße, Baden-Baden

Foto: Weigel

Die Wasserkunstanlage nach italienischen Vorbildern von Max Läuger ist in die angrenzende Bebauung mit Mauern und Hecken eingebunden.
Führungen: nach Voranmeldung kostenlos

Internationaler Rosenneuheitengarten Beutig

Moltkestraße, Baden-Baden

Die Terrassenanlage mit Blick in den Schwarzwald am Rande der Innenstadt ist seit 1981 Prüfungsgarten mit neuer Gestaltung und einer umfangreichen Sammlung alter und neuer Rosen, besonders Kletterrosen, Farben- und Sortenvergleich und Duftrosensortiment. Pro Jahrgang werden zirka 130 Neuheiten geprüft, die noch nicht im Handel erhältlich sind.
Führungen: nach Voranmeldung kostenlos
Attraktionen: Rosenvollblüte der Kletterrosen Juni
Veranstaltungen: Konzerte, Beleuchtung Juni
Öffnungszeiten: Juni bis Okt. 9 Uhr bis Sonnenuntergang

BaWü 33
Eigentümer/in: Stadt Baden-Baden, Gartenamt
Winterhalterstraße 6,
76530 Baden-Baden,
Tel. 07221/931200,
Fax 07221/931210
Größe: 0,7 ha
Eintritt: frei
Bus: 201 Leopoldsplatz
208 Leopoldsplatz, Moltkestraße
→ 10 Minuten Fußweg oberhalb Kurhaus
P ♿

Enzauenpark

Hohwiesenweg, Pforzheim

Der Enzauenpark ist 1992 zur Landesgartenschau in der zuvor mit Grünanlagen unterversorgten Pforzheimer Oststadt entstanden. Das Gelände liegt am Fluß Enz und wird je zur Hälfte intensiv und extensiv gepflegt und genutzt. Aus ehemals größtenteils brachliegenden Industrieflächen ist ein flußbegleitender Auenpark mit stadtbildprägender Wirkung und hoher Akzeptanz gewachsen. Der neu entstandene Park an der nördlichen Pforte des Schwarzwalds wird gut angenommen und besonders zum beschaulichen Verweilen in der renaturierten Flußlandschaft mit arttypischer Flora und Fauna genutzt. Kinder erfreuen sich an den reichhaltigen Angeboten von Kinderspielplätzen und des in den Sommermonaten betriebenen Wasserspielplatzes. Die ursprüngliche Idee, mit einer neuartigen Gartenschau die Natur mit der Technik zu verbinden, ist durch den Entwurf der Landschaftsarchitekten Knoll, Reich und Prof. Lutz, Sindelfingen, an einem ungewöhnlichen Standort gelungen.

BaWü 34
Eigentümer/in: Stadt Pforzheim, Grünflächenamt
Eutinger Straße 4,
75175 Pforzheim,
Tel. 07231/392330,
Fax 07231/391395,
E-Mail: gfa@stadt-pforzheim.de
Größe: 39 ha, frei zugänglich
DB Pforzheim
Bus: 1, 10, 11 Enzauenpark
P ✕ ☕ ♿
Attraktionen: Wasserspielplatz Mai bis September
Veranstaltungen: Konzerte, Theater, Infos bei Pforzheim Kongreß- und Marketing GmbH, Frau Issel,
Tel. 07231/391364,
Fax 07231/391307

Alpengarten Pforzheim

Auf dem Berg 6, Pforzheim-Würm

Schon 1927 wurden auf einem Wiesengrundstück oberhalb der Ortschaft Würm die ersten Steingartenpflanzen im Sinne des Staudenexperten Karl Foerster angepflanzt. Bis heute in Familienbesitz wuchs die Anlage stetig und zeigt auf Felsgruppen, teils aus heimischem Sandstein, teils aus Kalkknollensteinen von der Schwäbischen Alb die Vielfalt der alpinen und hochalpinen Flora. Alpine Tischgärten und Tröge geben Anregungen für Balkon und Terrasse. Neben diesen Berg- und Felspflanzen gedeihen viele Arten und Sorten von Steingartenpflanzen, Zwerggehölzen sowie eine große Rhododendronsammlung.
Führungen: nach Voranmeldung
Öffnungszeiten: März bis November 8–19 Uhr

BaWü 35
Eigentümer/in: Mathias Carl
Auf dem Berg 6,
75181 Pforzheim-Würm,
Tel. 07231/70590,
Fax 07231/788626
Größe: 2,1 ha
Eintritt: 4,50 DM, Kinder frei bis 6 Jahre, ermäßigt 2,50 DM für Schüler, Studenten, Gruppen ab 50 Personen 3,50 DM/Person
P ☕ 🐕 ♿
✿ Gebirgs- und Alpenpflanzen

Blühendes Barock Ludwigsburg

Mömpelgardstraße 28, Ludwigsburg

Foto: Blühendes Barock

BaWü 36
Eigentümer/in: Blühendes Barock Gartenschau Ludwigsburg GmbH
Mömpelgardstraße 28,
71640 Ludwigsburg,
Tel. 07141/924241,
Fax 07141/903182
Größe: 32 ha
Öffnungszeiten: März bis Nov. 7.30–20.30 Uhr (Hauptsaison)
Eintritt: 12 DM, Kinder frei bis 3 Jahre, unterschiedl. Erm. von 11 bis 5 DM, Familien 27 bis 30 DM, für Senioren, Schüler, Studenten, Soldaten, Zivis und Behinderte mit Ausweis, Lehrer mit Ausweis in Begleitung einer Schulklasse frei, Gruppen ab 20 Personen 9 DM/Person
Führungen: nach Voranmeldung, für Gruppen bis 25 Personen, 85 DM/ Gruppe
Veranstaltungen: Blumenschauen, Lichterfest Kinderfest, Rosenfest
DB Ludwigsburg
Bus 422
P gebührenpflichtig
Café, rollstuhlgerecht
Attraktionen: Frühlingsbroderie, Sommerblumen, Dahlien, Herbstzauber

Herzog Eberhard Ludwig von Württemberg ließ zu Beginn des 18. Jahrhunderts ein prachtvolles, nach ihm benanntes Schloß bauen, dem sich nördlich und südlich umfangreiche Gärten im französisch-niederländischen Gartenstil anschlossen. Schon im späten 18. Jahrundert erlebten die Ludwigsburger Gärten einen Niedergang, als in die Parterres Klee eingesät wurde. Zwar kam es unter König Friedrich um 1800 zu einer kurzen Zeit neuer Wertschätzung und einiger Umbauten, doch die nächsten 150 Jahre sanken der Park und die Stadt in einen Dornröschenschlaf. Nach der Gründung der Blühendes Barock GmbH im Jahr 1954 wurde ein vielgestaltiger Schaugarten entwickelt. Die einzelnen Gartenteile sind nach verschiedenen historischen Vorbildern konzipiert. Der Süd- und der Nordgarten zeigen den prunkvollen Glanz barocker Zeiten, der obere Garten eine südländische, heitere Landschaft mit spielerischen und

gegenüber:
Rosengarten Beutig, Baden-Baden
Foto: Weigel

antiken Elementen. Der Untere Obstgarten lockt mit einer wildromantischen und mittelalterlichen Landschaft, während der Märchengarten eine phantastische Zauberwelt für jung und alt verspricht.

BaWü 37
Eigentümer/in: Biologisches Institut Pfaffenwaldring 57, 70550 Stuttgart,
Tel. 0711/685 5062,
Fax 0711/6855096
Größe: 1 ha
frei zugänglich
Führungen: nach Voranmeldung für Gruppen bis 15 Personen, Preis nach Vereinbarung
U 3 Plieninger Garbe
P
Attraktionen: Blüte im Alpinum Mai/Juni

Botanischer Garten der Uni Stuttgart in Hohenheim

A.-von-Hartmann-Straße, Stuttgart

Nach viermaligem Umzug im Verlauf der letzten 200 Jahre fand der Garten 1975 seinen jetzigen Platz auf dem Gelände der Universität Hohenheim. Dort ist er Teil der Gesamtanlage des Botanischen Gartens der Universität Hohenheim und des Landesarboretums Exotischer Garten. Die Anlage zeigt drei kleine, geographisch geordnete Gehölzteile mit Staudenunterpflanzung, ein Alpinum und ein Nutzkräuterquartier. Dieses teilt sich in Gewürzkräuter, Wildgemüse, Heilkräuter und Kräuter für weitere Gebrauchsstoffe wie Farben, Fasern, Düfte, Öle und andere. Auf einer kleinen Fläche wird die Verlandung eines nährstoffreichen und eines nährstoffarmen Sees dargestellt. Die Gewächshäuser können nur nach persönlicher Anfrage vor Ort besichtigt werden.

BaWü 38
Eigentümer/in: Landeshauptstadt Stuttgart, Garten- und Friedhofsamt
Maybachstraße 3,
70192 Stuttgart,
Tel. 0711/2167160,
Fax 0711/2167721
Größe: 0,1 ha
Öffnungszeiten: ganzjährig geöffnet im Sommer 7–20 Uhr, im Winter 7 Uhr bis Einbruch der Dunkelheit
Eintritt: frei
Führungen nach Voranmeldung unter Tel. 0711/2163920 gegen Spende
43 Im Kaisemer,

Chinagarten

Panoramastraße/Birkenwaldstraße, Stuttgart

Eine der Attraktionen der Internationalen Gartenausstellung 1993 war der Chinesische Garten im Rosensteinpark. Quingyin (Schöne Melodie) hatte man ihn genannt, abgeleitet aus einem Gedicht der chinesischen Tang-Dynastie (7.-10. Jh.n.Chr.): Nicht nur Laute und Flöte, sondern auch Berge und Wasser ergeben eine schöne Melodie. Die Halle der Freundschaft, ein Geschenk der chinesischen Partnerprovinz Baden-Würtembergs, und der Pavillon der vier Himmelsrichtungen sind Teil des klassischen Gartens im südchinesischen Baustil mit einer Landschaftskomposition aus Felsformationen, Wasserfall und Seerosenteich.
Führungen: nach Voranmeldung
Attraktionen: Wasserfall Mai bis Oktober

BaWü 39
Eigentümer/in: Landeshauptstadt Stuttgart, Garten- und Friedhofsamt
Maybachstraße 3,
70192 Stuttgart,
Tel. 0711/2167160,
Fax 0711/2167721
Größe: 7 ha
frei zugänglich
Führungen: nach

Landschaftspark Wernhalde

Neue Weinsteige, Stuttgart

Der Landschaftspark Wernhalde wurde 1970 im Bebauungsplan als Grünfläche ausgewiesen und in den Jahren 1982 bis 1985 erschlossen. Mit zwei steil abfallenden, tief eingekerbten Bächen und seinem seltenen Baumbestand dient er nicht nur der Erholung, sondern ist für das Klima der Stuttgarter Innenstadt von großer Bedeutung. Charakteristisch sind im oberen Teil die Mammutbäume mit einer Höhe von über 30 Metern. Im Jahre 1864 kaufte die damalige königlich-württembergische Forstdirekton durch Vermittlung eines Kaufmanns Samen der Wellingtonia (Sequoiadendron giganteum) in Amerika, der im Frühjahr 1865 in einem Kalthaus der Wilhelma ausgesät wurde – mit sehr gutem Keimergebnis. Aus dieser Anzucht stammen auch die heutigen Mammutbäume an der Neuen Weinsteige.

Voranmeldung
Preis nach Vereinbarung
Öffnungszeiten:
U 5, U 6, U 7 Weinsteige

Wartberg, Leibfriedsches Gelände

Heilbronner Straße, Stuttgart

BaWü 40
Eigentümer/in:
Landeshauptstadt Stuttgart,
Garten- und Friedhofsamt
Maybachstraße 3,
70192 Stuttgart,
Tel. 0711/2167160,
Fax 0711/2167721
Größe: 35 ha
frei zugänglich
Führungen: nach Voranmeldung
Preis nach Vereinbarung
U 5, U 6 Löwentorbrücke
Attraktionen: Wasserspiele Mai bis Oktober

Beide Bereiche wurden zur Internationalen Gartenschau 1993 behutsam umgestaltet. Auf dem Wartberg führt der Weg, der mit spezieller Rücksicht auf Behinderte keine starken Steigungen besitzt, an neu parzellierten Kleingartengrundstücken vorbei. Neben dem Ökologiezentrum befindet sich der Naturgarten der Volkshochschule. Optischer Blickfang des Wartbergs ist der Egelsee mit einer sich anschließenden Gruppe kleinerer Seen – wegen ihrer Form Krebsschwanz genannt. Wasserspeiende geometrische Figuren des Stuttgarter Bildhauers Hans Dieter Bohnet in Zusammenarbeit mit dem Planungsbüro Luz beleben die Seen. Von dem künstlich aufgeschütteten, 10 Meter hohen Aussichtshügel, dem Leibfried, hat man einen guten Ausblick auf die benachbarten Parkbereiche, auf die Innenstadt und das Neckartal. Geheimnisvoll ist die Wildnis um die Ruine der Villa Moser, um die in engen Grenzen der Garten begehbar gemacht wurde. Stege führen über die ehemalige Villa hinweg und um sie herum. Mosers Traum vom Süden, mit dem er Villa und Park Gestalt gegeben hat, griff der Architekt und Künstler Hans Dieter Schaal in mehreren Kunst-Installationen auf und persiflierte sie.

Silberburgpark, Karlshöhe

Silberburgstraße, Stuttgart

Zwischen Stuttgart-Süd und -West, den beiden bevölkerungsreichsten Stadtteilen, liegt in Fortsetzung des Hasen-

BaWü 41
Eigentümer/in:
Landeshauptstadt Stuttgart,
Garten- und Friedhofsamt

BaWü
Maybachstraße 3,
70192 Stuttgart,
Tel. 0711/2167160,
Fax 0711/2167721
Größe: 5 ha
frei zugänglich
Führungen: nach Voranmeldung,
Preis nach Vereinbarung,
🚌 41 Marien-/Silberburgstraße
Ⓢ 1, 2, 3, 4, 5, 6 Feuersee

bergs der Bergrücken der Karlshöhe. Weinberge, prächtige Villen mit großen Gärten und öffentliche Grünanlagen, von denen aus man eine herrliche Aussicht auf die Innenstadt hat, prägen diese Gegend. Schon der Verschönerungsverein erkannte die hervorragende Lage im Stadtgebiet. Er erwarb den Berggipfel und gestaltete ihn in den Jahren 1889 bis 1896 als öffentliche Grünanlage. Zur Bundesgartenschau 1961 wurden Grünanlagen am südlichen und nördlichen Hang (Milchbar mit Weinberg und Silberburganlage) geschaffen, 1985 bis 1990 die Villa Gemmingen und ihr Park saniert.

BaWü 42
Eigentümer/in:
Landeshauptstadt Stuttgart,
Garten- und Friedhofsamt
Maybachstraße 3,
70192 Stuttgart,
Tel. 0711/2167160,
Fax 0711/2167721
Größe: 35 ha
frei zugänglich
Führungen: nach Voranmeldung
Preis nach Vereinbarung
U 5, U 6, U 13 Pragsattel
U 7 Killesberg Messe
🚌 43 Killesberg Messe
P gebührenpflichtig
Attraktionen: Fontänen, Wasserbecken, Kübelpflanzen
Mai bis Oktober

Höhenpark Killesberg

Am Kochenhof, Stuttgart

Der Killesberg war bis 1938 ein aufgelassener Steinbruch. Der Planer der Reichsgartenschau 1939, Herrmann Mattern, nahm die Grundstrukturen des Steinbruchs als Elemente seiner Parklandschaft auf, so daß sich immer wieder neue, unerwartete Parkräume öffnen. Aufgrund der schwierigen Bodenverhälltnisse dominieren die genügsamen Robinien und Birken, mit kontrastreichen Eiben und Buchs unterpflanzt. Die Bauwerke wurden in sehr guter handwerklichen Qualität aus dem vorhandenen Material, einem roten Schilfsandstein, errichtet. Große Teile des Parks wurden kurze Zeit später im Krieg zerstört, doch schon 1950 eröffnete die zweite Gartenschau. Zur Internationalen Gartenschau 93 wurde der Park nach dem historischen Vorbild von 1939 saniert. Besondere Attraktionen sind das Tal der Rosen, das Astilbental, Erika- und Königskerzen-Hang sowie weitere Stauden- und Wiesenbereiche.
Veranstaltungen: Lichterfest Samstag im Juli, Infos bei: Messe Stuttgart, Tel. 0711/2589375, Wahl der schönsten Dahlie Sept./Okt.

BaWü 43
Eigentümer/in:
Landeshauptstadt Stuttgart,
Garten- und Friedhofsamt
Maybachstraße 3,
70192 Stuttgart,
Tel. 0711/2167160,
Fax 0711/2167721
Größe: 3,6 ha
frei zugänglich
Führungen: nach Voranmeldung,
Preis nach Vereinbarung
U 5, U 6, U 7 Bopser
P

Weißenburgpark

Hohenheimer Straße 119, Stuttgart

Der frühere Privatpark des Geheimrats Ernst von Sieglin aus der Jahrhundertwende erwarb die Stadt Stuttgart 1956 und baute ihn zur Bundesgartenschau 1961 zur öffentlichen Grünanlage aus. Unter Belassung der Reste des Streuobstbaus entstand eine Anlage am Hang, die durch ihren Höhenunterschied von 60 Metern sehr gute Ausblicke in die Stadtlandschaft ermöglicht. Bemerkenswert sind die in den Hang eingebauten Spielbereiche und die handwerklich gearbeiteten Mauern. Von dem alten Privatpark sind der unterirdische Marmorsaal, der sich als Raum für festliche Veranstaltungen empfiehlt, und das Teehaus erhalten. Das Teehaus, das heute als Café genutzt wird, liegt auf dem höchsten Punkt der Anlage und wurde 1914 von Heinrich Senes entworfen, die Kuppel von J. Mössel ausgemalt.

Stadtgarten

Kriegsbergstraße/Keplerstraße/Schellingstraße, Stuttgart
Die Parkanlage wurde 1870 zur ersten Württembergischen Gartenbauausstellung in Stuttgart fertiggestellt. Hier fanden Konzerte, Tanz und viele andere Veranstaltungen statt. Es gab prächtige Blumenbeete, Wasserspiele und ein Gewächshaus mit exotischen Pflanzen. Der Stadtgarten war einst die beliebteste Parkanlage in Stuttgart. 100 Jahre später wurde die im 2. Weltkrieg weitgehend zerstörte und daraufhin verwilderte Parkanlage neu gestaltet. Bei dieser Umgestaltung wurden Tiefgaragen überbaut sowie zwei Straßen aufgehoben und der Parkanlage zugeschlagen. Da der Stadtgarten unmittelbar an das Universitätsgelände anschließt, wird er vor allem von Studenten gern genutzt.

BaWü 44
Eigentümer/in:
Landeshauptstadt Stuttgart,
Garten- und Friedhofsamt
Maybachstraße 3,
70192 Stuttgart,
Tel. 0711/2167160,
Fax 0711/2167721
Größe: 3,5 ha
frei zugänglich
Führungen: nach
Voranmeldung
Preis nach Vereinbarung
U 9, U 14 Keplerstraße/
Friedrichsbau
S 40, 42 Katharinen-Hospital

Park der Villa Berg

Sickstraße, Stuttgart
In dieser Parkanlage befindet sich die 1845 bis 1853 im italienischen Renaissance-Stil erbaute Villa Berg. Sie war fürstlicher Wohnsitz von Kronprinz Karl und seiner Frau, der russischen Großfürstin Olga Nikolajewna. 1913 ging die Villa Berg in den Besitz der Stadt über, wurde nach der Zerstörung im 2. Weltkrieg vereinfacht wiederaufgebaut und dient heute dem Süddeutschen Rundfunk als Studio und Veranstaltungsraum. Im Nordteil der Anlage befindet sich der Rosengarten mit Pavillon. Dieser Teil wurde 1981 nach historischem Vorbild wiederhergestellt. Durch eine schmale Grünverbindung gelangt man von hier aus in den Unteren Schloßgarten.

BaWü 45
Eigentümer/in:
Landeshauptstadt Stuttgart,
Garten- und Friedhofsamt
Maybachstraße 3,
70192 Stuttgart,
Tel. 0711/2167160,
Fax 0711/2167721
Größe: 18,5 ha
frei zugänglich
Führungen: nach
Voranmeldung,
Preis nach Vereinbarung,
U 1, U 14 Mineralbäder
P

Kurpark Bad Cannstatt

Taubenheimstraße, Stuttgart-Bad Cannstatt
Mitte des 19. Jahrhunderts schickte sich Cannstatt an, dessen Quellen schon die Römer schätzten, ein Weltbad zu werden, und so erlebte der Park in der Zeit von 1900 bis 1915 seine Blütezeit. Das heutige Aussehen bekam der Park in den Jahren 1959/60 durch modernisierende Eingriffe. Sein Charakter wird jedoch von dem wunderschönen alten Baumbestand, der teilweise noch auf die Gründungsjahre zurückgeht, geprägt. Die im Osten angrenzende Wulfilaanlage entstand im Jahr 1960 mit klarer Gliederung und funktionaler Wegeführung. Die Kursaalanlagen im Westen des Kurparks gehen auf eine vierreihige Kastanienallee zurück, die auf den Portikus des Kursaals ausgerichtet war. Nach kriegbedingten Zerstörungen bekam die Anlage, wie der Kurpark, 1959 und 1960 ihr heutiges Aussehen.

BaWü 46
Eigentümer/in:
Landeshauptstadt Stuttgart,
Garten- und Friedhofsamt
Maybachstraße 3,
70192 Stuttgart,
Tel. 0711/2167160,
Fax 0711/2167721
Größe: 15 ha
frei zugänglich
Führungen: nach
Voranmeldung,
Preis nach Vereinbarung
2 Kursaal
P

BaWü 47
Eigentümer/in: Land Baden-Württemberg,
Tel. 0711/54020,
Fax 0711/5402222,
E-Mail: info@wilhelma.de,
Internet: www.wilhelma.de
Größe: 30 ha
Öffnungszeiten: ganzjährig geöffnet
im Sommer 8.15–18 Uhr
im Winter 8.15–16 Uhr
Eintritt: 14 DM, Kinder frei bis 6 Jahre, Abendtarif ab 16 Uhr: normal 9 DM, erm. 4,50 DM, Gruppe 9 DM/Person, ermäßigt 7 DM für Schüler, Studenten Gruppen, ab 15 Personen 10 DM/Person
Führungen: nach Voranmeldung Tel. 0711/54020, für Gruppen bis 30 Personen 100 DM/Gruppe, Preisänderungen vorbehalten
U 13, 14 Wilhelma/Rosensteinbrücke
P gebührenpflichtig
Veranstaltungen: große Sonderausstellung zu zoologischen und botanischen Themen, Ende Juni bis Mitte September

Wilhelma – Zoologisch-Botanischer Garten

Neckartalstraße, 70376 Stuttgart-Bad Cannstatt

Wer heute an die Wilhelma denkt, meint in aller Regel den Zoologischen Garten Wilhelma. Daß die Wilhelma eine viel längere botanische Tradition und vor allem sehr reichhaltige Pflanzensammlungen hat, wird oft vergessen.
Durch die Kombination von Pflanzen und Tieren, alter und moderner Architektur in einem historischen Park ist sie einzigartig auf der Welt. Gebaut wurde die Anlage zwischen 1837 und 1864 im Auftrag König Wilhelms I. von Württemberg. Nach dem Untergang des Königshauses 1918 wurde sie ein öffentlicher botanischer Garten.
Im 2. Weltkrieg zu etwa 95 Prozent zerstört, wurde der Park als zoologisch-botanischer Garten wiederaufgebaut. Heute ist sie Heimat für rund 9000 Tiere und mit fast 1000 Arten einer der artenreichsten Zoos in Deutschland. Aber auch 5000 Pflanzenarten sind hier zu finden. Daher ändert sich das Gesicht des Parks im Wechsel der Jahreszeiten ständig. Einmalig ist die Blüte in Europas größtem Magnolienhain mit 72 Bäumen, von denen 32 wohl aus der Gründerzeit der Wilhelma stammen. Im Sommer erfreut die Pracht tropischer Seerosen im zirka 1000 Quadratmeter großen, beheizten Teich. Bemerkenswert ist die Kamelien-, Fuchsien- und Azaleensammlung. Beeindruckend sind auch die Bestände an Sukkulenten, Orchideen (rund 5000 Pflanzen), Farnen, Begonien, Bromelien, Insektivoren und Nutzpflanzen. In dem neuen Amazonashaus sieht man auf 1200 Quadratmeter umbauter Fläche in einer künstlich gestalteten Felslandschaft Pflanzen und Tiere aus dem oberen Amazonas-Regenwald.

BaWü 48
Eigentümer/in: Universität Hohenheim, Versuchsstation für Gartenbau,
Filderhauptstraße 169–171
70599 Stuttgart-Hohenheim,
Tel. 0711/4593080/90,
Fax 0711/4593750
Größe: 9,8 ha
frei zugänglich
Führungen: nach Voranmeldung kostenlos
U 3 Plieningen Garbe
P

Exotischer Garten – Landesarboretum Baden-Württemberg

Filderhauptstraße 169–171, Stuttgart-Hohenheim

Der Ursprung des Landesarboretums geht in das 18. Jahrhundert zurück. In den Jahren 1776 bis 1793 wurde unter Herzog Carl Eugen von Württemberg begonnen, ein 21 Hektar großes Gelände südwestlich des Hohenheimer Schlosses in einen Englischen Landschaftspark umzuwandeln. Ausgestattet mit etwa 60 Gebäuden und Monumenten diente er zunächst dem Herzog und seiner damaligen Favoritin Franziska von Leutrum, spätere Reichsgräfin von Hohenheim, zum Aufenthalt in Mußestunden oder bei Festlichkeiten. Zwei besondere Gärten wurden innerhalb des Landschaftsgartens angelegt: ein Garten, worin alle württembergischen Pflanzen befindlich sind, und ein Amerikanischer Garten mit nordamerikanischen Gehölzen. Bereits 1783 zählte die botanische Sammlung 1200 Arten, damals die reichste und vollständigste Sammlung von ausländischen Bäumen und Sträuchern in Deutschland. Im Jahr 1953 wurde der sogenannte Exotische Garten zum Landesarboretum von Baden-Württemberg erhoben. Er ist Teil der Versuchsstation für Gartenbau an der Universität Hohenheim. Über 1800 verschiedene Arten, Varietäten und Formen auf 9,8 Hektar Fläche dienen als Lehr- und Anschauungsobjekte. Ein Schwerpunkt bei der Auswahl der Gehölze liegt in der Darstellung gärtnerisch interessanter Sortimente. Das Gesamtbild des Landesarboretums wird geprägt durch den alten Baumbestand, der zum Teil noch aus der Zeit der ersten Anlage erhalten ist. Besonders zu erwähnen sind eine Platane sowie mehrere Tulpenbäume, die im Jahr 1779 gepflanzt wurden. Das Spielhaus im exotischen Garten, eines der drei noch bestehenden Gebäude aus der Gründerzeit, beherbergt das Museum zur Geschichte Hohenheims, das über die Entstehungsgeschichte des Gartens Auskunft gibt.

Botanischer Garten der Universität Hohenheim
Garbenstraße 30, Stuttgart-Hohenheim
Schwerpunkte des Botanischen Gartens sind die Vegetationsentwicklung der letzten 12 000 Jahre, eine systematische Anlage mit über 5000 Pflanzenarten und die Geschichte der landwirtschaftlichen Nutzpflanzen. Besonders beliebt sind die Gewächshäuser mit Sammlungen tropischer und subtropischer Pflanzen und zwei Arzneigärten.
Eigentümer/in: Universität Hohenheim,
Botanischer Garten 211, Garbenstraße 30, 70599 Stuttgart,
Tel. 0711/4592186, Fax 0711/4593355,
E-Mail: botghans@uni-hohenheim.de
Führungen: nach Voranmeldung Ingo Hans, Bot. Garten 211, Emil-Wolff-Straße 38, 70599 Stuttgart-Hohenheim,
Tel. 0711/4592186 für Gruppen bis 40 Personen
Attraktionen: Kinderspielplatz im Garten

BaWü 49
Größe: 17 ha
frei zugänglich
Gewächshäuser: Mo–Do 8–16 Uhr, Fr 8–12 Uhr
Sa, So, feiertags: n. Anm.
DB Stuttgart
3 Garbe, Plieningen
70 Uni Hohenheim
→ Die Gärten liegen südlich von Schloß Hohenheim

BaWü 50
Eigentümer/in:
Landeshauptstadt Stuttgart,
Garten- und Friedhofsamt
Maybachstraße 3,
70192 Stuttgart,
Tel. 0711/2167160,
Fax 0711/2167721
Größe: 2,5 ha,
frei zugänglich
Attraktionen: Wasserbecken
Mai–Okt.
U 1, U 3, U 6 Vaihingen
Bahnhof
S 1, 2, 3 Vaihingen-Bahnhof

Stadtpark Vaihingen
Vollmoellerstraße, Stuttgart-Vaihingen
Der zwischen 1933 und 1935 auf dem Gelände eines ehemaligen privaten Parks und städtischer Flächen nach Plänen des Gartenarchitekten C.W. Siegloch angelegte Park wurde Ende der siebziger Jahre im Rahmen der Städtebausanierung des Stadtteils Vaihingen umgebaut. Die historische Lindenallee konnte erhalten werden. Einzelne Nachpflanzungen waren notwendig. Bei der Sanierung wurde auch wegen des schönen Baumbestandes an der zum Teil streng geometrischen Gestaltung festgehalten und der Park mit Staudenpflanzungen und Einjahresblumen aufgewertet.
Führungen: nach Voranmeldung, Preis nach Vereinbarung

BaWü 51
Größe: 1,5 ha
Führungen: nach
Voranmeldung kostenlos
frei zugänglich
84 Bibliothek
701, 702 Rathaus
→ Über Stadtpark erreichbar
P gebührenpflichtig

Burghalde
Wilhelm-Hornmann-Straße, Sindelfingen
Oberhalb der Stadt liegt die älteste Gartenanlage Sindelfingens. Farbenfrohe Staudenterrassen, kleine Teiche und verschwiegene Plätze im verwinkelten Gelände, die Kombination von Natursteinen in Mauern und Wegen lassen die Handschrift Josef Wohlschlagers erkennen. Anläßlich der Landesgartenschau 1990 wurden die Statuen der römischen Gottheiten Mars und Venus hierhin versetzt.
Eigentümer/in: Stadt Sindelfingen, Regiebetrieb Stadtgrün, Rathausplatz 1, 71063 Sindelfingen, Tel. 07031/94373, Fax 07031/94688, E-Mail: stadtgruen@sindelfingen.de

BaWü 52
Größe: 2,7 ha
frei zugänglich
Führungen: nach
Voranmeldung kostenlos
84 Bibliothek
701, 702 Rathaus
P gebührenpflichtig

Stadthallenpark
Schillerstraße, Sindelfingen
Die von dem Stuttgarter Gartenarchitekten Adolf Haag in den frühen fünfziger Jahren gestalte Anlage blickt auf eine wechselvolle Geschichte zurück. Nach 1962 durch den Bau der Stadthalle folgte mit ihrer Renovierung und der Errichtung einer Tiefgarage Ende der achtziger Jahre eine zweite Umgestaltung. Die Funktion des Lustwandelns veränderte sich in eine Umrahmung und Repräsentation für die Stadthalle.
Eigentümer/in: Stadt Sindelfingen, Regiebetrieb Stadtgrün, Rathausplatz 1, 71063 Sindelfingen, Tel. 07031/94373, Fax 07031/94688, E-Mail: stadtgruen@sindelfingen.de

BaWü 53
Eigentümer/in: Stadt
Sindelfingen, Regiebetrieb
Stadtgrün, Rathausplatz 1,
71063 Sindelfingen,
Tel. 07031/94373,
Fax 07031/94688,

Chorherrengarten
Ziegelstraße, Sindelfingen
Nach Plänen von Helga Mühleck restauriert, wird der historische Bauerngarten ehrenamtlich vom Mittleren Alter gepflegt. In der formalen Ordnung dieses Gartens ergeben Heilkräuter, Gewürze, Gemüse und Blumen ein harmonisches Miteinander.

Führungen: nach Voranmeldung kostenlos
Öffnungszeiten: ganzjährig geöffnet,
im Sommer 8–19 Uhr, im Winter 8–16.30 Uhr
701, 702 Domo, P gebührenpflichtig,

E-Mail:
stadtgruen@sindelfingen.de
Größe: 460 qm
Eintritt: frei

Sommerhofenpark

Seestraße Sindelfingen

Die Parkanlage wurde zur 10. Landesgartenschau Baden-Württemberg 1990 nach Plänen von Jörg Stötzer gebaut. Der Park liegt zwischen Siedlungsrand und freier Landschaft. Die Sindelfinger Staudengärten sind in die Anlage integriert. Besonders sehenswert ist der streng geometrische Rosengarten.
Führungen: nach Voranmeldung, kostenlos
DB Sindelfingen, 51 Goldberg, 706 Rathaus
P

BaWü 54
Eigentümer/in: Stadt Sindelfingen, Regiebetrieb Stadtgrün, Rathausplatz 1, 71063 Sindelfingen,
Tel. 07031/94373,
Fax 07031/94688,
E-Mail:
stadtgruen@sindelfingen.de
Größe: 11 ha
frei zugänglich

Aibachgrund-Park

Sindelfingen-Darmheim

Die Herkunft als früherer Steinbruch ist dem Park an seiner Modellierung noch gut anzusehen. Besonders hervorzuheben sind seine zahlreichen Baumarten, die in einem Baumlehrpfad beschrieben werden.
Führungen: nach Voranmeldung
Veranstaltungen: Sonnwendfeier
DB Böblingen, 731, 732 Sindelfingen-Darmheim
P

BaWü 55 NEU
Eigentümer/in: Stadt Sindelfingen, Regiebetrieb Stadtgrün, Rathausplatz 1, 70163 Sindelfingen,
Tel. 07031/94373,
Fax 07031/94688
Größe: 5 ha
frei zugänglich

Merkel-Park

Pulverwiesen/Färbertörlesweg, Esslingen am Neckar

Um 1870 entstand am Pulverwasen die Schafwollspinnerei Merkel und Kienlin. In unmittelbarer Nähe erstellte Kommerzienrat Oskar Merkel eine Villa mit Landschaftspark, direkt an der neu entstandenen Bahnlinie Stuttgart-Ulm. 1970 kam die Wollfabrik mit Villa und Landschaftspark in den Besitz der Stadt Esslingen mit der Maßgabe, das Fabrikgelände nach Abbruch in einen öffentlichen Park umzuwandeln. Dieser wurde 1982 nach den Plänen des Grünflächenamtes fertiggestellt. Mittelpunkt der Anlage ist der geöffnete Triebwerkskanal, der in einen See mit Fontänen mündet. Im Westen schließt der Park an den Pliensauturm an, der ein Teil der mittelalterlichen Stadtbefestigung ist. Dort wurde auf einem ehemaligen Lokschuppen ein aus einer Bürgerstiftung finanzierter Kinderspielplatz errichtet. Der alte und der neue Merkel-Park sind in den letzten Jahren zu einer Einheit zusammengewachsen.

BaWü 56
Eigentümer/in: Stadt Esslingen am Neckar, Grünflächenamt Pulverwiesen 21,
73728 Esslingen am Neckar,
Tel. 0711/35122495,
Fax 0711/35122992,
E-Mail: gruenflaechenamt@esslingen.de
Größe: 4,3 ha
frei zugänglich
104, 113, 147 Neckarstraße
P gebührenpflichtig

BaWü 57
Eigentümer/in: Stadt Esslingen am Neckar, Grünflächenamt
Pulverwiesen 21,
73728 Esslingen am Neckar,
Tel. 0711/35122495,
Fax 0711/35122992,
E-Mail: gruenflaechenamt@esslingen.de
Größe: 0,1 ha, frei zugänglich
🚌 110,112,116
Mülbergstraße

Lenau-Anlage

Mülberger Straße, Esslingen am Neckar

Die Lenau-Anlage liegt im halbkreisförmigen Knie der Mülberger Straße. Sie wurde 1906 von den Stuttgarter Gartenarchitekten Berz und Schwede geplant und ausgeführt. Im Zentrum der kleinen Anlage steht die Bronzebüste des Dichters, umgeben von einem Brunnenbecken. Die Anlage ist, soweit bekannt, die einzige Anlage in Deutschland zu Ehren Lenaus. Sie wurde 1998 nach Originalunterlagen saniert.

BaWü 58
Eigentümer/in: Stadt Esslingen am Neckar, Grünflächenamt
Pulverwiesen 21,
73728 Esslingen am Neckar,
Tel. 0711/35122495,
Fax 0711/35122992,
E-Mail: gruenflaechenamt@esslingen.de
Größe: 0,4 ha, frei zugänglich
🚌 104,113,147 Schillerplatz

Schilleranlage

Schiller-/Heilbronner Straße, Esslingen am Neckar

Planung und Ausführung der 1906 hergestellten Anlage oblag den Stuttgarter Gartenarchitekten Berz und Schwede, der Entwurf stammt vermutlich von Harry Maasz. Mittelpunkt der Anlage ist ein nierenförmiger Teich mit Wasserspiel. Ein Querweg trennt einen landschaftlichen von einem streng gegliederten Bereich, der in der Spitze des Dreiecks liegt. Die Grünanlage wird zur Zeit nach alten Unterlagen saniert.

BaWü 59
Eigentümer/in: Stadt Esslingen am Neckar, Grünflächenamt
Pulverwiesen 21,
73728 Esslingen am Neckar,
Tel. 0711/35122495,
Fax 0711/35122992,
E-Mail: gruenflaechenamt@esslingen.de
Größe: 1,6 ha, frei zugänglich
🚌 108 Maillestraße
P gebührenpflichtig

Maille

Vogelsang-/Wehrneckarstraße, Esslingen am Neckar

Die Maille ist ein traditionsreicher Park mit altem Baumbestand inmitten der historischen Altstadt von Esslingen. Der Name wird von dem Ball-Maille-Spiel abgeleitet, das nach 1600 aus Italien eingeführt wurde. Die Maille wird 1752 erstmals erwähnt. Eine Planung der gesamten Anlage ist, soweit feststellbar, nie erstellt worden. Die Form entstand vielmehr durch die begrenzenden Elemente der sie umfließenden Neckararme. 1990 wurde der Landschaftsarchitekt Jörg Stötzer, Sindelfingen, auf der Grundlage eines Wettbewerbs mit der Sanierung des Parks beauftragt, die 1998 weitgehend abgeschlossen wurde.

BaWü 60
Größe: 0,2 ha, frei zugänglich
🚌 33, 74 Hallenbad
→ B 297 Richtung Tübingen, Zufahrt auf der linken Straßenseite ca. 200 m nach Stadtbrücke
P

Garten der Villa Melchior

Freie Kunstschule, Neckarstraße 13, Nürtingen

Im Jugendstilgarten des Gartenarchitekten Lilienfein wurden von Schülern und Lehrern der Kunstschule Nürtingen der Laubengang, das Springbrunnenrondell und Wege nach alten Unterlagen wiederhergestellt. Hinter dem Laubengang geht der Garten in den Uferbereich des Neckars über. Eigentümer/in: Stadt Nürtingen, Tiefbauamt, Grünflächenabteilung, Kirchheimer Straße 60, 72622 Nürtingen, Tel. 07022/75448, Fax 07022/75485

Lehr- und Versuchsanlage Landschaftsarchitektur, Abt. Braike

Schelmenwasen 6, Nürtingen

Foto: Fachhochschule Nürtingen

In der Ende der 80er Jahre von Prof. K. Eberhard gestalteten Erweiterungsanlage des Fachbereichs Landespflege steht die Pflanzenverwendung im Mittelpunkt. Es geht um das Gestalten mit Pflanzen in dieser stark modellierten Anlage mit hainartig angeordneten Baumgruppen. Verschiedene Themengärten zeigen Staudengemeinschaften auf Kalkfelsen, Waldrand- und Schattenstauden, Leitpflanzen und ihre Begleiter und – in Anlehnung an englische Stilrichtungen – monochrom kombinierte Staudenpflanzungen wie den Graulaubigen Garten. Neben einem Naturstein-Lehrgarten ist die Dachbegrünung ein weiterer Schwerpunkt.

BaWü 61
Eigentümer/in:
Fachhochschule Nürtingen
Neckarsteige 6–10,
72622 Nürtingen,
Tel. 07022/404188,
Fax 07022/404166,
E-Mail: lva@fh-nuertingen.de
Größe: 2 ha
Öffnungszeiten: April bis Oktober 8–16 Uhr
Eintritt: frei
Veranstaltungen: Tag des offenen Gartens
Infos bei: FH Nürtingen
Führungen: nach Voranmeldung für Gruppen bis 40 Personen oder nach Absprache, am Wochenende und abends 50 DM/Gruppe, während der Arbeitszeit kostenlos
DB Roßdorf
Bus 182 Sudetenstraße
→ Die Anlage befindet sich beim Neubau der Fachhochschule am Ortsrand von Nürtingen in Richtung Neuffen / Frickenhausen
P ♿

Lehr- und Versuchsanlage Landschaftsarchitektur, Abt. Tachenhausen

Hofgut Tachenhausen, Oberboihingen

Für die Studierenden des Fachbereichs Landespflege an der Fachhochschule Nürtingen stehen Sichtungsflächen mit Gehölzen, Stauden und Sommerblumen zur Verfügung, um die Pflanzen und ihre Standortansprüche kennenzulernen. Die von Prof. Kaiser Anfang der 80er Jahre geplante Abteilung gliedert sich in einen stilisierten Bauerngarten, Bereiche mit Stauden, Sommerblumen, Schlingern, Klettergehölzen, Prärie- und Steppenpflanzen. Rosen, Ziergehölze und Alleebäume runden das Bild ab.
Führungen: nach Voranmeldung für Gruppen bis 40 Personen oder nach Absprache, am Wochenende und abends 50 DM/Gruppe, während der Arbeitszeit kostenlos
Attraktionen: Blüte der Sommerblumen im Bauerngarten August bis September

BaWü 62
Eigentümer/in:
Fachhochschule Nürtingen
Neckarsteige 6–10,
72622 Nürtingen,
Tel. 07022/404188,
Fax 07022/404166,
E-Mail: lva@fh-nuertingen.de
Größe: 5,5 ha
frei zugänglich
DB Oberboihingen bei Nürtingen
S Ortsmitte Oberboihingen, am Alten Rathaus den Berg hoch
P ♿

BaWü 63
Eigentümer/in: Walter und Ingrid Sophie Hörsch
Hagenwiesenstraße 3,
73066 Uhingen,
Tel. 07163/4196,
Fax 07163/4789
Größe: 0,1 ha
Eintritt: frei
→ Bei Anmeldung, P

Privatgarten Hörsch

Hagenwiesenstraße 3, Uhingen

Privatgarten am Hang zum Nassachtal. Neben Stauden und Sträuchern finden sich hier zwischen 150 bis 200 Clematis.
Führungen: nach Voranmeldung kostenlos
Attraktionen: Clematis April bis Oktober
Öffnungszeiten: April bis Oktober, Anmeldung erbeten

BaWü 64
Eigentümer/in: Stadt Schwäbisch Gmünd
Marktplatz 7,
73525 Schwäbisch Gmünd,
Tel. 07171/603680,
Fax 07171/603688
Größe: 2,6 ha, frei zugänglich
P gebührenpflichtig

Stadtgarten Schwäbisch Gmünd

Rektor-Klaus-Straße 9, Schwäbisch Gmünd

1778 kaufte der Chef des Handelshauses Stahl, Edler von Pfeilhalden, von 11 Bürgern Grundstücke und verwirklichte dort kurze Zeit später seinen Traum von einem Lustgarten. Das Rokokoschlößchen, die Umzäunung sowie stattliche alte Bäume und die Sonnenuhr mit Obelisken sind heute noch vorhanden. Letztere hatte 17 Einzeluhren und als Windfahne das Motiv Apoll mit dem Sonnenwagen. 1906 kam das Geigenbrünnle, ein Werk von Wilhelm Wiedemann, hinzu.
Nach mehrmaligem Besitzerwechsel kaufte die Stadt vor 100 Jahren das Anwesen. An Stelle der damals gebauten Stadthalle wurde 1984 eine neue errichtet. Die Gestaltung der Außenanlagen übernahm der Landschaftsarchitekt Hans Luz, Stuttgart.

BaWü 65 NEU
Größe: 1 ha
Öffnungszeiten: ganzjährig geöffnet Mo–Fr, 8–16.30 Uhr
Anmeldung für Gruppen erbeten
Eintritt: frei
DB Süssen
P
Attraktionen: Bronzeskulpturen

Skulpturengarten Strassacker

Staufeneckstraße 19, Süssen

In einem weitläufigen, parkartigen Garten mit Teich, Bachlauf und modernem Pavillon stehen zahlreiche Bronzeskulpturen in unterschiedlichen Stilrichtungen und Motiven, wie szenische Darstellungen, Tierplastiken und Brunnen.
Eigentümer/in: Kunstgießerei Ernst Strassacker KG, Staufeneckstraße 19, 73079 Süssen, Tel. 07162/160, Fax 07162/16355, E-Mail: mail@strassacker.de, Internet: www.strassacker.de
Führungen: nach Voranmeldung

BaWü 66 NEU
Eigentümer/in: Margarete und Heinrich Schweizer
Mühlstraße 49,
73326 Deggingen,
Tel. 07334/5402
Größe: 0,18 ha
Eintritt: frei

Privatgarten Schweizer

Mühlstraße 49, Deggingen

In dem Erlebnis- und Empfindungsgarten mit alten Obstbäumen und Stauden stehen aus Ton selbstgefertigte kleine Kunstwerke.
Nur telefonische Anmeldung für Gruppen erbeten
Öffnungszeiten: ganzjährig geöffnet
→ bei Anmeldung, P

Schloßpark Fachsenfeld
Am Schloß 1, Aalen-Fachsenfeld
Der Landschaftspark ist im wesentlichen in den Jahren 1830 bis 1860 durch Wilhelm Freiherr von Koenig-Fachsenfeld mit planerischen Beiträgen von Oberhofgärtner Bosch, dessen Ideen auch bei der Gestaltung der Wilhelma in Stuttgart Eingang gefunden haben, angelegt worden. Bedeutende Erweiterungen erfolgten in den Jahren 1904 bis 1906 und 1960. Im Park befinden sich über 400 Arten Bäume und Sträucher.
Eigentümer/in: Stiftung Schloß Fachsenfeld, Marktplatz 30, 73430 Aalen, Tel. 07366/7351
Öffnungszeiten: nur im Rahmen von Führungen, 16. März bis 31. Oktober an Wochenenden und Feiertagen 10–17 Uhr

BaWü 67
Größe: 8 ha
Anmeldung erbeten
Eintritt: 5 DM nur mit Führung, Kinder frei bis 6 Jahre, ermäßigt 3 DM für Schüler, für Schulklassen: 2 DM/Person, Führungen: nach Voranmeldung, mind. 25 DM
DB Aalen
Bus Aalen-Fachsenfeld
P

Privatgarten Berger
Eichenweg 20, Dischingen, OT Ballmertshofen
1997 wurde nach dem Beseitigen eines Fichtenwaldes das Gelände modelliert, Wege angelegt, Mauern gesetzt, der Boden verbessert und Bäume und Sträucher gepflanzt. Im Herbst 1998 zogen die Besitzer mit den Pflanzen des alten Gartens um. Seitdem verändert sich der Garten fast ständig.
Eigentümer/in: Helga und Harald Berger, Eichenweg 20, 89561 Dischingen, OT Ballmertshofen, Tel. 07327/921386

BaWü 68 NEU
Größe: 0,15 ha
Anmeldung erbeten
Öffnungszeiten: Mai bis September
Eintritt: frei
→ bei Anmeldung
P
✿ Helleborus

BaWü 69
Eigentümer/in: Stadt Kehl, Stadtverwaltung, Herderstr. 3, 77694 Kehl,
Tel. 07851/880,
Fax 07851/88362
Größe: 10 ha, frei zugänglich
P 🐕 ♿

Rheinpromenade

Kehl

Die Rheinpromenade erstreckt sich ab der Europabrücke in Kehl entlang des Rheins nach Süden und geht nach etwa 2 Kilometern in den Rheinauewald über. Sie wird geprägt von einem teilweise imposanten Baumbestand und dem Ausblick auf den Rhein. Die Rheinpromenade wird Teil der Landesgartenschau Baden-Württemberg 2004 sein.

BaWü 70
Eigentümer/in: Stadt Lahr / Schwarzwald, Am Stadtpark 3, 77933 Lahr,
Tel. 07821/39571,
Fax 07821/30669
Internet: www.regio.de/lahr/d/stadtpark/php3
Größe: 4,5 ha
Öffnungszeiten: ganzjährig geöffnet,
im Sommer 8–19 Uhr,
im Winter 9-18 Uhr
Eintritt: 3 DM, Kinder frei bis 6 Jahre, ermäßigt 1,50 DM für Behinderte, Gruppen ab 20 Personen, 2,50 DM/Person
Führungen: nach Voranmeldung,
Tel. 07821/9100670
kostenlos
P ✕ ♿
Attraktionen: Rhododendren, Mai Rosengarten, Juni
Veranstaltungen: Rosenfest
Infos bei: Lahrinfo, Rathausplatz 4, 77933 Lahr

Stadtpark Lahr

Kaiserstraße, Lahr

Seinen Ursprung hat der Lahrer Stadtpark in dem Villengarten von Christian Wilhelm Jamm, der sich um 1860 um seine Villa, heute Museum der Stadt Lahr, von französichen Gärtnern einen Englischen Garten mit Teich, Grotte, Pavillon und Wintergarten anlegen ließ. Nach seinem Tod vermachte er das Grundstück der Stadt Lahr mit der Maßgabe, daraus einen öffentlichen Park zu machen. Auch die dazu gehörenden Grundstücke durften nicht bebaut werden, so daß sie zur Erweiterung des Stadtparks genutzt werden konnten. Auf relativ kleiner Fläche werden eine Vielzahl unterschiedlicher Gartentypen auf hohem gärtnerischen Niveau gezeigt. Neben dem schönen Altbaumbestand, darunter zahlreiche Raritäten, und vielen Rhododendren ist der 1985 entstandene, geometrische Rosengarten mit über 250 Sorten erwähnenswert, der sich vor der Orangerie erstreckt. Eine Fülle von Sommerblumen, viele nach alten Teppichbeetvorlagen der Jahrhundertwende gepflanzt, sind Höhepunkte, ebenso die Staudenbeete im englischen Stil. Seit vielen Jahren sind die zahlreichen Vögel, unter anderen Flamingos auf den Wiesen oder Exoten in der Voliere, beliebte Attraktion des Stadtparks.

BaWü 71 NEU
Eigentümer/in: Familie Willi Kopp, Haslacher Straße 6, 77704 Oberkirch / Haslach,
Tel. 07802/7915
Größe: 0,25 ha
Anmeldung erbeten
Eintritt: frei
Öffnungszeiten: Mai bis Juli
→ bei Anmeldung
P

Privatgarten Kopp

Haslacher Straße 6, Oberkirch / Haslach

Ein abwechslungsreicher Garten mit einer üppigen Staudenrabatte, zahlreichen Rosen und Sommerblumen, Seerosenteiche, einer üppigen Glyzinie und einem Nutzgarten. Eine besondere Spezialität sind verschiedene Formschnitte aus Buchs und anderen Gehölzen.
Führungen: nach Voranmeldung

BaWü 72 NEU
Eigentümer/in: Antonia Baumann, Gewerbestraße 8, 77704 Oberkirch,
Tel. 07802/6283,

Privater Fuchsiengarten

Gewerbestraße 8, Oberkirch

Ob als Hängeampel unter Bäumen oder als Stämmchen im Blumenbeet: in natürlicher Umgebung laden etwa 500 Fuchsienarten und -sorten zum Verweilen und Bestaunen

ein. In beschatteter Lage kommen viele Blüten erst zur Geltung und zu ihrer Blütenpracht. Rund um das Wohnhaus stehen außerdem zahlreiche Kübelpflanzen, wie Cassia, Bleiwurz, Engelstrompete und Oleander.
Anmeldung für Gruppen erbeten
Öffnungszeiten: Juni bis Oktober 9–20 Uhr

Fax 07802/4584,
E-Mail: wolfgang.ducksch@t-online.de,
Internet: wolfgang-ducksch.de
Größe: 700 qm
Eintritt: frei
Bus: Achern-Oberkirch Blumenau
P ♿

Privatgarten Längin
Alte Bergstraße 7, Lahr-Mietersheim
Vielfältige Stauden, Kiwi-Spaliere, kleine Teiche, Steingarten, Obst- und Gemüsegarten und ein Rhododendronbeet prägen diesen Garten. Eine besondere Spezialität ist die große Iris-Sammlung.
Anmeldung erbeten
Führungen: nach Voranmeldung
Attraktionen: Irisblüte Mitte Mai bis Anfang Juni

BaWü 73 NEU
Eigentümer/in: Familie Kurt Längin, Alte Bergstraße 7, 77933 Lahr-Mietersheim,
Tel. 07821/43673
Größe: 0,2 ha
Öffnungszeiten: Mai bis Oktober, 10–18 Uhr
Eintritt: frei
DB Lahr
→ bei Anmeldung
♿

Botanischer Garten der Universität Tübingen
Hartmeyerstraße 123, Tübingen
Die Tradition der Tübinger Botanischen Gärten reicht bis in das 16. Jahrhundert zurück zum Mediziner, Naturwissenschaftler und mehrfachen Rektor der Univiversität, Leonhart Fuchs, nach dem die Fuchsie benannt wurde.
Der Neue Botanische Garten steht seit 1969 für Forschung und Lehre im Universitätsunterricht sowie zur allgemeinen Information der Öffentlickeit zur Verfügung. Rund 12 000 Planzenarten aus fast allen Lebensräumen der Erde werden gezeigt. Die Freilandabteilungen gliedern sich auf in das Geographische Alpinum, das Ökologische Alpinum, die Systematische Abteilung, die Schwäbische-Alb-Anlage, den Rhododendron-Hain, die Ostasien- und Nordamerika-Reviere und viele andere Bereiche, von Nutz-, Arznei-, Zier- und Wasserpflanzen bis hin zum historischen Bauerngarten oder zum schwäbischen Weinberg mit alten und neuen Rebsorten Baden-Württembergs. Alte, zum Teil fast vergessene Obstsorten werden als kulturelles Erbe im Arboretum vorgestellt, außerdem 1300 Nadel- und Laubgehölzarten der gemäßigten Breiten.
Die 2400 Quadratmeter großen Gewächshausanlagen versetzen in die wärmeren Klimazonen, wie das Tropicarium mit der Artenfülle der alt- und neuweltlichen Tropen, die Gewächse der Trocken- und Wüstengebiete im Sukkulentenhaus und die speziellen Pflanzen der Kanaren-Abteilung.

BaWü 74
Eigentümer/in: Universität Tübingen, Botanischer Garten, Hartmeyerstraße 123, 72076 Tübingen,
Tel. 07071/2978822,
Fax 07071/295876
Internet: www.uni-tübingen.de/uni/bbm/
Größe: 10 ha
Öffnungszeiten: ganzjährig geöffnet Freiland: 7.30 bis 16.45 Uhr Gew.H.: Mo–Fr 7.30–16.30 Uhr Sa, So, feiertags 10–16.30 Uhr
Eintritt: frei
Führungen: nach Voranmeldung für Gruppen bis 40 Personen
40 DM/Gruppe
DB Tübingen
Bus: 5 Botanischer Garten
P 🐕 ♿ ℹ
Veranstaltungen: Veranstaltungsprogramm Januar bis Dezember
Infos bei Universität Tübingen

BaWü 75
Eigentümer/in: Stadt Reutlingen, Garten- und Friedhofsamt, Marktplatz 22, 72764 Reutlingen, Tel. 07121/3032573, Fax 07121/3032773
Größe: 4,9 ha, frei zugänglich
4, 5 Volkspark/Pomologie
gebührenpflichtig

Pomologie

Alteburgstraße/Friedrich-Ebert-Straße, Reutlingen

Um das 1860 gegründete Pomologische Institut wurden 1000 Apfel-, Birnen-, Zwetschgen- und Pflaumenbäume gepflanzt. Nach der Schließung des Instituts 1922 diente das Gelände zum Teil als Parkplatz, bis es zur Landesgartenschau von 1982 bis 1984 als öffentliche Grünanlage mit vielerlei Einrichtungen für alle Altersgruppen umgewandelt wurde. Als Hinweis auf die typischen Obstgütle blieb eine Obstbaumwiese erhalten. Neben einem Obst-, Beeren- und Gemüsegarten gibt es einen Rosen- und Apothekergarten, ein Gewächshaus, ein Exotarium mit Sumpfbibern und Wasserschildkröten sowie Spieleinrichtungen.

BaWü 76
Eigentümer/in: Stadt Reutlingen, Garten- und Friedhofsamt, Marktplatz 22, 72764 Reutlingen, Tel. 07121/3032573, Fax 07121/3032773
Größe: 3,5 ha, frei zugänglich
4, 5 Volkspark/Pomologie
gebührenpflichtig

Volkspark Reutlingen

Frauenstraße, Reutlingen

Kurz vor dem 1. Weltkrieg ließ die Stadt Reutlingen durch das Stuttgarter Architekturbüro Berz & Schwede einen Volkspark bauen, dessen Gestaltung streng geometrisch war. Aus finanziellen Gründen wurde beim Bau auf viele Ausstattungsmerkmale wie Pergolen und Wasserfontänen verzichtet. Zur Landesgartenschau 1984 wurde der Volkspark unter Berücksichtigung seiner historischen Grundstruktur restauriert. Staudenpflanzungen, abgestimmt auf den ausgelichteten Baumbestand mit sonnigen und schattigen Standorten, bilden zusammen mit den Bäumen und Sträuchern eine artenreiche Pflanzengesellschaft. Nach den Plänen des Büros Eppinger und Schmid entstand die 60 Meter lange, dreiteilige Wasserachse mit den Zentauren des Stuttgarter Bildhauers Brüllmann. Neben dem Musikpavillon gibt es einen Spielbereich für Kinder jeden Alters.

BaWü 77
Eigentümer/in: Stadt Reutlingen, Garten- und Friedhofsamt, Marktplatz 22 72764 Reutlingen, Tel. 07121/3032573, Fax 07121/3032773
Größe: 2,6 ha, frei zugänglich
6 Isolde-Kurz-Gymnasium

Stadtgarten Reutlingen

Reutlingen

Um 1902 nach Plänen von Friedrich Lucas angelegt, war der Stadtpark eine öffentliche Grünanlage, die ursprünglich den Bewohnern der engbebauten Altstadt als Erholungsort diente und als Lunge der Stadt bezeichnet wurde. Größere Umbauten im zentralen Bereich wurden 1983 mit der Aushebung eines etwa 700 Quadratmeter großen Teichs vorgenommen. Der als Hügel gestaltete Aushub erhielt eine Bepflanzung mit Rosen und Stauden und ein Sitzrondell mit Pergola.

BaWü 78 NEU
Eigentümer/in: Johannes und Dora Heß, Schloßberg 11, 72525 Münsingen-

Privatgarten Heß

Schloßberg 11, Münsingen-Magolsheim

Der kleine Garten ist überwiegend mit Stauden bepflanzt. Neben einem Steingarten und einer Wasserfläche wachsen

aber auch unterschiedliche Gräser, Kräuter und Sommerblumen.
Anmeldung erbeten
Öffnungszeiten: Mai bis Oktober

Magolsheim,
Tel. 07384/6286,
Fax 07384/952096
Größe: 350 m²
Eintritt: frei
→ bei Anmeldung, P

Schloßpark Albstadt-Lautlingen
Von-Stauffenberg-Straße, Albstadt
Der von Schloßmauer mit Ecktürmen und einzelnen Gebäuden eingesäumte Park mit seinen alten Bäumen umgibt das Stauffenbergschloß, Sitz der Ortschaftsverwaltung und der Musikhistorischen Sammlung Jehle mit Konzertsaal.
Eigentümer/in: Stadtverwaltung Albstadt, Postfach 125, 72422 Albstadt, Tel. 07431/1603701, Fax 07431/1603707

BaWü 79
Größe: 0,8 ha, frei zugänglich
DB Albstadt-Lautlingen
S wenige Minuten vom Bahnhof
P

Botanischer Garten der Universität Ulm
Oberer Eselsberg, 89069 Ulm
Der Botanische Garten wurde 1981 gegründet und befindet sich noch im Aufbau. Von der geplanten Gewächshausanlage sind zwei Anzuchthäuser, ein Überwinterungshaus und zwei Tropenhäuser fertiggestellt. In die Freilandfläche integriert sind 6,6 Hektar natürliche Waldgesellschaften. Weitere 6,8 Hektar entfallen auf Wiesen-Nutzungsformen. Ausgebaut ist bisher der Bereich Süd mit biologischer, historischer und Nutzpflanzen-Abteilung, Bauerngarten, Pergola und Feuchtbiotop. Weiterhin sind eine Streuobstwiese mit zum Teil alten Obstsorten und Dreifelderwirtschaft mit seltenen Ackerwildkräutern zu sehen.
Eigentümer/in: Land Baden-Württemberg, Tel. 0731/5022686, Fax 0731/5022768, E-Mail: botgart@uni-ulm.de, Internet: www.biologie.uni-ulm.de/garten/

BaWü 80
Größe: 20 ha
Anmeldung für Gruppen erbeten unter Tel. 0731/5022686
Öffnungszeiten:
ganzjährig geöffnet,
im Sommer 9–20 Uhr,
Gewächsh. Di und Do 9–12 Uhr und 13–15 Uhr,
im Winter 9–15.30 Uhr,
Gewächsh. Di und Do 9–12 Uhr und 13–15 Uhr
Eintritt: frei
3, 5 Universität Süd
P

Privatgarten Frick
Kreuzäcker 2, Achstetten

Foto: Barbara Frick

BaWü 81 NEU
Eigentümer/in: Barbara Frick
Kreuzäcker 2,
88480 Achstetten,
Tel. 07392/911295,
Fax 07392/911296,
E-Mail:
barbara.frick@t-online.de
Größe: 860 m²
Öffnungszeiten: Mai bis August
Anmeldung erbeten
Führungen: nach Voranmeldung
Attraktionen: Rosenblüte
Eintritt: frei
P

Der formal gestaltete Garten wird in verschiedene Farbthemen eingeteilt: viel Weiß und sanfte Farbkombinationen. Lauschige Sitzplätze, Hochstammrosen und Historische Rosen laden zum Verweilen ein.

BaWü 82
Eigentümer/in: Hannelore Birkel, Schloßberg 12, 88477 Schwendi-Bußmannshausen,
Tel. 07353/3614,
Fax 07353/3140
Größe: 1 ha
Anmeldung erbeten
Öffnungszeiten: Juni bis Juli
Eintritt: 5 DM
P ♿

Privatgarten Birkel
Schloßberg 12, Schwendi-Bußmannshausen
Neben einem großen Teich, einem tiefen Burggraben mit Baumbestand und einem Staudengarten mit Obstbäumen ist die Hauptattraktion ein Rosengarten mit zirka 500 verschiedenen Rosenarten, unter anderem 30 historische Kletterrosen und englische Rosen sowie moderne Rosen und Clematis.
Führungen: nach Voranmeldung für Gruppen bis 50 Personen
Attraktionen: Rosen aller Gattungen, historische und moderne Züchtungen

BaWü 83
Eigentümer/in: Stadt Freiburg im Breisgau, Gartenamt
Postfach, 79095 Freiburg,
Tel. 0761/2016505,
Fax 0761/2016599
Größe: 2,8 ha, frei zugänglich
🚌 14 Alter Friedhof
🐕 ♿

Alter Friedhof
Karlstraße, Stadtstraße, Freiburg-Herdern
Von 1683 bis 1872 wurde auf dem Alten Friedhof bestattet. Er bietet mit seinen Grabmälern nicht nur einen Einblick in die künstlerische Gestaltung des Totengedenkens im 18. und 19. Jahrhundert mit schönen Beispielen aus Barock, Rokoko und Klassizismus. Er ist darüber hinaus auch Spiegel der Freiburger Stadtgeschichte. Der Alte Friedhof mit der Michaeliskapelle aus der Mitte des 18. Jahrhunderts gehört heute zu den schönsten Parkanlagen im innerstädtischen Bereich.

BaWü 84
Eigentümer/in: Stadt Freiburg im Breisgau, Eigenbetrieb Friedhöfe, Friedhofstraße 8, 79106 Freiburg,
Tel. 0761/27809820
Größe: 27,1 ha
Öffnungszeiten: ganzjährig geöffnet,
im Sommer 8-20 Uhr,
im Winter 8-16.30 Uhr
Eintritt: frei
🚌 4 Friedhof
P ♿

Neuer Hauptfriedhof
Friedhofstraße, Freiburg
1872 außerhalb der Stadt gegründet, mußte der Friedhof 25 Jahre später auf Grund des raschen Bevölkerungswachstums erweitert werden und erhielt seine heutige Gestalt und Ausdehnung. Für die gärtnerische Gestaltung war der Stadtgärtner Max Schmöger verantwortlich. Die monumentale Einsegnungshalle wurde nach Art der oberitalienischen Zentralkirchen der Hoch-Renaissance-Periode geplant. In dem parkartigen Gelände mit altem Baumbestand findet man einen guten Überblick über die künstlerische Entwicklung des Grabdenkmals von Historismus und Neugotik, über Jugendstil und Art Déco, wiederbelebtem Barock und allen Formen des Klassizismus bis zur Formensprache der Gegenwart.

BaWü 85
Eigentümer/in: Land Baden-Württemberg, vertreten durch Badenweiler Thermen und

Schloß- und Kurpark Badenweiler
Kaiserstraße, Badenweiler
Verbunden durch den Schloßplatz laden der Schloß- und der Kurpark mit ihren alten und gepflegten Baum- und

Strauchbeständen zum Verweilen ein. Viele Bäume mit ihren mächtig ausladenden Kronen sind über 130 Jahre alt. Exotische und zum Teil seltene Gehölze erregen die Aufmerksamkeit des interessierten Besuchers. Vom Frühjahr bis zum Herbst präsentieren sich viele, üppige Wechselbepflanzungen und Blumenzwiebeln. Im Kurpark liegen die Ruinen des alten römischen Bades, die nur bei Führungen zu besichtigen sind.
Attraktionen: Fontäne im Schwanenweiher täglich im Sommerhalbjahr
Veranstaltungen: Parkillumination / Lichterfest Mai bis August, Burgfest August / September, Führungen zur Römischen Thermen-Ruine Sommerhalbjahr
Führungen: nach Voranmeldung, Do 15 Uhr, im Sommerhalbjahr, Treffpunkt Kurhaus

Touristik GmbH,
Kaiserstraße 5,
79410 Badenweiler,
Tel. 07632/7990,
Fax 07632/799115
Größe: 19,5 ha
frei zugänglich
DB Müllheim
101 Badenweiler / Evangelische Kirche
→ von Bahnhof Müllheim umsteigen in Bus 101 nach Badenweiler
P gebührenpflichtig

Foto: Badenweiler Thermen u. Touristik GmbH

DreiLänderGarten

Eisenbahnpfad / Zollfreiestraße, Weil am Rhein

Die Anlage des DreiLänderGartens für die Landesgartenschau 1999 schließt sich unmittelbar an die historische Gartenstadt der Stadt Weil am Rhein an. Die beiden Kernbereiche des Parkes werden durch die erste Paulownien-

BaWü 86
Eigentümer/in: Stadt Weil am Rhein, 79576 Weil am Rhein,
Tel. 07621/7040
Größe 30 ha
frei zugänglich

Führungen: nach Voranmeldung kostenlos
DB Weil am Rhein
P ☕ 🐕 ♿

Allee Deutschlands miteinander verbunden. Den Auftakt des Geländes bilden die Wassergärten. In eine großzügig geschwungene Teichanlage schieben sich diese begehbaren Gartenanlagen als Halbinseln hinein. Auf verschiedenen Wegen führt der DreiLänderGarten auf eine Zeitreise durch die Gartenkunst – Vergangenheit – Gegenwart – Zukunft. Ein weiterer Höhepunkt ist der Parkbereich in der ehemaligen Kiesgrube der Stadt. Vor der Kulisse dieser wildromantischen Landschaft ergibt sich ein abwechslungsreicher Freizeitraum.

BaWü 87
Eigentümer/in: Stadt Rheinfelden (Baden), Kirchplatz 2, 79618 Rheinfelden (Baden), Tel. 07623/95384, Fax 07623/8113
Größe: 0,8 ha, frei zugänglich
DB Rheinfelden
P Parkscheibe (3 Std.)
✂ ☕ 🐕 ♿
Attraktionen: Fontänen 9–19 Uhr

Stadtpark Rheinfelden (Baden)

Rheinbrückstraße, Rheinfelden (Baden)

Kernstück des Stadtparks mit seinem alten Baumbestand, gepflegten Blumenrabatten und gemütlichen Sitzecken ist das Haus Salmegg. Es ist eines der ältesten Häuser Rheinfeldens und wurde 1824 erbaut. 1989 wurde eine kostenintensive Renovierung abgeschlossen. Der Stadtpark bietet einen herrlichen Blick auf die Altstadt von Rheinfelden/Schweiz und das Burgkastell mit seiner nach ursprünglichen Plänen wiederhergestellten Salmenwaage. Außerdem sind mehrere Kunstwerke zeitgenössischer Künstler aufgestellt.

BaWü 88
Eigentümer/in: Verkehrsverein Nöggenschwiel Fohrenbachstraße 6, 79809 Weilheim, Tel. 07755/1553, Fax 07755/1553
frei zugänglich
DB Waldshut-Tiengen
P ✂ ☕ 🐕 ♿

Rosengarten und Rosendorf Nöggenschwiel

Weilheim / Nöggenschwiel

Neben dem Rosengarten im Dorfzentrum schmückt sich das gesamte Dorf mit über 20 000 Rosen in vielen Sorten, darunter viele Wildrosen, die an nahezu allen Häusern gepflanzt sind und von den Einwohnern und Vereinen in Eigeninitiative gepflegt werden.
Veranstaltungen: Nöggenschwieler Rosenfest

BaWü 89
Eigentümer/in: Stadt Villingen-Schweningen, Grünflächenamt, Winkelstraße 9, 78056 Villingen-Schwenningen, Tel. 07720/822741, Fax 07720/822757
Größe: 8,8 ha
frei zugänglich
🚌 4 Hubenloch, 6 Kalkofenstraße
P ✂ ☕ 🐕 ♿

Parkanlage Hubenloch Villingen

Romäusring, Villingen-Schwenningen

Die stadtnahe Erholungsanlage mit Vereinssportstätten und Freizeitsport liegt auf einem Höhenrücken mit Blick über die historische Altstadt. Der Rosengarten mit über 10 000 Rosen ist mit über 700 m NN einer der am höchsten gelegenen in Deutschland.
Führungen: nach Voranmeldung, kostenlos
Veranstaltungen: Neujahrsschießen des historischen Grenadiercorps Villingen, 1. Jan., 8 Uhr; Vereinsfeste Sommermonate
Attraktionen: Frühlingsgarten, Rosengarten

Duft- und Würzkräuter-Schaugarten

Bachstraße 7, Hilzingen-Binningen

Foto: Roland Krey

BaWü 90
Eigentümer/in: Syringa und Bernd Dittrich, Bachstraße 7, 78247 Hilzingen-Binningen, Tel. 07739/1452, Fax 07739/677, E-Mail: info@syringa-samen.de, Internet: www.syringa-samen.de
Größe: 0,5 ha
Anmeldung erbeten
Öffnungszeiten: April bis Okt. Mo–Fr, Sa nach Anmeldung 10–18 Uhr
Eintritt: frei
DB Singen
Bus Hilzingen-Binningen
P, Hund
✿ Duft- und Würzkräuter

Im großen Schaugarten wetteifern Duftkräuter, Duftsträucher, duftende Zwiebelpflanzen sowie der bunte Flor der einjährigen Duftarten um ihre Gunst als Nasenschmeichler.

Der Garten ist thematisch gegliedert. So gibt es zum Beispiel Duftrasen aus polsterbildenden Arten wie Römischer Kamille, Poleiminze und Thymian, eine Sammlung zitronenduftender Kräuter, einen Minze-Garten, Würzkräuter aus aller Welt, eine Mini-Provence sowie Historische Rosen und vieles mehr. Wegen der nachtduftenden Arten ist man auf Abendbesuche eingerichtet. Sehenswert sind auch der Schaugarten für alte Gemüsesorten, die angelegten Blumenwiesenflächen sowie der Wildblumenanbau.
Führungen: nach Voranmeldung, Preis nach Gruppengröße
Veranstaltungen: Hohenstoffel-Kräutertage Juni 2001

BaWü 91
Eigentümer/in: Susanne Wahl
Hauptstraße 43, 78267 Aach,
Tel. 07774/7837
Größe: 0,1 ha
Anmeldung erbeten
Öffnungszeiten: ganzjährig geöffnet
Eintritt: frei
Bus 7364 Aachquelle
P

Privatgarten Wahl

Hauptstraße 43, Aach

Der fast 100 Jahre alte Bauerngarten in der Nähe der Aachquelle wurde liebevoll restauriert. Um das zentrale Achsenkreuz liegen Gemüse- und Blumenbeete mit alten Kartoffelsorten, einer Minzesammlung und alten Rosen. Der hintere Gartenbereich ist mit Stauden und Blumenzwiebeln bepflanzt.
Attraktionen: Rosenblüte
Führungen: nach Voranmeldung kostenlos

BaWü 92
Größe: 100 qm
Anmeldung erbeten
Öffnungszeiten: ganzjährig geöffnet
Eintritt: frei
Führungen: nach Voranmeldung kostenlos
DB Singen
Bus Singen-Worblingen
P

Privatgarten Blümke

Neugasse 5, Rielasingen-Worblingen

Reihenhausgarten mit mehreren Sitzplätzen und Teich mit Porphyr-Naturstein. Die Bepflanzung nach englischem Vorbild mit Rosen, Stauden und Sträuchern ist farblich auf Pastelltöne aus dem Spektrum Rosa und Blau abgestimmt.
Eigentümer/in: Hans und Hanne Blümke, Neugasse 5, 78239 Rielasingen-Worblingen, Tel. 07731/27900, Fax 07731/51636

BaWü 93
Eigentümer/in: Stadt Singen
Rathau
DB 78224 Singen (Htwl.),
Tel. 07731/850,
Fax 07731/85696
Größe: 3,4 ha, frei zugänglich
Bus 1, 4, 7349, 7362 Niederhofstraße

Insel Wehrd

Singen

Durch die Anlage des Mühlkanals zwischen Schlachthofstraße und Hombergerstraße um zirka 1700 ergab sich eine inselartige Situation zwischen dem Kanal und dem Fluß Aach mit einer Gesamtlänge von 950 Meter. Die Insel Wehrd wurde jahrelang landwirtschaftlich genutzt. 1997 ist sie zu einer Flußerlebniszone mit Naherholungseignung umgestaltet worden. Es wurde eine Zugänglichkeit von Fluß und Kanal geschaffen. Das sinnliche Wahrnehmen, das Erfahren von Wasser und das Spielen am Wasser wird durch ein Wasserkreuz geschaffen, das den Mühlkanal mit dem Aachfluß verbindet. Über dem Mittelpunkt der Wasserachsen ist eine Plattform errichtet, die als besonderen Reiz die vielfältige Erlebbarkeit des Wassers ermöglicht.

Durch den Aufbau naturnaher Gehölzstrukturen entstanden im Übergangsbereich zwischen Stadt und freier Landschaft ökologische Vernetzungselemente.

Stadtgarten Überlingen

Bahnhofstraße, Überlingen

Die Anfänge des Überlinger Stadtgartens, der dann im wesentlichen in den Jahren 1874 und 1975 angelegt wurde, reichen bereits in die erste Hälfte des 19. Jahrhunderts zurück. Der im Westen der Stadt, direkt im dortigen Grabenbereich beginnende Stadtgarten ist unterteilt in einen unteren und einen oberen Teil, in den eigentlichen Ziergarten und das Wäldchen oben auf dem Felsen. Die Umwandlung des Gartens in ein blühendes Kleinod betrieb der erste von der Stadt im Jahr 1894 bestellte Stadtgärtner Hermann Hoch. Herzstück des Überlinger Stadtgartens ist die seit Anfang des 20. Jahrhunderts gestaltete Sukkulentensammlung, im Freien in dieser Größenordnung wohl einmalig in Deutschland. Mächtige Nadelbäume wie Riesenthuja, Flußzeder und Mammutbaum überspannen den Eingangsbereich. Daneben schlängelt sich in elegantem Kontrast der Fuchsienweg. Im Zentrum der unteren Anlage finden sich schattige Lauben, Blumenrabatten mit seltenem Sommerflor, ein Rosengarten mit Sortensammlung sowie ein Arboretum mit Gehölzen aus aller Welt.

BaWü 94
Eigentümer/in: Stadt Überlingen, Gartenamt
Bahnhofstraße 2,
88662 Überlingen,
Tel. 07551/991350,
Fax 07551/991488
Größe: 4 ha
frei zugänglich
Führungen:
nach Voranmeldung bei der Kur- und Touristik Überlingen GmbH,
Tel. 07551/991132 für Gruppen bis 40 Personen
120 DM/Gruppe
🚌 RAB 7395 Bahnhofstraße/Stadtgarten
🅿 gebührenpflichtig
🐕 ♿
Attraktionen: Rosengarten mit Sortenvergleichsschau, große Kakteen- und Sukkulentensammlung Mitte März bis Anfang Oktober

Außenanlagen der Universität Konstanz

Universitätsstraße 10, Konstanz

Die ab 1996 entstandene Reformuniversität liegt in hervorragender, aber auch landschaftlich empfindlicher Lage oberhalb des Bodensees. Vor den Toren von Konstanz gelegen soll sie als in sich geschlossener Campus eine hohe Aufenthaltsqualität und eine Unverwechselbarkeit aufweisen.
Mit sowohl einfachen landschaftsgestalterischen Mitteln als auch künstlerischer Überhöhung durch LandArt und integrierter künstlerischer Objekte entstand ein abwechslungsreiches Gesamtensemble aus Bauwerk, Landschaft, Wasser und Kunst. Beteiligt sind unter anderen Klaus Arnold – Hofgestaltungen, Gottfried Bechtold – Betonporsche, Franz Bernhard – Stahlplastik, Friedrich Gräsel – Plastikgruppen Hockgraben, Karl Kessler – Bronzebaum, Ladislav Minarik – Bodenwellen, Otto Peine–zentraler Elementebereich.

BaWü 95
Eigentümer/in: Land Baden-Württemberg, Staatl. Vermögens- und Hochbauamt
Mainaustraße 211,
78464 Konstanz,
Tel. 07531/883461,
Fax 07531/883507
Größe: 6 ha,
frei zugänglich
DB Konstanz
🚌 4, 9, 11 Universität
🅿 gebührenpflichtig
🐕 ♿

Insel Mainau

Insel Mainau

Bekannte Insel im Bodensee mit historischem Schloßpark und Arboretum, Rosengarten im italienischen Stil, Citrus-

BaWü 96
Eigentümer/in: Mainau GmbH

78465 Insel Mainau,
Tel. 07531/3030,
Fax 07531/303248,
E-Mail: marketing@mainau.de,
Internet: www.mainau.de
Größe: 45 ha
Öffnungszeiten: ganzjährig geöffnet, im Sommer 7–20 Uhr, im Winter 9–18 Uhr
Eintritt: 19 DM, Kinder frei bis 5 Jahre, unterschiedl. erm. Beträge für Senioren, Schüler, Studenten, Soldaten, Zivis, Gruppen ab 20 Personen 15 DM/Person
Führungen: nach Voranmeldung, Tel. 07531/303109 für Gruppen bis 40 Personen
Führungen auch in Fremdsprachen
90 Min.: 140 DM/Gruppe
Fachführung: 190 DM
🚌 4 Mainau Bodenseeschiffe
🅿 gebührenpflichtig
✕ ☕ 🐕 ♿

Sammlung mit über 50 Arten und Sorten, vielfältigen Gartenanlagen, Schmetterlingshaus, Informationszentrum mit Multivisionsschau Natur und Kultur am Bodensee, wechselnde Ausstellungen und Konzerte im Schloß und Park, mit Naturerlebniswelt und Kinderspielplatz. Die Insel gehörte bis zur Säkularisierung im Jahre1806 über 500 Jahre lang dem Deutschen Orden. 1853 erwarb sie Großherzog Friedrich I. von Baden, der als Schöpfer der Parkanlagen gilt. Im Erbgang fiel die Insel 1932 an dessen Urenkel Graf Lennart Bernadotte, der sie gartenkulturell weiterentwikkelte und zu einer der größten touristischen Attraktionen des Bodenseegebiets machte. Im Rahmen der EG-Verordnung Öko-Audit wird auf der Insel Mainau kontinuierlich der Umweltstandard verbessert.
Attraktionen: Orchideen, Zwiebelblumen, Rhododendren, Rosen, Sommerblumen, Arboretum, Mittelmeerpflanzen, Kräutergarten, Dahlien, Citrussammlung
Veranstaltungen: Ausstellungen, Schloßparkkonzerte (Klassik/Open Air), Fachseminare, gastronomische Veranstaltungen auf Anfrage. Infos bei: Mainau GmbH, Tel. 07531/3030.
✿ u.a. Citrus, Orchideen, Duft- und Kräuterpflanzen, Rosen, Palmen

Foto: Meier

BaWü 97
Eigentümer/in: Dr. Heiner Oelfken, Uferweg 1–2, 88079 Kressbronn am Bodensee,

Privatgarten Oelfken

Uferweg 1–2, Kressbronn am Bodensee

In dem Blumengarten am Bodensee blüht es von Februar bis Dezember. Schwerpunkte sind Rhododendren, Rosen, Clematis, Stauden.

Führungen: nach Voranmeldung
Attraktionen: Rhododendronblüte Mai
Öffnungszeiten: ganzjährig geöffnet 13–14 Uhr und nach Vereinbarung

Tel. 07543/8732,
Fax 07543/8633
Größe: 0,3 ha
Anmeldung erbeten
Eintritt: frei
DB Kressbronn, auch per Schiff, P ♿

Privatgarten Schwarzmann

Bussenweg 21, Mietingen-Walpertshofen

Der Garten mit drei Teichen, verschiedenen Sitzplätzen und zahlreichen Bronzefiguren ist ganz der Rose gewidmet. 361 Rosenstöcke in über 220 Arten und Sorten sind hier aufgepflanzt, von niedrigen Kleinstrauchrosen bis hin zu den Kletterrosen, die über die Pergolen ranken. Eine besondere Leidenschaft sind die Englischen Rosen und zahlreiche Hochstammrosen.
Führungen: nach Voranmeldung
Öffnungszeiten: Juni bis September

BaWü 98 NEU
Eigentümer/in: Gudrun Schwarzmann, Bussenweg 21, 88487 Mietingen-Walpertshofen,
Tel. 07353/91495,
Fax 07353/91495
Größe: 800 m^2
Anmeldung erbeten
Eintritt: 5 DM
→ bei Anmeldung
P ♿

Bay

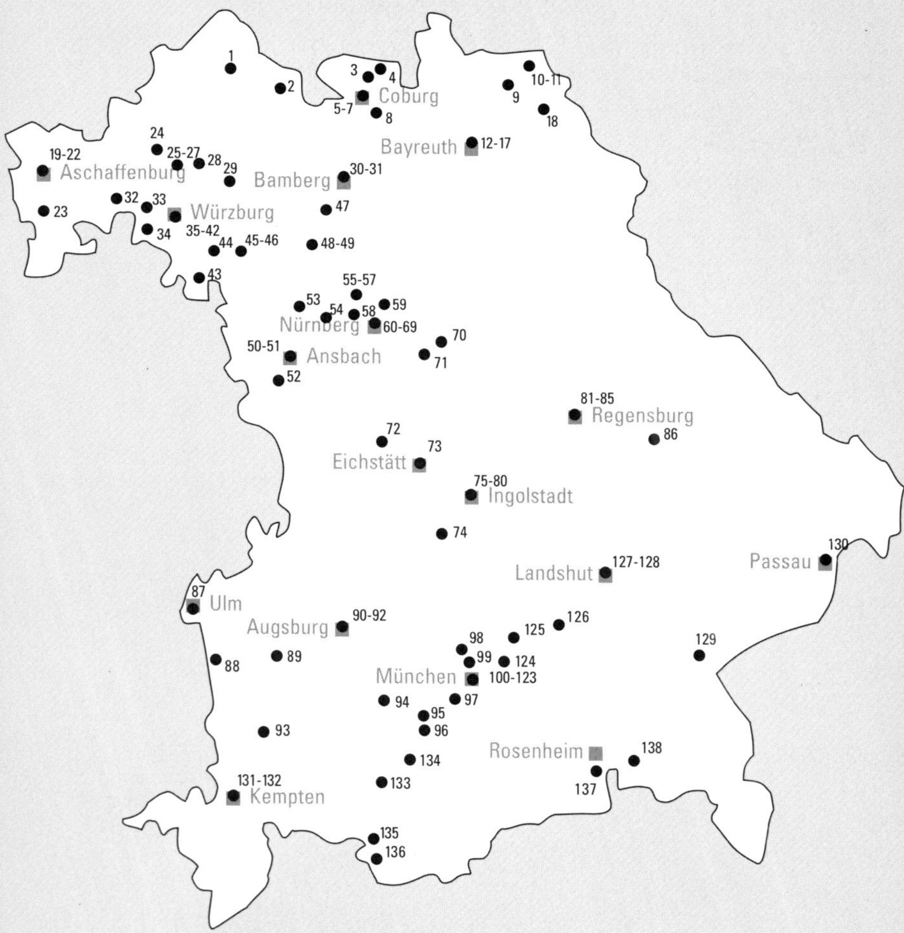
1
2
3
4
5-7
Coburg
8
9
10-11
18
Bayreuth
12-17
24
19-22
25-27
28
Aschaffenburg
29
Bamberg
30-31
23
32
33
Würzburg
47
34
35-42
44
45-46
48-49
43
55-57
53
59
54
58
Nürnberg
60-69
70
50-51
Ansbach
71
52
81-85
Regensburg
86
72
73
Eichstätt
75-80
Ingolstadt
74
127-128
Landshut
Passau
130
87
Ulm
Augsburg
90-92
126
98
125
129
88
89
99
124
München
100-123
94
97
95
96
93
Rosenheim
138
134
131-132
133
137
Kempten
135
136

Privatgarten Steigerwald

Wegscheide 13, Niederlauer

Bay 1 NEU
Eigentümer/in: Hannelore und Manfred Steigerwald
Wegscheide 13,
97618 Niederlauer,
Tel. 09771/7963,
E-Mail:
steigerwald@firemail.de
Größe: 0,15 ha
Anmeldung erbeten
Eintritt: frei
Öffnungszeiten:
vorzugsweise Mai und Juni
→ bei Anmeldung
P ♿

Foto: Steigerwald

Der von den Besitzern selbst gestaltete und bepflanzte naturnahe Cottagegarten enthält in gelungenen Pflanzenkombinationen viele verschiedene Stauden und Sträucher, Englische Rosen und einen Gemüsegarten. Unter Obstbäumen blüht Anfang/Mitte Mai eine artenreiche Blumenwiese.

In der Neuen Straße

Römhilder Weg 1, Herbstadt/OT Breitensee

Dieser Garten vereinigt zwei Stilrichtungen des Bauerngartens. Er ist nach historischem Vorbild neu angelegt und verbindet das Schöne mit dem Nützlichen. Im Cottagegarten sind alte Bauerngartenblumen und viele Rosen zu finden.
Eigentümer/in: Karola und Peter Bieber, Römhilder Weg 1, 97633 Herbstadt / OT Breitensee, Tel. 09765/1087
Öffnungszeiten: Mai bis September

Bay 2 NEU
Größe: 0,1 ha
Anmeldung erbeten
Eintritt: frei
Führungen:
nach Voranmeldung
→ bei Anmeldung
P

Bay 3
Größe: 0,2 ha
Anmeldung für Gruppen erbeten
Eintritt: 12 DM Kaffee- und Kuchen-Buffet inkl.
Führungen: jeden So stündliche Gartenführung,
Öffnungszeiten: Mai bis Okt. So, 15–18 Uhr
DB Rödental
Bus: Stadtbus Rödental Thierach
→ Von Rödental in Richtung Kronach bis Blumenrod fahren, am Ortsausgang links nach Thierach

Privatgarten Rückert

Thierach Nr. 45, Rödental

Der Privatgarten liegt in landschaftlich reizvoller Umgebung. Er stellt den Versuch dar, Gartenkunst und Ökologie sinnvoll miteinander zu verbinden. Es ist ein romantischer Garten mit Wald- und Schattenbeeten, Prachtstauden, Rosen (alten und modernen), Heidegarten, Naturbadeteich, Bachlauf, Brunnen, Pavillon sowie verschiedenen Sitzplätzen. Seminare der Privaten Gartenschule finden im Pavillon statt.
Eigentümer/in: Carola Rückert, Thierach Nr. 45, 96472 Rödental, Tel. 09563/3535
Veranstaltungen: Gartengalerie alle 2 Monate neue Ausstellung, Mi 16–19 Uhr, ganzjährig geöffnet, jeden 1. So im Monat, Mai bis Oktober
Attraktionen: Rosenblüte, Herbstlaubfärbung

Bay 4
Eigentümer/in: Klaus Kaiser, Landschaftsarchitekt
Gartenstraße 3, 96450 Neustadt bei Coburg,
Tel. 09561/99797,
Fax 09561/99798
Größe: 0,1 ha
Anmeldung erbeten
Eintritt: frei
Führungen: nach Voranmeldung, kostenlos
→ Bei Anmeldung

Privatgarten Kaiser

Gartenstraße 3, Neustadt bei Coburg

Ein Garten nach der Natur: Für die einzelnen Gartenbereiche gaben natürliche Pflanzengesellschaften die Anregung. Heimische Pflanzen einer Gesellschaft wurden zu einem Grundgewebe zusammengepflanzt, in das weitere nichtheimische Arten mit gleichen oder ähnlichen Ansprüchen eingefügt wurden. So entstanden Pflanzungen, die den Eindruck vermitteln, als seien sie natürlich gewachsen. Höhepunkte sind die (Vor-)Frühlingsblüher und die Herbstfärbung mit dem Beerenschmuck und den letzten Blüten. Der Garten wird 2001 in Teilbereichen umgestaltet.
Öffnungszeiten: Ende März bis Ende Juni, Mitte September bis Ende Oktober

Bay 5
Eigentümer/in: Stadt Coburg, Grünflächenamt,
Postfach 3042, 3052, 96419 Coburg,
Tel. 09561/891670,
Fax 09561/892679
Größe: 2,4 ha, frei zugänglich
Bus: 1, 6 Kongreßhaus

Coburger Rosengarten

Coburg

Auf der ehemaligen Zollbauernwiese vor den Toren der Stadt wurde Pfingsten 1929 der Rosengarten zur Deutschen Rosenschau eröffnet. Auch danach war der Rosengarten jahrzehntelang ein großer Anziehungspunkt in der Stadt. Durch den Kongreßneubau 1960 verlor der Garten viel von seiner Wirkung, erstrahlt aber seit dem Umbau 1987/88 nach den Plänen der Nürnberger Gartenarchitekten Aufmkolk und Hirschmann im wörtlichen Sinn in neuer Blüte.
Der neue Rosengarten zeichnet sich durch ein großes Angebot an Blumen, Stauden, Hecken, Gewässern und neuerdings sogar Volieren für exotische und heimische Vögel aus. 6800 Rosen in 72 Sorten, 20 600 Stauden, 2300 Zwiebelgewächse und 930 Heckenpflanzen, 6400 Quadratmeter Rasen und 4200 Quadratmeter Pflanzfläche machen die

Parkanlage zu einer weiteren grünen Lunge der Vestestadt und festigen den Ruf Coburgs als Rosenstadt.

Schloßpark Rosenau im Rödental

Coburg

Bay 6
Eigentümer/in: Bayerische Verw. d. staatl. Schlösser, Gärten u. Seen, vertr. d. Staatl. Verw. Schloß Ehrenburg, 96450 Coburg, Tel. 09561/80880, Fax 09561/808840
Größe: 36 ha
frei zugänglich
DB Oeslau, Rödental
Bus 3 Unterwohlsbach, nur So/Feiertag im Sommer; OVG Coburg-Schalkau-Unterwohlsbach, nur werkt.
P

Ernst I. von Sachsen-Coburg und Gotha ließ den im Kern mittelalterlichen Schloßbau von 1807 bis 1826 u. a. von Carl Friedrich Schinkel im neugotischen Stil umbauen. Gleichzeitig wurde ein englischer Landschaftsgarten angelegt und dabei die Lage des Schlosses auf einem Hügel mit Steilabfall zur Itz akzentuiert. Eingebettet in eine ausgedehnte Parklandschaft entstanden regelmäßige Anlagen mit Springbrunnen und Blumenornamenten und eine Terrasse in unmittelbarer Umgebung des Schlosses. Von der ursprünglichen Parkausstattung sind heute noch die Orangerie, das Teehaus, die Sonnenuhr, die Felsengrotte, Reste der Eremitage und des Wasserfalls, eine Ruinenmauer und die ehemalige Schweizerei erhalten. In den letzten Jahrzehnten wurde der Park mit hohem Kostenaufwand weitgehend in seine originale Form zurückversetzt und die Gebäude saniert. Auch das Schloß ist wieder der Öffentlichkeit zugänglich.

Hofgarten Coburg

Coburg

Bay 7
Eigentümer/in: Stadt Coburg, Grünflächenamt
Postfach 3042, 96419 Coburg, Tel. 09561/89 1670, Fax 09561/89 2679
Größe: 25,6 ha
frei zugänglich
Bus 8 Landestheater, Naturkundemuseum
→ Park unterhalb der Veste Coburg
P

Die Anlage des Coburger Hofgartens geht zurück auf die Bestrebungen Herzog Albrechts, Coburg zu einer – wenn auch bescheidenen – Barockresidenz zu machen. Der fürstliche Bauschreiber Justinus Biler schuf um 1680 einen typischen Barockgarten mit Parterres, Pavillons und Baumreihen, von denen einige Bäume in der heute noch sichtbaren Lindenallee erhalten geblieben sind.
Im 19. Jahrhundert wurde der regelmäßige Garten in mehreren Etappen in einen Landschaftspark umgewandelt, bei dem verstärkt auf die Pflanzung einheimischer Bäume Wert gelegt wurde.

Bay 8
Größe: 0,2 ha
Anmeldung für Gruppen erbeten
Eintritt: frei
Führungen:
nach Voranmeldung,
für Gruppen bis 20 Personen,
Preis nach Vereinbarung
DB Grub am Forst
P
✿ biologisch produzierte Stauden, spez. Kräuter

Staudengarten Urban

Obere Kirchgasse 3, Grub am Forst

An einem Südwesthang befindet sich der Schaugarten einer kleinen Demeter-Staudengärtnerei, der einen naturnahen, ländlichen Charakter hat. Viele Lebensbereiche der Stauden von sonnig und schattig bis zu Wasser- und Steinanlagen sind hier beispielhaft dargestellt.
Eigentümer/in: Monika und Wolfgang Urban,
Obere Kirchgasse 3, 96271 Grub am Forst,
Tel. 09560/765, Fax 09560/765
Veranstaltungen: Frühlingsfest, Kürbisfest,
Ende Sept./ Anfang Okt.
Öffnungszeiten: April bis Juli, 15. September bis 15. November, werktags, 9–18 Uhr

Bay 9
Eigentümer/in: Bayerisches Staatsbad Bad Steben GmbH,
Badstr. 31, 95134 Bad Steben,
Tel. 09288/9600,
Fax 09288/96010,
Internet: www.bad-steben.de
Größe: 1 ha
frei zugänglich
Attraktionen: Wasserspiele im Sommer
DB Bad Steben
P gebührenpflichtig

Kurpark Bad Steben

Badstraße / Wenzstraße, Bad Steben

Seit 160 Jahren ist Steben im Frankenwald aufgrund seiner Torfvorkommen und seiner mineral- und radonhaltigen Heilquellen Kurbad. Die drei derzeit genutzten Quellen und die Kureinrichtungen liegen im Südteil eines weitläufigen Landschaftsparks, der in die offene Landschaft übergeht. Seit 1991 wird an der Neuordnung des zentralen Kurparkbereichs gearbeitet. Jedem der aus unterschiedlichen Epochen stammenden Gebäude wird ein auf seine Proportion und seinen Charakter abgestimmter Freiraum zugeordnet und wie ein Parterre vorgelagert. Die Parterres integrieren die Kurparkaktivitäten wie Wasserspiele, Schmuckpflanzungen und Aufenthalts- und Bewegungsräume für Besucher. Den Freiraumtypen Park und Parterre sind zwei verschiedene Gehölzkategorien zugeordnet: der Landschaftspark besteht aus frei gruppierten Großbäumen, während in den Parterres Kleinbäume gepflanzt sind.

Bay 10
Eigentümer/in: Stadt Hof,
Abt. Grünflächen,
Goethe-Straße 1
95028 Hof,
Tel. 09281/815572,
Fax 09281/815 650
Größe: 70 ha
frei zugänglich
Führungen: nach Voranmeldung, kostenlos,
8, 3, 4 Stadtpark
P
Veranstaltungen:
Sonntagskonzerte im Sommer und andere Veranstaltungen

Stadtpark Theresienstein

Plauener Straße / Sand, Hof

Foto: Stadtgartenamt Hof

Der Stadtpark ist eine denkmalgeschützte Anlage mit verschiedenen Staffagenbauten, Gedenksteinen und Brunnen. Die ersten Teile der Parkanlage entstanden ab 1817 als einer der ersten Bürgerparks Deutschlands im Stil eines Landschaftsgartens. Anläßlich eines Besuches der Königin Therese von Bayern im Jahre 1836 wurde dem Park der Name Theresienstein verliehen. Besonders sehenswert ist das im Jugendstil erbaute Wirtschaftsgebäude.

Botanischer Garten Hof

Alte Plauener Straße, Hof

Bay 11

Eigentümer/in: Stadt Hof, Abt. Grünflächen, Goethestraße 1, 95028 Hof, Tel. 09281/815572, Fax 09281/815 650

Größe: 1,2 ha

Eintritt: frei

Öffnungszeiten: April bis Okt. 8–20 Uhr

Führungen: nach Voranmeldung, 80 DM

8, 3, 4 Zoologischer Garten

P

Veranstaltungen: Vorträge u.a., in den Sommermonaten

Foto: Stadtgartenamt Hof

Inmitten des Stadtparks Theresienstein wurde 1928 der Botanische Garten gegründet. Der Garten läßt sich in zwei große Bereiche untergliedern.: dem geometrisch angelegten Rosarium mit dem Heilpflanzenquartier und der landschaftlich gestalteten Anlage mit Alpinum, Schattenquartier, Seerosenteich und weitläufigen Prachtstaudenflächen. Die Vegetation setzt sich aus Pflanzen aus aller Welt sowie heimischen, nahezu ausgestorbenen Arten zusammen. Idyllisch gestaltete Sitzplätze und ein Jugendstilpavillon laden zum Verweilen ein.

Felsengarten Sanspareil

Bayreuth

Bay 12

Eigentümer/in: Bayer.Verw.d.staatl.Schl., Gärten u.Seen, Schloß- u.

Markgraf Friedrich von Brandenburg-Bayreuth ließ 1744 bis 1748 in das Gelände eines Buchenhains mit den natür-

Gartenverw. Bayreuth u.
Eremitage, Ludwigstraße 21
95444 Bayreuth,
Tel. 0921/7596940,
Fax 0921/7596941
Größe: 13 ha,
frei zugänglich
→ an der B 22 Bamberg–Bayreuth
P
☕ nur vom 1.04.–31.10
🐕
♿ auf besonderem Weg
ℹ nur vom 15.04.–15.10.

lich anstehenden Felsblöcken der nördlichen Ausläufer des Fränkischen Jura zahlreiche Staffagegebäude wie Eremitenhüttchen, pseudorustikale Häuschen und Laubengänge errichten. Ein Besucher des Markgrafen soll beim Anblick des Felsengartens spontan ausgerufen haben: *C'est sans pareil!* (das ist ohnegleichen), worauf 1746 die Ortschaft Zwernitz umbenannt wurde. Die mittelalterliche Burg Zwernitz wurde als Staffage in den Felsengarten einbezogen. Von den zahlreichen Gebäuden sind heute noch der Hainbau, der an islamische Baukunst erinnern soll, der Küchenbau und das Ruinentheater vorhanden. Das Rokokoparterre wurde 1984 rekonstruiert. Die Standorte der übrigen Staffagen und ihre jeweils charakteristische, meist von bizarren Felsformationen geprägte Umgebung sind aber immer noch zu erleben. Sie beinhalten den Erziehungsroman „Die Abenteuer des Telemach" von Fénelon.

Bay 13
Eigentümer/in: Bayer. Verw. d. staatl. Schl., Gärten u. Seen, Schloß- u. Gartenverw. Bayreuth u. Eremitage, Ludwigstraße 21,
95444 Bayreuth,
Tel. 0921/7596940,
Fax 0921/7596941
Größe: 17 ha,
frei zugänglich
Attraktionen:
Gartenkunstmuseum
April bis Sept., 9–18 Uhr
🚌 8449 Donndorf–Fantaisie
🍴 🐕 ♿

Schloßpark Fantaisie bei Bayreuth

Bayreuth

Elisabeth Friederike Sophie, einziges Kind des Markgrafenpaars Friedrich und Wilhelmine, erhielt nach ihrer gescheiterten Ehe 1763 den Besitz einer herrschaftlichen Niederlassung in Donndorf und gab ihm den Namen Fantaisie. Bis zu ihrem Tod 1780 ließ sie ein Schloßgebäude bauen und einen abwechslungsreichen Rokokogarten anlegen. So entstanden mehrere Gartenteile mit einem Pavillon (Komödienhaus), einem von intimen Heckenräumen begrenztem Parterre, Terrassen und eine Kaskadenanlage, an deren Fuß der Neptunbrunnen und ein Gartenhaus lagen. Eine Eremitage und das im natürlich belassenen Wiesengrund gehaltene Schweizer Vieh wiesen auf erste Einflüsse der englischen Landschaftsgartenkunst hin. Als Landschaftsgarten ließ die Nachbesitzerin, Dorothee Sophie von Württemberg, die Fantaisie erweitern und mit zahlreichen Staffagen versehen. Nach vierzigjährigem Stillstand der Arbeiten erlebte der Park unter Herzog Alexander von Württemberg, dem Enkel Sophie Dorothees, von 1839 bis 1881 einen neuen Höhepunkt. Den vorhandenen Garten behielt er in vielen Teilen unverändert bei, fügte aber zugleich stilpluralistische Elemente wie Gartenplastiken, Brunnen und Pavillons hinzu. Im Sinn der Landesverschönerung erweiterte er den Park auf fast 200 Hektar. Häufige Besitzerwechsel in den folgenden 80 Jahren veränderten und verkleinerten die Anlage drastisch, doch blieben noch zahlreiche originale Gestaltungs- und Ausstattungselemente der verschiedenen Entwicklungsphasen bestehen, die durch gartendenkmalpflegerische Arbeiten erhalten und entwickelt werden. Im Schloß Fantaisie befindet sich seit Juli 2000 ein Garten-kunst-Museum.

Hofgarten Bayreuth

Bayreuth

Nach dem Brand von 1753 im alten Residenzschloß entschieden Markgraf Friedrich und Markgräfin Wilhelmine, sich ein neues Residenzschloß bauen zu lassen. Die neue Gartenanlage, die einen alten Garten überformte, ist wahrscheinlich dem Hofbaumeister Rudolf Heinrich Richter zuzuschreiben. Vor dem Schloß lag ehemals ein von Laubengängen flankiertes, 1989 wiederhergestelltes Rasenparterre um einen Brunnen. Die Hauptachse bildet ein Kanal, in dem zwei runde und eine quadratische Insel mit entsprechenden Kanalerweiterungen lagen. Parallel zum Kanal verlief nördlich und südlich eine Allee, die, schon mehrfach nachgepflanzt, noch heute vorhanden ist. Der Figurenschmuck – die Originale sind in der Orangerie zu besichtigen – wurde von den Bildhauern Johann Schnegg und den Gebrüdern Räntz geschaffen. Die Umwandlung in eine zeitgemäße Anlage erfolgte ab 1789 ohne gartenkünstlerisches Konzept. Barocke Gartenelemente wurden abgeräumt, Wege leicht geschlängelt angelegt, die zweite Insel beseitigt und der abgeknickte Kanal als geschlängelter Wasserlauf ausgebildet. Das heutige Aussehen erhielt dieser Kanalteil erst vor gut 20 Jahren. Auf der Stadtseite des Schlosses steht ein 1700 bis 1705 von Elias Räntz geschaffener Brunnen. Die Blumenbeete des 1864 nach Plänen des späteren Hofgartendirektors Carl von Effner gestalteten Platzes wurden 1993 rekonstruiert.

Bay 14
Eigentümer/in: Bayer. Verw. d. staatl. Schl., Gärten u.Seen, Schloß- u. Gartenverw. Bayreuth u. Eremitage, Ludwigstraße 21, 95444 Bayreuth, Tel. 0921/7596940, Fax 0921/7596941
Größe: 13 ha,
frei zugänglich

Hofgarten Eremitage

Bayreuth

Anstelle eines bestehenden Tiergartens ließ Markgraf Georg Wilhelm ab 1715 ein Sommerschloß als Mittelpunkt einer höfischen Einsiedelei errichten. Die um einen Innenhof gruppierte, eingeschossige Vierflügelanlage war von drei Seiten von einem Lindensaal umgeben. Vor dem Fürstentrakt lag ein bescheidenes Parterre, am Nordhang beim Schloß verstreut sieben Einsiedeleien für die höfischen Eremiten. Zwischen 1735 und 1758 erlebte die Eremitage unter der kunstsinnigen Markgräfin Wilhelmine, Schwester Friedrichs des Großen, eine Phase als kulturelles Zentrum Bayreuths. Auf ihre Veranlassung hin enstanden das Neue Schloß mit der oberen Grotte und Laubengängen, die untere Grotte, die Eremitage des Landgrafen, das Ruinentheater und weitere Kleinarchitekturen. Die Gartenteile wurden als Parterre und Heckengärten (Boskette) ausgebildet. Nach dem Tode der Markgräfin setzte ein langer, nur von wenigen kurzfristigen Bemühungen unterbrochener Verfall der Anlagen ein. Teile der Eremitage wurden vom Staat Bayern im frühen 19. Jahrhundert zur Deckung von Staatsschulden verkauft. Nach dem Zweiten Weltkrieg erfolgten

Bay 15
Eigentümer/in: Bayer. Verw. d. staatl. Schl., Gärten u.Seen, Schloß- u. Gartenverw. Bayreuth u. Eremitage, Ludwigstraße 21, 95444 Bayreuth, Tel. 0921/7596940, Fax 0921/7596941
Größe: 47 ha
frei zugänglich
Führungen: nach Voranmeldung, für Gruppen bis 50 Personen,
Attraktionen: Wasserspiele, Mai – 15.10., täglich 10.00–17.00 Uhr jede volle Stunde, nach Anmeldung auch außerhalb dieser Zeiten,
2 Eremitage
zeitweise Sommerblumen, Topfpflanzen

umfangreiche Wiederherstellungsarbeiten. Auch fast alle veräußerten Grundstücke konnten zurückgekauft werden, so daß sich der Park heute weitgehend in seiner originalen Form und Ausstattung zeigt.

Bay 16
Größe: 16 ha Außenanlagen, 0,5 ha Gewächshausfl., Anmeldung für Gruppen erbeten
Eintritt: frei
Öffnungszeiten: ganzjährig geöffnet, Die Gewächshäuser: So 10–18 Uhr, März bis Sept. 8–17 Uhr,
Okt. bis Feb. 8–15.30 Uhr
Führungen: Jeden ersten Sonntag im Monat, 10 Uhr
Bus 4, 18 Universität/Sportinstitut
P ♿

Ökologisch-Botanischer Garten der Universität Bayreuth
Universitätsstraße 30, 95440 Bayreuth
Der Ökologisch-Botanische Garten der Universität Bayreuth wurde 1978 gegründet und ist eine zentrale Einrichtung der Universität. Auf seinem Gelände wachsen über 10 000 Pflanzenarten aus verschiedensten Teilen der Erde, überwiegend in naturnahen Vegetationstypen. Neben der Vielfalt der Pflanzen werden deren ökologische Beziehungen und Funktionen dargestellt und soweit möglich Aufgaben des Artenschutzes wahrgenommen.
Eigentümer/in: Universität Bayreuth, Tel. 0921/552961, Fax 0921/552976, E-Mail: obg@uni-bayreuth.de, Internet: www.uni-bayreuth.de/obg

Bay 17
Größe: 12,2 ha
frei zugänglich
Bus 3 Ludwig-Thoma-Straße
4 Klopstockstraße
P ✕ 🐕 ♿

Röhrenseepark
Pottensteiner Staße, Bayreuth
Der Park mit altem Baumbestand befindet sich im Süden der Stadt Bayreuth. Zentrale Einheit ist die über 2 Hektar große Wasserfläche des Röhrensees. Die Anlage erfüllt in erster Linie die Aufgaben eines Bürgerparks mit Kinderspielplatz, Gastronomie und Tiergehege. Im Tiergehege werden zur Zeit rund 300 Tiere in 70 Arten gehalten.
Eigentümer/in: Stadt Bayreuth, Stadtgartenamt, Meyernberger Straße 54, 95447 Bayreuth, Tel. 0921/738016, Fax 0921/738080

Bay 18
Eigentümer/in: Stadt Weißenstadt, Kirchplatz 1, 95163 Weißenstadt,
Tel. 09253/9500,
Fax 09253/95040
Größe: 4,7 ha,
frei zugänglich
DB Marktredwitz
P ☕ 🐕 ♿

Grasyma Park
Bayreuther Straße, Weißenstadt
Auf dem Gelände der ehemaligen Steinindustrie Grasyma – aus den Wörtern Granit, Syenit und Marmor gebildet – entstand nach Plänen der Werkgemeinschaft Freiraum in den frühen 90er Jahren ein außergewöhnlicher Kurpark. Dabei wurden Mauerreste und Schornsteine sowie herumliegende, verarbeitete und halbverarbeitete Granitsteine und Marmorblöcke in die Gestaltung einbezogen. Sie zeugen auf diese Weise von der Geschichte der Steinbearbeitung in Weißenstadt. Eine denkmalgeschützte Scheunenzeile und Mauerreste geben Schutz gegen kalte Winde und lassen zwischen Sitzgruppen naturnahe Staudenpflanzungen gedeihen. In dem ehemaligen, mit Boden aufgefüllten Schleifsandbecken wachsen Sumpfstauden. Weite Wiesenflächen gehen in den Damm des Weißenstädter Sees über, der über eine alte Bahnbrücke zu erreichen ist.

Schöntal

Platanenallee / Hofgartenstraße, Aschaffenburg

Friedrich Ludwig Sckell legte das schöne Tal ab 1780 für den Kurfürsten Joseph von Erthal an. Er restaurierte eine Kirchenruine aus dem 16. Jahrhundert und umgab sie mit einem See. Mit einer entsprechenden Randbepflanzung und Wegeführung schloß er die damals teilweise geschleiften Stadtmauern und den Stadtgraben mit ein. In den letzten Jahren wurde in Anlehnung an ein Gartendenkmalpflegekonzept mit der Erhaltung dieses durch seine Innenstadtlage einem großen Nutzerdruck unterworfenen Parks begonnen.
Attraktionen: Blüte im Magnolienhain, Duft- und Tastgarten für Blinde

Bay 19
Eigentümer/in: Stadt Aschaffenburg, Garten- und Friedhofsamt, Dalbergstraße 15, 63735 Aschaffenburg, Tel. 06021/35830, Fax 06021/83919
Größe: 10 ha, frei zugänglich
5, 6, 7 Herstallturm
Im Stadtzentrum
P gebührenpflichtig

Park Schönbusch

Aschaffenburg

Der Landschaftspark Schönbusch geht zurück auf einen Tiergarten der Kurfürsten von Mainz. Unter dem Minister Graf Wilhelm von Sickingen und seinem Privatarchitekten Emanuel d'Herigoyen aus Wien entstand 1778 bis 1781 am Ufer des Unteren Sees das Schloß. Die ersten landschaftsgärtnerischen Versuche brachten zwar eine Vielfalt nordamerikanischer und englischer Gehölze zum Vorschein, aber noch keine überzeugende Anwendung der gestalterischen Prinzipien des Landschaftsgartens. Nach dem Weggang Sickingens 1782 kamen viele Elemente des Gartens, wie das Wirtschaftsgebäude, die Rote Brücke, die Drehbrücke, die Fichtensaalbrücke, der Aussichtsturm, die Wacht, die Orangerie und vor allem der landschaftliche Grundausbau mit Ausbildung aufgelockerten Waldränder, Uferbepflanzungen und räumlich aneinandergereihten Wiesenflächen hinzu. 1974 gelang es, weitere Grundstücke in den Park einzugliedern.

Bay 20
Eigentümer/in: Bayerische Verwaltung der staatlichen Schlösser, Gärten und Seen Schloß- und Gartenverwaltung, Schloßplatz 4, 63739 Aschaffenburg, Tel. 06021/22417, Fax 06021/218921
Größe: 168 ha, frei zugänglich
Attraktionen: Kahnverleih,
4 Schönbusch

Schloßanlagen Aschaffenburg

Aschaffenburg

Ende des 18. Jahrhunderts wurde unter dem kurfürstlichen Kardinal Friedrich Carl von Erthal auf den ehemaligen Befestigungsanlagen der Stadt eine landschaftlicher Park mit einem Frühstückstempel, pflanzenberanktem Arkadengang, einer Säulenhalle (dem sogenannten Kornhäuschen) mit Kastanienwäldchen sowie einem regelmäßig mit Roßkastanien überstellten Quartier angelegt Nachdem das kurmainzische Aschaffenburg im Jahr 1814 an Bayern gefallen war, ließ König Ludwig I. das Pompejanum ab 1843 nach Plänen des bayerischen Hofarchitekten Friedrich von Gärtner errichten. Gebäude und Freianlagen sollten eine mediterrane Landschaftszene darstellen. Soweit möglich wurden Pflan-

Bay 21
Eigentümer/in: Bayerische Verwaltung der staatlichen Schlösser, Gärten und Seen Schloß Nymphenburg, Postfach 380120, 63739 Aschaffenburg, Tel. 06021/22417, Fax 06021/218921
Größe: 6 ha
Eintritt: frei
Öffnungszeiten: ganzjährig geöffnet, im Sommer 6–21 Uhr, im Winter 6–18 Uhr
1, 4, 6, 8 Schloß
P gebührenpflichtig

✂ 🐕 ℹ
♿ aber Zugang vom Schloß über Stufen

zen der Mittelmeerflora verwendet, Pinien jedoch durch Schwarzkiefern, Zypressen durch Pyramidenpappeln ersetzt. König Ludwig I. hielt sich gerne hier auf. Er sprach von seinem Bairischen Nizza. Die Bepflanzungen des Stadtgrabens wurden 1850 und 1963 umgestaltet.

Bay 22
Eigentümer/in: Stadt Aschaffenburg, Forstamt
Bismarckallee 1a,
63739 Aschaffenburg,
Tel. 06021/35830,
Fax 06021/83919
Größe: 62,9 ha,
frei zugänglich
🚌 6 Ludwigsallee
✂ 🐕 ♿

Fasanerie Aschaffenburg

Bismarckallee, Aschaffenburg

Der Ingenieur Emanuel J. Herigoyn erhielt vom Kurfürst Friedrich Karl von Erthal, der seine Residenzstadt Aschaffenburg in ein System von Landschaftsgärten integrieren wollte, den Auftrag, die Fasanerie entsprechend umzugestalten. Sein Plan von 1789 zeigt bereits die Überlagerung der regelmäßigen Wegeachsen durch gewundene Wege. Trotz verschiedener Eingriffe konnte der Park seine spezielle Eigenart und Schönheit bewahren. Wichtig sind die nach ökologischen Gesichtspunkten gepflegten und genutzten Hochwaldbereiche und die nur noch einmal jährlich gemähten offenen Wiesen.

Bay 23 NEU
Eigentümer/in: Martina Genseder-Gogolin,
Rainer Gogolin,
Lauterhofstraße 1,
63785 Obernburg / Main,
Tel. 06022/38794,
E-Mail: ergog@t-online.de
Größe: 350 m²
keine Gruppen und nur telefonische Anmeldung erbeten
Eintritt: frei
Öffnungszeiten: ganzjährig geöffnet
→ bei Anmeldung
🐕 ♿

Privatgarten Gogolin

Lauterhofstraße 1, Obernburg / Main

Foto: Gogolin

Durch einen schönen Baumbestand ist der Garten relativ schattig. Doch bleibt neben einer Walnuß am Haus immer noch genug Platz in der Sonne für einige Oleanderkübel. In und unter den Bäumen sind eine Vielzahl an Skulpturen aus Holz, Stein oder Metall plaziert.

Bay 24 NEU
Größe: 500 m²
frei zugänglich
Führungen: nach Voranmeldung,
für Gruppen bis 25 Personen

Kräutergarten der Dorfgemeinschaft Hohenroth

Gemünden

Auf einem teils hügeligen Gelände wachsen in dem naturnahen Garten über 150 Kräuterarten in einer Mischung mit Gartenblumen.

Eigentümer/in: SOS-Kinderdorf e.V. Hohenroth, 97737 Gemünden, Tel. 09354/90990, Fax 09354/909918, E-Mail: dg.hohenroth@sos-kinderdorf.de, Internet: www.sos.kinderdorf.de/hohenroth
Veranstaltungen: Kräutertag, Frühjahr

DB Rieneck
800, 8055 Rieneck Kleiderfabrik

Rosengarten der Stadt Arnstein

Schulhof, Arnstein

Der Rosengarten liegt auf einer Terrasse unterhalb der ehemaligen Präparandenschule mit einem herrlichen Blick auf die Altstadt. Auf relativ kleiner Fläche bietet er einen Einblick in die Geschichte der Rosenzucht im 19. und 20. Jahrhundert, wobei der Schwerpunkt auf den Gattungen des 19. Jahrhunderts liegt. Diese sogenannten Historischen Rosen werden zusammen mit Stauden, frühblühenden Zwiebelpflanzen und Kletterpflanzen gezeigt.
Eigentümer/in: Stadt Arnstein, Marktstraße 37, 97450 Arnstein, Tel. 09363/8010, Fax 09363/80166
Veranstaltungen Rosenfreunde Arnstein, Eva Röll, Gartenstraße 2, 97450 Arnstein, Internet www.arnstein-online.de, Tel./Fax 09363/1365

Bay 25
Größe: 200 m²
frei zugänglich
Führungen: nach Voranmeldung, Tel. 09363/995060 für Gruppen bis 50 Personen, Preis nach Vereinbarung
→ Am Rathaus in der Marktstraße rechts, bei der Kirche rechts, die erste Gasse rechts
P gebührenpflichtig
Historische Rosen

Innenhof der ehemaligen Präparandenschule

Schulhof 10, Arnstein

Vom Rosengarten gelangt man über eine Natursteintreppe auf die erste, sehr schmale Terrasse, die als Bauerngärtchen gestaltet ist. Obstbäume auf einer kleinen Wiese, Spalierobst, Beerensträucher und typische Bauerngartenstauden bilden einen Gegensatz zum Rosengarten. Diese Terrasse wurde ebenso von Moira Scholz gestaltet wie der Innenhof, den man über eine weitere Treppe erreicht. Von dort oben bietet sich der schönste Ausblick auf den Rosengarten und die Altstadt. Flieder, Quitte, Birnbaum und viele Kletterrosen und Stauden beleben diesen verträumten Ort.
Veranstaltungen: Rosengartenfest, 20./21. Juni, 10–19 Uhr

Bay 26
Eigentümer/in: Familie Paletta Schulhof 10, 97450 Arnstein,
Größe: 230 m²
Eintritt: frei
Führungen: nach Voranmeldung
Öffnungszeiten: nach Vereinbarung
Attraktionen: Rosenblüte Juni
P gebührenpflichtig
bei Voranmeldung möglich

Wernpark

Würzburger Straße, Wernstraße, Arnstein

Im Rahmen der Kleinen Gartenschau 1997 entstand der Wernpark mit einem Wasserwirtschaftlichen Lehrpfad. Entlang der renaturierten Wern zieht sich der Park mit Staudenpflanzungen mit unterschiedlichen Standortansprüchen wie Gehölzrand, Gewässerrand und Wiesen. In einem Kunsthain werden Plastiken unter Bäumen ausgestellt. Gewässerbegleitend sind fünf Schilder zur Wern aufgestellt, die über Renaturierung, Gewässergüte, Hochwasserschutz usw. informieren.
Eigentümer/in: Stadt Arnstein, Marktstraße 37, 97450 Arnstein, Tel. 09363/8010, Fax 09363/80166

Bay 27
Größe: 1,5 ha
frei zugänglich
Führungen: nach Voranmeldung, Kosten nach Vereinbarung
8134 Schwebenried – Schweinfurt Zentraler Busbahnhof Arnstein
P gebührenpflichtig

Privatgarten Walter

Hauptstraße 39, Waigolshausen

Foto: Walter

Bay 28 NEU
Größe: 0,3 ha
Anmeldung erbeten
Eintritt: frei
Öffnungszeiten: 1. Wochenende im Juni oder Juli
DB Waigolshausen
Bus Schweinfurt–Waigolshausen
P

Aus einem Garten für Kinder mit Spielgeräten und Schwimmbecken entwickelte sich mit der Zeit ein Staudengarten mit Teich, Sitzgruppen, Gemüsegarten und vielen Keramikobjekten. Einige der Obstbäume sind schon über 40 Jahre alt.
Eigentümer/in: Helma und Winfried Walter, Hauptstraße 39, 97534 Waigolshausen, Tel. 09722/8461, Fax 09722/8461
Attraktionen: Hemerocallis-Blüte, Ende Mai bis Ende Juli

Bay 29 NEU
Größe: 0,17 ha
Anmeldung erbeten
Eintritt: frei
Öffnungszeiten: Ende Mai bis September
P
✿ Fuchsien, Duftpelargonien

Privatgarten Mußer

Bühlweg 13, Eisenheim / Obereisenheim

Dem großen Staudengarten mit botanischen Raritäten ist ein Nutzgarten angegliedert. Eine besondere Spezialität sind die Fuchsien und Duftpelargoniensammlungen.
Eigentümer/in: Gerlinde und Werner Mußer, Bühlweg 13, 97247 Eisenheim / Obereisenheim, Tel. 09386/899
Attraktionen: Fuchsien- und Duftpelargonienblüte Anfang Juli bis September

Bay 30
Eigentümer/in: Bayerische Verwaltung der Staatl. Schlösser, Gärten und Seen

Rosengarten

Neue Residenz Bamberg, Domplatz 8, 96049 Bamberg

Neben der Fürstbischöflichen Residenz existierte schon im 16. Jahrhundert ein Renaissancegarten, der 1733 unter

Fürstbischof Friedrich Carl von Schönborn in eine symmetrische Anlage umgewandelt wurde. Die Pläne hierzu entwarf Balthasar Neumann. Längs der Balustrade wurden Hainbuchen in Form von Cabinetten gepflanzt und, nachdem der Garten auf ein einheitliches Niveau gebracht worden war, ein axiales System von Wegen und Rondellen angelegt. Der nach Entwürfen Michael Küchels gebaute Gartenpavillon, eine reizvolle Rokokoarchitektur mit dem mit Rokokostukkaturen geschmückten Mittelsaal, beherbergt heute ein Café. Die Gartenskulpturen von Ferdinand Tietz aus den Jahren 1760/61 stellen römische Gottheiten wie Jupiter, Juno, Venus und Ceres dar. Die Originale befinden sich im Historischen Museum der Stadt Bamberg in der Alten Hofhaltung. Das zentrale Wasserbecken ist von einem geschnittenen Baumkranz aus Linden umgeben. Auf den von Buchshecken eingefaßten Beeten wachsen 4500 Rosen in 49 verschiedenen Sorten.

Schloß Nymphenburg,
Postfach 380120,
80614 München,
Größe: 0,4 ha
Öffnungszeiten:
im Sommer 9–18 Uhr,
im Winter 9–16 Uhr
Eintritt: frei
Führungen: nach Voranmeldung
Dombergführung ca. 1 Std. (Dom mit Domplatz, Alte Hofhaltung und Neue Residenz mit Kaisersaal und Kaiserzimmern sowie Gemäldegalerie),
Attraktionen: Rosenblüte, Gartenplastiken, Aussicht über Bamberg,
☕ 🐕 ♿
ℹ Verkauf im Schloß

Schloß Seehof bei Bamberg

Memmelsdorf

Das Lust- und Jagdschloß der Bamberger Fürstbischöfe mit Lustgarten und Jagdquartier wurde Ende des 17. Jahrhunderts unter Fürstbischof Lothar Carl von Schönborn angelegt und stand im ausgehenden 18. Jahrhundert unter Fürstbischof Adam Friedrich von Seinsheim in seiner höchsten Blüte.

Im Obergeschoß des Lustschlosses befinden sich Schauräume. Die große Orangerieanlage mit Gewächshäusern und Pavillonbauten wird teilweise noch betrieblich oder als Museum und Konzertsaal genutzt. Von den Gartenanlagen ist heute nur noch der Lustgarten erhalten, das ehemalige Jagdquartier ist Bestandteil einer militärisch genutzten Anlage. Das alte Wegenetz, Kastanien- und Lindenalleen gliedern den Garten. Die Kaskade mit den Wasserspielen wurde wiederhergestellt. Das ehemalige Heckentheater ist allerdings zu einem Wäldchen ausgewachsen.

Veranstaltungen: Frühling im Seehof, Konzerte: Sommerserenaden, Barockkonzerte Mai bis Oktober, 14–16 Uhr, Infos bei: Bamberger Veranstaltungsdienst

Bay 31
Eigentümer/in: Freistaat Bayern, Bayerisches Landesamt für Denkmalpflege
Schloß Seehof,
96117 Memmelsdorf,
Tel. 0951/40950,
Fax 0951/409530
Größe: 21 ha
Eintritt: frei
Öffnungszeiten: Mo – Fr
im Sommer 7 – 18 Uhr,
im Winter 8 – 16 Uhr
Attraktionen: Kaskade Mai bis September, stündlich 11–16 Uhr, ca. 10 Minuten
🚌 7 Schloß Seehof
🅿 ☕ 🐕 ℹ

Schaugarten Karbacher Staudenversand

Hauptstraße 26, Karbach

In der interessant strukturierten Anlage sind ungefähr 600 verschiedene, teilweise sehr seltene Stauden zu sehen. Neben einem Schwimmteich und nach Farben gestalteten Pflanzungen gibt es auch Beispiele naturnaher Gestaltung. Eigentümer/in: Karbacher Staudenversand/Stauden zum Staunen, Hauptstraße 26, 97842 Karbach, Tel. 09391/6530,

Bay 32
Größe: 0,1 ha
Öffnungszeiten:
April bis Oktober, Fr 9 Uhr bis Einbruch der Dunkelheit,
Sa 9–14 Uhr
nur außerhalb der Öffnungszeiten Anmeldung erbeten

Eintritt: frei
Führungen: nach Voranmeldung, 50 DM/Gruppe
P
✿ seltene Stauden, Gräser

Fax 09391/916961, E-Mail: info@stauden-ksv.de,
Internet: www.stauden-ksv.de
Veranstaltungen: Vernissagen u.a. Infos bei Karbacher Staudenversand

Bay 33
Eigentümer/in: Bayerische Verwaltung der staatlichen Schlösser, Gärten und Seen
Schloß- und Gartenverwaltung, Residenzplatz 2, 97070 Würzburg, Tel. 0931/355170, Fax 0931/51925
Größe: 12 ha
Öffnungszeiten: im Sommer 7–20 Uhr, im Winter 7–16.30 Uhr
Eintritt: frei
Führungen: nach Voranmeldung
Attraktionen: Wasserspiele April bis Okt., täglich von 13–17 Uhr
DB Veitshöchheim
Bus 11, 19 Kirchplatz
Infos nur April bis Oktober

Hofgarten Veitshöchheim

Veitshöchheim

Foto: Schloß- u. Gartenverwaltung, Würzburg

Nach barocken Vorgängergärten um das Fürstbischöfliche Lustschloß Veitshöchheim entstand ab 1763 durch den in Kunst und Philosopie gelehrten Fürstbischof Adam Friedrich von Seinsheim einer der interessantesten Gärten des Rokoko. Der bedeutendste deutsche Bildhauer seiner Zeit, Ferdinand Tietz, schuf einen großen Teil der Figurenzyklen. Das kosmologische Programm des Gartens zeigt zahlreiche Anspielungen auf griechische und römische Mythologie, Allegorien und Fabeln. Die Restaurierung in den 60er Jahren ging auf den Rokokozustand des Gartens ein, so daß diese Anlage bis auf einige Veränderungen im 19. Jahrhundert und trotz der Kriegszerstörungen weitgehend den originalen Zustand zeigt. Von den kostbaren Sandsteinplastiken sind die meisten durch Kopien oder Abgüsse ersetzt. Die Originale werden im Mainfränkischen Museum in Würzburg aufbewahrt.

Privatgarten Seubert-Kohrmann

Raiffeisenstraße 27, Uettingen

An ein ehemaliges Bauernhaus, das mit seinen Nebengebäuden einen begrünten Innenhof umschließt, erstreckt sich ein romantischer Garten im englischen Stil, der nach Farbthemen, wie der Weiße Garten, unterteilt ist. In den Rabatten wachsen viele Englische Rosen und seltene Stauden. Eigentümer/in: Corinna Seubert-Kohrmann, Raiffeisenstraße 27, 97292 Uettingen, Tel. 09369/99164, Fax 09369/99165

Bay 34 NEU
Größe: 0,2 ha
Anmeldung erbeten
Eintritt: frei
Öffnungszeiten: Juni bis September
Führungen: nach Voranmeldung
Attraktionen: Rosenblüte, Hauptblüte der Stauden Mitte bis Ende Juni, Juli/August
→ bei Anmeldung
P ♿

Botanischer Garten der Universität Würzburg

Julius-von-Sachs-Platz 3-4, Würzburg

Foto: Buschban

Der Botanische Garten der Universität Würzburg ist mit seiner 300jährigen Geschichte die älteste Einrichtung dieser Art in Bayern. Nach fürstbischöflicher Anordnung 1696 im Barockgarten des Juliusspitals im heutigen Stadtzentrum gegründet, wurde er ab 1960 am südlichen Stadtrand neu aufgebaut. Spezialsammlungen dieses Gartens: Siebold-Pflanzen aus Ostasien (zu Ehren des Würzburger Japanforschers v. Siebold), Tertiärwald-Gehölzsammlung (ein Arboretum florengeschichtlicher Prägung), subpolare und alpine (Polster-)Pflanzen im Gebirgspflanzenhaus, Mainfränkische Trockenrasen. Besonders blütenreich, struktur- und farbenprächtig zeigt sich im Mai die Felsheide des Mittelmeergebiets und des Vorderen Orients.
Veranstaltungen: Veranstaltungen des pro-planta-Freundeskreises des Botanischen Gartens und der Pflanzenwissenschaften Würzburg e.V., Infos im Internet

Bay 35
Eigentümer/in: Bayerische Julius-Maximilians-Universität Würzburg, Julius-von-Sachs-Platz, 97082 Würzburg, Tel. 0931/8886241, Fax 0931/8886235/8886207, E-Mail: bot-garten@botanik.uni-wuerzburg.de, Internet: www.botanik.uni-wuerzburg.de/botgarten/index.html
Größe: 9 ha
Öffnungszeiten: im Sommer 8–18 Uhr, im Winter 8–16 Uhr
Eintritt: frei
Führungen: nach Voranmeldung, Tel.: 0931/8886241, außerdem jeden 3. Samstag im Monat, 14.30 Uhr kostenlos
Attraktionen: Akustik im trop. Regenwald jeden 1. So im Monat 14–16 Uhr, weitere Termine nach Anmeldung
🚌 3, 5 Dallenbergbad
P an Wochenenden auf dem Institutsparkplatz
♿ ℹ

Fürstengarten Festung Marienberg

Würzburg

Der Fürstengarten auf der Schütt, der alten Batteriestellung vor der Ostseite der Burg, geht in seiner 1937 wiederhergestellten Form auf den Garten des Fürstbischofs Johann

Bay 36
Größe: 0,1 ha
Eintritt: frei
Öffnungszeiten: April bis Okt. Di bis So 7–17.30 Uhr,

Mo 7–15.30 Uhr
9, nur April bis Oktober, Schönborntor
18 Oberer Burgweg
P gebührenpflichtig

Philipp Greiffenklau um 1700 zurück. Das achtteilige Gartenparterre mit Springbrunnen und mit Rosen bepflanzt, basiert auf alten Festungsplänen des frühen 18. Jahrhunderts. Vom Fürstengarten hat man eine einzigartige Aussicht auf Würzburg und das Maintal.
Eigentümer/in: Bayerische Verwaltung der staatlichen Schlösser, Gärten und Seen, Schloß- und Gartenverwaltung, Residenzplatz 2, 97070 Würzburg, Tel. 0931/355170, Fax 0931/51925

Bay 37
Eigentümer/in: Kath. Kirchenstiftung Dom-Neumünster
Domerschulstraße 2, 97070 Würzburg,
Tel. 0931/3860,
Fax 0931/386285
Größe: 0,6 ha
Eintritt: frei
Öffnungszeiten: ganzjährig geöffnet,
im Sommer 9–20 Uhr,
im Winter 9–17 Uhr
1, 3, 4, 5 Kürschner Hof
P gebührenpflichtig

Lusamgärtchen

Martinstraße 4, Würzburg

Von dem Ende des 12. Jahrhunderts errichteten Kreuzgang ist nur ein Flügel erhalten geblieben. Die Reliefs gehören zu den ältesten erhaltenen Beispielen figürlicher Plastik in Würzburg. Die kulissenartige Rahmenpflanzung und der rote Sandstein prägen das Erscheinungsbild des Gärtchens. Dieser Ort diente früher als Begräbnisplatz der Stiftsherren. Nach beglaubigter Überlieferung ist hier auch der Minnesänger Walther von der Vogelweide bestattet.

Bay 38
Eigentümer/in: Stadt Würzburg, Gartenamt, Robert-Bunsen-Straße 10, 97076 Würzburg,
Tel. 0931/2992320,
Fax 0931/2992366,
E-Mail: gartenamt.wuerzburg@t-online.de
Größe: 27 ha
frei zugänglich
Führungen: nach Voranmeldung,

Ringpark

Ringstraße, Sanderglacisstraße, Röntgenring, Würzburg

Bereits 1720 hatte Balthasar Neumann die Anlage einer Allee auf den Wällen der Stadtbefestigung angeregt. Im Jahr 1804 wurde schließlich im Rahmen einer Schenkung der bayerischen Regierung eine doppelreihige Pappelallee am Außenrand des Glacis gepflanzt, welche die Keimzelle der Würzburger Ringparkanlagen darstellt. Der Abbruch der Stadtmauern nach 1856 brachte große Veränderungen für das gesamte Stadtbild mit sich. Der Schwede Jens Person Lindahl, vom englischen Landschaftsgarten geprägt, begann das Glacis zu einem Stadtpark umzubauen. Sein

Nachfolger Engelbert Sturm vollendete im Jahre 1900 die Arbeiten im Kernstück mit dem Einbau eines südfranzösischen Klein-Nizza. Neben vielen Brunnen und Denkmälern ist der Ringpark bekannt durch seinen reichhaltigen Gehölzbestand mit 220 Baumarten und Kulturformen aus mehr als 30 Pflanzenfamilien sowie seine große Vielfalt an Sträuchern.

Tel. 0931/2992320

Landesgartenschaugelände aus dem Jahre 1990

Luitpoldstraße, Dreikronenstraße, Würzburg

Zielsetzung der Gartenschauidee war es, die Mainauen mit der Festung Marienberg zu verbinden und somit eine Fortführung des Ringparks in den linksmainischen Wallgräben zu erhalten. Das Gelände wird geprägt durch charakteristische Wallmauern und artenreiche Wildstaudenpflanzungen. Neben dem Rosengarten sind die Beiträge der Partnerstädte mit einem Japanischen Garten, dem Normannischen Haus, dem Schottischen Garten und dem Fliedergarten heute noch Attraktionen.
Öffnungszeiten: ganzjährig geöffnet,
im Sommer 9–20 Uhr, im Winter 9–17 Uhr

Bay 39
Eigentümer/in: Stadt Würzburg, LGS-GmbH, Geschäftsstelle, Ludwigstraße 8, 97070 Würzburg, Tel. 0931/3085200, Fax 0931/3085156
Größe: 11 ha
Eintritt: frei
2 Talavera, Neunerplatz

Garten des Juliusspitals

Juliuspromenade, Würzburg

Der Barockgarten aus dem Jahre 1696 war mit Parterres und mit für Fürstengärten üblichen Stilelementen und geschnittenen Hecken ausgestattet. Von 1696 bis 1854 diente er auch als Botanischer Garten. Obwohl es im Laufe der Jahrhunderte viele Veränderungen gab, sind noch eine Fontäne und ein Bassin mit allegorischen Figuren vorhanden. Der alte Baumbestand ist auch aus stadtökologischer Sicht bedeutsam.
Eigentümer/in: Stiftung Juliusspital Würzburg, Juliuspromenade 19, 97070 Würzburg, Tel. 0931/3930, Fax 0931/3931004

Bay 40
Größe: 0,7 ha
Eintritt: frei
Öffnungszeiten: ganzjährig geöffnet, im Sommer 8–18 Uhr, im Winter 8–16 Uhr
2, 3, 4, 5 Barbarossaplatz
gebührenpflichtig

Reuerer Garten

Sanderstraße 12, Würzburg

Der Garten des heutigen Karmeliterklosters entstand aus dem Erwerb von Häusern und Gärten im 17. Jahrhundert. 1978 wurde ein Teilstück abgetrennt, es dient als öffentlicher Spielplatz. Alle Achsen des ehemaligen barocken Wirtschafts- und Weingartens waren in Längs- und Querrichtung durch Weinlauben über Bögen gefaßt. Diese sind im öffentlich zugänglichen Teil noch erhalten. Der Privatgarten des Klosters ist ein sehr gepflegter, reiner Nutzgarten.
Eigentümer/in: Karmelitenkloster Reuerer, Sanderstraße 12, 97070 Würzburg, Tel. 0931/354320, Fax 0931/3543213

Bay 41
Größe: 0,6 ha
Anmeldung für Privatgarten des Klosters erbeten
Eintritt: frei
Öffnungszeiten: ganzjährig geöffnet, im Sommer 9–20 Uhr, im Winter 9–17 Uhr
3 Sanderring
gebührenpflichtig

Bay 42
Eigentümer/in: Bayerische Verwaltung der staatlichen Schlösser, Gärten und Seen Schloß- und Gartenverwaltung, Residenzplatz 2, 97070 Würzburg, Tel. 0931/355170, Fax 0931/51925
Größe: 9 ha
Öffnungszeiten: ganzjährig geöffnet, im Sommer 7–20 Uhr, im Winter 7–16.30 Uhr
Eintritt: frei
Führungen: nach Voranmeldung
1, 3, 4 Dom
14, 28 Stadttheater
15, 16, 17 Residenzplatz
P gebührenpflichtig
Teilbereiche nur über Rampen und Stufen erreichbar

Hofgarten Würzburg

Würzburg

Fürstbischof Adam Friedrich von Seinsheim verpflichtete 1770 den aus Prag stammenden, sehr versierten Johann Prokop Mayer als Hofgärtner in Würzburg. Auf der vorhandenen, beengten Fläche schuf Mayer mit Kreisen, Ovalen, Durchdringungen und theaterhaften Verengungen ein Spiel in Formen, Räumen und Farben. Als der Fürstbischof 1779 starb, waren die heute noch erlebbaren Grundzüge des genialen Gartenentwurfs nur im Ostgarten annähernd fertiggestellt. Der ansatzweise ausgeführte Südgarten wurde bis zur heutigen Form mehrfach verändert, der 1793 als Landschaftsgarten entstandene Südwestgarten besitzt hingegen geringere gartenkünstlerische Qualität. Nach langer Zeit des Niedergangs begann zwischen 1952 und 1963 unter dem Gartendirektor Christian Bauer und erneut seit 1993 die schrittweise Sanierung des Gartenkunstwerks. Besonders sehenswert sind die äußerst selten anzutreffenden Laubengänge aus Maulbeerbäumen, der innere Laubengang aus Hartriegel und Lärche, Buchsornamente, klassizistische Gartenplastiken und die nach barocker Fachliteratur angelegten farbenreichen Blumenrabatten.
Veranstaltungen: Weinfeste, Mozartfest der Stadt Würzburg

Bay 43 NEU
Größe: 200 m²
Anmeldung erbeten
Eintritt: frei
Öffnungszeiten: nur nach Vereinbarung,
Führungen: nach Voranmeldung
Attraktionen: Kakteenblüte Juni/Juli
→ bei Anmeldung
P
Kräuterpflanzen, Sukkulenten

Dietrichs stacheliges Blumengärtlein

Hauptstraße 22, Gelchsheim

Mittelpunkt des Gärtchens ist ein zirka 20 m² großes Kakteen- und Sukkulenten-Beet, das von Mai bis Oktober zu besichtigen ist. An mehreren Wänden ranken an Stahlmatten verschiedene Arten von Passionsblumen sowie andere, größtenteils einjährige Kletterpflanzen empor. In weiteren Beeten mit gemischten Pflanzungen wachsen unter anderem Fuchsien, Lantanen, Schmuck- und Duftgeranien, bekannte und unbekanntere Kräuter.
Eigentümer/in: Karl-Heinz Dietrich, Hauptstraße 22, 97255 Gelchsheim, Tel. 09335/319

Bay 44 NEU
Eigentümer/in: Anita Rau Ochsenfurter Straße 46, 97252 Frickenhausen / Main, Tel. 09331/89088
Größe: 0,2 ha
Öffnungszeiten: Mai bis Oktober
Anmeldung erbeten
Eintritt: frei

Privatgarten Rau

Ochsenfurter Straße 46, Frickenhausen / Main

Der wild-romantische Garten an einem Haus aus den 30er Jahren im typisch fränkischen Stil wird von Natursteinmauern und Mäuerchen umrahmt. Viele kleine Inseln, jede ein Gärtchen für sich, unterbrechen die großzügig sich durchschwingende Rasenfläche. In und unter den alten Bäumen machen unterschiedliche Fundstücke, Brunnen und eine Klangspirale den Garten zu einem Fest für alle Sinne.

Foto: H. Rau

Führungen: nach Voranmeldung
DB Würzburg
Bus Würzburg – Frickenhausen Siedlung
P

Privatgarten Schilling

Haus Nr. 191, Hüttenheim

Der kleine Bauerngarten hat eine Gartenaufteilung nach historischen Vorbildern an einem 150 Jahre alten, renovierten Fachwerkhaus.

Eigentümer/in: Waltraud Schilling, Haus Nr. 191, 97348 Hüttenheim, Tel. 09326/902439, Fax 0180/505254840655, E-Mail: waltraudschilling@web.de, Internet: www.landhaeuschen.de

Bay 45 NEU
Größe: 230 m²
Anmeldung für Gruppen erbeten
Eintritt: frei
Öffnungszeiten: ganzjährig geöffnet Sa/So, 10–16 Uhr, nach Vereinbarung
→ bei Anmeldung
P

Privatgarten Winzerhof Brückner

Haus Nr. 62, Hüttenheim

Neben dem ehemaligen Bauernhof, auf dem noch einige Weinberge betrieben werden, liegt der kleine Nutz- und Ziergarten in der Tradition der Bauerngärten. Den Hof bereichern zahlreiche Kübelpflanzen, Hochbeete, Palisadenkästen und Hausweinstöcke.

Eigentümer/in: Edwin und Sybille Brückner, Haus Nr. 62, 97348 Hüttenheim, Tel. 09326/1802, Fax 09326/8853, E-Mail: edwin.brueckner@-online.de

Veranstaltungen, Ferienwohnungen

Bay 46 NEU
Größe: 200 m²
Anmeldung erbeten
Eintritt: frei
Führungen: nach Voranmeldung
Öffnungszeiten: ganzjährig geöffnet
Attraktionen: Weinlese Oktober
→ bei Anmeldung
P

Privatgarten Hofmann

Kleinwachenroth 7, Wachenroth

In dem Bauerngarten wachsen vor allem Stauden und ca. 60 Englische und Historische Rosen.

Eigentümer/in: Susanne und Gerhard Hofmann, Kleinwachenroth 7, 96193 Wachenroth, Tel. 09548/8246, Fax 09548/8220

Führungen: nach Voranmeldung, für Gruppen bis 35 Personen

Bay 47 NEU
Größe: 0,1 ha
Anmeldung erbeten
Eintritt: frei
Öffnungszeiten: ganzjährig geöffnet
→ Ortsende Richtung Weingartsgreuth in Richtung Hammermühle, letztes Haus (Forsthaus), P

Bay 48
Eigentümer/in: Eheleute Schäfer, Beethovenstraße 35 91315 Höchstadt (a. d. Aisch), Tel. 09193/4692
Größe: 500 m²
Öffnungszeiten: ganzjährig geöffnet
Anmeldung erbeten
Eintritt: frei
Attraktionen: Kirschblüte, Azaleenblüte, Herbstlaub, P

Japanischer Garten Schäfer

Beethovenstraße 35, Höchstadt (a. d. Aisch)

Foto: Raible

Der im Frühjahr 1998 eingeweihte, von Hartmut R. Raible geplante, großzügig gestaltete Wassergarten lädt den Besucher zum Wandeln ein. Verschlungene Wege führen durch eine Landschaft vielseitigster Reize. Beginnend am Holzdeck, entlang eines Wintergartens gelangt man über Schrittsteine an das andere Seeufer. Der Höhenweg führt über eine unbearbeitete Natursteinbrücke, die den Gebirgsbach überspannt, zu zwei abgelegenen Terrassen. Die verschlungene Seenlandschaft mit Inseln wird dabei aus vielseitigen Perspektiven erlebt. Eine Formkiefer und zwei japanische Steinlaternen verstärken den exotischen Reiz des Gartens.

Bay 49 NEU
Größe: 800 m²
Anmeldung erbeten
Öffnungszeiten: ganzjährig geöffnet
Eintritt: frei
Führungen: nach Voranmeldung
DB Erlangen, mit Bus weiterfahren nach Höchstadt
Bus 203, 205 Don-Bosco-Schule
→ Anfahrplan im, Internet oder bei Anmeldung, P

Privatgarten Krauß

T.-Riemenschneider-Straße 48, Höchstadt a. d. Aisch

Der seit 1983 nach und nach angelegte romantische Garten zeigt eindrucksvoll, wie durch Aufteilung in Gartenräume das Gelände wesentlich größer erscheint. An den viktorianischen Wintergarten schließt sich ein Schattengarten mit lauschigen Sitzplätzen, bepflanzten Steinmauern und verschlungenen Wegen an. Eine Fuchsiensammlung bringt Farbe in die bemoosten, dunklen Bereiche. Den Höhepunkt bildet ein im Zentrum gelegener, von Hügeln, verschiedenen Bambusarten und einem Teehaus umrahmter japanischer Bereich mit Koiteich, Bachlauf und zwei Wasserfällen.

Eigentümer/in: Bruno und Charlotte Krauß, T.-Riemenschneider-Straße 48, 91315 Höchstadt a. d. Aisch, Tel. 09193/698029, Fax 09193/698030, E-Mail: bruno.krauss@t-online.de, Internet: www.bruno-krauss.de
jap. Steinlaternen, Natursteinartikel, Gartenmöbel

Bay 50
Eigentümer/in: Bayer. Verw. d. staatl. Schl., Gärten u. Seen, Schloß- u. Gartenverw. Ansbach
Promenade 27,
91522 Ansbach,
Tel. 0981/3186,
Fax 0981/95840
Größe: 18 ha
frei zugänglich
Führungen: nach Voranmeldung, für Gruppen bis 50 Personen, 50 DM,
alle Linien Schloßplatz

Hofgarten Ansbach

Promenade 33, Ansbach

Markgräfin Christina Charlotte und Markgraf Carl Wilhelm Friedrich von Brandenburg-Ansbach ließen neben ihrer Residenz im frühen 18. Jahrhundert einen großen Barockgarten mit Parterre mit flankierenden Lindensälen und einer mächtigen Orangerie errichten. Unter der späteren preußischen Herrschaft wurde der Garten im englischen Geschmacke umgeformt. Seit längerer Zeit laufen die Bemühungen, die historisch überlieferten barocken Elemente zu revitalisieren. Teilbereiche der 550 Meter langen, vierreihigen Lindenallee wurden in den letzten Jahren auf die ursprüngliche Höhe der ehemaligen Lindenhochhecke stark zurückgeschnitten. Das heutige verkleinerte, nach 1947 angelegte Parterre wird von zahlreichen Kübelpflanzen und vielfältigen Blumenrabatten bereichert. Im Rosengarten, dessen außen liegende Bereiche mit Küchen- und Medizinalpflanzen belegt sind, wachsen historische Strauchrosen.

Bay 51
Eigentümer/in: Bayer. Verw. d. staatl. Schl., Gärten u. Seen, Schloß-
u. Gartenverw. Ansbach
Promenade 27,
91522 Ansbach,
Tel. 0981/3186,
Fax 0981/95840
Größe: 3 ha, frei zugänglich
Attraktionen: Scillablüte April
im Schloß

Schloßpark Ellingen

Schloßstraße 9, Ellingen

Ellingen war mehr als 400 Jahre die Residenz des Landkomturs der Ballei Franken des Deutschen Ordens, der reichsten der insgesamt 13 Ordensprovinzen im Heiligen Römischen Reich. Im Zusammenhang mit einem Schloßneubau entstand um 1720 ein barocker Schloßgarten, der im 19. Jahrhundert landschaftlich umgestaltet wurde. Als einziges Element ist eine Balustrade erhalten geblieben. Der Park weist einen schönen alten und artenreichen Baumbestand auf.

Bay 52
Eigentümer/in: Robert Freiherr von Süßkind
Schloß Dennenlohe,
91743 Unterschwaningen bei Ansbach,
Tel. 09836/96888,
Fax 09836/96889,
Internet: www.dennenlohe.de
Größe: 1 ha
Öffnungszeiten:
April bis August
Anmeldung für Gruppen ab 10 Personen erbeten
Eintritt: 10 DM, Kinder frei bis 12 Jahre
Ermäßigung nach Absprache
Führungen: Besuch nur mit Führung möglich,
Ansbach-Wassertrüdingen Dennenlohe

Rhododendronpark Schloß Dennenlohe

Unterschwaningen

Der an den Schloßgarten angrenzende Rhododendrenpark entlang des Schloßweihers bietet über 100 verschiedene Azaleen -und Rhododendrenarten und über 100 Baum- und Straucharten. Der Park, der seit 1990 vom Eigentümer gepflegt wird, liegt am 6 Hektar großen Schloßweiher, malerisch eingebettet zwischen Schloßmauer, Terrassen, Brüstung und Wasser. Der Schloßweiher mit Inseln, Brücken und verschiedenen Stegen ist geschmückt mit zirka 3000 Seerosen.

P 🐕
Veranstaltungen: Gartenmesse Dennenloher Schloß- und Gartentage jährlich im Mai
✿ Seerosen

Privatgarten Maurer

Buchklingen 20, Emskirchen

Ein Schwerpunkt des vielseitig gestalteten Naturgartens mit Biotopen, heimischen Gehölzen und Wildstauden liegt auf über 40 Historischen und Englischen Rosen. Der Nutzgarten ist im Bauerngartenstil gehalten. Zahlreiche Kletterpflanzen begrünen die Fassaden.
Eigentümer/in: Magdalena Maurer, Buchklingen 20, 91448 Emskirchen, Tel. 09104/528, Fax 09104/3546
Attraktionen: Blüte der Historischen und Englischen Rosen Juni

Bay 53
Größe: 0,2 ha
Anmeldung für Gruppen erbeten
Eintritt: frei
Öffnungszeiten: 10.06.2001, der 1. Sonntag im Juni 2002
Führungen: nach Voranmeldung
→ bei Anmeldung
P

Zwei Privatgärten

Hindenburgstraße 52–54, Cadolzburg

Die beiden gemeinsam gestalteten Gärten ohne Zaun, die sich schon seit etwa 40 Jahren entwickeln, liegen parkähnlich am Waldrand. Vielfältige Bereiche wie Rosenhang, alte und neue Trockenmauern, Teich mit differenzierter Bepflanzung, Irisbeet, Frühlingsblumenwiese, Brunnen- und Buchsgarten, Obstbäume und Kräutergarten laden zum Entdecken und Verweilen ein.
Eigentümer/in: Familien Lippke/Weinländer, Hindenburgstraße 52 – 54, 90556 Cadolzburg, Tel. 0911/449186, Fax 0911/440483

Bay 54
Größe: 0,6 ha
nur telefonisch, Gruppen bis 20 Personen Anmeldung erbeten
Eintritt: frei
Öffnungszeiten: April bis September, nach telefonischer Vereinbarung
Führungen: nach Voranmeldung
DB Cadolzburg
→ bei Anmeldung
P 🐕 ♿

Schloßgarten Erlangen

Schloßplatz, Erlangen

Foto: Stadt Erlangen

Bay 55
Eigentümer/in: Universität Erlangen-Nürnberg Schloßplatz 4, 91054 Erlangen, Tel. 09131/850
Größe: 7 ha
Öffnungszeiten: ganzjährig geöffnet 6–20 Uhr
Eintritt: frei
DB Erlangen
P gebührenpflichtig
Veranstaltungen: Freiluftkonzerte vor der Orangerie, einige Sonntage im Sommer, 11 Uhr
✕ ☕ 🐕 ♿

Mit dem Neubau des Schlosses ließ Markgraf Christian-Ernst sich zu Beginn des 18. Jahrhunderts einen streng geometrischen Barockgarten anlegen. Gleichzeitig mit dem Park entstanden die Orangerie und der Hugenottenbrunnen. Wie viele andere barocke Gärten wurde auch der Schloßgarten im 19. Jahrhundert in einen Landschaftspark umgewandelt. Doch das Schloßparterre mit dem Brunnen, die Orangerie und die Randalleen sind noch Relikte der früheren Gestaltungsideen. Der Park mit seinen ausgedehnten Liegewiesen, Blumenpflanzungen und einem schönen Altbaumbestand ist heute das Grüne Herz der Stadt.

Bay 56
Größe: 0,9 ha
Eintritt: frei
Führungen: 6 Führungen im Sommer, siehe Aushang im Garten,
Öffnungszeiten: April bis Oktober 8–18 Uhr
DB Erlangen
Bus 252, 288, 289, 293 Palmsanlage
♿

Aromagarten Erlangen

Botanische Gärten, Erlangen

Der Aromagarten Erlangen beherbergt auf ideal natürlichen Standorten über 100 Aromapflanzen, die mit ihren wirksamen ätherischen Ölen alte Kulturgüter der Menschen sind, als Arznei, Gewürz oder Kosmetikum verwendet werden und wichtige Aussichten für die Zukunft durch neue Technologien bieten. Die große und prächtige Anlage wurde 1981 als weltweit erster Garten dieser Art eröffnet. Durch Prof. Dr. Karl Knobloch konzipiert und aufgebaut, dient er als Besichtigungs- wie als wissenschaftliches Experimentierfeld.

Eigentümer/in: Universität Erlangen-Nürnberg, Schloßplatz 4, 91054 Erlangen, Tel. 09131/8522669, Fax 09131/8526712, E-Mail: karl.knobloch @rzmail.uni-erlangen.de, Internet: www.uni-erlangen.de

Bay 57
Größe: 2 ha
Eintritt: frei
Führungen: nach Voranmeldung
Öffnungszeiten: ganzjährig geöffnet, Gewächsh.: Di bis So 9.30–11.30 Uhr und 13.30–15 Uhr, 15.10. bis 31.03. So und feiert. nachm. geschl., Freiland: tägl. 8–16 Uhr,
So und feiertags 8–12 Uhr
Bus 286, 287, 289 Hugenottenplatz
P gebührenpflichtig
Veranstaltungen: Gartenführung, März bis Nov.: jeden 1. Samstag im Monat, 14.30 Uhr

Botanischer Garten der Universität Erlangen-Nürnberg

Loschgestraße 3, Erlangen

Der Garten wurde 1828 an der Nordseite des Erlanger Schloßgartens eingerichtet. Er weist ein sehr breites Sortiment von Pflanzenarten der verschiedensten Klimate und Vegetationsgebiete auf. Dies reicht von der arktischen Tundra bis zum tropischen Sumpf, über Hochgebirgspflanzen mediterraner Gebirge (Alpinenhaus), bis hin zu Pflanzen der Kanarischen Inseln und Pflanzen der tropischen Regenwälder. Die Freilandanlage gliedert sich in zahlreiche Spezialpflanzungen wie das Alpinum und Subalpinum und in heimische Pflanzengesellschaften wie Laubwälder, Sandmagerrasen, in Pflanzen eurasicher Steppen und in einen kleinen Nadelwald. Zu sehen gibt es zusätzlich Sondergärten wie Bauern-, Gewürz- und Arzneipflanzengarten und einen Bereich für Freilandpflanzen, die Hautschäden verursachen können.

Eigentümer/in: Universität Erlangen-Nürnberg, Loschgestraße 3, 91054 Erlangen, Tel. 09131/8522669, Fax 09131/8522746, Internet: www.uni-erlangen.de/botanischer-garten

Fürther Stadtpark

Fürth

Die Entstehungsgeschichte des Stadtparks erstreckt sich von 1869 bis 1965. In mehreren Abschnitten entstand bis 1911 ein differenzierter Park mit Weiher mit künstlichem Wasserfall und auf einem aufgelassenen Friedhof ein Klostergarten. Infolge der beiden Weltkriege wurde der Grünflächenbestand im Stadtpark schwer in Mitleidenschaft gezogen. Doch schon 1951 präsentierte er sich nach einer Generalüberholung in neuer Schönheit. Anlaß war eine Gartenschau mit dem Motto Grünen und Blühen. Mit zahlreichen Blumenpartien, unterschiedlichen Sondergärten, einem Musterfriedhof und Musterkleingärten entsprach sie inhaltlich anderen Gartenschauen.
Der letzte größere Einschnitt in der Entwicklungsgeschichte war die Pegnitzregulierung zwischen 1963 und 1965. Durch die Begradigung des Flusses verdoppelte sich die Parkfläche und erhielt durch die Einbeziehung der Flußauenlandschaft eine großflächige Gestaltung.

Bay 58
Eigentümer/in: Stadt Fürth, Grünflächenamt, Otto-Seeling-Promenade 37, 90762 Fürth, Tel. 0911/9742872, Fax 0911/9742874
Größe: 16,5 ha
Führungen: nach Voranmeldung
frei zugänglich
Attraktionen: Fontänen, Minigolf, Spielplatz mit künstlichem Bachlauf
Sommerhalbjahr
DB Fürth
U1 Jakobinenstraße
Veranstaltungen: Sommernachtsball im Freien, August Freilichtbühne, Spielzeit im Sommerhalbjahr
Vorträge

Künstleringarten

Südring 40, Eckental-Eckenhaid

Ein romantischer Naturgarten einer finnischen Künstlerin mit vielen Rosen, Holzgeistern und einem bunten Blockhaus samt Atelier.
Eigentümer/in: Mirjami Ärmänen, Südring 40, 90542 Eckental-Eckenhaid, Tel. 09126/4115
Eintritt: frei, Gruppen ab 6 Personen 3 DM/Person

Bay 59 NEU
Größe: 700 m²
Anmeldung erbeten
Öffnungszeiten: Juni bis Mitte Juli
Gruppen bis max. 10 Personen
→ bei Anmeldung
P

Hesperidengärten

Johannisstraße 43 – 47, Nürnberg

Um eine Reaktivierung Altnürnberger Gartenkunst zu erhalten, legte das Gartenbauamt bereits Anfang der sechziger Jahre entsprechende Pläne nach dem Entwurf von Theo Friedrich für die Rekonstruktion der ehemals berühmten Nürnbergerischen Hesperides im Stadtteil Johannis vor. Erst 20 Jahre später konnte das erste Hesperidengartengründstück, das Anwesen Johannisstraße 47, wieder hergestellt werden. Die Arbeiten dauerten bis Juni 1985. Zwingende Vorgabe für die Rekonstruktion war der typisch handtuchartige Zuschnitt des Grundstücks. Das Areal ist in Längs- und Querwege gegliedert. Die Hauptachse markieren vier Brunnenplätze, an deren Ecken wechselweise Skulpturen und Kübelpflanzen auf Steinpodesten stehen. In die Restaurierung einbezogen wurde auch das an der Südgrenze noch vorhandene Gärtnerhaus. Die rhythmisch aufgereihten Lindenbäume und die raumbegrenzenden Ahornhecken bilden das Raumgerüst. Die Rasenbeete

Bay 60
Eigentümer/in: Stadt Nürnberg, Gartenbauamt Lina-Ammon-Straße 28, 90317 Nürnberg, Tel. 0911/2314860, Fax 0911/2314818
Größe: 0,6 ha
Eintritt: frei
Öffnungszeiten: April bis Okt. werktags: 7–20 Uhr, Sonn-/Feiertag: 9–20 Uhr
6 Johannis-/Brückenstraße
34 Johannis-/Brückenstraße
→ Unweit des Johannisfriedhofes

gegenüber: Botanischer Garten, Erlangen
Foto: Stiglmayer

sind ligustergesäumt. Mittlerweile konnten auch die Nachbargründstücke 43 und 45 einbezogen werden. Diese wirken etwas zurückhaltender durch einfache, ländliche Beetformen mit den historischen Quellen entlehnten Pflanzungen, die unspektakulär den Artenreichtum dieser Zeit widerspiegeln.

Bay 61
Eigentümer/in: Bayerische Verwaltung der Staatlichen Schlösser, Gärten und Seen
Staatl. Burgverwaltung, Auf der Burg 13, 90403 Nürnberg, Tel. 0911/225726, Fax 0911/2059117
Größe: 0,3 ha
Eintritt: frei
Öffnungszeiten: April bis Okt. 8 Uhr bis Einbruch der Dämmerung (max. 20 Uhr)
4 Tiergärtner Tor

Burggarten Nürnberg

Auf der Burg, Nürnberg

Die Gartentradition der mittelalterlichen Kaiserburg ist schon fast 600 Jahre alt. Der heute vorhandene Burggarten wurde auf den zwischen 1538 und 1545 errichteten Bastionen angelegt. Das Rosenparterre auf der großen Bastion wird von einer Baumzeile gerahmt, die teilweise aus Schnurbäumen (Sophora) besteht. Das zentrale Brunnenrondell auf der unteren Bastion wird von einem Platebande mit Buchseinfassung und von einem streng geschnittenen Baumrondell aus Feldahorn umspannt. Im Inneren Burghof steht die vor einigen Jahren gepflanzte Nachfolgerin einer mehrhundertjährigen Kunigundenlinde, die von der heiliggesprochenen Kaiserin Kunigunde gepflanzt worden sein soll.

Bay 62
Eigentümer/in: Stadt Nürnberg, Gartenbauamt Lina-Ammon-Straße 28, 90317 Nürnberg,
Größe: 19 ha,
frei zugänglich
9, U 2 Rennweg

Stadtpark (am Maxfeld)

Am Stadtpark, Nürnberg

Seine Entstehungsgeschichte reicht auf die Bayerische Landes-, Industrie-, Gewerbe- und Kunstausstellung im Jahre 1882 zurück. Der Stadtpark ist heute das Herzstück innerstädtischer Grünflächen, von dichten Wohngebieten umgeben. Der Reiz des Parks besteht in seinem hundertjährigen Baumbestand, darunter einige dendrologische Raritäten. Der Park umfaßt Gartenhöfe, Sitzterrassen am Weiher, Restaurant, mehrere Kinderspielplätze sowie diverse Wechselflorbeete.

Bay 63
Eigentümer/in: Stadt Nürnberg, Gartenbauamt Lina-Ammon-Straße 28, 90317 Nürnberg,
Größe: 35 ha,
frei zugänglich
9 Meistersingerhalle
55 Meistersingerhalle

Luitpoldhain

Münchener Straße / Schultheißallee, Nürnberg

Anläßlich der 3. Bayerischen Landesausstellung für Industrie, Gewerbe und Kunst im Jahre 1906 entstand der Park nach Plänen des Stadtgartendirektors Franz Elpel. Er blieb bis 1935 als öffentliche Erholungs- und Freizeitanlage erhalten. Nach der Machtübernahme durch die Nationalsozialisten wurde er 1935 zur Luitpoldarena umgebaut, Ende der fünfziger Jahre aber als Hain wiederhergestellt und durch den Bau eines Konzerthauses, der Meistersingerhalle, 1963 vollendet. Auf dem heutigen Gelände findet man neben Wechselflor- und Staudenanpflanzungen auch einen großen Kinderspielplatz.

Bay 64
Eigentümer/in:
Erbengemeinschaft,
Tel. 0911/2314860,
Fax 0911/2314818
Größe: 1,3 ha
Eintritt: frei
Öffnungszeiten:
April bis Okt. 10–19 Uhr
4, 9 Thon
31 Thon Neunhof
P ♿
Veranstaltungen:
Schloßbesichtigung
(Privatbesitz) Infos bei:
Tel. 0911/1331238

Schloßgarten Neuhof

Obere Dorfstraße (Stadtteil Neunhof), 90427 Nürnberg

Nach längerer Verwahrlosung wurde der Schloßgarten nach zweijähriger Bauzeit mit Hilfe des städtischen Gartenamtes 1979 an die Öffentlichkeit übergeben. Die gärtnerischen Anlagen entstanden, beginnend im 16. Jahrhundert durch Pflanzung der ersten Hecken und Obstbäume, über die im 17. Jahrhundert dazugepflanzten Lavendel- und Spargelkulturen, bis in das 18. Jahrhundert, in dem der auch heute noch existierende oktogonale Steinpavillon errichtet wurde. Grundlage des Restaurierungsplanes war die Kress'sche Gartendarstellung von 1740. Ausgerichtet auf den Pavillon von Conrad Schön wurde über das Areal ein Wegeraster gelegt, durch das sich 15 heckenumsäumte Rasenstücke abzeichnen. Die kastenförmig geschnittenen Platanen lassen die Fläche räumlich erscheinen. Die Kleinplastiken sind Abgüsse von Originalen aus dem Besitz des Vereins der Altstadtfreunde.

Bay 65
Eigentümer/in: Stadt
Nürnberg, Gartenbauamt
Lina-Ammon-Straße 28,
90317 Nürnberg,
Tel. 0911/2314860,
Fax 0911/2314818
Größe: 900 m^2
Eintritt: frei
Öffnungszeiten: 1. April bis
31. Oktober, 8–20 Uhr
6 Hallerstraße
P ♿
Veranstaltungen: Konzert der
Musikschule Nürnberg,
1. So nach dem Johannistag,
alljährlich Theater- und
Musikveranstaltungen

Alt-Nürnberger Barockgarten

Johannisstraße 13, Nürnberg

1965 wurde der Altnürnberger Barockgarten der Öffentlichkeit übergeben. Er entstand anläßlich der Restaurierung des Gebäudes Johannisstraße 13, bei der auch das zugehörige Gartengrundstück mit einbezogen werden sollte. Eine originalgetreue Wiederherstellung des historischen Fezerschen Gartens mußte, obwohl gut dokumentiert, ausscheiden, da das Grundstück auf die Hälfte verkürzt und nur wenig von der Gartenausstattung erhalten war. Man entwickelte daher aus den bekannten Gestaltungsmerkmalen der Gärten von St. Johannis einen entsprechenden Gartengrundriß, bei dem originale Ausstattungselemente (barocker Amorbrunnen, Rokoko-Torbalustrade) mit solchen aus benachbarten Gärten kombiniert und ergänzt wurden (Planetenolymp, acht Gartenfiguren des 18. Jahrhunderts, schmiedeeisernes Tor, steinernes Gartenhaus). So gelang es dem Gartenbauamt unter seinem damaligen Leiter Theo Friedrich, einen Typus Garten neu entstehen zu lassen, wie er im 17. und 18. Jahrhundert im Stadtteil St. Johannis weit verbreitet war. Hof und Garten vermitteln, ebenso wie die erst ab 1981 entstandenen Hesperidengärten Johannisstraße 43–47, eine gute Vorstellung von der Nürnberger Gartentradition.

Bay 66
Eigentümer/in:
Evangelisch-Lutherische
Friedhofsverwaltung

St. Johannis-Friedhof

Johannisstraße, Nürnberg

Der Johannisfriedhof ist der bekannteste historische Friedhof Nürnbergs. Seine Geschichte geht bis ins frühe

13. Jahrhundert zurück, als hier Lepra- und Pestopfer auf einem kleinen Gottesacker begraben wurden. Insgesamt wuchsen drei kleinere Friedhöfe und ein aufgelassener Schießplatz zum Johannisfriedhof zusammen. Seit 1518 dient er als allgemeine Begräbnisstätte für die Verstorbenen der nördlichen Stadthälfte. Seine Besonderheit wird von den vielen, dicht an dicht aufgereihten, liegenden Steingrabmälern bestimmt, allesamt aus Sandstein und in Form von Sarkophagen. Die Vielzahl und Einheitlichkeit dieser steinernen Grabmale ergibt zusammen ein außergewöhnlich charakteristisches Gesamtbild. Die wenigen Bäume und Sträucher treten dahinter zurück, doch oft schmücken Blumen und Rosenstöcke, an Stäben zu einem kleinen Hochstamm gezogen, die Grabstellen. An vielen Grabplatten sind Epitaphien angebracht, Bronze- oder Messingtafeln von oft meisterlicher Arbeit, die von den besten Nürnberger Erzgießern stammen. Im Relief zeigen sie, neben Namen und Lebensdaten, auch Familienwappen, Sinnsprüche, Symbole oder ornamentalen Schmuck. Bekannte Gräber sind die von dem Maler Albrecht Dürer (gest. 1528), dem Bildhauer Veit Stoß (gest. 1533), die der Patrizierfamilien Tucher oder Paumgartner und von J. Chr. Volkamer (gest. 1720), Verfasser der Nürnbergischen Hesperides. Zum Friedhof gehören außerdem die Holzschuherkapelle (1513 gestiftet) und die St. Johannis-Kirche, die als einzige der alten Nürnberger Kirchen im Zweiten Weltkrieg unzerstört blieb.

St. Johannis und St. Rochus
Johannisstraße 55,
90419 Nürnberg,
Tel. 0911/330516,
Fax 0911/338661
Größe: 3,4 ha
Eintritt: frei
Öffnungszeiten:
ganzjährig geöffnet,
im Sommer 7–19 Uhr,
im Winter 8–17 Uhr
Führungen: nach Voranmeldung, Kosten nach Vereinbarung
6 Brückenstraße

Historischer Militärfriedhof

Rothenburger Straße / Imhoffstraße, Nürnberg

Westlich des St. Rochus-Friedhofs schließt der mauerumwehrte Historische Militärfriedhof an, der auf eine Stiftung des Stadtlieutenants Lorenz Schmidlein aus dem Jahr 1689 zurückgeht. Die Soldaten der Reichsstadt fanden hier eine kostenlose Grabstelle. Von 1806 bis 1919 diente er als Garnisonsfriedhof der Bayerischen Militärverwaltung, zuletzt fanden Gefallene aus dem Ersten Weltkrieg hier ihre letzte Ruhestätte. Seit 1924 ist er im Besitz der Stadt Nürnberg. Nach seiner gärtnerischen Umgestaltung liegen alle Grabmale, von einer schlichten Rasenfläche umgeben, in einem lichten Baumhain. Dieser Friedhof ist der einzige seiner Art in Bayern, der noch in gutem Erhaltungszustand ist. Eigentümer/in: Stadt Nürnberg, Gartenbauamt, Lina-Ammon-Straße 28, 90317 Nürnberg, Tel. 0911/2314860, Fax 0911/2314818

Bay 67
Größe: 0,3 ha
Eintritt: frei
Öffnungszeiten:
1. April bis 31. Okt.,
9–20 Uhr
Führungen: nach Voranmeldung Evangelisch-Lutherische Friedhofverwaltung St. Johannis und St. Rochus,
Johannisstraße 55,
90419 Nürnberg,
Tel. 0911/330516,
Fax 0911/338661
Kosten nach Vereinbarung
U11 Plärrer
34 Austraße
gebührenpflichtig

Hallerwiese

Nürnberg

Die Hallerwiese stellt einen Markstein der Stadtgeschichte dar, denn sie gilt als der erste öffentliche Erholungsfrei-

Bay 68
Eigentümer/in: Stadt Nürnberg, Gartenbauamt
Lina-Ammon-Straße 28,

90317 Nürnberg,
Tel. 0911/2314860,
Fax 0911/2314818
Größe: 1,7 ha,
frei zugänglich
U4, 6 Hallertor

raum einer mittelalterlichen Großstadt in Deutschland, und sie ist damit auch die älteste aller Nürnberger Grünanlagen. 1434 kaufte der Magistrat der Stadt Nürnberg die Hallerwiese auf, allen inwonern zu lust und ergetzung. Sie liegt vor dem Mauerring am Ufer der Pegnitz. Hier wurden bis 1768 die Schützenfeste der Armbrustschützen ausgetragen, an die der 1904 aufgestellte Schnepperschützenbrunnen erinnert. Das Bild der Hallerwiese wurde von Anfang an durch die Lindenbäume geprägt, von denen seit 1449/53 planmäßig mehrere Reihen gepflanzt wurden. Obwohl man sie 1552 im Zweiten Markgrafenkrieg fällen mußte, um freies Schußfeld zu erhalten, wurden sie sieben Jahre darauf wieder nachgepflanzt. Umgestaltungen im ausgehenden 19. Jahrhundert veränderten das Gesicht dieser Grünfläche. Im Jahr 1991 regte der Bürgerverein St. Johannis an, die Grünanlage ihrer historischen Bedeutung entsprechend wiederherzustellen. Ausgehend von der Diplomarbeit des Landschaftsplaners J. Schöffel wurde vom Gartenbauamt ein Entwicklungskonzept für die Hallerwiese erarbeitet und seit 1992 in mehreren Stufen umgesetzt.

Bay 69
Größe: 1,5 ha
Eintritt: frei
Öffnungszeiten:
ganzjährig geöffnet
April bis Oktober: 8–21 Uhr,
November bis März: 9–17 Uhr
Führungen: nach
Voranmeldung UPZ,
Hummelstein 45/46,
90416 Nürnberg,
Tel. 0911/437432,
Fax 0911/449957
Kosten nach Vereinbarung
U1, U11 Frankenstraße
51, 59, 65, 67, 68
Frankenstraße
P
Veranstaltungen: Programme
des UPZ Sommerfest u.a.,
Infos bei:
Umweltpädagogisches
Zentrum, Hummelstein 45/46,
90416 Nürnberg,
Tel. 0911/437432,
Fax 0911/449957

Schloßpark Hummelstein

Langobardenstraße / Normannenstraße, Nürnberg

Seit 1925 ist die Stadt Nürnberg Eigentümer von Park und Schloß Hummelstein, deren wechselvolle Geschichte bis in das 15. Jahrhundert zurückgeht. In den Räumen des Schlosses ist das Umweltpädagogische Zentrum (UPZ) angesiedelt. Diese Institution nutzt die öffentlich zugänglichen Außenanlagen auch für Lehr- und Unterrichtszwecke. Ein Schau- und Lehrgarten erstreckt sich im südlichen Bereich des Geländes, östlich des Schlosses wurde ein mit Schnitthecken und Rasenfeldern regelmäßig angelegter Garten geschaffen, der an historische Vorbilder erinnert. Der nördliche Teil des Geländes wird von einem Garten eingenommen, der schon fast die Qualität eines Botanischen Gartens hat. Neben heimischen Bäumen finden sich zahlreiche exotische Baum- und Straucharten. Auch die Staudenpflanzungen sind von bemerkenswerter Qualität und Vielfalt. Im kleinen Hof hinter dem Schloß stößt man auf ein Barockgärtlein, von niedrigen Hecken gesäumt, worin Blumen und Rosen blühen.

Eigentümer/in: Stadt Nürnberg, Gartenbauamt, Lina-Ammon-Straße 28, 90317 Nürnberg, Tel. 0911/2314860, Fax 0911/2314818

Bay 70 NEU
Größe: 0,15 ha
Anmeldung erbeten
Eintritt: 10 DM, Kinder frei

Heilkräuter, Lehr- und Schaugarten

Stürzelhofer Weg 15, Altdorf-Weinhof

Ungefähr 680 verschiedene Heilkräuter gibt es in diesem Garten. Die Spanne reicht von Frühlings- und Sommer-

kräutern bis zu Gewürzen und Giftpflanzen. Neben der Energie der Heilkräuter wird anhand einer umfangreichen Ausstellung auch die Energie der Edelsteine vermittelt.
Eigentümer/in: Inge Felbinger, Stürzelhofer Weg 15, 90518 Altdorf-Weinhof, Tel. 09187/42691, Fax 09187/42691
Öffnungszeiten: Mai bis Oktober, nur im Rahmen von Führungen Mi, 16 Uhr, oder nach Voranmeldung
Führungen: nach Voranmeldung, für Gruppen bis 20 Personen, 150 DM/Gruppe, für Gruppen bis 15 Personen 10 DM/Person

bis 12 Jahre
Eltern haften für ihre Kinder
DB Altdorf
→ bei Anmeldung

Kreislehrgarten Ezelsdorf

Frankenstraße, 90559 Ezelsdorf bei Burgthann
Der in zahlreichen ehrenamtlichen Arbeitsstunden 1998 fertiggestellte Kreislehrgarten ist eine Musteranlage, die alle Elemente einer zeitgerechten, naturgemäßen Gartengestaltung und Bewirtschaftung aufweist und für Fortbildung, Beobachtung und Erprobung entwickelt wurde.
Ein Schwerpunkt bildet der schonende Umgang mit dem Naturgut Wasser mit Regenwassernutzung, Dachbegrünung usw. Weiterhin sind Giftpflanzen, Obstbäume mit unterschiedlichen Schnitttechniken, Trockenmauern, Stauden-

Bay 71 NEU
Eigentümer/in: Kreisverband für Gartenbau und Landespflege, Nürnberger Land, Rehbühlstraße 29, 91224 Hohenstadt, Tel. 09123/950330, Fax 09123/950464, E-Mail: h.-p.renner@nuernberger-land.de
Größe: 0,25 ha
Eintritt: frei

Öffnungszeiten: April bis Oktober 9–18 Uhr
Führungen: nach Voranmeldung
→ ausgeschildert ab B 8
P ♿

bereiche und Hecken zu sehen, wobei bei der Pflanzenwahl auf heimische, standortgerechte und robuste Arten und Sorten geachtet wird.
Attraktionen: Beerenobst, Rosen Juni

Bay 72
Größe: 1 ha
Eintritt: 4,50 DM, Kinder frei bis 5 Jahre, ermäßigt 3,50 DM für Schüler, Studenten, Azubi, Wehrdienstleistende, Behinderte, Gruppen ab 30 Personen 3,50 DM/Person, Falknerei extra Eintritt,
Öffnungszeiten: Ostern bis Nov. Di bis So, 9–18 Uhr,
DB Pappenheim
P ✕
Veranstaltungen: Pappenheimer Ritterturnier letztes Juniwochenende
🐕 außer im Greifvogelpark
♿ außer im Greifvogelpark
ℹ

Gräflicher Hofgarten Burg Pappenheim

Pappenheim

Von den drei Gräflich Pappenheim'schen Hofgärten an der Burg, dem Alten und dem Neuen Schloß ist dieser der älteste. An den Burghängen und im Burggelände wurde ein Kräutergarten mit über 400 Arten rekonstruiert und darüber hinaus ein Botanischer Garten der heimischen Flora begründet. Die von einem profunden Kenner der örtlichen Pflanzenwelt betreute Anlage umfaßt bereits jetzt über 1000 Arten und wird weiter ausgebaut. Ziel ist – soweit möglich – eine vollständige Präsentation der zirka 1600 Arten umfassenden heimischen Flora. In landschaftlich schöner Lage auf einem Bergsporn, innerhalb einer Altmühlschleife, oberhalb der historischen Altstadt gelegen, bietet die weitläufige, 300 Meter lange Burg, ein kleines Museum, Folterkammer, ab 2002 Naturmuseum, Falknerei mit Flugvorführungen.
Eigentümer/in: Gräfliche Verwaltung Pappenheim, Marktplatz 5 / Neues Schloß, 91788 Pappenheim, Tel. 09143/83890, Fax 09143/6445

Bay 73
Eigentümer/in: Bayer. Verw. d. staatl. Schl., Gärten u. Seen, Schloß- u. Gartenverw. Ansbach, Promenade 27, 91522 Ansbach, Tel. 0981/3186, Fax 0981/95840
Größe: 0,2 ha
Eintritt: frei
Führungen: nach Voranmeldung beim Verkehrsamt Eichstätt, Tel. 08421/98800, Fax 08421/988030,
P ♿ ℹ

Bastionsgarten

Willibaldsburg, Burgstraße 19, Eichstätt

Ab 1597 ließ der Eichstätter Fürstbischof Johann Konrad von Gemmingen mit Hilfe des Nürnberger Apothekers Basilius Besler einen Sammlergarten anlegen. Man versuchte möglichst viele Pflanzen aus aller Welt zu bekommen. Besler veranlaßte den Fürstbischof, die Pflanzen in einem Buch zu verewigen. Über 1000 verschiedene Pflanzen wurden auf 367 Kupferstichplatten festgehalten und 1613 als *Hortus Eystettensis,* dem wohl berühmtesten Pflanzenbuch herausgegeben. 1998 konnte der Bastionsgarten eröffnet werden, der zahlreiche Pflanzen aus der damals bekannten Pflanzenwelt zeigt. Die Beete sind chronologisch nach den Seitenfolgen des Buches bepflanzt. Besonders schön ist auch der Blick über die Stadt.
Öffnungszeiten: Ostern bis Mitte Okt. Di–So, 9–18 Uhr

Lumo-Garten & Atelier

Ludwigstraße 46, Königsmoos

Foto: K. Roth

Der ländliche Garten ist unterteilt in Themenbereiche, wie Rosengarten, Bauerngarten, Teichanlage, Gemüsegarten und einem Atelier.

Bay 74 NEU
Eigentümer/in: Karin Roth, Mervi Pellikan
Ludwigstraße 46,
86669 Königsmoos,
OT Ludwigsmoos,
Tel. 08433/8137,
Größe: 0,2 ha
Anmeldung erbeten
Eintritt: 5 DM, Kinder frei bis 12 Jahre
Öffnungszeiten: 26.05.2001/ 09.06.2001: 10–17 Uhr
Führungen: nach Voranmeldung
→ bei Anmeldung, nur mit Pkw erreichbar
P Veranstaltungen, Bilderausstellung

Glacis Ingolstadt

Ingolstadt

Nach dem Ersten Weltkrieg verloren die umfangreichen Befestigungsanlagen Ingolstadts ihre militärische Bedeutung und wurden zwischen 1926 und 1931 in einen großen Park umgewandelt. Neben dem noch gut erhaltenen Glacis ist die Fontäne im Festungsgraben eine besondere Attraktion in Ingolstadts beliebtestem Park. Doch abseits des Trubels des Sommercafés und des Spielplatzes sind entlang des Künettegrabens ausgedehnte, naturnahe Staudenanlagen zu entdecken, die aufwendig umgestaltet wurden.
Attraktionen: Fontänen, Staudenanlagen, historische Festungsbauten

Bay 75
Eigentümer/in: Freistaat Bayern, vertreten durch: Gartenamt Ingolstadt
Fauststraße 54,
85051 Ingolstadt,
Tel. 0841/74074,
Fax 0841/78559
Größe: 80 ha,
frei zugänglich
alle Linien rund um die Altstadt

Schwarzer Weg

Münchener Straße, Ingolstadt

Die eher ungewöhnliche Bezeichnung für diesen Park liegt in der Geschichte des Geländes, auf dem bis in die 20er Jahre hinein die Reichsbahn die Kohleschlacke der Dampflokomotiven ablagerte. Nach 1927 wurde entlang einer noch heute bestehenden Kastanienallee ein Landschaftspark angelegt, der durch den Bau der Markuskirche in den späten 50er Jahren auf seine heutige Größe schrumpfte. 1956 fand auf dem Gelände eine Gartenschau statt, von der auch heute noch zahlreiche Beete mit Wechselbepflanzungen die Besucher erfreuen.

Bay 76
Eigentümer/in: Stadt Ingolstadt, Gartenamt
Fauststraße 54,
85051 Ingolstadt,
Tel. 0841/74074,
Fax 0841/78559
Größe: 2,5 ha,
frei zugänglich
Attraktionen: Sommerblumen,
alle Linien Anton-Schule
P

Bay 77
Größe: 0,3 ha
Anmeldung erbeten
Eintritt: frei
Öffnungszeiten:
alle Linien Harderstraße

Klostergarten St. Johann im Gnadenthal

Kupferstraße 23, Ingolstadt

Der Garten des Klosters wurde 1997 unter Berücksichtigung seiner ursprünglichen, barocken Ausformung neu gestaltet. Besonders nennenswert sind die Kreuzform der Wege mit entsprechenden Sichtachsen und Blickverbindungen, ebenso die Rasenparterres, Rosenspalierbögen und Buchshecken.
Eigentümer/in: Kloster Gnadenthal, Postfach 210463, 85019 Ingolstadt, Tel. 0841/9387010, Fax 0841/9387099

Bay 78
Eigentümer/in: Freistaat Bayern, vertreten durch: Gartenamt Ingolstadt Fauststraße 54, 85051 Ingolstadt, Tel. 0841/74074, Fax 0841/78559
Größe: 18 ha
frei zugänglich
alle Linien Brückenkopf

Luitpoldpark

Parkstraße, Ingolstadt

Der Park liegt auf dem Gelände eines ehemaligen Übungsplatzes der Bayerischen Artillerie. Nach Plänen des Ingolstädter Künstlers Wilhelm Donaubauer gestaltet, wurde der Luitpoldpark bald nach seiner Eröffnung 1911 zu einem beliebten Treffpunkt für jung und alt. In den 20er Jahren traf man sich im Tanzcafé, auf der Reitbahn oder auf dem wohl ersten Tennisplatz der Stadt. Das Holzgebäude des Tanzcafés wurde im 2. Weltkrieg zerstört. Der Park verfügt noch heute über den gesündesten und wertvollsten Baumbestand der Stadt, darunter auch die legendäre Zwölf-Apostel-Weide.

Bay 79
Eigentümer/in: Stadt Ingolstadt, Gartenamt Fauststraße 54, 85051 Ingolstadt, Tel. 0841/74074, Fax 0841/78559
Größe: 0,2 ha
Eintritt: frei
Öffnungszeiten: ganzjährig geöffnet Di–So, 10–12 Uhr und 14–17 Uhr
Führungen: nach Voranmeldung

Medizinalgarten des Deutschen Medizinhistorischen Museums

Anatomiestraße 18 und 20, Ingolstadt

Schon 1723 legte die Medizinische Fakultät der Universität unmittelbar neben dem Anatomiegebäude einen Arzneipflanzengarten an, in dem die Medizinstudenten Unterricht in Botanik und Arzneimittellehre genossen. Der Garten stellte einen schlichten Nutzgarten dar, in dem das lebendige Studienmaterial in streng wissenschaftlicher Systematik gepflanzt war. Nach dem Wegzug der Bayerischen Landesuniversität im Jahr 1800 verwilderte der Garten. Erst in den siebziger Jahren unseres Jahrhunderts begann eine schrittweise Wiederbelebung. Heute bildet der Garten einen lebendigen Bestandteil des Museums. Er dient gleichermaßen der Erholung der Besucher und der anschaulichen Vermittlung heilpflanzenkundlicher Kenntnisse. Bei der Disposition des Gartens wurde anstelle der botanischen Ordnungsprinzipien des 18. Jahrhunderts eine Klassifizierung nach den Hauptinhaltsstoffen der jeweiligen Arten gewählt. Die Anordnung der Pflanzenarten erfolgt jetzt in acht Wirkstoffgruppen: ätherische Öle, Saponine, Schleime, Gerbstoffe, Alkaloide, Öle, Glykoside und Bitterstoffe. Eine zusätzliche Gruppe enthält Pflanzen, die als Volksheilmittel gebräuchlich und auch in der Homöopathie von

Bedeutung sind. Der Gesamtbestand liegt inzwischen bei über 160 verschiedenen Arten. Als Besonderheit wurde 1991 ein Duft- und Tastgarten für blinde und behinderte Besucher angegliedert. Die in Hochbeeten vorgestellten Pflanzenarten sind jeweils an einem oder mehreren von insgesamt vier charakteristischen Merkmalen (Blatt, Blüte, Frucht und Sproß) sinnlich erlebbar. Schilder in Braille-Blindenschrift geben Auskunft über die dazugehörigen Pflanzennamen.

Klenzepark

Münchener Straße / Brückenkopf, Ingolstadt

Zwischen 1827 und 1848 ließ König Ludwig I. Ingolstadt zur Landesfestung ausbauen. Die von seinem Baumeister Leo von Klenze errichteten Festungsbauten, allen voran das Reduit Tilly, sollten für den König und seine Familie Zufluchtsort in höchster Not sein. Schon während der Bauzeit waren die Befestigungen veraltet, so daß sie nie ihrer Bestimmung übergeben wurden. Auf dem durch eine 12 Meter breite Straße, Parkplätze, Werkshallen und den vom Verfall bedrohten Klenze-Bauten geprägten Gelände hatten sich im Laufe der Jahre in vielen Nischen interessante Biotope entwickelt. Zur Landesgartenschau 1992 in Ingolstadt wurde der gesamte Bereich umgestaltet, neu erschlossen und die historischen Gebäude saniert. Dabei wurde auf die bestehenden wertvollen Biotope besondere Rücksicht genommen. Der Park ist mit seinem neuen Rosengarten, der Seebühne und den Wiesen bei der Bevölkerung beliebt, zumal sich die Stadt mit der Umgestaltung der Uferzone nach langer Zeit wieder zum Fluß hin geöffnet hat.

Bay 80
Eigentümer/in: Freistaat Bayern, vertreten durch Gartenamt Ingolstadt
Faustraße 54,
85051 Ingolstadt,
Tel. 0841/74074,
Fax 0841/78559
Größe: 15 ha,
frei zugänglich
alle Linien Brückenkopf

Botanischer Lehr- und Versuchsgarten

Universitätsstraße 31, 93053 Regensburg

Foto: Bot. Garten Regensburg

Bay 81
Eigentümer/in: Universität Regensburg,
Universitätsstraße 31,
93053 Regensburg,
Tel. 0941/9433295,
Fax 0941/9433106
Größe: 4,5 ha
Eintritt: frei
Öffnungszeiten: Nov. bis April nur unregelmäßig geöffnet, Sa geschl., Mai bis Mitte Okt. So–Fr, Mo–Mi: 8–16 Uhr, Do 8–15.30 Uhr, Fr 8–14 Uhr, So 11–18 Uhr,
Gewächsh. m. Unterbr.
Mo–Do 7.30-15.30 Uhr,
Fr 7.30-12 Uhr

Führungen: nach Voranmeldung, für Gruppen bis 25 Personen
🚌 6 An der Kreuzbreite
P ♿

Das Herzstück der erst gut 20 Jahre alten Anlage sind die Samenpflanzen, die, systematisch geordnet, die verwandtschaftlichen Beziehungen der Gewächse untereinander widerspiegeln. In der geographischen Abteilung werden die Pflanzen der verschiedenen Erteile gezeigt. Weitere Schwerpunkte sind Biotope wie Auwald, Heide, Tundra und Düne, die Pharmazeutische Abteilung, verschiedene Gehölzsammlungen, Schulgarten und flächige Pflanzungen mit Sonnen- und Schattenstauden. Im März beziehungsweise April ist der Bereich des Bachlaufs mit Blütenteppichen von Märzenbechern, Schachbrettblumen, Buschwindröschen und anderen Blumenzwiebeln überzogen.

Bay 82
Eigentümer/in: Gräflich von Dörnbergsche Waisenfondsstiftung, verpachtet an Stadt Regensburg, Weinweg 8
93049 Regensburg,
Tel. 0941/5071670,
Fax 0941/5074679
Größe: 7,3 ha
Eintritt: frei
Führungen: nach Voranmeldung,
Tel. 0941/32182 für Gruppen bis 40 Personen, 60 DM
Öffnungszeiten: ganzjährig geöffnet, im Sommer 7 Uhr bis Einbruch der Dunkelheit, im Winter 8 Uhr bis Einbruch der Dunkelheit
🚌 2, 8, 16 Justizgebäude in der Kumpfmühler Straße
→ zentrumsnah
P gebührenpflichtig
✕ ☕ ♿ ℹ

Dörnbergpark

Kumpfmühler Straße, Regensburg

Der Dörnbergpark gehört zu den größten Parkanlagen in Regensburg und ist der bekannteste und gartendenkmalpflegerisch wichtigste Park der Stadt. 1804 hatte der Finanzberater des Fürsten Thurn und Taxis, Phillip Reichenberger, dieses Grundstück erworben und sich nach den Plänen des portugiesischen Architekten Emanuel Joseph von Herigoyen eine Villa suburbana (das spätere Dörnberg-Palais) mit einem Landschaftsgarten bauen lassen. 1832 erwarb Ernst Friedrich Freiherr von Dörnberg das Grundstück und beauftragte 1864 Carl Effner jun.,wie der Vater königlicher Hofgärtner, mit der Gartengestaltung. Durch gezielte Pflanzungen, wie in die Tiefe gestaffelte, vom Rand her kulissenartig ausgebildete Ränder aus Baumgruppen und Bodenmodellierungen schuf Effner eine großartige Raumbildung. Ein besonderes Stilmerkmal Effners sind die Büschelbuchen, die jeweils zu 3 bis 7 Exemplaren in ein Pflanzloch gepflanzt wurden und heute etwa 140 Jahre alt sind. Ihr Kronendurchmesser beträgt bis zu 25 Meter. Offene Wiesenflächen stehen im differenzierten Hell-Dunkel-Kontrast zu lichten Hainen, Baumgruppen und Waldrändern. Regelmäßige architektonische Einzelanlagen sind umgeben von Parterres, Pergolen, Rosengärten, die dem landschaftlichen Konzept untergeordnet sind.

Bay 83
Eigentümer/in: Stadt Regensburg, Gartenamt
Weinweg 8,
93049 Regensburg,
Tel. 0941/5071670,
Fax 0941/5074679
Größe: 8,5 ha
frei zugänglich
Führungen: nach Voranmeldung,
Tel. 0941/32182 für Gruppen bis 40 Personen, 30 DM,
🚌 1 Taxisstraße
6, 11 Ostdeutsche Galerie

Stadtpark

Prüfeninger Straße, Dr.-Johann-Meier-Straße, Schillerstraße, Regensburg

Foto: Ferstl

Der größte Teil des heutigen Parkgeländes vom Jakobstor bis zur Schillerstraße hieß früher Steingrub, weil dort Steine für den Bau der Stadtmauer gebrochen wurden. Später wurde der östliche Teil in eine Rasenfläche umgewandelt, 1511 umfriedet und mit Linden bepflanzt. Diese Grünfläche kann als erste parkähnliche Anlage in Regensburg angesehen werden. Der gesamte Baumbestand fiel jedoch 1633 den Vorkehrungen gegen das anrückende Schwedenheer zum Opfer. 1654 erfolgte die Wiederbepflanzung des Lindenhains. Durch die Eingliederung zweier Friedhöfe aus dem 19. Jahrhundert, dem evangelischen Lazarusfriedhof und einem katholischen Friedhof, wurde der Stadtpark in den 50er Jahren auf seine heutige Größe erweitert. Als Zeugnis der Friedhofskultur befindet sich am westlichen Ende des Parks seit 1822 der Jüdische Friedhof, der noch immer als Begräbnisstätte dient. Sehenswert sind die Grabsteine vergangener Zeiten, deren Inschriften das wechselvolle Schicksal der Juden widerspiegeln.

P ✕ ☕ 🐕
Veranstaltungen: verschiedene kulturelle Veranstaltungen

Herzogspark

Prebrunnstraße, Württembergstraße, Regensburg

Foto: Lebold

Bay 84
Eigentümer/in: Stadt Regensburg, Gartenamt
Weinweg 8,
93049 Regensburg,
Tel. 0941/5071670,
Fax 0941/5074679
Größe: 1,5 ha
Anmeldung erbeten
Eintritt: frei
Öffnungszeiten: ganzjährig, geöffnet 7 Uhr bis Einbruch der Dunkelheit
Führungen: nach Voranmeldung,
Tel. 0941/32182, für Gruppen bis 40 Personen, 60 DM
🚌 11 Ostdeutsche Galerie
P

Der Herzogspark, an der Donau gelegen, bildet den Abschluß des Grüngürtels der Allee um die Altstadt von Regensburg. Die heutige Parkanlage resultiert einerseits aus dem ehemaligen, der mittelalterlichen Stadtmauer vorgelagerten Stadtgraben aus dem 13. Jahrhundert, andererseits aus den Überresten einer barocken Bastei, die im 17. Jahrhundert erbaut wurde. Der Herzogspark zeichnet sich durch seine baulichen, dendrologischen und floristischen Besonderheiten und seine besondere Atmosphäre aus. Unter anderen sind eine Moorbeetpflanzung, ein Rosenlehrgarten mit Quellstein, ein Beet mit Pflanzen aus dem Mittelmeerraum, ein Alpinum sowie ein Renaissancegarten zu bewundern.

Bay 85 NEU
Größe: 0,1 ha
Anmeldung erbeten
Eintritt: frei
Öffnungszeiten: ganzjährig geöffnet, Do ab 14 Uhr und nach Vereinbarung
Führungen: nach Voranmeldung
DB Regensburg
Bus 11 Sophie-Scholl-Straße (Endhaltestelle Burgweinting)
P

Privatgarten Schmid

Kurzer Weg 13, Regensburg

Durch die vielfältige Bepflanzung blüht es in dem abwechslungsreich angelegten Garten mit drei Teichen rund ums Jahr: von Christrosen über Vorfrühlingsblüher, zur Rhododendronblüte ab Mitte Mai und Rosen sowie ihre Begleitpflanzen bis zur abschließenden Herbstfärbung der Gehölze. Zusätzlich ist der Garten mit zahlreichen Kübelpflanzen und kleinen Kunstwerken geschmückt.
Eigentümer/in: Brigitte Schmid, Kurzer Weg 13, 93055 Regensburg, Tel. 0941/71368

Bay 86
Eigentümer/in: Gemeinde St. Englmar, Rathausstraße 6 94379 St. Englmar, Tel. 09965/84030, Fax 09965/840330
Größe: 16 ha
frei zugänglich
Führungen: nach Voranmeldung
P ✕ ☕ 🐕 ♿ ℹ

Kurpark St. Englmar

St. Englmar (Bayerischer Wald)

Die naturnahe Parkanlage im Tal des Englmarbaches schließt den Kurplatz, Weiherkette, Wirtschaftsgebäude, Mühle, Gasthaus, Streichelzoo sowie zahlreiche andere Einrichtungen ein. Der Park reicht vom Ortszentrum der Gemeinde bis in den offenen Landschaftsraum des Bayerwaldes. Er umfaßt Natur- und kulturlandschaftliche Elemente und vermittelt traditionelle Lebens- und Bewirtschaftungsformen der Region.

Bay 87
Eigentümer/in: Stadt Neu-Ulm, Garten- und Friedhofsamt, Reuttier-Straße 71, 89231 Neu-Ulm, Tel. 0731/7050 551/552, Fax 0731/9727040
Größe: 16,1 ha, frei zugänglich
Attraktionen: Wasserspiele 1. Mai bis 15. Sept.
Bus 40, 42, 27, 7 Allgäuer Ring / Parkstraße, Donaubad / Donaubad
P ✕ ☕ 🐕 ♿
Veranstaltungen: Sommerprogramm, Musikprogramm

Glacis Neu-Ulm

Ringstraße, Neu-Ulm

Die Parkanlage Glacis entstand aus den alten Befestigungsanlagen mit ihren Wällen aus den Jahren 1844 und 1847, sowie der Escarpenmauer, dem vorgelagerten Forellenbächle und dem ehemaligen Schußfeld, dem Glacis, von dem der Park auch seinen Namen hat. Der Park wurde 1980 im Zuge der ersten Landesgartenschau in Baden-Württemberg auf bayerischer Seite von den Landschaftsarchitekten Eppinger und Schmidt, Leonberg, aus den damals verwilderten Befestigungsanlagen entwickelt. Dabei gelang es, die historischen Festungsbauwerke und die neuen Freiräume zu einem abwechslungsreichen, interessanten Park zu gestalten. Die langgestreckte Form des Parks wird im Süden, im Glacisbereich, durch einen hallenartigen Altbaumbestand begrenzt. Über zwei Geländeterrassen, dem gedeckten Weg, geht es hinunter zum Forellenbächle, einem zirka 1000 Meter langen Grundwasserteich. Auf der Veranstaltungsinsel im Forellenbächle finden im Sommer Freiluftveranstaltungen statt. Südlich des Forellenbächles ist der Park mit großen Blumenrondellen ausgestattet.

Bay 88
Größe: 0,3 ha
Anmeldung für Gruppen erbeten

Schaugarten der Staudengärtnerei Gaißmayer

Jungviehweide 3, Illertissen

Neben den umfangreichen Mutterpflanzenquartieren liegen Schauanlagen und Beispielpflanzungen, die gute Anregun-

gen für die Hausgartengestaltung geben. Besonders sehenswert sind die vielen Duft- und Aromapflanzen und die große Sammlung von Phlox paniculata, deren Blütehöhepunkt im Juli/August liegt.
Eigentümer/in: Dieter Gaißmayer, Jungviehweide 3, 89257 Illertissen, Tel. 07303/7258, Fax 07303/42181, E-Mail: stauden.gaissmayer@t-online.de, Internet: www.staudengaissmayer.de
Veranstaltungen: Illertisser Gartenlust, Markttage für Freunde der Gartenkultur mit vielen Attraktionen, Infos beim Eigentümer, Programm gegen 2,20 DM in Briefmarken
Führungen: nach Voranmeldung, für Gruppen bis 50 Personen 2 DM, bis 5 DM/Gruppe

Öffnungszeiten: März bis Oktober, Mai bis Sept.: Mo–Fr 8–18 Uhr, Sa 8–14 Uhr, März, April, Okt.: Mo–Fr 8–18 Uhr, Sa 8–12 Uhr
Eintritt: frei
DB Illertissen
→ 2 km nordöstlich von Illertissen, ausgeschildert
P ♿
✿ Duftpflanzen, Kräuter, Minzen, Phlox

Lektorgarten
Ringweg 9, Oberwiesenbach
Der große ländliche Garten ist mit diversen Gartenzimmern im Cottage-Stil um ein Wäldchen herum angelegt. Die Rabattengestaltung ist den verschiedenen Standorten angepaßt. Blühschwerpunkte sind Krokusse im März, Tulpen Anfang Mai, Alte Rosen im Juni, viele Malven und Astern ab August.
Eigentümer/in: Josef Müller, Ringweg 9, OT Oberwiesenbach, 86519 Wiesenbach, Tel. 08283/1645, AP 08331, 9517-67, E-Mail: wiesenbach.de, Internet Link: Lektor's Garden

Bay 89 NEU
Größe: 1,5 ha
Anmeldung für Gruppen erbeten
Öffnungszeiten: März bis Oktober Samstag, Sonntag, bis 16 Uhr
Eintritt: frei
Führungen: nach Voranmeldung
→ BAB-Ausfahrt Günzburg, südlich über B 16
P

Botanischer Garten Augsburg
Dr.-Ziegenspeck-Weg 10, Augsburg

Der Botanische Garten, am südlichen Rand der Innenstadt im Naherholungsgebiet Siebentischwald/Siebentischpark gelegen, wurde 1936 als Schau- und Lehrgarten der Stadt-

Bay 90
Eigentümer/in: Stadt Augsburg, Amt für Grünordnung und Naturschutz, Dr.-Ziegenspeck-Weg 10, 86161 Augsburg, Tel. 0821/3246038, Fax 0821/3246050
Größe: 9,6 ha
Öffnungszeiten: ganzjährig geöffnet, im Sommer 9–21 Uhr, im Winter 9–17 Uhr
Eintritt: 4 DM, Kinder frei bis 6 Jahre, ermäßigt 2 DM für Senioren, Schüler, Studenten, Soldaten, Zivis, und Behinderte
Führungen: nach Voranmeldung, Tel. 0821/3246046, Gruppengröße u. Preis nach Vereinbarung,

Attraktionen:
Beleuchtungsabende zur Tulpenblüte, erste beiden Maiwochenen Fr, Sa
Orientalische Rundkrippe 2. Advent bis Mitte Januar,
4 Berufsschule
32 Zoo, Botanischer Garten

gärtnerei gegründet Anfang der 70er Jahre vergößert, wurde er zur Landesgartenschau 1985 auf seine heutige Größe erweitert. Die Anlage ist nicht auf streng wissenschaftliche Zwecke ausgerichtet, sondern dient in erster Linie zur Information der Besucher. Im Freiland sind der Japangarten, der Apotheker- und Bauerngarten, umfangreiche Stauden- und Sommerblumenpflanzungen und zahlreiche Rosen sehenswert. Das Palmenhaus, Victoria-Regia-Haus und die Häuser mit Bromelien, Orchideen und Kleinsukkulenten sind die Schwerpunkte des Unterglasbereiches.

Bay 91
Eigentümer/in:
Stadt Augsburg,
Amt für Grünordnung und Naturschutz,
Dr.-Ziegenspeck-Weg 10,
86161 Augsburg,
Tel. 0821/3246010,
Fax 0821/3246050
Größe: 27 ha
Führungen: Kosten nach Vereinbarung,
frei zugänglich
4 Berufsschule
32 Zoo / Botanischer Garten

Siebentischpark

Professor-Steinbacher-Straße, Augsburg

Von 1872 bis 1985 erreichte Augsburgs erste öffentliche Parkanlage im landschaftlichen Stil in mehreren Ausbauschritten ihre heutige Größe und Ausstattung. Die erste Anlage erfolgte von 1872 bis 1876 nach einem Entwurf des Königlichen Hofgarten-Direktors Carl von Effner. Benannt ist der Park nach einer beliebten Ausflugsschänke Siebentisch im 19. Jahrhundert, die nach der Anzahl der Tische vor der Tür hieß. Ab 1975 wurde hier erstmalig eine standortorientierte Grünflächenpflege mit dem Ziel durchgeführt, die Artenvielfalt durch extensive Pflegemethoden wieder zu erhöhen. Aufgrund dieser Erkenntnisse wurde das sogenannte Augsburger Modell naturnaher Grünflächenpflege entwickelt. Der Siebentischpark ist durch die zahlreichen Blumenwiesen, den alten Baumbestand und den durch mehrere kleine Bäche gespeisten Siebentischweiher ein beliebtes Freizeit- und Naherholungsziel und Teil einer wichtigen Grünverbindung von den Wallanlagen zum Stadtwald.

Bay 92
Eigentümer/in:
Zweckverband Kurhaus Augsburg-Göggingen,
Nutzung: Parktheater GmbH
Klausenberg 6,
86199 Augsburg,
Tel. 0821/9062211,
Fax 0821/9062299,
E-Mail:
parktheater@parktheater.de
Größe: 1,1 ha
Eintritt: frei
Öffnungszeiten: ganzjährig geöffnet, im Sommer 9–21 Uhr, im Winter 9–17 Uhr
1 Kurhaustheater

Park des Kurhaustheaters

Klausenberg, Augsburg-Göggingen

Zehn Jahre dauerte die Bausanierung der Kurhausanlage in Augsburg-Göggingen, einem Meisterwerk aus der Belle Epoque. 1998 ist die Gesamtanlage mit Nebengebäuden und Parkanlagen als Ensemble fertig gestellt worden, bereits zwei Jahre zuvor wurde der Theaterbetrieb wiederaufgenommen. Das Kurhaustheater, eine Stahl-Glaskonstruktion aus der Zeit um die Jahrhundertwende, war ursprünglich Versammlungs- und Vergnügungsort in der Tradition der Londoner Pleasure gardens. Bereits bei Errichtung der Anlage legte der Bauherr Hessing Wert auf die Gestaltung des Parks als Bestandteil der Multifunktionsanlage: Die Innenraumbegrünung des Theaters geht nahtlos in den Park über, Fächer- und Fiederpalmen vermitteln im Inneren die Illusion eines Wintergartens. Das Landschaftsarchitekturbüro Hans Brugger in Aichach rekonstruierte die Gestalt der ursprünglichen Parkanlage des Architekten Jean Keller. Strenge geometrische Formen, wie axial ausgerichtete Teppichbeete und Alleen, werden mit malerischen Gestaltungselementen des englischen Landschaftsgartens, wie geschwungener Wegführung, Gehölzinseln, Prachtstaudenbeete, Grottenbauten, hängenden Gärten und Sichtachsen verbunden.

Veranstaltungen: Theateraufführungen

Privatgarten Daxberg

Im Eichholz 20/Daxberg, Erkheim

In Schritten angelegter Großgarten mit großer Artenvielfalt mit etwa 180 verschiedenen Bäumen, 600 Rhododendren in 50 verschiedenen Arten und Sorten, Ericaceen und Stauden. Neben japanisch inspirierten Gartenteilen gibt es unter anderem alpine Teich-Trog-Gärten, ein Teichbiotop und eine mediterrane Obstgehölzsammlung. Die Pflanzen wurden in den letzten 20 Jahren überwiegend selbst angezogen.

Eigentümer/in: Dr. Erika und Philipp Huthmann, Im Eichholz 20/Daxberg, 87746 Erkheim, Tel. 08336/1805

Bay 93 NEU
Größe: 1 ha
Anmeldung erbeten
Eintritt: frei
Führungen: nach Voranmeldung, für Gruppen bis 40 Personen, Kosten nach Belieben
Öffnungszeiten: April bis Juni
Attraktionen: Rhododendren-Blüte, April bis Mai
DB Sontheim / Unterallgäu
P

Privatgarten Rauch

Obere Ringstraße 18, Landsberg-Erpfting

Der Mittelpunkt des Garten ist ein großer Teich mit verschiedenen See- und Teichrosen, Schilf und anderen Wasserpflanzen. Umgeben ist der Teich von einem Steingarten. Neben sehr alten, aber auch jüngeren Obstbäumen gibt es mehrere Blumen- und Staudenrabatten, einen Gemüse- und einen Wintergarten zum Überwintern der zahlreichen Kübelpflanzen, wie Oleander, Fuchsien und Brugmansien. Zahlreiche Kletterpflanzen begrünen das Haus, darunter ein 50jähriger Weinstock.

Eigentümer/in: Lieselotte und Jakob Rauch, Obere Ringstraße 18, 86899 Landsberg-Erpfting, Tel. 08191/4188

Bay 94 NEU
Größe: 0,16 ha
Anmeldung erbeten
Eintritt: frei
Öffnungszeiten: Mai bis September
DB Landsberg
→ zirka 4 Kilometer westlich Bahnhof Landsberg, Ortsteil Erpfting, nach dem Stopschild am Ortsanfang geradeaus Richtung Bronnen-Waal, 3. Straße nach links, nach zirka 150 Metern Ecke Untere/Obere Ringstraße
P ♿

Park Feldafing mit Roseninsel

Tutzinger Straße, Feldafing

Am westlichen Ufer des Starnberger Sees ließ König Maximilian II. ab 1850 Grundstücke aufkaufen und beauftragte 1853 den preußischen Gartendirektor Peter Josef Lenné mit der Anlage eines Landschaftsparks, der von dem Lenné-Schüler Carl von Effner ausgeführt wurde. Als Maximilian II. starb, war der Park weitgehend fertiggestellt. Den gerade begonnenen Schloßbau stoppte sein Nachfolger Ludwig II. Nach dem Ersten Weltkrieg wurden große Teile des Parks etappenweise in einen Golfplatz umgewandelt. Im Park und auf der Roseninsel werden seit 1994 die

Bay 95
Eigentümer/in: Bayerische Verwaltung der staatlichen Schlösser, Gärten und Seen Staatliche Seeverwaltung, Wittelsbacher Park 1, 82340 Feldafing, Tel. 08157/4949, Fax 08157/4949
Größe: 90 ha
frei zugänglich
P
♿ teilweise Steigungen

früheren Raumstrukturen und die Blickverbindungen zum See und auf die Berge wiederhergestellt.

Bay 96
Eigentümer/in: Bayerische Verwaltung der staatlichen Schlösser, Gärten und Seen Außenstelle Ammersee, Landsberger Straße 81, 82266 Inning/Stegen, Tel. 08806/2682/1349
Größe: 2 ha
Eintritt: frei
Öffnungszeiten: ganzjährig geöffnet, 7 Uhr bis Einbruch der Dunkelheit
P 🐕 ♿
ℹ nur im Sommer an Sonntagen von 14–17 Uhr

Park am Künstlerhaus Gasteiger

Eduard-Thöny-Straße 43, 86919 Utting

Die Villa Gasteiger mit Blick auf den Ammersee und der Garten wurde von dem Künstlerehepaar Matthias und Anna Sophie Gasteiger zwischen 1905 und 1913 erbaut. Im näheren Umgriff der Villa wurde der Park intensiv und formal angelegt. Beide Künstler nutzten den Garten als Freiluft-Atelier. Das Grundstück ist heute formal zweigeteilt: der nördliche Teil steht der Bevölkerung als Liege- und Badewiese zur Verfügung, während der südliche den Museumsbesuchern vorbehalten ist. Seit 1985 wurden intensive gartendenkmalpflegerische Arbeiten unternommen, so daß wesentliche Teile der gestalterischen Elemente wiedergewonnen werden konnten.

Bay 97 NEU
Größe: 0,15 ha
Anmeldung für Gruppen erbeten
Eintritt: frei
Führungen: nach Voranmeldung, Spende willkommen
Öffnungszeiten: März bis Oktober, 8–20 Uhr
DB München
ab München
S 7 Schäftlarn oder Ebenhausen
P ♿

Prälatengarten der Benediktinerabtei Schäftlarn

Hohenschäftlarn

Die 1998 gegründete Interessengemeinschaft stellte in ehrenamtlicher Arbeit den zugewucherten Garten, der um 1750 erstmals angelegt wurde, wieder her und pflegt ihn seitdem. Da es keine Unterlagen aus der Entstehungszeit gibt, erfolgte eine Neugestaltung mit einem Kreuzweg um den Brunnen mit einer kleinen Fontäne im Zentrum des Gartens, die von einer Quelle gespeist wird, die im nahegelegenen Berghang entspringt. Entlang der geschwungenen barocken Mauer verläuft ein breites Staudenbeet mit Strauchrosen und Sommerblumen. Die Rose, die mit 93 Arten und Sorten – vor allem Duftrosen – vertreten ist, bildet den pflanzlichen Schwerpunkt des Gartens, der ein Ort der Stille und Begegnung ist.
Eigentümer/in: Benediktinerabtei Schäftlarn, c/o Interessengemeinschaft Schönes Schäftlarn, An der Leiten 18, 82069 Hohenschäftlarn, Tel. 08178/3977

Bay 98
Größe: 9 ha
Eintritt: frei
Führungen: nach Voranmeldung Verkehrsverein Dachau, Tel. 08131/84566,
Öffnungszeiten: ganzjährig geöffnet,
im Sommer 7.30–20 Uhr,
im Winter 7.30 Uhr bis Einbruch der Dunkelheit

Schloßgarten Dachau

Schloßstraße, Dachau

Zu Beginn des 18. Jahrhunderts ließ Kurfürst Max Emanuel von seinen Hofgärtnern Joseph und Johann Christoph Effner einen alten Renaissancegarten zu einem Barockgarten mit Parterre umwandeln. Von dieser Anlage ist nur der Lindenlaubengang erhalten. Ende des 18. Jahrhunderts wurde die Anlage um ein im barocken Geist gestaltetes Lustgebüsch, dem sogenannten Englischen Garten erweitert. Dachau verlor gegen Ende des 18. Jahrhunderts seine Bedeutung für den Hof. Der Garten wurde darauf von

Friedrich Ludwig von Sckell in einen wirtschaftlich nutzbaren Obstgarten umgewandelt.
Eigentümer/in: Bayerische Verwaltung der staatlichen Schlösser, Gärten und Seen, Schloß- und Gartenverwaltung, Schloßstraße 7, 85221 Dachau, Tel. 08131/87923, Fax 08131/78573

P ✗ ☕ 🐕

Hofgarten Schleißheim

Max-Emanuel-Platz, Oberschleißheim

Bay 99
Eigentümer/in: Bayerische Verwaltung der staatlichen Schlösser, Gärten und Seen Schloß- und Gartenverwaltung, Max-Emanuel-Platz 1, 85764 Oberschleißheim, Tel. 089/3158720, Fax 089/31587250
Größe: 78 ha
Eintritt: frei
Öffnungszeiten: ganzjährig geöffnet, im Sommer 8–20 Uhr, im Winter 8–17 Uhr
S 1 Oberschleißheim
P ✗ 🐕 ♿ ℹ
✿ Sommerblumen in der Gärtnerei

Foto: Schloß- u. Gartenverwaltung, Schleißheim

Kurfüst Max Emanuel von Bayern baute den Landsitz seiner Vorfahren zu einer prunkvollen Barockresidenz aus. Unterbrochen durch mehrjährige Aufenthalte des Kurfürsten im Ausland dauerte die Gestaltung der Anlage von 1684 bis zum Tode Max Emanuels 1726. Für den Bau des Neuen Schlosses, des Schlosses Lustheim und des Gartens waren die Hofbaumeister Incalli und Effner und der Hofgärtner Gérard verantwortlich. Dem Schloß war ein äußerst prunkvolles Parterre mit Skulpturen und Wasserkünsten vorgelagert, dem eine Reihe unterschiedlicher, durch Hecken eingefaßte Gartenräume folgte. In der Mittelachse wurde der Höhensprung durch eine Kaskade überbrückt, an die die annähernd 600 Meter lange Rasenbahn für das von Max Emanuel leidenschaftlich betriebene Maille-Spiel anschloß. Nach dem Tod Max Emanuels verfiel die Anlage zunehmends, lediglich Ende des 18. Jahrhunderts wurde die Maille-Bahn in den noch heute bestehenden Kanal umgewandelt. Erst König Ludwig I. war um die Erhaltung der Anlage bemüht, wobei der Hofgartendirektor Carl von Effner auf Grundlage der ursprünglichen Konzeption 1865 bis 1868 den Garten wiederherstellte. Schleißheim zählt heute zu den wenigen, in ihrer Grundkonzeption weitgehend unverändert erhaltenen Barockgärten in Deutschland.

Bay 100
Eigentümer/in: Bayerische Verwaltung der staatlichen Schlösser, Gärten und Seen Schloß Nymphenburg, Postfach 380120, 80614 München, Tel. 089/179080, Fax 089/17908627
Größe: 180 ha
Eintritt: frei
Öffnungszeiten: ganzjährig geöffnet, im Sommer 6–20.30 Uhr, im Winter 6.30–17.30 Uhr
Attraktionen: Fontänen Ostern bis 1. Wochenende im Okt., tägl. 10–12 u. 14–16 Uhr
17 Schloß Nymphenburg

Schloßpark Nymphenburg

München

Die Geschichte des Schlosses und des Parkes Nymphenburg begann 1664 mit dem Bau eines kleinen Lustschlosses und Gartens durch die Kurfürstin Henriette Adelaide. Ihr Sohn, Kurfürst Max Emanuel, ließ ab 1701 Schloß und Garten erweitern. Die weithin berühmte Barockanlage wurde von Dominique Gérard – einem von Le Nôtre ausgebildeten Gartenfachmann und Brunnenmeister aus Paris – und dem bayerischen Hofbaumeister Joseph Effner geplant. Prägendes Element war das Kanalsystem. Vor der Westseite des Schlosses breitete sich ein axial-symmetrisch aufgebauter Gartenbereich aus, der vom vierteiligen, reich mit Blumen verzierten Großen Parterre dominiert wurde. Zahlreiche von Hecken umschlossene Boskette enthielten Einrichtungen für Spiel und Unterhaltung der höfischen Gesellschaft. Der hintere, waldartige Teil wurde an beiden Seiten des Kanals durch zwei jeweils sechsstrahlige Achsen- und Alleensysteme gegliedert. Zwischen 1716 und 1721 errichtete Effner die pavillonartigen Lustschlößchen Pagodenburg und Badenburg mit den dazugehörigen Gärten. Zu Beginn des 19. Jahrhunderts wurde die Anlage dem allgemeinen Zeitgeist folgend in einen Landschaftspark umgewandelt. Der Gartenkünstler Friedrich Ludwig Sckell behielt die mittelachsierten Anlagenteile wie das Große Parterre und den Mittelkanal mit Kaskade bei, die Achsen- und Alleensysteme, Wasserbecken, Beet- und Heckenanlagen wurden durch natürlich geformte Gestaltungselemente ersetzt. Sckell schuf abwechslungsreiche Landschaftsbilder, in die die barocken Lustschlößchen ebenso wirkungsvoll einbezogen wurden wie der neu errichtete, klassizistische Monopteros. Der besondere Reiz dieses Gartens liegt in der Kombination von klassischem Landschaftsgarten und Bestandteilen vorangegangener Stilepochen.

Bay 101
Eigentümer/in: Landeshauptstadt München, Baureferat, Gartenbau Friedensstraße 40, 81671 München,

Shakespeareplatz

München

Als der Platz 1912 in städtischen Grundbesitz überging, plante der Münchener Garteninspektor Otto Multerer hier die erste größere architektonische Anlage. Die tatsächliche Ausführung im Jahre 1913 wich von diesem Plan ab, die

Platzgestaltung folgte jedoch ebenfalls dem architektonischen Stil, der sich damit auch in München durchzusetzen begann. Die größte Fläche nimmt ein erhöhter, von Bäumen umstandener Rasenspielplatz ein. Davor liegt ein Schmuckplatzbereich mit von Rosen eingefaßten Rasenflächen und einem Brunnen. Seine Eingangsseite bilden Pyramidenpappeln und eine Heckeneinfassung. Zum ersten Mal wurde die Trennung von Spielplatz und Erholungsfläche durch die Gestaltung betont. Die Statue der Julia stammt aus Münchens Partnerstadt Verona.

Tel. 089/23360306,
Fax 089/23360305,
E-Mail:
Gartenbau@muenchen.de
Größe: 0,8 ha,
frei zugänglich
U 4 Prinzregentenplatz

Städtische Baumschule Bischweiler

Sachsenstraße 8, München

Die alte Baumschule der Stadt München umfaßt neben einem Giftpflanzen-, Flieder-, Duft- und Blinden- auch einen Rosengarten. Die Baumschulquartiere werden bewirtschaftet, dienen aber auch der Information. Alle Pflanzen sind mit Namen versehen. Der Rosengarten, der Kombinationen von Rosen mit Stauden und Zwiebelpflanzen zeigt, setzt sich aus dem 1955 angelegten Sichtungsgarten und dem Kiestälchen zusammen. Im 1996 angelegten Fliedergarten sind alte Fliedersorten zu bewundern. Im Duftgarten ergänzen verschiedene Kübelpflanzen die winterharten Duftpflanzen. Der Blindengarten wurde 1996 in Zusammenarbeit mit dem Blindenbund erstellt.
Eigentümer/in: Landeshauptstadt München, Baureferat, Gartenbau, Friedensstraße 40, 81671 München,
Tel. 089/23360306, Fax 089/23360305,
E-Mail: Gartenbau@muenchen.de

Bay 102
Öffnungszeiten: im Sommer 7–20 Uhr
Eintritt: frei
Führungen: nach Voranmeldung,
Tel. 089/23327662/57/58
für Gruppen bis 25 Personen
U 1, 2 Kolumbusplatz
Kolumbusplatz, Humboldtstraße

Olympiapark

Spiridon-Louis-Ring, München

Foto: Landeshauptstadt München

Bay 103
Eigentümer/in:
Landeshauptstadt München, Baureferat, Gartenbau und Olympiapark GmbH, Eduard-Schmid-Straße 36, 81541 München,
Tel. 089/23392791,
Fax 089/23320762,
E-Mail:
Gartenmuc@compuserve.com
Größe: 280 ha
durch die Olympiastätten frei zugänglich
Führungen: nach Voranmeldung Olympiapark München GmbH,
Tel. 089/30672414
U 3 Olympiazentrum
36, 41, 43, 81, 136, 184 Olympiazentrum
P gebührenpflichtig
Veranstaltungen: Tollwood, Ende Juni bis Mitte Juli

Infos bei: Tollwood GmbH,
Tel. 089/383850/38385020

Ein Teil des Trümmerschutts aus dem Zweiten Weltkrieg wurde auf dem ehemaligen Flugplatz Oberwiesenfeld aufgeschüttet und vorläufig bepflanzt. Später konnte dieser künstliche Hügel in den Olympiapark einbezogen werden, der im Rahmen der Olympischen Spiele 1972 entstand. Unter dem Motto Olympiade im Grünen und Olympiade der kurzen Wege wurden die Wohn- und Sportanlagen in eine parkartige Umgebung eingebettet. Für die Gestaltung der Freiflächen wurde Günter Grzimek hinzugezogen, der ein funktionales und durchgängiges Grünsystem aufbaute, das Gebäude und Park zu einem Ganzen zusammenfaßte. Der Schuttberg wurde ebenso integriert wie der Nymphenburger Kanal, der sich zu einem See ausweitet. Die Konzeption sieht vor, jeden Standort, wie See, Berg oder Verkehrsfläche, durch eine ihm zugeordnete Pflanzung zu charakterisieren. So stehen an allen Zugängen zum Zentrum mit Stadion und Sporthallen Linden. Auf dem 63 Meter hohen Olympiaberg wurden Eichen mit abgeschnittenem Leittrieb und Zwergkiefern gepflanzt, um den Berg noch höher und unwirklicher erscheinen zu lassen. Um den See stehen Silberweiden, während Kastanien, Eschen und Spitzahorne die Parkplätze markieren.

Bay 104
Eigentümer/in:
Landeshauptstadt München,
Baureferat, Gartenbau
Friedensstraße 40,
81671 München,
Tel. 089/23360306,
Fax 089/23360305,
E-Mail:
Gartenbau@muenchen.de
Größe: 31 ha, Eintritt: frei
Öffnungszeiten: ganzjährig geöffnet,
im Sommer 8–19 Uhr,
im Winter 8–17 Uhr
U 6 Nordfriedhof

Nordfriedhof

Ungererstraße 130, München

Der Friedhof wurde 1884 von der Gemeinde Schwabing angelegt und 1890 zur Eingemeindung von der Stadt München übernommen. Die Gebäudetrakte entstanden 1896 bis 1899 nach Entwürfen von Stadtbaurat Hans Grässel. Nach neun Erweiterungen ist der Endausbau der Friedhofsanlage heute erreicht. Die Gesamtanlage ist im Alten Teil architektonisch streng gegliedert. Der Friedhof zeichnet sich durch große Baumalleen aus. Die meisten Gräberfelder sind durch Hecken nochmals untergliedert. Eine Besonderheit im Friedhof stellt der parkähnliche Ehrenhain dar. Hier sind 2099 Tote der Luftangriffe im 2. Weltkrieg bestattet. Kleine Namenssteine aus Porzellan in der Rasenfläche erinnern an die Verstorbenen.

Bay 105
Größe: 32 ha
Eintritt: frei
Öffnungszeiten:
ganzjährig geöffnet,
im Sommer 8–20 Uhr,
im Winter 8–17 Uhr
U 1 Westfriedhof

Westfriedhof

Baldurstraße 28, München

Ein klassischer Parkfriedhof, der, von Hans Grässel erbaut, 1902 eröffnet wurde. Hinter der Aussegnungshalle befindet sich eine große Schmuckanlage, deren Beetbepflanzung dreimal jährlich erneuert wird. Bemerkenswert ist auch der alte Baumbestand. Auf dem Westfriedhof sind viele Prominente, darunter Franz von Lenbach, Alexandra und Maxl Graf bestattet.

Eigentümer/in: Landeshauptstadt München, Baureferat, Gartenbau, Friedensstraße 40, 81671 München, Tel. 089/23360306, Fax 089/23360305, E-Mail: Gartenbau@muenchen.de

Stadtpark Pasing

Planegger Straße, Bodenseestraße, München

Der Reichsgraf von Pasing ließ sich auf dem Gelände ab 1815 ein kleines Schloß mit einem weiträumigen Park anlegen, der in den nächsten Jahrzehnten mehrfach den Besitzer wechselte. 1929 gelangte die Anlage in Besitz der damals noch selbständigen Stadt Pasing. Nach dem 2. Weltkrieg wurde der Park um weitere städtische Grundstücke vergrößert und dann, im Jahr 1965, durch die Eingliederung des sogenannten Wasserbogengeländes, das die alte landschaftlich gestaltete Anlage entlang der Würm über die Stadtgrenzen hinaus ergänzte, nochmals erheblich erweitert. Verschiedene Erholungs- und Spieleinrichtungen machen den von der Würm und dem Fabrikkanal durchzogenen Park vielseitig nutzbar.

Bay 106
Eigentümer/in:
Landeshauptstadt München,
Baureferat, Gartenbau
Friedensstraße 40,
81671 München,
Tel. 089/23360306,
Fax 089/23360305,
E-Mail:
Gartenbau@muenchen.de
Größe: 38 ha,
frei zugänglich
S Pasing

Alter Südlicher Friedhof

Thalkirchner Straße 17, München

Der Alte Südliche Friedhof, seit 1788 Hauptfriedhof der Stadt und durch Gustav Vorherr um 1820 bis 1830 erweitert, ist im Süden halbkreisförmig abgeschlossen und von einer Mauer umgeben. Die südliche Erweiterung von Friedrich von Gärtner aus den Jahren 1844 bis 1850 ist streng geometrisch und von einer Rohbacksteinmauer umgeben. Seit dieser Zeit ist der Friedhof fast unverändert erhalten geblieben. Seine besondere Atmosphäre erhält er durch den alten, wertvollen Baumbestand und die zahlreichen künstlerisch und historisch wertvollen Grabsteine. Viele berühmte Münchner wurden hier bestattet.

Bay 107
Eigentümer/in:
Landeshauptstadt München,
Baureferat, Gartenbau
Friedensstraße 40,
81671 München,
Tel. 089/23360306,
Fax 089/23360305,
E-Mail:
Gartenbau@muenchen.de
Größe: 1,4 ha,
frei zugänglich
U3, U6 Goetheplatz
58 Baldeplatz

Hofgarten München

München

Seinen Ursprung hat der Hofgarten aus dem frühen 17. Jahrhundert in einem Renaissancegarten mit Laubengängen aus Maulbeerbäumen, Springbrunnen und dem noch erhaltenen Pavillon, dem Dianatempel von 1615. In den folgenden Jahrhunderten wurde der Garten mehrfach umgestaltet und dem jeweiligen Zeitgeschmack angepaßt. Die heutige Gestaltung erfolgte nach den Zerstörungen des 2. Weltkrieges auf der Grundlage der historischen Planunterlagen und stellt mit einem mehrreihigen Rahmen aus Linden um einen rechteckigen Parterregarten aus Hecken und Blumenrabatten einen Kompromiß zwischen der ursprünglichen Ausformung und dem vor mehr als 200 Jahren entstandenen schattenspendenen Baumgarten dar.

Bay 108
Eigentümer/in: Bayerische Verwaltung der staatlichen Schlösser, Gärten und Seen
Schloß Nymphenburg,
Postfach 380120,
80614 München,
Größe: 4 ha,
frei zugänglich
Attraktionen: Brunnenwerk
April bis Okt., 10–14 Uhr
Odeonsplatz

Bay 109
Größe: 4 ha
frei zugänglich
U2 Josephplatz

Alter Nördlicher Friedhof

Arcisstraße 45, München

Der Alte Nördliche Friedhof wurde zwischen 1866 und 1869 streng geometrisch angelegt und mit Rohbacksteinmauern umschlossen. Nach seiner Schließung 1939 ist er fast unverändert erhalten geblieben und damit ein gutes Beispiel für eine Friedhofsanlage aus dem späten 19. Jahrhundert. Neben den alten Bäumen ist er mit zahlreichen künstlerisch und historisch wertvollen Grabsteinen, Plastiken und Brunnen ausgestattet.
Eigentümer/in: Landeshauptstadt München, Baureferat, Gartenbau Friedensstraße 40, 81671 München, Tel. 089/23360306, Fax 089/23360305, E-Mail: Gartenbau@muenchen.de

Bay 110
Größe: 5,9 ha
frei zugänglich
18 Am Gasteig
U 4, 5 Max-Weber-Platz

Gasteiganlagen

Am Gasteig 3, München

Zwischen 1857 und 1861 ließ König Maximilian II. von Karl von Effner einen Landschaftspark an den Osthängen der Isar, südlich des Maximilianeums anlegen. Mit seinem wertvollen alten Baumbestand, Plastiken und Brunnen ist der Park, der in seiner Form fast unverändert geblieben ist, ein beliebtes Ausflugsziel.
Eigentümer/in: Landeshauptstadt München, Baureferat, Gartenbau, Friedensstraße 40, 81671 München, Tel. 089/23360306, Fax 089/23360305, E-Mail: Gartenbau@muenchen.de

Bay 111
Eigentümer/in:
Landeshauptstadt München,
Baureferat, Gartenbau
Friedensstraße 40,
81671 München,
Tel. 089/23360306,
Fax 089/23360305,
E-Mail:
Gartenbau@muenchen.de
18 Friedensengel

Garten der Villa Stuck

Prinzregentenstraße 60, München

Der Garten ist im formalen geometrischen, neuklassizistischen Jugendstil um 1880 angelegt. Trotz einer Umgestaltung im Jahre 1968, als unter anderem Waschbetonplatten verlegt wurden, sind alte Bäume, Pflasterbeläge, mehrere Plastiken, Brunnen und eine große Pergola erhalten geblieben. Dies macht den besonderen gartendenkmalpflegerischen Wert der Anlage deutlich.
Größe: 0,1 ha, frei zugänglich

Bay 112
Eigentümer/in:
Landeshauptstadt München,
Baureferat, Gartenbau
Friedensstraße 40,
81671 München,
Tel. 089/23360306,
Fax 089/23360305,
E-Mail:
Gartenbau@muenchen.de
17 Maria-Ward-Straße

Nymphenburger Friedhof

Maria-Ward-Straße 10, München

Seit seiner Entstehungszeit um 1875 ist dieser alte Stadtteilfriedhof fast unverändert erhalten geblieben. Durch seine streng geometrische Ordnung und seine Einfassungsmauer ist er ein typisches Beispiel für eine Friedhofsanlage des 19. Jahrhunderts. Er ist mit zahlreichen künstlerisch und historisch wertvollen Grabsteinen ausgestattet und hat einen schönen, alten Baumbestand.
Größe: 0,5 ha, frei zugänglich

Alter Botanischer Garten

Sophienstraße, München

Ursprünglich 1813 als Botanischer Garten angelegt, wurde er schon 1854 mit dem Glaspalast zu einem Ausstellungsgelände umfunktioniert. Eine grundlegende Umwandlung, die bis heute so erhalten geblieben ist, erfolgte 1935 bis 1937. Die Mischung aus geometrischen und landschaftlichen Formen läßt den Stil der dreißiger Jahre erkennen. Als Reminiszenz an die ehemalig systematische Pflanzensammlung wurden damals zahlreiche nichtheimische Bäume gepflanzt. Um den Neptunbrunnen von 1937 sind Blumenbeete mit Wechselpflanzungen angeordnet.

Bay 113
Eigentümer/in:
Landeshauptstadt München,
Baureferat, Gartenbau
Friedensstraße 40,
81671 München,
Tel. 089/23360306,
Fax 089/23360305,
E-Mail:
Gartenbau@muenchen.de
Größe: 3,5 ha, frei zugänglich
U 4, 5 Karlsplatz,
Hauptbahnhof alle S-Bahnen:
Hauptbahnhof

Frühlingsanlagen

Eduard-Schmid-Straße, München

Zwischen 1867 und 1896 angelegt, ziehen sich die Frühlingsanlagen im landschaftlichen Stil an der Isar entlang. Bis auf den Einbau eines Spielplatzes im Jahre 1960 ist die Parkanlage fast unverändert geblieben. Die zwei Steinfiguren und die Mädchenstatue aus Bronze sind allerdings Elemente des 20. Jahrhunderts. Mit ihren zum Teil noch aus der Ursprungszeit stammenden Bäumen und durch die Lage an der Isar ist die Frühlingsanlage ein beliebtes Naherholungsgebiet.

Bay 114
Eigentümer/in:
Landeshauptstadt München,
Baureferat, Gartenbau
Friedensstraße 40,
81671 München,
Tel. 089/23360306,
Fax 089/23360305,
E-Mail:
Gartenbau@muenchen.de
Größe: 9,7 ha, frei zugänglich
U 1, 2 Kolumbusplatz

Außenanlagen Glyptothek

Karolinenplatz, Königsplatz, München

Mit dem Bau der neuhellenistischen Monumentalbauten Antikensammlung, Glyptothek und Propyläen entstanden auch Grünanlagen, die die Wirkung der Gebäude hervorheben und in den städtebaulichen Zusammenhang einbeziehen sollten. Der Königsplatz ist in einzelne Rasenfelder aufgeteilt, die von jeglicher Gehölzbepflanzung freigehalten sind. Um die Glyptothek wurde eine Anlage im landschaftlichen Stil gelegt, die trotz der Einfügung eines Kinderspielplatzes durch ihren alten Baumbestand noch gut erkennbar ist. Die gärtnerische Ausgestaltung mit Rasenflächen, ausdauernden Pflanzen und Sommerblumen um den 1833 von Leo von Klenze erbauten Obelisken entstand erst um 1870. Ihre streng geometrische Ausrichtung ist bis heute unverändert geblieben.

Bay 115
Eigentümer/in:
Landeshauptstadt München,
Baureferat, Gartenbau
Friedensstraße 40,
81671 München,
Tel. 089/23360306,
Fax 089/23360305,
E-Mail:
Gartenbau@muenchen.de
Größe: 7 ha
frei zugänglich
U 2 Königsplatz
Veranstaltungen, Freiluftkino,
Konzerte, im Sommer

Maximiliansplatz

München

Der bekannte Münchner Gartenarchitekt Karl von Effner realisierte ab 1876 auf dem Maximiliansplatz auf kleinstem Raum eine Parkanlage im landschaftlichen Stil. Durch eine

Bay 116
Eigentümer/in:
Landeshauptstadt München,
Baureferat, Gartenbau
Friedensstraße 40,

81671 München,
Tel. 089/23360306,
Fax 089/23360305,
E-Mail:
Gartenbau@muenchen.de
Größe: 1,2 ha
frei zugänglich
U 4, 5 Karlsplatz
S alle Linien: Karlsplatz
P gebührenpflichtig

geschickt modellierte Terrainbewegung führen geschwungene Wege durch alte Baum- und Gebüschgruppen mit dazwischenliegenden Rasenflächen. Auf der fast unverändert gebliebenen Anlage befinden sich heute verschiedene Denkmäler sowie der Wittelsbacher Brunnen und Schmuckbeete mit Wechselbepflanzungen. Die angrenzende Eschenanlage aus dem frühen 19. Jahrhundert ist durch geometrische Formen gekennzeichnet. Die Planungsidee des Wäldchens in Kontrast zum damals noch unbepflanzten Maximiliansplatz ist durch dessen Gestaltung zwar verlorengegangen, aber dennoch ablesbar.

Bay 117
Eigentümer/in:
Landeshauptstadt München,
Baureferat, Gartenbau
Friedensstraße 40,
81671 München,
Tel. 089/23360306,
Fax 089/23360305,
E-Mail:
Gartenbau@muenchen.de
Größe: 1,1 ha
frei zugänglich
18 Deutsches Museum

Auf der Insel / Vater-Rhein-Brunnen

Ludwigsbrücke, München

1929 wurde der Vater-Rhein-Brunnen als Tauschobjekt von Straßburg nach München gebracht und Auf der Insel aufgestellt. Als Brunnenrahmung dienten 40 geschnittene Krimlinden, eine Kornelkirschenhecke und sieben Kastanien. Die 1932 eröffnete an der Isar gelegene Anlage, von der man eine schöne Aussicht auf die Praterinsel und das Müllersche Volksbad hat, wurde 1936 noch einmal erweitert und ist bis heute fast unverändert erhalten geblieben.
S alle Linien: Isartor,

Bay 118
Eigentümer/in:
Landeshauptstadt München,
Baureferat, Gartenbau
Friedensstraße 40,
81671 München,
Tel. 089/23360306,
Fax 089/23360305,
E-Mail:
Gartenbau@muenchen.de
Größe: 60 ha,
frei zugänglich
U 6 Westpark
S 7 Heimeranstraße
P
Veranstaltungen: Theater, Konzerte, Open-Air-Kino im Theatron und auf der Seebühne

Westpark

Westendstraße / Hansastraße, München

Für die Internationale Gartenschau 1983 in München entwarf das Münchener Landschaftsarchitekturbüro Kluska eine Tallandschaft mit Wasserflächen, die die umliegenden verkehrsreichen Straßen durch bis zu 25 Meter hohe Aufschüttungen weitgehend ausgrenzt. Die Durchschneidung des Geländes durch den Mittleren Ring wurde mit Hilfe einer breiten Fußgängerbrücke überwunden. Mit der Pflanzung zahlreicher Großbäume entstand in sehr kurzer Zeit eine durchgrünte Moränenlandschaft. Von der IGA 83 sind bis heute zahlreiche Themengärten wie Rosen- und Bauerngarten, große Beet-, Sonnen- und Schattenstaudenpflanzungen, die internationalen Gärten wie Sardischer und Griechischer Garten und das Asienensemble mit Japanischem und Chinesischem Garten, Thai-Sala und Nepal-Pagode erhalten. Zusätzliche Spiel- und Sporteinrichtungen und zwei Biergärten ergänzen das Freizeitangebot.

Bay 119
Eigentümer/in: Bayerische Verwaltung der staatlichen Schlösser, Gärten und Seen Schloß Nymphenburg,

Maximiliansanlagen

München

Angeregt durch die von ihm gärtnerisch gestaltete Maximilianstraße erhielt Carl von Effner vom König 1857 den Auftrag, auf dem rechten Isarufer zwischen Haidhausen und

Bogenhausen einen Fußweg mit begleitenden Pflanzungen anzulegen. Den bisher als Schafweide genutzten, stark erodierten, steilen Isarhang modellierte er zu einer kunstvollen Parklandschaft. Effners Amtsnachfolger Jakob Möhl gestaltete nach 1890 die Prinzregententerrasse beidseitig einer den Park querenden Straße neu. Zur Erinnerung an die 25jährige Friedenszeit nach dem Krieg von 1871 wurde 1896 bis 1899 der 38 Meter hohe Friedensengel errichtet.

Postfach 380120,
80614 München,
Tel. 089/179080,
Fax 089/17908627
Größe: 30 ha
frei zugänglich
im Hangbereich steile Wege

Englischer Garten

München

Ende des 18. Jahrhunderts begann unter dem bayerischen Kurfürsten Carl Theodor und unter der Leitung des Amerikaners Benjamin Thompson die Anlegung eines allgemeinen Englischen Gartens. Dieser wurde ausdrücklich als öffentlicher Park für alle Volksgruppen verstanden. 1804 wurde der Landschaftsgärtner Friedrich Ludwig Sckell Leiter der Hofgärteninstanz und überformte die vorhandene Anlage mit einem gartenkünstlerischen Konzept von höchster Qualität. Durch geschickte Bodenmodellierung, Auswahl und Anordnung von Gehölzen und mit Hilfe perspektivischer Gesetze entstand eine Landschaft nach den Kompositionsregeln der Landschaftsmalerei mit großen Wiesen, lebendigen, von Licht und Schatten durchwirkten Baumkulissen und malerischen Ausblicken auf die Kulisse der Stadt München. Der Baumeister Leo von Klenze errichtete 1837 auf einem künstlich aufgeschütteten Hügel den Monopteros. Auch über 200 Jahre nach seiner Anlage ist der Englische Garten mit seinen vielen Erholungsmöglichkeiten und den weltbekannten Biergärten der wichtigste Park für die Münchner Bevölkerung und ihre Gäste und darüber hinaus eine der größten innerstädtischen Grünanlagen der Welt.

Bay 120
Eigentümer/in: Bayerische Verwaltung der staatlichen Schlösser, Gärten und Seen
Schloß Nymphenburg,
Postfach 380120,
80614 München,
Tel. 089/179080,
Fax 089/17908627
Größe: 373 ha
frei zugänglich
Attraktionen: Kahnverleih

Botanischer Garten München-Nymphenburg

Menzinger Straße, München

Foto: Botanischer Garten

Bay 121
Eigentümer/in: Freistaat Bayern, Botanischer Garten München-Nymphenburg
Menzinger Straße 61,
80638 München,
Tel. 089/17861310,
Fax 089/17861340,
E-Mail:
botgart@botanik.biologie.uni-muenchen.de
Größe: 20 ha
Eintritt: 4 DM, Kinder frei bis 12 Jahre nur in Begleitung Erwachsener,
ermäßigt 2 DM für Senioren, Schüler, Studenten, Zivis, Wehrdienstleistende, Behinderte, Arbeitslose, Sozialhilfeempf., Gruppen ab 15 Personen

2 DM/Person
Führungen: nach Voranmeldung, für Gruppen bis 25 Personen, 80 DM/Gruppe
Öffnungszeiten: ganzjährig geöffnet außer 24.12. und 31.12., im Sommer 9–19 Uhr Gew.H. 9–18.30 Uhr, geschl.: 11.45–13 Uhr, im Winter 9–16.30 Uhr Gew.H. 9–16 Uhr, geschl.: 11.45–13 Uhr
17 Botanischer Garten
Veranstaltungen: Ausstellungen Sonderausstellungen zu meist pflanzlichen Themen, wie Rosen, Rhododendren, Fuchsien, Pilze Januar – Oktober Kunstausstellung

Seit 1812 besitzt München einen Botanischen Garten, heute eine Institution der Staatlichen Naturwissenschaftlichen Sammlungen Bayerns. Er lag zunächst auf freiem Gelände, vor den Mauern der Stadt, westlich des Karlstors (Alter Botanischer Garten) und wurde 1914 in das damals noch ländliche Nymphenburg verlegt. Der Garten gliedert sich in eine Freilandanlage und die 4 500 m^2 umfassenden Schauhäuser. Im nach landschaftsökologischen Gesichtspunkten gestalteten Freiland stellt er den Besuchern in den verschiedenen Revieren und Abteilungen – wie zum Beispiel Frühlingsgarten, Alpinum, Farnschlucht und Rhododendren-Hain – Nutz- und Medizinalpflanzen, geschützte Pflanzen, ein Arboretum, eine ökologisch-genetische Abteilung und den Schmuckhof vor. Darüber hinaus wird man mit der Vielfalt der Floren außertropischer Gebiete mit ihren biologischen Besonderheiten sowie neuen Kultursorten bekanntgemacht. Zur Zeit werden im Freiland etwa 9 000 Arten, Varietäten und Sorten kultiviert. In den drei Hallen und elf Gewächshäusern der Schauhausanlage finden sich – neben größeren Tropenpflanzen wie Palmen, Riesenbambus, Cycadeen, tropischen Bäumen und Schlingpflanzen – reichhaltige Sammlungen von Orchideen, Insektivoren, Aronstabgewächsen und Bromelien, Sukkulenten und Kakteen, Wasserpflanzen usw. Alles in allem sind derzeit etwa 6000 Arten zu sehen.

Bay 122 NEU
Eintritt: frei
Führungen: nach Voranmeldung
Öffnungszeiten: 15. Juni bis 30.September nach Vereinbarung
U6/U3 Implerstraße

Privatgarten Viala

Lindenschmitstraße 32, München

Aus einem Hinterhof eines gründerzeitlichen Altbaus entstand in den 70er Jahren ein preisgekrönter Stadtgarten. Eine weitere Umgestaltung erfolgte 1991. Angelegt wurde die „grüne Insel“ von dem französischen Landschaftsarchitekten Yves Viala.
Eigentümer/in: Brigitte und Yves Viala, Lindenschmitstraße 32, 81371 München, Tel. 089/765518, Fax 089/765518, Größe: 200 m^2, telefonische Anmeldung erbeten auch unter Tel. 00332/23151940 oder 0173/3685155

Bay 123 NEU
Größe: 0,11 ha
Anmeldung für Gruppen erbeten
Eintritt: frei
Führungen: nach Voranmeldung
Öffnungszeiten: ganzjährig geöffnet Mo, Mi, Fr, Sa im Sommer 10–14 Uhr, 15–19 Uhr, im Winter 10–14 Uhr, 15–18 Uhr

NaturSchauGarten Haar

Wertstoffhof, Keferloher Straße 1, Haar

Mit Hilfe vieler Ehrenamtlicher entstand 1998/99 im Rahmen eines Modellprojekts der NaturSchauGarten, in dem gezeigt wird, wie vielfältig und ansprechend ein Garten oder öffentliches Grün mit Wildpflanzen sein kann. Die wichtigsten Anschauungsbereiche sind Magerwiese, Lehrpfad für Trockenstandorte mit Trockenmauern und Treppen, Wildsträucher und Wildrosenhecke, Wildblumensäume und wärmeliebende Hochstaudenfluren. Ein weiterer Lehrpfad führt über verschiedene naturnahe Wegetypen.

Eigentümer/in: Gemeinde Haar, Bahnhofstraße 7, 85540 Haar, Tel. 089/46002312, Fax 089/46002111, E-Mail: ferrari-@gemeinde-haar.de, Internet www.gemeinde-haar.de

DB München
ab München
S 5 Haar, P

Natur-Schau-Garten Witt

Quellenweg 20, Ottenhofen

Ausschließlich heimische Wildpflanzen und Gestaltung nach dem Vorbild Natur zeichnet den großen Natur-Schau-Garten aus. Durch den Neubau eines Niedrigenergiehauses mit Wildblumendächern mußte 1997 ein Teil des Gartens neu angelegt werden. Über 180 Tonnen Naturstein wurden verbaut. Sehenswerte Bereiche sind junge und alte Naturteiche, Sumpfbeete, Schatten- und Halbschattenbepflanzungen, Trockenmauern aus Gneis und Kalkstein, ursprüngliche Gartenrosen, Wildblumenbeete auf mageren Böden, Wildpflanzen des Bauerngartens, alte und junge Trockenrasen, feuchte und fette Blumenwiesen, Natursteinpflasterungen aus verschiedenen Steinarten, lebendige Wege und eine Hofeinfahrt aus Mineralbeton mit Blumen-Schotterrasen, extensive Wildblumendächer mit unterschiedlichen Substratdicken, Wildblumen in Töpfen.
Attraktionen: Blüte von Wildrosen und ursprünglichen Gartenrosen

Bay 124
Eigentümer/in: Familie Witt
Quellenweg 20,
85570 Ottenhofen,
Tel. 08121/46483,
Fax 08121/1455
Größe: 0,7 ha
Anmeldung erbeten
Öffnungszeiten: 2 bis 3 Tage der Offenen Naturgarten-Tür jährlich, Termine: Jahresprogramm Naturgarten e.V.
Eintritt: frei bei VHS-Kursen 20 DM/Person
Führungen: nach Voranmeldung
→ Ortsteil Herdweg, Nähe Quellwasserfischerei Christl
P

Sichtungsgarten Weihenstephan

Am Staudengarten 7, Freising

Als Sichtungsgarten Weihenstephan wird das Versuchsgelände des Institutes für Stauden und Gehölze der Staatlichen Versuchsanstalt für Gartenbau bezeichnet. Hier werden vornehmlich Stauden und Gehölze auf ihren Verwendungswert überprüft. Außerdem werden neue Pflanzkombinationen zusammengestellt, in denen es vornehmlich um Gestaltungskriterien und/oder Standortfragen geht.
Eigentümer/in: Staatliche Versuchsanstalt für Gartenbau, Fachhochschule Weihenstephan, Institut für Stauden und Geh, Am Staudengarten 7, 85350 Freising, Tel. 08161/713372, Fax 08161/714417
Führungen: nach Voranmeldung

Bay 125
Größe: 5 ha
Öffnungszeiten: April bis Oktober 9–18 Uhr, bei schlechter Witterung geschlossen
Eintritt: frei
Frau Berkmüller-Bal, Staatliche Versuchsanstalt für Gartenbau Weihenstephan, Tel. 08161/714027,
DB Freising
638 Haltestelle „Am Staudengarten"
P

Privatgarten Schiller

Am Hochfeld 9, Fraunberg-Thalheim

Der Garten ist in verschiedene Bereiche aufgeteilt. Dazu gehören ein Teich mit naturnaher Bepflanzung, Pergolen, Bauerngarten mit Kräutern, Historische und Englische Rosen, Obstbäume und mehrere Sitzplätze. Das Haus ist mit Kletterpflanzen eingegrünt.
Eigentümer/in: Rosemarie und Jörg Schiller, Am Hochfeld 9, 85447 Fraunberg-Thalheim, Tel. 08762/9868, Fax 08762/9868, E-Mail: buch-schiller@t-online.de, Internet: www.buch-schiller.de

Bay 126 NEU
Größe: 400 m²,
Anmeldung erbeten
Eintritt: frei
Öffnungszeiten: nur Tag der offenen Gartentür, Oberbayern
561 Erding – Fraunberg Sandfalterstraße
→ ausgeschildert am Tag der offenen Gartentür
P

Bay 127
Eigentümer/in: Stadt Landshut
Rathaus,
84028 Landshut,
Tel. 0871/881280,
Fax 0871/881862
Größe: 27 ha
Eintritt: frei
Führungen: nach Voranmeldung, kostenlos
Öffnungszeiten:
ganzjährig geöffnet, im Sommer 6–22 Uhr,
im Winter 6–19 Uhr
7 Kalcherstraße

Hofgarten Landshut

Adolf-Kolping-Straße / Lorettoweg, Landshut

Vom ausgehenden Mittelalter bis Mitte des 18. Jahrhunderts war der Hofgarten ein Wildgehege. Von den späteren Nutzungen als Seidenraupenzucht und Botanischem Garten zeugen noch einige wenige Maulbeerbäume und alte exotische Bäume wie Mammut-, Tulpen- und Trompetenbaum. Seit 1837 ist die Anlage im Besitz der Stadt Landshut. Wurde sie in den ersten Jahrzehnten noch landwirtschaftlich und gartenbaulich genutzt, entwickelte sie sich bis heute zu einem beliebten Bürgerpark mit Springbrunnen, Teichen, Blumenrabatten, Kräutergarten und einem Spielplatz. Der Steilhang des Isartals ist mit Laubwald bedeckt. Die Aussichtskanzeln geben den Blick auf die historische Innenstadt und das Umland frei.

Bay 128
Eigentümer/in: Stadt Landshut
Rathaus,
84028 Landshut,
Tel. 0871/881280,
Fax 0871/881862
Größe: 1,8 ha
Führungen: nach Voranmeldung, kostenlos,
frei zugänglich
7 Kalcherstraße oder Eichendorffstraße

Herzogsgarten

Hofgarten / Grillweg, Landshut

Um 1580 legte der französischen Hofgärtner Mathurin Morin unter Erbprinz Wilhelm einen Lustgarten auf dem Gelände des späteren Herzogsgartens an. Herzog Wilhelm von Zweibrücken-Birkenfeld-Gelnhausen erhielt 1780 die Anlage als Geschenk und erbaute im Herzoggarten eine Sommerresidenz in klassizistischem Stil mit Torgebäude und Freundschaftstempel. Die Planung der Gartenanlage wurde Friedrich Ludwig von Sckell übertragen, eines seiner frühesten Werke, das bereits die typischen, die Raumwirkung verstärkenden Gestaltungsmittel aufweist. Um ein Wiesental führt an einer noch aus dem 16.Jahrundert stammenden Backsteinmauer ein Gürtelweg, der heute mit 25 bis 30 Meter hohen, teils exotischen Laubgehölzen umstanden ist. Aus Dankbarkeit über die gelungene Gartengestaltung ließ der Herzog zu Ehren Sckells und seines Bruders, der die Ausführung der Arbeiten übernommen hatte, im Garten ein Denkmal in Gestalt einer mit einem Feston geschmückten Urne errichten.

Bay 129 NEU
Größe: 100 m²
keine größeren Gruppen möglich
Anmeldung erbeten
Eintritt: frei
Öffnungszeiten: Mai bis September
→ bei Anmeldung

Privatgarten Jüngling

Ludwig-Thoma-Straße 10, Unterneukirchen

Der Reihenhausgarten mit gemütlichem Freisitz ist sehr auf Nutzpflanzen ausgerichtet. Beerensträucher, kleinwüchsige Obstgehölze, Gemüsegarten und Kräuter-Stauden-Anlagen sind ein Genuß für Auge und Zunge.
Eigentümer/in: Barbara Jüngling, Ludwig-Thoma-Str. 10, 84579 Unterneukirchen, Tel. 08677/966119,
Fax 08677/966100

Bay 130
Eigentümer/in: Stadt Passau
Rathausplatz 1,
94032 Passau,

Stadtpark Freudenhain

Passau-Hacklberg

Der Stadtpark Freudenhain ist ein kleinerTeil des ehemaligen Parks der Passauer Fürstbischöfe. Der historische Park hat sich im Laufe der Zeit zu einem Waldpark mit wertvollem, naturnahem Landschaftscharakter entwickelt. Inner- und außerhalb des Parks findet man Reste von sentimental-romantischen Staffagebauten.

Tel. 0851/3960
Größe: 1 ha,
frei zugänglich

Hofgarten Kempten

Hofgartenstraße, Kempten (Allgäu)

Anfang 1960 entstand, aus historischen Vorbildern entwickelt, ein neubarocker Garten zwischen der Ehrenfürstäbtlichen Residenz und der Orangerie, der heutigen Stadtbibliothek. Der Hofgarten ist ein wichtiger innerstädtischer Erholungsraum.
Eigentümer/in: Freistaat Bayern, Verw.: Stadt Kempten, Stadtgärtnerei, Weidacher Weg 41/43, 87437 Kempten (Allgäu), Tel. 0831/540050, Fax 0831/5400522

Bay 131
Größe: 1,7 ha,
frei zugänglich
Attraktionen: Brunnenanlage
8–21.50 Uhr
gebührenpflichtig

Chapuis-Park

Füssener Straße 90, Kempten (Allgäu)

Die Parkanlage, in einem großbürgerlichen Anwesen des 18. Jahrhunderts gelegen, wurde ab 1824 grundlegend erneuert und teilweise verändert. Besonders hervorzuheben sind das Waschhaus (um 1800) mit Vorgarten, ein Gartenhaus und ein Laubengang aus dem späten 19. Jahrhundert mit drei Brunnen. Im Hauptgebäude ist heute der Verein für Körper- und Mehrfachbehinderte (Villa Viva), in den beiden Nebengebäuden (Ökonomiegebäude und Kutscherhaus) die Stadtarchäologie Kempten untergebracht. Das östliche, baumbestandene Hanggelände steht unter Landschafts- und Artenschutz. Über die Parkanlage führt ein Zugang zum Archäologischen Park Cambodunum – APC mit teilrekonstruierten Bauten eines gallo-römischen Tempelbezirkes.
Eigentümer/in: Stadt Kempten, Stadtarchäologie Kempten, Füssener Straße 90, 87437 Kempten (Allgäu), Tel. 0831/574250, Fax 0831/5742522

Bay 132
Größe: 1,8 ha
Eintritt: frei
Öffnungszeiten: ganzjährig geöffnet 10–17 Uhr (Mindestöffnungszeit)
1 Füssener Straße
3 Kaufbeurer Straße
Veranstaltungen: Brot-Zeit Sonderführung im Chapuispark und APC (Archäologischer Park Cambodunum)
Anmeldung bei Stadtarchäologie Kempten, Tel. 0831/5742523
nur Sonntag nachmittags

Pfarrgarten St. Johann

Hauptstraße 7, Peißenberg

Der Haus- und Nutzgarten im neubarocken Stil mit Brunnen, Teich und Steingarten-Trockenmauerbereich entstand um 1910 und wird seit 1999 saniert. Im Nutzgartenbereich stehen zahlreiche alte und neue Obstbäume, Beerensträucher und ein Bienenvolk.
Eigentümer/in: Pfarrei St. Johann, Pächter: Verein für Gartenbau und Landespflege Peißenberg-Ammerhöfe, Suiterweg 2, 82380 Peißenberg, Tel. 08803/2156, Fax 08803/490248
→ aus Richtung München, Ortseingang gegenüber der Kirche links

Bay 133 NEU
Größe: 0,3 ha
Anmeldung erbeten
Eintritt: frei
Führungen: nach Voranmeldung
Öffnungszeiten: ganzjährig geöffnet
DB Peißenberg
RVO Kriegerdenkmal

Bay 134 NEU

Eigentümer/in: Monika und Giselher Propach
Karwendelstraße 25,
82362 Weilheim,
Tel. 0881/7240,
Fax 0881/2572, E-Mail:
MUG.Propach@t-online.de
Größe: 250 m²,
Anmeldung erbeten
Eintritt: frei
Führungen: nach Voranmeldung
Öffnungszeiten: ganzjährig geöffnet 10–17 Uhr
DB Weilheim
→ bei Anmeldung
P

Skulpturengarten Propach

Karwendelstraße 25, Weilheim

Foto: M. Propach-Voestl

Räumliche Aufteilung durch Buchs und Pergola und Bäume ergibt immer neue Anblicke, Durchblicke: Immergrün durch Buchs, Efeu, Eiben, Kirschlorbeer, Nutzpflanzen auf Hügelbeet und Kräuterspirale mit Wasserfläche, kleiner Tuffsteinbrunnen mit Wasserpflanzen. Wenige Sträucher und Blumen, die dennoch Farbakzente das ganze Jahr über setzen. In den letzten Jahren sind einige Alte Rosen dazugekommen. Das Besondere sind die Skulpturen: Weiße Marmorobjekte leuchten vor dunkelgrünem Hintergrund, Skulpturen aus rotem Sandstein und Tuffstein betonen das Erdhafte. Ein kleiner, verwunschener Garten.

Bay 135

Eigentümer/in: Bayerische Verwaltung der staatlichen Schlösser, Gärten und Seen
Staatliche Verwaltung,
Linderhof 21, 82488 Ettal,
Tel. 08822/92030,
Fax 08822/920311
Größe: 58 ha
frei zugänglich
Führungen: nach Voranmeldung, für Gruppen bis 30 Personen Juni bis Sept. 10 DM
Attraktionen: Wasserspiele, April bis Oktober, tägl. 9–17 Uhr, jede volle Stunde Grotte, Maurischer Kiosk und Hundinghütte April bis Oktober, 9–17.30 Uhr
P gebührenpflichtig von Mitte Okt. bis kurz vor Ostern

Schloßpark Linderhof

Linderhof 21, Ettal

Foto: Staatliche Verwaltung Ettal

König Ludwig II. ließ sich im Graswangtal eine Königliche Villa in Linderhof errichten, zu der Carl von Effner eine Gartenanlage entwarf und zwischen 1872 und 1880 ausführte. Der Garten sollte dabei ebensowenig wie das Schloß einer repräsentativen Hofhaltung dienen. Vielmehr sollte er dem König den Rahmen bieten, in dem er seine Träume vom absolutistischen Königtum erleben konnte. Die in großen Teilen noch in ihrer alten Form erlebbare Anlage integriert Elemente früherer Epochen wie ein Parterre im barocken Stil, eine Terrrassenanlage mit Renaissanceeinflüssen und einen umgreifenden Landschaftsgarten. Hier liegen auch Kleinarchitekturen der germanisch mittelalterlichen Mythenwelt wie die Hundinghütte und der Märchenwelt des Orients, wie das Marokkanische Haus und der Maurische Kiosk. Die Einbettung des Parks in die Gebirgslandschaft macht darüberhinaus den besonderen Reiz dieses Schloßparks aus.

gebührenfrei
✗ 15.11.–25.12. geschlossen
♿ teilweise steile Wege
🐕 ℹ

Alpengarten auf dem Schachen

Der Alpengarten auf dem Schachen ist eine Außenstation des Botanischen Gartens München, die 1901 gegründet wurde. Das Gelände liegt auf 1850 Meter NN Höhe im Wettersteingebirge, in direkter Nachbarschaft zu einem Jagdschlößchen König Ludwigs II. und zu einer bewirtschafteten Hütte mit Übernachtungsmöglichkeit. Der Alpengarten auf dem Schachen gibt dem Besucher einen Überblick über die wichtigsten Gebirgsfloren der Erde, wobei Schwerpunkte auf der Flora der Alpen und des Himalajagebiets liegen.

Bay 136
Eigentümer/in: Freistaat Bayern, Botanischer Garten München-Nymphenburg
Menzinger Straße 61,
80638 München,
Tel. 089/17861310,
Fax 089/17861340,
E-Mail:
botgart@botanik.biologie.uni-muenchen.de
Größe: 1 ha
Eintritt: 1,50 DM, Kinder frei bis 12 Jahre
Führungen: nach Voranmeldung,
Tel. 0171/879314 für Gruppen bis 10 Personen
Anfang Juli bis Mitte Sept.
3 DM/Person
Öffnungszeiten: Anfang Juli bis Mitte Sept. 8–17 Uhr
DB Garmisch-Partenkirchen
→ nur zu Fuß nach drei- bis vierstündiger Wanderung auf verschiedenen Routen zu erreichen
Autofahrer:
P bei Schloß Elmau, von dort auf dem Königsweg zum Schachen
🐕 ℹ

Bay 137 NEU
Eigentümer/in: Andreas Egger
Geiging 18,
83101 Rohrdorf,
Tel. 08032/5378,
Fax 08032/1600
Größe: 0,1 ha
Anmeldung erbeten
Eintritt: frei
Öffnungszeiten: Juni und Juli jeweils ein Wochenende im Monat
→ bei Anmeldung
P 🐕
✿ z.B. Asclepias, Linaria

Privatgarten Egger
Geiging 18, Rohrdorf

Foto: Andreas Egger

Der ländliche Hausgarten setzt vor allem mit vielen ausgepflanzten exotischen Pflanzen, wie Hanfpalmen, Bitterorangen und Araucarien südländische Akzente. Zahlreiche Kübelpflanzen und ein Gewächshaus verstärken diese Stimmung.

Schloßpark Herrenchiemsee

Herrenchiemsee

König Ludwig II. von Bayern, Verehrer des absolutistischen französischen Sonnenkönigs Ludwig XIV., verwirklichte sich mit dem Bau des Schlosses und des Parks von 1878 bis 1885 einen Traum vom neuen Versailles. Der von Carl von Effner gestaltete Park kopierte und interpretierte die berühmte Gartenanlage des Sonnenkönigs. Ein üppig bepflanztes Parterre mit zahlreichen Figuren, Wasserbekken und Wasserspielen, Lindenalleen und der 650 m lange Kanal sind die Hauptmerkmale der Anlage, die wegen des Todes Ludwigs II. nicht vollendet werden konnte. Am Alten Schloß stehen neben einem geschnittenen Platanensaal aus dem Jahre 1893 weitere imposante Einzelbäume. Nach umfangreichen Erneuerungsarbeiten erstrahlt der Park wieder im alten Glanz. Die insgesamt 240 ha große Insel lädt auf zahlreichen Wegen zu Spaziergängen ein und bietet vom südlichen Steilufer aus einen herrrlichen Blick auf die Alpenkette.

Bay 138
Eigentümer/in: Bayerische Verwaltung der staatlichen Schlösser, Gärten und Seen, Schloß- und Gartenverwaltung, 83209 Herrenchiemsee, Tel. 08051/68870, Fax 08051/688799
Größe: 42 ha, frei zugänglich
Attraktionen: Wasserspiele Mai bis Sept. tägl. 9.36–17.25 Uhr, alle 15 Min. Schiff
P gebührenpflichtig am Anleger Prien-Stock
♿ auf besonderem Weg

Bln

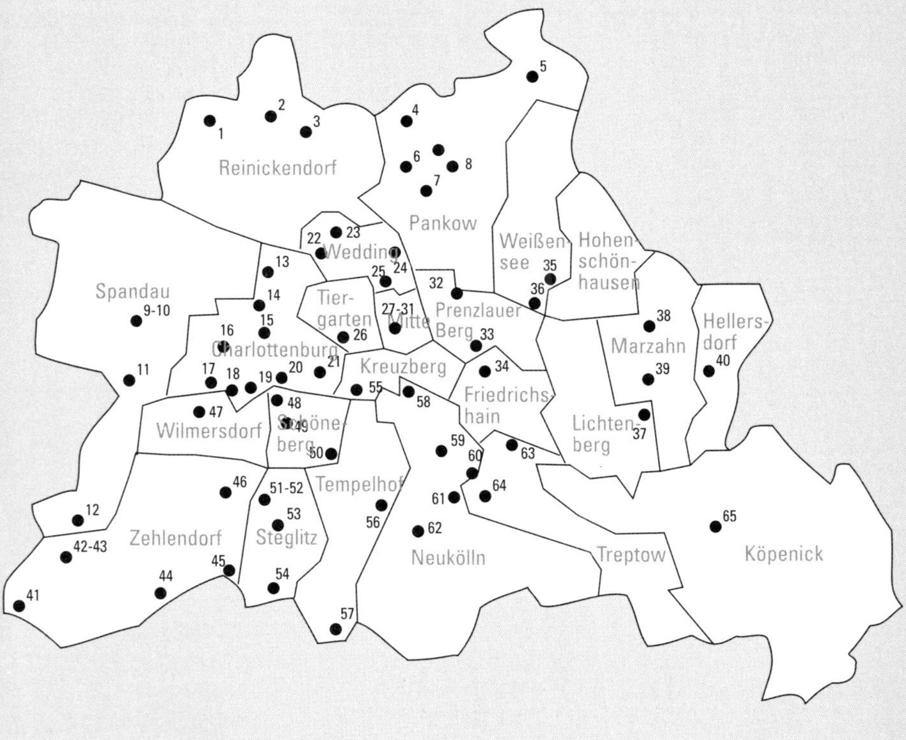

Reinickendorf
Pankow
Spandau
Wedding
Weißensee
Hohenschönhausen
Tiergarten
Mitte
Prenzlauer Berg
Charlottenburg
Kreuzberg
Marzahn
Hellersdorf
Friedrichshain
Lichtenberg
Wilmersdorf
Schöneberg
Tempelhof
Zehlendorf
Steglitz
Neukölln
Treptow
Köpenick
1
2
3
4
5
6
7
8
9-10
11
12
13
14
15
16
17
18
19
20
21
22
23
24
25
26
27-31
32
33
34
35
36
37
38
39
40
41
42-43
44
45
46
47
48
49
50
51-52
53
54
55
56
57
58
59
60
61
62
63
64
65

Zeltinger Platz und Ludolfinger Platz

Berlin-Frohnau

Gemäß eines Bebauungsplans von 1908 entstand auf dem Gelände eines ehemaligen Kiefernhochwaldes die Gartenstadt Frohnau nach englischen Vorbild. Beiderseits der S-Bahntrasse, im Mittelpunkt der Gartenstadt, wurden 1910 bis 1912 zwei halbovale Plätze von dem Gartenarchitekten Ludwig Lesser angelegt. Sie stellen eines der wenigen Beispiele des Jugendstils in der Gartenkunst in Deutschland dar. Beide Plätze sind durch eine Allee eingefaßt: der Ludolfinger Platz mit rotblühenden, der Zeltinger Platz mit weißblühenden Kastanien. Auf den Plätzen befinden sich Rasenflächen, Rosenbeete, Nadelgehölze, vier Brunnen, eine Terrasse mit einer großen Kastanie, eine weinberankte Pergola und aufwendiges Mosaikpflaster.

Bln 1
Eigentümer/in: Land Berlin, Bezirksamt Reinickendorf, Naturschutz- und Grünflächenamt, Teichstraße 65, 13407 Berlin, Tel. 030/41922268, Fax 030/41923420
Größe: 1,4 ha
frei zugänglich
S Frohnau

Schloßpark Tegel

Gabrielenstraße, Berlin-Tegel

Das Schloß Tegel wurde Mitte des 16. Jahrhunderts als Herrenhaus des Gutshofs Tegel errichtet und vom Großen Kurfürsten Friedrich Wilhelm als Jagdschloß genutzt. 1766 gelangte das Schloß in den Besitz der Familie von Humboldt. Bis heute gehören Schloß und Park den Nachkommen. Alexander Georg von Humboldt, Kammerherr Friedrich des Großen und Vater der berühmten Söhne Wilhelm und Alexander, brachte das Gut wirtschaftlich und kulturell zur Blüte. Angeregt wohl durch den Fürsten Franz von Anhalt-Dessau, nahm er in den Jahren 1766 bis zu seinem Tod 1779 die Gestaltung der das Schloß umgebenden Anlagen vor, welche Johann Christian Kunth, der Hauslehrer seiner Söhne und Vermögensverwalter seiner Witwe, fortführte. Seit 1824, als der von Karl Friedrich Schinkel ausgeführte Umbau mit einer Verdopplung des Hauses in die Tiefe und einer Betonung der Ecken durch vier quadratische Türme beendet war, wurde Tegel zum sommerlichen Wohnsitz der Familie und zur Erinnerung an glückliche Jahre in Rom. Dem Schloß gegenüber, am Ende der heutigen Wiese ließ Wilhelm von Humboldt 1829 beim Tode seiner Frau von Schinkel eine Grabstätte errichten, über der im Rund einer Exedra eine Säule mit der von Bertel Thorvaldsen geschaffenen Figur einer „Spes“ steht. Sehenswert sind neben der 1792 gepflanzten Lindenallee auch eine 500jährige Stieleiche und die 800jährige Traubeneiche „Dicke Marie“ nahe dem Ufer des Tegeler Sees.

Bln 2
Eigentümer/in: Schloß Tegel, Verwaltungs GmbH Gabrielenstraße, 13507 Berlin, Tel. 030/4343156, Fax 030/4337017
Größe: 8 ha
Anmeldung für Gruppen erbeten
frei zugänglich bis auf Widerruf und nach Witterungsverhältnissen
U6 Alt Tegel
Bus 120, 124, 125, 130, 222 An der Mühle
S 25, Tegel
P

Freizeitpark und Jugendfarm Lübars

Quickborner Straße, Berlin-Lübars

Der Bau des Freizeitparks wurde 1975 auf der vormaligen Reinickendorfer Müllkippe begonnen. Das Gartenbauamt

Bln 3
Größe: 27 ha
für Jugendfarm
Anmeldung für Gruppen

erbeten unter
Tel. 030/415 70 27
Eintritt: frei außer Sonderveranstaltungen
Führungen: nach Voranmeldung
Öffnungszeiten: ganzjährig geöffnet nur Freizeitpark, Jugendfarm: Di–Fr 9–19 Uhr, So, Feiertag 10–17 Uhr, Mo nur angemeldete Gruppen
🚌 124 Quickborner Straße
Ⓢ Wittenau
🅿 ✕ ☕ ♿ ℹ
🐕 Freizeitpark, Jugendfarm nein
Bei Veranstaltungen der Jugendfarm

entwickelte mit breiter Bürgerbeteiligung Ideen zur Gestaltung des Areals, dessen Mittelpunkt ein 85 Meter hoher Tafelberg bildet. Bemerkenswert ist der 300 Meter lange Ski- und Rodelhang mit Flutlicht, der bei entsprechender Witterung eifrig genutzt wird. Über ein weit verzweigtes Wegenetz erreicht man den Berggipfel, der einen weiten Blick in die Landschaft, bei gutem Wetter bis ins Stadtzentrum gestattet. Auf den Hangwiesen stehen vereinzelt Birken, Linden und Eichen. Eine besondere Attraktion ist die Jugendfarm Lübars, die nicht nur Jugendlichen Einblicke in die Landwirtschaft und das traditionelle Handwerk gibt.
Eigentümer/in: Bezirksamt Reinickendorf, Abteilung Bau- und Wohnungswesen, Naturschutz- und Grünflächenamt, Teichstraße 65, 13407 Berlin, Tel. 030/415 70 27, Fax 030/416 81 52

Bln 4
Eigentümer/in: Bezirksamt Pankow, Naturschutz und Grünflächenamt
Pasewalker Straße 64, 13127 Berlin,
Tel. 030/48831621/22,
Fax 030/48831647
Größe: 30,4 ha
frei zugänglich
🚌 107 Bot. Volkspark
🐕 ♿

Botanischer Volkspark

An der Blankenfelder Chaussee, Berlin-Blankenfelde

1909 als zentraler Schulgarten für die Schulen Pankows und angrenzender Berliner Bezirke angelegt, wurde der Garten ab 1977 von der Humboldt-Universität zu Berlin als Botanische Anlage genutzt. Anfang 1995 wurde er dem Bezirk Pankow übergeben. Dieser konzipierte die Umwidmung in einen Volkspark, der das vorhandene naturwissentschaftliche Profil beibehält. Das Konzept soll mittelfristig umgesetzt werden. Besondere Bauwerke sind die Geologische Wand, früher Humboldthain im Bezirk Wedding, mit mineralogisch-geologischem Lehrcharakter sowie mehrere Schaugewächshäusert.

Bln 5
Eigentümer/in: Bezirksamt Pankow, Naturschutz- und Grünflächenamt Pasewalker Straße 64, 13127 Berlin,
Tel. 030/48831621/22,
Fax 030/48831647
Größe: 13,8 ha
frei zugänglich
🚌 158, 159, 251 Berlin-Buch
Ⓢ Berlin-Buch
🐕 ♿

Schloßpark Buch

Wiltbergstraße, Berlin-Buch

Im späten 17. Jahrhundert legte Gerhard Bernhard von Pöllnitz einen Garten im holländischen Stil an, der von drei Seiten mit Gräben umgeben war. Der später erweiterte Garten wurde zwischen 1810 und 1820 unter Einbeziehung der Panke und einer Teichanlage zu einem Landschaftsgarten umgestaltet, der heute mit seinen weiten Wiesen und dem alten Baumbestand zu Spaziergängen einlädt. Das Schloß von Adam Otto von Viereck wurde bereits 1964 abgerissen.

Bln 6
Eigentümer/in: Bezirksamt Pankow, Naturschutz- und Grünflächenamt,
Pasewalker Straße 64,
13127 Berlin,

Volkspark Schönholzer Heide

Germanenstraße, Berlin-Niederschönhausen

Der Volkspark entstand Ende der 20er Jahre aus einem Landschaftspark mit Vergnügungspark, der nach den Zerstörungen des 2. Weltkriegs nicht wiederbelebt wurde. Teile des Parks wurden während des Krieges und danach zur Friedhofsanlage umgewandelt, das Kriegsopferfeld als kleiner Ehrenhain neu gestaltet. Geblieben sind ein Rodelberg sowie weiträumige Wald- und Wiesenflächen. Im nördlichen Teil des Volksparks entstand 1947 bis 1949 das monumentale sowjetische Ehrenmal nach Entwürfen sowjetischer Architekten und Künstler, dessen Erscheinungsbild durch einen 33,5 Meter hohen Obelisken bestimmt wird. In der Anlage sind mehr als 13 200 Soldaten und Offiziere der Sowjetunion bestattet.

Tel. 030/48831621/22,
Fax 030/48831647
Größe: 34,7 ha
frei zugänglich

Bürgerpark Pankow

Wilhelm-Kuhr-Straße 9, Berlin-Pankow

Baron Killisch von Horn ließ ab 1854 um sein herrschaftliches Wohngebäude, das 1961 abgebrochen wurde, durch Wilhelm Perring einen Park nach italienischen Vorbildern mit seltenen Bäumen anlegen. Von den einst zahlreichen Elementen sind verschiedene Tore, darunter das reich ornamentierte Eingangsportal in Form eines Triumphbogens, das ehemalige Kastellanhaus und ein Pavillon erhalten geblieben. Nach dem Erwerb durch die Gemeinde Pankow im Jahre 1907 wurde der Park mehrfach umgestaltet, zuletzt in Teilen 1993. Dabei wurden ein Rosengarten und ein Pergolenweg eingefügt.
Veranstaltungen: Sommerkonzerte

Bln 7
Eigentümer/in: Bezirksamt Pankow, Naturschutz- und Grünflächenamt,
Pasewalker Straße 64,
13127 Berlin,
Tel. 030/48831621/22,
Fax 030/48831647
Größe: 13,8 ha
frei zugänglich
52, 53, 107 Rathaus Pankow
155, 227, 250, 255 Wollankstraße
S Wollankstraße

Schloßpark Niederschönhausen

Am Schloßpark, Berlin-Pankow

1664 legte Gräfin von Dohna im Wiesengrund der Panke einen Garten im holländischen Stil an, der mit der Schloßvergrößerung 1704 erheblich erweitert und zu einem barokken Garten mit Orangerie, Fasanerie und Broderieparterre umgestaltet wurde. Ein schiffbarer Graben mit Verbindung zur Panke verband den Park mit dem Schloß Charlottenburg. Schon Ende des 18. Jahrhunderts erfolgte die erste landschaftliche Überarbeitung. Der königliche Hofgartendirektor Peter Joseph Lenné gestaltete ihn 1828 bis 1831 zu einem Landschaftsgarten um. Nach 1945 wurde Niederschönhausen zunächst von der sowjetischen Besatzungsmacht genutzt, bevor das Schloß ab 1949 Sitz des ersten Staatspräsidenten der DDR, Wilhelm Piek, wurde. Seit 1992 ist der ehemals ummauerte Park wieder teilweise zugänglich.

Bln 8
Eigentümer/in: Bezirksamt Pankow, Naturschutz- und Grünflächenamt,
Pasewalker Straße 64,
13127 Berlin,
Tel. 030/48831621/22,
Fax 030/48831647
Größe: 16,7 ha
frei zugänglich
50, 52, 53 Pankow – Kirche
255 Berlin-Pankow
S Berlin-Pankow

Wröhmänner Park

Neuendorfer Straße, Berlin-Spandau

Der am östlichen Ende der Spekteniederung unmittelbar an der Havel zwischen Altstadt und Neustadt gelegene Wröhmänner Park wurde zwischen 1913 und 1914 erstmals als

Bln 9
Eigentümer/in: Bezirksamt Spandau, Naturschutz- und Grünflächenamt,
Pionierstraße 80,

13589 Berlin,
Tel. 030/33033024,
Fax 030/33033955
Größe: 3,5 ha, frei zugänglich
U 7 Altstadt
145, 134 Altstadt
P gebührenpflichtig

repräsentativer Bürgerpark mit Elementen des Jugendstils angelegt und gehörte in seiner großzügigen Ausschmükkung zu den qualitätvollsten Gartenschöpfungen Spandaus. Nach Kriegszerstörungen und umfangreichen Veränderungen wurde er in den Jahren 1993 bis 1998 grundlegend erneuert und der Eingangsbereich mit einer Pergola gefaßt. Seine urprünglichen Gartenelemente, wie das vertieft liegende Oval, das vis-à-vis des Juliusturms der Zitadelle gelegene Plateau am Wasser und der als Gartenteich umgestaltete Torfhafen, im Volksmund Hafenplatz genannt, blieben dabei weitgehend erhalten. Das Bild wird durch Rabatten mit Wechselbepflanzungen und Säumen aus Wild- und Blütenstauden abgerundet.

Bln 10 NEU
Eigentümer/in: Bezirksamt Spandau von Berlin, Naturschutz- und Grünflächenamt, Pionierstraße 80, 13589 Berlin,
Tel. 030/33033024,
Fax 030/33033935
Größe: 3,9 ha
frei zugänglich
DB Berlin-Spandau
7 Rathaus Spandau
131, 231, 331, 136 Kirchhofstraße
P

Koeltzepark

Neuendorfer Straße / Am Koeltzepark, Berlin-Spandau

Der im späten 18. Jahrhundert angelegte Maurerkirchhof vor den Toren der Oranienburger Vorstadt wurde 1932/33 in eine öffentliche Parkanlage umgewandelt und nach dem früheren Spandauer Oberbürgermeister Friedrich Koeltze benannt. 1997 erfolgte eine aufwendige Instandsetzung in eine hochwertig gestaltete Schmuckanlage mit Sommerblumenrabatten, nach Farbaspekten geordneten, flächigen Staudenpflanzungen, Rosenbeeten, berankter Pergola und einer Rhododendrenpartie. Eine niedrige Klinkermauer erinnert an den Verlauf der alten Friedhofsmauer.

Bln 11
Eigentümer/in: Bezirksamt Spandau, Naturschutz- und Grünflächenamt, Pionierstraße 80,

Südpark Spandau

Heerstraße /Weverstraße/Straße am Südpark, Berlin-Spandau

Der nördlich der Heerstraße im verlandeten Niedermoorgebiet der Börnicker Lake liegende Spandauer Südpark wurde 1926 von Richard Woy angelegt. Er verkörpert beispielhaft die Idee des Landschaftsgartens. Kernstück des Parks ist der Bereich um den Parkteich, der über zwei Zugänge mit der Spandauer Wilhelmstadt verbunden ist. Von hier aus öffnet sich der Südpark über die Havelbucht Scharfe Lanke in die freie Flußlandschaft. Zwei Rundwege führen zu ausgedehnten, naturhaften Mähwiesen, Spiel- und Sitzplätzen sowie Liegewiesen. Die Wege sind mit Linden zu Alleen gefaßt und werden von Wildstaudenflor begleitet.

13589 Berlin,
Tel. 030/33033024,
Fax 030/33033955
Größe: 3,1 ha
frei zugänglich
🚌 134, 149 Südpark
P 🐕 ♿

Gutspark Kladow

Neukladower Allee, Berlin-Kladow

Die Geschichte des Gutsparkes Neu-Kladow beginnt um 1800, als Friedrich Wilhelm III. das Lehngut Anastasius Ludwig Mencken, dem Großvater Otto von Bismarcks, in Erbpacht gab. Der aus vorhandenem Eichen-Kiefern-Bestand herausgeschlagene Gutspark weist interessante topographische Entwicklungen auf: Sein Rückgrat bildet der zwischen Düne und Havelsteilufer verlaufende Elsengrund, in dem ein wechselfeuchter Wiesengraben eingebettet ist.

Seine kulturhistorische Blütezeit erlebte der Park etwa hundert Jahre später, als der Architekt Paul Schultze-Naumburg das Haus für den neuen Besitzer umbaute, erweiterte und auf dem hoch über der Havel liegenden Plateau einen formalen Blumengarten mit zentralem Springbrunnen anlegte. Heute ist der Park Teil eines am Westufer der Havel verlaufenden Uferwanderweges und steht im Kontext zur Potsdam-Berliner Kulturlandschaft, dem Arkadien Peter Josef Lennés.

Bln 12
Eigentümer/in: Bezirksamt Spandau, Naturschutz- und Grünflächenamt,
Pionierstraße 80,
13589 Berlin,
Tel. 030/33033024,
Fax 030/33033955
Größe: 11 ha
frei zugänglich
🚌 134/434 Neukladower Allee
🐕 ♿

Volkspark Jungfernheide

Jungfernheideweg, Heckerdamm, Berlin-Charlottenburg

Der Volkspark ist ein landschaftlich gestalteter Freizeit-, Erholungs- und Sportpark mit einem alten Baumbestand. Auf dem Rest eines großen zusammenhängenden Waldgebiets der Jungfernheide entstand die Anlage nach Plänen von Erwin Barth in den Jahren 1920 bis 1930. Barth nahm nur behutsame Eingriffe in den vorhandenen Waldbestand mit Eichen, Rot- und Weißbuchen durch ergänzende Pflanzungen vor. Charakteristisch für die Parkanlage ist das weiträumige, flache Gelände. Im Westen befindet sich ein symmetrisch geformter See mit einer quadratischen Insel, die durch Brücken über schmale Wasserarme mit der Parkanlage verbunden ist. Durch die Aufteilung der Wasserfläche entstand ein Freibad mit Badestrand und kleine Wasserflächen mit Liegewiesen. Gegenüber dem Scheitelpunkt des Strandbades steht ein Wasserturm. Trotz der strengen Sym-

Bln 13
Eigentümer/in: Bezirksamt Charlottenburg, Naturschutz- und Grünflächenamt
Spandauer Damm 20-22
14059 Berlin,
Tel. 030/3430 1710,
Fax 030/3430 1709
Größe: 116 ha
frei zugänglich
🚌 X9, X21,109,121,123,128,421 Jakob-Kaiser-Platz
🍴 🐕 ♿

metrie gibt es im Kernbereich der Anlage überraschende Wegeführungen und Sichtbeziehungen. Das Programm des Parks entspricht den damals anerkannten und auch heute noch aktuellen Anforderungen an einen Volkspark.

Bln 14
Eigentümer/in: Bezirksamt Charlottenburg, Naturschutz- und Grünflächenamt
Spandauer Damm 20-22
14059 Berlin,
Tel. 030/3430 1710,
Fax 030/34301709
Größe: 52,6 ha
Eintritt: frei
Führungen: nach Voranmeldung Stiftung Preussische Schlösser und Gärten, Berlin Brandenburg, Gartendirektion,
Tel. 0331/96940,
Öffnungszeiten:
im Sommer 6–21 Uhr,
im Winter 6–20 Uhr
Bus 109, 110, 145, 204, X9, X21, X26 ab P Schloß Charlottenburg
S Westend

Schloßpark Charlottenburg

Spandauer Damm, Berlin-Charlottenburg

Die historische Parkanlage am Schloß Charlottenburg zählt zu den ältesten erhaltenen Gärten in Berlin und Potsdam. 1697 ließ Sophie Charlotte den Gärtner Simeon Godeau, einen Schüler des berühmten Le Nôtre, aus Paris kommen, um einen französischen Barockgarten anlegen zu lasssen. Nach Godeaus Plänen entstand nördlich des Schlosses eine Terrasse. Ein paar Stufen unterhalb erstreckt sich ein langes Parterre mit Blumen- und Rasenstücken und einem klassischen Brunnenbecken in der Mitte. In dieser Hauptachse schloß sich ein ebenso großer Teich an. Ursprünglich verlief die Achse als Kanal bis zur Spree. Jenseits der Spree wurde die Sichtachse durch eine Schneise in der Jungfernheide weitergeführt, so daß ein 9 Kilometer weiter Blick bis hin zu den Tegeler Bergen möglich war. Ab 1787 wurden die Barockformen durch die landschaftliche Gestaltung der Hofgärtner Johann August Eyserbeck und Georg Steiner verdrängt. Im Zuge der zeitgenössischen Naturvorstellung wurde das Broderie-Parterre abgetragen und eine Rasenfläche mit Baum- und Strauchgruppen angelegt.1816 gestaltete Peter Josef Lenné den Schloßpark zu einem Landschaftspark um. 1950 wurde mit der Rekonstruktion des im Krieg stark zerstörten Schlosses auch der unmittelbar am Gebäude liegende Teil des Gartens nach barocken Mustern wiederhergestellt. Der nördliche Teil der Parkanlage blieb hingegen landschaftlich, wurde zum Teil aber erheblich verändert. Im östlichen Teil des Parks steht das Belvedere, ein 1788 errichtetes Teehaus, in dem erlesene Sammlungen Berliner Porzellans ausgestellt sind. Die Luiseninsel im Karpfenteich, in die man über zwei historische Brücken gelangt, wurde 1989 restauriert. Beachtenswert sind die drei Statuen Luisenbüste, Venus von Medici und Amor. Das Mausoleum von Karl Friedrich Schinkel in Form eines dorischen Tempels entstand 1810 als Grabstätte für Königin Luise.

Bln 15
Eigentümer/in: Bezirksamt Charlottenburg, Naturschutz- und Grünflächenamt
Spandauer Damm 20–22
14059 Berlin,
Tel. 030/34301710,
Fax 030/34301709

Schustehruspark

Berlin-Charlottenburg

Der Park, benannt nach dem Charlottenburger Oberbürgermeister, entstand auf dem Gelände des ehemaligen Privatparkes der Villa Oppenheim. Nach Grundstückserwerb durch die Stadt Charlottenburg im Jahre 1911 gestaltete der damalige Gartendirektor Erwin Barth 1914 den öffentlichen Park. Charakteristisch ist die behutsame Einfügung von Gebüschgruppen, formalen Wegeführungen und geometrischen Platzgestaltungen in die vorhandene landschaftliche Anlage. Typisch für Barth war auch die liebevolle Ausgestaltung der Details wie Sitzbänke, Eingangsbereiche, Mauern, Rankgitter, Laternen und farbenprächtige Staudenrabatten. Als Zeichen für die damaligen sozialen Bestrebungen der Gartenkunst sind die großen Kinderspielplätze mit Unterstandhäuschen und Ruhebereiche für Erwachsene zu verstehen. Der Park wurde zur 750-Jahr-Feier Berlins 1987 gartendenkmalpflegerisch wiederhergestellt.

Größe: 1,4 ha
frei zugänglich
🚌 109, 110
🐕 ♿

Brixplatz
Berlin-Charlottenburg
Der Brixplatz, früher als Sachsenplatz bekannt, wurde 1913 von Erwin Barth entworfen und 1921 angelegt. Auf dem Gelände einer ehemaligen Kiesgrube mit altem Kiefernbestand, Unterholz und Heideformationen wurde eine Märkische Modellandschaft künstlich geschaffen. Als Schulgarten gedacht, sollten hier die natürlichen Vegetationsbilder und geologische Formen der Mark Brandenburg gezeigt werden. Den größten Teil des naturhaften Stadtplatzes nehmen Laub- und Nadelgehölze, Heide, Dünenpartien, trokkene und feuchte Partien sowie Bach-, Moor- und Wiesenvegetation ein. In der Mitte des ausgehöhlten Geländes mit 14 Meter Höhenunterschied liegen drei Teiche, die von einem Wasserfall gespeist werden. Rüdersdorfer Kalkstein wurde für die Felsformationen im Osten verwendet und ist ein in der gesamten Anlage wichtiger Baustoff. Die Eckpunkte wurden mit Blumengärten, Ruhegärten, einem Kinderspielplatz und einer Wasserterrasse mit Pavillon gestaltet. Zum Schutz derTiere und Pflanzen plante man, das Innere des Platzes von der Nutzung auszuschließen. Eine Betrachtung sollte lediglich von den Rundwegen und den Aussichtskanzeln möglich sein. 1960 wurde aber auch der innere Bereich der Öffentlichkeit zugänglich gemacht.

Bln 16
Eigentümer/in: Bezirksamt Charlottenburg, Naturschutz- und Grünflächenamt
Spandauer Damm 20–22
14059 Berlin
Tel. 030/3430 1710,
Fax 030/34301709
Größe: 1,9 ha
frei zugänglich
🚌 104 Neu-Westend
🐕 ♿

Landeseigener Friedhof Heerstraße
Trakehner Allee 1, Berlin-Charlottenburg
Der Friedhof Heerstraße ist landschaftlich einer der schönsten Friedhöfe in Berlin. Er wurde nach Plänen, die dem damaligen Charlottenburger Gartendirektor und späteren Stadtgartendirektor von Groß-Berlin Erwin Barth zugeschrieben werden, an der Westseite des Sausuhlensees parkähnlich angelegt und 1924 als interkonfessionelle Begräbnisstätte für Groß-Berlin eröffnet. Die Grabfelder bzw. Grabreihen wurden aufgrund des zum See hin stark abschüssigen Geländes größtenteils terrassenförmig angeordnet. Mitte der 30er Jahre begradigte der Gartenarchitekt Hein-

Bln 17
Eigentümer/in: Bezirksamt Charlottenburg, Naturschutz- und Grünflächenamt
Spandauer Damm 20–22
14059 Berlin
Tel. 030/34301714,
Fax 030/34301709
Größe: 15 ha
Eintritt: frei
Öffnungszeiten:
im Sommer 7–21 Uhr,
im Winter 8–16.30 Uhr

🚌 U2 Olympia-Stadion (Ost)
Ⓢ 5, 75, Olympiastadion

rich Wiepking die zuvor an die Landschaft angepaßte geschwungene Wegeführung im weiteren Bereich der Kapelle. Nach einer kleineren Erweiterung 1937/1939 südlich des Sees wurde der Friedhof unmittelbar nach Kriegsende 1945 beträchtlich auf die heutige Größe vergrößert. Zahlreiche bekannte Persönlichkeiten sind hier bestattet, wie z. B. der Maler George Grosz, der Dichter, Maler und Kabarettist Joachim Ringelnatz und die Schauspielerin Tilla Durieux.

Bln 18
Eigentümer/in: WEG Corbusierhaus, vertreten durch die Präzisa Wohnanlagen GmbH, Herr Guhl,
Kantstraße 163/164,
10623 Berlin
Tel. 030/88588500,
Fax 030/88588501
Größe: 10 ha
frei zugänglich
Ⓢ 5, 75, Olympiastadion

Außenanlagen Corbusierhaus

Flatow-Allee 16, Berlin-Charlottenburg

Die um das 1956 bis 1958 zur Internationalen Bauausstellung IBA erbaute Wohnhochhaus des berühmten Architekten Le Corbusier angelegten Außenanlagen sollten einen Gegensatz zu den bewußt artifiziellen Schöpfungen bilden. Die Natur um seine Häuser sollte möglichst unberührt wirken. Der Standort des Hochhauses wurde von Le Corbusier selbst ausgewählt und ist von außerordentlicher landschaftlicher Prägnanz. Das einzige Hochhaus in einer Villengegend steht auf einem Höhenrücken an einer 13 Meter tief abfallenden Hangkante und auf einer gewellten Hochfläche. Corbusier sah seine Häuser auch als Ozeandampfer, was in der Gebäudegestaltung sichtbar wird (großer Schiffsschornstein, Bullaugen). Dementsprechend ist das Gebäudeumfeld wie eine Dünung mit künstlichen Hügeln und Wällen modelliert. Das Gebäude sollte auf einer locker mit Baumgruppen bestandenen Lichtung im dichten Wald typischer Berliner Prägung stehen. Im westlichen Entreebereich gab es Staudenbeete, die sich ebenfalls an der naturnahen Vegetation orientierten: vier amorphe, sogenannte Dünen- oder Sandbeete mit entsprechender Vegetation.
Im Laufe der Jahre ist die Anlage sehr vereinfacht worden, die Wiesenflächen wuchsen fast völlig zu. Die Anlage wurde, basierend auf einer Planung des Büros HORTEC, ab Frühjahr 1999 rekonstruiert.

Bln 19
Eigentümer/in: Bezirksamt Charlottenburg, Naturschutz- und Grünflächenamt
Spandauer Damm 20–22
14059 Berlin
Tel. 030/34301710,
Fax 030/34301709
Größe: 0,6 ha
frei zugänglich
🚌 Theodor-Heuss-Platz

Karolingerplatz

Berlin-Charlottenburg

Im Zuge der Bebauung des Neu-Westends wurde die Grünfläche bereits 1906 ausgewiesen. Der Blockplatz wurde in den Jahren 1912 und 1913 vom Charlottenburger Gartendirektor Erwin Barth konzipiert. Durch die architektonische Gestaltung und ästhetischen Anpflanzungen gliedert sich der Platz in die Funktionsbereiche Schmuck, Repräsentation, Erholung und Kinderspiel. Die verschiedenen Zonen wurden auf unterschiedliche Ebenen gelegt. Das tiefliegende, kreuzförmig geteilte Parterre wird von rosenüberwölbten Gängen gerahmt. Seitlich davon schließen sich Rhododendronquartiere an, in denen sich zwei schattige

Birkenhöfe befinden. Im Norden liegt ein Kinderspielplatz in einem Robinienhain. Nach der Zerstörung im Zweiten Weltkrieg wurde die Anlage originalgetreu wiederaufgebaut.

Lietzenseepark
Berlin-Charlottenburg
Um den sichelförmigen Lietzensee, dem nördlichsten See in der Grunewaldseenkette, erstreckt sich am West- und Nordufer ein landschaftlich gestalteter Park. Nach einer Planung von Erwin Barth wurde die innerstädtische Grünfläche im Jahr 1919 unter Beibehaltung des ursprünglichen Charakters angelegt. Ohne wesentliche Veränderungen vorzunehmen, führte Barth an den Hängen, die mit Robinien, Pappeln, Platanen, Birken und Ahornen bewachsen sind, Promenaden um den See. Weite Rasenflächen, Liegewiesen, geschützte Kinderspielplätze und sonnige und schattige Ruheplätze waren Teile seiner Planung. Zu der streng architektonischen Gestaltung von Barth gehört eine breite Kaskade, die den See mit frischem Wasser versorgt. Das Wasser entspringt einem Brunnen und und gelangt über ein rechteckiges Wasserbecken in den See. Mit begleitenden Blumenpfeilern, Säulenpappeln, Treppen und Rosenrabatten führte er barocke Formen wieder ein.
Nach der Zerstörung im Zweiten Weltkrieg wurde die Anlage in ihrer ursprünglichen charakteristischen Form erneuert.

Bln 20
Eigentümer/in: Bezirksamt Charlottenburg, Naturschutz- und Grünflächenamt
Spandauer Damm 20–22
14059 Berlin
Tel. 030/34301710,
Fax 030/34301709
Größe: 10,2 ha
frei zugänglich
Bus 149, 204 Kaiserdamm
S Witzleben, Westkreuz

Savignyplatz
Berlin-Charlottenburg
Ende des 19. Jahrhunderts wurde der bereits bestehende Platz mit einem geometrischen Grundriß als Rasenschmuckplatz angelegt. Die Kantstraße teilt den Savignyplatz symmetrisch. 1926 gestaltete der Charlottenburger Stadtgartendirektor Erwin Barth die Platzanlage entsprechend den gewandelten Vorstellungen der Gartenkunst in einen Erholungs- und Gartenplatz um. Durch eine gleichmäßige, höhenabgestufte Bepflanzung auf beiden Platzhälften wird die Trennung durch die Straße optisch weitgehend aufgehoben. Um unter dem sozialen Aspekt für die gartenlose Bevölkerung einen Hausgarten zu schaffen, plante Barth eine räumliche Situation mit Lauben und Staudenrabatten. Auf der nördlichen Hälfte steht seit 1926 eine Plastik, Knabe mit Ziege von August Kraus, die die Sichtbeziehung zur Knesebeckstraße betont. Die im 2. Weltkrieg stark zerstörte Anlage wurde zur 750-Jahr-Feier Berlins 1987 wiederhergestellt.

Bln 21
Eigentümer/in: Bezirksamt Charlottenburg, Naturschutz- und Grünflächenamt
Spandauer Damm 20–22
14059 Berlin
Tel. 030/3430 1710,
Fax 030/3430 1709
Größe: 0,7 ha
frei zugänglich
S Savignyplatz

Bln 22
Eigentümer/in: Bezirksamt Wedding
Iranische Straße 3
13347 Berlin,
Tel. 030/4575 5766,
Fax 030/4575 5816
Größe: 180 ha
frei zugänglich
U6 Rehberge
126 Dohnagestell
328 Nachtigallplatz

Volkspark Rehberge

Afrikanische Straße / Dohnagestell, Berlin-Wedding

Der Volkspark Rehberge im Bezirk Wedding, 1926–1929 erbaut, ist die bedeutendste Schöpfung des vierten Berliner Gartendirektors von Berlin, Erwin Barth. Der Park war in der Weimarer Republik einer der Höhepunkte der Berliner Grünpolitik. Mit seinem vielfältigen Angebot an Spiel-, Sport- und Kulturflächen und in seiner gestalterischen Form ist er bis heute ein hervorragendes Beispiel für den neuen Parktyp, der seit der Jahrhundertwende in den Großstädten entstand: Dem Volkspark, der einen Ausgleich für die schlechte Arbeits- und Wohnsituation der Bevölkerung schaffen sollte. Im Volkspark Rehberge sind alle für einen Volkspark typischen Elemente vereint: öffentlich zugänglich, Spiel- und Sporteinrichtungen, Kinderspielplätze und Spiel- und Liegewiesen, Freilichtbühne und Tanzring, Rodelbahn und Tiergehege, Teiche und Planschbecken, Kunstobjekte, Gastronomie und Sanitäreinrichtungen und darüber hinaus die erste Dauerkleingartenanlage der Stadt Berlin. In dieser vielfältig gegliederten Landschaft entwickelte sich eine reichhaltige Pflanzen- und Tierwelt. Aufgrund dessen wurden große Teile des Volksparks bereits 1953 unter Landschaftsschutz gestellt. Der Volkspark Rehberge ist noch heute in seiner ursprünglichen Form erhalten.

Bln 23
Eigentümer/in: Bezirksamt Wedding
Iranische Straße 3
13347 Berlin
Tel. 030/45755766,
Fax 030/45755816
Größe: 25 ha
frei zugänglich
U6 Rehberge
120 Barfußstraße

Schillerpark

Edinburger Straße, Barfußstraße, Berlin-Wedding

Schon 1905 beschloß die Stadtverordnetenversammlung diesem Park aus Anlaß des 100. Todestages von Friedrich Schiller den Namen Schillerpark zu geben, obwohl der Park erst in den Jahren 1909 bis 1913 errichtet wurde. Der Schillerpark, entworfen von dem Magdeburger Gartenarchitekten Friedrich Bauer, ist die erste öffentliche Grünanlage in Berlin, die in Inhalt und Form die neuen sozialen Zielsetzungen des seit der Jahrhundertwende geforderten Volksparks erfüllte. Der Park wurde auf einem reinen Sanddünengelände im Zuge sogenannter Notstandsarbeiten von 400 Arbeitern angelegt. Der erste gepflanzte Baum (am 6. Mai 1909) war eine Eiche aus Marbach, dem Geburtsort Schillers. Das Gelände wird durch die leicht geschwungene Barfußstraße in zwei, nahezu gleich große Bereiche geteilt. Im Südwesten befindet sich die Schülerwiese, die für Spiel, Liegen und Picknick vorgesehen war. Nördlich der Wiese wurde das leicht abfallende Gelände durch eine dreistufige Terrassenanlage (Bastion) aus Rüdersdorfer Kalkstein abgefangen. Auf der unteren Terrasse befinden sich ein Rosengarten, Zierkirschen und Magnolien. Die regelmäßig gepflanzten Kastanien auf der oberen Terrasse sollen einen Naturtempel zu Ehren des Dichters darstellen. Der nordwestliche Teil des Parkgeländes ist landschaftlich gestaltet, dort findet man die Bürgerwiese und das erste Berliner Kinderplanschbecken. Der Schillerpark ist noch heute zu einem großen Teil in seiner ursprünglichen Form erhalten.

Volkspark Humboldthain

Brunnenstraße, Gustav-Meyer-Allee, Berlin-Wedding

Nach dem Tiergarten und dem Friedrichshain wurde der Humboldthain als dritter großer Berliner Volkspark angelegt und ist Ausdruck für das damals neue Bewußtsein kommunaler Verantwortung für die Volksgesundheit. 1869, zum 100. Geburtstag von Alexander von Humboldt, wurde mit den Bauarbeiten begonnen. Der Kunstgärtner Späth führte die Arbeiten bis 1876 unter der Leitung des ersten Berliner Gartendirektors Gustav Meyer aus. Als erste Berliner Parkanlage erhielt der Humboldthain eine für das Spielen freigegebene Rasenfläche und einen Spielplatz für Kinder. Durch die Errichtung zweier Bunker im Jahr 1941 wurde der Park zum Ziel von Bombenangriffen und stark zerstört. In den Jahren 1948 bis 1951 gestaltete der damalige Weddinger Amtsleiter Günther Rieck die Parkanlage neu. Da die Sprengung der ehemaligen Kriegsanlagen nicht möglich war, wurden diese von Weddinger Notstandsarbeitern mit Trümmerschutt aufgefüllt und angeschüttet. Somit entstand eine neue künstliche Parklandschaft aus zwei Bergen, einer locker mit Bäumen bestandenen Liegewiese, einem Rosengarten und um 1980 einem Wassergarten.

Bln 24
Eigentümer/in: Bezirksamt Wedding,
Iranische Straße 3
13347 Berlin
Tel. 030/45755766,
Fax 030/45755816
Größe: 35 ha
frei zugänglich
U8 Gesundbrunnen S1, S2 Gesundbrunnen, Humboldthain
P

Dorotheenstädtischer Kirchhof

Chausseestraße 126, Berlin

Der Dorotheenstädtische Kirchhof ist einer der bekanntesten Friedhöfe Berlins, da er bis heute ein traditioneller Begräbnisplatz deutscher Künstler, Gelehrter und Politiker ist und eine Vielzahl von Grabmalen durch bedeutende Bildhauer und Baumeister geschaffen wurde. Ein Spaziergang über den Friedhof wird damit zugleich ein Gang durch die Berliner, preußische und deutsche Geschichte. Der Friedhof wurde 1762 angelegt und zwischen 1814 und 1826 dreimal erweitert. Im 2. Weltkrieg wurde er stark zerstört. Seit den fünfziger Jahren pflegt und schützt die Denkmalpflege die erhaltenswerten Grabmale. Unmittelbar neben dem Haupteingang zum Friedhof befindet sich das Brecht-Zentrum. In diesem Gebäude lebten bis zu ihrem Tode der Lyriker und Dramatiker Bertolt Brecht und seine Frau, die Schauspielerin und Intendantin Helene Weigel. Beide sind auch auf dem Dorotheenstädtischen Friedhof bestattet.

Bln 25
Eigentümer/in: Evangelische Kirchengemeinde Friedrichswerder,
Verw.: Dorotheenstädtische Kirchhofsverwaltung
Liesenstraße 9,
13355 Berlin,
Tel. 030/4617279,
Fax 030/4628643
Größe: 1,7 ha
Eintritt: frei
Öffnungszeiten:
im Sommer 8–20 Uhr,
im Winter 8–16 Uhr,
U6 Zinnowitzer Straße, Oranienburger Tor
Infoprospekt über Kirchhofsverwaltung

Großer Tiergarten

Berlin-Tiergarten

Der im heutigen zentralen Bereich Berlins gelegene Große Tiergarten ist mit über 500 Jahren eine der ältesten und

Bln 26
Eigentümer/in: Bezirksamt Tiergarten, Naturschutz- und Grünflächenamt

Straße des 17. Juni 31,
10785 Berlin,
Tel. 030/39053101,
Fax 030/39053100
Größe: 210 ha
frei zugänglich
Führungen: nach Voranmeldung, kostenlos,
100 Haus der Kulturen der Welt
Veranstaltungen: Konzertsommer im Englischen Garten, an 6 Wochenenden in den Sommerferien

wohl bedeutendsten Parkanlagen Berlins. Nachdem er lange Zeit den preußischen Herrschern als Jagdrevier gedient hatte, wurde er im frühen 18. Jahrhundert durch den Baumeister Friedrichs des Großen, Georg Wenzeslaus von Knobelsdorff, in einen im barocken Sinn gestalteten Waldpark mit Alleen und Labyrinthen umgestaltet, der auf Wunsch des Königs auch den Bürgern öffentlich zugänglich war. Im späten 18. Jahrhundert legte Prinz Ferdinand, jüngster Bruder Friedrichs II., im Zusammenhang mit dem Bau des Schlosses Bellevue, den Schloßpark als einen frühen Landschaftsgarten in Deutschland an. Vor allem zwischen 1833 und 1840 wandelte Peter Joseph Lenné unter König Friedrich Wilhelm III. und später ergänzend unter dessen Sohn Friedrich Wilhelm IV. den gesamten Tiergarten in einen Landschaftspark um. Es entstanden viele Wasserzüge zur Entwässerung der sumpfigen Waldbereiche und hainartige, große Wiesenflächen mit Baumgruppen und Einzelgehölzen. Ebenso wurde das Wegesystem nach praktischen und ästhetisch-landschaftlichen Gesichtspunkten unter Einbeziehung der barocken Alleen und Plätze neu geordnet. Trotz Einfügung zahlreicher Denkmäler mit zum Teil intensiver gärtnerischer Gestaltung blieb der von Lenné und seinen Vorgängern geprägte Charakter bis 1945 erhalten. Von den gigantischen Plänen Hitlers und seines Generalbauinspekteurs Speer wurden Ende der dreißiger Jahre nur die Verbreiterung der Charlottenburger Chaussee, der heutigen Straße des 17. Juni, und der Große Stern mit der Umsetzung der Siegessäule verwirklicht. Durch Bombenschäden und Abholzungen in der Nachkriegszeit blieb fast kein Baum des Tiergartens erhalten. Ausbleibende Pflegehiebe haben die Aufforstungen der 50er Jahre zu einem dichten, fast gleichaltrigen und dadurch meist einstufig ausgebildeten Parkforst heranwachsen lassen. Der Park wurde in den vergangenen Jahren schrittweise gartendenkmalpflegerisch auf der Grundlage eines Parkpflegewerkes restauriert, so daß der Besucher heute wieder den eigenständigen, geschichtlichen und gartenkünstlerischen Charakter des Parkes – die Synthese der barocken Strukturen, vornehmlich wichtige Alleen und Plätze und landschaftliche Gestaltung – erleben kann.

Bln 27
Eigentümer/in: Land Berlin, Naturschutz- und Grünflächenamt Mitte von Berlin
Karl-Marx-Straße 31
10178 Berlin,
Tel. 030/24703860,
Fax 030/24703500
Größe: 2,2 ha

Invalidenpark

Invalidenstraße / Ecke Scharnhorststraße, Berlin-Mitte

Im Jahr 1843 entstand auf Weisung des Kriegsministeriums auf den östlich der Scharnhorststraße gelegenen Bataillonsgärten ein Lenné zugeschriebener Park, der sich auch auf Flächen nördlich der heutigen Habersaathstraße erstreckte und eine Größe von zirka 6 Hektar hatte. Seit Mitte des 19. Jahrhunderts war der Park, der ursprünglich für die Kriegsversehrten bestimmt war, der Öffentlichkeit zugäng-

Foto: Haddenhorst

frei zugänglich
U 6 Zinnowitzer Straße
Straßenbahn 6, 8, 13, 50
U-Bahnhof Zinnowitzer Straße
340 Robert-Koch-Platz
157, 245 Platz v. d. N. Tor
1, 2, 25 Nordbahnhof

lich, wurde aber bis Ende des 19. Jahrhunderts mehrfach verkleinert. Nach dem Bau der Berliner Mauer 1961 wurden Teile des Invalidenparks, der nach dem 2. Weltkrieg eine Neugestaltung erfahren hatte, für die an der Invalidenstraße gelegene Grenzübergangsstelle in Anspruch genommen weitere Flächen wurden ebenfalls zweckentfremdet. 1997 wurde der Park wiedereröffnet. Aus einem Gutachterverfahren ging der Entwurf des Pariser Landschaftsarchitekten Christophe Girot hervor, eine Synthese aus Park und städtischem Platz. Mittelpunkt der Anlage ist ein großzügiges Wasserbecken mit einer begehbaren, aufsteigenden Wand, die aus Fundamentresten der Gnadenkirche erwächst. Das an der Scharnhorststraße gelegene Invalidenhaus ist heute Teil des Bundesministeriums für Wirtschaft und Technologie, im Verlauf des Schwarzen Wegs begrenzt der Graben der Panke das Gelände des Bundesministeriums für Verkehr, Bau- und Wohnungswesen.

Lustgarten

Schloßplatz, Berlin-Mitte

Bln 28
Eigentümer/in: Land Berlin, Naturschutz- und Grünflächenamt Mitte von Berlin, Karl-Marx-Straße 31, 10178 Berlin, Tel. 030/24703860, Fax 030/24703500
frei zugänglich
100, 157, 200, 348 Lustgarten

Der Lustgarten zwischen Stadtschloß, Dom, Zeughaus und dem Alten Museum war zentraler Platz der preußischen Hauptstadt. Bereits 1573 ließ Kurfürst Johann Georg das damals sumpfige Gelände trockenlegen, räumen und einebnen, um an dieser Stelle einen Gemüse- und Obstgarten anzulegen. Dieser verwilderte jedoch im Dreißigjährigen Krieg. Mitte des 17. Jahrhunderts wurde der Garten wieder neu angelegt und zum ersten Mal als Lustgarten gestaltet. Anfang des 18. Jahrhunderts baute der Soldatenkönig Wilhelm I. ihn zum Exerzierplatz um. Mit dem Neubau des Alten Museums gestaltete Schinkel 1828 bis 1833 die Anlage um. Der Platz erhielt axiale Bezüge zum Museum und zum Schloß, aber auch zum Dom. Im Schnittpunkt der Museums- und Domachse wurde ein Springbrunnen aufgestellt. Den Wasserauslaß in der Spreekanalmauer gestaltete Schinkel als Grotte aus Sandstein mit Delphindarstellungen, die heute noch vorhanden sind. In der Weimarer Zeit war der Platz Demonstrations- und Kundgebungsort der Linken. Die Nationalsozialisten räumten den Platz vollständig und pflasterten ihn. Zur DDR-Zeit wurde der auf dem Lustgarten entstandene Platz zusammen mit dem Platz vor dem Palast der Republik, dem Standort des im Krieg beschädigten und danach abgerissenen Berliner Stadtschlosses, in Marx-Engels-Platz umbenannt zu Beginn der 90er Jahre erfolgte eine erneute Umbenennung, der Platz heißt seither wieder Schloßplatz und auch der Lustgarten erhielt seinen Namen zurück. Nach zwei Wettbewerben, deren prämierte Entwürfe nicht realisiert wurden, begann in Anlehnung an die Schinkelsche Fassung 1998 nach Plänen des Landschaftsarchitekten Prof. Hans Loidl die Neugestaltung des Lustgartens, der 1999 wieder der Öffentlichkeit übergeben wurde.

Bln 29
Eigentümer/in: Land Berlin, Naturschutz- und Grünflächenamt Mitte von Berlin, Karl-Marx-Straße 31, 10178 Berlin, Tel. 030/24703860, Fax 030/24703500
Größe: 9,8 ha
frei zugänglich
Tram 2, 3, 4, 5, 6 Alexanderplatz
Bus 100, 157, 200, 348 Alexanderplatz
S Alexanderplatz
P gebührenpflichtig

Fernsehturm und Marx-Engels-Forum

Rathausstraße, Karl-Liebknecht-Straße, Spandauer Straße, Berlin-Mitte

Das weiträumige Ensemble entstand ab Mitte der 60er Jahre auf dem Areal eines im 2. Weltkrieg zerstörten, ehemaligen Wohngebiets. In den Jahren 1965 bis 1969 wurde der 365 Meter hohe Fernsehturm (nach Umbau nunmehr 368 Meter hoch), das neue Wahrzeichen Berlins, gebaut. Die diesen umgebenden Flächen wurden 1970 gestaltet und sind seither im wesentlichen nicht verändert worden. Neben dem Fernsehturm mit den Wasserkaskaden bestimmen der 1871 von Reinhold Begas geschaffene, vorher am Stadtschloß stehende Neptunbrunnen sowie großzügige Rosenpflanzungen und der Baumbestand das Bild der Anlage. Zahlreiche Bänke laden zum Verweilen ein, die Grünflächen sind inmitten des zunehmend bebauten Stadtzentrums eine Oase. Südwestlich der Spandauer Straße schließt sich das bis zur Spree reichende Marx-Engels-Forum an, das nach Umgestaltung des 1967 errichteten Parks an der Spree 1986 entstand. In dessen Zentrum steht das von Ludwig Engelhardt 1986 geschaffene Marx-Engels-Denkmal. Mit einer Größe von zirka 10 Hektar sind beide Anlagen der größte Freiraum des östlichen Stadtzentrums, mit der begrenzenden Bebauung bilden sie das wohl markanteste Beispiel der Zentrumsgestaltung des DDR-Städtebaus. Ziel ist der Erhalt des wertvollen grünen Freiraums als City-Park.

Bln 30
Eigentümer/in: Land Berlin, Naturschutz- und Grünflächenamt Mitte von Berlin Karl-Marx-Straße 31 10178 Berlin, Tel. 030/24703860,

Köllnischer Park

Rungestraße, Wallstraße, Berlin-Mitte

Auf dem Gelände des Köllnischen Parks wurde unter Kurfürst Friedrich Wilhelm die Memhardtsche Stadtbefestigung angelegt, von der noch ein runder Backsteinturm von 1718 mit der Bezeichnung Wusterhausischer Bär zu sehen ist. Seit dem Errichten des Bärenzwingers im Jahre 1928 sind hier die lebendigen Wappentiere zu erleben. Der Bär ist seit dem 14. Jahrhundert das Wappentier Berlins. Östlich des Bärenzwingers befindet sich ein Lapidarium mit einem Terrakottabrunnen und einer Sandsteinplastik aus dem Jahre 1787 von Johann Gottfried Schadow mit dem Titel Herkules, den Nemeischen Löwen bezwingend. An der Wallstraße steht das von Heinrich Drake geschaffene Zilledenkmal. In den Jahren 1969 bis 1971 wurde der Köllnische Park umgestaltet. Dabei entstanden unter anderem ein Kinderspielplatz und am Lapidarium die an das Märkische Museum angrenzende Terrasse. Die Terrasse ist von einer Mauer umgeben, in die alte Berliner Hauszeichen eingelassen sind und wie die gesamte Anlage ein Stück Stadtgeschichte vermitteln sollen. Sehenswert ist auch der 1970 entdeckte steinerne Stumpf einer Windmühle aus dem 17. Jahrhundert.

Fax 030/24703500
Größe: 1,9 ha,
frei zugänglich
U 2 Märkisches Museum
U 8 Heinrich-Heine-Straße
240, 265 U-Bahnhof Heinrich-Heine-Straße, U-Bahnhof Märkisches Museum
S 3, 5, 7, 9, 75 Jannowitzbrücke
P

Luisenstädtischer Kanal

Legiendamm – Bethaniendamm, Berlin-Mitte/Kreuzberg

Die Anlage des Luisenstädtischen Kanals geht auf einen Bebauungsplan von 1840 zurück und ist Kernstück des Entwurfes von Peter Joseph Lenné für einen grünen Gürtel um die Stadt. 1852 wurde der Luisenstädtische Kanal als Schiffahrtsverbindung zwischen Spree und Landwehrkanal fertiggestellt, verlor später aber zunehmend an Bedeutung und wurde in den 20er Jahren bis auf das alte Wasserniveau verfüllt. Zu Beginn des Jahrhunderts plante der Stadtgartendirektor Erwin Barth einen in einzelne Themengärten gegliederten Grünzug, bei dem das Wasser eine große Rolle spielte. So entstanden im Bezirk Mitte, beginnend von der Waldemarbrücke, der Rosengarten, das Engelbekken, der Immergrüne Garten, der Waldpflanzengarten, der Blütensträuchergarten und die Promenade an der Schillingbrücke.

Durch den Mauerbau versank der Grünzug unter Erd- und Schuttmassen und trennte als Grenzstreifen Ost- und Westberlin. 1990 begann die Wiederherstellung des Grünzugs mit der Anpflanzung von Alleebäumen. Als erster Abschnitt konnte 1993 der Immergrüne Garten, gartendenkmalpflegerisch restauriert, übergeben werden. 1995 folgte der Rosengarten mit dem Indischen Brunnen. Seit Frühjahr ist das Engelbecken als Kernstück der Anlage wieder erlebbar. Durch den Anstieg des Grundwasserspiegels entstand dieses Mal, anders als in den 20er Jahren, eine natürliche Wasserfläche. Die Fertigstellung des gesamten Grünzugs ist derzeit nicht absehbar.

Bln 31
Eigentümer/in: Land Berlin, Naturschutz- und Grünflächenamt Mitte von Berlin,
Karl-Marx-Straße 31,
10178 Berlin,
Tel. 030/24703860,
Fax 030/24703500
Größe: 3,7 ha,
frei zugänglich
U 8 Heinrich-Heine-Straße
265 Bethaniendamm 147 Michaelkirchplatz
P

Friedhofspark Pappelallee

Pappelallee 12–15, Berlin-Prenzlauer Berg

Die Deutsch-Katholische Gemeinde, die spätere Freireligiöse Gemeinde, legte ab 1845 einen kleinen Friedhof an.

Bln 32
Eigentümer/in: Bezirksamt Prenzlauer Berg, Naturschutz- und Grünflächenamt

Kniprodestraße 62,
10407 Berlin,
Tel. 030/42404501,
Fax 030/42404503
Größe: 0,4 ha
Eintritt: frei
Öffnungszeiten:
im Sommer 7 – 21 Uhr,
im Winter 8 – 19 Uhr
13 Pappelallee
Ⓢ Eberswalderstraße

Anhänger aller Glaubensrichtungen konnten hier ihre letzte Ruhestätte finden. Gerade in der Zeit des Sozialistengesetzes verbanden sich viele Sozialdemokraten mit der Freireligiösen Gemeinde, so daß hier auch sozialdemokratische Persönlichkeiten begraben sind. Kurz nachdem 1990 die Ruhefrist der Gräber ablief, wurde mit der Gestaltung des Friedhofs zu einer Grünanlage begonnen. Sie nimmt Rücksicht auf den sakralen Charakter des Ortes, nimmt alte Traditionen auf und vermittelt dem Besucher Ruhe und Besinnung. Eingebettet in den Park ist ein Kleinstkinderspielplatz und auch die ehemalige Kapelle ist für spielerische Betätigung freigegeben. Kennzeichnend für die Anlage ist der alte Baumbestand, die Lindenmittelachse wurde mit Jungbäumen neu gestaltet. Aufgrund der zukunftweisenden Neuartigkeit dieser Nutzungsarten wurde der Anlage Friedhofspark Pappelallee 1995 der Gustav-Meyer-Preis verliehen.

Bln 33
Eigentümer/in: Jüdische Gemeinde zu Berlin
Joachimstaler Straße 13,
10719 Berlin,
Tel. 030/88028232,
Fax 030/88028250
Größe: 5 ha
Eintritt: frei
Führungen: nach Voranmeldung,
Tel. 030/9253330,
Öffnungszeiten:
ganzjährig geöffnet
Mo–Do: 8–16 Uhr,
Fr: 8–13 Uhr
2 Senefelder Platz

Jüdischer Friedhof Schönhauser Allee

Schönhauser Allee 23–25, Berlin-Prenzlauer Berg

1827 hinter der damaligen Stadtgrenze angelegt, befindet sich der Jüdische Friedhof an der Schönhauser Allee heute im dichtbebauten Bezirk Prenzlauer Allee inmitten von Wohngebäuden. Die Anlage des Friedhofs geht auf einen Plan des damaligen Stadtbaurats Friedrich Wilhelm Langhans zurück, der die Fläche mit drei senkrecht zur Schönhauser Allee verlaufenden Hauptachsen und einem Weg entlang der Friedhofsgrenzen erschloß. Auf dem Friedhof wurden über 22 800 Beisetzungen vorgenommen und mehr als 750 Erbbegräbnisse angelegt. Die Begräbnisstätten bekannter Persönlichkeiten aus der Jüdischen Gemeinde, Politik, Wissenschaft, Kultur und Unternehmertum reflektieren gleichsam die Geschichte der Jüdischen Gemeinde zu Berlin. Viele Grabmale wurden von bedeutenden Künstlern geschaffen und sind vielfältig gestaltet. Aus der Vielzahl der hervorzuhebenden Begräbnisstätten können die des Komponisten Giacomo Meyerbeer, des Vorstehers der Jüdischen Gemeinde Hermann Makower, des Verlegers Leopold Ullstein und des Malers Max Liebermann genannt werden.

Bln 34
Größe: 40 ha
Führungen: nach Voranmeldung, kostenlos,
frei zugänglich
Attraktionen: Wasserspiele am Märchenbrunnen, Seefontäne am Kleinen Teich und am Großen Teich Anfang April bis Ende Sept.

Volkspark Friedrichshain

Landsberger Allee / Friedenstraße / Straße am Friedrichshain, Berlin-Friedrichshain

Der erste Volkspark für die Berliner Bevölkerung wurde in den Jahren 1846–1848 nach Plänen von Gustav Meyer, dem ersten Gartenbaudirektor Berlins, erstellt. 1913 wurde nach Ludwig Hoffmann, in Zusammenarbeit mit den Bildhauern Ignatius Taschner, Josef Rauch und Georg Wrba, der Märchenbrunnen errichtet, der zu den schönsten Brunnenanlagen Berlins gehört und weit über die Grenzen Berlins bekannt ist. Weitere Sehenswürdigkeiten des Parks stellen der Friedhof der Märzgefallenen, der Bunkerberg mit Resten der Flakbunker, die Friedensglocke, das Deutsch-Polnische Denkmal sowie das Spanienkämpferdenkmal dar. Eigentümer/in: Bezirksamt Friedrichshain, Abt. Bau- und Wohnungswesen, Naturschutz- und Grünflächenamt, Landsberger Allee 15, 10249 Berlin, Tel. 030/23242973, Fax 030/4295862

2, 5, 8, U 5 Platz der Vereinten Nationen,
U 5 bis Strausberger Platz
340, 342 Platz der Vereinten Nationen

Park Weißensee

Parkstraße, Berliner Allee, Berlin-Weißensee

Der Park um den kreisrunden See, einem Relikt der letzten Eiszeit, zählt zu den beliebtesten Ausflugszielen der Stadt. Neben großen Rasenflächen laden ein Freibad und ein Bootsverleih zu Freizeitaktivitäten ein. Einen schönen Blick auf See, Fontäne und Strandbad hat man von der Seefreiheit am Nordufer, die von Neptun und einer Nymphe, Figuren von H. Schellhorn aus dem Jahre 1912, bewacht wird. Als blühende Visitenkarte des Parks wurde im Zugangsbereich an der Berliner Allee eine 700 m² umfassende Schafgarben-Salbei-Gesellschaft nach Plänen des Gartenplaners Christian Meyer realisiert. Aster-, Geranium- und Gräsersortimente runden gemeinsam mit diversen Lippenblütlern das Bild der Pflanzung ab. 1998 wurden weitere Pflanzungen nach Konzepten des gleichen Planers umgesetzt. Neben einem Hang mit Hochsommerblühern und einem Waldstaudenhain zeigen zwei Rabatten die Themen Strauchrosen und Begleitung und Stauden in Wassernähe.

Bln 35
Eigentümer/in: Bezirksamt Weißensee, Naturschutz- und Grünflächenamt,
Darßer Straße 203,
13088 Berlin
Größe: 15 ha,
frei zugänglich
2, 3, 4 Berliner Allee/ Indira-Gandhi-Straße
20, 23 Berliner Allee/ Indira-Gandhi-Straße

Jüdischer Friedhof Weißensee

Herbert-Baum-Straße, Berlin-Weißensee

Auf dem Jüdischen Friedhof Weißensee spiegelt sich in eindrucksvoller Weise die Blüte der Jüdischen Gemeinde im 19. und zu Beginn des 20. Jahrhunderts und ihr durch die Naziherrschaft gewaltsam vollzogener Niedergang wider. Im September 1880 eingeweiht, war dieser Friedhof einer der größten Jüdischen Friedhöfe Europas, Ruhestätte für mehr als 115 000 Tote. Der Friedhof mit seinem reich gegliederten Eingangsportal, der großen Trauerhalle, Verwaltungs- und Sozialgebäuden sowie einem Wasserturm wurde nach Plänen von Hugo Licht errichtet. Das Friedhofsgelände wird durch ein umfangreiches Wegesystem in viele Rechtecke, Dreiecke und Trapeze unterteilt. Entlang der Haupt- und einiger Nebenwege wurden alleeartig Bäume gepflanzt. Heute ist diese geplante Bepflanzung mit dem seit Ende des Krieges ungezügelten Wildwuchs verschmolzen. Efeu breitet sich wie ein Teppich über die unzähligen Grabsteine auf den Feldern mit den schlicht gestalteten Be-

Bln 36
Eigentümer/in: Jüdische Gemeinde zu Berlin,
Joachimstaler Straße 13,
10719 Berlin,
Tel. 030/88028232,
Fax 030/88028250
Größe: 73 ha
Eintritt: frei
Führungen: nach Voranmeldung,
Tel. 030/9253330,
Öffnungszeiten: im Sommer So–Do: 8–17 Uhr,
Fr: 8–15 Uhr,
im Winter So–Do: 8–16 Uhr,
Fr: 8–15 Uhr,
2, 3, 4, 13, 23, 24 Albertinenstraße

gräbnisstätten aus. Um so prunkvoller erscheinen die monumentalen, oft tempelartig anmutenden Erbbegräbnisse wohlhabender jüdischer Bürger entlang der Hauptwege und besonders angelegter Ehrenreihen. Auf dem Friedhof befinden sich Gedenkanlagen für die 6 Millionen jüdischen Opfer der nationalsozialistischen Verfolgung, für die Angehörigen der Gruppe Herbert Baum und für die im Ersten Weltkrieg gefallenen jüdischen Soldaten.

Bln 37
Größe: 160 ha
Eintritt: 14 DM, Kinder frei bis 3 Jahre, ermäßigt 11,50 DM, Arbeitslose 7 DM Gruppen ab 20 Personen 11,50 DM/ Person, Schulklassen 3 DM/ Kind, Kitagruppen 2 DM/Kind, 1 Begl. frei für je 15 Kinder
Führungen: nach Voranmeldung, für Gruppen bis 30 Personen, 100 DM /Std.
U2, 27, 28 Tierpark
P gebührenpflichtig auch Busse

Tierpark Friedrichsfelde

Am Tierpark, Berlin-Friedrichsfelde

Der Magistrat von Berlin beschloß 1954 den Bau eines Tierparks auf dem Gelände des Schloßparks Friedrichsfelde. Im Kernstück der Anlage befinden sich die Grundzüge des Parterres der alten Barockanlage und der 1821 von Peter Joseph Lenné gestaltete Landschaftsgarten. Park und Schloß erhielten in enger Zusammenarbeit mit dem Denkmalschutz eine aufwendige Restaurierung. Die Tiergehege wurden in die historische Anlage mit altem Baumbestand behutsam eingefügt.
Eigentümer/in: Tierpark Berlin-Friedrichsfelde, Am Tierpark 125, 10307 Berlin, Tel. 030/515310, Fax 030/5124061
Öffnungszeiten: im Sommer 9–19 Uhr, im Winter 9–17 Uhr

Bln 38
Eigentümer/in: Grün Berlin Park und Garten GmbH, Betriebsteil Marzahn Eisenacher Straße 99, 12685 Berlin, Tel. 030/546980, Fax 030/5420236
Größe: 21 ha
Eintritt: 3 DM, Kinder frei bis 5 Jahre, ermäßigt 2 DM für Gruppen bis 14 Jahre
Führungen: nach Voranmeldung
195 Eisenacher Straße
P

Erholungspark Marzahn

Eisenacher Straße, Berlin-Marzahn

Der Erholungspark Marzahn wurde 1987 als Berliner Gartenschau eröffnet. Seit dieser Zeit ist der Park größer geworden, die ersten Bepflanzungen sind ausgewachsen, und gerade für die Bewohner der umliegenden Bezirke ist mit dem Park ein siedlungsnaher Freizeitraum entstanden.
Als Ausdruck der Städtepartnerschaft zwischen Berlin und Peking entstand ein 2,7 Hektar großer Chinesischer Garten in originalchinesischer Bauweise als Garten des wiedergewonnenen Mondes. Der Mond – in China traditionelles Symbol für harmonische Einigkeit – steht für die wiedergewonnene deutsche Einheit.
Öffnungszeiten: im Sommer 9–20 Uhr, im Winter 9–16 Uhr

Bln 39
Eigentümer/in: Bezirksamt Marzahn, Fachverwaltung Naturschutz- und Grünflächenamt, Helene-Weigel-Platz 8, 12671 Berlin, Tel. 030/9323118, Fax 030/9375449
Größe: 14 ha

Schloßpark Biesdorf

Alt-Biesdorf, Berlin-Biesdorf

Ende des 19. Jahrhunderts erwarb Werner von Siemens eine Villenanlage der späten Schinkelschule mit einem 4 Hektar großen, landschaftlich gestalteten Park und vergrößerte den Park nach Plänen des späteren Berliner Stadtgartendirektors Albert Brodersen um 10 Hektar. Um 1900 wurden weitere Anlagen wie Tennisplatz, Teehaus, Teich und Freitreppe am Eiskeller hinzugefügt. Die Stadt Berlin kaufte die Anlage 1928 und gestaltete sie in den 50er und 60er Jahren unter Einfügung eines Jugendschwimmbekkens, eines Verkehrsgartens und eines Heidegartens zu einem Volkspark um. In den frühen 90er Jahren wurde auf Grundlage einer gartendenkmalpflegerischen Konzeption alte Betonelemente zurückgebaut und unter anderem der Eiskeller und der Teich mit Fontäne nach historischem Vorbild rekonstruiert.

frei zugänglich
Führungen: nach Voranmeldung, kostenlos,

Gutspark Mahlsdorf

Hultschiner Damm 333, Berlin-Mahlsdorf

Der Gutspark Mahlsdorf ist eines der wenigen Gartendenkmale von Hellersdorf. 1995 wurde er nach historischen Plänen des einstigen Gutsbesitzers Herrmann von Schrobsdorff wiederhergestellt. Der vorhandene alte Baumbestand wurde ergänzt, Wege und Wiesen neu angelegt. Im Park befindet sich das Gutshaus, das heutige Gründerzeitmuseum. Eigentümer/in: Bezirksamt Hellersdorf, Naturschutz- und Grünflächenamt Hellersdorf, Riesaer Straße 94, 12591 Berlin, Tel. 030/99203100, Fax 030/99203104

Bln 40
Größe: 1,75 ha
frei zugänglich
Führungen: nach Voranmeldung, kostenlos
Alt-Mahlsdorf
Mahlsdorf

Klein-Glienicke mit Böttcherberg und Jagdschloßpark

Berlin-Zehlendorf

Die Glienicker Anlagen entstanden zunächst ab 1816 für den Fürsten von Hardenberg, ab 1824 für den Prinzen Carl von Preußen in mehreren Abschnitten durch Peter Joseph Lenné als klassischer Landschaftsgarten mit seinen typischen Elementen Pleasureground, Blumenhof und Landschaftspark. Unmittelbar an der Havel und an der historischen Verbindung von Berlin und Potsdam gelegen, sind sie Teil der insbesondere von Schinkel und Lenné geprägten Potsdamer Kulturlandschaft und vermitteln dem Besucher noch heute ein arkadisches, an Italien erinnerndes Landschaftsbild in der Mark Brandenburg. Zunächst entstand der Pleasureground ab 1816 zwischen dem Casino, dem Schloß und der Havel. Er wurde im Laufe der Jahrzehnte mehr und mehr durch eine immer reicher werdende Ausschmückung mit Pflanzen, wertvollen Kunstwerken, Brunnen und Bauten (Stibardium, Kleine Neugierde, Große Neugierde an der Glienicker Brücke) verfeinert. Ab 1824 wurde durch Schinkel das oberhalb der Havel gelegene Casino im Sinne des Klassizismus umgebaut und mit ausgreifenden Pergolen versehen. Das Casino sowie das als antikes Landhaus umgestaltete Schloß wurden mit einem Blumenhof ausgestattet. Nördlich des Schlosses entstand nach 1824 der weiträumige Landschaftspark auf den Höhen oberhalb der Havel. In den 30er Jahren wurde als weiterer Ausblick in die Landschaft der südlich der Berlin-Potsdamer Straße gelegene Böttcherberg in den Park einbe-

Bln 41
Eigentümer/in: Bezirk Zehlendorf, Naturschutz- und Grünflächenamt
Fischerhüttenstraße 39, 14163 Berlin,
Tel. 030/80912047,
Fax 030/80913387
Größe: 90,2 ha,
frei zugänglich,
ganzjährig geöffnet
93 Glienicker Brücke
116 Schloß Glienicke
Wannsee

zogen und 1869 mit einer Loggia vollendet. Die Glienicker Anlagen fanden ihren Abschluß mit der Neugestaltung des ebenfalls südlich der Straße gelegenen Jagdschloßareals aus dem ausgehenden 17. Jahrhundert. Damit konnte auch der Pleasureground nunmehr seine überleitende Funktion in die Landschaft wahrnehmen und Prinz Carl war endgültig Herr der Aussichten geworden.
Dank der seit 1979 vornehmlich im Pleasureground und im Jagdschloßpark durchgeführten gartendenkmalpflegerischen Wiederherstellungsmaßnahmen erlebt der Besucher heute und insbesondere nach dem Fall der den Park und seine Aussichten beeinträchtigenden Mauer die Glienicker Anlagen wieder in ihrer Einheit von Architektur und Garten als ein herausragendes, den Geist des Berliner Klassizismus und der Romantik widerspiegelndes Gesamtkunstwerk. Seit 1991 zählt auch Glienicke mit den Potsdamer Schlössern und Gärten zum Weltkulturerbe der UNESCO.

Bln 42
Eigentümer/in: Stiftung Preußische Schlösser und Gärten, Berlin-Brandenburg
Postfach 601462,
14414 Potsdam,

Pfaueninsel

Berlin-Zehlendorf

Ende des 18. Jahrhunderts ließ König Friedrich Wilhelm II. auf der in der Havel liegenden Insel Kaninchenwerder ein Schlößchen errichten, das damals noch Römisches Landhaus hieß. Nach der Ansiedlung von Pfauen wurde die Insel 1795 in Pfaueninsel umbenannt und in einen Landschaftsgarten mit Rosengarten umgewandelt. Neben verschiedenen Spieleinrichtungen für die Kinder der königlichen Familie wurden mehrere Gebäude für eine Menagerie errichtet. Das zwischen 1830 und 1831 nach Plänen Karl Friedrich Schinkels gebaute Palmenhaus, das innen wie ein indisch-islamischer Palast gestaltet war, brannte 1880 aus und wurde nicht wiederhergestellt. Viele Parkelemente und Bauwerke blieben erhalten oder wurden in den letzten Jahrzehnten wie der Park aufwendig restauriert.

Tel. 0331/96940,
Fax 0331/9094100
Größe: 150 ha
Eintritt: frei
Öffnungszeiten:
im Sommer 8–20.00 Uhr,
im Winter 10–16 Uhr
Zugang mit
gebührenpflichtiger Fähre
P

Garten der Gedenk- und Bildungsstätte Haus der Wannsee-Konferenz

Am Großen Wannsee 56–58, Berlin

Der noch heute in Struktur und Größe weitgehend erhaltene Garten entstand 1914 gemeinsam mit der tief im Grundstück liegenden Villa Marlier. Sie liegt am Rande der schönsten und städtebaulich bedeutendsten Villenkolonie Berlins, der 'Colonie Alsen'. Nach dem Eigentumsübergang von Gebäude und Grundstück aus Privatbesitz an die Sicherheitspolizei wurde die Villa 1942 zum geschichtlichen Ort der Wannsee-Konferenz.

Nach einer bis 1988 dauernden Landschulheimnutzung wurde Anfang der 90er-Jahre auf Grundlage von gartendenkmalpflegerischen Untersuchungen umfangreiche Wiederherstellungsmaßnahmen durchgeführt, bei denen sowohl denkmalpflegerische als auch Naturschutzaspekte berücksichtigt wurden.

Eigentümer/in: Land Berlin, Haus der Wannsee-Konferenz, Gedenk- und Bildungsstätte, Am Großen Wannsee 56–58, 14109 Berlin, Tel. 030/8050010, Fax 030/80500127

Bln 43 NEU
Größe: 2,6 ha
Eintritt: frei
Öffnungszeiten: ganzjährig geöffnet 10–18 Uhr
DB Wannsee
114 Haus der Wannsee-Konferenz
Veranstaltungen:
Gartenausstellung
Villenkolonien in Wannsee 1870–1945 Großbürgerliche Lebenswelt und Ort der Wannsee-Konferenz,
Infos bei Eigentümer

Waldfriedhof Zehlendorf

Wasgensteig 30, Berlin-Zehlendorf

In den Jahren 1946/47 wurde nach einem Entwurf der Arbeitsgemeinschaft Mattern/Hammerbacher/Foerster der Waldfriedhof Zehlendorf angelegt. Die für den Entwurf maßgebliche und entscheidende Tatsache eines vorhandenen Kiefernwaldes ist bei späteren Bearbeitungen und Erweiterungen weiter verfolgt und im Detail hinsichtlich der Auffassung eines Waldfriedhofs gestalterisch ausgereift zum Erfolg geführt worden. Der Friedhof vermittelt einen weiten, von Waldlichtungen geprägten Eindruck. 1953 wurde in das Friedhofsareal ein Ehrenfriedhof für italienische Kriegstote eingefügt. 1958 erhielt der Friedhof eine moderne Feierhalle, die durch große Glasfenster die friedvolle Stimmung des Waldfriedhofs aufnimmt. Auf dem Friedhof haben namhafte Persönlichkeiten, die in Politik,

Bln 44
Eigentümer/in: Land Berlin,
Naturschutz- und Grünflächenamt
Fischerhüttenstraße 39,
14163 Berlin,
Tel. 030/80912478,
Fax 030/8035024
Größe: 38 ha
frei zugänglich
Anmeldung für Gruppen erbeten
Führungen: nach Voranmeldung,
Tel. 030/9253330
211 Wasgensteig,
Waldfriedhof Zehlendorf
P

Kultur und Wissenschaft gewirkt haben, ihre letzte Ruhestätte gefunden. Dicht nebeneinander liegen die Grabstätten von Willy Brandt und Ernst Reuter. Künstler, wie der Architekt H. Scharoun, der Regisseur und Schauspieler H. Käutner, der Intendant und Regisseur E. Piscator sind hier begraben.

Bln 45
Eigentümer/in: Bezirksamt Zehlendorf, Naturschutz- und Grünflächenamt
Fischerhüttenstraße 39, 14163 Berlin,
Tel. 030/80912047,
Fax 030/80913387
Größe: 27 ha
frei zugänglich
110, 217 Leo-Baeck-Straße / Am Rehwechsel

Heinrich-Laehr-Park

Leo-Baeck-Straße, Berlin-Zehlendorf

Der Heinrich-Laehr-Park, der Schönower und der Schweizerhofpark sind Relikte eines ausgedehnten Anwesens, das von dem Nervenarzt Heinrich Laehr Mitte des 19. Jahrhunderts in der Schönower Feldmark begründet wurde. Heinrich Laehr hatte 1853 mit dem Aufbau eines Sanatoriums für psychisch Kranke südlich von Zehlendorf begonnen. Er kaufte immer mehr Land dazu und legte Obst- und Gemüsegärten sowie die Parkanlagen an, die den Kranken zur körperlichen Ausarbeitung und Erholung dienen sollten. Die Obst- und Gemüsegärten waren parkartig angelegt und mit mehreren Baumreihen und Heckengehölzen gesäumt. Der größte Teil der Gebäude wurden 1966 abgerissen, Teile dienen noch als Krankenhaus und Schule. Die Parkanlagen gingen 1914 in den Besitz der Zehlendorfer Gemeinde über und sind bis heute zum großen Teil erhalten geblieben.

Bln 46
Eigentümer/in: Bezirksamt Zehlendorf, Naturschutz- und Grünflächenamt
Fischerhüttenstraße 39, 14163 Berlin,
Tel. 030/80912047,
Fax 030/80913387
Größe: 11,7 ha
frei zugänglich
U1 Thielplatz
110, 111
U-Thielplatz / Corrensplatz
115 Auf dem Gral
P

Schwarzer Grund – Thielpark – Triestpark

Thielallee, Berlin-Zehlendorf

Mit der Aufteilung der umfangreichen Domäne entstand 1901 Dahlem. Ein Bebauungsplan des Städtebauers Hermann Jansen schuf durch Koordinierung von Landschaftsplanung und Stadtplanung eine harmonische Verbindung von Straße, Bebauung und Freiraum. Mit den unterschiedlich ausgebildeten Parkanlagen Schwarzer Grund – Thielpark – Triestpark ergab sich eine grüne Verbindung zwischen dem jungen Stadtteil und dem Grunewald. Die landschaftlich gestaltete Grünanlage wurde 1912 bis 1915 erstmals hergerichtet und bereits 1920 durch E. Schubert überholt. Seine heutige Form erhielt der Grünzug jedoch durch die Erneuerung und teilweiser Umgestaltung durch Dietrich. Kontraste in Habitus, Laubstruktur und -farbe sowie die Verwendung von spitzen Formen der Nadelgehölze erzeugen ein expressionistisches Bild. Im Norden befindet sich der Schwarze Grund. Eine lichte und weite Mulde verengt sich hier zu einem dunklen Tal mit Nadelbäumen, in dessen Talsohle ein kleines Wasser entlangfließt. Nördlich davon, in einer Senke, liegt ein langgestreckter Teich, umgeben mit Fichten und anderen Baumgruppen. Wiesenhänge runden das Bild der Parklandschaft ab. Südlich davon, jenseits der U-Bahnstation Thielplatz, schließt sich der Thielpark mit weiten Wiesenhängen und einem kleinen Weiher an. Am Eingang befindet sich eine Sonne, von Herbert Baumann 1961/62 geschaffen. Östlich der Thielallee zieht sich der Grünzug als Triestpark fort. Er umgibt einen weiteren Pfuhl und bildet zum Parkrand hin mit einer lichten Bepflanzung aus Birken, Fichten, Lärchen und Zierbüschen einen Übergang zu den angrenzenden Privatgärten.

Villa Harteneck

Douglasstraße 7–9, Berlin-Wilmersdorf

Das im Stil eines antiken italienischen Landhauses gehaltene Anwesen ist eines der wenigen erhaltenen Zeugnisse der auf Betreiben Bismarcks 1899 angelegten Villenkolonie Grunewald. Vor dem Haus sprudelt im Sommer ein Springbrunnen zwischen Rosenrabatten, unter einer Pergola laden weiße Bänke zum Ausruhen ein. Geschwungene Wege führen zu den Nadelbäumen im Englischen Garten, der sich in der tiefergelegenen Eiszeitrinne anschließt. Bei der Anlage handelt es sich um ein eingetragenes Gartendenkmal.

Bln 47
Eigentümer/in: Bezirksamt Wilmersdorf, Grünflächenamt
Fehrbelliner Platz 4,
10702 Berlin,
Tel. 030/86412268,
Fax 030/86412708
Größe: 0,6 ha
frei zugänglich
Attraktionen: Wasserspiele im Sommer
119/186/219 Hagenplatz

Viktoria-Luise-Platz

Berlin-Schöneberg

Als Mittelpunkt für das gutbürgerliche Wohngebiet wurde dieser repräsentative Schmuckplatz angelegt. Für die Gestaltung des langgestreckten, sechseckigen Platzes im Schnittpunkt von drei Straßen gewann 1898 Fritz Encke einen Wettbewerb. Sein Entwurf hatte eine großzügige, einheitliche Raumauffassung und eine freie Überschaubarkeit der Platzmitte zum Inhalt. Der Grundriß wurde durch die auf den Platz strahlenförmig mündenden Straßen, die als breite Wege über den Platz weitergeführt wurden, geprägt.
Als optischer Zielpunkt wurde ein Brunnen angelegt, der die Mitte hervorhob und von einem Rundweg umgeben wurde. Zwischen den Wegen befanden sich buchsbaumgefaßte Rasensegmente mit geschnittenen Eiben und ornamentierten Ziermusterbeeten. Die Längsachse des Platzes wurde zwischen einer antikisierenden Kolonnade und einer Marmorbank gebettet. Zwei Lindenreihen grenzten den Platz zum Straßenverkehr hin ab. Der Platz wurde 1957 erneuert, entsprach aber in seiner Flächenaufteilung und Bepflanzung nicht mehr Enckes Entwurf. Die Restaurierung zwischen 1979 und 1980 ging auf die ursprünglichen Grundzüge zurück. Auf Schmuckbeete wurde wegen der starken Nutzung teilweise verzichtet und statt dessen mit Pflastermuster gearbeitet.

Bln 48
Eigentümer/in: Bezirksamt Schöneberg, Stadt- und Landschaftsplanungsamt
John-F.-Kennedy-Platz,
10820 Berlin,
Tel. 030/78762263,
Fax 030/78768933
Größe: 0,7 ha,
frei zugänglich
U4 Viktoria-Luise-Platz

Bln 49
Eigentümer/in: Bezirksamt Schöneberg, Stadt- und Landschaftsplanungsamt
John-F.-Kennedy-Platz,
10820 Berlin,
Tel. 030/78762263,
Fax 030/78768933
Größe: 7 ha
frei zugänglich
🚌 204,146,185,104 Rathaus Schöneberg
P 🐕 ♿

Rudolph-Wilde-Park

Innsbrucker Straße, Berlin-Schöneberg

Der Rudolph-Wilde-Park stellt zusammen mit dem Volkspark Wilmersdorf einen innerstädtischen Grünzug und eine städtebauliche Verbindung zwischen den Bezirken Schöneberg und Wilmersdorf dar. Die Anlage entstand nach einem 1906 ausgeschriebenen Wettbewerb. Vom Rathaus Schöneberg kommend gelangt man über Treppen in den geometrisch gestalteten Teil mit einer vertieft liegenden Wiese, die hufeisenförmig von Platanen eingefaßt ist. Den Mittelpunkt bildet eine Brunnenanlage mit dem Wappentier Schönebergs auf einer hohen Steinsäule, 1912 von August Gaul gestaltet. Der südwestliche, jenseits der Innsbrucker Straße gelegene Teil ist landschaftlich gestaltet. Hier befindet sich der Entenbrunnen, ein Trinkbrunnen, eine Replik aus den 50er Jahren. Der Ententeich mit Fontäne wird umsäumt von Trauerweiden. Ein langgestrecktes Wiesental schließt sich an.

Bln 50
Eigentümer/in: Grün Berlin, Park und Garten GmbH
Sangerhauser Weg 1,
12349 Berlin,
Tel. 030/7009060,
Fax 030/70090670
Größe: 18 ha
Anmeldung für Gruppen erbeten
Eintritt: 3 DM, Kinder frei bis 6 Jahre, ermäßigt 1,50 DM
Führungen: nach Voranmeldung,
Tel. 030/78790023
10 DM/Person
Ⓢ 2, 25 Priesterweg
P ♿ ℹ

Natur-Park Schöneberger Südgelände

S-Bahnhof (Bf) Priesterweg, Berlin-Schöneberg

Das Schöneberger Südgelände ist Teil des 1875 entstandenen Rangierbahnhofs Tempelhof. 1952 wurde jeglicher Verkehr eingestellt und auf der bis dahin intensiv genutzten Bahnanlage entwickelte sich in 45 Jahren, mitten im innerstädtischen Bereich, eine großflächige Wald- und Trockenrasenvegetation mit äußerst seltenen Pflanzen und Tieren. Seit 1997 hat das Land Berlin dieses Gelände übernommen und Arbeiten zur Erschließung des Geländes für die Öffentlichkeit durchgeführt. Ziel ist es, die bahntechnischen Anlagen zu sichern und das ehemalige Landschaftsbild mit seiner Artenvielfalt zu erhalten und dennoch interessierten Besuchern den Besuch des Natur-Parks zu ermöglichen. Der Natur-Park Schöneberger Südgelände war registriertes Berlin-Objekt für die Weltausstellung EXPO 2000.
Öffnungszeiten: im Sommer 9–20 Uhr, im Winter 9 Uhr bis Einbruch der Dunkelheit

Bln 51
Eigentümer/in: Freie Universität Berlin
Botanischer Garten,
Königin-Luise-Str. 6–8,
14191 Berlin,
Tel. 030/83850100,
Fax 030/83850186, Internet: www.bgbm.fu-berlin.de/bgbm
Größe: 43 ha
Eintritt: 8 DM, ermäßigt 4 DM für Schüler, Studenten,

Botanischer Garten und Botanisches Museum Berlin-Dahlem

Königin-Luise-Straße 6–8, Berlin-Dahlem

Wie eine grüne Oase breitet sich der Botanische Garten Berlin-Dahlem inmitten der Metropole aus, ein Pflanzenparadies mit über 300jähriger Tradition. 1679 wurde auf Anordnung des Großen Kurfürsten ein landwirtschaftlicher Mustergarten angelegt, der sich zu einem Botanischen Garten entwickelte und aus Platzmangel um die Jahrhundertwende an seinen heutigen Standort verlegt wurde. Rund 20 000 verschiedene Pflanzenarten können auf 43 Hektar entdeckt werden. In der pflanzengeographischen Abteilung kann man von Europa über den Himalaja und Japan nach Amerika spazieren. Im Arzneipflanzengarten sind 250 Heilpflanzen und ihre Anwendungsgebiete kennenzulernen. Der Duft- und Tastgarten ist in Normal- und in Brailleschrift beschildert. Im Sumpf- und Wassergarten gibt es Pflanzen der Moore, Teiche und Küsten zu sehen. Besonders beliebt sind die Gewächshäuser, vor allem das 23 Meter hohe Große Tropenhaus. Wie Kakao, Pfeffer, Banane und Ananas wachsen zeigt das tropische Nutzpflanzenhaus. Das Kamelien-, Kakteen-, Orchideen-, Bromelien- und das Victoriahaus mit den Riesenseerosen bilden ein einzigartiges Ensemble von exotischen Pflanzen.

Soldaten, Zivis,
Schwerbehinderte
Schwerbehinderte Gruppen
ab 15 Personen 4 DM/Person
Führungen: nach
Voranmeldung,
Tel.: 030/83850133
für Gruppen bis 20 Personen
Führungen auch in Englisch
70 DM
Öffnungszeiten: ganzjährig
geöffnet Museum: Di–So
10–18 Uhr im Sommer
Garten 9–21 Uhr,
im Winter Garten 9–16 Uhr
Attraktionen: Kamelienblüte,
Dez. bis März, Riesenseerose
im Victoriahaus, Juni bis Sept.,
A101, 183, 83 Rathaus
Steglitz A148 Bot. Garten
S Bot. Garten
Veranstaltungen:
Freiluftkonzerte, Juni bis
August Infos bei:
Tel. 030/83850120/121
P

Foto: Botanischer Garten Berlin

Lehr- und Forschungsgarten des Instituts für Ökologie und Biologie

Rothenburgstraße 12, Berlin

Nach einer wechselvollen Geschichte erhielt die TU das ehemalige Guts- und Villenparkgelände zu Beginn der 50er Jahre und ließ es von Prof. Allinger nach einem studentischen Entwurf umgestalten. Unter gleichzeitiger Rekonstruktion der Gartenanlage des 19. Jahrhunderts wurde ein pflanzensoziologischer Lehrgarten errichtet. Die seit den 70er Jahren verstärkt zugelassene Sukzession erschließt den Studierenden einen besseren Zugang zum Erfahren natürlicher Veränderungen von Ökosystemen. Auf kleinstem Raum werden daneben unterschiedliche Biotoptypen, wie Wälder, Frischwiesen, Trockenrasen, Gewässer, Röhricht und Niedermoor mit ihrer typischen Flora und Fauna für Lehrzwecke dargestellt.

Eigentümer/in: TU Berlin, Institut für Ökologie und Biologie, Fachgebiet Ökosystemkunde/Pflanzenökologie, Rothenburgstraße 12, 12165 Berlin, Tel. 030/31471350, Fax 030/31471355, E-Mail kowarik@tu-berlin.de, Internet www.tu-berlin.de/~oekosys

Bln 52 NEU
Größe: 0,3 ha
Anmeldung für Gruppen erbeten
Eintritt: frei
Führungen: nach
Voranmeldung
Öffnungszeiten: ganzjährig
geöffnet Mo–Fr, 8–17 Uhr
U 9 Rathaus Steglitz
148, 185 Rathaus Steglitz
S 1 Rathaus Steglitz

Bln 53
Eigentümer/in: Bezirksamt Steglitz, Abt. Bauen und Wohnen – Bauamt – Fachbereich Naturschutz und Grünflächen,
Schloßstraße 80,
12154 Berlin,
Tel. 030/79043821,
Fax 030/79043249
Größe: 17 ha
frei zugänglich
🚌 180, 183, 186, 280, 283
P 🐕 ♿

Stadtpark Steglitz

Sedanstraße, Berlin-Steglitz

Zwischen 1906 und 1914 wurden in Steglitz mehrere alte private Gärten zu einem Park im landschaftlichen Stil umgestaltet. Die Bevölkerung von Steglitz widersetzte sich schon früh dem Rasenbetretungsverbot und nutzte ihn mehr und mehr als Volkspark. 1917 kam ein Rosengarten in der Gestalt eines linearen Parterres hinzu. Nach den erheblichen Zerstörungen im Zweiten Weltkrieg wurde die Anlage weitgehend im alten Stil instandgesetzt. Neben dem Rosengarten mit Wasserrosenbecken, einem Fontänenbrunnen und verschiedenen Teichen sind mehrere Einrichtungen für Kinderspiel und ein Rodelberg zu finden, die den Park zu einem über die Bezirksgrenzen hinaus beliebten Ausflugsziel machen.

Bln 54
Eigentümer/in: Bezirksamt Steglitz, Fachbereich Naturschutz und Grünflächen
Schloßstraße 80,
12154 Berlin,
Tel. 030/79043821,
Fax 030/79043249
Größe: 5,8 ha
frei zugänglich
🚌 180, 280 Lilienthalpark

Lilienthalpark und Gedenkstätte

Schütte-Lanz-Straße, Berlin-Lichterfelde

Am südlichen Rand von Lichterfelde unternahm Otto Lilienthal seine Versuche im Gleitflug, wofür 1894 auf dem Gelände einer alten Ziegelei ein Hügel aufgeschüttet wurde. Stadtbaurat Fritz Freymüller ließ hier 1928 bis 1932 eine Gedenkstätte für den großen Flugpionier errichten. Auf den Hügel, ein vierfach abgestufter Kegelstumpf, führt in der Mittelachse eine Treppe. Hier befindet sich eine von vier Bänken umgebene steinerne Weltkugel.
Die Gedenkstätte spiegelt sich in einem rechteckigen Wasserbecken, das aus einer unterirdischen Wasserader entstand. Das Gelände unterhalb des Hügels ist betont flach. Hier stehen regelmäßig gepflanzte Obstbäume in einer Rasenfläche. Der südliche Teil besteht aus einem Rosenrondell und einem dicht bepflanzten, ehemaligen Karpfenteich.

Bln 55
Eigentümer/in: Bezirksamt Kreuzberg, Naturschutz- und Grünflächenamt,
Schöneberger Straße 20,
10963 Berlin,
Tel. 030/25888024,
Fax 030/25888033
Größe: 14,2 ha,
frei zugänglich
Attraktionen: Großer Wasserfall Mai bis Okt., täglich ca.10–20 Uhr
🚇 U6, 7 Platz der Luftbrücke, Mehringdamm
🚌 104, 119, 140 Platz der Luftbrücke, Mehringdamm
P 🐕

Viktoriapark

Kreuzbergstraße, Berlin-Kreuzberg

Der Viktoriapark befindet sich auf dem Kreuzberg, der höchsten natürlichen Erhebung in der Innenstadt. Hier wurde bereits Mitte des 16. Jahrhunderts Wein angebaut. Auf der Anhöhe wurde ein Nationaldenkmal zur Erinnerung an die Befreiungskriege (1813–1815) nach Entwürfen Karl Friedrich Schinkels in den Jahren 1818–1821 errichtet. Die Spitze des gotisierenden Denkmals besteht aus einem eisernen Kreuz, das später dem Berg und dem Bezirk seinen Namen gab. Von 1888 bis 1894 wurde der bis dahin kahle Sandhügel nach Plänen des städtischen Gartendirektors Hermann Mächtig gartenkünstlerisch gestaltet.
Die zentrale Partie des Parks wurde auf die Achse der Großbeerenstraße ausgerichtet, die auf das Denkmal zuläuft. Ein Wasserfall ergießt sich 24 Meter tief in in ein klei-

nes rundes Becken. Aufgrund geologischer Studien konnte eine außerordentlich naturalistische Felsformation gestaltet werden. Die westliche Parkerweiterung wurde zwischen 1913 und 1916 von Albert Broderson angelegt. Nach beträchtlichen Schäden durch den Zweiten Weltkrieg wurde er mit Ruheplätzen, Liegewiesen, Rosengarten, Kinderspielplätzen, Tiergehege und -pavillons wiederaufgebaut. Trotz der freieren Gestaltung hat er seinen ursprünglichen Charakter beibehalten.

Veranstaltungen: Kreuzberger Festliche Tage
zweiwöchiges Volksfest
Ende Aug./Anfang Sept.
♿ jedoch z. T. steile Wege

Volkspark Mariendorf
Mariendorfer Damm, Berlin-Mariendorf
Die Gemeinde Mariendorf erwarb zwischen 1909 und 1911 ein Gelände mit Wiesen, Seen, Tümpel und Ackerland. Die überwiegend architektonische Gestaltung des Geländes mit zwei sich kreuzenden Achsen erfolgte 1923 bis 1934 in zwei Etappen. Vom Mariendorfer Damm erstreckt sich hinter einem Raster aus Kastanien nach Osten hin ein großer rechteckiger Teich, der sogenannte Blümelteich. Ihm schließt sich ein quadratischer Sommerblumengarten und ein ovaler Rosengarten an. In fortlaufender Achse befindet sich eine große, mit Pappeln umstandene Sport- und Festwiese und ein Stadion. Das sich östlich anschließende Sommerbad sollte ebenfalls axial ausgerichtet werden, wurde aber nach dem Krieg 1950 asymmetrisch errichtet. Neben einem Azaleen- und Sumpfwassergarten erstrecken sich Liegewiesen und eine Rodelbahn.

Bln 56
Eigentümer/in: Bezirksamt Tempelhof, Naturschutz- und Grünflächenamt
Manteuffelstraße 63,
12103 Berlin,
Tel. 030/75603750,
Fax 030/75603802
Größe: 11,9 ha
frei zugänglich
Attraktionen: Wasserspielplatz Nessi mit wasserspeiendem Drachen Sommer
U6 Alt Mariendorf, Reißeckstraße
♿

Gutspark Marienfelde
Nahmitzer Damm, Berlin-Marienfelde
Marienfelde weist noch heute den Charakter eines ursprünglich ländlich-märkischen Dorfes und Gutsbesitzes auf. Das Stadtgut umschließt neben alten und neueren Bauernhäusern den weiten Dorfanger und die älteste Dorfkirche Berlins, etwa 1220 errichtet. Das spätklassizistische Gutshaus aus der Zeit um 1850 läßt deutlich die Einflüsse der Schüler Karl Friedrich Schinkels erkennen. Dem Gebäude schließt sich ein ausgedehnter Wirtschaftshof und auf der Ostseite der Gutspark an. Ein offener Vorbau führt in einen Landschaftsgarten, dessen Grundriß aus der Mitte des 19. Jahrhunderts noch weitgehend unverändert ist. Er zeichnet sich durch einen sehr schönen, alten Baumbestand und Wiesenlichtungen aus. Der früher unmittelbar am Herrenhaus gelegene Schmuckgarten mit Brunnen und Blumenbeeeten wurde wiederhergestellt.

Bln 57
Eigentümer/in: Bezirksamt Tempelhof, Naturschutz- und Grünflächenamt
Manteuffelstraße 63,
12103 Berlin,
Tel. 030/75603750,
Fax 030/75603802
Größe: 5,1 ha,
frei zugänglich
172 Alt Marienfelde
♿

Volkspark Hasenheide
Hasenheide / Columbiadamm, Berlin-Neukölln
Der Park liegt im Nordwesten des Bezirks Neukölln. Seine Bezeichnung geht auf die Nutzung des Geländes als Hasen-

Bln 58
Eigentümer/in: Bezirksamt von Neukölln, Naturschutz- und Grünflächenamt,

Karl-Marx-Straße 83,
12040 Berlin,
Tel. 030/68092268,
Fax 030/68093748
Größe: 50 ha
frei zugänglich
U 8 Hermannplatz
104, 141, 194, 248
Hermannplatz
Veranstaltungen: Volksfest
Neuköllner Maientage

gehege seit etwa 1678 zurück. 1811 ließ der Turnvater Jahn hier die ersten öffentlichen Turnplätze Deutschlands anlegen. Auf dem Areal des von ihm zuletzt eingerichteten Turnplatzes befindet sich auf einer Anhöhe das 1872 aufgestellte Jahn-Denkmal. Es ist ein 6 Meter hohes Bronzestandbild von Erdmann Enke. Nach ersten gestalterischen Bemühungen durch Peter Joseph Lenné von 1838 an, benutzte die Armee das Gebiet ab 1878 als Schießplatz. Im Jahre 1919 entstand hier ein Park, der jedoch 1936 teilweise dem Flugplatz Tempelhof weichen mußte. Der heutige Volkspark geht auf die Gestaltung durch Joseph Pertl im Zeitraum von 1936 bis 1939 zurück. Die Anlage wurde 1951 in ihrem Westteil um die Rixdorfer Höhe erweitert. Auf diesem fast 70 Meter hohen Trümmerberg erinnert ein Denkmal von Katharina Singer aus dem Jahre 1954 an die Leistungen der Trümmerfrauen. In dem naturnah gestalteten Volkspark ist der von Helmut Bournot geschaffene Rhododendronhain erwähnenswert. Langgestreckte Baumstreifen erinnern an die historischen Schießplätze.

Bln 59
Eigentümer/in: Bezirksamt von Neukölln, Naturschutz- und Grünflächenamt,
Karl-Marx-Straße 83,
12040 Berlin,
Tel. 030/68092268,
Fax 030/68093748
Größe: 2 ha,
frei zugänglich
7 Neukölln
141, 170 Neukölln
S Neukölln
Veranstaltungen:
Galerie im Körnerpark
Ausstellungen

Körnerpark

Jonasstraße / Karl-Marx-Straße, Berlin-Neukölln

Der Körnerpark entstand in den Jahren 1912 bis 1916 aus einer ehemaligen Kiesgrube. Der Besitzer Franz Theodor Körner schenkte der Stadt die Fläche unter der Bedingung, daß die Parkanlage nach ihm benannt werden soll. Der Park entstand als Architekturpark nach barockem Vorbild. Die eigenwillige Tieflage des Parkes – 7 Meter unter dem Niveau der angrenzenden Straßen – wurde dabei eindrucksvoll für die Gestaltung genutzt. Senkrechte, architektonisch reich gegliederte Seitenmauern umgaben den tiefer gelegenen, regelmäßig gestalteten Parkteil. In der Mitte befand sich eine von Platanen, Blumenrabatten und schmalen Kanälen umsäumte Rasenfläche. Eine Orangerie, die heute als Galerie im Körnerpark für Ausstellungszwecke genutzt wird und ein Café beherbergt, sowie eine Kaskade mit neun Springbrunnen entsprachen dem damaligen Zeitgeschmack. Über großzügig gestaltete Treppenanlagen ließ sich der Park von allen angrenzenden Straßen erreichen. Die sehenswerte Parkanlage wurde ab 1977 auf der Grundlage von Originalplänen rekonstruiert.

Bln 60
Eigentümer/in: Bezirksamt von Neukölln, Naturschutz- und Grünflächenamt,
Karl-Marx-Straße 83,
12040 Berlin,
Tel. 030/68092268,
Fax 030/68093748

Von-der-Schulenburg-Park

Sonnenallee, Berlin-Neukölln

Die Parkanlage wurde 1919 im landschaftlichen Stil angelegt und ab 1923 umgestaltet. Benannt wurde sie nach dem Oberpräsidenten der Provinz Brandenburg. Im Mittelpunkt der Anlage befindet sich ein langes, rechteckiges Wasserbecken, das von Platanen umgeben ist. Das östliche

Ende schmückt der von Ernst Moritz Geyger 1915 geschaffene, 1935 aufgestellte gotisch-orientalische Märchenbrunnen. Die drei seitlichen Brunnenfiguren, Aschenputtel und Brüderlein und Schwesterlein von Katharina Singer kamen 1970 hinzu. Dem westlichen Ende des Beckens folgt eine von Kastanien eingefaßte Grünfläche mit Sitzbänken.

Größe: 4 ha
frei zugänglich
🚌 277, 241 Köllnische Heide
Ⓢ Köllnische Heide
🐕 ♿

Gutspark Britz

Fulhamer Allee, Berlin-Neukölln

Die Gesamtanlage von Gutspark, Feldsteinkirche, Dorfteich und Schule gehört heute zu den wenigen erhaltenen Dorfkernen typisch märkischer Ortschaften im Berliner Stadtgebiet. Die Anfänge des Gartens werden um 1690 unter der Familie Britzke vermutet. Spätestens aber ab 1719 entstand der Gutspark unter seinem neuen Besitzer, dem Staatsminister Freiherr Rüdiger von Ilgen. 1880 erwarb der Fabrikant August Wrede Gut und Park. Der neue Besitzer baute das Gutshaus in ein Schloß im Stil der Neo-Renaissance um und verwandelte den geometrischen Garten in einen landschaftlichen Park. Im Kontrast zu der altehrwürdigen Lindenallee vermittelten Palmen, Feigenbäume und Bananenstauden südländische Atmosphäre. Ende der achtziger Jahre des vorigen Jahrhunderts begann die Rosenzucht in Britz. 1914 faßte die Gemeindevertretung den Beschluß, den Gutspark von jeglicher Bebauung freizuhalten, und zehn Jahre später erwarb die Stadt Schloß und Park. Auf dem Gelände zwischen dem Gutspark und der Fulhamer Allee wurden ab 1963 ein Rosengarten und eine Rasenfläche mit dichtem Gehölzgürtel neu angelegt. Zur originalgetreuen Wiederherstellung der Anlage fanden zwischen 1985 und 1988 umfangreiche denkmalpflegerische Arbeiten statt.

Bln 61
Eigentümer/in: Bezirksamt von Neukölln, Naturschutz- und Grünflächenamt,
Karl-Marx-Straße 83,
12040 Berlin,
Tel. 030/68092268,
Fax 030/68093748
Größe: 4,6 ha
frei zugänglich
🚇 U 7 Parchimer Allee
🚌 144, 174 Britzer Damm
🅿 🐕 ♿

Britzer Garten

Mohriner Allee, Buckower Damm, Sangerhauser Weg, Berlin-Britz

Der als Bundesgartenschau Berlin 1985 gebaute Britzer Garten in Berlin-Neukölln hat sich seit seiner Entstehung zu einer beliebten Freizeit- und Erholungslandschaft für ganz Berlin entwickelt. Abwechslungsreiche Landschaftsbilder kombiniert mit gärtnerischen und ökologischen Informationen bringen bei ausgedehnten Spaziergängen vielfältige Abwechslung und Unterhaltung. Spezialgärten wie Rosen-, Heide- und Karl-Foerster-Staudengarten, Rhododendronhain, ausgedehnte Rasenflächen, Hainvegetation und der zirka 10 Hektar große See im Zentrum des Parks bieten Entspannung und Erholung. Familien mit Kindern finden im Park, vor allem in den beiden Spiellandschaften, ein reiches Spielangebot. In den Sommerferien werden päd-

Bln 62
Eigentümer/in: Grün Berlin Park und Garten GmbH
Sangerhauser Weg 1,
12349 Berlin,
Tel. 030/7009060,
Fax 030/70090670
Größe: 90 ha
Eintritt: 4 DM, Kinder frei bis 5 Jahre, ermäßigt 2 DM für Kinder bis 14 Jahre, Schülergruppen 30 DM
Öffnungszeiten:
im Sommer 9–20 Uhr,
im Winter 9–16 Uhr
Attraktionen: Britzer Mühle März bis Okt. So, Feiertag 11–16 Uhr,

Britzer Museumsbahn
April bis Sept. ab 11 Uhr
181,144 Mohriner Allee,
Buckower Damm (Blütenachse)
179 Tauernallee oder
Sangerhauser Weg
P
Veranstaltungen: Parkfeste,
Ausstellungen, Konzerte

agogisch betreute Kinderspielaktionen angeboten. Darüberhinaus wird im Sommerhalbjahr ein vielfältiges Unterhaltungsprogramm mit Musik- und Freizeitveranstaltungen organisiert.

Foto: Grün Berlin Park und Garten GmbH

Bln 63
Eigentümer/in: Bezirksamt
Treptow, Straßen- und
Grünflächenamt,
Am Dorfplatz 1,
12526 Berlin,
Größe: 85 ha,
frei zugänglich
S Treptower Park
P

Treptower Park

Am Treptower Platz, Berlin-Treptow

Der Treptower Park wurde 1876 nach den Entwürfen des ersten Berliner Gartendirektors Gustav Meyer als ein großer Volkspark für die Bewohner der anschließenden, dichten Wohngebiete fertiggestellt. Die Anlage fällt gestalterisch und in ihrer erstaunlichen Nutzbarkeit deutlich aus dem Rahmen zeitgenössischer Stadtparks. Große Wiesenflächen, eindeutige Raumbildungen durch Baumgruppen, ein konsequentes Wegenetz und ein zentraler hippodromförmiger, von einer Platanenallee gesäumter Spielplatz prägen den weitläufigen Park. Durch seine Lage an der Spree hat er besonderen Reiz. Im Park befinden sich mehrere Sondereinrichtungen wie der Rosengarten, der Karpfenteich, die Abteiinsel und die Archenhold-Sternwarte. Im Hippodrom wurde 1946 bis 1949 nach Entwürfen sowjetischer Architekten, Bildhauer und Ingenieure das sowjetische Ehrenmal in eindrucksvoller Monumentaliät – das größte seiner Art in Deutschland – als Zeugnis für den Sieg über Nazi-Deutschland und zum mahnenden Gedenken an die bei den Endkämpfen in und um Berlin gefallenen Soldaten errichtet.

Späthsches Arboretum

Baumschulenweg, Berlin-Treptow

Das Arboretum wurde Ende des vergangenen Jahrhunderts als Privatsammlung der damals weltgrößten Baumschule von Franz Späth nach Entwürfen des Berliner Landschaftsarchitekten Gustav Meyer angelegt. Die kleine Anlage mit einem dichten, geschwungenen Wegenetz und einer Vielzahl pflanzlicher Motive ist typisch für Sammlungsgärten dieser Zeit. Die sehr reichhaltige Sammlung von Bäumen und Sträuchern ist von beachtlichem wissenschaftlichen Wert.

Eigentümer/in: Arboretum, Institut für spezielle Botanik und Botanische Sammlungen, Museum für Naturkunde Berlin, Späthstraße, Königsheideweg, 12437 Berlin-Treptow, Tel. 030/6366941

Bln 64
Größe: 3,5 ha
Eintritt: 1 DM
Führungen: nach Voranmeldung
Öffnungszeiten: April bis Okt. Mi, Do, Sa, So, Feiertag, 10–18 Uhr
🚌 265, 270 Späthstraße, Königsheideweg
🅿 ♿

Schloßinsel Köpenick

Berlin-Köpenick

Die kleine, aber schöne Anlage liegt auf einer Insel an der Altstadt Köpenick in bevorzugter Lage. Zusammen mit dem barocken Schloß und der Schloßkirche ist der Park von großem Reiz. Die Anlage geht auf barocke Grundlagen aus der Zeit von 1680 zurück und wurde 1804 im landschaftlichen Stil neugestaltet. Zwischen 1963 und 1964 erfolgte eine Erneuerung und Ergänzung im Stile der Zeit mit einem Rundweg an den Ufern und weiten Ausblicken auf Spree und Dahme. Ab Ende 2000 sind Umgestaltungen vorgesehen.

Bln 65
Eigentümer/in: Bezirksamt Köpenick, Naturschutz- und Grünflächenamt, Grünauer Straße 210, 12532 Berlin,
Größe: 1,8 ha
Eintritt: frei
Öffnungszeiten: ganzjährig geöffnet 8 Uhr bis Einbruch der Dunkelheit
🚌 alle Linien in Köpenick Altstadt Köpenick
🍴 ☕ 🐕 ♿ ℹ

Brbg

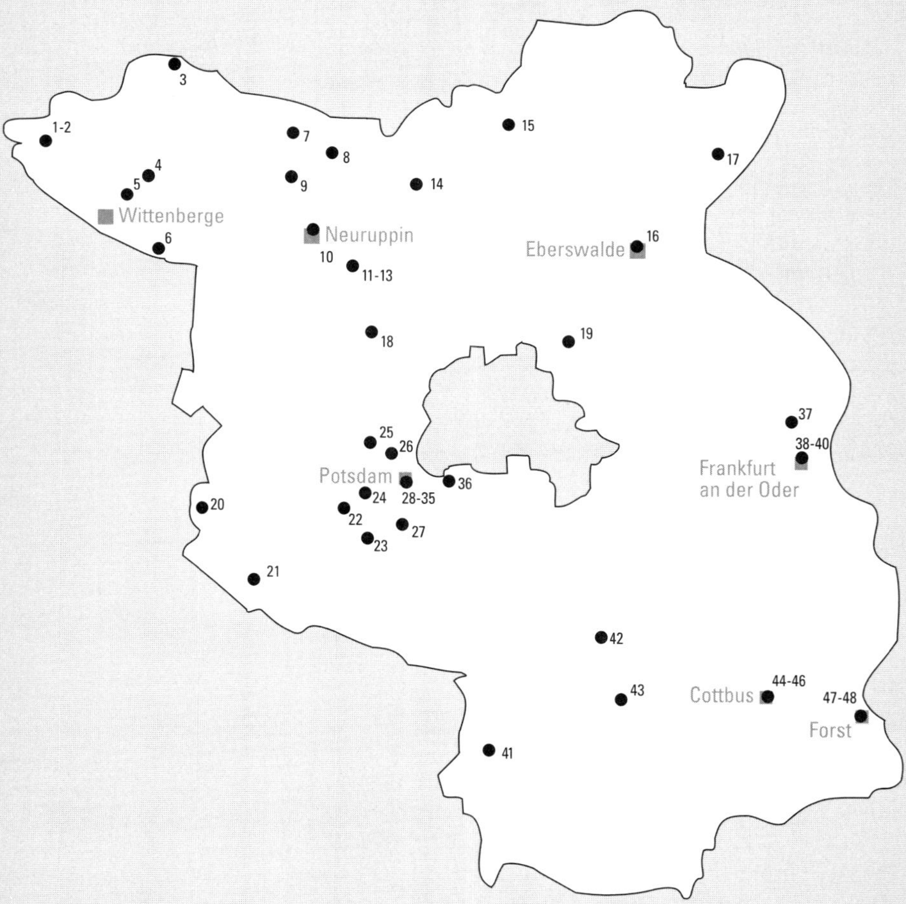

1-2
3
4
5
Wittenberge
6
7
8
9
14
15
17
Neuruppin
10
11-13
Eberswalde
16
18
19
25
26
Potsdam
28-35
36
24
22
27
23
20
21
37
38-40
Frankfurt
an der Oder
42
43
Cottbus
44-46
47-48
Forst
41

Naturlehrgarten Lenzen (Elbe)

Am Bahndamm 11, Lenzen

Foto: GWL

Brbg 1
Größe: 1,23 ha
Eintritt: frei
Öffnungszeiten: 15. Mai bis 15. Okt., Mo–Fr 8–18 Uhr, Sa u. So 14–18 Uhr
Führungen: nach Voranmeldung, für Gruppen bis 50 Personen, 2,50 DM/Pers.
→ Ausfahrt Lenzen B 195, Nähe Ortsausgang Richtung Domitz
P 🐕 ♿ ℹ
Veranstaltungen:
Lenzener Filzfest, Mai
☕ auf Vorbestellung

Über 480 verschiedene Kultur- und Nutzpflanzen finden sich in diesem Garten für Naturliebhaber, in dem es sachkundige Information über deren Anbau, Verwendung und Konservierung gibt. Die Aufteilung in übersichtliche Standortbereiche wie Feuchtbiotop, Wildblumenbereich, Streuobstwiese, Bauerngarten, Heil- und Gewürzkräuter sowie Färberpflanzen ermöglicht die Präsentation verschiedener Arten, die in der freien Natur selten, bzw. nicht nebeneinander stehen. Schmuckstück ist eine aus Feldsteinen errichtete Kräuterspirale. In unmittelbarer Nähe des Naturlehrgartens laden ein Spielgarten und das Schaugehege am Schafhof Rademacher zum Besuch ein.
Eigentümer/in: GWL, Gesellschaft zur Wirtschaftsförderung, Qualifizierung und Beschäftigung mbH, Am Bahndamm 11, 19309 Lenzen, Tel. 038792/7245/7246, Fax 038792/7247

Brbg 2
Eigentümer/in: BUND LV Niedersachsen e.V. Goebenstraße 3a, 30161 Hannover, Tel. 0511/9656914, Fax 0511/662536
Größe: 3 ha
frei zugänglich
Anmeldung für Gruppen erbeten
Führungen: nach Voranmeldung, Tel.: 038792/1221, nach Absprache kostenlos,
Attraktionen: Winterlingsblüte, Burgmuseum, Umweltzentrum
DB Ludwigslust oder Wittenberge
Bus Dannenberg / Wittenberge
→ Abholung nach Absprache möglich

Park der Ökoburg Lenzen

Burgstraße 3, 19309 Lenzen (Elbe)

Der Burggarten Lenzen besteht bereits seit dem 18. Jahrhundert. Zwischen 1921 und 1930 ließ der Besitzer die bestehenden Gebäude umbauen und weitere erstellen, darunter das Gärtnereigebäude, das Palmen- und das Pförtnerhaus. Der Gartenarchitekt Georg Gunder aus Berlin gab dem heute denkmalgeschützten Garten Charakter, ohne dabei die Grundstruktur zu beeinträchtigen. Der höher gelegene Burghof mit mittelalterlichem Turm (12.–13. Jahrhundert), barocken Gebäuden (1725–1727 und 1792) und Fachwerkscheune (1680), die heute das Burgmuseum enthält, wird über eine lange Auffahrt mit zwei Torbögen erreicht. Südlich führt eine Treppe zum ehemaligen Gärtnereigelände und Karpfenteich hinab. Der Burgberg ist hier mit Terrassenmauern abgestützt. Am östlichen Hang schließt ein parterreartiger Sondergarten mit zahlreichen Buchsbäumen an. Weiter östlich liegen Wiesen mit altem Baumbestand, die vom Flutgraben durchschnitten werden. Vom Turm aus ist die Anlage gut zu überblicken, ebenso die Altstadt von Lenzen und die Lenzer Wische bis hin zur Elbe.

Brbg 3
Eigentümer/in: Stadt Meyenburg, Amt Meyenburg, Bauamt, Freyensteiner Straße 42, 16945 Meyenburg, Tel. 033968/8250
Größe: 8 ha
frei zugänglich
Führungen: nach Voranmeldung
DB Meyenburg 6

Schloßpark Meyenburg

Meyenburg

Im Weichbild der ehemaligen Stadtbefestigungsanlagen liegt südöstlich des im Stil der Neorenaissance erbauten Schlosses der Landschaftsgarten. Er wurde um 1860 vom Hofgärtner Fink für die Familie von Rohr angelegt. 1995 bis 1998 erfolgten umfassende Wiederherstellungs- und Rekonstruktionsmaßnahmen. Die grunderneuerten Wege führen vorbei an alten Baum- und Strauchgruppen, an Teichen mit Brücke und geben immer wieder Durchblicke in die Stepenitzwiesen frei.
Veranstaltungen: Parkfest

Schloßpark Groß Pankow

Groß Pankow

Der kleine, landschaftlich gestaltete Park nördlich und östlich des Gutshauses, das heute teils als Augen-Tagesklinik genutzt wird, wurde ab 1827 angelegt und mehrfach erweitert. Er ist im Norden begrenzt von der Panke und wird geprägt von älteren Baumgruppen, insbesondere Eichen, einer Lindenallee aus dem späten 19. Jahrhundert und dem mit einer Holzbrücke überspannten, großen Teich. Die gepflegte Anlage ist mit ausgedehnten Spazierwegen und einem vielfältigen, artenreichen Baum- und Strauchbestand im Pleasureground ausgestattet. Am Ende des Parks liegt das Erbbegräbnis der Familie Gans Edler Herren zu Putlitz. Eine schöne Sichtachse führt nach Osten in die Ferne auf die bewaldeten Höhenzüge der Kronsberge.

Brbg 4
Eigentümer/in: Prof. Dr. Bernhard von Barsewisch, Augen-Tagesklinik
Groß Pankow, Pankeweg 15, 16928 Groß Pankow,
Tel. 033983/76100,
Fax 033983/76119
Größe: 4 ha
frei zugänglich
Führungen: nach Voranmeldung
DB Groß Pankow
→ liegt direkt an der B189 zwischen Pritzwalk und Perleberg 6

Gutspark Hoppenrade

Hoppenrade

Der bedeutende Landschaftspark beiderseits des Cederbaches wurde um 1830 vom Lenné-Schüler Eduard Neide für die Familie von Freier angelegt, die – selbst dendrologisch und forstwirtschaftlich interessiert und begabt – den Park sukzessive erweiterte und bis 1945 pflegte. Nach längerer Zeit des Verfalls wird der Park schrittweise instandgesetzt. So sind das Wegenetz, die Parkwiesenbereiche, der Eiskeller und der Nahbereich des Gutshauses mit der Orangerie wiederhergestellt, die Teiche gesäubert sowie neue Holzbrücken und Parkbänke erstellt worden. Schöne Durch- und Fernblicke beziehen die umgebende Wiesenlandschaft mit ihren Viehherden ein.
Eigentümer/in: Förderverein Landschaftspark Hoppenrade e.V., Gutshof, 16928 Hoppenrade, Tel. 033982/61021

Brbg 5
Größe: 20 ha
frei zugänglich
Führungen: nach Voranmeldung
Attraktionen: Rhododendrenblüte, Rosen- und Dahlienblüte Ende Mai bis August/Sept.
DB Pritzwalk
→ Abfahrt an der B107 in Garz, zwischen Pritzwalk und der B5
Veranstaltungen: Parkfest
Infos bei Förderverein Landschaftspark Hoppenrade, Frau Hacker, Garzer Straße 23, 16928 Garz, Tel. 033982/60278, Eiskellerfest

Schloßpark Rühstädt

Rühstädt

Der ab 1823 angelegte, langgestreckte Landschaftspark der Familie von Jagow ist aus einer barocken Gartenanlage hervorgegangen. Die weiträumige Parkanlage gibt in westlicher Ausdehnung hinter dem Barockschloß einen weiten Fernblick in die Elbniederung und über den Teich zum Erbbegräbnis von Jagow. Dendrologisch interessant ist der Baumbestand, unter anderem aus Mammutbaum, Eibe, Birke und Linde. Touristisch bekannt ist das Ortskernensemble auch wegen der Störche und der kunstgeschichtlich bedeutenden Kirche.
Eigentümer/in: Gemeinde Rühstädt, über Amt Bad Wilsnack, Am Markt 1, 19336 Bad Wilsnack, Tel. 038791/9990
Veranstaltungen: Storchenfest Volksfest mit Naturschutz-

Brbg 6
Größe: 5 ha,
frei zugänglich
DB Wittenberge
→ liegt direkt an der rechten Elbseite, südöstlich von Wittenberge, von dort und von Perleberg und Havelberg gut über Landstraßen erreichbar
in der Kirche und im Storchenmuseum

themen und Führungen August, Infos bei Storchenclub e.V. Rühstädt, A. Labrenz, Tel. 038791/6076

Brbg 7
Größe: 25 ha
frei zugänglich
Führungen: nach Voranmeldung Herr Galomka, Oberförsterei Gadow, 19309 Gadow, Tel. 038780/7320
Attraktionen: Rhododendronblüte Ende Mai
DB Wittenberge
→ liegt an der Kreisstraße von Perleberg nach Lenzen, in der Nähe von Lanz
P ✕ 🐕 ♿
✿ in der Forstverwaltung

Landschaftspark Gadow

Gadow/Prignitz

Der ausgedehnte Landsschafts- und Waldpark beiderseits der Löchnitz ist um 1850 aus einem kleinen barocken Gutsgarten hervorgegangen, der von dem Grafen von Wilanowitz-Moellendorff angelegt und sukzessive erweitert wurde. Er ist dendrologisch von großer Bedeutung wegen seiner 135 verschiedenen Gehölzarten. Besonders erwähnenswert sind die alten Douglasien und Rhododendren. Vom Park hat man schöne Ausblicke auf die umgebenden Teich-, Fluß- und Wiesenlandschaften.
Eigentümer/in: (Schloß und Pleasureground):
Oliver Erbacher, Schloß Gadow, Lindenallee 1,
19309 Gadow/Prignitz, Tel. 038780/7300
Veranstaltungen: Rhododendronfest, Mai
Infos bei Gemeinde Lanz, Herr Borchert,
Tel. 038780/7210

Brbg 8
Eigentümer/in: Stiftung Preußische Schlösser und Gärten, Berlin-Brandenburg, Schloß Rheinsberg, Postfach 1128, 16830 Rheinsberg, Tel. 033931/7260, Fax 033931/72626
Größe: 34 ha
frei zugänglich
Führungen: nach Voranmeldung, für Gruppen bis 40 Personen, 5 DM/erm. 3 DM/Person,
DB Rheinsberg
🚌 764, 785, 788, 794, 839 Markt
P gebührenpflichtig
Veranstaltungen: Pfingstmusiktage Konzertreihen Pfingsten
Infos bei Tourist-Information, Kavalierhaus, 16831 Rheinsberg, Tel. 033931/2059, Kammeroper Schloß Rheinsberg
Operninszenierungen (u. a. Heckentheater) Juli/August
🐕 ♿ ℹ

Schloßgarten Rheinsberg

Schloßstraße, Markt, Rheinsberg

Garten und Park Rheinsberg erfuhren ihre schöpferische Gestaltung im 18. Jahrhundert unter dem Kronprinzen Friedrich II. von 1734 bis 1744 sowie unter seinem Bruder Prinz Heinrich von 1752 bis 1802. Mit der Umgestaltung zur kronprinzlichen Residenz begann die bauliche Ausformung im Sinne des friederizianischen Rokokos mit dem Schloß (dreiflüglige Anlage mit zwei Rundtürmen und Kolonnade zur Seeseite), der Grundgestaltung der Schloßinsel und der Anlage der südlichen Gartenachse und der Hauptallee mit dem Gartenportal, das später in Potsdam-Sanssouci zitiert wurde. Eine Querallee erschließt den Garten in Ost-West-Richtung und führt zum Salon im Orangerierondell, Fragment einer ursprünglich von Knobelsdorff gedachten Orangerie. Friedrich II. verschenkte Rheinsberg 1744 an seinen Bruder Prinz Heinrich, der in den fünfzig Jahren seiner Rheinsberger Hofhaltung die Gartenanlage weitergestalten ließ. Der Rokokogarten wurde zunächst erweitert und mündete schließlich in Formen eines frühen Landschaftsgartens. Noch heute sind Zeugnisse dieser Entwicklung vorhanden (Feldsteingrotte, Heckentheater, Parterre auf der Schloßinsel, Terrassenanlage am Obelisk, Alleen im Boberow-Park). Garten und Park erhielten im 19. und 20. Jahrhundert keine wesentlichen Neugestaltungen. Ergebnisse der Rekonstruktionen von Partien in der Gartenanlage gehen auf Bemühungen insbesondere seit den 70er Jahren zurück.

Gutspark Netzeband

Netzeband

Der Gutspark Netzeband gehört zur historischen Gutsanlage des märkischen Dorfes Netzeband im Nordwesten der Fontane-Stadt Neuruppin. Das Gut war bis 1945 im Besitz der Grafen von Königsmarck. Sie ließen um 1830 für einen Sproß ihrer Familie ein Ensemble aus Schloß, Verwaltergebäuden, einer heute bereits restaurierten klassizistischen Kirche und dem dazugehörenden Gutspark anlegen.
Von der Kirche aus erstreckt sich das Gelände über Wiesenterrassen, Gruppen mächtiger alter, geschützter Bäume im Süden bis zu den Auen der Temnitz, die der ganzen Region ihren Namen gibt. Nach Jahrzehnten mangelnder Pflege wurde dem Park seit 1993 in vorsichtigen Schritten sein ursprüngliches Gepräge zurückgegeben. Behutsame Neupflanzungen von über 600 Rhododendren bereichern das Bild. In Zukunft soll dieser Park zum Herzstück des Landschaftsparks Oberes Temnitztal werden. Schon seit 2000 wurde durch in die Landschaft eingebundene Bühnen und Tribünen und neue Sichtachsen der Park zu einem Ort, an dem Kultur und Natur in einem harmonischen Dialog stehen.

Brbg 9
Information: Förderverein Temnitzkirche e.V.,
Dorfstraße 6,
16818 Netzeband,
Tel. 033924/70617,
Fax 033924/70618
Größe: 8 ha
Eintritt: frei
Öffnungszeiten:
ganzjährig geöffnet
DB Netzeband
P ✗ ☕ ♿ i
Veranstaltungen:
Theatersommer, Juli, August
Infos bei Förderverein Temnitzkirche e.V. kulturelle Veranstaltungen in der Temnitzkirche
Konzerte, Ausstellungen ständig wechselnd
✿ Rhododendren, Azaleen

Tempelgarten

Präsidentenstraße, Neuruppin

Kronprinz Friedrich von Preußen ließ sich 1735 vom Baumeister G.W. v. Knobelsdorff einen geometrischen Garten mit Hainbuchenhecken, Taxuspyramiden, Grotte, Rundtempel und zahlreichen Plastiken und Vasen anlegen und nannte ihn Amaltheagarten. Der Park, in seiner Grundstruktur und Ausstattung in vielen Teilen erhalten, gilt als das Erstlingswerk von Knobelsdorff. Nach dem Tode Friedrichs, an den ein Gedenkstein erinnert, verwilderte der Garten über einen langen Zeitraum, bis ihn 1853 der Unternehmer A. Gentz erwarb und restaurieren ließ. Der Architekt Carl von Diebitsch fügte mehrere Gebäude im Stil des Preußischen Orients und die Umfassungsmauer hinzu. Neben den Bauwerken sind auch zahlreiche alte Bäume sehenswert.

Brbg 10
Eigentümer/in:
Stadtverwaltung Neuruppin
Wichmannstraße 18,
16816 Neuruppin,
Tel. 03391/3555,
Fax 03391/355789
Größe: 0,1 ha
Öffnungszeiten:
im Sommer 9–18 Uhr,
im Winter 9–16 Uhr
Eintritt: frei
DB Neuruppin
P ☕ ♿

Kräutergarten

Oppelhain

Der Kräutergarten zeigt regionaltypische Wild- und Gewürzkräuter. Eine Kräuterfibel stellt verschiedene Kräuter, Anwendungen und Rezepte vor. Je nach Jahreszeit werden in der kleinen Kräuterküche verschiedene Raritäten zusammengestellt, welche man probieren kann.

Brbg 11
Größe: 0,4 ha
Öffnungszeiten:
im Sommer 9–19 Uhr,
im Winter 9–16 Uhr
Eintritt: frei
Führungen: nach Voranmeldung, 2 DM/Person

(7 DM für Essen und Führung)
DB Rückersdorf
→ südlich von Doberlug-Kirchhain

Eigentümer/in: Gemeinde Oppelhain, Hauptstraße 57, 03238 Oppelhain, Tel. 035325/570
Veranstaltungen: Duftorgel

Brbg 12
Eigentümer/in: Evangelische Kirchengemeinde Saxdorf
Hauptstraße 5,
04895 Saxdorf,
Tel. 035341/2152,
Fax 035341/2152
Größe: 1 ha
Öffnungszeiten: April bis Oktober Di–So, 9–18 Uhr
Anmeldung für Gruppen erbeten
Eintritt: 2 DM
Führungen: nach Voranmeldung, für Gruppen bis 20 Personen
Attraktionen: Rosenblüte Juni
→ B 183 zwischen Bad Liebenwerda und Mühlberg/Elbe
Veranstaltungen: Bambusfest, 2. Samstag im August
Infos bei: Evang. Pfarramt, Hauptstraße 5,
04895 Saxdorf,
Tel. 035341/2152,
Fax 035341/21 52
Sommerkonzerte in der Kirche, Ostern bis Oktober
✿ div. Raritäten zu den Pflanzzeiten, Bambus

Pfarrgarten Saxdorf

Hauptstraße 5, Saxdorf

Foto: Bethke

Das Gelände wurde vor 30 Jahren angelegt vom Künstler, Maler und Gartengestalter Hanspeter Bethke. Unterschiedliche Gartenräume präsentieren über 2000 Pflanzenarten: 25 Arten Bambus in teils großen Exemplaren, Gehölzraritäten, über 200 Sorten Historischer Rosen, umfangreiche Kakteen- und Kameliensammlungen, seltene Kübelpflanzen, Steingarten und Stauden mit vielen Sorten aus der Züchterwerkstatt von Karl Foerster, mit historischen Rosen bepflanztes Galeriedach und Dach mit Steppenpflanzen, Wandbegrünungen und Pergola mit seltenen Kletterpflanzen und Historischen Kletterrosen.

Rosengarten

Saathain

Sehenswert ist die alte Fachwerkkirche mit ihrem ungewöhnlichen Standort – sie liegt mitten im ehemaligen Gutshof. An das Gut schließen sich ein alter Gutspark und ein neu gestalteter Rosengarten an, in dem man etwa 6 000 Rosenstöcke bewundern kann.
Eigentümer/in: Gemeinde Saathain, Friedensstraße 23, 04932 Saathain, Tel. 03533/2834
Veranstaltungen: Sommerkonzerte

Brbg 13
Größe: 0,8 ha
Anmeldung für Gruppen erbeten
Öffnungszeiten:
Mai bis September
Eintritt: frei im Rosengarten
DB Elsterwerda
P

Kloster Lindow

Am Wutz, Lindow/Mark

Die Ruine des ehemaligen Klosters Lindow stammt aus dem 13. Jahrhundert. Die Anlage mit dem Lindenhof, dem früheren Klostergarten, der Klosterschule und dem alten Friedhof mit den Begräbnisstätten der ehemaligen Stiftsdamen liegt direkt am Wutzsee.
Eigentümer/in: Evangelische Kirche, Stiftkloster 1–2, 16835 Lindow/Mark, Tel. 033933/70168
Führungen: nach Voranmeldung Fremdenverkehrsamt der Stadt Lindow/Mark, Straße des Friedens 20, 16835 Lindow, Tel. 033933/70297, Fax 033933/70296, 30 DM/Gruppe

Brbg 14 NEU
Größe: 0,2 ha
frei zugänglich
Anmeldung für Gruppen erbeten
Attraktionen:
Trompetensolo 9 und 17 Uhr
DB Lindow
P

Gutspark Annenwalde

Densow

Zeitgleich mit der Gründung Annenwaldes als Glasmacherdorf entstand neben dem Gutshaus Mitte des 18. Jahrhunderts der Gutspark. Er verwilderte nach 1945 fünfzig Jahre, bis sich 1995 der Verein Glashütte Annenwalde seiner annahm und ihn auf fachlicher Grundlage seitdem rekultiviert. Seit 1999 sind im Park Kunstwerke des Bildhauers Werner Kothe ausgestellt.
Eigentümer/in: Nutzer: Glashütte Annenwalde e.V., Vorwerk 1, 17268 Densow, Tel. 03987/2333, Fax 03987/2333

Brbg 15 NEU
Größe: 3 ha
frei zugänglich
Führungen: nach Voranmeldung
Attraktionen:
Dauerausstellung Holz & Glas
DB Templin, Fürstenberg
Templin, Fürstenberg
P
bedingt geeignet

Forstbotanischer Garten Eberswalde

Schwappbachweg, Eberswalde

Der Forstbotanische Garten Eberswalde liegt am Südrand der Stadt im Landschaftsschutzgebiet Unteres Schwärzetal. Er wird im Norden gesäumt durch die Schwärze, die sich harmonisch in die Landschaft einfügt, im Süden durch den Zainhammer und Schwappachweg, die eine Promenade mit über 200jährigen Buchen bilden.

Brbg 16
Größe: 8 ha
Eintritt: frei
Führungen: nach Voranmeldung, für Gruppen bis 30 Personen, 2 DM/Pers.
→ B 2, Richtung Berlin, kurz vor Ortsausgang Richtung Spechthausen geradeaus

weiterfahren, vom Bahnhof oder Stadtzentrum in etwa 30 Min. zu Fuß erreichbar (braune Hinweisschilder)
P 🐕 ♿

Eigentümer/in: Fachhochschule Eberswalde, Alfred-Möller-Straße 1, 16225 Eberswalde, Tel. 03334/65562, Fax 03334/65567,
Internet www.fh.eberswalde.de/fbg/Index.htm
Öffnungszeiten: ganzjährig geöffnet, im Sommer 9–18 Uhr, im Winter 9–15.30 Uhr

Brbg 17
Eigentümer/in: Landkreis Uckermark, Erbpacht: Nationalpark Unteres Odertal Bootsweg 1, 16303 Schwedt, Tel. 03332/25470, Fax 03332/254733
Größe: 2 ha
frei zugänglich
Führungen: nach Voranmeldung
FVV Am Unteren Odertal, Tel. 03332/25590
DB Schwedt
Bus 468 Criewen Schloß
P 🐕 ♿

Lenné-Park Criewen

Dorfstraße, Criewen

Das alte slawische Fischerdorf Criewen wurde nach 1816 als Rittergut der Familie Otto von Arnim bekannt. Um 1822 gestaltete der preußische Hofgartendirektor Peter Joseph Lenné hinter dem Schloß, das heute das Nationalparkzentrum beherbergt, einen Landschaftsgarten, den große, mächtige Bäume, wie Sumpfzypresse, Sommerlinde und Platane sowie ein kleiner Teich prägen. Gelegen am Rande der schönen Landschaft des Nationalparks Unteres Odertal, zählt er zu den noch heute in hoher Qualität erhaltenen Parks des Lenné-Erbes. An den Park schließt ein Parkgarten mit Natur- und Kräutergarten, Streuobstwiese und Weingewächshaus an.

Brbg 18
Eigentümer/in: E. Frfr. v. Thüngen-R.-K., Dorfstraße 33, 16766 Groß-Ziethen, Tel. 033055/950, Fax 033055/9559
Größe: 3 ha, frei zugänglich
Bus 800 Groß-Ziethen
P ✕ 🐕 ♿
Veranstaltungen: Konzerte im Schloß, einmal im Monat

Schloßpark Ziethen

Herrendamm, Groß-Ziethen

Die Geschichte des Parks reicht bis in das 18. Jahrhundert zurück, als südlich des ursprünglich barocken Gutshauses ein regelmäßiger Park angelegt wurde. Im 19. Jahrhundert wurde er mehrmals landschaftlich überformt. Die barocke Wassersenke gliedert die weiten Rasenflächen. Die früheren Sichtachsen hält man heute bewußt geschlossen als Lärmschutz. Nach 1945 verfiel der Park langsam und große Teile wurden als Müllhalde gebraucht. Die ab 1994 durchgeführten Aufräum- und Pflegearbeiten haben die großen, sehr schönen Bäume wieder freigelegt, weite Wiesenflächen geschaffen und das Wegenetz erweitert. Über den 1960 quer durch den Park gelegten Kanal wurde eine Brücke gebaut, die die Parkteile wieder zusammenführt. Ergänzende Strauch-, Rosen- und Baumpflanzungen säumen das restaurierte schöne, alte Haus.

Brbg 19 NEU
Größe: 400 m², Öffnungszeiten: März bis Oktober, Mai und Juni: So 11–16 Uhr, sonst nach Anmeldung
Anmeldung erbeten
Eintritt: frei, Spende für die

Sichtungsgarten Weigela

Bernau bei Berlin

Schwerpunkt der Sammlung ist die Gattung Weigela, die zur Zeit mit 40 verschiedenen Pflanzen vertreten ist. Weitere interessante Pflanzen finden ebenso Platz, seltene wie allseits bekannte. Zur Hauptblüte der Weigela, etwa Mai und Juni, ist der Garten am schönsten.

Eigentümer/in: Thomas List & Werner Frenzel, Postfach 580242, 10409 Berlin, Tel. 030/44739577, Fax 030/44739578, E-Mail info@weigela.de, Internet www.weigela.de
Veranstaltungen: verschiedene Veranstaltungen der Stadt Bernau, Infos bei: touristinfo, Internet: www.bernau.bei.berlin.de
Attraktionen: Weigela, Hauptblüte Mai und Juni

Weigela-Sammlung möglich
Führungen: nach Voranmeldung
DB Bernau b.Berlin
S Bernau b. Berlin
→ bei Anmeldung
P gebührenpflichtig
✿ Weigela in seltenen Sorten

Burgpark

Mühlentor 15a, Ziesar

Der vordere Teil des Burgparks wurde Mitte der fünfziger Jahre von Lehrern und Schülern der Stadt Ziesar als Park der Freundschaft angelegt. Ein Ehrenmal für gefallene sowjetische Soldaten wurde in die Anlage integriert. Neben Teich, Springbrunnen und altem Wassergraben ist der Storchenturm, der als Verlies zur ehemaligen Vorburg gehörte, ein besonderer Anziehungspunkt. Angrenzend an den Burgpark befindet sich ein ca. 4 Kilometer langer Naturlehrpfad.

Brbg 20
Eigentümer/in: Stadt Ziesar
Breiter Weg 32,
14793 Ziesar,
Tel. 033830/6540
Größe: 0,8 ha,
frei zugänglich
DB Brandenburg
Bus 560, 562 Trauentor, Gartenstraße, Am Bahnhof
P

Landschaftspark Wiesenburg

Wiesenburg

Schloß Wiesenburg, das auf eine mittelalterliche Burganlage zurückgeht, wurde in der zweiten Hälfte des 19. Jahrhunderts im Neorenaissancestil umgestaltet. In diesem Zusammenhang wurde auch der Park vom herrschaftlichen Förster Gebbers geschaffen. Unterhalb der großen Terrassen mit Teppichbeeten liegen Schloß-, Mühlen- und Inselteich, umgeben von alten, dendrologisch interessanten Bäumen. In den vergangenen Jahrzehnten wurden große Anstrengungen zur Wiederherstellung des Parks unternommen. Die Teiche wurden entschlammt, Sichtachsen freigelegt und auch die Terrassen und Teppichbeete erneuert.
Veranstaltungen: Chortreffen, Pfingstkonzert, Parkfest

Brbg 21
Eigentümer/in: Gemeinde Wiesenburg, Schloßstraße 1
14827 Wiesenburg,
Tel. 033849/7980,
Fax 033849/50271
frei zugänglich
Führungen: nach Voranmeldung, 2 DM/Person für Gruppen ab 15 Personen,
Attraktionen: Rhododendronblüte Ende Mai/ Anfang Juni
DB Wiesenburg
P

Parkanlage Cammer

Im Park, Cammer

Um das 1829 errichtete Herrenhaus ließ Albert von Broesigke einen Landschaftsgarten anlegen. Von dem ehemaligen Gutspark zeugen noch mehrere Teiche mit Inseln und ein schöner Altbaumbestand mit mächtigen Eichen, Linden, Erlen und bemerkenswerten Weymouthkiefern. Auf einem Hügel ist unter anderen die Grabstelle des 1924 verstorbenen Heino von Broesigke zu finden. An der Stelle des 1949/50 abgetragenen Herrenhauses befindet sich heute ein Kinderspielplatz, auf dem früheren Pleasureground ein Fußballplatz. Erhalten sind das ehemalige Gartenhaus mit Eiskeller, das Wohnhaus des Försters und der ehemalige Gutspferdestall.

Brbg 22
Eigentümer/in: Gemeinde Cammer, Im Park 2,
14822 Cammer,
Tel. 033835/305
Größe: 12 ha
frei zugänglich
Attraktionen: Blüte der Maiglöckchen, Rhododendron im Mai, Tiergehege
Bus D200 Cammer
P

Brbg 23
Größe: 0,4 ha
Eintritt: frei
Führungen: nach Voranmeldung, Preis nach Vereinbarung
→ 5 km von der A 9 Abfahrt Niemegk
P 🐕
✿ seltene winterharte Pflanzen

Schaupflanzungen der Staudengalerie an der Plane

Hauptstraße 6, Locktow

Die noch sehr junge Anlage zeichnet sich bereits jetzt durch eine Vielfalt an seltenen Stauden aus.
Eigentümer/in: Olaf G. Grabner, Hauptstraße 6, 14806 Locktow, Tel. 033843/40410, Fax 033843/40606
Veranstaltungen: Vorträge über Stauden und Gehölze, auf Anfrage
Öffnungszeiten: März bis Okt. Mi bis Sa, 10–18 Uhr

Brbg 24
Größe: 16 ha
frei zugänglich
🚌 631 Holländer Mühle
P ✕ ☕ 🐕 ♿
Veranstaltungen: Freiluftkonzerte, Sommer Infos bei Hotel Schloß Petzow, Zelterstraße 5, 14542 Werder, Tel. 03327/46940, Fax 03327/469430 Konzerte in der Petzower Kirche Klassische Bläsermusik aus drei Jahrhunderten nach Vereinbarung

Lenné-Park Petzow

Zelterstraße 5, Werder

Park und Dorf Petzow gehören zu den bedeutendsten ländlichen Architektur- und Landschaftsensembles in der Mark Brandenburg aus der ersten Hälfte des 19. Jahrhunderts. Herausragende Künstler wie K. F. Schinkel, A. Stüler und P. J. Lenné haben den Herrensitz im Stil eines mittelalterlichen Rittergutes geprägt. Fontane bezeichnete den Lenné-Park als eine absolute Schönheit. Ähnlich Sanssouci liegt der Park an einem Hügelhang und geht in großen Stufen terrassenartig hinab. Die obere Terrasse wird vom erlenumstandenen Parksee eingenommen, während auf der untersten Stufe sich der Schwielowsee erstreckt.
Eigentümer/in: Stadt Werder/Havel, Eisenbahnstraße 14, 14542 Werder/Havel, Tel. 03327/783374, Fax 03327/783322
Führungen: nach Voranmeldung, Tel. 03327/783374, für Gruppen bis 50 Personen, 100 DM/Gruppe,

Brbg 25
Größe: 10 ha
frei zugänglich
Führungen: nach Voranmeldung, Verein Histor. Paretz e.V., Parkring 07, 14669 Paretz, Tel. und Fax 033233/80747 für Gruppen bis 50 Personen, 80 DM/Gruppe
DB Potsdam
🚌 Havelbus 614 Paretz Schloß
P ✕ 🐕 ♿
Veranstaltungen: Ausstellungen im Schloß, Infos bei Verein Histor. Paretz e.V., Parkring 07, 14669 Paretz, Tel. und Fax 033233/80747

Schloßpark Paretz

Parkring, Paretz (bei Ketzin)

König Friedrich Wilhelm III. und seine Gemahlin Königin Luise von Preußen ließen sich ab 1797 wahrscheinlich nach Plänen von David und Friedrich Gilly durch den Hofgärtner David Garmatter einen Landschaftsgarten im sentimentalen Stil anlegen. Von den zahlreichen, ursprünglich vorhandenen Staffagebauten sind noch das Gotische Haus (ehemalige Schmiede, heute Gaststätte) sowie die Dorfkirche erhalten. Seit 1991 ist der Schloßgarten wieder öffentlich. Der zum Ensemble gehörende Kirchgarten wurde bereits in den 70er und 80er Jahren von ansässigen Betrieben wiederhergestellt. Die Restaurierungsarbeiten des Rohrhausgartens sind noch nicht abgeschlossen.
Eigentümer/in: Land Brandenburg/FH Potsdam und Stadt Ketzin, Pappelallee 8–9, 14469 Potsdam

Brbg 26
Größe: 14 ha
frei zugänglich
Führungen: nach

Schloßpark Marquardt

Im Park, Marquardt

Auf den Resten einer älteren geometrischen Anlage wurde der Schloßpark auf der Grundlage eines vom königlichen

Hofgartendirektor Peter Joseph Lenné 1823 gezeichneten Planes errichtet. 1892 erfolgte unter Geheimrat Louis Ravene eine Verdoppelung der Parkfläche nach Süden hin. Der gut gepflegte Park mit altem Baumbestand erstreckt sich malerisch vom Schloß und Dorf bis an die Ufer des Schlänitzsees.
Eigentümer/in: Gemeinde Marquardt, Hauptstraße 7, 14476 Marquardt, Tel. 033208/57210
Veranstaltungen: Konzerte, Vorträge, Infos bei Herrn Czada, Alter Krug, 14476 Marquardt, Tel. 033208/57233

Voranmeldung,
Dr. W. Grittner, Im Park 1,
14476 Marquardt,
Tel. 033208/57279
für Gruppen bis 50 Personen,
100 DM/Gruppe
DB Marquardt
Bus 614 Alter Krug
P
i an Wochenenden und nach 17 Uhr

Sudermannpark

Dorfstraße, Blankensee

1832 entstand nach einem Entwurf Peter Joseph Lennés für die Familie von Thümen in Blankensee durch Überformung barocker Strukturen ein kleiner Landschaftspark, der seinen besonderen Reiz durch die Einbeziehung des Flüßchens Nieplitz und dessen Seitenarme hat. Die Anlage wurde 1902 von dem zu seiner Zeit berühmten Schriftsteller Hermann Sudermann übernommen und danach im Stil des Historismus erweitert und überformt. Vor allem durch die in dieser Zeit eingebrachten Kleinarchitekturen, wie dem Kaiserportal, der Loggia und dem Rundtempel mit vorgelagertem Wasserbecken, ergänzt durch eine Vielzahl von Skulpturen, ergibt sich ein spannungs- und stimmungsvolles Bild, das Ausdruck einer Italiensehnsucht ist. Der Park wurde von 1994 bis 1996 nach einer gartendenkmalpflegerischen Konzeption durch den Landschaftsarchitekten Armin Henne restauriert.

Brbg 27 NEU
Eigentümer/in:
Brandenburgische Schlösser GmbH – Gemeinnützige Betriebsgesellschaft,
Breite Straße 9,
14467 Potsdam,
Tel. 0331/279150,
Fax 0331/2791594,
E-Mail info@schloesser-gmbH.de,
Internet www.schloesser-gmbh.de
Größe: 4,5 ha,
frei zugänglich
P

Freundschaftsinsel

Potsdam

Der Schau- und Lehrgarten für winterharte Blütenstauden, Farne und Gräser entstand auf Anregung von Karl Foerster 1938 bis 1940. Grundlage waren die Pläne des Gartenarchitekten Hermann Mattern. Der Wiederaufbau erfolgte ab 1953 mit Veränderungen der Anlage in den 70er Jahren. Das Gartendenkmal ist Bestandteil der Planungen für die Bundesgartenschau 2001, unter anderen sind 200 originale Staudenzüchtungen Karl Foersters aufgepflanzt.
Eigentümer/in: Stadt Potsdam, Grünflächenamt, Stephensonstraße 27, 14461 Potsdam, Tel. 0331/2893600, Fax 0331/2893602
Veranstaltungen: Infos bei: s. Eigentümer

Brbg 28
Größe: 8 ha
frei zugänglich,
Sonderregelungen während der BuGa 2001
Führungen: nach Voranmeldung,
Tel. 0331/294020
DB S-Bahnhof Potsdam Stadt
Tram 92, 93, 96, 98
Alter Markt Potsdam,
ab S-Bahnhof Potsdam Stadt
Bus 692, 694, 695, 697
Alter Markt Potsdam,
ab S-Bahnhof Potsdam Stadt
i

Botanischer Garten der Universität Potsdam

Maulbeerallee 2, Potsdam

Der Botanische Garten der Universität Potsdam wurde 1950 auf dem Gelände des ehemaligen Terrassenreviers der

Brbg 29
Eigentümer/in: Universität Potsdam, Am Neuen Palais,
14415 Potsdam,

Tel. 0331/9771950,
Fax 0331/9771951
Größe: 5 ha
Eintritt: 2 DM, Kinder frei bis 6 Jahre, ermäßigt 1 DM für Senioren, Schüler, Studenten
Tel. 0331/9771904,
Öffnungszeiten:
im Sommer 9.30–17 Uhr,
im Winter 9.30–16 Uhr,
Führungen: nach Voranmeldung,
🚌 695 Orangerie
P ♿ ℹ
nur an Wochenenden und Feiertagen

Hofgärtnerei von Sanssouci angelegt. Der Garten gliedert sich in einen Gewächshauskomplex und in ein Freilandgelände. Der größte Teil der Gewächshäuser, zirka 3000 Quadratmeter, kann das ganze Jahr über täglich besichtigt werden. Hier werden rund 4600 verschiedene Pflanzenarten aus tropischen und subtropischen Gebieten aller Kontinente kultiviert. Vom Palmenhaus gelangt man zu den einzelnen Schauhäusern mit Farnen, Ananas- und Aronstabgewächsen, Orchideen, tropischen Wasserpflanzen, Nutzpflanzen, Begonien, Gesneriengewächsen und Sukkulenten. Die Freilandanlagen, die der Öffentlichkeit nur in der Vegetationsperiode zugänglich sind, beherbergen etwa 4000 verschiedene Pflanzenarten, die nach ökologischen, systematischen und zum Teil pflanzengeographischen Gesichtspunkten geordnet sind. Sie liegen zu beiden Seiten der Maulbeerallee und umfassen unter anderen die Biologisch-Morphologische Abteilung, eine Anlage für Nutz-, Heil- und Gewürzpflanzen, Beete mit geschützten und vom Aussterben bedrohten Pflanzen, das Primel- und Farnquartier, das Arboretum und eine mitteleuropäische Laubwaldgesellschaft mit vielen Frühblühern. Einige Bauwerke, wie das Stibadium oder Brunnenhäuschen und die Wasserkaskade stammen aus der Mitte des 19. Jahrhunderts.

Foto: Scharf

Gartenanlagen-Gedenkstätte Karl Foerster

Am Raubfang 6, Potsdam-Bornim

Karl Foerster legte diese Schaugärten für winterharte Stauden im Jahre 1912 an. Der Senkgarten besteht aus terrassenförmigen Beeten, der Mittelpunkt aus einem ovalen Wasserbecken. Besonders attraktiv ist dieser Gartenteil zur Phlox- beziehungsweise Ritterspornblüte, später zur Herbstfärbung der Gräser, Gehölze und diversen Spätherbststauden, wie Astern und Chrysanthemen. Im Rahmen der Bundesgartenschau Potsdam 2001 wurde der Frühlingsweg neubearbeitet. Der Steingarten konnte in seiner historischen Form erhalten bleiben, die Bepflanzung mußte sich jedoch den veränderten Lichtverhältnissen, bedingt durch den Baumwuchs, anpassen. Ganz neu gestaltet wurde das Herbstbeet, früher der Eingangsbereich zum Versuchsgarten. Auch hier war eine schwierige Anpassung an den Baumbestand notwendig.

Brbg 30
Eigentümer/in: Marianne Foerster, Am Raubfang 6
14469 Potsdam-Bornim,
Tel. 0331/520936
Größe: 0,5 ha
Spende ins Sparschwein
Öffnungszeiten: im Sommer 9–20 Uhr
Führungen: nach Voranmeldung, für Gruppen bis 25 Personen, 6 DM/Pers.
DB Potsdam-Bornim
Bus 692 Amundsenstraße
→ Potsdam-Nauen, auf der B 273 bis Ende Bornstedt – Anfang Bornim
P 🐕 ♿
✿ Staudenverkauf – Gärtnerei

Der Neue Garten

Am Neuen Garten, Potsdam

König Friedrich Wilhelm II. wollte sich auch räumlich von seinem ungeliebten Onkel, König Friedrich dem Großen, absetzen und ließ sich Ende des 18. Jahrhunderts am Ufer des Heiligensees einen neuen Garten mit dem Marmorpalais als Residenz errichten. Der Hofgärtner Johann August Eyserbeck bezog in den kleinteiligen sentimentalen Garten zahlreiche Parkarchitekturen wie Gotische Bibliothek, Maurischer und Antiker Tempel, Grotte, Pyramide, Obelisk und Parasol ein, die verschiedene Stimmungen unterstreichen sollten. Eine Orangerie diente der Überwinterung der Kübelpflanzen. Ab 1816 entwickelte Peter Joseph Lenné den inzwischen zugewachsenen Garten zu einem großzügigen Landschaftspark, so wie er sich heute noch in großen Teilen präsentiert. Das Schloß Cecilienhof, von 1913 bis 1917 als Wohnsitz für den Kronprinzen Wilhelm und seine Gemahlin Cecilie erbaut, ist der letzte Schloßbau der Hohenzollern in Potsdam. Vom Architekten Paul Schultze-Naumburg geplant, ist es im Stile eines englischen Landhauses konzipiert. Die gebäudenahen Gartenteile sind geometrisch gestaltet und mit Formgehölzen geschmückt. 1945 tagten die Siegermächte der Potsdamer Konferenz im Saal des Schlosses, das dadurch historische Bedeutung erlangte.

Brbg 31
Eigentümer/in: Stiftung Preußische Schlösser und Gärten, Berlin-Brandenburg
Postfach 601462,
14414 Potsdam,
Tel. 0331/96940,
Fax 0331/9094100
Größe: 105 ha (inkl. Heiliger See)
Eintritt frei,
Zugang zu den Gebäuden nur mit Eintritt
DB Potsdam Stadt
Bus 694 Neuer Garten
P

Park Babelsberg

Allee nach Glienicke, Potsdam

Im Jahre 1828 machte Lenné den Prinzen Wilhelm, den späteren Kaiser Wilhelm I., auf den Babelsberg als geeigneten Sommersitz aufmerksam. Ab 1833 arbeitete Lenné an der Parkanlage, doch bald kam es zum Konflikt zwischen

Brbg 32
Eigentümer/in: Stiftung Preußische Schlösser und Gärten, Berlin-Brandenburg
Postfach 601462,
14414 Potsdam,

Tel. 0331/96940,
Fax 0331/9094100
Größe: 133 ha,
frei zugänglich
DB Potsdam
S-Bahnhof Babelsberg
P

Künstler und Auftraggebern, so daß ihm schließlich die Zuständigkeit entzogen und ab 1843 Fürst Pückler-Muskau mit der Fortführung der gärtnerischen Planungen betraut wurde. Durch sein gutes Verhältnis zur Prinzessin hatte dieser künstlerisch und finanziell freie Hand und schuf um das eindrucksvolle neugotische Schloß einen abwechslungsreichen Landschaftspark mit vielen großartigen Blicken über die Potsdamer Seenlandschaft. Der intensiv gestaltete Pleasureground mit farbenprächtigem Blumenflor, Brunnenfontänen und vergoldeten Gittern geht in den durch zahlreiche Wege gut erschlossenen Park über, in dem viele Gartenarchitekturen und Bauwerke, unter anderem das Kleine Schloß, das Matrosenhaus und die Siegessäule stehen. Das Schloß Babelsberg entstand 1833 bis 1849 nach Plänen der Architekten Schinkel, Persius und Strack. Nach dem Tode Kaiser Wilhelms I. 1888 wurde der Park nur sehr sparsam bewirtschaftet. Der Bau der Berliner Mauer 1961 trennte einen wesentlichen Teil der Anlage ab. Seit 1960 wird der Park wieder gepflegt, nach dem Fall der Mauer mit mehr Geld und Personal.

Brbg 33
Eigentümer/in: Stiftung Preußische Schlösser und Gärten, Berlin-Brandenburg
Postfach 601462,
14414 Potsdam,
Tel. 0331/96940,
Fax 0331/9094100
frei zugänglich
DB Potsdam
P für Pkw und Busse

Park Sanssouci

Schopenhauerstraße, Am Neuen Palais, Potsdam

Ab 1745 ließ Friedrich II. vor den Toren Potsdams seine Sommerresidenz Sanssouci errichten, die er bis zu seinem Tode zu einer großartigen Anlage ausbaute. An einer 2 Kilometer langen Allee durch den gesamten Park sind die Bauten, Zier- und Nutzgärten sowie waldartige Partien wie Perlen an einer Kette aufgereiht. In der Regierungszeit Friedrichs II. entstanden neben dem Schloß Sanssouci die Neuen Kammern, die Bildergalerie, das Repräsentationsschloß Neues Palais mit dem Freundschafts- und Antikentempel, das Chinesische Haus, die Neptungrotte, das Belvedere auf dem Klausberg mit dem Drachenhaus und weitere Gartenarchitekturen. Eine Anzahl Plastiken aus der Entstehungszeit verleiht noch heute dem Park seinen besonderen Reiz. Mit der Anstellung Peter Joseph Lennés hielt der klassische Landschaftsgarten Einzug in Sanssouci. Weite Flächen wurden dem Park angegliedert und landschaftlich gestaltet: der Parkteil Charlottenhof, Hopfengarten, Ruinenberggelände, Umgebung der großen Orangerie. In diese abwechslungsreiche Parklandschaft wurden Sondergärten wie der Marlygarten, der Nordische und der Sizilianische Garten eingebettet. In der jahrzehntelangen Bautätigkeit unter Friedrich Wilhelm IV. ab 1825 nahm im Schloß Charlottenhof, in den Römischen Bädern, in der Friedenskirche mit den dazugehörigen Bauten und in der großen Orangerie die Italiensehnsucht des Königs feste Gestalt an. Mit der Anlage des Potentestückes nach 1900 fand der Park Sanssouci seinen Abschluß.

Pfingstberg

Potsdam

Bereits Friedrich II. plante auf dem mit 75 Meter höchsten Berg in der Potsdamer Umgebung den Bau eines gotischen Belvederes. Aber erst unter Friedrich Wilhelm IV. konnten alle heute zum Pfingstberg gehörenden Grundstücke mit Anschluß an den Neuen Garten erworben werden. Er beabsichtigte die Errichtung einer imposanten Belvedereanlage, von der nur das heute zu sehende Bauwerk verwirklicht wurde. Von 1847 bis 1863 zogen sich die Bauarbeiten an dem mit zwei Türmen und Kolonnaden versehenen Gebäude hin, das innen das Reservoir für die Wasserspiele des Neuen Gartens enthält. Das Bauwerk wird zur Zeit renoviert, zur BUGA 2001 ist ein Turm wieder als Aussichtspunkt nutzbar. Die landschaftliche Parkanlage mit Anschluß an den Neuen Garten entstand nach Plänen Peter Joseph Lennés und verfügt in Gebäudenähe auch über geometrische Partien. Bereits vorhandene Bauwerke wurden einbezogen, zum Beispiel der 1801 von dem noch unbekannten Karl Friedrich Schinkel entworfene Pomonatempel. Dieser tempelartige Pavillon wurde vor wenigen Jahren außen komplett wiederhergestellt. Westlich des Pfingstberges an der Puschkinallee befindet sich Potsdams Jüdischer Friedhof. Er wurde 1743 erstmals erwähnt. Etwa 530 Grabsteine, größtenteils aus dem 18. und 19. Jahrhundert, sind noch erhalten.

Brbg 34
Eigentümer/in: Stiftung Preußische Schlösser und Gärten, Berlin-Brandenburg
Postfach 601462,
14414 Potsdam,
Tel. 0331/96940,
Fax 0331/9094100
Größe: 10 ha
frei zugänglich
Zugang zu den Gebäuden nur mit Eintritt
DB Potsdam
Tram 92, 95
Bus 638, 697, 694 Pfingstberg
S Potsdam
P

Bundesgartenschau 2001 Potsdam

Bornstedter Feld, Potsdam

Das Motto der Jubiläumsschau Gartenkunst zwischen gestern und morgen spielt auf die traditionelle Geschichte der Parkgestaltung innerhalb der Potsdamer Kulturlandschaft an. Mit dieser Gartenschau entstand im nördlichen Teil der Stadt, auf jahrhundertelang nur von Militär genutztem Gelände, ein moderner Volkspark, in dem die Relikte aus militärischer Zeit wie Schutzwälle oder Panzerstellungen harmonisch in die umgebende Landschaft zwischen Ruinen- und Pfingstberg eingebunden werden. In dieses Umfeld eingebettet liegen die gärtnerischen Ausstellungsthemen. 13 000 Rosen wurden in Form überdimensionaler Blüten nach Farben geordnet aufgepflanzt. Auf den schrägen Flächen von 45 Staudentableaus – Pyramidenstümpfe aus Muschelkalk – wachsen überwiegend sonnenliebende, graulaubige Pflanzen. Darüber hinaus begleiten eine Vielzahl bekannter und seltener Prachtstauden sowie bunte Bänder von Frühlings- und Sommerblumen die Parkwege. Schattenliebende Stauden fanden Verwendung an Standorten mit altem Baumbestand wie beispielsweise im Rhododendronbereich. Im Gartenschaujahr werden außerdem verschiedene Gartensituationen vorgestellt. Die wechselnden

Brbg 35 NEU
Eigentümer/in:
Landeshauptstadt Potsdam,
Bundesgartenschau Potsdam 2001 GmbH, Jägerallee 21,
14469 Potsdam,
Tel. 0331/20010,
Fax 0331/2001111, E-Mail buga 2001@t-online.de,
Internet www.bugapotsdam2001.de
Größe: 73 ha
Öffnungszeiten: 21. April bis 7. Oktober 2001 9 Uhr bis Einbruch der Dämmerung,
ab 2002 noch nicht festgelegt
Eintritt: 21 DM, Kinder bis 16 Jahre 4 DM, ermäßigt 16 DM für Sozialhilfeempfänger, Arbeitslose, Schwerbehinderte, Gruppen ab 15 Personen 19 DM/Person
Führungen: nach Voranmeldung
Besucherdienst,
Tel. 0331/2001181 für

Gruppen bis 30 Personen, 80 DM/Gruppe (2 Std.), Fachführungen 100 DM/Stunde
Attraktionen: Rhododendronblüte Mai/Juni, Rosenblüte ab Juni, div. Staudenbereiche Mai bis Oktober, Frühlings- und Sommerblumen April bis September
(DB) Potsdam
92, 95 Eingang Parktor
P gebührenpflichtig

Blumen- und Pflanzenschauen finden 2001 in einem architektonisch sehr interessanten Gebäude aus Glas, Holz und Beton statt, das die Wallstrukturen aus der direkten Nachbarschaft aufnimmt. Nach der BUGA wird die Halle zur Naturerlebniswelt Biosphäre Potsdam umgestaltet. Rund um das Gartenschaugelände entsteht ab 2002 ein stadtnahes Wohngebiet. Die Bundesgartenschau Potsdam 2001 wurde erstmals in der 50jährigen Geschichte der Gartenschauen dezentral konzipiert, das heißt, auch andere Teile der Stadt werden in die Veranstaltung mit einbezogen. Neben dem Bornstedter Feld sind dies die Orte am Fluß mit der Freundschaftsinsel, die Historische Innenstadt und die Feldflur, eine auf Pläne Lennés zurückgehende Idee, auch landwirtschaftliche Flächen in die Parklandschaft zu integrieren.
Veranstaltungen: 20 Blumen- und Pflanzenschauen sowie über 2000 kulturelle und sportliche Veranstaltungen im Jahr 2001

Brbg 36
Größe: 206 ha
Eintritt: frei
Öffnungszeiten: ganzjährig geöffnet, im Sommer 7–20 Uhr, im Winter 8–17 Uhr
Führungen: nach Voranmeldung
Südwestkirchhof Stahnsdorf, 14532 Stahnsdorf, Tel. 03329/62315, Fax 03329/614107,
623 ab S-Bhf. Zehlendorf, Stahnsdorf – Bahnhofstraße 601 ab S-Bhf. Potsdam Stadt
P
Veranstaltungen: Stahnsdorfer Musiktage, Konzerte
Infos bei Südwestkirchhof, 14532 Stahnsdorf, Tel. 03329/62315, Fax 03329/614107

Südwestkirchhof Stahnsdorf

Bahnhofstraße, Stahnsdorf

Der im Südwesten Berlins gelegene Friedhof gehört zu den größten Begräbnisplätzen Deutschlands. 1909 eröffnet, wurde er bald zur bevorzugten Ruhestätte zahlreicher Persönlichkeiten: Heinrich Zille, Lovis Corinth, Elisabeth von Ardenne, das Vorbild für Fontanes Effi Briest, Gustav Langenscheidt, Werner von Siemens, Engelbert Humperdinck, Friedrich Murnau u.a. sind hier begraben. Ab 1913 stand dem Friedhof sogar eine eigene S-Bahn-Verbindung – im Volksmund Friedhofs- oder Leichenbahn benannt – zur Verfügung. Zwischen 1908 und 1911 wurde die große Holzkapelle nach dem Vorbild norwegischer Stabkirchen erbaut. Zahlreiche aufwendig gestaltete Grabsteine und Mausoleen zeugen noch von der Qualität der damaligen Friedhofskultur. Besonders hervorzuheben ist das 1924 aufgestellte Christusrelief, das Lebenswerk des Künstlers Ludwig Manzel. Bestandteil des Friedhofs sind auch der englische und der italienische Soldatenfriedhof und die Anlage für die Opfer von Krieg und Gewaltherrschaft.
Eigentümer/in: Evangelische Kirche in Berlin-Brandenburg, Georgenkirchstraße 69, 10249 Berlin

Brbg 37
Größe: 1 ha
Öffnungszeiten: Mitte März bis Ende Okt.
Anmeldung erbeten
Eintritt: nach Absprache
Führungen: nach Voranmeldung, Preis nach Vereinbarung

Permakultur Projekt Altlangsow

Friedhofsweg 4, Altlangsow

Das Gelände, ein Resthof mit zirka einem Hektar Ackerbrache und kleinem Obstbestand, befindet sich in Altlangsow, einem kleinen Ort im Oderbruch. Seit drei Jahren entsteht hier ein vielseitiger Selbstversorger-Garten, wobei die Wiederansiedlung heimischer Flora und Fauna im Mittelpunkt steht.

Eigentümer/in: Rolf Lasicki, Gesa Simon, Friedhofsweg 4, 15306 Altlangsow, Tel. 03346/845868
Veranstaltungen: Tiefenökologie, Naturerfahrung
Mitte März bis Nov.
Attraktionen: Bio-Kultur-Elle-Installationen

DB Werbig
→ Auf Anfrage
P gebührenpflichtig
♿ ℹ
✿ Heilkräuter, junge angepaßte Pflanzen

Oderpromenade

Uferstraße, Lebuser Mauerstraße (Konzerthalle), Frankfurt (Oder)

Jahrhundertelang war das Oderufer zwischen Fluß und Altstadt Umschlag-, Stapel- und Lagerplatz für Handelsgüter. Bereits in den ersten Planungen nach dem 2. Weltkrieg wurde eine Promenade am Oderufer mit Anbindung an den Ziegenwerder im Süden und zum Lennépark nördlich der Konzerthalle vorgesehen. 1973 wurden nördlich und südlich der Oderbrücke Promenadenabschnitte fertiggestellt. Nach der Sanierung der über 100jährigen Ufermauer südlich der Oderbrücke wurde der Promenadenabschnitt bis zum Museum Viadrina in den Jahren 1993 bis 1996 neugestaltet. Die Promenade ist mit Plastiken, einer Sonnenuhr, Schmuckpflanzungen, zwei Kinderspielplätzen und Ruheplätzen ausgestattet und bietet weite Ausblicke in den Oderlandschaftsraum und zur polnischen Partnerstadt Stubice.

Brbg 38
Eigentümer/in: Stadt Frankfurt (Oder), Amt für Grünflächen, Landwirtschaft und Forsten Marktplatz 1, 15230 Frankfurt (Oder),
Tel. 0335/5526700,
Fax 0335/5526799
Größe: 1,8 ha,
frei zugänglich
🚋 2, 6 Europa-Universität
🚌 960, 961, 983 An der alten Universität, Zentrum
P gebührenpflichtig
Veranstaltungen: Deutsch-Polnisches Oderfest, im Juni nach Ankündigung
Brückenfest, jährlich am 1.5.
✕ ☕ 🐕 ♿

Lennépark

Karl-Marx-Straße, Heilbronner Straße, Frankfurt (Oder)

Die Parkanlage wurde in der Zeit von 1835 bis 1845 nach Entwürfen von Peter Joseph Lenné angelegt. Er gestaltete auf den relativ schmalen Wallanlagen einen Landschaftspark, der zu den ersten Bürgerparkanlagen Deutschlands zählt. Die Finanzierung erfolgte anfangs durch Bürgerspenden, später durch Zuschüsse des Preußischen Staates. Trotz der extremen räumlichen Ausmaße für einen Landschaftspark, das Verhältnis von Breite zu Länge beträgt 1:9, schuf der Planer durch kulissenartig verflochtene Gehölz- und Baumpflanzungen, teichartige Erweiterung des Wasserlaufs und naturnahe Wegeführungen eine Folge von Erlebnisräumen, sowie den Verbund zwischen Altstadt und der in der Halben Stadt liegenden Bebauung. Der Lennésche Pflanzplan enthielt 250 verschiedene Strauch- und Baumarten, die es heute zu erhalten und zu ergänzen gilt.

Brbg 39
Eigentümer/in: Stadt Frankfurt (Oder), Amt für Grünflächen, Landwirtschaft und Forsten Marktplatz 1, 15230 Frankfurt (Oder),
Tel. 0335/5526700,
Fax 0335/5526799
Größe: 8,9 ha,
frei zugänglich
🚋 1, 3 Topfmarkt
1, 2, 4, 6 Zentrum
🚌 980, 983 An der alten Universität, Zentrum
P gebührenpflichtig
✕ ☕ 🐕 ♿

Botanischer Garten

Am Klingetal, Frankfurt (Oder)

Für die Stadt Frankfurt an der Oder wurde der Aufbau eines Botanischen Gartens 1968 als Ausgleichsmaßnahme für die im Stadtzentrum zu erwartende hohe Flächenversiege-

Brbg 40
Eigentümer/in: Stadt Frankfurt (Oder), Amt für Grünflächen, Landwirtschaft und Forsten Marktplatz 1, 15230 Frankfurt

(Oder),
Tel. 0335/5526700,
Fax 0335/5526799
Größe: 6,6 ha,
frei zugänglich
980, 986, 987 Botanischer Garten

lung beschlossen. Die Planung erfolgte 1969 bis 1971. Im Jahre 1976 wurde der erste intensiv gestaltete Bereich um den Lienauteich fertiggestellt. Im Botanischen Garten sind vor allem Pflanzen der heimatlichen Flora zu sehen. Gärtnerische Abteilungen wurden gebildet, so beispielsweise die Rosen-/Staudenanlage, der Kräutergarten, Pflanzen der Teichlandschaft sowie Wechselpflanzflächen.

Brbg 41
Eigentümer/in: Stadt Herzberg
Markt 1, 04916 Herzberg,
Tel. 03535/22155
Größe: 1,5 ha
Eintritt: frei
Spenden erwünscht
Öffnungszeiten: ganzjährig geöffnet werktags ab 7 Uhr, So und feiertags 9 Uhr bis Dunkelheit
Führungen: nach Voranmeldung,
Spenden erwünscht
DB Herzberg

Jugendstilgarten Herzberg

Badstraße 8, Herzberg/Elster

Foto: Stadt Herzberg

Dieses Anwesen, welches in der Gegend einzigartig ist, wurde durch den Fabrikanten Wilhelm Marx 1906 angelegt. Mitten im idyllischen Grün steht eine Jugendstilvilla, umsäumt von großen, fast hundertjährigen Bäumen. Eine wertvolle Sammlung von Gehölzen und Stauden ist so angelegt, daß beim Durchwandern des Gartens der Eindruck entsteht, in verschiedenen Gegenden zu sein. Die Gartenanlage überrascht durch ihre Vielfalt, z. B. mit Motiven der japanischen Gartenkultur. Der Senkgarten bietet mit seiner kargen Gestaltung einen fast leeren, kontemplativen Raum. Dem Steingarten ist ein Teich mit Kalksandsteinterrasse zugeordnet.

Brbg 42 NEU
Eigentümer/in: Stadt Luckau
Markt 34, 15926 Luckau,
Tel. 03544/3050,
Fax 03544/508276,
E-Mail fvvb.luckau@t-online.de,
Internet www.luckau.de
Größe: 12 ha
frei zugänglich
Führungen: nach Voranmeldung, für Gruppen

Gärten am Schloßberg und Stadtpark

Luckau

Der größte Teil der für die Landesgartenschau Luckau 2000 nach Plänen von H. Eckebrecht aus Kelkheim neu angelegten Parkflächen und -inhalte werden weiterhin auf hohem Niveau unterhalten. An den Hängen des Schloßbergs laden Sommer- und Rosengarten und ein kleiner Weiher ein. Südlich des Altstadtkerns schließt der neue Stadtpark an, der neben großen Wiesenflächen auch Sonderbereiche umfaßt, wie Moorbad- und Rhododendrongarten, ein von

Rotbuchenhecken eingefaßter Staudengarten, Kneippbekken und Teiche mit Staudenbepflanzungen. Zahlreiche Spiel- und Freizeiteinrichtungen runden das Angebot ab.

bis 25 Personen, 60 DM/ Gruppe
DB Luckau
P ✕ ☕ ♿ ℹ

Schloßpark Fürstlich-Drehna

Lindenplatz, Fürstlich-Drehna

In Fürstlich-Drehna entstand nach 1807 in mehreren Abschnitten ein weitläufiger Landschaftspark mit fließenden Übergängen in die umgebende, zum Teil ebenfalls ästhetisch überformte Kulturlandschaft, im Stil einer Ornamented Farm. Der Park selbst ist geprägt durch seine Großgehölze, vor allem durch buntlaubige Laubbäume sowie inzwischen über 40 Meter hohe Douglasien, in einem durch Koniferen bestimmten Parkteil. Durch Braunkohleabbau nach 1978 verlor der ursprünglich 52 Hektar große Park 22 Hektar, vor allem den 12 Hektar großen Ziegelteich. Durch intensives Engagement der örtlichen Bevölkerung, unter fachlicher Leitung des Landschaftsarchitekten Helmut Rippl, gelang es aber seit den 80er Jahren, durch Hinzufügung von 12 Hektar den Park in stilistisch angepaßter Form zu erhalten und zu ergänzen. Dabei sind reizvolle neue Sichtbeziehungen in den alten Parkteil, vor allem aber auch in die neue Bergbaufolgelandschaft entstanden. Darüber hinaus wurde das Element Wasser über den neu angelegten Schloßteich wieder eingebracht und durch einen gußeisernen Pavillon aus der Jahrhundertwende ergänzt. Eingebunden in den Park ist das restaurierte Wasserschloß, das wesentlich in der Renaissance beziehungsweise dem Barock entstanden ist. Vollständig von einem Wassergraben umschlossen ist es über die steinerne Schloßbrücke mit dem historischen Ensemble des Ortskerns verbunden.

Brbg 43 NEU
Eigentümer/in: Brandenburgische Schlösser GmbH – Gemeinnützige Betriebsgesellschaft, Breite Straße 9, 14467 Potsdam, Tel. 0331/279150, Fax 0331/2791594, E-Mail info@schloesser-gmbH.de, Internet www.schloesser-gmbh.de
Größe: 42 ha
frei zugänglich
Führungen: nach Voranmeldung, Tel. 035324/7030 oder 035324 569
P 🐕 ♿

Branitzer Park

Cottbus

Der von Hermann Fürst von Pückler-Muskau von 1845 bis 1871 geschaffene Landschaftspark ist ein Gartenkunstwerk von internationalem Rang. Branitz wurde 1449 erstmalig urkundlich erwähnt und gelangte 1696 durch Kauf in den Besitz der Familie. Nach dem Verkauf der hochverschuldeten Standesherrschaft Muskau nahmen Fürst und Fürstin Pückler ihren Wohnsitz in Branitz. Hier schuf Pückler einen Mikrokosmos seiner Lebensreise. Die Parkdramaturgie beginnt im Osten, kulminiert im lebensfrohen Schloßbereich und endet am Ort des Todes, den Pyramiden im Westen. Das Schloß umgab er mit einem Pleasureground, der mit einer Fülle von Blumenbeeten, Plastiken, Gartenzierat und Ziergehölzen reich geschmückt ist. Hier verwendete er auch fremdländische Baum- und Straucharten, während er im Park nur einheimische pflanzen ließ.

Brbg 44
Eigentümer/in: Stiftung Fürst-Pückler-Museum, Park und Schloß Branitz, 03042 Cottbus, Tel. 0355/7515221, Fax 0355/7515230
Internet www.cottbus.de/fuerstpuecklermuseum/
Größe: 100 ha, frei zugänglich
🚌 15, 19 Kiekebuscherstraße
P ✕ ℹ
Veranstaltungen: Ausstellungen, Konzerte, Lesungen Infos bei: Tel. 0355/7515221, Schloß und Marstall:

Ausstellungen zum Leben und Werk Pücklers und zum Branitzer Park

Fürst Pückler selbst ist im Tumulus, der Wasserpyramide, beerdigt. Für die Gestaltung seines Meisterwerkes nutzte der Fürst, trotz der wenig fruchtbaren Böden in Branitz, den anstehenden hohen Grundwasserstand und die in der Nähe gelegene Spree, um in seinem Park ein künstliches Gewässersystem zu schaffen. Mit dem Aushub ließ Pückler das feinsinnig erdachte Bodenrelief des Parkes anlegen. Neben der besonders schön modellierten Schilfseepartie fasziniert insbesondere die imposant angelegte Pyramidenebene mit der ehemals stufenförmig erbauten Landpyramide (1860 bis 1863) und dem zum Symbol für Branitz und Cottbus gewordenen Tumulus (1856 bis 1857). Der Branitzer Park ist ein nach dem Zonierungsprinzip angelegter Landschaftsgarten mit gestalterisch differenzierten Bereichen.
Fürst Pückler konzipierte den Inneren Park auf einer Fläche von zirka 100 Hektar nach dem Vorbild einer deutschen Mittelgebirgslandschaft und überformte die umliegende Feldflur, den Äußeren Park, die Ornamental Farm, auf einem Gesamtareal von zirka 500 Hektar.

Foto: Kläber

Brbg 45
Eigentümer/in: BUGA Cottbus 1995 GmbH, Vorparkstraße 2 03042 Cottbus,
Tel. 0355/7529168,
Fax 0355/7529111
Größe: 35 ha
Öffnungszeiten: ganzjährig geöffnet, im Sommer 9–18 Uhr, im Winter 9–16 Uhr
Eintritt: 2 DM, Kinder frei bis 6 Jahre, ermäßigt 1 DM für

Spreeauenpark Cottbus

Cottbus

Der Cottbuser Spreeauenpark entstand zur Bundesgartenschau 1995. Die ehemals brachliegende Fläche verbindet heute die innerstädtischen Grünanlagen mit dem Branitzer Park und dem Tierpark. Die Anlage besteht aus zwei je 17 Hektar großen Wiesenlandschaften, verbunden durch einen zentralen Parkteil mit Rosengarten, einer 1,2 Hektar großen Weiheranlage mit Pavillonplatz, Rhododendrenhain, fünf Themengärten, großzügigen Blumenpflanzungen und einer Heidedüne. Zentrales Thema der Landschaftsge-

staltung ist die Verbindung von Stauden und Wasser. Das Weiherumfeld ist mit Prachtstauden gestaltet. Der Rosengarten umfaßt 6500 Rosen in zirka 100 Sorten. Eine Besonderheit stellt der Tertiärwald dar, eine wissenschaftliche Pflanzensammlung, welche die Pflanzenwelt zur Zeit der Braunkohlenentstehung darstellt. Der Cottbuser Spreeauenpark besticht durch seinen alten und schönen Baumbestand und ist durch Wälder und zwei Eichenalleen eingegrenzt. Im Süden schließt sich das Naturschutzgebiet Südliche Spreeaue an.
Veranstaltungen: Feuerwerke, Konzerte

Schüler, Studenten, Soldaten, Zivis, Gruppen ab 10 Personen 1 DM/Person
Führungen: nach Voranmeldung, für Gruppen bis 25 Personen
50 DM/Gruppe
13 Tierparkparkplatz
P gebührenpflichtig

Innerstädtischer Grünring Cottbus

Cottbus

Aus den mittelalterlichen Wallanlagen um die Stadtmauer entstand Mitte des 19. Jahrhunderts ein Ring von Grünanlagen und Parks, der noch heute Teile der Stadtmauer und Befestigungsanlagen enthält. Die mit den Spreeufern verbundenen Anlagen, überwiegend mit Landschaftsgartencharakter, entstanden fast alle um die Jahrhundertwende und wurden für die Bundesgartenschau 1995 in Cottbus rekonstruiert. Die Parkanlagen und Grünverbindungen von Stadtpromenade, Puschkinpromenade, Schloßberg, Goethepark (Stadtpark), Carl-Blechen-Park (Staudengarten seit 1954) und Brandenburger Platz schließen sich zu einem Grünring um die Altstadt zusammen. Ausgehend vom Goethepark und Carl-Blechen-Park führen gestaltete Anlagen an den Ufern der Spree und Mühlspree über den Eliaspark und Vorpark zum Spreeauenpark (ehemaliges Bundesgartenschaugelände) bis hin zum Tierpark und zum Branitzer Park. In den Anlagen an der Stadtmauer, in der Stadtpromenade und der Puschkinpromenade, im Carl-Blechen-Park, im Frühlingsgarten, am Rosenhang und im 1994 in der Ludwig-Leichhardt-Allee neu entstandenen Taglíliengarten ist die in Cottbus gepflegte Tradition der Staudenverwendung im Sinne des Bornimer Staudenzüchters Karl Foerster prägend.

Brbg 46
Eigentümer/in: Stadt Cottbus, Grünflächenamt, Karl-Marx-Straße 67, 03012 Cottbus, Tel. 0355/6122711, Fax 0355/6123004
Größe: 12,2 ha
frei zugänglich
Führungen: nach Voranmeldung Cottbus-Information, Tel. 0355/19433
für Gruppen bis 50 Personen, 120 DM/Gruppe,
Attraktionen: Fontainen im Goethepark Mai bis Sept. Sa, So und Feiertage
1 Stadtpromenade
P gebührenpflichtig

MultiKultiGarten Forst

Spremberger Straße 67, Forst (Lausitz)

Der mehrfach mit Preisen ausgezeichnete Garten der Pension ist ein originelles Miniparadies. Der nach Osten gerichtete Vorgarten ist japanisch inspiriert, der Südgarten im griechisch-römischen Stil gebaut. Im Westen liegt das Mexikanische Atrium und der Brunnenhof. Hier und auf der Nordseite hängen zahlreiche Blumenampeln.
Eigentümer/in: Ulrich und Karin Acksel, Pension Ihr Bett in Forst, Spremberger Straße 67, 03149 Forst (Lausitz), Tel. 03562/7582, Fax 03562/7582

Brbg 47
Größe: 640 m²
Öffnungszeiten: ganzjährig geöffnet, Anmeldung erbeten
Führungen: nach Voranmeldung
DB Forst (Lausitz)
Forst – Cottbus Spremberger Straße
→ Ortsteil Noßdorf
P

Brbg 48
Eigentümer/in:
Stadtverwaltung Forst (Lausitz)
Wehrinselstraße 42,
03149 Forst,
Tel. 03562/7548,
Fax 03562/989327,
E-Mail sv-forst@ranet.de,
Internet www.forst-lausitz.de
Größe: 16 ha
Eintritt: 3 DM, Kinder frei bis 6 Jahre, ermäßigt 2,50 DM für Schüler, Studenten, Soldaten, Zivis und Arbeitslose
Erm. für Schüler bis 14 J.: 2 DM
Gruppen ab 15 Personen 2 DM/Person
Öffnungszeiten: ganzjährig geöffnet, im Sommer 8–20 Uhr, im Winter 9–17 Uhr
Führungen: nach Voranmeldung Fremdenverkehrsverein, Tel.: 03562 989327
Preis auf Anfrage
Attraktionen: Wasserspiele, Romantiknacht Mitte August
B Wehrinselstraße, Rosengarten
→ Hinweisschilder
Veranstaltungen, Rosengartenfesttage mit Schnittrosenschau
Infos bei: Fremdenverkehrsverein Forst, Promenade 9, 03149 Forst (Lausitz), Tel. 03562/989327, Internet www.forst-lausitz.de, Nacht der tausend Lichter, Ende Juni

Ostdeutscher Rosengarten Forst

Wehrinselstraße 42, Forst (Lausitz)

Foto: Forst

Im Juni 1913 wurde anläßlich des 25jährigen Krönungsjubiläums Kaiser Wilhelms II. in Forst auf dem Gelände des Rosengartens eine Rosen- und Gartenbauausstellung eröffnet, der Anfang dieses traditionsreichen Parks. Im Oktober 1913 beschloß das Forster Stadtparlament, das Ausstellungsgelände als Rosengarten zu erhalten. Als Dank und Anerkennung für die gelungene Ausstellung nahm der Verein Deutscher Rosenfreunde die Anlage unter seinen Ehrenschutz und verlieh dem Park den Namen Ostdeutscher Rosengarten, in dem sich heute weit mehr als 400 Rosensorten auf 40 000 Rosenstöcken präsentieren. Eine Vielzahl von Gehölzen, weitläufige Rasenflächen, ein sehr alter Baumbestand mit Rhododendrenhainen sowie ein Dahlien-, Frühlings- und Heidegarten schaffen in dem Park eine ganz besondere Atmosphäre. Kunstvoll gefertigte Brunnenanlagen, Skulpturen und Pergolen aus der Gründerzeit bereichern diesen stimmungsvollen Park.

Brm

Brm 1
Größe: 1,4 ha
Anmeldung erbeten beim Förderverein Thieles Garten, Tel. und Fax 0471/67070
Öffnungszeiten: März bis Dez. Di–So, 10 Uhr bis Einbruch der Dunkelheit
Eintritt: frei
Führungen: nach Voranmeldung Förderverein Thieles Garten kostenlos
Attraktionen: Wasserspiele, bei besonderen Abendveranstaltungen spezielle Beleuchtungseffekte
2 Kurt-Schumacher-Straße 1S, 11S, 3, 8 Louise-Schröder-Straße,
an besonderen Tagen

Thieles Garten

Mecklenburger Weg 100, 27578 Bremerhaven

Thieles Garten ist eine kleine Oase im Bremerhavener Stadtteil Leherheide. Eingebettet in einem Wohngebiet am Mecklenburger Weg liegen Teiche, umgeben von exotischen und heimischen Bäumen und Pflanzen. Zahlreiche Skulpturen, ein Haus im maurischen Stil und eine Moorkate gehören zum Erbe der Künstlerfamilie Thiele, die in den zwanziger Jahren diesen außergewöhnlichen Garten erschuf.

Eigentümer/in: Magistrat der Stadt Bremerhaven, Gartenbauamt, Stadthaus 7, Dionysiusstraße 58, 27576 Bremerhaven, Tel. 0471/5902957, Fax 0471/5902660, E-Mail stadtverw.@bremerhaven.de

Veranstaltungen: Musikveranstaltungen, Lesungen vierteljährlicher Wechsel, Mo–Fr 14–18 Uhr, Infos bei: Tel. 0471/67070, Fax 0471/67070

Brm 2
Eigentümer/in: Magistrat der Stadt Bremerhaven, Gartenbauamt, Stadthaus 7, Dionysiusstraße 56, 27576 Bremerhaven, Tel. 0471/77601, Fax 0471/5902660
Größe: 9 ha
Eintritt: frei
Öffnungszeiten: bis zum Eintritt der Dunkelheit geöffnet
5, 6 Friedhof Wulsdorf

Friedhof Wulsdorf

Weserstraße 169, Bremerhaven

44 Jahre nach der Gründung Bremerhavens bekam die Stadt 1871 ihren eigenen Friedhof. Dieser mußte aufgrund der räumlichen Enge und der ungünstigen Bodenverhältnisse im tiefgelegenen Marschengebiet außerhalb der Stadt auf damals noch preußischem Gebiet angelegt werden. Gartenbauinspektor Friedrich Wilhelm Benque, der zu der Zeit den Bremer Bürgerpark anlegte, konnte für die Planung gewonnen werden. Der Entwurf für den Friedhof entsprach ganz dem Zeitgeschmack des ausgehenden 19. Jahrhunderts. Geschwungene Wege, locker verteilte Baumgruppen und die Asymmetrie der Anlage geben dem Friedhof das Aussehen eines Landschaftsparks. Bemerkenswert sind neben den Grabstätten bedeutender Persönlichkeiten der Stadt die schiffahrtsbezogenen Gedenkstätten, die sich beispielsweise der Thomas-Katastrophe vom 11. Dezember 1875 und der China-Expedition vom Anfang des 20. Jahrhunderts widmen. Von der pflanzlichen Vielfalt profitiert u. a. die Vogelwelt mit 28 Brutvogelarten.

Brm 3
Eigentümer/in: Magistrat der Stadt Bremerhaven, Gartenbauamt, Stadthaus 7, Dionysiusstraße 56, 27576 Bremerhaven, Tel. 0471/23554, Fax 0471/5902660
Größe: 64 ha
frei zugänglich

Bürgerpark Bremerhaven

Adolf-Hoff-Weg, Bremerhaven

Um die Jahrhundertwende schlossen sich Bürger der damaligen Stadt Geestemünde (heute Stadtteil von Bremerhaven) zum Geestemünder Waldverein zusammen. Auf Vorschlag des Gartengestalters Adolf Hoff aus Harburg entstand in mehreren Schritten dann der Bürgerpark. Man begann mit der Anlage im Südosten im Jahre 1907. Die jungen Bäume hatten es anfangs schwer auf dem stauwasserführenden

Boden der Marsch und bei den vorherrschenden Starkwinden. Durch die nur flach ausgebildeten Wurzelteller fallen die Bäume auch heute noch leicht einem Sturm zum Opfer. Große Waldpflanzungen, Wiesen und Teiche gliedern den Park. Aus dem Bodenaushub der Teiche entstand der Drachenberg, der bei Schnee der Rodelhang der Stadt ist. Die große Wiese zeigt noch heute eine große Artenvielfalt von Gräsern und Kräutern – wie vor hundert Jahren.

DB Bremerhaven
P ✕ 🐕 ♿

Blindengarten Bremen

Raschenkampsweg, Ulenweg, Bremen-St. Magnus

Nur durch eine private Initiative, Spendengelder und kostenlose Arbeitsleistungen Bremer Firmen konnte 1989 der erste Blindengarten Deutschlands dieser Art eröffnet werden. Er ist einer der größten Anlagen dieser Art mit zirka 600 Pflanzenarten, die in 16 verschiedenen Pflanzenzusammenstellungen und Erlebnisbereichen angeordnet sind. Die Etikettierung erfolgt mit deutschen Namen und in Braille (Blindenpunktschrift). Die Mitglieder des Vereins pflegen den Garten und unterhalten ihn durch Spenden, beispielsweise durch Führungen.

Eigentümer/in: Verein Blindengarten Bremen, Richthofenstraße 31a, 28759 Bremen, Tel. 0421/625955, Fax 0421/625955, Internet www.Lesum.de/vereine/blindengarten

Brm 4
Größe: 0,2 ha
Eintritt: Spenden zur Erhaltung des Gartens
Öffnungszeiten:
März bis Okt. 9–18 Uhr
Führungen: nach Voranmeldung, Spende
DB St. Magnus
Bus 70, 71 Bf St. Magnus
P 🐕 ♿
Veranstaltungen: Sommerfest im Blindengarten jeweils Ende Mai, meist letzter Samstag im Mai
i Broschüre und Tasttafel in Brailleschrift für blinde Besucher kostenfrei

Knoops Park

Auf dem Hohen Ufer, Bremen-St. Magnus

Knoops Park befindet sich in Bremen-Nord, oberhalb des Flusses Lesum, am Rande der Geest zur Marsch hin. Der Park wurde als Privatpark des Baumwollhändlers Baron Knoop im Jahre 1871 von dem Landschaftsarchitekten Benque geschaffen, der auch den Bürgerpark in Bremen anlegte. Ende des letzten Jahrhunderts entstand so eine großzügige Parkanlage mit Teichen und Springbrunnen, Gewächshäusern, Betriebsgebäuden und drei weiteren Wohnhäusern. Nach der Revolution 1918 konnten Schloß und Park von den Kindern Knoops aus finanziellen Gründen nicht mehr ordnungsgemäß unterhalten werden. So wurde das Schloß 1933 abgerissen, der Park ging 1938 in den Besitz der Stadt Bremen über. Der Park hat heute noch einen gut erhaltenen alten und wertvollen Baumbestand und große Rhododendronkulturen. Ungewöhnlich ist der Höhenunterschied von 25 Metern im Park. Viele alte Bauelemente wie Torhäuser, Wasserturm mit Uhr, Wohnhäuser und alte Gartenelemente (Wegeinfassungen, Grotten und kleines Rosarium) sind noch erhalten.

Eigentümer/in: Freie Hansestadt Bremen (Bremen-Nord), Bauamt Bremen-Nord, Abt. Gartenbau, Gerhard-Rohlfs-Straße 48 A, 28722 Bremen, Tel. 0421/6597303, Fax 0421/6597347

Brm 5
Größe: 65 ha
frei zugänglich
Führungen: nach Voranmeldung, für Gruppen bis 20 Personen, Führungen nicht regelmäßig, kostenlos
DB Stadtexpress nach Vegesack, Bf St. Magnus
Bus 74, 75 Knoops Park
74, 75 Am Kapellenberg
P ☕ 🐕 ♿
Veranstaltungen:
Open Air 1 × im Juli
Ökomenischer Gottesdienst, 1 x im Sommer (Juni/Juli)
Musik der Musikschule Bremen-Nord im Park, 1 × im Sommer (Juni/Juli)

Brm 6
Eigentümer/in: Freie Hansestadt Bremen (Bremen-Nord), Bauamt Bremen-Nord, Abt. Gartenbau
Gerhard-Rohlfs-Straße 48 A, 28722 Bremen,
Tel. 0421/6597303,
Fax 0421/6597347
Größe: 6 ha,
frei zugänglich
DB Stadtexpress, Bf Vegesack
Bus 70, 71, 74, 75 Bf Vegesack, Breite Straße, Fährgrund
P ✂ 🐕 ♿

Stadtgarten Vegesack

Weserstraße / Schulkenstraße / Zur Vegesacker Fähre (Strandlust), Bremen-Vegesack

Die Ursprünge des Stadtgartens in Bremen-Vegesack können bis zum Anfang des 19. Jahrhunderts zurückverfolgt werden, denn damals schuf der Arzt und Botaniker Dr. Albrecht Roth am Weserhang diesen bedeutenden Botanischen Garten. Im Laufe der Jahre wurde er immer wieder durch Zukauf von Privatgrundstücken bis zur heutigen Größe erweitert. Besonders beeindruckend ist die Lage des Parks am Geesthang, direkt im Kurvenbereich der Weser. Von der etwa 1 Kilometer langen Uferpromenade kann man die unmittelbar am Park vorbeifahrenden großen Schiffe beobachten. Die sehr seltenen Bäume und Sträucher wurden im Laufe der Zeit von den ehemaligen Bewohnern beziehungsweise von Reisenden als Geschenke mitgebracht und angepflanzt. Ein Rosarium, größere Staudenpflanzungen, eine Mosaiksammlung und ein ausgedienter alter Schlepper vervollständigen die Anlage. In unmittelbarer Nähe sind eine Nachbildung eines Walkiefers und das Segelschulschiff *Deutschland* zu sehen.

Brm 7
Eigentümer/in: Freie Hansestadt Bremen (Bremen-Nord), Bauamt Bremen-Nord, Abt. Gartenbau
Gerhard-Rohlfs-Straße 48 A, 28722 Bremen,
Tel. 0421/6597303,
Fax 0421/6597347
Größe: 1 ha, 40 ha Landschaftsraum
frei zugänglich
P 🐕 ♿
Veranstaltungen: Konzerte im Museum des Schönebecker Schlosses, Fortbildungsveranst. zu naturkundl. Themen in der Ökologiestation
ℹ Verkauf im Museum

Schönebecker Schloß und Landschaftsraum Schönebecker Aue

Im Dorfe, Bremen-Schönebeck

Foto: Heideloff-Schlechtweg

Das Gebiet der Schönebecker Aue gehört zu den beliebtesten Naherholungsgebieten in Bremen-Nord. Der besondere Reiz des Schönebecker Auetals liegt im abwechslungsreichen und vielfältig strukturierten Landschaftsbild. Das Wasserschloß wird von einem kleinen Schloßpark umgeben. Besondere Anziehungspunkte sind das Museum im Schönebecker Schloß mit regelmäßigen Konzerten und die Ökologiestation als Fortbildungsstätte naturkundlicher Themen.

Wallanlagen

Bremen

1802 beschloß der Rat die Entfestigung Bremens. In den folgenden Jahrzehnten wurden Wälle und Gräben in eine aufwendig gestaltete Parkanlage umgewandelt, die bis heute größtenteils erhalten ist. Der sehr alte Baumbestand, viele Frühlingsblumenzwiebeln, modellierte Wiesenflächen, Wechselbepflanzungen, zahlreiche Standbilder und andere Skulpturen sowie die Mühle beim Herder Tor zeichnen diese Anlage aus.

Brm 8
Eigentümer/in: Hansestadt Bremen, Stadtgrün Bremen
Hollerallee 85, 28209 Bremen,
Größe: 90 ha,
frei zugänglich
→ 5 Gehminuten vom Hauptbahnhof

Bremer Bürgerpark

Bremen

Foto: Parkverwaltung Bürgerpark

Bürgerlicher Gemeinsinn führte 1865 zur Gründung eines für jedermann offenen Vereins zur Bewaldung der vor den Toren Bremens gelegenen Bürgerweide. Der aus Ludwigslust stammende Gartenkünstler Wilhelm Benque plante den Bürgerpark. Im Laufe der Jahre wurde die Parkschöpfung als Verbindung von Stadt und landschaftlicher Umgebung zu einer der wertvollsten Gartenanlagen des späten 19. Jahrhunderts in Deutschland. Heute umfassen Bürgerpark und Stadtwald eine Fläche von 142 Hektar Wald, 30 Hektar Wiese/Rasen, 15 Hektar Gewässer und 31 Kilo-

Brm 9
Eigentümer/in: Bremer Bürgerparkverein,
Bürgerparkverwaltung
Schweizerhaus/Bürgerpark,
28209 Bremen,
Tel. 0421/342070
Größe: 202 ha
frei zugänglich
Führungen: nach Voranmeldung
5, 6 Bürgerpark
5, 6 Am Stern
26 Bürgerpark
26 Am Stern
30 Bürgerpark, Am Stern
gebührenpflichtig vor der Stadthalle
Veranstaltungen: Musik und Licht am Hollersee
Open-Air-Klassik-Konzert Mitte September
Infos bei:
Tel. 0421/342070

meter Fußwege. Die Erlebnisqualität liegt in den vielfältigen malerischen Gewässern, Brücken sowie in wertvollen Pflanzungen. Ein dem Parkcharakter angemessenes Angebot an spielerischen und sportlichen Aktivitäten sowie ein ergänzendes, kulturelles Veranstaltungsprogramm bereichern die Attraktivität und Vielseitigkeit dieser größten innerstädtischen Grünfläche Bremens. Während in anderen Städten private Träger öffentlicher Parks nicht lange überlebten, haben es sich die Mitglieder des Bürgerparkvereins bis heute zu ihrer ureigenen Aufgabe gemacht, den Park selbst zu finanzieren, zu pflegen und durch Schenkungen von Brücken, Pavillons und anderen Gebäuden auszustatten. Mit der Vergabe der Silbernen Halbkugel hat das Deutsche Nationalkomitee für Denkmalschutz 1991 eine beispielhafte, traditionsreiche Leistung zur Erhaltung eines bedeutenden Gartenkunstwerks ausgezeichnet.

Brm 10
Größe: 300 m²,
Anmeldung erbeten
Öffnungszeiten: ganzjährig geöffnet
Führungen: nach Voranmeldung, kostenlos
1, 4 Kirchbachstraße

Privatgarten Landmark

Schwachhauser Ring 19, Bremen

Bei dem Privatgarten Landmark handelt es sich um den Hausgarten eines Gartenarchitekten. Vielfältige Gestaltung und Nutzung auf kleiner Fläche sowie eine Anzahl von Skulpturen zeichnen die Anlage aus.
Eigentümer/in: Familie Landmark, Schwachhauser Ring 19, 28213 Bremen, Tel. 0421/217397, Fax 0421/217397

Brm 11
Eigentümer/in: Hansestadt Bremen, 28359 Bremen,
Tel. 0421/3613025,
Fax 0421/3613610
Größe: 12 ha
Eintritt: frei
Öffnungszeiten: ganzjährig geöffnet, Sortimentsgarten: April bis Sept. 7.30 Uhr bis Sonnenuntergang,
Gewächshäuser: Mo–Fr, So 10–16 Uhr, Sa 12–16 Uhr
Führungen: nach Voranmeldung, für Gruppen bis 25 Personen,
120 DM/Gruppe
Attraktionen: Azaleen-Museum: 20. März bis 30. April,
Fuchsienschau: 15. Juni bis 30. Sept.
20 Rhododendronpark 21, 30, 31, 33, 34, 140, 166
Bürgermeister-Spitta-Allee 21, 30, 31, 33, 34, 140, 166
Horner Heerstraße
P über Deliusweg

Botanischer Garten / Rhododendren-Park Bremen

Marcusallee 60, 28359 Bremen

Auf dem Gelände des Rickmerschen Parks begann 1936 nach Plänen des Gartenbaudirektors Homann und unter Leitung des späteren Parkdirektors Berg die Bepflanzung mit Rhododendren. Die günstigen Standortbedingungen in Bezug auf Klima und Bodenbeschaffenheit und die Nähe des Oldenburger Baumschulgebiets gaben den Ausschlag für die Anlage des Schau- und Sichtungsgartens, der sich sowohl für Rhododendronkenner und Liebhaber als auch für den normalen Gartenfreund zu einer Oase entwickelt hat. Neben 680 Wildarten wachsen hier zirka 2000 verschiedene Rhododendronsorten. Der 1904 am Osterdeich begonnene Botanische Garten zog ab 1939, dann 1949 bis 1951 auf das Geländes des Rhododendron-Parks um. Die Einteilung der Pflanzen erfolgte nach geographischen Gesichtspunkten und nach Pflanzengesellschaften. Neben einem Heil- und einem Nutzpflanzengarten gibt es im Sommer eine große Balkonpflanzenausstellung.

nur Rhododendronpark

Neustadtswallanlagen

Neustadtswall, Neustadtscontrescarpe, Buntentorsteinweg, Friesenwerder, Bremen

Auch die die Bremer Neustadt umgebenden militärischen Wallanlagen konnten nach und nach in einen, die Neustadt umschließenden schmalen grünen Ring umgewandelt werden. Viele dieser Teile sind erst nach dem Zweiten Weltkrieg entstanden, so zum Beispiel die Sitzanlage am Friesenwerder mit Blick über die Weser auf den gegenüberliegenden Stephanigarten. Von der in den Jahren 1950 bis 1952 mit Spielecken, Sitzplätzen, Blumenbeeten und Mauern hergestellten Anlage Am Hohentorsplatz geht es weiter über den Leibnizplatz mit Centaurenbrunnen zur kleinen Anlage an der Piepe mit Übergang zum Erholungsgebiet der Kleinen Weser und des Werdersees. 1977 konnte ein ehemaliges Kasernengelände mit einem Spielplatz am Hallenbad mit einbezogen werden.

Brm 12
Eigentümer/in: Freie Hansestadt Bremen,
c/o Stadtgrün Bremen,
Hollerallee 85,
28209 Freie Hansestadt Bremen,
Tel. 0421/36110802,
Fax 0421/3612764
Größe: 12 ha,
frei zugänglich
DB Bremen

Schloßpark Sebaldsbrück

Schloßparkstraße, Bremen-Sebaldsbrück

Das ehemalige Gut in Sebaldsbrück der Familie Dr. Gerhard Meier wurde 1843 an den Senator G. H. Adami verkauft. Nachdem es seit 1903 eine zeitlang unter dem Namen Schloßpark als Gastwirtschaft gedient hatte, wurde ein Teil des Anwesens an die Hansa-Lloyd-Werke verkauft, während der Park an die Stadt überging, die ihn als Volkspark in die öffentlichen Anlagen einreihte. Nach dem II. Weltkrieg waren umfangreiche Wiederherrichtungen erforderlich. Typisch sind die zwei großen, durch Baumreihen geschaffenen Parkräume.

Brm 13
Eigentümer/in: Freie Hansestadt Bremen,
c/o Stadtgrün Bremen,
Hollerallee 85,
28209 Freie Hansestadt Bremen,
Tel. 0421/36110802,
Fax 0421/3612764
Größe: 4,9 ha,
frei zugänglich
2, 10 Segelsbrück

Brm 14
Eigentümer/in: Freie Hansestadt Bremen, c/o Stadtgrün Bremen, Hollerallee 85, 28209 Freie Hansestadt Bremen, Tel. 0421/36110802, Fax 0421/3612764
Größe: 7 ha, frei zugänglich
33 Oberneulander Landstraße

Park Höpkensruh

Oberneulander Landstraße, Lindenweg, Bremen

Der Landschaftspark entstand über mehrere Bauabschnitte und durch verschiedene Besitzer im Laufe des 19. Jahrhunderts. Käpitän Höpken, ab 1859 Besitzer der Anlage, überließ sie in seinem Testament der Stadt Bremen, so daß sie 1893 der Öffentlichkeit übergeben werden konnte. Mit seinen durch gekonnte Geländemodellierungen geschaffenen Teichen, Inseln und Hügeln gliedern die großen Baumgruppen und Gehölzpflanzungen den Park in unterschiedliche Parkräume. Bei dem im Zweiten Weltkrieg abgebrannten und danach wiederaufgebauten Restaurant Höpkensruh lädt eine Terrasse über dem Lindenrondell ein, den Blick auf den vorderen Parkteil und einen sehr schönen, großen nordamerikanischen Maiglöckchenbaum zu genießen. In der Nähe spiegelt sich im kleinen Teich der Obelisk, der zur Erinnerung an die vier seinerzeit berühmten Botaniker Haller, Linné, Jaquin und Roth errichtet wurde. Ein eichengesäumter Wanderweg führt entlang Muhles Park bis zum Deich an den Wümmewiesen.

Brm 15
Eigentümer/in: Freie Hansestadt Bremen, c/o Stadtgrün Bremen, Hollerallee 85, 28209 Freie Hansestadt Bremen, Tel. 0421/36110802, Fax 0421/3612764
Größe: 11 ha, frei zugänglich
33 Oberneulander Landstraße

Muhles Park

Oberneulander Landstraße, Lindenweg, Bremen

Die ersten parkartigen Gestaltungen auf einem Meiergut erfolgten schon 1825. Nach mehrmaligem Besitzerwechsel, bei dem die Anlage schrittweise zum weiträumigen Landsitzpark weiterentwickelt wurde, übernahm 1922 die Familie Muhle das Anwesen. Die Stadt Bremen kaufte es dann 1975. Bei diesem Landgutpark, der sich durch seine einfache Weiträumigkeit auszeichnet, ist die schrittweise Entstehung bis heute noch klar erkennbar. Vor dem Herrenhaus zur Straße hin erstreckt sich der großzügige Parkvorraum, dahinter der alte Eichenbusch der ehemaligen Hofstelle und seitlich die lange Eichenallee des Wirtschaftsweges. Der Park geht mit Wirtschafts- und Wanderwegen über in die Oberneulander Parklandschaft bis hin zum Oberneulander Deich.

Brm 16
Größe: 6 ha
frei zugänglich
2, 10 Waller-Straße

Waller Park

Waller Heerstraße, Lange Reihe, Emder Straße, Bremen

Das Gutshaus des ehemaligen Adelssitzes aus dem 15. Jahrhundert stammt aus dem 19. Jahrhundert. Etwa zur gleichen Zeit wurde der Gutspark angelegt. Der alte Landschaftsgarten, seit 1928 öffentlich zugänglich, zeichnet sich durch einen schönen Altbaumbestand aus.
Eigentümer/in: Freie Hansestadt Bremen, c/o Stadtgrün Bremen, Hollerallee 85, 28209 Freie Hansestadt Bremen, Tel. 0421/36110802, Fax 0421/3612764

Heinekens Park

Oberneulander Landstraße, Eekenhöge, Bremen

Ein ehemaliges Vorwerk wurde u.a von der Familie des Bürgermeisters Heineken im frühen 18. Jahrhundert als Barockgarten im französisch-holländischen Stil angelegt. Schon in der zweiten Hälfte des 18. Jahrhunderts erfolgte eine Umgestaltung in einen frühen, romantisierenden Landschaftspark. Das in Norddeutschland einzigartige um 1770 entstandene Heckentheater, die daran anschließende Parkachse und ein nebenliegender Landschaftsgartenteil konnten 1975 der Öffentlichkeit zugängig gemacht werden. Das alte Herrenhaus mit dem restlichen Parkteil ist weiterhin im Besitz der Familie Dr. Heineken.

Brm 17

Eigentümer/in: Freie Hansestadt Bremen, c/o Stadtgrün Bremen, Hollerallee 85, 28209 Freie Hansestadt Bremen, Tel. 0421/36110802, Fax 0421/3612764

Größe: 2,7 ha, frei zugänglich

33 Kapitän-König-Weg

Hmb

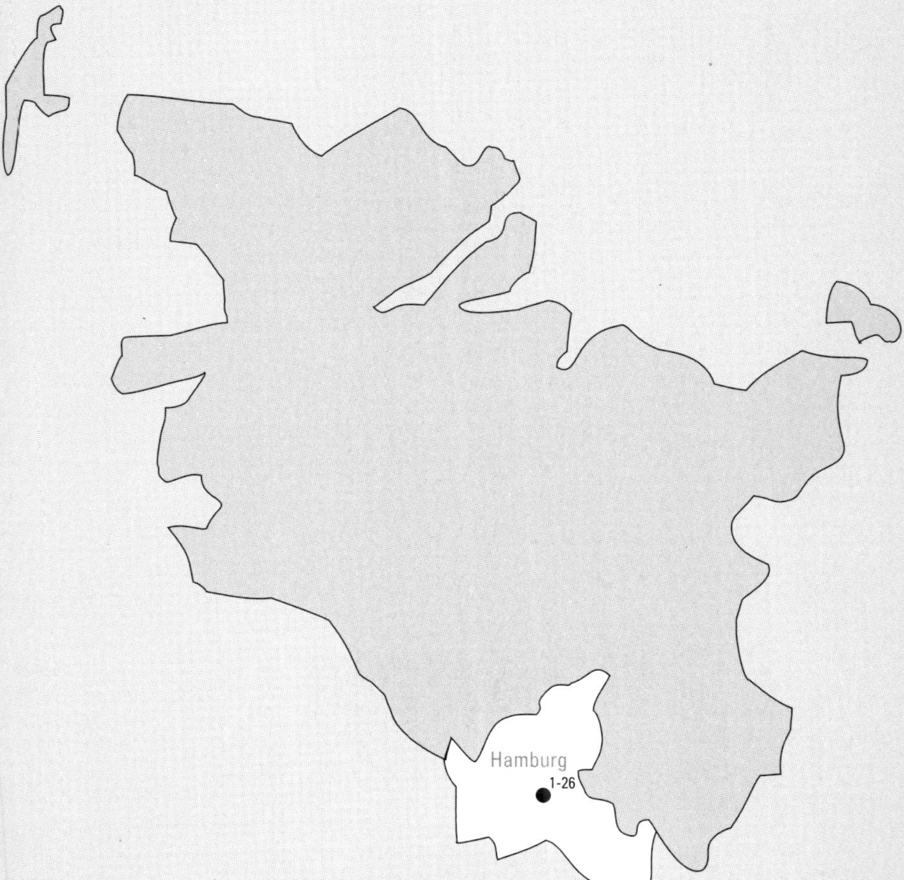

Privatgarten Auf der Heide

Auf der Heide 61, Hamburg

Der Zauber dieses Gartens liegt in der geschwungenen Linienführung der Blumenrabatte vor variierendem Gehölzhintergrund. Rosen, Stauden und Einjährige wetteifern mit ihrer Fülle, ihren Farben und Düften von Mai bis Oktober, dabei werden die sanften Töne, bis auf eine feurige Sommerrabatte, bevorzugt. Ritualplatz, Minibiotop und Kräutergarten sind wichtiger Bestandteil des Gartens.
Eigentümer/in: Isolde Schmitt-Wolny, Auf der Heide 61, 22393 Hamburg, Tel. 040/6019302, Fax 040/6017613, E-Mail dieter.wolny@t-online.de

Hmb 1 NEU
Größe: 0,1 ha
Anmeldung erbeten
Eintritt: frei
Öffnungszeiten: Juni/Juli/September nach Absprache
Führungen: nach Voranmeldung
S Wellingsbüttel
♿

Römischer Garten

Falkensteiner Ufer, Hamburg

Hmb 2
Eigentümer/in: Freie und Hansestadt Hamburg, Umweltbehörde, Fachamt für Stadtgrün und Erholung
Billstraße 84,
20539 Hamburg,
Tel. 040/428453928,
Fax 040/428457880,
E-Mail Heino.Grunert@ub-hamburg.de
Größe: 0,7 ha
frei zugänglich
Führungen: nach Voranmeldung
Bus 48 Elbhöhenweg
S 1 Blankenese

Die Anfänge dieses ehemaligen Privatgartens reichen in die Jahre 1880 bis 1890 zurück. Ab 1897 entstand durch den hanseatischen Bankier Moritz M. Warburg durch weitere

Umgestaltungen der Römische Garten mit der Thuja-Girlanden-Hecke, dem Theater und dem Rosengarten. Die Anlage wurde vor kurzem in Teilen restauriert.

Hmb 3
Eigentümer/in: Hamburger Friedhöfe - AöR - Fuhlsbüttler Straße 756, 22337 Hamburg, Tel. 040/593880, Fax 040/59388888, E-Mail information@friedhof-hamburg.de, Internet www.friedhof-hamburg.de
Größe: 404 ha
frei zugänglich
Führungen: nach Voranmeldung Förderkreis Ohlsdorfer Friedhof e.V., Tel. 040/50053387
Friedhofsmuseum: So, Mo, Do 10–14 Uhr und nach Vereinbarung
Attraktionen: Rhododendronblüte Ende Mai / Anfang Juni
DB Ohlsdorf
U 1 Ohlsdorf
39, 110, 172, 179 Bahnhof Ohlsdorf
177 Bramfeld See
165, 173 Maisredder
S 1, 11 Ohlsdorf

Friedhof Ohlsdorf

Fuhlsbütteler Straße, Hamburg

Foto: Hamburger Friedhöfe

Mit Ohlsdorf wird in Hamburg nicht nur ein Ortsteil bezeichnet, sondern auch der größte Friedhof der Welt. Mit seiner gärtnerischen Gestaltung ist er zugleich auch die größte Grünanlage dieser Stadt, ein Skulpturenpark besonderer Art, ein Freilichtmuseum der Grabmalkunst und damit auch ein beliebtes Ausflugsziel für Hamburger und Touristen. Als in der zweiten Hälfte des 19. Jahrhunderts die Begräbnisplätze vor den Toren der Stadt für die wachsende Bevölkerung nicht mehr ausreichten, wurde weit außerhalb der Stadt in der Ohlsdorfer Feldmark ein erster kommunaler Friedhof angelegt. Mit zunächst nur 6 Hektar Größe wurde er 1877 eröffnet. Zwei unterschiedliche gartenkünstlerische Epochen haben seine heutige Gestalt geprägt. Zunächst war es der Architekt Johann Wilhelm Cordes, der im Laufe seiner Tätigkeit einen Parkfriedhof schuf, der im In- und Ausland große Beachtung fand und als Vorbild für ähnliche Anlagen in Deutschland galt. In diesem – nunmehr Cordesteil genannten Bereich – ist das harmonische Zusammenwirken von Architektur, Skulptur und Landschaftsgärtnerei erhalten geblieben, das sich von anderen Gartenschöpfungen im landschaftlichen Stil jener Zeit abhebt. Die Erweiterung des Friedhofs auf die doppelte Größe erfolgte nach dem 1. Weltkrieg und nach Plänen von Otto Linne, dem ersten Gartenbaudirektor Hamburgs. Seine Erweiterungsplanung stand ganz im Einklang mit der Friedhofsreformbewegung und damit der neuen Gartenkunst jener Zeit, die er seit 1914 bereits in der Planung öffentlicher Grünanlagen umgesetzt hatte. Sein Konzept ist gekennzeichnet von strengen architektonischen Grundriß- und Raumformen und geht von der Grabstätte als Grundeinheit aus, die sich dann zur Grabreihe und weiter zum Grabquartier entwickelt, gegliedert durch charakteristische und raumbildende Hecken- und Alleepflanzungen. Dieses Grundprinzip setzte er auch bei neu zu gestaltenden Grabfeldern im Cordesteil ein. Sehenswert sind die Sonderanlagen wie der Althamburgische Gedächtnisfriedhof, der Rosengarten, die Teichanlagen, aber auch die vielen Gedenkstätten für die Opfer von Krieg und Gewaltherrschaft und die Gräber von bekannten Persönlichkeiten.

Jüdischer Friedhof an der Königstraße

Königstraße, Hamburg

Bis ins 19. Jahrhundert war dieser Friedhof Hauptbegräbnisplatz der Juden aus den damals noch selbständigen Städten Altona, Hamburg und Wandsbek. 1611 erhielten in Hamburg ansässige portugiesische Juden das Recht, hier ihre Toten nach jüdischem Ritus zu bestatten, was ihnen auf hamburgischem Gebiet verweigert worden war. Der Friedhof zeugt damit von der Rolle der ehemaligen Stadt Altona als Zufluchtsstätte für Glaubensflüchtlinge. Bemerkenswert sind die Gruftsteine und Zeltgräber der sephardischen und die Stelen der askenasischen Juden mit hebräischen, portugiesischen, spanischen oder später auch deutschen Inschriften.

Hmb 4
Eigentümer/in: Jüdische Gemeinde in Hamburg
Königstraße, 22767 Hamburg,
Tel. 040/78803953,
Fax 040/78802070
Größe: 2 ha
Eintritt: frei
Öffnungszeiten: ganzjährig geöffnet
Anmeldung erbeten bei der Jüdischen Gemeinde,
Tel. 040//409440
DB Holstenstraße
S 1, 2, 3 Königstraße
P

Park Alstervorland

Harvestehuder Weg, Hamburg-Eimsbüttel

Im Jahre 1873 wurde mit der Lombardsbrücken-Anlage am Ostufer der Außenalster begonnen, die Uferbereiche der Öffentlichkeit zugänglich zu machen. Das Projekt fand seinen Abschluß mit der Eröffnung des Parks Alstervorland anläßlich der Internationalen Gartenbauausstellung im Jahre 1953. Attraktiver Mittelpunkt ist der Promenadenweg zur Stadtsilhouette am Harvestehuder Weg. Nach der Ausstellung traten an die Stelle der Skulpturen Schmuckstaudenbeete. In den letzten Jahren ist die Ausstellungsfläche restauriert worden. Geplant ist, zumindest Teile der Ausstellung oder einige Reproduktionen aufzustellen.
Führungen: nach Voranmeldung
S 11, 21, 31 Dammtor, P

Hmb 5
Eigentümer/in: Freie und Hansestadt Hamburg,
Bezirk Eimsbüttel,
Gartenbauabteilung
Oberstraße 14b,
20139 Hamburg,
Tel. 040/428013511,
Fax 040/428012784
Größe: 12 ha
frei zugänglich
U 1 Hallerstraße
109, 115 Klein Fontenay, Böttcherstraße, Alsterchaussee, Harvestehuder Weg / Eichenpark

Volkspark Altona

Hellgrundweg, Hamburg

Der Volkspark Altona entstand ab 1913 und wurde bis in die 20er Jahre hinein fertiggestellt. Auf Grund seiner zum

Hmb 6
Eigentümer/in: Freie und Hansestadt Hamburg,
Umweltbehörde, Fachamt

für Stadtgrün und Erholung
Billstraße 84,
20539 Hamburg,
Tel. 040/428453928,
Fax 040/428457880,
E-Mail Heino.Grunert@ub-hamburg.de
Größe: 190 ha
frei zugänglich
🚌 180 Am Volkspark
188 Bahrenfeld Trabrennbahn

Teil noch traditionellen Gestaltungsprinzipien ist der Volkspark Altona ein eindrucksvolles Beispiel für die Zeit des Umbruchs und den Wechsel in der gartenkünstlerischen Grundauffassung in Deutschland zu Beginn dieses Jahrhunderts. Zusammen mit dem Hauptfriedhof Altona, den Sportanlagen, unter anderem das Volksparkstadion und der Trabrennbahn Bahrenfeld ist der Volkspark Altona die größte Grünanlage im Hamburger Westen.
Führungen: nach Voranmeldung
Ⓢ 3 Stellingen, P 🐕 ♿

Hmb 7
Eigentümer/in: Freie und Hansestadt Hamburg, Umweltbehörde, Fachamt für Stadtgrün und Erholung
Billstraße 84,
20539 Hamburg,
Tel. 040/428453928,
Fax 040/428457880,
E-Mail Heino.Grunert@ub-hamburg.de
Größe: 150 ha
frei zugänglich
Führungen: nach Voranmeldung
U 3 Borgweg
Ⓢ 1 Alte Wöhr
P ✕ ☕ 🐕 ♿

Stadtpark Winterhude

Saarlandstraße / Südring, Hamburg

Foto: Cassian Schmidt

Der Hamburger Stadtpark entstand nach einem Wettbewerb von 1912 nach Plänen von Fritz Schumacher und wurde in den zwanziger Jahren durch Otto Linne ergänzt und fertiggestellt. Der Park folgt in seiner weitgehend regelmäßig-achsialen Gestaltung den Ergebnissen der Reformdiskussion in der Gartenkunst und erfüllt mit seinem vielfältigen Nutzungsangebot trotz der Zerstörungen im 2. Weltkrieg und den Umgestaltungen der Nachkriegszeit auch heutige Ansprüche der Bevölkerung. Er gilt als Vorbild für viele spätere Volksparkplanungen in Deutschland. Das Gartendenkmal Stadtpark ist die bedeutendste Parkanlage Hamburgs und wird zur Zeit wiederhergestellt.

Hmb 8
Eigentümer/in: Kulturbehörde Hamburg,
Hohe Bleichen 22,
20354 Hamburg,
Tel. 040/348900
Größe: 0,1 ha,
frei zugänglich
🚌 HVV 130

Barockgarten Glockenhaus

Hamburg-Bergedorf

Das Glockenhaus ist eines der letzten Zeugen einer besonderen Landhauskultur am Billwerder Billdeich. Die landschaftliche Nutzung wurde im hinteren Bereich der Gebäude belassen und ein Vordergebäude angebaut, welches städtischen Ansprüchen genügte. Im Rahmen von Restaurierungsarbeiten am Gebäude, welches jetzt als Malermuseum genutzt wird, wurde auch ein historisierender Garten geplant und gebaut. Die ursprüngliche Gestalt der Anlage ist nicht überliefert. Die Wahrscheinlichkeit spricht aber dafür, daß an den Landhäusern des 16. und 17. Jahrhunderts ähnliche Gärten existierten. Als Vorbild für die Gestaltung wurde der Tippenhauersche Garten gewählt. Von diesem Garten aus gleicher Zeit existieren noch Originalpläne. Der Glockenhausgarten mit seiner Kombination aus Zier- und Nutzpflanzen ist erst zur Hälfte fertiggestellt. Für den zweiten Teil fehlen noch die finanziellen und rechtlichen Voraussetzungen.

→ Direkt neben der Autobahn
P 🐕 ♿

Bauerngarten im Museumsdorf Volksdorf

Im Alten Dorfe 46–48, Hamburg-Volksdorf

Der Bauerngarten ist in der vor 100 Jahren üblichen Form, vier Beete mit Mittelrondell in Buchsbaum-Einfassung, angelegt und beinhaltet zusätzlich ein Beet mit Würz- und Heilpflanzen. Wie in der gesamten Anlage des Museumsdorfes soll das bäuerliche Wohnen und Wirtschaften in der Zeit vor und nach der Jahrhundertwende dargestellt werden. Drei der das Rondell umgebenden Beete sind mit Stauden bepflanzt. Auf dem vierten Beet wächst Gemüse. Auf dem Rondell in der Mitte der Anlage werden Alte Rosen aus Züchtungen zwischen 1827 und 1893 kultiviert. Das Kräuterbeet umfaßt etwa 50 Würz- und Heilkräuter, wie sie in der betreffenden Zeit die Bäuerin verwendete.
Veranstaltungen: im Sommer
Infos bei: Tel. 040/6039097/98, Besichtigung mit Erklärungen des Bauerngartens und Kräuterbeet, letzter Sa im Mai, Juni, August, Sept., 14–17 Uhr

Hmb 9
Eigentümer/in: Gesellschaft für Heimatpflege und Heimatforschung DE SPIEKER e.V.,
Im Alten Dorfe 46–48,
22359 Hamburg,
Tel. 040/6039098,
Fax 040/6039098,
E-Mail despieker volksdorf.net
Internet www.volksdorf.net
Größe: 300 m²
Eintritt: frei
Öffnungszeiten: ganzjährig geöffnet Di–So, 9–18 Uhr
U 1 Volksdorf
174, 175 Volksdorf
P i

Bergedorfer Schloßgarten

Bergedorfer Schloßstraße, Hamburg

Die Wälle um die Schloßanlage, der ursprünglichen Wasserburg aus dem Mittelalter, wurden 1805 geschleift und zusammen mit einigen Wallgräben in eine Parkanlage umgestaltet. Nach umfangreichen Erneuerungsarbeiten 1896 an Schloß und Garten erfolgten 1903 und in den 20er Jahren Parkerweiterungen. Schloß und Garten zeigen heute den Kern der städtebaulichen Entwicklung Bergedorfs, stehen aber auch für die Geschichte erst holsteinisch-dänischer und später gemeinsamer hamburgisch-lübischer Verwaltung.

Hmb 10
Eigentümer/in: Freie und Hansestadt Hamburg, Umweltbehörde, Fachamt für Stadtgrün und Erholung
Billstraße 84,
20539 Hamburg,
Tel. 040/428453928,
Fax 040/428457880,
E-Mail Heino.Grunert@ub-hamburg.de
Größe: 5 ha, frei zugänglich
S 2 Bergedorf
☕ 🐕 ♿

Botanischer Sondergarten

Ölmühlenweg, Hamburg

Die Anlage entstand als Schulgarten zwischen 1926 und 1927 auf Anregung des Wandsbeker Lehrervereins. In der

Hmb 11
Größe: 5 ha
Eintritt: frei

Öffnungszeiten: ganzjährig geöffnet,
im Sommer 7.30–20 Uhr,
im Winter 7.30–18 Uhr
Führungen: nach Voranmeldung
164, 262 Ölmühlenweg
S 4 Wandsbek-Ost
P

Nachkriegszeit erneuert und erweitert ist der Garten eine intensiv gestaltete Schmuckanlage mit Rosen, Stauden, Sommerblumen, aber auch Wasserbecken und Gewächshäusern und liegt in unmittelbarer Nachbarschaft zum Eichtalpark und zum Wandse-Grünzug.
Eigentümer/in: Freie und Hansestadt Hamburg, Umweltbehörde, Fachamt für Stadtgrün und Erholung, Billstraße 84, 20539 Hamburg, Tel. 040/428453928, Fax 040/428457880, E-Mail Heino.Grunert@ub-hamburg.de

Hmb 12
Eigentümer/in: Freie und Hansestadt Hamburg, Bezirksamt Hamburg-Mitte, Glacischaussee 20, 20359 Hamburg, Tel. 040/3498 2150/52, Fax 040/3498 2223
Größe: 45 ha
Öffnungszeiten: ganzjährig geöffnet,
im Sommer 7–23 Uhr,
im Winter 7–20 Uhr
Eintritt: frei
Führungen: nach Voranmeldung, Tel.: 040/24864723, nach Absprache spezielle Fachgruppen,
Attraktionen: Wasserlichtorgel Mai bis August um 22 Uhr, Sept. um 21 Uhr
DB HH-Dammtor
U 1 Stephansplatz
U 2 Messehallen
U 3 St. Pauli
112 Handwerkskammer
S Dammtor
Veranstaltungen: Sommerprogramm mit einer Vielzahl von Veranstaltungen wie z. B. Parkfest, Musik im Rosengarten

Planten un Blomen

Klosterwall 8 / Dag-Hammarskjöld-Platz, Hamburg

Planten un Blomen ist der Oberbegriff für den die westliche Innenstadt abschließenden Hamburger Grüngürtel zwischen Millerntor, Dammtor und Fernsehturm. Neben dem eigentlichen Park umfaßt die Anlage die großen und kleinen Wallanlagen mit dem Alten Botanischen Garten. Die ehemaligen Wallanlagen und Kirchhöfe wurden im 19. Jahrhundert park- und promenadenartig umgestaltet und umfaßten einen Botanischen und einen Zoologischen Garten. 1935 erfuhr das Gelände mit der Niederdeutschen Gartenschau Planten un Blomen eine intensive Umgestaltung und erhielt den bis heute gebräuchlichen Namen. Nach den Kriegszerstörungen veränderten drei große Gartenschauen 1953, 1963 und 1973 das Erscheinungsbild. In den letzten Jahren wurden große Anstrengungen gemacht, Planten un Blomen in einen naturnahen, facettenreichen und kunstvoll angelegten Erlebnispark zu verwandeln.
Er umfaßt heute eine Vielzahl unterschiedlichster Gartenelemente:
Im Parkteil Planten un Blomen liegen Japanischer Garten, Rosengarten, Apothekergarten, Bürgergärten (1935), Alte Wasserkaskaden, Parksee mit Wasserlichtorgel, Großer Spielplatz, Musikpavillon, Staudenpflanzungen sowie Rhododendrenhügel.
Der Alte Botanische Garten umfaßt einen Japanischen Landschaftsgarten, Mittelmeerterrassen, den Alten Wallgraben, die Grüne Brücke sowie Schaugewächshäuser des Botanischen Gartens der Universität Hamburg mit Tropen-Cycadeen-, Farn- und Sukkulentenhaus.
An den Großen und Kleinen Wallanlagen und am Sievekingplatz befinden sich eine Wassertreppe, Sommerblumen, Rollschuhbahn, Kindertheater, Eisbahn, Mini-Golf sowie der Landschaftspark mit einer attraktiven Staudenpflanzung.

Hmb 13
Eigentümer/in: Freie und Hansestadt Hamburg, Umweltbehörde, Fachamt

Jenischpark

Baron-Vogt-Straße / Hochrad, Hamburg

Der Park entstand zunächst als Teil eines landwirtschaftlichen Musterguts nach englischem Vorbild. Caspar Voght

legte Ende des 18. Jahrhunderts, wie es seinerzeit Mode war, nördlich der Elbe eine Ornamented Farm an. Im Bereich der ehemaligen Süderkoppel ließ sich M. J. Janisch ab 1829 das heute noch vorhandene Herrenhaus bauen und den Park landschaftlich umgestalten. Die Anlage blieb bis 1927 in Familienbesitz, wurde dann von der Stadt Altona gepachtet und später von der Stadt Hamburg erworben. Heute, und besonders nach den bisher erfolgten gartendenkmalpflegerischen Arbeiten, ist der Park ein herausragendes Beispiel großbürgerlicher Lebensart, zumal er nicht das Schicksal von Parzellierungen teilen mußte, wie viele andere Parkanlagen im Westen der Stadt.
Führungen: nach Voranmeldung

für Stadtgrün und Erholung
Billstraße 84,
20539 Hamburg,
Tel. 040/428453928,
Fax 040/428457880,
E-Mail Heino.Grunert@ub-hamburg.de
Größe: 42 ha
frei zugänglich
115 Hochrad
36, 39, 286 Teufelsbrück
S 1 Klein-Flottbeck

Privatgarten Ellen Kruse

Wietreie 61, Hamburg

Der Privatgarten ist eine zehn Jahre alte Naturgartenanlage mit großer Pflanzenvielfalt. Stauden und Bodendecker sind den schon alten, teils wertvollen Gehölzen harmonisch zugeordnet. Der Südteil des Grundstücks wird bestimmt durch einen etwa 100 Qadratmeter großen Gartenteich, der als Biotop angelegt ist. Ein kleines Rasenstück spielt nur eine untergeordnete Rolle. Die Terrasse ist von einer bepflanzten Trockenmauer eingerahmt.
Öffnungszeiten: Juni, Samstag

Hmb 14
Eigentümer/in: Ellen Kruse
Wietreie 61, 22359 Hamburg,
Tel. 040/6032744
Größe: 0,1 ha
Anmeldung erbeten
Eintritt: frei
Führungen: nach Voranmeldung, kostenlos
U 1 Volksdorf
1 Rögenweg

Reihenhausgarten Wollkopf

Rögenfeld 21 F, Hamburg

Der von einer Fachfrau geplante kleine Garten entstand erst 1996. Zwei kreisförmige Kiesflächen mit Sitzmauern schneiden in einen leichten Hang ein und liegen auf unterschiedlichen Ebenen. Die Bepflanzung ist in der Farbpalette Rosa bis Weiß mit kräftigen Violettblautönen gehalten. Sonnige Prachtstaudenbereiche mit den Schwerpunkten Iris, Hemerocallis und Päonien wechseln sich mit schattigen Waldstaudenbereichen mit Hosta, Christrosen und Astilben ab. Buchs- und Ligusterhecken setzen weitere strukturelle Elemente.
Eigentümer/in: D. und H. Wollkopf, Rögenfeld 21 F, 22359 Hamburg, Tel. 040/6039631, Fax 040/6039631

Hmb 15
Größe: 100 m^2,
Anmeldung erbeten
Öffnungszeiten: nur an bestimmten Tagen geöffnet
Eintritt: frei
Führungen: nach Voranmeldung,
Büro gartenPlan,
Tel. 040/50790350,
Fax 040/50790355,
kostenlos
U 1 Volksdorf
174 Rögenfeld

Schwarzenbergpark

Schwarzenbergstraße, Hamburg

Die Geschichte der Parkanlage begann 1835, als der hannoversche Stadtkommandant die Initiative zur Umgestaltung des Berges ergriff. Es entstand südlich der Schloßinsel Harburg einer der frühesten öffentlichen Parks im heutigen Hamburger Raum, auf bewegtem Gelände mit weiten Aus-

Hmb 16
Eigentümer/in: Freie und Hansestadt Hamburg,
Umweltbehörde, Fachamt für Stadtgrün und Erholung
Billstraße 84,
20539 Hamburg,
Tel. 040/428453928,

Fax 040/428457880,
E-Mail Heino.Grunert@ub-hamburg.de
Größe: 16 ha
frei zugänglich
142 Kasernenstraße
S 3 Heimfeld

sichten. Bemerkenswert sind der gegen Ende des 19. Jahrhunderts angelegte Kaiserplatz mit dem gußeisernen Zweischalenbrunnen und dem darunter liegenden Kanonenplatz. In die Parkanlage integriert sind der Jüdische Friedhof Harburg aus dem 17. Jahrhundert und monumentale Grabmale auf Flächen des inzwischen aufgelassenen Schloß- und Garnisonsfriedhofes.
Führungen: nach Voranmeldung

Hmb 17
Größe: 0,7 ha,
frei zugänglich
DB Altona
36, 112, 115 Rathaus Altona
S 1, 2, 3, 5, 11, 31 Bahnhof Altona

Ehemaliger Friedhof an der Christianskirche
Elbchaussee, Hamburg
Der ehemalige Friedhof liegt rund um die barocke Christianskirche aus dem Jahr 1738. Zu Ottensen, von Linden beschattet, ist hier das Grab des Dichters Friedrich Gottlieb Klopstock (1724–1803) zu finden. Der Friedhof war von 1759 bis 1929 eine beliebte Ruhestätte für Persönlichkeiten des öffentlichen Lebens aus Altona und Hamburg. Von besonderer Bedeutung ist die gußeiserne Einfriedung aus dem Jahr 1898. Seit 1954 ist der ehemalige Friedhof Teil einer öffentlichen Grünanlage.
Eigentümer/in: Freie und Hansestadt Hamburg, Umweltbehörde, Fachamt für Stadtgrün und Erholung, Billstraße 84, 20539 Hamburg, Tel. 040/428453928, Fax 040/428457880, E-Mail Heino.Grunert@ub-hamburg.de

Hmb 18
Größe: 0,18 ha
Anmeldung erbeten
Eintritt: frei
Öffnungszeiten: nach Vereinbarung,
U 1 Berne
36 Greifenberger Straße

Privatgarten Wiemann
Bekassinenau 108, Hamburg
Der schmale Stadtgarten ist in unterschiedliche Räume gegliedert, denen Gehölze und Stauden thematisch zugeordnet sind. Die Flächenaufteilung folgt ostasiatischen Harmonieregeln. Großgehölze werden regelmäßig habitusgerecht nach der Methode Pfister zurückgeschnitten.
Eigentümer/in: Ingrid Wiemann, Bekassinenau 108, 22147 Hamburg, Tel. 040/6471603, Fax 040/64860199

Hmb 19
Eigentümer/in: Freie und Hansestadt Hamburg, Umweltbehörde, Fachamt für Stadtgrün und Erholung Billstraße 84, 20539 Hamburg, Tel. 040/428453928, Fax 040/428457880, E-mail Heino.Grunert@ub-hamburg.de
Größe: 92 ha
frei zugänglich
145, 245 Rabenstein

Stadtpark Harburg inclusive Schulgarten
Marmstorfer Weg, Hamburg
Der Harburger Stadtpark entstand in mehreren Abschnitten an der Westseite des Außenmühlenteichs zwischen 1907 und 1927. Das topographisch sehr reizvolle Gelände wurde überwiegend landschaftlich gestaltet, erhielt jedoch auch architektonisch angelegte Bereiche. Als Besonderheit gilt der 1929 bis 1932 entstandene und in den Stadtpark integrierte Schulgarten, ein Schau-, Schul- und Anzuchtgarten mit zahlreichen Sonderflächen. Letzte Erweiterungen fanden vorwiegend im Südteil statt und schufen vor allem Biotopflächen und Vogelschutzgebieten.
Führungen: nach Voranmeldung

Wacholderpark, ehem. Öffentlicher Garten Fuhlsbüttel

Öffentlicher Garten Fuhlsbüttel, Wacholderweg / Bergkoppelweg, Hamburg

Die Anlage wurde zwischen 1910 und 1911 durch das Hamburger Büro Jacob Ochs, deren künstlerischer Leiter bis 1913 Leberecht Migge war, gestaltet. Der Park mit Laubengängen und Baumhainen wurde 1996 restauriert. Er ist ein frühes Beispiel für die Verwirklichung der Ideen der Reformbewegung in der Gartenkunst und der selbstbestimmten Nutzung wie Lagern auf der Wiese und Trampelpfade.
Führungen: nach Voranmeldung
U 1 Fuhlsbüttel,

Hmb 20
Eigentümer/in: Freie und Hansestadt Hamburg, Umweltbehörde, Fachamt für Stadtgrün und Erholung
Billstraße 84,
20539 Hamburg,
Tel. 040/428453928,
Fax 040/428457880,
E-Mail Heino.Grunert@ub-hamburg.de
Größe: 0,7 ha
frei zugänglich

Hirschpark

Elbchaussee, Hamburg

Der ehemalige Privatgarten entstand ursprünglich im ausgehenden 18. Jahrhundert in landschaftlicher Gestaltung, unmittelbar an der Geestkante der Elbe. 1938 wurde der Park in eine öffentliche Grünanlage umgewandelt. Bemerkenswert sind heute vor allem die große Lindenallee, ein Wildgehege, der Rhododendronbestand, überwiegend aus diesem Jahrhundert, aber auch das noch intakte Landhaus.
Eigentümer/in: Freie und Hansestadt Hamburg, Umweltbehörde, Fachamt für Stadtgrün und Erholung, Billstraße 84, 20539 Hamburg, Tel. 040/428453928, Fax 040/428457880, E-Mail Heino.Grunert@ub-hamburg.de

Hmb 21
Größe: 26 ha
frei zugänglich
Führungen: nach Voranmeldung
36 Mühlenberg
1 Blankenese

Hammer Park

Hammer Steindamm / Sievekingsallee, Hamburg

Die Anlage entstand in den Jahren 1914 bis 1920 nach einem Entwurf des ersten Hamburger Gartendirektors Otto Linne durch Umgestaltung beziehungsweise Neuanlage eines ehemaligen Privatgartens, dem Hammer Hof. Bemerkenswert sind die zeittypisch regelmäßig angelegten Heckenquartiere.
Eigentümer/in: Freie und Hansestadt Hamburg, Umweltbehörde, Fachamt für Stadtgrün und Erholung, Billstraße 84, 20539 Hamburg, Tel. 040/428453928, Fax 040/428457880, E-Mail Heino.Grunert@ub-hamburg.de

Hmb 22
Größe: 16 ha
frei zugänglich
Führungen: nach Voranmeldung
U 3 Hammer Kirche
261 Hammer Steindamm

Privatgarten Nissen

Häußlerstraße 61, Hamburg

Der kleine Wohngarten in einer Bungalowsiedlung wird intensiv genutzt. Geschützt durch eine Sichtschutzwand liegen zwei Terrassen und zwei kleine Teiche. Besonderer Wert wurde auf die Natursteinverarbeitung gelegt.
Eigentümer/in: Dipl.-Ing. Walter Jochen Nissen, Häußlerstraße 61, 21031 Hamburg, Tel. 040/7381727, Fax 040/7381727

Hmb 23
Größe: 250 m²
Anmeldung erbeten
Eintritt: frei
Öffnungszeiten: Mai bis Oktober

Hmb 24
Größe: 17 ha
Anmeldung erbeten
Eintritt: frei
Öffnungszeiten:
im Sommer 7–18 Uhr,
im Winter 7–16 Uhr
Führungen: nach Voranmeldung
Attraktionen: Expo-Projekt: Skulpturenpark, Erlebnisgarten
→ A7, Ausfahrt Marmstorf

Schaugarten der Baumschule Lorenz von Ehren

Maldfeldstraße 4, Hamburg

Inmitten einer Parkanlage, am südlichen Rand von Hamburg, liegt das Beratungszentrum der Baumschule Lorenz von Ehren. Zahlreiche außergewöhnliche Solitärbäume und exotisch anmutende Formgehölze sind auf dem als Landschaftsgarten angelegten Gelände zu finden. Interessant ist die Verwendung von kleinbleibenden Ilex-Arten, Azaleen und Lavendel als geschnittene, bodendeckende Gehölze in dem von japanischer Gartenkunst inspirierten Schaugarten. Bei der Neuanlage Anfang der neunziger Jahre war ein durchgängiges ökologisches Konzept die oberste Prämisse. Blütenhöhepunkt ist zur Azaleen- und Rosenblüte.

Eigentümer/in: Baumschule Lorenz von Ehren, Maldfeldstraße 4, 21077 Hamburg, Tel. 040/76108205, Fax 040/76108100, E-Mail lve@lve.de, Internet www.lve.de

Hmb 25
Eigentümer/in: Freie und Hansestadt Hamburg, Bezirksamt Hamburg-Mitte, Gartenbauabteilung, Klosterwall 4, 20095 Hamburg, Tel. 040/24863442, Fax 040/24865565
Größe: 19 ha, frei zugänglich
120, 124 Billhorner Mühlenweg
S Rothenburgsort

Elbpark Entenwerder

Billwerder Neuer Deich / Entenwerder Stieg, Hamburg-Rothenburgsort

Foto: Planungsgruppe HASS

Der 1997 eröffnete Elbpark Entenwerder liegt auf einer langgestreckten Elbhalbinsel in Hamburg-Rothenburgsort und ist über eine Fußgängerbrücke und eine Landverbindung zu erreichen. Er stellt ein zentrales Glied in der Kette der Freiräume entlang der Elbe in Hamburg von Blankenese bis in die Vier- und Marschlande dar. Im Sinne einer Neuinterpretation der Ideen der traditionellen Hamburger Volksparks schuf die Planungsgruppe Hass, Rellingen, große Raumbildungen bei einer einfachen Grundausstattung. Markante Baumreihen, freiwachsende Hecken, Strauch- und Wildstaudenpflanzungen kombiniert mit vorhandenen Gehölzstrukturen bilden ein dauerhaftes Grundgerüst für Spaziergänge, Feste, Picknick und Spiel. Die mittlere, erhöhte Zone des Parks besteht aus einer Abfolge großzügiger Parkwiesenflächen, deren Endpunkte durch das markante Pappelrondell im Westen und das historische Fährhaus im Osten ausgebildet werden. Als zweite thematische Ebene prägt die naturräumliche Lage an der Elbe den Park mit häufig vom Hochwasser überfluteten Uferbereichen.

Neuer Botanischer Garten

Ohnhorststraße, Hamburg

Auch dieser Botanische Garten verbindet seine wissenschaftliche Aufgaben für Lehre und Forschung am Institut für Allgemeine Botanik mit der breiten Information der Bevölkerung über die Pflanze. Daneben hat sich die erst 1979 eingeweihte Anlage zu einem schönen Garten entwickelt, der sich in einer interessanten Reifephase befindet. Die verschiedenen Bereiche zeigen das Pflanzensystem, Nutz-, Gift- und Arzneipflanzen, Pflanzen aus Nord- und Südamerika und dem Mittelmeerraum, Alpinum, Frühlingswiese, Einheimische Pflanzenwelt, Rhododendren und Nadelbäume, außerdem werden Naturschutzaspekte zum Thema gemacht. Besonders beliebt sind die Rosen, der Bauerngarten und der stilgerechte japanische Garten.
Die Schaugewächshausanlage befindet sich noch im Alten Botanischen Garten als Teil von Planten un Blomen.
Öffnungszeiten: im Sommer 9–20 Uhr, im Winter 9–16 Uhr
Attraktionen: Japangarten Mai

Hmb 26
Eigentümer/in: Universität Hamburg, Institut für Allgemeine Botanik und Botanischer Garten, Hesten 10, 22609 Hamburg, Tel. 040/8282476, Fax 040/82282489
Größe: 25 ha
Eintritt: frei
Führungen: nach Voranmeldung, Tel. 040/6080533, Fax 040/6080032 für Gruppen bis 20 Personen Mitte April bis Mitte Sept., So 10 Uhr 100 DM/Gruppe
Bus 115, 184 Klein Flottbek
S 1 Klein Flottbek
P ♿ i

Hess

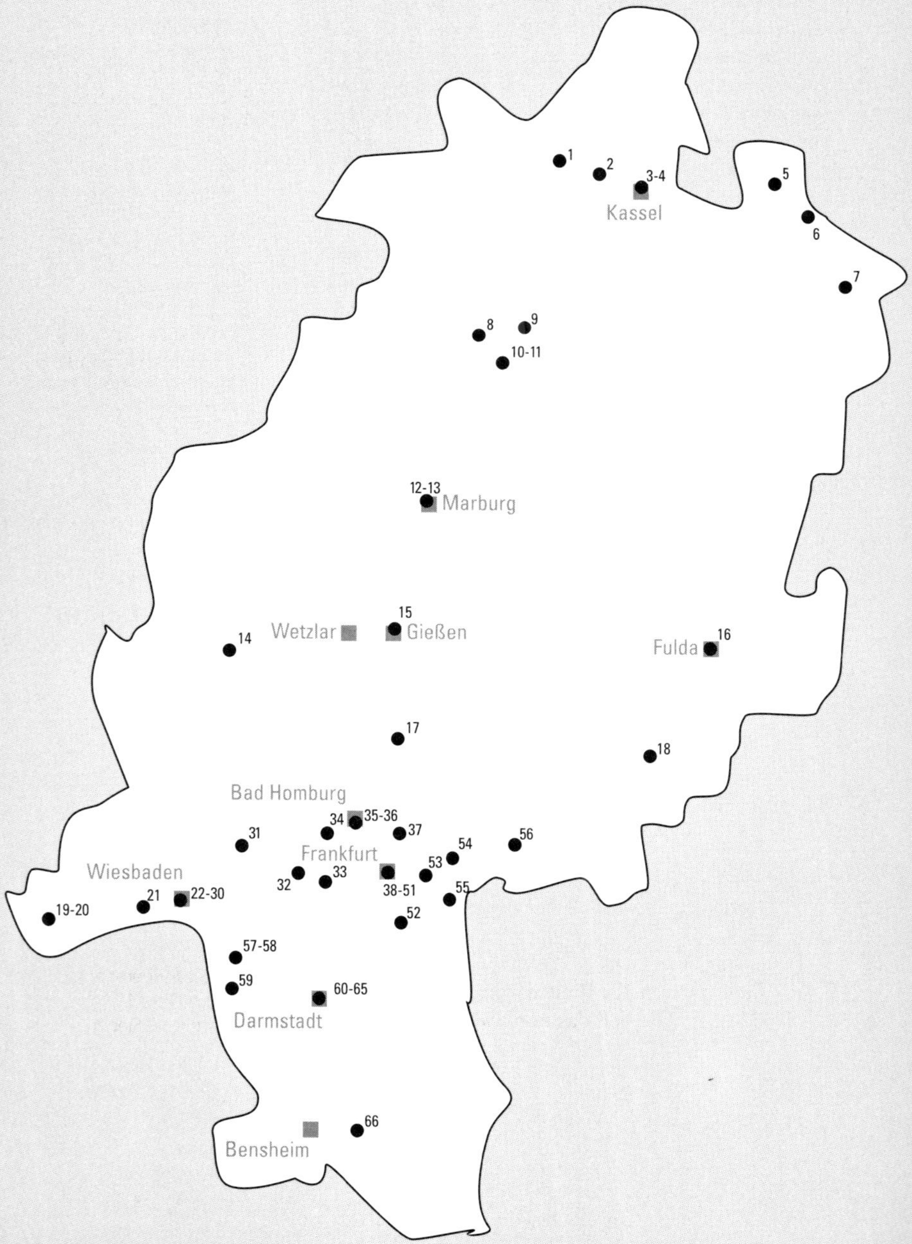
1
2
3-4
Kassel
5
6
7
8
9
10-11
12-13
Marburg
15
Wetzlar
Gießen
14
Fulda
16
17
18
Bad Homburg
34
35-36
37
31
Frankfurt
54
56
53
Wiesbaden
32
33
38-51
55
21
22-30
19-20
52
57-58
59
60-65
Darmstadt
66
Bensheim

Schloßpark Escheberg

Zierenberg / Escheberg

Die Entstehung der Gutsanlage geht auf das 18. Jahrhundert zurück. Damals wurde ein regelmäßiger Rokokogarten an der Südseite des Schlosses angelegt, der zwei durch Gefälle miteinander in Verbindung stehende Teiche einschließt. Der Garten wurde in der zweiten Hälfte des 18. Jahrhunderts in einen Landschaftspark umgewandelt. Neben altem Baumbestand sind die Teiche mit Kaskaden bemerkenswert, die den Wasseranlagen von Kassel-Wilhelmshöhe nachempfunden sind, ebenso die zur Frühlingszeit blühenden Obstbäume und Wiesen. Die Geibelhütte gegenüber dem Park kann über einen zirka 400 Meter steilen Fußweg erklommen werden. Sie bietet einen schönen Ausblick über den Park sowie über die nordhessische Berglandschaft.

Hess 1

Eigentümer/in: Familie von der Malsburg, 34289 Zierenberg / Escheberg,
Größe: 6 ha
teilweise frei zugänglich
🚌 46 Zierenberg / Escheberg
→ Kassel-Warburg, von Zierenberg und Wolfhagen auf der Landstraße 3214 bzw. der Kreisstraße 7
🅿 🐕

Schloßpark Wilhelmsthal

Calden

Der landgräfliche Sommersitz Wilhelmsthal wurde als architektonisch gestalteter Schauplatz absolutistischer Hofhaltung in ländlicher Umgebung durch die Landgrafen Wilhelm VIII. von Hessen-Kassel (1730–1760) sowie Landgraf Friedrich II. (1760–1785) erbaut. Park und Schloß bilden eine von dominanten Achsen geprägte Gesamtanlage. Die regelmäßigen Gartenformen des Rokoko wurden um 1800 von einem Landschaftsgarten überlagert, in dem aber die Strukturen der geometrischen Anlage erhalten blieben. Ausgehend von der Mittelachse wurden die Vorstellungen der natürlichen Landschaftsgestaltung östlich des Schlosses verwirklicht. Nach der Rekonstruktion der Südachse im Bereich der noch erhaltenen Grotte und des Kanals zwischen 1962 und 1965 vermittelt dieser Parkbereich, ausgeschmückt mit Restbeständen eines ehemals den gesamten Park umfassenden Figurenprogramms, eine Ahnung von der vergangenen Pracht des Rokokogartens.

Hess 2

Eigentümer/in: Verwaltung der Staatlichen Schlösser und Gärten Hessen, Außenstelle Kassel, Schloßpark 18, 34131 Kassel, Tel. 00561/93570, Fax 0561/9357144
Größe: 35 ha
frei zugänglich
Führungen: nach Voranmeldung, Tel. 0561/93570, Preis auf Anfrage,
Attraktionen: Rokoko-Wasserkünste (370 Fontänen im Bereich des Kanals und der Grotte) Himmelfahrt bis 3. Okt., nach den Schloßführungen
🅿 ✂ ☕ 🐕 ♿ ℹ

Staatspark Karlsaue

Auedamm, Kassel

Die Karlsaue war nahezu 300 Jahre lang Sommersitz der Landgrafen und späteren Kurfürsten von Hessen-Kassel. Der absolutistische Wille ließ das von zwei Fuldaarmen umflossene, inselartige Gelände zwischen 1700 bis 1770 zu einer großen barocken Parkanlage umgestalten. Hierin war das natürlich anstehende Wasser in künstliche Formen wie riesige Bassins und ornamental-rahmende Kanäle gepreßt. Wie viele andere barocke Gartenkunstwerke wurde die Karlsaue im 19. Jahrhundert zum Landschaftspark umgestaltet, die Wasserrahmung blieb jedoch im wesentlichen

Hess 3

Größe: 150 ha
frei zugänglich
Insel Siebenbergen: April bis Anfang Okt., 10–19 Uhr
Eintritt: Insel Siebenbergen Kinder 2 DM, ermäßigt 2 DM für Schwerbehinderte, Familien (2 Erw. und 2 Kinder) 8 DM
Führungen: nach Voranmeldung, Tel. 0561/18809

Friedrichsplatz
Veranstaltungen siehe Infobroschüre (erhältlich an der Kasse der Insel)

erhalten. Auch die gewaltige barocke Hauptachse, die vom Orangerieschloß über die Karlswiese, die mittlere Allee, das große Bassin mit der Schwaneninsel bis zur im kleinen Bassin gelegenen Insel Siebenbergen reicht, beherrscht bis heute den malerischen Auepark.
Eigentümer/in: Verwaltung der Staatlichen Schlösser und Gärten Hessen Schloß, 61348 Bad Homburg vor der Höhe, Tel. 06172/9262116, Fax 06172/9262190

Hess 4
Eigentümer/in: Verwaltung der Staatlichen Schlösser und Gärten Hessen, Außenstelle Kassel, Schloßpark 18, 34131 Kassel, Tel. 0561/93570, Fax 0561/9357144
Größe: 240 ha
frei zugänglich
ganzjährig geöffnet, Großes Gewächshaus: Dez. bis 1. Mai, 10–17 Uhr
Eintritt: Großes Gewächshaus 3,50 DM
Führungen: nach Voranmeldung nur für Park, Roseninsel: Tel. 0561/93570, Führungen zu den Wasserkünsten jeweils Mi und Sa, 14 Uhr, nur 15.05.bis 03.10., Treffpunkt Kasse Oktogon
Attraktionen: Herkulesbauwerk, Mitte März bis Mitte Nov. Wasserkünste Himmelf. bis 3. Okt., jeweils Mi, So und Feiertag, 14.30–15.30 Uhr
DB Kassel-Wilhelmshöhe
1 Wilhelmshöhe
23 Wilhelmshöhe
Veranstaltungen: Beleuchtete Wasserkünste, 1. Samstag im Juni, Juli, Aug. und Sept. nach Einbruch der Dunkelheit

Schloßpark Wilhelmshöhe

Schloßpark 18, Kassel

Am Rande des Habichtswaldes wurde auf weißem Quarzitfelsen um 1143 ein Kloster gegründet. Schon zu dieser Zeit wurden von den Augustinermönchen Rosen zu Heilzwekken angebaut. Um 1606 baute Landgraf Moritz von Hessen an diese Stelle ein Jagdschloß. Der heutige Park ist jedoch das Werk dreier späterer Stilepochen. Landgraf Karl (1677–1730) schuf den großartigen barocken Parkteil mit dem Riesenschloß, dem Oktogon, der Pyramide mit dem 9 Meter hohen Herkules, sowie mehrere Grotten und Kaskaden für die Wasserkünste. Unter Landgraf Friedrich II. (1760–1785) hielt das neue englische Gartenideal Einzug. Zeugnisse dieser Epoche sind das Chinesische Dorf Mulang, die Rosensammlung und viele noch erhaltene kleinere Bauwerke. Landgraf Wilhelm (1785–1821), ab 1803 Kurfürst Wilhelm I., gestaltete den ganzen Park, außer der barocken Kaskadenanlage, in einen reinen klassischen Landschaftspark mit viel idealisierter Natur um. Gleichzeitig ließ er das klassizistische Wilhelmshöher Schloß, die romantische Löwenburg und das als Ruine errichtete Aquädukt aufbauen. Die Naturszenerien wurden besonders betont durch die stimmungsvollen Wasserkünste, den Steinhöfer-Wasserfall, die Teufelsbrücke, das Aquädukt und die große

Fontäne. Ein großer Teil der Bauten und Staffagen ist heute noch erhalten. Die Rosensammlung umfaßt über 1600 Wild-, Strauch- und Kletterrosen in etwa 1000 Sorten und Arten. Der Park ist aufgrund eines Höhenunterschiedes von 314 Metern der größte Bergpark Europas.

Gewächshaus für tropische Nutzpflanzen – Universität Kassel

Steinstraße 19, Witzenhausen

Für Forschung und Lehre kultiviert das Gewächshaus landwirtschaftlich bedeutende tropische Nutzpflanzen. Auf 1200 Quadratmeter Grundfläche geben beispielsweise Teepflanzen in Hecken, Kaffeesträucher in verschiedenen Schnittsystemen und agroforstwirtschaftliche Mischkulturen einen Einblick in die Agrarwirtschaft der Tropen und Subtropen. Im Gegensatz zu anderen Botanischen Gärten werden nicht Pflanzen vom Wildstandort, sondern vor allem bedeutende Kultivare und Sorten in die Kollektion aufgenommen.

Eigentümer/in: Universität Gesamthochschule Kassel, Steinstraße 19, 37213 Witzenhausen, Tel. 05542/981231, Fax 05542/981230, E-Mail hethke@wiz.uni-kassel.de

Veranstaltungen: Ausstellungen, Projektwochen für Schulklassen und vieles mehr, Märchenabende

Hess 5
Größe: 0,12 ha
Öffnungszeiten: im Sommer Mi, Fr: 14–16 Uhr, So und Feiertage 16–17 Uhr, Sa 14 Uhr (öffentl. Führung), im Winter Mi, Fr: 14–16 Uhr, Sonn- und Feiertage 15–16 Uhr, Sa 14 Uhr (öffentl. Führung)
Anmeldung für Gruppen erbeten
Eintritt: 3 DM
Führungen: nach Voranmeldung, 2 DM/Pers., bei Gruppen Mindestpreis 40 DM
DB Witzenhausen
P ♿
✿ Kaffeepflanzen

Kurpark Bad Sooden-Allendorf

Hainbachwiesen, Weinreihe, Bad Sooden-Allendorf

Der Kurpark mit seinen gepflegten Rasenflächen, altem Baumbestand und zahlreichen Blumenbeeten steht in der Tradition der klassischen Kuranlagen. Die drei durch Straßen getrennten Parkbereiche sind außerdem mit mehreren Brunnenanlagen, einem Rosengarten und der romantischen Schwanenteichanlage mit Fontänen ausgestattet. Von der Geschichte der Salzgewinnung und des Kurbetriebes zeugen noch viele Gebäude und Bauwerke in und am Kurpark, wie das alte Badehaus von 1818, Solepumpenturm, historische Gradierwerke, altes Kurhaus, Pfennigstube und Salzmuseum.

Eigentümer/in: Magistrat der Stadt Bad Sooden-Allendorf, Markt 8, 37242 Bad Sooden-Allendorf, Tel. 05652/95850, Fax 05652/958519, E-Mail stadt.bsallendorf@t-online.de, Internet www.bad-sooden-allendorf.de

Hess 6
Größe: 6 ha
frei zugänglich
Führungen: nach Voranmeldung
Attraktionen: Fontäne im Schwanenteich und Brunnenanlagen
DB Bad Sooden-Allendorf
P ✕ ☕ 🐕 ♿ i ✿
Veranstaltungen: Kurkonzerte, Theater Salzsieden, Pfingsten

Arboretum der Räume und Sinne

Forsthaus Triesch, Bauhaus

In diesem Gesundheitspark zum Anfassen wachsen Naturbauten aus lebenden Gehölzen sowie vielfältige Obstgehölze und Beerensträucher. Grundlegend für die gesamte

Hess 7
Größe: 0,7 ha
Öffnungszeiten: ganzjährig geöffnet
Tel. 06627/8764 oder Eigent.

Anmeldung erbeten
Eintritt: Preis nach Absprache
Führungen: nach Voranmeldung, Preis nach Vereinbarung, 250 DM/Gruppe
DB Bebra
Bus Bebra-Obersuhl Schnepfenbusch, Mo bis Fr
→ Bei Anmeldung
P i

Anlage ist die systematische Permakultur-Planung. Herausragend sind die lebenden Häuser: Beispielsweise hat das Lindenhaus aus 700 Pflanzen drei Zimmer. Das Eschenhaus aus 1350 einzelnen Bäumen ist dabei, ein 100 Quatratmeter großes Haus zu werden. Weitere Baumarten wachsen zu Räumen und Skulpturen.
Eigentümer/in: Konstantin Kirsch, Lasallestraße 11, 34119 Kassel, Tel. 0561/3160587,
E-Mail info@vision life.de, Internet www.visio life.de

Hess 8
Eigentümer/in: Bad Wildungen, Hess. Staatsbad, Langemarckstraße 2, 34537 Bad Wildungen, Tel. 05621/704109, Fax 05621/704107, E-Mail kur-badwildungen@t-online.de, Internet www.bad-wildungen.de
Größe: 52 ha
frei zugänglich
Führungen: nach Voranmeldung, Preis nach Vereinbarung,
DB Bad Wildungen
Bus 1 Neues Kurhaus

Kurparkverbindung Bad Wildungen und Reinhardshausen

Bad Wildungen

Foto: Hess. Staatsbad Bad Wildungen

1998 wurde die Grüne Brücke zwischen den hessischen Heilbädern Bad Wildungen und Reinhardshausen als Europas größter Kurpark eingeweiht. Als Modellprojekt für den Sanften Tourismus in Hessen konnte ein zuvor durch intensiven Ackerbau und Fichtenreinwälder geprägter Landschaftsraum ökologisch erheblich aufgewertet werden. Nach Plänen von V. Götte, Frankfurt, ziehen sich mehrere Wanderwege an neu geschaffenen Teichen und Wiesen entlang des renaturierten Bornebaches. Viele Stauden- und Gehölzbereiche sowie Streuobstwiesen lockern das Landschaftsbild auf. Die mit über 50 Sitz- und Aufenthaltsbereichen sowie einer 100 Meter langen Aussichtsbastion ausgestattete Anlage enthält auch Terrainkurwege und Sportstrecken.

Hess 9
Eigentümer/in: Ehepaar Günther Hoppe, Am Obertor,

Park der Garvensburg

Am Obertor, Züschen bei Fritzlar

Auf einer Hangkante oberhalb des Ortes Züschen liegt ein Jagdschloß im Stil der Neoromanik. Um die Garvensburg entstand ab 1890 ein Landschaftspark im gemischten Stil, wie er typisch für die Zeit des Historismus ist. Der Kernbereich im landschaftlichen Stil wurde durch einen Monopteros geschmückt. Vor dem Schloß gab es eine Teppichbeet-Anlage und in den Randbereichen lagen ein geometrischer Rosengarten, ein Tennisfeld und ein Steingarten. Heute sind die geometrischen Gartenteiche verschwunden und die Randbereiche verwildert. Die Atmosphäre der Anlage ist jedoch durch den beeindruckenden Baumbestand im gut gepflegten Innenbereich und den Bauwerken Garvensburg und Rosentempel spürbar. Die Burg wird als Hotel, Restaurant und Cafe genutzt.

34560 Züschen bei Fritzlar,
Kreis Schwalm Eder,
Nordhessen,
Tel. 05622/3792,
Fax 05622/1506
Größe: 4 ha,
frei zugänglich

Kurpark am Kurhaus

Hardtstraße, Bad Zwesten

Foto: Gemeinde Bad Zwesten

Neben dem Kurhaus erstreckt sich der Kurpark mit Fontänenteichen, Aussichtshügel und einer begehbaren Sonnenuhr. Rosen-, Duft- und Kräutergarten mit lauschigen Sitzgruppen laden zum Verweilen ein.

Hess 10
Eigentümer/in: Gemeinde Bad Zwesten, Ringstraße 1, 34596 Bad Zwesten,
Tel. 05626/773,
Fax 05626/999326
Größe: 14,5 ha,
frei zugänglich
Attraktionen: Fontänenteiche Sommerhalbjahr
DB Wabern
→ weiter mit AST-Verkehr (Anruf-Sammel-Taxi) zum Nahverkehrstarif nach Bad Zwesten
Veranstaltungen: Lichterfest, letzter Sa im Juli, 19.30 Uhr, Infos bei Gemeinde Bad Zwesten
nur Blindenhunde

Kurpark am Löwensprudel

Bad Zwesten

Durch den alten Baumbestand und den Fontänenteich strahlt der Park eine erholsame Ruhe aus. Für die körperliche Gesundheit sorgen Wassertretbecken, Liegehalle und der Brunnentempel der Heilquelle Löwensprudel.
Eigentümer/in: Gemeinde Bad Zwesten, Rathaus, Ringstraße 1, 34596 Bad Zwesten, Tel. 05626/773, Fax 05626/999326
Attraktionen: Fontänen im Fontänenteich Ostern bis Oktober, Mo–Sa, 10–10.45 Uhr

Hess 11 NEU
Größe: 2,5 ha,
frei zugänglich
DB Wabern
→ weiter mit AST-Verkehr (Anruf-Sammel-Taxi) zum Nahverkehrstarif nach Bad Zwesten

Hess 12
Größe: 0,3 ha
Anmeldung erbeten
Öffnungszeiten:
Sommermonate geöffnet
Eintritt: frei
Führungen: nach Voranmeldung, kostenlos

Privatgarten Rüdt
Gladenbacher Weg 43, Marburg
230 verschiedene Wild-, Strauch- und Kletterrosen in Gesellschaft mit Koniferen, Sträuchern und Stauden sind in diesem Privatgarten zu sehen.
Eigentümer/in: Maria Rüdt, Gladenbacher Weg 43, 35037 Marburg, Tel. 06421/34496, Fax 06421/34496

Hess 13
Eigentümer/in: Universität Marburg,
Karl-von-Fritsch-Straße,
35043 Marburg,
Tel. 06421/2821507,
Fax 06421/2826659
Größe: 21 ha
Öffnungszeiten:
im Sommer 9–17.30 Uhr,
im Winter 9–15.30 Uhr
Eintritt: frei, Spende möglich
Führungen: nach Voranmeldung, für Gruppen bis 20 Personen,
35 DM/Gruppe
🚌 5, 7 Botanischer Garten
♿ ℹ

Botanischer Garten der Universität Marburg
Karl-von-Frisch-Straße, Marburg
Botanische Gärten haben in Marburg lange Tradition. Der erste Vorläufer wurde zur Zeit der Universitätsgründung bereits vor 470 Jahren angelegt. Mit dem Umzug der naturwissenschaftlichen Fächer auf die Lahnberge entstand dort 1977 der jetzige Botanische Garten, in dem etwa 12 500 Pflanzenarten zu sehen sind. Einzigartig ist die große Farnschlucht, die auf einem ehemaligen Ochsenkarrenweg angelegt wurde. Entlang dieses alten Salzhandelsweges durchzieht ein künstlicher Bach mit Teichen und Wasserfällen das Gelände. Sehenswert sind außerdem die Vielfalt an Rhododendren und Azaleen, der Frühlingswald, das Arboretum, das Alpinum und die Schauhäuser mit Pflanzen aus den Tropen, den Kanaren und dem Amazonasgebiet.
Attraktionen: Blüte Rhododendren, Azaleen Mai/Juni

Hess 14
Eigentümer/in: Verwaltung der Staatlichen Schlösser und Gärten Hessen, Schloß,
61348 Bad Homburg vor der Höhe,
Tel. 06172/9262116,
Fax 06172/9262190
Größe: 1,5 ha
frei zugänglich
Führungen: nach Voranmeldung,
Tel. 06471/2236
🅿 ✕ 🐕
ℹ Verkauf im Schloß

Schloßgarten Weilburg
Weilburg (Lahn)
Hoch über der Lahn liegen Schloß und Schloßgarten Weilburg, beeindruckendes Beispiel einer barocken deutschen Kleinresidenz. Da die Berglage eine weit in die Landschaft ausgreifende Gartenplanung verhinderte, entstand im Anschluß an das Schloß zwischen 1700 und 1714 ein Lustgarten in drei Terrassenstufen: Südlich der oberen Orangerie erstreckt sich der obere Garten, architektonisch gestaltet und eng verbunden mit dem als prächtigem Gartensaal ausgestalteten, halbkreisförmigen Gebäude. Das angrenzende Lindenboskett stellt die Verbindung zum unteren, 7,5 Meter tiefer gelegenen Garten her.

Hess 15
Größe: 4 ha
Eintritt: frei
Öffnungszeiten: 20. März bis 20. Oktober, im Sommer
Mo–Fr 8–20 Uhr,
Sa, So, feiertags 8–18 Uhr,
im Winter 8–15.30 Uhr
Gewächshäuser: 13. Mai bis 15. September

Botanischer Garten der Justus-Liebig-Universität
Sonnenstraße, Gießen
Die Anfänge des Gartens gehen auf das Jahr 1609 zurück, als Landgraf Ludwig von Hessen der wenige Jahre zuvor gegründeten Universität ein Gelände zur Errichtung eines Hortus medicus (Heilpflanzengarten) überließ. Er ist somit der älteste Botanische Garten Deutschlands, der seit seiner Anlage nicht verlegt worden ist. Die Gewächshäuser, die auf eine exakt dreihundertjährige Tradition zurückblicken,

gliedern sich in folgende Abteilungen: Victoriahaus, Tropische Nutzpflanzen, Tropen-, Kakteen, Farn- und Nepenthes-Haus (Kannenpflanzen), Warmhaus mit Bromelien- und Aronstabgewächsen und Zitrus-Abteilung. Das Freiland ist in unterschiedliche Bereiche aufgeteilt, wie Alpinum, Pflanzengeographische und Kulturhistorische Abteilung, Heil- und Giftpflanzen und Systematische Abteilung. Eine große Kübelpflanzensammlung ist nach geographischen Gesichtspunkten zusammengestellt. Geprägt wird der Garten durch einen alten Laubbaumbestand mit besonderen Einzelexemplaren von Blutbuche, Chinesischer Flügelnuß, Gingko und Hopfenbuche.
Eigentümer/in: Land Hessen, Justus-Liebig-Universität, Senckenbergstraße 6, 35390 Gießen, Tel. 0641/9935240, Fax 0641/9935119, E-Mail Holger.R.Laake@bot1.bio.uni-giessen.de, Internet www.uni-giessen.de/~gfd4

Mo–So 10–12 Uhr,
Mo–Fr 13.30–15.30 Uhr,
Führungen: nach Voranmeldung
DB Gießen
Bus 2, 3, 4, 5, 7, 11, 21, 800 Marktplatz
P gebührenpflichtig
♿

Schloßgarten Fulda

Schloßstraße 1, Fulda

Foto: Gutberlet

Hess 16
Eigentümer/in: Stadt Fulda, 36037 Fulda,
Tel. 0661/102684,
Fax 0661/102783
Größe: 4,2 ha
Öffnungszeiten:
im Sommer 5–22 Uhr,
im Winter 6–20 Uhr
Eintritt: frei
Führungen: nach Voranmeldung
Verkehrsbüro Fulda,
Tel. 0661/102345,
Fax: 0661/102775
für Gruppen bis 25 Personen
Dauer: 1 Stunde,
im Rahmen einer Themenführung Barock
100 DM/Gruppe
DB Fulda
Bus 1–9 Schloßstraße
P gebührenpflichtig
✕ ☕ 🐕 ♿

Der Schloßgarten ist die bedeutendste Grünanlage in der Innenstadt Fuldas. Neben seiner Rolle als Erholungsfläche hat er wichtige Funktionen für die Stadtökologie und ist eine wertvolle historische Anlage mit barocken Elementen. Im vorderen Bereich des Schloßgartens, zwischen Orangerie und Stadtschloß gelegen, können klassische Gartenthemen bewundert werden. Im Zentrum des Wegekreuzes, das die beiden historischen Gebäude verbindet, konnte auf Originalfundamenten ein 16 Meter großes Fontänebecken wieder errichtet werden. Vor der Kulisse hundertjähriger Buchen und Eichen wird die Atmosphäre dieses großartigen Gartenraums lebendig. Der anschließende weitflächige Parkteil ist im Stil der englischen Landschaftsgärten mit einem Blütenmeer aus Rosen und Rhododendren gestaltet. Ein Irrgarten vervollständigt die Parkanlage. Daran schließt sich ein Kinderspielbereich an, der auch von behinderten Kindern genutzt werden kann.

Hess 17
Eigentümer/in: Stadt Bad Nauheim, Alte Schulstraße 1, 61231 Bad Nauheim, Tel. 06032/86001, Fax 06032/87915, E-Mail rosenmuseum@bad-nauheim.de, Internet www.bad-nauheim.de
Anmeldung für Gruppen erbeten
Eintritt: frei
Öffnungszeiten: ganzjährig geöffnet Mi–Sa 14–17 Uhr, So und feiertags 10–17 Uhr, wegen Umbau bis ca. Juli 2001 geschlossen
Führungen: nach Voranmeldung, für Gruppen bis 50 Personen, 100 DM/Gruppe, für Gruppen bis 25 Personen 50 DM/Gruppe
Bad Nauheim
Stadtbus Rosenmuseum
→ Ausschilderung im Ortsteil Steinfurth
Veranstaltungen: Museumsfest, Konzerte, Seminare, Vorträge siehe Veranstaltungsprogramm
Infos bei Rosenmuseum Steinfurth

Rosenmuseum Steinfurth

Alte Schulstraße 1, Bad Nauheim

Seit 1868 werden in Steinfurth an der Wetter Rosen angebaut. In diesem Rosendorf gibt es ein einzigartiges Spezialmuseum, in dem die traditionellen Werkzeuge, die Arbeitskleidung, die Geschichte des Rosenanbaus und die Anzucht dargestellt werden. Auch die vielfältigen Bedeutungen und Ausformungen der Rose als Symbol werden gesammelt und wie ihre Rolle im Alltag der Menschen erforscht. Hinzu kommen die fast unzähligen Gegenstände des alltäglichen Lebens und der Werbung, die mit Rosen geschmückt sind oder die mannigfache Verwendung ihres Duftes zeigen. Stilgerecht ist das Fachwerkgebäude des Museums fast vollständig von Kletterrosen bedeckt.

Schloßpark Ramholz

Schloß Ramholz, Schlüchtern-Ramholz

Hugo Freiherr von Stumm ließ sich zwischen 1893 und zirka 1920 eine Anlage im Stil des Historismus von den Münchner Architekten Emanuel und Gabriel Seidl errichten. Anregungen fand von Stumm in der Ruine der Steckelburg. Der Geist des Humanismus und der Renaissance sollten sich im Park wiederfinden. Eine antike Skulpturengruppe – Herkules und Pan buhlen um die Gunst der Aphrodite –, ein Balthasar-Neumann-Pavillon und zahlreiche andere Bauwerke sind eingebettet in den Landschaftspark, der von dem schwedischen Gartenarchitekten Lindahl geplant wurde.
Veranstaltungen: Ramholzer Musiktage,
Infos bei: Tel. 06664/540

Hess 18
Eigentümer/in: Magnus von Kühlmann, Schloß Ramholz 36381 Schlüchtern-Ramholz, Tel. 06664/540
Größe: 75 ha
Öffnungszeiten: ganzjährig geöffnet
Anmeldung erbeten bei Hans Dorn, Tel. 069/619099, Fax 069/616449
Eintritt: frei
Führungen: nach Voranmeldung, kostenlos

Park Monrepos

Rüdesheimer Straße 5, Geisenheim

Die Parkanlage setzt sich zusammen aus sehr unterschiedlichen Gehölzbeständen und einem breiten Rosen- und Kletterpflanzensortiment. Zu Forschungszwecken sind Versuchsflächen für den vegetationstechnischen Bereich, darunter Dachbegrünung, Steilwall- und Fassadenbegrünung, angelegt.
Eigentümer/in: Forschungsanstalt Geisenheim, Fachgebiet Landschaftsbau, Von-Lade-Straße 1, 65366 Geisenheim, Tel. 06722/502581, Fax 06722/502580, E-Mail FG Landschaftsbau@geisenheim.fa.fh-wiesbaden.de, Internet www.mnd.fh-wiesbaden.de/fag/gblb/lb/lb0000.html
Veranstaltungen: Tagungen, Fachtagungen des Fachgebiets Landschaftsbau im Schloß Monrepos

Hess 19
Größe: 3,6 ha
frei zugänglich
Führungen: nach Voranmeldung für Gruppen ab 10 Personen, kostenlos,
Attraktionen: Schloß Monrepos, historisches Gebäude in der Parkanlage aus dem 19. Jh.
DB Geisenheim

Park Forschungsanstalt Geisenheim

Von-Lade-Straße 1, Geisenheim

Der Park ist vorwiegend ein Arboretum mit Einzelexemplaren von beachtlichem dendrologischem Wert. Der Baumbestand ist zum Teil über 100 Jahre alt.
Eigentümer/in: Forschungsanstalt Geisenheim, Fachgebiet Landschaftsbau, Von-Lade-Straße 1, 65366 Geisenheim, Tel. 06722/502581, Fax 06722/502580, E-Mail FG Landschaftsbau@geisenheim.fa.fah-wiesbaden.de, Internet www.mnd.fh-wiesbaden.de/fag/gblb/lb/lb0000.html

Hess 20
Größe: 3 ha
frei zugänglich
Führungen: nach Voranmeldung für Gruppen ab 10 Personen, für Einzelpersonen keine Führungen kostenlos,
DB Geisenheim
→ Park liegt an der Bahnlinie, ca. 500 m westlich des Bahnhofs

Kurfürstliche Burg Eltville

Burgstraße 1, Eltville

In der Wein-, Sekt- und Rosenstadt Eltville am Rhein entfalten sich vor allem in den Außenanlagen der kurfüst-

Hess 21
Größe: 1 500 m²
Eintritt: frei
Öffnungszeiten: ganzjährig

geöffnet Di–So, Mai–Okt.
9.30–19 Uhr, Nov.–April
10.30–17 Uhr
Führungen: nach Voranmeldung Kultur- und Gästeamt,
Tel. 06123/90980,
Fax 06123/909890 für Gruppen bis 30 Personen,
70 DM/Gruppe
DB Eltville
P gebührenpflichtig

lichen Burg und entlang des romantischen Rheinufers eine Vielzahl bekannter und beliebter Rosensorten. Aber auch heute selten gewordene Rosen aus vergangenen Jahrhunderten finden hier ihre Heimat. Im Rosengarten, der sich im Burggraben der Kurfürstlichen Burg befindet, blühen im Sommer die Kletterrosen. Bedingt durch die günstigen klimatischen Verhältnisse erreichen einige Rosensorten eine Höhe bis zu 10 Meter.
Eigentümer/in: Magistrat der Stadt Eltville am Rhein, Matheus-Müller-Straße 3, 65343 Eltville am Rhein,
Tel. 06123/6970, Fax 06123/697199,
E-Mail touristik@eltville.de, Internet www.eltville.de
Veranstaltungen: Rosentage 2002, Anfang Juni, Infos bei: Tel. 06123/90980, Fax 06123/909890, Rosenschnittkurse im Februar

Hess 22
Eigentümer/in: Landeshauptstadt Wiesbaden, Amt 67, Mainzer Str. 20–22, 65185 Wiesbaden,
Tel. 0611/312901,
Fax 0611/313967
Größe: 3,5 ha, frei zugänglich
1, 3, 4, 6, 8, 10, 12, 13, 14, 44, 47, 50 Hauptbahnhof
P gebührenpflichtig
Veranstaltungen: Wiesbadener Filmnächte, Filmvorführungen, Sommerferien Wiesbadener Kindersommer, 2 Wochen in den Sommerferien

Reisinger-Herbert-Anlagen

Bahnhofstraße, Wiesbaden

Die Reisinger-Herbert-Anlagen aus den Jahren 1932 bis 1937 sind städtebaulich eine Besonderheit, da man aus dem Hauptbahnhof heraustretend über Parkanlage und Stadt bis in das angrenzende Taunusgebirge blicken kann. Der Park enthält großzügig angeordnete Wasserbecken mit Fontänen, die an die Heilquellen der Weltkurstadt Wiesbaden erinnern. Ausgedehnte Rasenflächen und Staudenrabatten beleben das Gesamtbild. Der Beiname Europaanlage erklärt sich durch die Skulptur „Europa auf dem Stier" von Ludwig Spiegel von 1937 und durch die im klassizistischen Stil gehaltene Wandelhalle mit europäischen Motiven, „Entführung der Europa", von Karl-Otto Hy.

Hess 23
Eigentümer/in: Kurbetriebe der Landeshauptstadt Wiesbaden,
Kurhausplatz 1,
65189 Wiesbaden,
Tel. 0611/1729290,
Fax 0611/1729299,
E-Mail kurhaus@wiesbaden.de
Internet www.wiesbaden.de
Größe: 7,5 ha, frei zugänglich
Führungen: nach Voranmeldung
2, 8, 16 Theater
P gebührenpflichtig
Veranstaltungen: Open-Air-Sommer mit Konzerten, Ballettaufführungen, Art Performances und Ausstellungen,

Kurpark Wiesbaden

Kurhausplatz 1, Wiesbaden

Kurhaus, Kurpark und das dem Kurhaus vorgelagerte Bowling Green bilden sowohl städtebaulich wie gartenkünstlerisch eine Einheit. Das heutige Kurhaus, 1907 von Friedrich von Thiersch gebaut, ist nach wie vor gesellschaftlicher Mittelpunkt der Stadt Wiesbaden, Ort für Konzerte, Veranstaltungen und Kongresse. An die ehemalige klassizistische Anlage erinnert heute noch ein Portikus, der im Kurpark zu sehen ist. Der erste Entwurf stammt aus der Zeit von 1810 bis 1812. In den Jahren 1826 bis 1827 entstanden die das Bowling Green begleitenden Brunnenkolonnaden und zwischen 1838 und 1839 die sogenannten Neuen Kolonnaden mit dem dahinterliegenden Schauspielhaus. 1855 und 1856 erfolgte durch den Nassauer Gartenbaudirektor Karl Friedrich Thelemann die endgültige Gestaltung. Den Weiher, der mit Booten zu befahren ist, schmückt noch heute eine große Fontäne. Besonders reizvoll ist der Terrassenübergang vom Kurhaus zum Konzertplatz, auffallend die Gestaltung der Wandpfeiler, bemalte Mosaikplatten, Musen darstellend, gehalten im Jugendstil. Ein reicher Baum- und Strauchbestand macht den Kurpark zur beliebtesten und meistbesuchten Wiesbadener Grünanlage. Der sogenannte Äußere Kurpark zieht sich 2 Kilometer bis Wiesbaden-Sonnenberg hin.

Infos bei:
Tel. 0611/1729780,
Fax 0611/1729799

Richard-Wagner-Anlage

Biebricher Allee, Wiesbaden

Die Richard-Wagner-Anlage entstand auf dem Gelände einer ehemaligen Sandgrube. Oberhalb des Parks, auf einem Platz an der Biebricher Allee, wurde von 1905 bis 1909 das sogenannte Landesdenkmal erstellt. Von dem Denkmalplateau bietet sich ein weiter Blick in den Rheingau und in den Park. Im Frühjahr sind die Wildwiesen mit Frühlingsblühern übersät. Besonders attraktiv sind die Rabatten mit Wildstauden und Sommerblumen.

Hess 24
Eigentümer/in:
Landeshauptstadt Wiesbaden,
Amt 67, Mainzer Str. 20–22,
65185 Wiesbaden,
Tel. 0611/312901,
Fax 0611/313967
Größe: 2,9 ha, frei zugänglich
Attraktionen: Wildwiesen mit Frühlingsblühern,
4, 14 Landesdenkmal

Nerotalanlagen

Taunusstraße, Wiesbaden

Die Parkanlage entstand zwischen 1897 und 1898 in einem engen Wiesental, flankiert von prächtigen Gründerzeitvillen dieser Epoche. Der Park ist im traditionellen englischen Landschaftsstil gestaltet. Der Schwarzbach belebt den Talzug, ein beachtlicher Baumbestand gliedert den Park. Am Parkeingang erinnert ein Reiterstandbild an die Gefallenen des Deutsch-Französischen Krieges 1870 bis 1871. Am Parkende liegt der große Viadukt. Hier führt die Nerobergbahn, eine Wasserkraftbahn, auf den Wiesbadener Hausberg, den Neroberg. Dem Zeitgeist entsprechend sind Teile des Wasserlaufs und Brücken in der Art von Staffagen romantisierend grottenhaft gestaltet. An den Brücken sind noch schöne Jugendstilgeländer erhalten. Ebenso ist das Schweizer-Häuschen ein Requisit dieser Zeit.

Hess 25
Eigentümer/in:
Landeshauptstadt Wiesbaden,
Amt 67, Mainzer Str. 20 - 22,
65185 Wiesbaden,
Tel. 0611/312901,
Fax 0611/313967
Größe: 5,2 ha, frei zugänglich
1 Kriegerdenkmal oder Nerotal

Apothekergarten

Aukammallee, Wiesbaden

Der Apothekergarten Wiesbaden ist als Lehr- und Schaugarten konzipiert. In Art und Größe ist dieser Arzneigarten einmalig in Deutschland. Insgesamt 150 verschiedene Pflanzenarten, die heute noch zur Medizinherstellung dienen, sind hier angepflanzt, angeordnet nach ihren medizinalen Anwendungsgebieten. Alle Pflanzen sind mit Etiketten gut beschildert, die nicht nur den Namen, sondern auch den Pflanzenteil benennen, der für Arzneizwecke verwendet wird. Außerdem sind die Pflanzen nach botanischen

Hess 26
Eigentümer/in:
Landeshauptstadt Wiesbaden,
Amt 67, Mainzer Str. 20–22,
65185 Wiesbaden,
Tel. 0611/312901,
Fax 0611/313967
Größe: 5,5 ha
Öffnungszeiten: Mitte Mai bis Mitte Okt. 8 Uhr bis Einbruch der Dunkelheit
Eintritt: frei

Führungen: nach Voranmeldung, Tel.: 0611/305054 oder 0611/461182 oder 0611 403702, ab Mitte Juni bis Ende Sept.: jeden Samstag, 15 Uhr, kostenlos
7, 12, 21, 24 Plutoweg

oder standörtlichen Kriterien, wie Korbblütler, Doldenblütler, Trockenpflanzen, Feuchtpflanzen, Mauerpflanzen und Küchenkräuter geordnet. Durch die gartenarchitektonische Gestaltung ist hier eine Symbiose von Gartenkultur und Medizinalgarten entstanden. Der Garten ist ein beliebter Aufenthaltsort für Patienten der angrenzenden Kliniken.

Hess 27
Eigentümer/in: Landeshauptstadt Wiesbaden, Amt 67, Mainzer Str. 20–22, 65185 Wiesbaden, Tel. 0611/312901, Fax 0611/313967
Größe: 0,8 ha, frei zugänglich
1, 8 Kochbrunnen
Veranstaltungen: Kranzplatzfest, Pfingsten

Kranzplatz

Wiesbaden

Der Kranzplatz mit seinen heißen Quellen, den sogenannten Kochbrunnen, ist stadtgeschichtlich für Wiesbaden von besonderer Bedeutung, wurde doch hier im Jahre 1822 die Trinkkur eingeführt. Der Kochbrunnen, 67 Grad Celsius heiß, ist mit 500 000 Litern Schüttung pro Tag die ergiebigste der 27 Wiesbadener Heilquellen. Aus der früheren Zeit übriggeblieben ist nur noch die 1888 bis 1890 erbaute Wandelhalle. Der Garten selbst ist im klassizistischen Gartenstil in Form eines Buchsparterres neu gestaltet.

Hess 28
Größe: 18 ha
Öffnungszeiten: im Sommer 7–18 Uhr, im Winter 7–17 Uhr
Eintritt: frei
Führungen: nach Voranmeldung, Spende
33 Fasanerie
Veranstaltungen: Fütterungstour mit Erläuterungen, Sa bis Do
Tierparkfest, Sommer
naturpädagogisches Angebot Wollwerkstatt

Tier- und Pflanzenpark Fasanerie

Aarstraße, Wiesbaden

Der Tier- und Pflanzenpark Fasanerie liegt im Nordwesten der Stadt Wiesbaden, umgeben von Wiesen und Wäldern des Taunus. Er umfaßt Wiesen, Wald, Gewässer sowie markante exotische und heimische Gehölze. Der Name Fasanerie geht auf die Fasanenaufzucht zu Jagdzwecken der Herzöge von Nassau-Usingen im 18. Jahrhundert zurück.
In dem 1744 bis 1749 erbauten Jagdschloß befindet sich heute die Gastätte Fasanerie. In den Jahren 1954 bis 1956 errichtete die Stadt Wiesbaden den heutigen Tierpark. In der Fasanerie werden zirka 50 Arten mit über 140 Tieren gezeigt. Dazu gehören seltene Haustierrassen, heimische Wildtiere und viele Vögel.
Eigentümer/in: Landeshauptstadt Wiesbaden, Amt 67, Mainzer Straße 20–22, 65185 Wiesbaden, Tel. 0611/312901, Fax 0611/313967

Hess 29
Eigentümer/in: Landeshauptstadt Wiesbaden, Amt 67, Mainzer Str. 20–22, 65185 Wiesbaden, Tel. 0611/312901, Fax 0611/313967
Größe: 5,2 ha, frei zugänglich
Attraktionen: Fontaine im Weiher, Liegewiese,

Warmer Damm

Wiesbaden

Der Stadtgarten Warmer Damm wurde zwischen 1859 und 1860 von Gartenbaudirektor Karl Friedrich Thelemann im englischen Landschaftsstil mit lockeren Baumgruppen, weitläufigen Rasenflächen, Wasserflächen mit einer Fontäne und einem naturnah ausgebauten Bach angelegt. Charakteristisch für den Park ist die urbane Situation, bedingt durch die den Park begleitende Wilhelmstraße mit der prachtvollen, im Kastenschnitt gehaltenen Platanenallee und die

Übergänge von der geschäftigen Wilhelmstraße mit Blickbeziehungen zum Landschaftspark. Die angrenzenden Villen sind optisch in den Park einbezogen. Der Blickfang an der Nordseite des Parks ist die sehr dekorative Hauptfassade des 1892 bis 1894 erbauten Wiesbadener Stadttheaters. Der Park ist reichlich mit Sommerblumen und Stauden bepflanzt. Bemerkenswerte faunistische Elemente sind die Papageienarten wie Alexandersittisch oder Gelbscheitelamazone, die dank der warmen Winter hier heimisch geworden sind.

Freischachanlage,
1, 8, 2, 16 Wilhelmstraße und Theater
→ Im Stadtzentrum
P gebührenpflichtig
Veranstaltungen: Theatrium, Straßenfest 2. Wochenende im Juni

Schloßpark Biebrich

Am Schloßgarten, Wiesbaden-Biebrich

Nach Entwürfen des bedeutenden Gartenkünstlers Friedrich Ludwig von Sckell entstand durch die Umwandlung eines Barockgartens für den Herzog Wilhelm von Nassau ab 1817 eine wie von der Natur selbst geschaffene Gartenlandschaft. Deren künstlerischer Wert zeigt sich auch heute in der harmonischen Verbindung der einzelnen Gestaltungselemente. Die große Hauptallee, zwei kleine, von Schloßflügeln ausgehende Alleen und drei Fontänen des barocken Konzeptes wurden von Sckell geschickt in die landschaftlichen Strukturen eingebunden. Schlängelnde Wege durch großzügige Pflanzungen, harmonisch ins Gelände eingebettete Wasserläufe, die malerische Szenerie um die Mosburg, das langgestreckte, westlich der Hauptallee verlaufende Wiesental sowie zahlreiche reizvolle Ausblicke prägen die Anlage.

Hess 30
Eigentümer/in: Verwaltung der Staatlichen Schlösser und Gärten Hessen, Schloß, 61348 Bad Homburg vor der Höhe,
Tel. 06172/9262116,
Fax 06172/9262190
Größe: 35 ha
frei zugänglich
Führungen: nach Voranmeldung Verwaltung Schloßpark,
Tel. 0611/694622
4 Schloß Biebrich

Japanischer Garten Puchmüller

Sudetenstraße 9, Niedernhausen im Taunus

Foto: Hartmut R. Raible

Der kleine Wohngarten im Stile eines abstrahierten Landschaftsgartens hat einen besonderen Reiz. Er liegt, topogra-

Hess 31
Eigentümer/in: Eheleute Puchmüller,
Sudetenstraße 9,
65527 Niedernhausen im Taunus,
Tel. 06127/8587,
Fax 06127/8587
Größe: 120 m^2,
Anmeldung erbeten
Eintritt: frei
Öffnungszeiten: ganzjährig geöffnet
Attraktionen: Azaleenblüte Anfang April,
Herbstlaub Mitte Okt.

phisch etwas problematisch, in einer Mulde, als Kleinod einer großen Gartenanlage. Der Planer Hartmut R. Raible hat sich die topographischen Verhältnisse zu Nutze gemacht und einen sehr reizvollen Wasserlauf mit Wasserfall geschaffen, der in einen See mündet. Ein Terrassen-Holzdeck überspannt Teile der Wasserfläche. Schrittsteine führen über den See zu einer verborgen liegenden Steinlaterne nahe dem Wasserfall. Ein Wasserbeckenstein beim Eingang dient zur Erfrischung der Sinne.

Hess 32
Eigentümer/in: Harald Juhr, Am Rheingauer Weg 7, 65719 Hofheim-Wallau, Tel. 06122/980636, Fax 06122/980636
Größe: 0,9 ha
Anmeldung erbeten
Eintritt: frei
Öffnungszeiten: Mai bis Juli Sa/So, 8–18 Uhr
Attraktionen: Iris- und Paeonienschau, Hemerocallisschau
Führungen: nach Voranmeldung
DB Hofheim
Bus 806 Birkenweg
→ bei Anmeldung
P
✿ getopfte Pflanzen in der Blütezeit

Taunusgarten

Heinrich-Weiß-Straße 15, Hofheim-Marxheim

Foto: Juhr

Der Europäische Schau- und Züchtungsgarten zeigt eine Vielzahl von Stauden in zwei getrennten Gartenteilen. Schwerpunkte bilden Hemerocallis, Iris, Paeonia, Delphinium und Phlox, die zum Teil mit mehreren hundert Sorten vertreten sind. Hinzu kommen Kleingehölze, Clematis und Steingartenpflanzen. 400 verschiedene Arten und Sorten Narzissen und etwa die gleiche Anzahl von Gladiolenarten und -sorten umfaßt die Blumenzwiebelsammlung.

Hess 33
Eigentümer/in: Regionalpark Rhein-Main GmbH, Grabenstraße 1a, 65439 Flörsheim am Main, Tel. 06145/941184, Fax 06145/941028, E-Mail regionalpark-pilotprojekt@t-online.de
Größe: 1,3 ha
Eintritt: frei
Öffnungszeiten: im Sommer 8–21 Uhr,

Hattersheimer Rosengarten

Wasserwerkschaussee, Hattersheim am Main

Der Hattersheimer Rosengarten ist ein herausragender Abschnitt des Regionalparks Rhein-Main. Er liegt in der Nähe der ehemaligen Sarotti-Schokoladenfabrik an einer fast hundertjährigen Lindenallee, der sogenannten Wasserwerkschaussee. Er wurde im Juli 1997 der Öffentlichkeit übergeben. Es sind 6000 Rosen in 100 Sorten zu sehen, wobei insbesondere die Kletterrosen hervorzuheben sind. Bei der Sortenwahl wurde Wert darauf gelegt, krankheits- und schädlingsresistente Rosen zu zeigen, als Anregung für die Besucher zur Verwendung im eigenen Garten. Als

Begleiter gesellen sich artenreiche Gehölz- und Staudenpflanzungen zu den Rosen. Der Rosengarten knüpft an die fast hundertjährige Tradition der Schnittrosenkultur in Hattersheim am Main an.
Attraktionen: Rosenblüte

im Winter 8–16 Uhr
DB Hattersheim
Bus 813, 823
Wasserwerkschaussee
S 1 Wasserwerkschaussee
P ♿

Parkanlage Haus der Gewerkschaftsjugend

Königsteiner Straße 29, Oberursel im Taunus

Garten und Gebäude wurden Anfang dieses Jahrhunderts von dem jüdischen Industriellen Ludwig Wilhelm Gans nach Plänen von Otto Bäppler angelegt. Nach dem Konkurs des Unternehmens von Gans im Jahre 1931 nutzte unter anderem die Deutsche Arbeitsfront die Anlage. 1953 gingen dann Gebäude und Garten als Wiedergutmachung an den Deutschen Gewerkschaftsbund (DGB), der dort seine Bundesjugendschule einrichtete. Der Wert der Anlage wurde schon 1966 durch die Ausweisung als flächenhaftes Naturdenkmal erkannt. Das Parkgelände mit dem Herrenhaus im englischen Landhausstil kann als ein zeittypisches Beispiel eines Fabrikantengartens des frühen 20. Jahrhunderts gesehen werden. In den vergangenen achtzig Jahren hat sich das Erscheinungsbild der Anlage in einigen Bereichen jedoch durch Pflanzenwuchs, Sportanlagen und Wegeführung gewandelt. Sie gliedert sich in einen landschaftlichen, einen geometrischen und einen mediterran gestalteten Bereich, vereint klassische Elemente des englischen Landschaftsgarten mit dendrologischen Mustersammlungen und symmetrisch gestalteten Gebieten. Der Park ist in einen zweihundert Jahre alten Eßkastanienwald eingebettet, was einen reizvollen Kontrast zu den modernen Kunstwerken darstellt.

Hess 34
Eigentümer/in: VTG des DGB
Königsteiner Straße 29,
61440 Oberursel im Taunus,
Tel. 06171/59030,
Fax 06171/590327,
E-mail info@hdgj.de
Größe: 10 ha
ganzjährig geöffnet
Anmeldung für Gruppen erbeten unter
Tel. 06171/590324
Eintritt: frei
Führungen: nach Voranmeldung, Preis nach Rückfrage,
Attraktionen: Magnolienblüte auf den Terrassen,
Zug U 4 Willy-Brandt-Platz umsteigen
U 3 Oberursel Bahnhof
S 5: Friedrichsdorf/Bad Homburg
P Hund ♿
Veranstaltungen:
Sommertheater Infos bei:
Tel. 06171/5020,
Kunst im Park

Kurpark Bad Homburg vor der Höhe

Louisenstraße, Bad Homburg vor der Höhe

Mit einem Bestand von über 2100 großen Bäumen und zahlreichen Sträuchern ist der Kurpark Bad Homburg der größte Kurpark in Deutschland. Die 82 Baum- und 136 Straucharten stammen aus allen Teilen der Welt. Die jährlich wechselnde Bepflanzung der Sommerblumenrabatten gleicht einem bunten Feuerwerk aufeinander abgestimmter Farben vor dem Hintergrund der grünen Rasenflächen und Großbäume. Finanziert wurde die in der Zeit von 1840 bis 1873 geschaffene Kuranlage von der Spielbankgesellschaft. Der Jubiläumspark und der Blindengarten wurden neu eingerichtet. Besonders wertvoll ist der Kurpark nicht allein aufgrund seiner Größe, Schönheit und botanischen Vielfalt, sondern auch weil unter anderen Peter Joseph Lenné und Gustav Meyer als berühmte Repräsentanten des deutschen Landschaftsgartens am Bau der Anlage beteiligt waren.

Hess 35
Größe: 44 ha
frei zugänglich
Führungen: nach Voranmeldung
Bot. Kurparkführungen jeden Dienstag im Monat 15 Uhr
allg. Kurparkführungen jeden 2. und 4. Dienstag im Monat 15 Uhr, kostenlos
P gebührenpflichtig
Veranstaltungen:
Bad Homburger Sommer
Unterhaltungsangebot für Kinder, Jugendliche und Erwachsene, Infos bei:
Tel. 06172/675110,
Fax 06172/675127
✕ ☕ Hund ♿ ℹ

Eigentümer/in: Kur- und Kongreß GmbH, Postfach 1845, Magistrat der Stadt Bad Homburg vor der Höhe, Sport- und Grünamt, Rathausplatz 1, 61348 Bad Homburg vor der Höhe, Tel. 06172/100408, Fax 06172/100565

Hess 36
Eigentümer/in: Verwaltung der Staatlichen Schlösser und Gärten Hessen, Schloß, 61348 Bad Homburg vor der Höhe,
Tel. 06127/9262116,
Fax 06172/9262190
Größe: 17 ha
frei zugänglich
Führungen: nach Voranmeldung,
Tel. 06172/9262148
alle Buslinien Kurhaus
Bad Homburg

Schloßpark Bad Homburg

Herrengasse / Löwengasse, Bad Homburg vor der Höhe

Der Schloßgarten Homburg wurde in der zweiten Hälfte des 18. Jahrhunderts landschaftlich umgestaltet, in einzelnen Bereichen sind jedoch noch Strukturen des älteren Barockgartens erhalten. Östlich des Königsflügels liegt der Ende des 17. Jahrhunderts angelegte Holländische Garten, in seiner ursprünglich geometrischen Form zwar landschaftlich verändert, jedoch als Barockparterre erkennbar. Südwestlich des Schlosses erstreckt sich, zum Teil stark abfallend, der Landschaftsgarten, dessen Mittelpunkt der große Teich mit der Rousseau-Insel bildet. Im Nordwesten erinnern die strengen Rasterpflanzungen des Ökonomie- und des Obstgartens an die geometrische Konzeption. Im Zuge der landschaftlichen Gestaltung der nahen Schloßumgebung wurden die landgräflichen Gartenanlagen nordwestlich der Residenz bis in die Taunusberge erweitert. Zwischen 1770 und 1840 wurden die Tannenwaldallee und die Elisabethenschneise mit ihren malerischen Lustgärten angelegt. Heute ist dieses ehemalige Gesamtkunstwerk aus zentralem Schloßgarten und bis an die Grenze des Limes reichender, landschaftlich gestalteter Lustgartenachse als Einheit kaum noch erkennbar.

Hess 37 NEU
Eigentümer/in: Stadt Karben, c/o Ralf Berster, Lindenweg 8, 61184 Karben,
Tel. 06039/43349
Größe: 0,5 ha
frei zugänglich
Führungen: nach Voranmeldung
Attraktionen: Rosenblüte Anfang/Mitte Juni
Groß-Karben
26 Kirchgasse
bedingt geeignet, Rasenpfade

Rosenhang Karben

Am Friedhof Klein-Karben, Büdesheimer Straße, Karben

Auf einer Naturwiese wird seit 1993 eine Sammlung alter und historischer Rosen und Wildrosen zusammengetragen. Die Sammlung umfaßt inzwischen über 700 Arten und Sorten. Da das ökologische Umfeld noch relativ intakt ist, kann auf Einsatz von Chemie in der Pflege verzichtet werden.

Neben den wirklich Alten Rosen, wie z. B. Gallica-, Alba-, Damascena- und Centifolia-Rosen gibt es auch die durch Einkreuzungen entstandenen, öfter blühenden Noisette-, Bourbon- und Remontantrosen, klassische Edelrosen und Wildrosen sowie deren Hybriden.

Hess 38
Eigentümer/in: Stadt Frankfurt am Main, Grünflächenamt, Mörfelder Landstraße 6, 60275 Frankfurt am Main,

Solmspark

Auf der Insel, Frankfurt am Main

Der Ursprung des Parks reicht in das Mittelalter zurück. Um das 1864 erbaute Schloß entstand 15 Jahre später ein Park, der mit seinen weiträumigen Wiesenflächen und

Baumgruppen den Charakter der Flußniederungen widerspiegelt. Die Anlage stand schon vor 1935, als die Stadt den Park durch Tausch erhielt, der Bevölkerung offen. Er hat sich mit der Zeit zu einem naturnahen Landschaftsraum an der regulierten Nidda entwickelt und ist nun vorrangig für den Vogelschutz bestimmt und mit Vogelschutzgehölzen bepflanzt. Um die Anlage zum Stadtpark zu entwickeln, wird derzeit das Wegesystem umgebaut und ein Kinderspielplatz eingerichtet.

Tel. 069/21230283,
Fax 069/21232998
Größe: 4,9 ha
frei zugänglich
Führungen: nach Voranmeldung
U 6 Hausener Weg
34 Auf der Insel

Wallanlagen

Allerheiligentor / Taunustor und andere Straßen, Frankfurt am Main

Im 17. Jahrhundert entstanden mächtige Verteidigungsanlagen, die das Siedlungsgebiet der Stadt umschlossen. Da sie aber die Stadtentwicklung hemmten und aufgrund neuer Kriegs- und Waffentechniken ihre eigentliche Schutzfunktion einbüßten, begann man 1804 mit der Umwandlung der Festungswerke in eine öffentliche Promenade.
Ab Mitte des 19. Jahrhunderts wurden die Wallanlagenabschnitte nach Frankfurter Toren benannt und gliedern sich heute in Untermain-, Gallus-, Taunus-, Bockenheimer, Eschenheimer, Friedberger und Obermainanlage. Als zentrumsnahe Grünanlage inmitten dichter Bebauung haben sie eine hohe ökologische, stadtklimatische und gestalterische Bedeutung. Geprägt durch einen alten Baumbestand, weite Rasenflächen, Brunnen, Blumenrabatten und Spielplätze laden die Wallanlagen alle Bevölkerungsgruppen zum Verweilen ein. Die ehemals in allen Bereichen anzutreffenden, großen Löschteiche sind in umgewandelter Form als Zierteiche noch in der Bockenheimer, der Friedberger und der Obermainanlage zu finden. In letzten beiden Anlagen liegen auch das Nebbiensche Gartenhaus, heute Ausstellungsstätte des Frankfurter Künstlerclubs e.V., und das Café Odeon im ehemaligen Museum.

Hess 39
Eigentümer/in: Stadt Frankfurt am Main, Grünflächenamt,
Mörfelder Landstraße 6,
60275 Frankfurt am Main,
Tel. 069/21230283,
Fax 069/21232998
Größe: 6,3 ha
frei zugänglich
Führungen: nach Voranmeldung
U 4 Willy-Brandt-Platz

Bethmannpark

Friedberger Landstraße / Mauerweg, Frankfurt am Main

Der Ursprung des Bethmannschen Gartens geht auf die 1778 als Sommerresidenz der Familie Bethmann gedachte Anlage vor dem Friedberger Tor zurück. Der Garten wurde 1822 zu einem Landschaftsgarten mit einem Weiher, Treibhäusern und geschwungenen Wegen umgewandelt. Nach 1848 folgte im nochmals vergrößerten Garten eine Gestaltung im Stil eines klassischen Landschaftsgartens. Um 1875 wurde, unter maßgeblichem Einfluß von Heinrich Siesmayer, die gesamte Anlage zu einem Landschaftsgarten mit Stadtpark-Charakter weiterentwickelt. 1941 veräußerte Simon Moritz von Bethmann etwa sieben Zehntel

Hess 40
Eigentümer/in: Stadt Frankfurt am Main, Grünflächenamt,
Mörfelder Landstraße 6,
60275 Frankfurt am Main,
Tel. 069/21230283,
Fax 069/21232998
Größe: 2,3 ha
Eintritt: frei
Öffnungszeiten:
im Sommer 7–21 Uhr,
Sa/So/Feiertag: 10–21 Uhr,
im Winter 7–17 Uhr,
Sa/So/Feiertag: 10–16 Uhr,
Führungen: nach Voranmeldung

🚌 12 Bethmannpark
🐕 ♿

seines Parks an die Stadt. Nach dem 2. Weltkrieg erhielt der Park einen Informations- und einen Schaugarten. 1988 ergab sich die Gelegenheit, den restlichen Park zu einem öffentlichen Stadtpark zu erweitern. Mit dem Bau eines klassischen Chinesischen Gartens aus der Provinz Anhui (China) erhielt Frankfurt am Main 1989 eine weit über die Stadt hinausreichende Attraktion.

Foto: Garten- u. Friedhofsamt

Hess 41
Eigentümer/in: Stadt Frankfurt am Main, Grünflächenamt, Mörfelder Landstraße 6, 60275 Frankfurt am Main, Tel. 069/21230283, Fax 069/21232998
Größe: 0,4 ha
Öffnungszeiten: im Sommer 7–21 Uhr, Sa/So/Feiertag: 10–21 Uhr, im Winter 7–17 Uhr, Sa/So/Feiertag: 10–16 Uhr
Eintritt: frei
Führungen: nach Voranmeldung
🚌 12 Bethmannpark
♿

Der Chinesische Garten im Bethmannpark

Friedberger Landstraße / Mauerweg, Frankfurt am Main

Foto: Garten- u. Friedhofsamt

Die Idee, einen Chinesischen Garten im altehrwürdigen Frankfurter Bethmannpark zu bauen, entstand 1985. Vier Jahre später wurde die Anlage umgestaltet. Die großen Mengen kostbaren Materials, Natursteine aus rötlichem Granit, aus grauem und weißem Marmor und kunstvoll bearbeitete Holzteile aus Gingko und Kiefer wurden extra aus China beschafft. Es gelang, den Chinesischen Garten in einen alten und wertvollen, mit vielen alten Bäumen bestückten Park einzufügen und die Wasserfläche des ehemaligen Weihers als prägendes Element zu erhalten. Hauptbestandteile des Gartens sind das von zwei steinernen

Löwen bewachte Haupttor, die Brücke des halben Bootes, der Pavillon im schimmernden Grün, das Bambusgärtchen, das Mond-Tor, der Felsen-Wasserfall, das Tor des Friedens, der jaspisgrüne Teich, die Jadegürtel-Brücke, der Spiegelpavillon, die Galerie des duftenden Wassers, der Wasserpavillon und der Lotos-Fels.

Günthersburgpark

Wetteraustraße, Frankfurt am Main

Im Zuge der allgemeinen Stadterweiterung wurde Bornheim 1877 nach Frankfurt am Main eingemeindet. Die Promenaden um die Stadt reichten für die dicht besiedelten Wohngebiete als Erholungsflächen nicht mehr aus. Daher war es notwendig, 1889 den Günthersburgpark zu erwerben und für die Öffentlichkeit zugänglich zu machen. 1892 wurde der Park von Gartenbaudirektor Andreas Weber verändert, als Volksgarten für die öffentliche Nutzung freigegeben und nach der Zerstörung im 2. Weltkrieg für Kinder umgestaltet. Ein Gerätespielplatz, ein Bolzplatz, eine Minigolf-Anlage, eine Rollschuhbahn und Ballspielfelder entstanden. Eine wichtige neue Errungenschaft des Parks ist das 1951 erstellte und 1985 zu einem Sprühfeld umgestaltete Planschbecken. Der Park wurdel in den letzten Jahren von ursprünglich 7,45 auf 12,6 Hektar vergrößert.

Hess 42
Eigentümer/in: Stadt Frankfurt am Main, Grünflächenamt, Mörfelder Landstraße 6, 60275 Frankfurt am Main, Tel. 069/21230283, Fax 069/21232998
Größe: 12,6 ha
frei zugänglich
Führungen: nach Voranmeldung
U 4 Saalburgallee

Lohrpark

Friedrich-Heye-Weg, Frankfurt am Main

Der Lohrpark liegt in der Gemarkung Seckbach nördlich des gleichnamigen Stadtteils. Dieser Volkspark mit Flächen für Spiel, Sport und Erholung sowie einer Kleingartenanlage entstand ab 1919 unter Leitung von Gartenbaudirektor Max Bromme. Damals wie heute bietet die auf einer Anhöhe gelegene Grünfläche mit ausgedehnten Wiesen und einem Rundweg faszinierende Fernblicke über die Stadt bis hin zum Odenwald, Spessart und Taunus. Mitte der 20er Jahre wurde ein Kindererholungsgarten mit Spielgeräten, Sandbad, Liegerasen, Rasen für Bewegungsspiele und einem Planschbecken angelegt. Innerhalb des Volksparks erinnert die 1,1 Hektar große Rebfläche an die jahrhundertelange Nutzung des Lohrberges als Obst- und Weinbaufläche. In ländlicher Umgebung ist der Lohrpark mit herrlichen alten Bäumen und artenreicher Flora ein reizvolles Ausflugsziel.

Hess 43
Eigentümer/in: Stadt Frankfurt am Main, Grünflächenamt, Mörfelder Landstraße 6, 60275 Frankfurt am Main, Tel. 069/21230283, Fax 069/21232998
Größe: 16,5 ha,
frei zugänglich
43 Lohrgasse

Ostpark

Ostparkstraße / Ratsweg, Frankfurt am Main

Die ersten Entwürfe gehen auf Andreas Weber zurück. Sie wurden zwischen 1907 und 1911 von Carl Heicke verwirk-

Hess 44
Eigentümer/in: Stadt Frankfurt am Main, Grünflächenamt, Mörfelder Landstraße 6,

60275 Frankfurt am Main,
Tel. 069/21230283,
Fax 069/21232998
Größe: 32 ha
frei zugänglich
Führungen: nach Voranmeldung
U 7 Eissporthalle
P ✕ 🐕 ♿

licht. Ausgedehnte Wiesenflächen, ein großer Weiher und der Zentralschulgarten sind die Kernstücke dieses Volksparks. Eine Besonderheit ist von Beginn an der Zentralschulgarten mit der Aufgabe, Anschauung und praktische Kenntnisse zu vermitteln. Die Einrichtung wurde 1983 aufgrund der sinkenden Nachfrage der Schulen in nahezu unveränderter Form zum Bürgergarten am Ostpark. Auch gehören seit der Entstehungszeit offene Sportplätze zu diesem Volkspark.

Hess 45
Eigentümer/in: Stadt Frankfurt am Main, Grünflächenamt, Mörfelder Landstraße 6, 60275 Frankfurt am Main,
Tel. 069/21230283,
Fax 069/21232998
Größe: 6,2 ha
frei zugänglich
Führungen: nach Voranmeldung
U 4 Römer
→ Im Stadtzentrum
im Sommer
🐕 ♿

Nizza

Untermainkai, Frankfurt am Main

Nach der Entfestigung der Stadt wurde die durch den Kleinen Main vom Ufer getrennte Insel als Erholungsraum genutzt. Ab 1857, dem Zeitpunkt der Verfüllung des Kleinen Mains, läßt sich die Geschichte der von den Anwohnern als Nizza bezeichneten großen Fläche verfolgen. Wie es im späten 19. Jahrhundert zeittypisch war, wurden zahlreiche Gehölze aus allen Teilen der Welt gepflanzt. Der Begriff Nizza ist nicht aus klimatischen Besonderheiten abgeleitet, sondern ein Name für einen schön gestalteten Bereich, nach dessen Originalschauplatz man sich zwar sehnte, aber aus finanziellen Gründen nicht reisen konnte.

Hess 46
Eigentümer/in: Johann-Wolfgang-von-Goethe-Universität Frankfurt am Main
Postfach 111932,
60054 Frankfurt am Main,
Größe: 7 ha
Öffnungszeiten: März bis Okt.
Mo–Sa: 9–18 Uhr,
So, Feiertage: 9–13 Uhr
Anmeldung für Gruppen erbeten unter,
Tel. 069/79824763
Eintritt: frei
Führungen: nach Voranmeldung,
Tel.: 069/79824763
für Gruppen bis 15 Personen,
30 DM/Gruppe,
jede weitere Person je 2 DM
U 6, U7 Westend
→ Ende Siesmayerstraße (Sackgasse)
P gebührenpflichtig
Veranstaltungen: Tag der offenen Tür
Führungen, Demonstrationen, Pflanzentausch, Erzeugerstände Aug./Sept.
♿

Botanischer Garten der Johann-Wolfgang-von-Goethe-Universität

Siesmayerstraße 72, Frankfurt am Main

1763 stiftete Johann Christian Senckenberg der Stadt Frankfurt einen Hortus medicus zur Unterstützung der medizinischen Wissenschaft. Dieser wurde 1907 durch einen etwas größeren Garten auf einem Teilgelände des Palmengartens abgelöst. Die Anlage des jetzigen Botanischen Gartens in unmittelbarer Nachbarschaft zum Palmengarten wurde ab

1937 aufgebaut, um den Bedürfnissen der Forschung und der Lehre an der 1914 gegründeten Johann-Wolfgang-von-Goethe-Universität gerecht zu werden. 1958 war der Botanische Garten dann endgültig plangemäß fertiggestellt. Heute verfügt er über zirka 1100 Quadratmeter Gewächshausfläche, die einzig der Anzucht und Kultivierung von Pflanzen für Lehre und Forschung dient und nicht öffentlich zugänglich ist, sowie 7 Hektar Freilandfläche.
Im Freigelände ist eine nach vegetationskundlichen Aspekten gestaltete Mitteleuropa-Abteilung, die verschiedene Waldgesellschaften, eine Atlantische Zwergstrauchheide, ein Moor, eine Binnendüne, trockene und feuchte Wiesen, einen sonnigen Kalkhang, einen nährstoffreichen Teich mit Begleitvegetation sowie verschiedene Saumgesellschaften beherbergt. Ergänzt wird dieses Areal durch eine pflanzengeographische Abteilung, eine Systematische und eine Kulturpflanzen-Abteilung, eine Rubus-Sammlung, eine Sammlung gefährdeter Pflanzenarten sowie einem Arzneipflanzengärtlein.

✿ in kleinem Maße auf Anfrage

Bolongarogarten

Seilerbahn, Frankfurt am Main

Hess 47
Eigentümer/in: Stadt Frankfurt am Main, Grünflächenamt, Mörfelder Landstraße 6, 60275 Frankfurt am Main, Tel. 069/21230283, Fax 069/21232998
Größe: 1 ha
frei zugänglich
Führungen: nach Voranmeldung, kostenlos,
10, 11 Frankfurt-Höchst
P gebührenpflichtig

Foto: Garten- u. Friedhofsamt, Frankfurt/M.

Der Park hat in seiner wechselvollen Geschichte zahlreiche Veränderungen erfahren und dabei immer mehr von seiner ursprünglichen, barocken Gestaltung verloren. Der Ursprung der Gartenanlage geht auf das Ende des 18. Jahrhunderts zurück. Nachdem die Familie Bolongaro das Schloß nicht mehr halten konnte, wurde es 1821 zum Verkauf angeboten. Die Besitzer wechselten häufig, bis die Stadt Höchst ab 1907 das Anwesen nach und nach kaufte, um

hier das Rathaus einzurichten. Der zerstörte Garten wurde 1909 von Stadtgärtner Jakob Klomann wieder im ursprünglichen, barocken Stil angelegt. Nach dem 2. Weltkrieg wurde der Park, besonders auf der unteren Terrasse, abermals rigoros verändert. Die schlichten, zusammenhängenden Rasenstücke wurden in sechs quadratische Beete aufgeteilt. Sowohl die Bodenplatten als auch die gepflanzten Gewächse waren für die Nachkriegszeit typisch, entsprachen aber nicht mehr dem französischen Stil. Mit der Zeit verwilderten die Anpflanzungen an den Seiten zu einem dichten Gestrüpp und verdunkelten den gesamten Garten.
In diesem verwilderten Zustand befand sich die Terrasse, ehe sie 1996 – an den Plänen von 1909 orientiert – wiederhergestellt wurde.

Hess 48
Eigentümer/in: Stadt Frankfurt am Main, Grünflächenamt, Mörfelder Landstraße 6, 60275 Frankfurt am Main, Tel. 069/21230283, Fax 069/21232998
Größe: 14,6 ha
frei zugänglich
Führungen: nach Voranmeldung
Attraktionen: Wasserspielanlage, Rollschuhbahn, Minigolf,
Bus 55 Auerstraße
P, Hund, Rollstuhl

Stadtpark Höchst

Am Stadtpark, Frankfurt am Main

Ab 1911 wurde auf einem früheren Sumpfgelände ein Volkspark mit großflächigem Weiher angelegt. Der weiträumige und 1930 erweiterte Park erhält seinen besonderen Reiz durch den Weiher, der ursprünglich auch zum Bootfahren vorgesehen war. Die Gestaltung ist ein typisches Beispiel für die Verknüpfung freier Landschaftsformen mit architektonischen Elementen. Die Anlage ist in ein weitreichendes Grünsystem mit angrenzenden Kleingartenanlagen, Sportplätzen, Spazier- und Radwegen eingebettet. Es wurden vor allem in den fünfziger und sechziger Jahren im Zuge einer Umgestaltung noch Schulgärten für die benachbarten allgemein- und berufsbildenden Schulen, ein Kirchweihplatz und Spielplätze für Kinder ergänzt. Die aus der Entstehungszeit stammende Form dieses Volksparks wird durch einen sehr schönen Bestand an Bäumen charakterisiert.

Hess 49
Eigentümer/in: Stadt Frankfurt am Main, Palmengarten, Siesmayerstraße 61, 60323 Frankfurt am Main, Tel. 069/21233939, Fax 069/21237856
Größe: 20 ha
Öffnungszeiten: im Sommer 9–18 Uhr, im Winter 9–16 Uhr
Eintritt: 7 DM, Kinder frei bis 5 Jahre, ermäßigt 3 DM für Schüler, Gruppen ab 20 Personen 6,50 DM/Person
Führungen: nach Voranmeldung, Tel. 069/21235247 für Gruppen bis 20 Personen, 50 DM/Gruppe
DB Frankfurt am Main
U6, U7 Bockenheimer Warte

Palmengarten

Palmengartenstraße, Siesmayerstraße, Frankfurt am Main

Foto: Palmengarten

Von Frankfurter Bürgern 1868 geschaffen, soll der Frankfurter Palmengarten der Wissenschaft von den Pflanzen und der Erholung und Unterhaltung dienen. Die gesamte Anlage wurde von 1979 bis 1990 grundlegend saniert. Vor allem im Unterglasbereich hat der Garten eine lange Tradition. Das Palmenhaus von 1869 gehört zu den größten Glashäusern und zeigt subtropische Flora. Die tropischen Gewächse sind entsprechend ihrer Lebensräume und Verbreitungsgebiete in sieben großen und sechs kleineren Gewächshäusern gruppiert und geben einen Eindruck der Vielfalt der tropischen Lebensräume. Alpinhäuser, Subantarktis- und Blütenhaus komplettieren das Angebot . Der Freilandbereich setzt sich aus einer Vielzahl von Sondergärten, wie Rosen-, Stein-, Rhododendren-, Heide-, Stauden-, Kakteengarten (im Sommer), Steppenwiese und Sommerblumenbepflanzungen zusammen. Viele der Gehölze stammen noch aus der Gründungszeit, wobei das milde Frankfurter Klima die Kultur von zahlreichen, eher empfindlichen Gewächsen ermöglicht.

U6, U7 Westend
32, 33, 50 Bockenheimer Warte
36 Siesmayerstraße
P gebührenpflichtig
Veranstaltungen: Ausstellungen und Führungen der Grünen Schule
Januar bis Dezember

Hauptfriedhof Frankfurt am Main

Eckenheimer Landstraße 188–200, Frankfurt am Main

Hess 50

Eigentümer/in: Stadt Frankfurt am Main, Grünflächenamt, Mörfelder Landstraße 6, 60275 Frankfurt am Main, Tel. 069/21233945, Fax 069/21237942
Größe: 70 ha
Öffnungszeiten: im Sommer 7–21 Uhr, im Winter 7–17 Uhr, Sonn- und Feiertage ab 9 Uhr
Eintritt: frei
Führungen: nach Voranmeldung am Tag der Offenen Tür,
U 5 Nibelungenallee, Deutsche Bibliothek
P gebührenpflichtig
Veranstaltungen: Orgelspiel, Sommer

Foto: Rührmann

Am 1. Juli 1828 wurde der Frankfurter Hauptfriedhof nach Plänen des Stadtgärtners Sebastian Rinz im damals typischen Stil eines englischen Landschaftsparks eröffnet. Der ursprünglich 7 Hektar große Friedhof ist durch zahlreiche Erweiterungen auf 70 Hektar angewachsen. Das klassizistische Alte Portal mit den dorischen Säulen und der in der Blickachse liegenden arkadenartigen Gruftenhalle schuf der Frankfurter Baumeister Friedrich Rumpf im Jahre 1828. Viele bekannte Frankfurter Persönlichkeiten von Alzheimer bis Schopenhauer sind hier bestattet. Besonders sehenswert sind die zahlreichen bis zu 30 Meter hohen prächtigen Bäume im historischen Friedhofsteil. Der Anblick der langsam verfallenden Denkmäler, der gebogenen Wegeführung und der etwas verwilderten Vegetation erzeugt als gartendenkmalpflegerisches Gesamtensemble eine melancholisch romantische Stimmung, auch Pleasing decay genannt.

Hess 51
Eigentümer/in: Friedrich und Sylvia Rumscheidt, Eschersheimer Landstraße 410, 60433 Frankfurt am Main, Tel. 069/511180, Fax 069/524162, E-Mail rumscheidt@rhein-main.net
Größe: 180 m²
Anmeldung erbeten
Eintritt: frei
ganzjährig geöffnet
Bus 1, 2, 3 Hügelstraße
P

Stadtgarten Rumscheidt

Eschersheimer Landstraße 410, Frankfurt am Main

Der diagonal angelegte Stadtgarten ist mit drei Wohnräumen ausgestattet. Ein kleines Amphitheater steigt von der Untergeschoßebene des Hauses auf und bildet als oberen Abschluß ein üppig wucherndes Beet mit Narzissen, Tulpen, Waldmeister und Thuja im Frühling, gefolgt von Iris, Taglilien, Lavendel, Rosen und Lilien. Dieses Beet rundet auf der Parterre-Ebene einen lauschigen Sitzplatz an einem kleinen Teich ab. Eine mit wildem Wein bewachsene Pergola, die die diagonale Linie aufnimmt, leitet zu einer größeren Sitzgruppe über, die von einer einfachen blauen Waldrebe umwuchert und am Ende des Grundstücks von zwei hohen Fichten blickgeschützt ist. Gewaltige Wurmfarne nehmen die schattigen Räume ein.
Veranstaltungen: Tag der offenen Gartentür, Fachsimpeln bei Kaffee und Tee, Pflanzentausch, Termin auf Anfrage

Hess 52
Eigentümer/in: Geschichts- und Heimatverein e.V., Dreieichenhain, Alte Schulgasse 4, 63303 Dreieich, Tel. 06103/981857, Fax 06103/981858
Größe: 0,5 ha
ganzjährig geöffnet bis 20 Uhr
Eintritt: frei
Führungen: nach Voranmeldung, Tel. 06103/830290,
DB Regional 61, Dreieichenhain
S 3 und 4, Dreieich
→ umst. Dreieich/Buchschlag,

Burg Hayn in der Dreieich

Fahrgasse 52, Dreieich

Die historisch-gärtnerischen Anlagen auf dem Burggelände der freien Reichsburg aus dem frühen Mittelalter, deren ältester Turmbau um 1085 entstand, wurden inner- und außerhalb der Burgmauern mehrmals saniert und neugestaltet, zuletzt ab 1984 nach Entwürfen von Lore Wirth, Dreieich. Etwa 160 alte und moderne Rosensorten in harmonischen Farbnuancen wachsen um die Burgruine herum und lassen die Vorliebe der Menschen im Mittelalter für Rosen erahnen. Ein Kräutergarten mit historischen Heilpflanzen, Rosenhecken, ein Rosenhag mit Bogen und Sitzplatz sowie Kletterrosen am Bergfried und der Freilichtbühne ergänzen die Anlagen. Weite Rasenflächen und alte Bäume bilden den Rahmen für den Hortus conclusus,

neugeschaffen nach Vorbildern aus der Buchmalerei oder ausgewählten Tafelbildern des Mittelalters.
Veranstaltungen: Burgfestspiele, Juni/Juli Burgfest, 2. Wochenende im September Dreieichmuseum

DB 61 Dreieichenhain,
Fußweg 15 Min.
im Sommer

Staatspark Wilhelmsbad
Hanau-Wilhelmsbad
Wilhelmsbad entstand zwischen 1777 und 1785 als vornehmer Badeort, in dem sowohl die höfische Gesellschaft als auch das aufstrebende Bürgertum mit Vorliebe weilten. Das Modebad wurde, nachdem der Erbauer Wilhelm IX. 1785 Hanau verließ und als Landgraf die Regierung in Kassel übernahm, bald unpopulär und konnte aufgrund dieses Schattendaseins als nahezu vollständig erhaltenes Beispiel eines Kur- und Badeortes aus dem 18. Jahrhundert bis heute überdauern. Entlang einer Allee reihen sich die spätbarocken Gebäude, umgeben von einem Park im Stil englischer Landschaftsgärten. Er zählt zu den frühesten Gärten dieser Art in Deutschland und ist ein hervorragendes Dokument eines Landschaftsgartens, dessen stimmungsvolle Kleinbauten wie Ruinenburg, Pyramide, Eremitage den auf empfindsame Ausstrahlung zielenden Gestaltungswillen der Zeit veranschaulichen. An den idyllischen Park als Spiel- und Vergnügungsort für Kurgäste erinnert das große Karussell, ein Meisterwerk damaliger Ingenieurbaukunst.

Hess 53
Eigentümer/in: Verwaltung der Staatlichen Schlösser und Gärten Hessen, Schloß, 61348 Bad Homburg vor der Höhe,
Tel. 06127/9262116,
Fax 06172/9262190
Größe: 37,5 ha
frei zugänglich
Führungen: nach Voranmeldung,
Tel. 06181/83376

Kleingartenverein Bruchköbel Parzelle 2
Waldseestraße, Bruchköbel
Ein Kleingarten präsentiert sich im Country-Look mit vielen Rosen und Stauden in mit Buchs umrandeten Beeten. Hinzu kommen ein Heidegarten und eine Kräuterecke.
Eigentümer/in: Renate und Otto Löffler, Lindenallee 19, 63486 Bruchköbel, Tel. 06181/72732

Hess 54
Größe: 380 m²
Anmeldung erbeten
Eintritt: frei
Öffnungszeiten: Juni und Juli auf Anfrage
DB Hanau
15 Waldseestraße

Klostergarten Seligenstadt
Freihofplatz / Kloster, Seligenstadt
Die ehemalige Benediktinerabtei ist ein in Hessen einzigartiges Ensemble barocker Klosterkunst. Die im 18. Jahrhundert entstandenen verschiedenen Gartenräume verloren nach der Säkularisation 1803 ihre Funktion und wurden zum größten Teil privater Nutzung übergeben. 1960 begann die Wiederherstellung des Konventgartens und des Mühlgartens – des früheren Baumgartens – in einfachen barocken Formen, wobei ein Schwerpunkt die historische Pflanzenverwendung darstellt.
Eigentümer/in: Verwaltung der Staatlichen Schlösser und Gärten Hessen, Schloß, 61348 Bad Homburg vor der Höhe, Tel. 06127/9262116, Fax 06172/9262190

Hess 55
Größe: 3 ha
Öffnungszeiten:
ganzjährig geöffnet Di–So,
im Sommer 10–12 Uhr,
13–17 Uhr,
im Winter 10–12 Uhr,
13–16 Uhr,
im Sommer Mi und Do mit Schiff ab Ffm,
Eintritt: frei
Führungen: nach Voranmeldung,
Tel. 06182/22640
S Hanau-Seligenstadt

Hess 56
Größe: 0,1 ha
Anmeldung erbeten
Eintritt: frei
Öffnungszeiten: Tag des Offenen Gartens und nach Vereinbarung
Führungen: nach Voranmeldung, kostenlos
DB Gelnhausen, Meerholz-Hailer
→ Im Ort vor der 2. Ampel rechts und diese Straße geradeaus

Privatgarten Schnitzke-Spijker

Bleichstraße 16 a, Gelnhausen-Hailer

Der Garten, eingerahmt von bewachsenen Mauern, Blütenhecken und geschnittenen Hecken, ist eine Mischung aus geometrischen und frei gestalteten Bereichen. Ein mit großen, farblich abgestimmten Staudenbeeten, von Rosen und Ziegelsteinwegen umrahmter Bauerngarten findet sich darin ebenso wie alte Obstbäume, in die entweder Efeu oder Rankrosen wachsen, Teiche und schön eingerahmte Sitzplätze mit vielen Buchskugeln. Für Wege und Stützmauern wurde ortsüblicher Buntsandstein, altes Sandsteinpflaster oder alte Klinkersteine aus abgebrochenen Stallungen verwendet.
Eigentümer/in: Ursula Schnitzke-Spijker und Klaas Spijker, Bleichstraße 16a, 63571 Gelnhausen-Hailer, Tel. 06051/61286

Hess 57
Größe: 4,3 ha
Öffnungszeiten: ganzjährig geöffnet 6 Uhr bis Einbruch der Dunkelheit
Eintritt: frei
Führungen: nach Voranmeldung, kostenlos
DB Rüsselsheim
Bus 1, 2, 32, 52 Parkschule
alle Linien Friedensplatz
alle Linien Marktplatz
P gebührenpflichtig

Stadtpark an der Frankfurter Straße

Rüsselsheim

Der Park entstand in den Jahren 1850 bis 1865 als private Gartenanlage der Familie von Verna, die auch das nahegelegene Palais umbauen ließ. In der landschaftlich gestalteten Gartenanlage ist die architektonische Ausstattung beinahe vollständig erhalten, wie beispielsweise Obelisk, künstliche Ruine, Mühle an einem künstlichen Weiher, Monopteros oder Turmruine. Eine Besonderheit stellt die alleenartige Wegachse dar, auf die man kurz hinter dem heutigen Eingang an der Frankfurter Straße trifft.
Eigentümer/in: Stadt Rüsselsheim, Umwelt- und Grünflächenamt, Mainzer Straße 7, 65424 Rüsselsheim, Tel. 06142/832830, Fax 06142/832854

Hess 58 NEU
Größe: 340 m²
frei zugänglich
nur telefonische Anmeldung für Gruppen erbeten
Eintritt: frei
Führungen: nach Voranmeldung, für Gruppen bis 20 Personen, 40 DM/ Gruppe
DB S 1, Eddersheim
→ ab Bhf Richtung Weilbach, direkt nach dem Wäldchen rechts, Ausschilderung GRKW-Naturschutzhaus folgen (ca. 30 Min.)

Bauerngarten des Naturschutzhauses Weilbacher Kiesgruben

Frankfurter Straße 74, Flörsheim-Weilbach

Der Bauerngarten mit um ein Rondell kreuzförmig verlaufenden Hauptwegen wurde 1991 angelegt und 1995 um ein Getreidefeld erweitert. Neben den altbekannten Bauerngartenpflanzen liegt ein Schwerpunkt auf alten Gemüsesorten, Färbe- und Faserpflanzen, Getreidearten sowie verschiedenen Tomatensorten. Die Bewirtschaftung erfolgt biologisch. Im Außengelände des Naturschutzhauses sind diverse Elemente einer naturnahen Gartenanlage zu sehen.
Eigentümer/in: Naturschutzhaus Weilbacher Kiesgruben, Frankfurter Straße 74, 65439 Flörsheim-Weilbach, Tel. 06145/936360, Fax 06145/936369, E-Mail naturschutzhaus@gmx.de
Veranstaltungen: diverse Infos bei: s. Eigentümer

Japanischer Garten Sellner

Alt-Astheim 12 B, Trebur-Astheim

Foto: Harmut R. Raible

Hess 59
Eigentümer/in: Eheleute Sellner, Alt-Astheim 12 B, 65468 Trebur-Astheim, Tel. 06147/3156/936310, Fax 06147/936309
Größe: 120 m²
ganzjährig geöffnet
Anmeldung erbeten
Eintritt: frei
Attraktionen: Kirsch- und Azaleenblüte, Herbstlaub Mitte April, Ende Okt.
P

Der Japanische Garten der Familie Sellner ist ein Klassischer Zengarten. Der von Hartmut R. Raible geplante Steingarten im Stile der klassischen Zen-Gärten Japans liegt am Südwest-Giebel eines reizvollen Hauses in Holzbauweise. Die architektonische Gesamtkomposition, bestehend aus Haus, Laubengang und umgebender Mauer, bindet den Garten in außergewöhnlicher Art und Weise ein. Die gezielte Verwendung weniger Gestaltungselemente unterstreicht die reduzierte Darstellung einer abstrakten Landschaft. Mittelpunkt sind eine Steinsetzung in Gestalt einer Kranichgruppe und eine Formkiefer. Ein aufwendig gestaltetes Wasserbecken korrespondiert mit zwei alten japanischen Steinlaternen – ein Ort der Stille.

Hess 60
Größe: 4,5 ha
Öffnungszeiten: im Sommer Mo–Sa, 7.30–19.30 Uhr, So 7.30–12 Uhr, Gewächsh.: 9–12.30 Uhr, 13–15.30 Uhr im Winter Mo-Sa 7.30–16 Uhr, So 7.30–12 Uhr, Gewächsh.: 9–12.30 Uhr, 13–15.30 Uhr
Eintritt: frei
Führungen: nach Voranmeldung Geschäftsstelle des Freundeskreises Botanischer Garten der TH Darmstadt e.V., Schnittspahnstr. 5, 64287 Darmstadt, für Gruppen bis 30 Personen, 50 DM/Gruppe
L Breslauer Platz
Veranstaltungen: Freitagsführungen, 13 und 14.15 Uhr Infos bei: Tel. 06151/163502

Botanischer Garten der Technischen Universität Darmstadt

Schnittspahnstraße 5, Darmstadt

Der Botanische Garten der Technischen Universität Darmstadt umfaßt etwa 4,5 Hektar Freigelände und 1000 Quadratmeter Gewächshausfläche. Der Garten kam endgültig auf einem alten, von einem Bach durchzogenen Mühlengelände am Ostrand der Stadt unter. Sein Erscheinungsbild bestimmt das von dem bedeutenden Darmstädter Dendrologen Leopold Dippel angelegte Arboretum mit seinen alten Exemplaren besonders seltener Baumarten. In diesem Jahrhundert setzte Franz Börner, langjähriger Präsident der Deutschen Dendrologischen Gesellschaft, diese Tradition fort. Aber auch die Gewächshaussammlungen bergen große Schätze, so eine Reihe von Pflanzen aus Neu Mexiko und Kalifornien, die vor etwa 95 Jahren in den Garten gelangten. Der dem Fachbereich Biologie angegliederte Garten kultiviert heute schätzungsweise 8000 verschiedene Pflanzenarten.

Eigentümer/in: Technische Universität Darmstadt, Schnittspahnstraße 5, 64287 Darmstadt, Tel. 06151/163502, Fax 06151/164630, E-Mail schneckenburger@bio.tu-darmstadt.de, Internet www.tu-darmstadt.de/fb/bio/bot/BoGa

Hess 61
Eigentümer/in: Verwaltung der Staatlichen Schlösser und Gärten Hessen, Schloß, 61348 Bad Homburg vor der Höhe, Tel. 06127/9262116, Fax 06172/9262190
Größe: 1,8 ha
Öffnungszeiten: im Sommer 8–20 Uhr, im Winter 8–16 Uhr
Eintritt: frei
Führungen: nach Voranmeldung, Tel. 06151/125632,
A - B Schloß

Prinz-Georg-Garten

Schloßgartenstraße, Darmstadt

Nördlich des Darmstädter Residenzschlosses, angrenzend an den sogenannten Herrngarten, entstand im 18. Jahrhundert der ländlich anmutende landgräfliche Lustgarten. Abseits des offiziellen Zeremoniells wurde die kleine Anlage Mittelpunkt ungezwungener, von der Hofgesellschaft des Rokoko hoch geschätzter Festlichkeiten. Die rechtwinklig zueinander verlaufenden, jeweils vom Gartenhaus ausgehenden Hauptachsen zeigen, daß die Anlage aus zwei ursprünglich separaten Gärten zusammenwuchs. Hohe Mauern umschließen den Sommersitz, entsprechend dem in Rokokogärten häufig verwirklichten Wunsch nach Intimität und privater Atmosphäre. Nicht zuletzt durch diese isolierte Lage entging der Prinz-Georg-Garten der im Herrngarten erfolgten landschaftlichen Umgestaltung und konnte seine barocken Strukturen und viele Elemente wie Brunnen, Naturtheater, Teehaus, Sonnenuhren und Tore im wesentlichen bis heute bewahren.

Hess 62
Eigentümer/in: Stadt Darmstadt, Gartenamt, Bessunger Straße 125, 64295 Darmstadt,

Park Rosenhöhe

Seitersweg (Löwentor), Darmstadt

Die Entstehung des Parks geht zurück auf das Jahr 1810. Im Auftrag der Großherzogin Wilhelmine wurde auf der Anhöhe eine Gartenkomposition geschaffen, die den freien, edlen Geist landschaftlicher Natur atmet. Im Jahr 1826 erhielt die Parkanlage eine neue Bewertung als Grabstätte des Großherzoglichen Hauses durch den Bau des klassizistischen Mausoleums sowie des neuen Mausoleums im Jahre 1905. Großherzog Ernst Ludwig begann im Jahr 1900 mit umfangreichen Neu- und Umgestaltungen. Auf der höchsten Erhebung des Parks schuf er einen Rosengarten, der als Darmstädter Gartenstil in die Geschichte der Gartenkunst einging. Ernst Ludwig verschmolz hier italienische Gartenarchitektur mit den Leitbildern englischer Rosengärten. 1980 ging der zwischenzeitlich in großen Teilen verwilderte und durch Randbebauung reduzierte Park in den Besitz der Stadt Darmstadt über. Im Laufe der folgenden Jahre wurden umfangreiche Wiederherstellungsarbeiten ausgeführt, der Rosengarten als zentrale Anlage des Parks entstand wieder neu. Heute gilt der Park als einer der schönsten Gärten in Darmstadt.

Tel. 06151/132900,
Fax 06151/132932
Größe: 25 ha
frei zugänglich
Führungen: nach Voranmeldung Tour-Concress, Tel. 06151/132070
für Gruppen bis 40 Personen, Preis auf Anfrage,
F Spessartring
D Ostbahnhof

Orangerie

Jahnstraße, Darmstadt

Dem Orangeriegarten, auch Bessunger Herrngarten genannt, liegt die Planung des Baumeisters de la Fosse aus dem Jahre 1740 zugrunde. Sein Entwurf sah eine für Barock und Rokoko typische Gartenanlage vor, die jedoch zu keiner Zeit vollständig verwirklicht wurde. Die Gartenflächen wurden zwar in der Geometrie der barocken Anlage gefertigt, nicht aber, wie ursprünglich geplant, mit der überaus reichen Ornamentik ausgestattet. Obwohl nur Teile der ehemaligen Planung realisiert wurden, war der Orangeriegarten für das Darmstädter Hofleben von besonderer Bedeutung und nach der Jahrhundertwende der zentrale Park für den Stadtteil Bessungen. Der Barockbau diente ursprünglich als Winterherberge für Orangenbäume. Auch heute noch können alljährlich die südlichen Früchte bewundert werden.

Hess 63
Eigentümer/in: Stadt Darmstadt, Gartenamt, Bessunger Straße 125, 64295 Darmstadt,
Tel. 06151/132900,
Fax 06151/132932
Größe: 4,5 ha
frei zugänglich
Attraktionen: Fontänen, Kübelpflanzen (bis zu 200 Jahre alt) Mai bis Okt.
3 Orangerie

Prinz-Emil-Garten

Heidelberger Straße, Darmstadt

Der Garten verfügte neben zwei Teichen und Bachläufen dem ehemaligen romantischen Empfinden entsprechend über eine künstliche gotische Ruine, eine Kapelle, die als Küche diente, ein im russischen Stil erbautes Bauernhäuschen sowie einen auf einer Insel liegenden chinesischer Pavillon. Durch die Jahrhunderte veränderte sich das Erscheinungsbild des Gartens erheblich. Der ursprünglich englische Garten stellte sich um die Jahrhundertwende als Landschaftsgarten des 19. Jahrhunderts mit Merkmalen des bürgerlichen Gartens dar. Nach dem Krieg verkleinerten Randbebauungen die Fläche erheblich. Erst in den letzten

Hess 64
Eigentümer/in: Stadt Darmstadt, Gartenamt, Bessunger Straße 125, 64295 Darmstadt,
Tel. 06151/132900,
Fax 06151/132932
Größe: 4,2 ha
frei zugänglich
6, 7, 8 Prinz-Emil-Garten

Jahren konnten diese Eingriffe aufgrund einer Sanierungskonzeption weitgehend gemildert werden. Von den vorhandenen Gebäuden existiert nur noch das Schlößchen sowie der wieder errichtete Inselpavillon.

Hess 65
Eigentümer/in: Stadt Darmstadt, Gartenamt, Bessunger Straße 125, 64295 Darmstadt, Tel. 06151/132900, Fax 06151/132932
Größe: 10 ha
frei zugänglich
Führungen: nach Voranmeldung, für Gruppen bis 25 Personen,
3, 6, 7, 8, 3 Willy-Brandt-Platz
L Willy-Brandt-Platz

Herrngarten

Frankfurter Straße, Darmstadt

Die Anfänge des Herrngartens liegen in der Mitte des 16. Jahrhunderts. Ausgangspunkt waren drei größere und mehrere kleinere Gärten, die im barocken Gartenstil als Küchen- und Kräutergärten angelegt waren. 1799 wurden erste Veränderungen im erweiterten Garten vorgenommen. Man brachte naturalistische Landschaftsgartenelemente ein. In den Jahren 1801 bis 1822 wurde er zu einem klassisch-sentimentalen Landschaftsgarten umgestaltet. 1918 in Verbindung mit der Verstaatlichung des Gartens veränderte man ihn erneut, diesmal mit Elementen des Volksparks: Es wurden Spielplätze eingerichtet und ein vorhandenes Gartenhaus zum Herrngarten-Café ausgebaut, das sich bis zu seiner Zerstörung im 2. Weltkrieg ganz besonderer Beliebtheit bei der Darmstädter Bevölkerung erfreute. Der Herrngarten in seiner zentralen Lage ist nach wie vor die „gud Stubb“ der Darmstädter Bevölkerung.

Hess 66
Größe: 36 ha
frei zugänglich
Führungen: nach Voranmeldung, Tel. 06251/93460, März bis Okt., jeder 3. Sa im Monat DB Bensheim

Staatspark Fürstenlager

Bachgasse, Bensheim-Auerbach

Die ehemals landgräfliche Kuranlage bei Bensheim-Auerbach ist eine kunstvolle Komposition aus dorfartig um den Guten Brunnen angeordneten, schlichten Gebäuden inmitten eines malerischen Landschaftsparks. Die Anlage ist geprägt vom Ende des 18. Jahrhunderts in Herrscherhäusern vielerorts verbreiteten Verlangen nach Aufenthalt in ländlicher Idylle, fern vom steifen Hofzeremoniell. Das Fürstenlager konnte seine ursprüngliche Intimität in seiner reizvollen topographischen Lage bis heute eindrucksvoll bewahren.

Eigentümer/in: Verwaltung der Staatlichen Schlösser und Gärten Hessen, Schloß, 61348 Bad Homburg vor der Höhe, Tel. 06127/9262116, Fax 06172/9262190

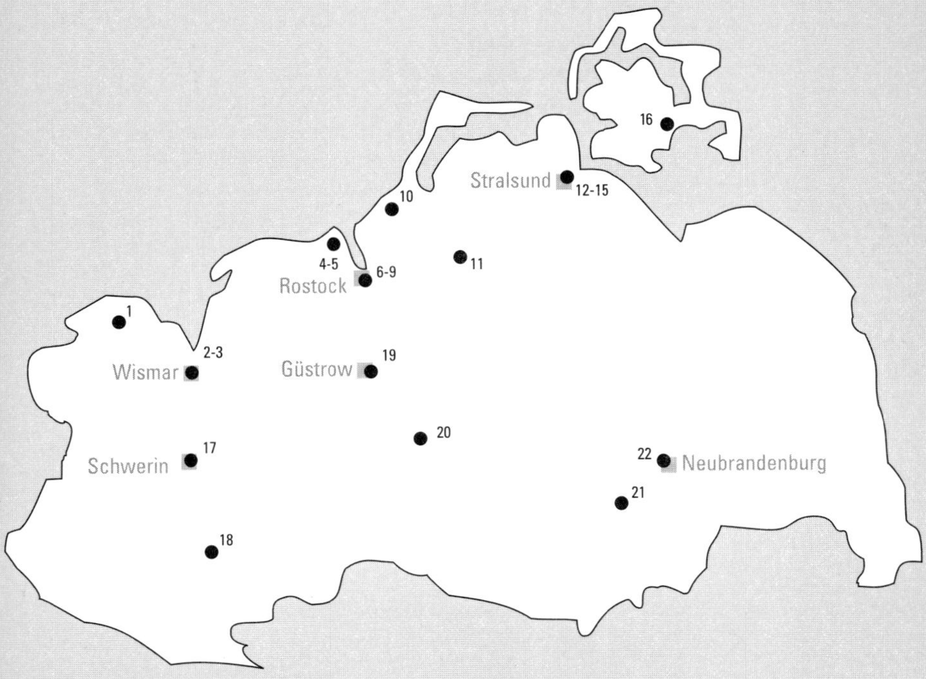
16
Stralsund
12-15
10
4-5
11
6-9
Rostock
1
2-3
Wismar
Güstrow
19
20
17
Schwerin
22
Neubrandenburg
21
18

M-Vor 1
Eigentümer/in:
Schloßverwaltung,
23948 Klütz,
Tel. 038825/25831,
Fax 038825/25832
Größe: 12 ha
Eintritt: z. Zt. frei,
geplant 5 DM
Führungen: durch Schloß und Park: April bis Oktober,
Mi, Sa, So 14.30 Uhr,
5 DM/Person, Kinder frei bis 14 Jahre, Voranmeldung für Gruppen, Mindestbeitrag 100 DM/Gruppe
Öffnungszeiten:
im Sommer 8–20 Uhr,
im Winter 9–18 Uhr
DB Grevesmühlen
Bus Grevesmühlen – Klütz
P ♿

Schloßpark Bothmer

Schloßstraße, Klütz

Schloß Bothmer, 1726–1732 erbaut, ist das größte erhaltene barocke Schloßensemble Mecklenburg-Vorpommerns. Der eigentliche Schloß- und Parkkomplex liegt auf einer rechteckigen Insel, nach französisch-niederländischer Manier allseitig von Grachten umgeben. Die ursprünglich formale barocke Anlage wurde um 1840 in Teilbereichen zu einem englischen Landschaftsgarten umgestaltet. Bei der 1975 begonnenen Rekonstruktion fanden barocke Grundstrukturen wieder verstärkt Berücksichtigung. Von besonderer Bedeutung ist der teilweise 250jährige Baumbestand, vor allem das weitläufige Linden-Alleensystem innerhalb und außerhalb des Wallgrabens, herausragend und im norddeutschen Raum einmalig die noch fast vollständig erhaltene Festonallee aus beschnittenen Linden, die vom Vorwerk Hofzumfelde auf die Mittelachse der symmetrisch angelegten Anlage zuführt.
Veranstaltungen: Konzerte während des Sommers

M-Vor 2
Eigentümer/in: Hansestadt Wismar, Amt für Umwelt und Grünflächen,
Rudolf-Breitscheid-Str. 47a,
23968 Wismar,
Tel. 03841/641952,
Fax 03841/635016
Größe: 3 ha
frei zugänglich
Bus A, B, C, E Lübsche Straße / Burgwall
P Hund ♿

Park der Solidarität

Philipp-Müller-Straße, Wismar

Der Park der Solidarität, im Volksmund auch als Ziegeleipark bezeichnet, ging aus dem Abbaugelände eines ehemals vorhandenen Ziegelwerkes hervor. Er wurde zwischen 1960 und 1970 angelegt, wobei die ehemalige Lehmgrube als Parkteich den Mittelpunkt der Gestaltung bildet. Die Parkanlage schließt sich westlich, nur durch eine Straße getrennt, an den Gehölzlehrgarten an.
Der Park gehörte bis Anfang der 90er Jahre zu den wenigen anspruchsvolleren Anlagen in Wismar und bildet einen wichtigen Bestandteil der größten innerstädtischen Grünverbindung. Er ist auch ein Teil des überregionalen, ostseeparallelen Radwanderwegs. 1998 erfolgte am östlichen Eingang eine zeitgemäße, harmonische Neugestaltung. Kinderspielplatz, Pergola, künstliches Kleingewässer mit artenreicher Ufervegetation und größere Staudenanlagen sind neue Ausstattungselemente.

M-Vor 3
Eigentümer/in: Hansestadt Wismar, Amt für Umwelt und Grünflächen,
Rudolf-Breitscheid-Str. 47a,
23968 Wismar,
Tel. 03841/641952,
Fax 03841/635016
Größe: 4,7 ha
frei zugänglich
Bus A, B, C, E Lübsche

Gehölzlehrgarten Lübsche Torweide

Philipp-Müller-Straße, Wismar

Der Gehölzlehrgarten, der Dendrologische Lehrgarten, liegt zwischen der Lübschen Torweide, einer erhalten gebliebenen innerstädtischen Sumpfniederung, und dem Gelände der Wismarer Fachhochschule. Der Bau dieser Parkanlage ist in vier Abschnitten geplant, von denen bis 1997 die ersten zwei Abschnitte fertiggestellt wurden. Der Gehölzlehrgarten zeigt in einer Abfolge von thematisierten Gehölzquartieren eine Auswahl populärer einheimischer und fremdländischer Gehölzarten, wie sie bisher in Wismar in keiner anderen Parkanlage anzutreffen war. Der Standort wurde sehr zentrumsnah gewählt. Dazu konnte eine bisher unbebaute Fläche, die zum Teil mit Wegen und Bäumen ausgestattet war, gesichert werden. Der Gehölzlehrgarten als Teil einer großen, zusammenhängenden, innerstädtischen Grünverbindung ist das Bindeglied zwischen öffentlichem Stadtraum und Hochschulgelände. Der gestalterische Reiz wird durch die Integration von Kleingewässern und einer anmoorigen Fläche sowie durch einen Pavillon und mehrere, mit Kletterpflanzen bewachsene, Rankgerüste erhöht.

Straße / Burgwall
P 🐕 ♿

Stephan-Jantzen-Park
Parkstraße, Rostock-Warnemünde
Der denkmalgeschützte Alte Warnemünder Friedhof wurde ab 1991 in eine Parkanlage umgestaltet, die durch die alten Gehölze, darunter die schöne Birkenallee am Hauptweg, und die alten Grabstätten eine besondere Atmosphäre hat. Bekanntestes Grab ist die mit Eisengittern eingefaßte Ruhestätte des Lotsenkapitäns Stephan Jantzen, nach dem der Park benannt wurde.
Eigentümer/in: Hansestadt Rostock, Amt für Stadtgrün, Naturschutz und Landschaftspflege, Am Westfriedhof 2, 18059 Rostock, Tel. 0381/3818532, Fax 0381/3818592

M-Vor 4
Größe: 1,4 ha
frei zugänglich
DB Warnemünde
Bus 36 Wiesenweg
P gebührenpflichtig
🐕 ♿

Kurpark Warnemünde
Rostock-Warnemünde
Schon ab 1860 gab es erste Gartenanlagen, die zwischen 1922 und 1924 zum Kurpark umgestaltet und so zu einer bis heute beliebten Erholungseinrichtung in Stadtnähe wurden.
Eigentümer/in: Hansestadt Rostock, Amt für Stadtgrün, Naturschutz und Landschaftspflege, Am Westfriedhof 2, 18059 Rostock, Tel. 0381/3818532, Fax 0381/3818532

M-Vor 5
Größe: 4,1 ha
frei zugänglich
DB Warnemünde
Bus 36 Wiesenweg
P gebührenpflichtig
🐕 ♿

Lindenpark
Friedhofsweg, Rostock
Der ehemalige Alte Friedhof mit dem Jüdischen Friedhof wurde 1981 in eine attraktive Parkanlage umgestaltet, deren alte Grabsteine noch auf die Geschichte hinweisen. Der sehr alte Baumbestand und die zahlreichen Rhododendren machen den besonderen Reiz des Lindenparks aus.
Eigentümer/in: Hansestadt Rostock, Amt für Stadtgrün, Naturschutz und Landschaftspflege, Am Westfriedhof 2, 18059 Rostock, Tel. 0381/3818532, Fax 0381/3818532

M-Vor 6
Größe: 16,8 ha
frei zugänglich
Tram 1, 11, 24 Saarplatz
Veranstaltungen: im Rahmen des Behindertenclubs,
Infos bei: Tel. 0381/4922898,
Fax 0381/4922898
☕ 🐕 ♿

M-Vor 7
Eigentümer/in: Hansestadt Rostock, Amt für Stadtgrün, Naturschutz und Landschaftspflege, Am Westfriedhof 2, 18059 Rostock, Tel. 0381/3818532, Fax 0381/3818532
Größe: 12 ha, frei zugänglich
🚌 1, 4, 11, 12 Steintor
1, 4, 11, 12 Kröpeliner Tor
🅿 gebührenpflichtig
✕ ☕ 🐕 ♿

Rostocker Wallanlagen
Kröpeliner Tor / Steintor, Rostock
Nach der Gründung des Rostocker Verschönerungsvereins 1836 wurden die Wallanlagen gestaltet. Die Anlagen gliedern sich in Ober-, Unter- und Mittelwall. Der Oberwall ist ein grüner Spazierweg entlang der Stadtmauer mit verschiedenen Plastiken. Die offene Tür in der Stadtmauer lädt zum Besuch des Klostergartens ein. Ein romantischer Weg entlang des Wallgrabens prägt die Unterwallanlage. Hier schafft die Kombination von Wasser, Stauden und Plastik eine Atmosphäre von Ruhe und Entspannung. Die Teufelskuhle mit Liegewiese und Kinderspielplatz prägt den Mittelwall. Von der Fischerbastion, einem Teil der ehemaligen Befestigung, hat man einen guten Blick zum Stadthafen. Ein weiterer Anziehungspunkt ist der Rosengarten mit Springbrunnen, umgeben von alten Lindenalleen.

M-Vor 8
Größe: 9,8 ha
Öffnungszeiten: ganzjährig geöffnet Freigelände: Di bis Fr, 7–18 Uhr, Sa, So, Feiert., 9–18 Uhr, Gew.H.: Mo bis Do, 10–12 Uhr, 13–15 Uhr
Eintritt: frei
Führungen: nach Voranmeldung, kostenlos
🚌 2, 12, 28 Holbeinplatz
♿
✿ In kleinem Umfang werden Pflanzen gegen eine Spende abgegeben

Botanischer Garten der Universität Rostock
Hamburger Straße 28 (Freigelände), Doberaner Straße 143 (Gewächshäuser), Rostock
Das Freigelände mit einer großen Gebirgsanlage, dem Alpinum, und ausgedehntem Arboretum hat zahlreiche Spezialabteilungen: Systematische Abteilung, Morphologie und Biologie, Pflanzen nach Inhaltsstoffen, Pflanzeneinführung, geschützte Arten, Wildrosen-Sortiment sowie mehrere Vegetationseinheiten, darunter Feuchtwiese, Buchenwald, Röhricht- und Wasserpflanzen-Gesellschaften, Erlenbruch, Heide, Hochmoor.
Eigentümer/in: Universität Rostock, Botanischer Garten, 18051 Rostock, Tel. 0381/2008096
Veranstaltungen: Landes-Pilzausstellung, jährlich, am letzten September-Wochenende, Blütenfest, im Frühsommer

M-Vor 9
Größe: 10,3 ha, frei zugänglich
Attraktionen: Fontaine im Schwanenteich Mai bis Sept.
🚌 2, 12, 24, 25 Kunsthalle
2, 12, 24, 25 Kuphalstraße
Veranstaltungen: Bienale Kunstausstellung, Infos bei: Tel. 0381/82337 oder 0381/8016288, Fischerfest Volksfest August/Sept.
☕ 🐕 ♿

Schwanenteichpark
Reutershagen, Rostock
Der Stadtgarteninspektor Alfred Jahr gestaltete 1937 Rostocks ersten Wohngebietspark, der mit dem Teich, einheimischen Bäumen und weiten Wiesenflächen die norddeutsche Landschaft nachahmte. Teile der Anlage werden heute durch die Kombination von Stauden und moderner Kunst geprägt.
Eigentümer/in: Hansestadt Rostock, Amt für Stadtgrün, Naturschutz und Landschaftspflege, Am Westfriedhof 2, 18059 Rostock, Tel. 0381/80640, Fax 0381/8064300

M-Vor 10
Größe: 4 ha
frei zugänglich
Führungen: nach

Rhododendronpark Graal Müritz
Parkstraße, Ostseebad Graal Müritz
Der Park wurde in mehreren Bauabschnitten in den Jahren 1954 bis 1963 durch den Gartenarchitekten Friedrich-Karl

Evert aus Rostock geschaffen. Es sind rund 2000 Rhododendren in 56 Sorten und Arten vorhanden. Der Park steht seit 1986 unter Denkmalschutz. 1992 wurde dem 1991 im Alter von 88 Jahren verstorbenen Evert im Park ein Gedenkstein errichtet. Die vorwiegend anzutreffenden Rhododendren Catawbiense-Hybriden umfassen vor allem das Sortiment des Rhododendren-Zuchtbetriebs Rudolf Seidel in Grüngräbchen bei Kamenz, Sachsen.
Eigentümer/in: Ostseebad Graal Müritz, staatlich anerkanntes Seeheilbad, Ribnitzer Straße, 18181 Ostseebad Graal Müritz, Tel. 0382/0680, Fax 038206/81123

Voranmeldung Eigentümer oder Kurverwaltung,
Tel.: 0382/067030 für Gruppen bis 20 Personen,
80 DM/Gruppe/Stunde,
Attraktionen:
Rhododendrenblüte
Schwanenberg Graal
Veranstaltungen:
Parkfest mit Wahl der Rhododendrenkönigin,
Wochenende nach Pfingsten

Kurpark Bad Sülze

Bad Sülze

Große Teile einer alten Saline wurden 1908 zum Kurpark umgestaltet. Nach längerer Zeit der Verwilderung konnte er ab 1980 rekultiviert werden. Die große Attraktion des Kurparks sind nach der Tulpenblüte im Frühjahr die von Juli bis Oktober blühenden 6000 Dahlien in über 270 Sorten, die ihn in ein Blütenmeer verwandeln. Bei dem Dahlienfest am 2. Wochenende im September werden unter anderem riesige, aus Dahlien gesteckte Plastiken gezeigt.
Eigentümer/in: Stadt Bad Sülze, Am Markt 1,
18334 Bad Sülze, Tel. 038229/80677

M-Vor 11 NEU
Größe: 13 ha
frei zugänglich
Anmeldung für Gruppen erbeten Führungen: nach Voranmeldung, für Gruppen bis 25 Personen,
30 DM/Gruppe
Platz des Friedens, Alter Bahnhof
Dahlien

Die Stralsunder Wallanlagen

Knieperwall / Frankenwall, Stralsund

Mit der Aufhebung des Festungscharakters der Stadt Stralsund im Jahre 1873 begann die gärtnerische Gestaltung der Wallanlagen. Nach den Plänen des königlichen Hofgarteninspektors J. B. F. Jühlke wurden in den darauffolgenden Jahren entlang der alten Wälle Alleen gepflanzt. Die Bastionen erhielten einen landschaftsparkartigen Charakter. Spielplätze und Kriegerdenkmale wurden in die Gartenanlagen eingefügt. Trotz gestalterischer Verluste und Überformungen durch bauliche Veränderungen und Erweiterungen des Straßensystems beeindrucken die Wallanlagen noch heute durch einen ausgeprägten alten Gehölzbestand.

M-Vor 12
Eigentümer/in: Hansestadt Stralsund, Bauamt,
Abt. Straßen und Stadtgrün,
Badenstr. 17,
18439 Stralsund,
Tel. 03831/267136,
Fax 03831/267135
Größe: 15 ha,
frei zugänglich
2, 3, 4, 5 Frankenwall, Busbahnhof, Knieperwall
gebührenpflichtig

Parkanlage am Wulflamufer

Wulflamufer/Weidendamm, Stralsund

Foto: Pfennig

M-Vor 13
Eigentümer/in: Hansestadt Stralsund, Bauamt,
Abt. Straßen und Stadtgrün,
Badenstr. 17,
18439 Stralsund,
Tel. 03831/267136,
Fax 03831/267135
Größe: 2,1 ha
frei zugänglich
2, 3 Busbahnhof
gebührenpflichtig

Unter Leitung des Gartenbauinspektors Hans Winter wurde die Anlage zwischen 1926 und 1927 als Bürgerpark für die Wohnanlage Bürgermeisterviertel am südlichen Frankenteichufer gebaut. Wie zahlreiche Parkanlagen jener Zeit entstand sie im Rahmen von Notstandsarbeiten. Die künstlerische Qualität besteht vor allem in der Gestaltung verschiedener Gartenräume im architektonischen Stil und in der großartigen Einbeziehung der Gartenanlage in den Landschaftsraum der die Altstadt umschließenden Stadtteiche. Aus der Altstadt über den Weidendamm kommend gelangt man über eine Spielanlage zum zentralen Sitzbereich mit Blick über eine weite, mit Pyramideneichen trichterförmig gesäumte Wiese und den Frankenteich hinüber zu den drei Kirchen der Altstadt.

M-Vor 14
Eigentümer/in: Hansestadt Stralsund, Bauamt, Abt. Straßen und Stadtgrün, Badenstr. 17, 18439 Stralsund, Tel. 03831/267136, Fax 03831/267135
Größe: 7,5 ha
frei zugänglich
4, 5 Theaterplatz
Veranstaltungen: Wallensteintage – Seegefecht, Juli Segelregatta Sundschwimmen, Konzerte

Die Sundpromenade

Sarnowstraße / Seestraße, Stralsund

Bereits um 1900 begannen in Teilabschnitten die Arbeiten an der Uferpromenade am Sundstrand, welcher seit der Mitte des 19. Jahrhunderts durch Strandbadeanstalten erschlossen ist. Nach Plänen von Gartenbauinspektor Hans Winter entstand in den Jahren 1927 und 1928 im Rahmen von Notstandsarbeiten das sogenannte Hindenburg-Ufer. Sandstrand und Gartenanlagen verschmelzen in einem Landschaftsraum zu einem sehenswerten Gartenkunstwerk. Ein durch Baumalleen geführter, großzügig geschwungener Promenadenweg verbindet zahlreiche der Erholung dienende Plätze miteinander. Die gartenkünstlerische Qualität des langgestreckten Gartenraums besteht im wesentlichen in der spannungsvollen Zuordnung von Alleen und Plätzen. Trotz teilweiser Veränderung, unter anderem 1962 durch die Errichtung eines monumentalen Denkmals für Ernst Thälmann auf einem der beiden Schmuckplätze, sowie ersten Baumverlusten innerhalb der Lindenalleen, zählt die Sundpromenade nach wie vor zu den beliebtesten öffentlichen Gartenanlagen Stralsunds.

M-Vor 15
Eigentümer/in: Hansestadt Stralsund, Bauamt, Abt. Straßen und Stadtgrün, Badenstr. 17, 18439 Stralsund, Tel. 03831/267136, Fax 03831/267135
Größe: 2,5 ha
frei zugänglich
Attraktionen: Springbrunnen im Sommer stundenweise
3, 4, 5 Knieperdamm

Die Brunnenaue

Knieperdamm / Sarnowstraße, Stralsund

Eine bereits 1630 erwähnte Heilquelle wurde im 18. Jahrhundert Mittelpunkt eines Kur- und Badebetriebes. Nach dessen Auflösung entstand Mitte des 19. Jahrhunderts eine repräsentative, zierende Park- und Gartenanlage im Geschmack der Biedermeierzeit. Dieser Park wurde in den 60er Jahren auf Grundlage einer Planung von Hans Friedrich Werkmeister aus dem Jahre 1937 umgestaltet. Die Brunnenaue präsentiert sich seitdem als eine Parkanlage mit großzügigem Wegesystem, einer weiten, zentralen Wiesenfläche, Spielplätzen, Sitzbereichen und zeitgenössischen

Plastiken. Der Hauptanziehungspunkt ist die polygonale Springbrunnenanlage – eine Reminiszens an den Ursprung der Anlage.

Schloßpark Putbus

Putbus

Der Ortsgründer Wilhelm Malte, Fürst und Herr zu Putbus, gestaltete den vorhandenen barocken Park am Anfang des 19. Jahrhunderts in einen Landschaftspark nach englischem Vorbild um. Fremde Gehölze wurden, zum Teil in einem jahrelangen Prozeß, an das hiesige Klima gewöhnt und fanden im Park ihren Platz. Viele Bäume zeugen durch ihre gewaltigen Kronen und Stämme von hohem Alter. Zu den baulichen Besonderheiten zählen so bedeutende Gebäude wie der Marstall, der nach grundlegender Rekonstruktion überwiegend für kulturelle Zwecke genutzt wird. Die Orangerie ist heute das Ausstellungszentrum der Stadt mit mehreren Galerien. Zu den bedeutenden Gebäuden im Park gehört auch die Putbuser Kirche, die ursprünglich als Kursaal erbaut wurde. In der Nähe der Kirche liegt das 8 Hektar große Wildgehege, das Rot- und Damwild beheimatet.

M-Vor 16 NEU

Eigentümer/in: Stadt Putbus
Markt 8, 1858 Putbus,
Tel. 038301/6430,
Fax 038301/292,
E-Mail rathaus@putbus.de,
Internet www.putbus.de
Größe: 75 ha
frei zugänglich
Führungen: nach Voranmeldung
Putbus-Information,
Tel. 038301/431
4 DM/Person,
90 DM/Gruppe bis 20 Pers.,
150 DM/Gruppe ab 21 Pers.
DB Putbus
P gebührenpflichtig und kostenlos

Schloßgarten und Burggarten Schwerin

Schloßstraße, Schwerin

Das Schweriner Schloß liegt auf einer Insel zwischen Schweriner See und Burgsee. Schon im frühen Mittelalter als Burg genutzt, entstand der heutige Bau 1846 bis 1857 im Stil der Neorenaissance. Die Dachbauten haben ihr Vorbild in den Loire-Schlössern. Der das Schloß umgebende Burggarten wurde zeitgleich mit dem Schloßneubau von Peter Joseph Lenné entworfen. Es ist eine Mischung aus landschaftlichem und formalem Stil mit Brunnen, Grotte, Treppen- und Terrassenanlagen, von denen man eindrucksvolle Sichten über den See hat. Südwestlich des Schlosses, über eine Brücke verbunden, erstreckt sich der Barockgarten aus der Mitte des 18. Jahrhunderts, der zwar im Laufe der Zeit in seiner Ausstattung vereinfacht wurde, aber in seiner Grundstruktur erhalten blieb. Die Hauptachse des Parks bildet der von Baumquartieren eingefasste Kreuzkanal mit einer Kaskade als Abschluß. Dominiert wird diese von dem großen Reiterstandbild des Großherzogs Friedrich Franz II. Die das Wasserbassin begleitenden Sandsteinfiguren sind Kopien der Originale von 1752. Mitte des 19. Jahrhunderts wurde der Park durch Laubengänge ergänzt und nach Plänen Lennés durch einen Landschaftsgarten erweitert.

M-Vor 17

Eigentümer/in: Land Mecklenburg-Vorpommern, Finanzministerium, Referat Schlösser und Parks,
Postfach, 19048 Schwerin,
Tel. 0385/5884460,
Fax 0385/5884586
Größe: 50 ha,
Eintritt frei
Öffnungszeiten:
im Sommer 8–20 Uhr,
im Winter 8–16 Uhr
DB Schwerin
P gebührenpflichtig

M-Vor 18
Eigentümer/in: Land Mecklenburg-Vorpommern, Finanzministerium, Referat Schlösser und Parks, Postfach, 19048 Schwerin, Tel. 0385/5884460, Fax 0385/5884586
Größe: 135 ha, frei zugänglich
DB Ludwigslust
→ A27 Ludwigslust

Schloßpark Ludwigslust

Parkstraße, Ludwigslust

Das Schloß Ludwigslust wurde Anfang des 18. Jahrhunderts zunächst als Jagdschloß errichtet, dann von 1772 bis 1776 durch den Baumeister J. J. Busch als neue Residenz der Herzöge von Mecklenburg-Schwerin ausgebaut. Die Bauzeit des Spätbarock-/Rokokoparks mit umfangreichen Alleen, Kanälen und Wasserkünsten zog sich über 40 Jahre von 1750 bis 1790 hin. Peter Joseph Lenné gestaltete die Anlage unter Einbeziehung der formalen Elemente in einen Landschaftspark um. Besonders sehenswert sind die Große Kaskade vor dem Schloß, die Wasserspiele wie „Die vierundzwanzig Sprünge", die Brücke über den Hauptkanal, die Mausoleen für die Erbprinzessin Helene Pawlowna und Herzogin Luise, das Schweizerhaus und die künstliche Ruine. Im ausgedehnten Park wechseln sich waldartige Bestände mit weiten Wiesen ab. Neben heimischen Bäumen sind auch viele Gehölze aus Asien und Nordamerika, wie Kaukasische Flügelnuß und Urweltmammutbaum, zu sehen.

M-Vor 19
Eigentümer/in: Staatliches Museum Schwerin, Tel. 03843/7520, Fax 03843/682251
Größe: 2 ha
Eintritt: frei
Öffnungszeiten: im Sommer 6–20 Uhr, im Winter 8 Uhr bis Einbruch der Dämmerung
DB Güstrow

Renaissancegarten Schloß Güstrow

Franz-Parr-Platz 1, 18273 Güstrow

Im Anschluß an die Restaurierung des Schlosses entstand 1974 bis 1978 nach dem Vorbild alter Kupferstiche ein Gartenparterre mit neun musterartig gegliederten Beetquartieren, eingefaßt von Laubengang und Wassergraben. Der ursprüngliche Garten aus der Mitte des 16. Jahrhunderts dürfte ähnlich ausgesehen haben, da sich auch die heutige Bepflanzung an der früheren Zusammenstellung von Blumen mit Duft- und Würzpflanzen wie Lavendel, Thymian, Salbei und Gemüse orientiert.

M-Vor 20 NEU
Größe: 100 ha
frei zugänglich
Führungen: nach Voranmeldung Krakow-Information, Tel. 038457/22258 für Gruppen bis 20 Personen, 35 DM/Gruppe,
DB Krakow am See

Seepromenade

Krakow am See

Eigens für die Kurgäste wurde um die Jahrhundertwende ein Park um den Jörnberg und auf der Halbinsel Lehmwerder angelegt. Heute erstreckt sich die im Jahre 1994 etwa 500 Meter lange umgestaltete Seepromenade entlang der Fischerei bis zum Jörnberg mit der denkmalgeschützten Badeanstalt, der Freilichtbühne und dem Waldsportplatz. Entlang der Uferkante säumen viele kleine reetgedeckte Bootshäuser den See. Den schönsten Rundblick über die Krakower Seenlandschaft hat man vom Aussichtsturm in 105 Meter Höhe über dem Meeresspiegel.
Eigentümer/in: Luftkurort Krakow am See, Markt 2, 18292 Krakow am See, Tel. 038457/23647, Fax 038457/23647

Schloßgarten Neustrelitz

Buttelplatz, Hertelstraße, Neustrelitz

M-Vor 21
Eigentümer/in: Land Mecklenburg-Vorpommern, Finanzministerium, Referat Schlösser und Parks, Grüne Straße 14, 19055 Schwerin, Tel. 0385/5812771
Größe: 50 ha
frei zugänglich
Führungen: nach Voranmeldung Stadtinformation, Markt 1, 17235 Neustrelitz, Tel. 03981/253119 für Gruppen bis 25 Personen, 50 DM/Gruppe,
Attraktionen: 2 Springbrunnen, April bis September
DB Neustrelitz
Bus 1, 2, 3 Buttel-Platz
P
Veranstaltungen: Mecklenburger Sängerfest
Infos bei Stadtinformation, Markt 1, 17235 Neustrelitz, Tel. 03981/253119/253153, Veranstaltungen im Rahmen des Kultursommers Neustrelitz

Foto: Heinzel

Der Neustrelitzer Schloßgarten wurde zwischen 1726 und 1731 von Christoph Julius Löwe aus Braunschweig angelegt. Herzog Adolf Friedrich IV., der von 1752–1794 regierte, ließ den im Zeitgeschmack des Barock konzipierten Garten unter dem Eindruck einer Reise nach Versailles völlig neu gestalten. Im Auftrag Großherzogs Georg und unter Einbeziehung Peter Joseph Lennés wurde er 1842/43 – besonders in seinem westlichen Teil – im Sinn eines englischen Landschaftsparks umgestaltet. Diese Gartenanlage blieb im wesentlichen bis zum Ende des Zweiten Weltkriegs erhalten. Noch heute ist er mit seinen Skulpturen, Brunnen, Säulen und wertvollen alten Bäumen eindrucksvoller Mittelpunkt des einstigen Schloßareals zwischen der Schloßkirche, der klassizistischen Orangerie, dem Marstall und dem Ufer des Zierker Sees. Auf der Mittelachse des Gartens befinden sich zwei Marmorspringbrunnen, die zusammen mit dem Kinderbrunnen an der Orangerie Geschenke König Friedrich Wilhelm IV. sind. Eine weitere Besonderheit ist die Götterallee mit Skulpturen antiker Gottheiten und allegorischen Figuren und der Hebetempel. Im westlichen Teil des Gartens befindet sich die 1892 errichtete Gedächtnishalle für die preußische Königin Louise, geborene Prinzessin zu Mecklenburg-Strelitz und Schwester von Großherzog Georg, mit einer Kopie der zweiten Grabstatue von Christian Daniel Rauch.

Kulturpark Neubrandenburg

Schwedenstraße / Windburgsweg, Neubrandenburg

M-Vor 22
Eigentümer/in: Stadt Neubrandenburg, Friedrich-Engels-Ring 52,

Auf einer zwischen der historischen Innenstadt und dem Tollensesee liegenden Bruchwaldfläche wurde zwischen

17033 Neubrandenburg,
Tel. 0395/5550,
Fax 0395/5552600
Größe: 35 ha
frei zugänglich
Führungen: nach Voranmeldung Grünflächenamt Neubrandenburg,
Tel.: 0395 5697100
kostenlos
alle Linien ab Busbahnhof Lessingstraße
Veranstaltungen:
Frühlingsfest, Mai
Herbstfest, Sept./Okt.

1969 und 1975 der Stadtpark angelegt. An den anfänglichen Arbeiten zur Vorbereitung des Geländes und den späteren Pflegemaßnahmen waren viele Betriebe und Bürger der Stadt beteiligt. Der Park entwickelte sich mit seinen großen Wiesenflächen, den bruchwaldartigen Pflanzen und einer Vielfalt gepflanzter, standortgerechter Gehölze zu einer beliebten Anlage. Durch die großzügig angelegte Hauptpromenade wird der Besucher durch den Eingangs- und den Mittelbereich zum Uferbereich geführt. Stauden-, Moorbeet- und Wildrosengarten, Festwiese, Tiergehege und Spielanlagen laden zum Verweilen ein. Die Promenaden münden in der Uferpromenade mit Anbindung an den Tollenseseerundweg und Verbindung zu den beiden neugestalteten Standbädern. Nach fast 25jähriger Entwicklung der Parkanlage steht gegenwärtig die Rekonstruktion und Ergänzung vieler Bestandteile entsprechend den heutigen Nutzungsansprüchen an.

Ndsa

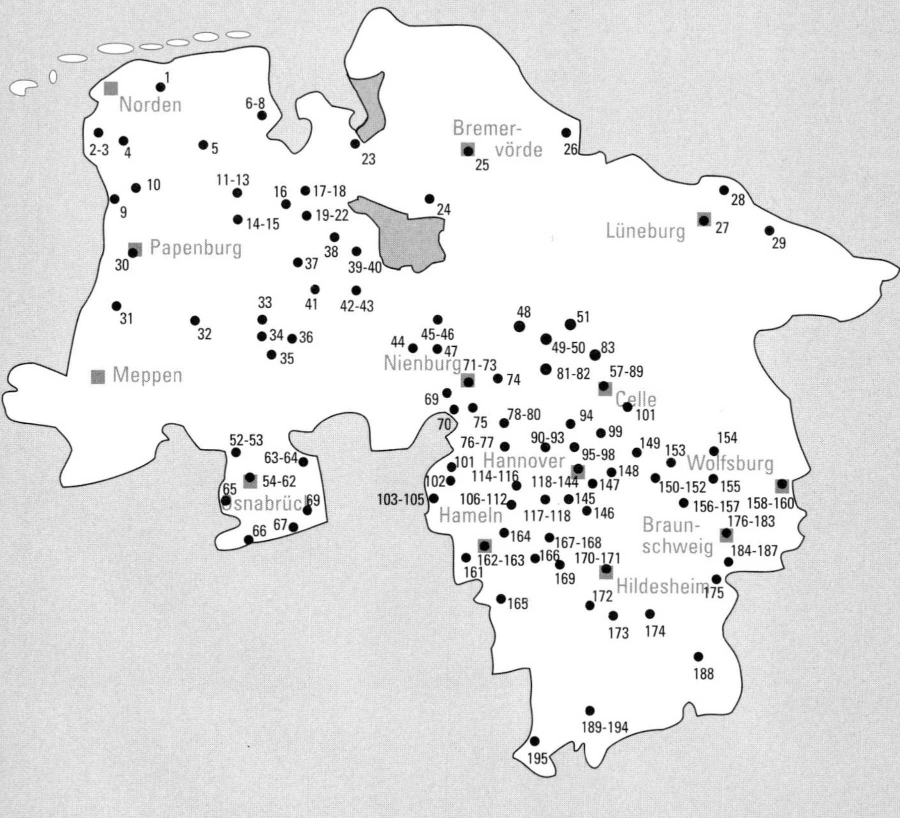
Norden
1
6-8
2-3
4
5
Bremer-
vörde
23
25
26
10
11-13
16
17-18
9
14-15
19-22
24
28
Lüneburg
27
29
Papenburg
30
37
38
39-40
31
32
33
34
36
35
41
42-43
48
51
44
45-46
47
49-50
83
Meppen
Nienburg
71-73
74
81-82
57-89
Celle
69
70
75
78-80
94
101
52-53
63-64
76-77
90-93
99
149
153
154
54-62
65
69
66
67
Hannover
95-98
Wolfsburg
101
102
114-116
118-144
148
147
150-152
155
158-160
103-105
106-112
145
156-157
Hameln
117-118
146
Braun-
schweig
176-183
164
167-168
162-163
166
170-171
184-187
161
169
Hildesheim
175
172
165
173
174
188
189-194
195

Ndsa 1
Größe: 30 ha
frei zugänglich
Führungen: nach Voranmeldung, Preis nach Vereinbarung,
Attraktionen: Rhododendron- und Azaleenblüte
DB Norden, Ostfriesland
→ BAB bis Emden, B 70 über Georgsheil nach Norden, von dort in Richtung Hoge / Esens, ca. 2 km bis Lütetsburg
P

Schloßpark Lütetsburg

Lütetsburg

Der Schloßpark Lütetsburg ist ein Englischer Landschaftspark, angelegt zwischen 1793 und 1826, mit Bauten aus dieser Zeit. Dazu gehören ein Freundschaftstempel, eine Nordische Kapelle, und eine Begräbnisinsel. Nachdem erhebliche Bombenschäden aus dem 2. Weltkrieg beseitigt waren, wurde der Schloßpark mit Rhododendren und Azaleen teilweise neu bepflanzt. Er zeichnet sich durch einen schönen alten Baumbestand aus Eiche, Buche, aber auch vielfältige Exoten sowie zahlreiche Wasserläufe und Teichen aus.

Eigentümer/in: Huberta Gräfin Knyphausen,
Gräflich Knyphausensches Rentamt, 26524 Lütetsburg,
Tel. 04931/4254, Fax 04931/4253

Ndsa 2
Größe: 850 m²,
Anmeldung erbeten
Öffnungszeiten: März bis Juli
Eintritt: 2,50 DM
Führungen: nach Voranmeldung, für Gruppen bis 15 Personen,
Preis im Eintritt enthalten
Attraktionen: Kakteen
→ B 210 Emden/Aurich, Ortsausgang Emden, Richtung Greetsiel/Hinte, nach dem Bahnübergang 3. Querstraße links
P

Privatgarten Knospe

Alter Postweg 13, Hinte

Foto: Knospe

Der seit 1973 angelegte naturnahe Sammlergarten schließt heimische Pflanzen, Orchideen, Raritäten und Wildkräuter ein – alles ist zusammengefügt zu einem Botanikum mit

Teichen, Wasserlauf, Alpinum und Kakteenhaus. Neben dem Hauseingang befindet sich eine Miniatur-Wildblumenwiese.
Eigentümer/in: Monika und Klaus Knospe, Alter Postweg 13, 26759 Hinte, Tel. 04925/8296, Fax 04925/8296

Privatgarten Kummer

Kloster Miedelsum, Krummhörn-Uttum

Der Bauerngarten ist ein naturnah gestalteter Garten mit Fassadenbegrünung, Teichanlagen und Staudenrabatten, Hochbeet und einem als Rondell angelegten Gemüsegarten.
Eigentümer/in: Frauke Kummer, Kloster Miedelsum, 26736 Krummhörn-Uttum, Tel. 04923/1400, Fax 04923/80397
Öffnungszeiten: Mai bis Sept. 10–18 Uhr

Ndsa 3
Größe: 0,2 ha
Anmeldung erbeten
Eintritt: 5 DM
Führungen: nach Voranmeldung, für Gruppen bis 50 Personen, 10 DM inkl. Imbiß
DB Uttum
P

Bauerngarten Saathoff

Greetsieler Straße 22 bis 24, Krummhörn-Middelstewehr

Die ehemalige Herrlichkeit und später Gut Middelstewehr besteht noch heute auf einer Warf. Ein Teil der historischen Burganlage bildet der alte Bauerngarten mit Altbaumbestand, umgeben von einer Graft. Neu angelegt wurden ein Buchsbaumgarten, ein Obstgarten, ein Laubengang und eine Grotte, die den Übergang in Gartenbereiche, teilweise aus jüngerer Zeit, bilden.
Eigentümer/in: Diane Saathoff, Greetsieler Straße 22 bis 24, 26736 Krummhörn, Tel. 04926/912033, Fax 04926/912034

Ndsa 4
Größe: 0,4 ha
Öffnungszeiten: Mai bis Okt.
Anmeldung erbeten
Eintritt: 5 DM
Führungen: nach Voranmeldung
Veranstaltungen: Besichtigung des alten Fischerdorfes Greetsiel, organisierte Tagestouren mit dem Bus, auf Anfrage
P

Japan-Alpin

Siemsstraße 1, Neuenburg

Foto: Schubert

Ndsa 5 NEU
Eigentümer/in: Horst Schubert, Siemsstraße 1, 26340 Neuenburg, Tel. 04452/555
Größe: 850 m²,
Öffnungszeiten: Mai bis Juni
Anmeldung erbeten
Eintritt: 5 DM inkl. Führung
Führungen: nach Voranmeldung
DB Varel
Bus Varel-Neuenburg
→ Bundesstraße 437 Varel-Neuenburg, bei Ortsschild links, dann 3. Straße rechts und gleich wieder rechts

Das große Alpinum, gestaltet aus Kalkknollen und Kalktuffstein, erscheint wie eine gewachsene Berglandschaft. Die verschiedenen Felspartien sind mit vielen Zwerggehölzen, Bonsais und mit der dazugehörigen Alpenflora bepflanzt. Wasserfall und Teichanlagen bilden den Mittelpunkt. Weitere Schwerpunkte sind in Annäherung zur japanischen Gartenkunst formgeschnittene Gehölze, Groß-Bonsai, Bambus, Buchs, Azaleen, Fächerahorne, Wasserläufe und Laternen-Tori.

Ndsa 6
Größe: 0,8 ha
Öffnungszeiten: ganzjährig geöffnet, nicht am 24./31.12. und 1.1., im Sommer Mo–Fr: 7–18.30 Uhr, Sa: 7–12 Uhr, So/Feiertag: 10–16 Uhr, im Winter Mo–Fr: 9–14 Uhr, Sa: 9–12 Uhr, So/Feiertag: 10–12 Uhr
Eintritt: frei
Führungen: nach Voranmeldung, kostenlos
A/1 Hegelstraße

Botanischer Garten der Stadt Wilhelmshaven

Gökerstraße 125, Wilhelmshaven

Der kleinste Botanische Garten Deutschlands hat sich aus einem Schulgarten heraus entwickelt. Ein Sammlungsschwerpunkt sind die für Nordwestdeutschland typischen Pflanzengesellschaften wie Heide, Moor, Strand, Teiche und Felder. Im Technologischen Garten und im Arzneipflanzengarten wachsen Pflanzen, die der Mensch in Gegenwart und Vergangenheit nutzte. Neben Stauden, Blumen und Ziersträuchern präsentieren die Gewächshäuser Pflanzen aus dem Mittelmeerraum, den Tropen und Subtropen und eine kleine Sukkulentensammlung. Im Sommer wird im beheizten Seerosenbecken eine Riesen-Seerose, Viktoria cruciana, kultiviert.

Eigentümer/in: Stadt Wilhelmshaven, Fachbereich Bildung, Kultur und Sport, Botanischer Garten, Gökerstraße 125, 26380 Wilhelmshaven, Tel. 04421/304543, Fax 04421/304543

Ndsa 7 NEU
Größe: 17 ha
frei zugänglich
Eintritt: frei
Führungen: nach Voranmeldung Wilhelmshaven-Info, Tel. 04421/913000, Gang durch die Gründerzeit mit Kurpark 10 DM/Person ohne Tee, 15 DM/Person mit Tee
1 Peterstraße und Reha-Klinik
2 Bülowstraße

Kurpark Wilhelmshaven

Bismarckstraße, Wilhelmshaven

Der Kurpark ist die älteste Parkanlage in Wilhelmshaven, 1869 erstmals in den Bauplanungen des preußischen Marineministeriums erwähnt. Die Gartenplanung verlangte angesichts des rauhen Klimas eine möglichst dichte Bepflanzung. Zwei künstliche Gewässer wurden angelegt: der Parkteich in der Nordostecke des Parks mit den zwei Steinfiguren Grete und Hein und ein zweiter Teich in der Nähe des Eingangs Hindenburgtor.

Eigentümer/in: Stadt Wilhelmshaven, Grünflächenamt, Virchowstraße 1, 26382 Wilhelmshaven, Tel. 04421/160, Fax 04421/42562, E-Mail Stadt Wilhelmshaven.de, Internet www.Wilhelmshaven.de

Attraktionen: Fontänen und Friesenbrunnen, Mai bis Oktober

Veranstaltungen: Kurkonzerte im Musikpavillon, So, Mai bis September, Infos bei: Wilhelmshaven Projekt GmbH, Postfach 1453, 26354 Wilhelmshaven, Tel. 04421/92790, Fax 04421/12508

Privatgarten Janßen
Friesenweg 6, Wilhelmshaven
Der ländliche, 30 Jahre alte Garten ist vielseitig gestaltet, abwechslungsreich und im Jahreslauf sich ständig wandelnd. Er bietet mehrere Sitzplätze, einen kleinen Pavillon, Staudenbeete, ein- und zweijährige Blumen, Obstbäume, Beerensträucher, Kletterpflanzen, einige Rosen, Gemüseraritäten, verschiedene, auch ausgefallene Kräuter.
Eigentümer/in: Karl und Edelgard Janßen, Friesenweg 6, 26388 Wilhelmshaven, OT Sengwarden, Tel. 04423/2212

Ndsa 8 NEU
Größe: 900 m²
Anmeldung erbeten
Öffnungszeiten:
April bis Oktober
Eintritt: 5 DM
Führungen: nach Voranmeldung, für Gruppen bis 15 Personen, 5 DM/Person
→ bei Anmeldung
P ✿

Park des Organeums
Norderstraße 18, Weener (Ems)
Ursprünglich gehörte ein großer Park zum rückwärtigen Grundstück. Die Formensprache der 70er Jahre des letzten Jahrhunderts wurde bei der Neugestaltung des Gartens aufgenommen, dabei blieben die vorhandenen älteren Gehölze erhalten. Die meisten der heutigen Pflanzenarten wurden schon damals in Ostfriesland in den Bauerngärten verwendet, zum Beispiel Buchsbaum, Efeu, Prinzenfeder, Hasenpfötchen, etc.
Das kleine Bauerngärtchen, dreiseitig umschlossen von den Mauern der Remise, wurde nach einem Bepflanzungsplan aus dem Jahre 1870 angelegt. Seit 1997 ist in der großbürgerlichen Villa das Organeum eingerichtet, das Konzerte im Gebäude und Garten veranstaltet.
Eigentümer/in: Stadt Weener (Ems) Osterstraße 1, 26826 Weener (Ems), Tel. 04951/912203, Fax 04951/912205, Internet rheiderland.de/organeum

Ndsa 9
Größe: 0,1 ha, frei zugänglich
DB Weener
P ♿
Veranstaltungen: Gartenfeste und Konzerte im Sommer, Infos bei: Organeum, Norderstraße 18, 26826 Weener, Tel. 04951/912203, Fax 04951/912205

Schloß Evenburg mit Parkanlage
Am Schloßpark, Leer
Erbaut wurde Schloß Evenburg im Zeitraum von 1642 bis 1650 durch Oberst Erhard von Ehrentreuter im niederländisch-klassizistischen Baustil. Die erste Gartenanlage am Schloß, vermutlich im Barockstil, entstand zwischen 1718 und 1740 durch den damaligen Besitzer Erhard von Wedel. In der Mitte des 19. Jahrhunderts ließ Carl Erhard Leopold von Wedel neben den Gebäuden auch Garten und Park von Schloß Evenburg wieder herrichten. Es ist zu vermuten, daß die ehemals barocke Anlage dem Zeitgeist entsprechend in einen Englischen Landschaftsgarten umgewandelt wurde. Das alte Schloß ersetzte er 1860 bis 1862 durch einen Neubau im neugotischen Stil. Mit dem Weggang der Familie von Wedel in den 1930er Jahren und dem 2. Weltkrieg begann der Niedergang von Schloß und Park. Aufgrund der unzureichenden Pflege nach dem Kriege bis in die erste Hälfte der 1970er Jahre verwilderte der Park immer mehr, andererseits blieben seine wesentlichen Gestal-

Ndsa 10
Eigentümer/in: Landkreis Leer Friesenstraße 46, 26789 Leer, Tel. 0491/9261445, Fax 0491/9261388, E-Mail landkreis@leer.net
Größe: 18,5 ha, frei zugänglich
DB Leer
→ 2,3 km vom Bahnhof, Fahrradverleih
P 🐕 ♿

tungselemente weitgehend erhalten. Durch den Erwerb von Schloß und Park durch den Landkreis Leer wurde dieser Niedergang aufgehalten. Um den Park wieder seinem ursprünglichen Zustand anzupassen, wurde 1998 mit der schrittweisen Sanierung begonnen.

Ndsa 11
Eigentümer/in: Dr. Eberhard Pühl, Postfach 1111, 26641 Westerstede, Tel. 04488/71971
Größe: 10 ha
Anmeldung erbeten
Öffnungszeiten: April bis Juli, Sept. bis Okt., Zutritt nur mit Führungen, Sa 10 und 15 Uhr, Mi 15 Uhr oder nach Absprache
Eintritt: 12 DM
Kinder unter 14 Jahre haben keinen Zutritt aus haftungsrechtlichen Gründen
Führungen: nach Voranmeldung
→ Bei Anmeldung
P i ✿
Veranstaltungen im Mai, Juni, Oktober

Maxwald Park

Westerstede

Carl v. Negelein, Gut Fiekensholt, ließ das Gelände 1824 mit Kiefern bepflanzen und nannte es zu Ehren seines Sohnes Maximilian Maxwald. Der Baumschulenbesitzer G. D. Böhlje erneuerte 1880 nach Ankauf des Waldes den Kiefernbestand. 1890 erwarb er ein umfangreiches Rhododendrensortiment des berühmten Zuchtbetriebs Waterer, England. Mit Pflanzen aus dieser Sammlung schuf Böhlje ab 1918 hier den Alten Rhododendronpark. Eine Eichenallee bildet die Verbindung zwischen Haus und Park. Mächtige Kiefern und leuchtend rot blühende Rhododendren 'Caractacus' betonen den Eingang. Am Weg beeindrucken bis zu 5 Meter hohe Enkianthus und malerisch gewachsene Pieris japonica mit ihren weißen Blütentrauben im April. Verschlungene Pfade führen durch die Rhododendren-Gruppen mit eingestreuten ausgesäten Farnen, Siebenstern und Fingerhut. So ist ein Rhododendron Woodland entstanden, wie von William Robinson und Gertrude Jekyll empfohlen. Weitere Anlagen sind ein Moosgarten, ein Taxusgarten und ein Kräuter- und Rosengarten in alter Form, umgeben von einem Lindenlaubengang.

Foto: Dr. Pühl

Rhododendron-Waldpark Hobbie

Zum Hullen 3, Westerstede / Linswege

Foto: Hobbie

Seit vielen Jahrhunderten im Besitz der Familie Hobbie, entstand aus einem Kiefernwald ein Rhododendron-Waldpark. Hier wachsen unter dem Schutz hoher Kiefern, aber auch in Begleitung zum Teil exotischer Nadel- und Laubgehölze Abertausende Rhododendren, viele hundert Sorten eigener und fremder Züchtungen, dazu über 200 Wildarten. Ein ca. 2,5 Kilometer langer Rundweg sowie viele kleine Wege und Pfade mit einer Gesamtlänge von ca. 10 Kilometer ermöglichen ein stundenlanges Wandern. Zum Ausruhen und Verweilen sind Bänke an vielen Stellen aufgestellt.

Ndsa 12
Eigentümer/in: D. Hobbie, Zum Hullen 3, 26655 Westerstede / Linswege, Tel. 04488/2294, Fax 04488/859931, E-Mail hobbie.rhodo@t-online.de
Größe: 70 ha
Anmeldung für Gruppen erbeten
Öffnungszeiten: Mai bis Mitte Juni 8–19 Uhr
Sonderbusse, Zeiten bitte beim Verkehrsverein Westerstede erfragen
Eintritt: 6 DM, Kinder frei bis 12 Jahre, Gruppen ab 15 Personen 5 DM/Person
Führungen: nach Voranmeldung, für Gruppen bis 100 Personen, 50 DM/Gruppe
→ A28 Abfahrt Westerstede, rechts ab der Beschilderung Rhododendronpark folgen

Schaugarten der Baumschule von Ehren

Bredehorner Straße 10, Westerstede-Halsbek

Im Vorgarten des Zweigbetriebs der Baumschule Lorenz von Ehren wurde eine Komposition aus immergrünen Gehölzen geschaffen. Die großflächig gestaltete Formenlandschaft bietet mit ihren verschiedenen Ebenen zu jeder Jahreszeit ein eindrucksvolles Natur-Kunstwerk. Zwischen flächig geschnittenen Bodendeckern finden sich bizarr geformte Bonsai-Kiefern und eingestreute Buchskugeln unterschiedlicher Größe. Die Anlage ist ein Beispiel für die exzellente Verwendung immergrüner Formgehölze und geschnittener Bodendecker. Der Garten erschließt sich dem Besucher mit vielfältigen grünen Nuancen und großartigen Lichtreflexionen auf den geschnittenen Buchsbaum-Konturen.

Ndsa 13
Eigentümer/in: Lorenz von Ehren, Bredehorner Straße 10, 26655 Westerstede-Halsbek, Tel. 04488/9155, Fax 04488/9577, E-Mail lve@lve.de, Internet www.lve.de
Größe: 0,1 ha
frei zugänglich
Anmeldung für Gruppen erbeten
DB Westerstede

Rhododendronpark Gristede

Bad Zwischenahn-Gristede

Der Rhododendronpark wurde in den 50er Jahren aufgebaut. In dem großzügig angelegten Waldpark werden mehr

Ndsa 14
Größe: 10 ha, frei zugänglich
Führungen: nach Voranmeldung, für Gruppen

bis 50 Personen, 150 DM
+ MWSt
→ BAB-Ausfahrt Zwischenahner Meer, Richtung Wiefelstede, nach 2 km auf der rechten Seite, Parkplatz 100 m nach dem Eingang links
P 🐕 ♿

als 500 Rhododendren in Arten und Sorten kultiviert, insbesondere auch sehr viele Neuheiten, die von Wilhelm Bruns in den letzten 40 Jahren gekreuzt wurden. Eigentümer/in: Johann Bruns Deutsche Export Baumschulen, Johann-Bruns-Allee 1, 26160 Bad Zwischenahn, Tel. 04403/6010, Fax 04403/601135

Ndsa 15
Eigentümer/in: Landwirtschaftskammer Weser-Ems, Hogenkamp 35, 26160 Bad Zwischenahn,
Tel. 04403/97960,
Fax 04403/979610,
E-Mail LVG.Bad-Zwischenahn@-online.de
Größe: 3,5 ha
Öffnungszeiten: April bis Sept. 9–18 Uhr
Eintritt: frei
Führungen: nach Voranmeldung, für Gruppen bis 50 Personen,
100 DM/Gruppe
→ von Emden/Lehr: BAB-Ausfahrt Zwischenahn-West, Richtung Bad Zwischenahn, von Oldenburg/Bremen: BAB-Ausfahrt Zwischenahner Meer, Richtung Bad Zwischenahn, Dreibergen, Rostrup
P ℹ

Sichtungsgarten der Lehr- und Versuchsanstalt für Gartenbau

Hogenkamp 35, Bad Zwischenahn-Rostrup

Seit 1962 erfolgte der Aufbau eines umfangreichen Gehölzsortiments zur Förderung des Baumschulwesens im Weser-Ems-Raum, wobei das Schwergewicht auf Rhododendren, Azaleen und Koniferen und auch Calluna und Erika liegt. Die oldenburgisch-ostfriesische Region ist Hauptanbaugebiet für diese Kulturen. Dem Sichtungsgarten kommt als Genbank, Erhaltungs- und Vergleichsgarten eine wichtige Aufgabe zu. Weiterhin werden Anbauwert und Eignung von Sorten geprüft. Da große Teile der Anlage mit hohem gärtnerischen Aufwand gestaltet und gepflegt werden, ist der Rhododendron- und Heidegarten auch für Nichtfachleute ein Erlebnis.

Privatgarten Petschallies

Buchenstraße 13, Wiefelstede-Metjendorf

Das Grundkonzept dieses Hausgartens wurde 1975 von dem Zürcher Landschaftsarchitekten Prof. Dr. Kienast entwickelt. Die Bepflanzung wurde besonders von englischen und niederländischen Gärten beeinflußt. Es gibt verschiedene Bereiche in den Farbtönen Weiß/Grau/Grün, Purpur und Rosa/Creme/Gelbgrün. Pflanzliche Schwerpunkte sind selbst vermehrte Helleborus, Historische Rosen, Hortensien und Kletterpflanzen.

Eigentümer/in: Waltraud und Gerhard Petschallies, Buchenstraße 13, 26215 Wiefelstede, Tel. 0441/61225

Ndsa 16
Größe: 600 m²,
Anmeldung erbeten
Öffnungszeiten: März bis Sept.
Eintritt: 3 DM
Führungen: nach Voranmeldung, für Gruppen bis 20 Personen
DB Oldenburg
Bus 1, 3
→ am Ortsausgang von Oldenburg
P
✿ Helleborus orientalis

Hauckes Garten

Grafestraße 29, Rastede

Foto: Haucke

Die Besonderheiten der Anlage sind ein Landschaftsgarten mit Skulpturen, ein Wasserlauf mit besonderen Gehölzen, eine lineare Pflanzung mit geschnittenen Eiben und Buchsbaum, ein mit Buchs eingefaßter Staudengarten mit abgestimmter Farbgebung, viele Borders unterschiedlichster Thematik (gelblaubig, rot und andere), Alte Rosen mit Begleitpflanzen, eine Arena der Graulaubigen, eine Frauenmantel-Tulpen-Allee und eine Trockenmauer mit Kräuter- und Anzuchtgarten. Immer wieder ergeben sich neue Blick-

Ndsa 17
Eigentümer/in: Wolfgang und Hille Haucke, Grafestraße 29, 26180 Rastede, Tel. 04402/81630, Fax 04402/81630
Größe: 2 ha
Anmeldung erbeten
Öffnungszeiten: 1. und 2. Wochenende im Juli, 10–17 Uhr
Eintritt: 5 DM
Führungen: nach Voranmeldung, für Gruppen bis 20 Personen, 7,50 DM/Person
DB OL Hbf Patentbusch
→ A 29 Oldenburg – Wilhelmshaven, Abfahrt Brake, links Richtung Neusüdende
P ☕ ♿ ✿

winkel und Sichtachsen. An vielen Stellen öffnet sich der Garten in die umgebende Landschaft. Darüberhinaus sind ein Alpinum, Topfgarten, Waldgarten mit alten Rhododendrenhybriden und Farnen, ein Teich sowie ein Sumpfbeet, Birkenwäldchen mit Frühblühern, eine Hosta-Sammlung und eine Kräuterterrasse zu besichtigen.

Ndsa 18
Größe: 0,8 ha
Anmeldung erbeten
Öffnungszeiten: ganzjährig geöffnet
Eintritt: 3 DM/4 DM
Führungen: nach Voranmeldung, für Gruppen bis 50 Personen
→ Von Oldenburg Richtung Neusüdende, über die Autobahnüberführung, rechts
P

Privatgarten Vahlenkamp

Knickweg 65, Rastede-Neusüdende

Dieser großzügige Bauerngarten ist in verschiedene Bereiche unterteilt. Interessant ist der große Bestand an Stauden. Außerdem sind historische Rosen, Einjährige, Zwiebelgewächse, diverse seltene Gehölze, ein alter Apfelgarten, ein traditioneller Küchengarten, ein mit Buchsbaum gefaßtes Kräuterbeet und verschiedene Sitzplätze zu sehen.
Eigentümer/in: Eveline Vahlenkamp, Knickweg 65, 26180 Rastede-Neusüdende, Tel. 04402/4029
Attraktionen: Historische Rosen

Ndsa 19
Größe: 16,5 ha
Öffnungszeiten: ganzjährig geöffnet, 8 Uhr bis Einbruch der Dämmerung
Eintritt: frei
Führungen: nach Voranmeldung
Gemeinschaft der Freunde des Schloßgartens e.V., Irmgard Tautzen, Lessingstr. 8, 26131 Oldenburg,
Attraktionen: Pflanzenschauhäuser
Bus 1, 3, 4, 6, 8, 9, 10, 14, 17 Schloßgarten
→ 5 Gehminuten vom Zentrum
P gebührenpflichtig

Schloßgarten zu Oldenburg

Schloßwall / Gartenstraße, Oldenburg

Außerhalb der Wallanlagen Oldenburgs entstand auf Wiesenland entlang des Flusses Hunte ab 1810 der Schloßpark mit malerischen Pflanzungen um den Schloßteich und den Bach Moorbäke. Über mehrere Jahrzehnte wirkte hier der Hofgärtner Julius F. W. Bosse für die Oldenburger Großherzöge. Besondere Aufmerksamkeit genoß damals der Blumengarten. Erweiterungen nach 1856 durch den Hofgärtner Nikolaus Friedrich Peter stellten bei der Anlage einer Nadelholzsammlung (Pinetum) und Rhododendronpflanzungen mehr einzelne Pflanzen in den Vordergrund. In den letzten Jahren wurde der Park und die zahlreich vorhanden Bauten anhand einer Denkmalpflegekonzeption erneuert und wiederaufgebaut.
Eigentümer/in: Land Niedersachsen, Staatliche Schloßgartenverwaltung, Gartenstraße 27, 26122 Oldenburg, Tel. 0441/9558957, Fax 0441/9558959
Veranstaltungen: Lesungen im Pavillon

Ndsa 20
Eigentümer/in: Land Niedersachsen Hannover, Tel. 0511/16843801, Fax 0511/16842914
Größe: 18,5 ha
frei zugänglich
Bus 1, 6, 14 Hauptstraße
P

Everstenholz

Hauptstraße, Oldenburg

Ab 1770 wurde ein alter Eichenwald zu einem öffentlichen Lustwald geometrisch gestaltet. Ab 1832 überformte der großherzogliche Hofgärtner Julius F. W. Bosse den Park im Stil eines Landschaftsparks. Neuerliche Umgestaltungen erfolgten in der 2. Hälfte des 19. Jahrhunderts. Mit vielen Spazierwegen, Wiesen und einem bis zu 300jährigen Baumbestand ist das Everstenholz eine der beliebtesten Naherholungsanlagen Oldenburgs.

Wallanlagen Oldenburg

Oldenburg

Nach Abtragung der barocken Stadtwallbefestigungen wurde um 1800 eine vierreihige Linden- und Ulmenpromenade als Wallring um den historischen Stadtkern gepflanzt. Da die Wallgründe mit den Festungsgräben zum damaligen Zeitpunkt (1836–1840) noch dem Großherzog gehörten, wurden sie von der gleichen gestalterischen Hand wie der Schloßgarten im englischen Landschaftsstil angelegt. Trotz der Anpassung an die heutigen Verkehrsansprüche bilden die Wallanlagen mit dem Schloßgarten und dem Schloß ein unverwechselbares Ensemble mit klassizistischer Gebäudebegleitung. Seit 1989 wurden die Wallabschnitte Heiligengeistwall, Paradewall, Theaterwall und Staulinie gartendenkmalpflegerisch erneuert.

Ndsa 21
Eigentümer/in: Stadt Oldenburg, Grünflächenamt
Industriestraße 1,
26105 Oldenburg,
Tel. 0441/2352283,
Fax 0441/2353110
Größe: 6,4 ha,
frei zugänglich

Botanischer Garten Oldenburg

Philosophenweg 39/41, Oldenburg

Der öffentliche Garten geht auf einen Lehrgarten von 1882 zurück. Er enthält traditionelle Abteilungen wie das Systematische Quartier, das ca. 1200 verschiedene Pflanzen aus dem Weser-Ems-Gebiet zeigt. Hier ist das floristische Inventar der Region fast vollständig vorhanden. Weitere Schwerpunkte sind die Mittelmeersammlung mit etwa 1200 Arten, geographische und pflanzensoziologische Bereiche mit lebendem Hochmoor, ein Alpinum, der neu angelegte Arzneigarten mit ca. 400 Arten und der Bauerngarten. Der Heidebereich wird 2001 neu gestaltet. Die Gewächshäuser sind ab Ende 2001 öffentlich zugänglich. Als Besonderheit werden Reptilien und Vögel in Terrarien und Volieren gezeigt.

Eigentümer/in: C.v.O. Universität Oldenburg, Fachbereich 7, Ammerländer Heerstraße 114 – 118, 26129 Oldenburg, Tel. 0441/777654, Fax 0441/71641, E-Mail bot.garten@uni-oldenburg.de, Internet www.uni-oldenburg.de/bot.garten

Ndsa 22
Größe: 3,7 ha
Öffnungszeiten: ganzjährig geöffnet,
im Sommer 7.30–20 Uhr,
Sa, So, feiertags ab 10 Uhr,
im Winter 8–16 Uhr
Eintritt: frei
Führungen: nach Voranmeldung,
für Gruppen bis 25 Personen,
2 DM/Person,
Kinder und Jugendliche frei
DB Oldenburg
7, 9, 12 Westkreuz
Veranstaltungen: Ausstellungen, verschiedene Präsentationen
zeitweise

Parkanlage Gateteiche

Walther-Rathenau-Straße, Nordenham

Die Gateteich-Anlagen entstanden 1934 aus einem sumpfigen Gelände eines Altarms des Flüßchens Gate. Durch eine ansprechende Modellierung unter Verwendung heimischer Gehölze entwickelte sich eine Parkanlage, die nun in ihr reifes Alter eintritt.

Eigentümer/in: Stadt Nordenham, Walther-Rathenau-Straße 25, 26954 Nordenham, Tel. 04731/840, Fax 04731/84349, E-Mail stadt@nordenham.de, Internet www.nordenham.de

Ndsa 23
Größe: 5,3 ha,
frei zugänglich
2 Rathaus
P gebührenpflichtig

Ndsa 24
Eigentümer/in: Barkenhoff-Stiftung Worpswede, Osterholzer Straße 23, 27711 Osterholz-Scharmbeck, Tel. 04791/9300, Fax 04791/930358
Größe: 0,2 ha
frei zugänglich
DB Bremen Hbf
Bus 140 Worpswede
P

Barkenhoff

Ostendorfer Straße 10, Worpswede

Foto: Barkenhoff-Stiftung

1895 kaufte der Maler Heinrich Vogeler einen kleinen Hof mit verwahrlostem Gemüseland und verwandelte ihn innerhalb weniger Jahre in einen blühenden Garten, wie er von vielen seiner Gemälde und Zeichnungen bekannt ist. Vogelers Interesse konzentrierte sich auf zwei hausnahe Flächen, den nördlich liegenden Hausplatz und der nach Osten gerichteten Terrasse und den Blumengarten. Dabei finden sich viele Formen der Außenfassade des völlig umgestalteten Bauernhauses in der Gestaltung des Gartens wieder. Geometrische Formen wie das Rechteck, Quadrat, Kreis, Oval und Kugel spielen auch in den Freiflächen eine entscheidende Rolle. Die Terrasse mit der sich nach unten weitenden Treppe ist achsial in das Haus und die sich zur anderen Seite anschließenden Beete eingespannt. Die runden Blumenbeete waren teils mit Sommerblumen, teils mit Stauden bepflanzt. Am Ende der Achse steht auf einer künstlichen Anhöhe eine kleine Laube. In den letzten Jahren ist dieser Bereich aufwendig nach den Gemälden Vogelers und mündlichen Überlieferungen wiederhergestellt worden.

Ndsa 25
Größe: 1 ha
Öffnungszeiten: April bis Mitte Okt. Sonn- und Feiertage, 10–18 Uhr
Führungen: nach Voranmeldung für Gruppen ab 10 Personen 6 DM/Pers.
DB Bremervörde, Fahrradverleih

NABU-Umweltpyramide und Altes Forsthaus

Huddelberg 14, Bremervörde

Im Rahmen der Niedersächsischen Landesausstellung Natur im Städtebau errichtete der Naturschutzbund Deutschland ein Niedrigenergiehaus in Pyramidenform und ein interessantes Außengelände. Darin werden auf einem Naturpfad zahlreiche schützenswerte Lebensräume und Erlebnisbereiche gezeigt. Vorbei am Bauern- und Naturgarten führt der Weg unter anderem zu einer Streuobstwiese, einem

Duft- und Schnupperbeet und dem Gezieferzoo.
Eigentümer/in: Naturschutzbund Deutschland (NABU), Umweltbildung und Naturschutz, Huddelberg 14, 27432 Bremervörde, Tel. 04761/71330, Fax 04761/71352, E-Mail nabu-umweltpyramide@t-online.de

→ Beschilderung vorhanden
P ☕ ♿ ℹ
Veranstaltungen: eigenes Seminarprogramm

Privatgarten Christophel
Kohlenhusen 3, Jork / Niederelbe
Der Landhausgarten liegt im bekannten Jorker Obstbaugebiet. Er ist auf zwei Ebenen angelegt, wobei das Haus auf der höheren liegt. Der Südwestbereich ist ein reiner Ziergarten. Im südöstlichen Nutzgarten wechseln sich Blumen mit Gemüse ab. Der Marschboden bedingt ungewöhnlich kräftige Rosenbüsche.
Eigentümer/in: Gisela und Fritz Christophel, Kohlenhusen 3, 21635 Jork / Niederelbe, Tel. 04162/9605, Fax 04162/7736

Ndsa 26 NEU
Größe: 0,15 ha
Anmeldung erbeten
Öffnungszeiten:
Mai bis September
Eintritt: frei
→ bei Anmeldung
P 🐕 ♿

Privatgarten Ute Kruse
Lauensteinstraße 32, Lüneburg
Den Privatgarten charakterisieren die blühenden Kletterrosen, die, in Bäume rankend, von Mitte Juni bis Mitte Juli überschwenglich blühen. Darüber hinaus umfaßt er Stauden und historische Rosen. Später im Jahr blühen eine Reihe Clematis, zum großen Teil Wildformen, darunter auch zwei duftende Sorten. Der Garten ist eine geordnete Wildnis.
Öffnungszeiten: ganzjährig geöffnet

Ndsa 27
Eigentümer/in: Ute Kruse
Lauensteinstraße 32,
21339 Lüneburg,
Tel. 04131/32889,
Fax 04131/731809
Größe: 420 m²,
Anmeldung erbeten
Eintritt: frei

Privatgarten Ruks
Im Sandhagen 3, Echem
Neben einem Steingarten, einem kleinen Teich und unterschiedlichen Kübelpflanzen wird der Garten von Fuchsien bestimmt. Über 300 verschiedene Pflanzen, darunter sehr alte Exemplare, sind im ganzen Garten verteilt.
Eigentümer/in: Heide und Waldemar Ruks, Im Sandhagen 3, 21379 Echem, Tel. 04139/6234

Ndsa 28 NEU
Größe: 0,1 ha
Anmeldung erbeten
Öffnungszeiten: Juli/August
Eintritt: frei
Führungen: nach Voranmeldung
→ bei Anmeldung
P ♿

Privatgarten Müller
Ellringer Straße 20, Dahlenburg
Der Garten – 1955 auf einem Kartoffelacker und einer Abraumgrube der 1928 stillgelegten Ziegelei angelegt – ist im ländlichen Idyll zu einem umweltfreundlichen Kleinod herangewachsen. Es wurden Wildblumen und Wildstauden heimisch gemacht, die von einer Vielzahl von Rhododendren, Azaleen und Magnolien in Weiß, Rosa, Gelb und von Rosen umgeben sind, die als Kletter- oder Hochstammrosen, als duftende Historische oder Englische Strauch-

Ndsa 29
Eigentümer/in: Dr. Karlheinz Müller und Annemarie Müller,
Ellringer Straße 20,
21368 Dahlenburg,
Tel. 05851/214
Größe: 0,3 ha
Anmeldung erbeten
Öffnungszeiten:
10. Mai bis 15. Juli
Eintritt: Spende erwünscht

→ Ortsanfang erste Straße links

und Edelrosen einen Höhepunkt der Blütenpracht im Sommer bilden. Mehr als 100 Clematispflanzen ranken über Bögen, Pfeiler, Büsche oder in Bäumen und an Hauswänden empor, auch als Stauden in den Beeten. Im offenen Garten findet man Wasserspiele, Brunnen, einen Teich und viele Sitzplätze in Lauben, Pergolen und auf Terrassen zum Ausruhen und ein Kinderhaus. Ein Paradies für Vögel und Schmetterlinge und die freilaufenden Hühner und Pfauen.

Ndsa 30
Eigentümer/in: Stadt Papenburg, Kulturamt Postfach 1755, 26857 Papenburg, Tel. 04961/82218, Fax 04961/82314
frei zugänglich
Anmeldung für Gruppen erbeten beim Kulturamt der Stadt Papenburg, Tel. 04961/82308
Führungen: nach Voranmeldung Kulturamt der Stadt Papenburg für Gruppen bis 20 Personen
DB Papenburg-Aschendorf
→ In unmittelbarer Nähe der B 70
Veranstaltungen: Sommerkonzerte
Infos bei: Kulturamt der Stadt Papenburg, Tel. 04961/82308

Gut Altenkamp

Papenburg-Aschendorf

Gleichzeitig mit dem Bau eines Herrenhauses ließ Freiherr Hermann Anton Bernhard von Velen, Droste des Emslandes, einen repräsentativen Garten anlegen. Im Verhältnis zur Gesamtfläche wurde nur ein kleines, aus zwei reich verzierten Elementen bestehendes Parterre geschaffen. Demgegenüber fiel das Boskett mit den unterschiedlichen sogenannten Sälen und Kabinetten deutlich größer aus, denn in der Tradition des holländisch-norddeutschen Barockgartens wurde hier auch Obst und Gemüse angebaut. Eine besondere Eigenart waren die kunstvoll geschnittenen Hecken. Es enstanden ornamentale Reliefs und pflanzliche Mauern von Zinnen und Türmen gekrönt.
Bereits gegen Ende des 18. Jahrhunderts wurde die Pflege stark eingeschränkt und ein unaufhaltsamer Verfall begann. Durch Besitzerwechsel 1856 nahm diese Entwicklung eine positive Wende. Auch wenn der Pflanzenbestand verändert und ergänzt wurde, blieb das barocke Konzept erhalten. Nach dem Zweiten Weltkrieg setzte eine weitere Phase des Niedergangs ein, die erst 1981 durch den Ankauf der Anlage durch die Stadt Papenburg gestoppt werden konnte. Seit dieser Zeit wurden Garten und Gebäude mit großem Engagement und finanziellem Aufwand gesichert und restauriert. Im Herrenhaus befindet sich heute ein Ausstellungszentrum, in dem schwerpunktmäßig Exponate aus den Sammlungen der Stiftung Preußischer Kulturbesitz gezeigt werden.

Ndsa 31
Eigentümer/in: Emslandmuseum Schloß Clemenswerth, 49751 Sögel, Tel. 05952/932325, Fax 05952/932330, E-Mail schloss@clemenswerth.de, Internet www.clemenswerth.de
Größe: 62 ha
Öffnungszeiten: April bis Okt. Di–So, 10–12.30 Uhr,

Jagdschloß Clemenswerth

Sögel

Die Schloßanlage und der Park wurden 1737 bis 1747 nach dem Schema der Jagdsterne – ein landschaftsgestalterisches Prinzip, das auf die Étoiles in den königlichen Wäldern Frankreichs zurückgeht – für den Kurfürsten und Erzbischof Clemens August angelegt. In der Mitte des achtschneisigen Alleesterns steht der kurfürstliche Rokokopavillon, umgeben von acht kleineren Pavillons, die als Wohnungen für die adligen Jagdgäste dienten. Hinter der Schloßkapelle, wegen ihrer besonderen Atmosphäre auch als nördlichste Rokokokapelle Bayerns bezeichnet, liegt der Garten der Kapuziner, umgeben von einer fast 300 Meter langen, doppelreihigen Eibenhecke, die zinnenhaft geschnitten ist. Die regelmäßigen, mit Buchs umfaßten und mit Sommerblumen bepflanzten Beete gruppieren sich um eine zentrale Sonnenuhr. Der Baumbestand des Parks stammt in großen Teilen aus dem späten 19. Jahrhundert. Clemenswerth ist ein Paradebeispiel fürstlicher Jagdarchitektur in Europa.

14–18.00 Uhr
Eintritt: in den Park frei
Klostergarten im Rahmen von Schloßbesichtigung
Führungen: nach Voranmeldung für Gruppen ab 20 Personen 30 DM/ Gruppe + Eintritt Schloß
→ ab Ortseingang ausgeschildert

Galerie Lindern – Skulpturengarten

Am Schützenplatz 13, Lindern

Der Skulpturengarten mit wechselnden Ausstellungen der Galerie Lindern wurde 1995 angelegt. Nach Plänen von Hermann Freese entstand ein Garten, der durch Raumgebung, Gestaltung und Pflanzenverwendung die hier ausgestellten Skulpturen und Plastiken besonders vorteilhaft zur Wirkung bringt.
Eigentümer/in: Volkmar Grigull und Dieter Benken, Am Schützenplatz 13, 49699 Lindern, Tel. 05957/1619, Fax 05957/1610
Veranstaltungen: Ausstellungen, Musik und Tanz während der Ausstellungszeiten

Ndsa 32
Größe: 0,3 ha
Anmeldung erbeten
Öffnungszeiten: während der Ausstellungen und nach Vereinbarung
Eintritt: frei
Führungen: nach Voranmeldung
→ Lindern in Richtung Werlte/ Sögel, nach Ortsausgang erste Straße links

Bauerngärten des Museumsdorfes Cloppenburg

Bether Straße 6, Cloppenburg

In parkähnlicher Landschaft, eingerahmt von hohen Bäumen und malerischen Bachläufen, präsentiert sich das Museumsdorf Cloppenburg mit beeindruckenden ländlichen Baudenkmälern aus den letzten 300 Jahren. Neben den Gehöften der Großbauern sind auch die Häuser der Landarbeiter und Tagelöhner zu besichtigen. Ebenso vielfältig ist auch das Gartenbild: von kleinen, ausschließlich der Selbstversorgung dienenden Gemüsegärtchen bis zum Bauerngarten Wehlburg, der mit geschnittenen Buchshekken und Eibenfiguren den Besitzerstolz der wohlhabenden Bauern des Osnabrücker Nordlandes zum Ausdruck bringt.
Eigentümer/in: Museumsdorf Cloppenburg, Niedersächsisches Freilichtmuseum, Bether Straße 6, 49661 Cloppenburg, Tel. 04471/94840, Fax 04471/948474, E-Mail museumsdorf@t-online.de, Internet www.museumsdorf.de
Veranstaltungen: Sonderausstellungen, Infos: Museumsdorf

Ndsa 33
Größe: 20 ha
Öffnungszeiten: ganzjährig geöffnet,
im Sommer 9–18 Uhr,
im Winter 9–16 Uhr
Eintritt: 7 DM, Kinder frei bis 6 Jahre, ermäßigt 4 DM für Senioren, Schüler, Studenten, Zivis, Wehrdienstleistende, Gruppen ab 20 Personen 6 DM/Erw., 3,50 DM/Schüler
Führungen: nach Voranmeldung, für Gruppen bis 40 Personen, 20 DM/40 DM/Gruppe
DB Cloppenburg

Bauerngarten auf Hof Averesch

Nordholter Straße 4, Elsten

Der Garten ist etwa 180 Jahre alt. Außer dem Fachwerkbauernhaus haben sich aus dieser Zeit noch eine 270 Meter

Ndsa 34 NEU
Größe: 0,53 ha
Anmeldung erbeten
Öffnungszeiten: nach

Vereinbarung
Eintritt: nach Vereinbarung für Einzelpersonen,
Gruppen: 3 DM,
Gruppen ab 15 Personen
Führungen: nach Voranmeldung
→ bei Anmeldung
P 🐕 ♿

lange Hainbuchenhecke mit Laube, ein Eichen-Buchen-Kamp sowie eine alte Linde und eine Traueresche erhalten. Historische Rosen und viele Stauden bereichern den Garten, dessen alte Kreuzform mit Buchsrabatten und Rondell ab 1985 erneuert wurde. In Hausnähe bühen im Frühjahr viele Gehölze und verwilderte Zwiebelgewächse. Ein Spalierhäuschen und breite Mixed Border runden das Gartenbild ab.
Eigentümer/in: Maria Berges, Nordholter Straße 4, 49692 Elsten, Tel. 04477/228, Fax 04477/1427

Ndsa 35 NEU
Größe: 0,3 ha
nur telefonische Anmeldung erbeten
Öffnungszeiten:
März bis Oktober
Eintritt: 2 DM,
Kinder frei bis 14 Jahre
DB Lohne, Diepholz
→ bei Anmeldung
P 🐕 ♿ ✿
Kaffe und Kuchen auf Anfrage

Hof Göttke-Krogmann

Diepholzer Straße 21, Lohne-Kroge

In der Nähe des Hauses befinden sich drei unterschiedlich gestaltete Sondergärten: ein Steingarten, ein terrassenförmig angelegter Staudengarten und ein Bauerngarten mit Gemüse und Schnittblumen und einem Rosenrondell in der Mitte. Eine Parklandschaft mit hundertjährigen Eichen führt in die angrenzende Wald- und Wiesenlandschaft.
Eigentümer/in: Ingrid Göttke-Krogmann, Diepholzer Straße 21, 49393 Lohne-Kroge, Tel. 04442/4433

Ndsa 36
Eigentümer/in: Stadt Vechta, Burgstraße 6, 49377 Vechta, Tel. 04441/8860,
Fax 04441/886199,
E-Mail info@vechta.de,
Internet www.vechta.de
Größe: 22 ha
frei zugänglich
Führungen: nach Voranmeldung im Rahmen einer Stadtführung möglich DB Vechta
P 🐕 ♿
ℹ im Historischen Museum im Zeughaus

Zitadellenpark Vechta

Zitadelle, Vechta

Nach Entwürfen von J. Winkler ist der Zitadellenpark Vechta nach umfangreichen archäologischen Grabungen in den Jahren 1987 bis 1991 erstellt worden. Dabei wurde ein Teil der alten Festung mit der kompletten Friedrich-Christian-Bastion mit ihren hohen Wällen und dem verbindenden Hauptwall (Courtine) nachgebaut. Eingeschlossen in diese Rekonstruktion ist der Hauptgraben mit einem 45 Meter originalbreiten Abschnitt und das Vorgelände bis zum zickzackförmigen Außenwall mit Abschlußgraben. Ein Rosengarten mit Pavillon ist in den Zitadellenpark eingebunden.

Ndsa 37 NEU
Größe: 0,8 ha
nur telefonische Anmeldung erbeten
Öffnungszeiten:
Mai bis September
Eintritt: 5 DM, Kinder frei bis 15 Jahre, Führungen: nach Voranmeldung, für Gruppen bis 10 Personen, 5 DM/Person
→ bei Anmeldung
P
✿ Wildstauden

Flower Power

Dorfstraße 37, Hatten-Hatterwüsting

Der große, naturnah angelegte Garten ist das ganze Jahr reizvoll und interessant. Die Pflanzenvielfalt reicht von Wildpflanzen über Beetstauden bis zu Englischen Rosen und heimischen Gehölzen. Im ökologisch bewirtschafteten Bauerngarten wachsen Obst, Gemüse und Kräuter zur Selbstversorgung.
Eigentümer/in: Rosie und Thomas Olschewski, Dorfstraße 37, 26209 Hatten-Hatterwüsting, Tel. 04481/7234, Fax 04481/6973

Klosterkielhof

Am Klosterkiel 51, Hude-Wüsting

Der Klosterkielhof ist eine Hofanlage aus dem Jahr 1815. Von den umgebenden Flächen sind zirka 8000 Quadratmeter in sieben unterschiedlich gestaltete Gartenräume unterteilt, deren Pflanzungen in der Vegetationsfolge besondere farbliche Höhepunkte zeigen: der Bauerngarten, der Kräutergarten, das Iris-Kabinett, der weiße Garten, der grüne Hausgarten, ein Staudenbereich mit geschnittenen Eiben und Pavillon und der Rhododendrengarten. In den Monaten Mai und Juni werden die Gartenräume Künstlern für Ausstellungen zur Verfügung gestellt. Eine Fachwerkhalle bietet Raum für die Medien Malerei – Musik – Performance. Es ist ein besonderes Anliegen der Garten-Galerie, die Skulptur dem privaten Freiraum näherzubringen und Anregungen für die einmalige Symbiose Natur–Kunst in vielfältiger Hinsicht zu vermitteln.

Eigentümer/in: Lisa und Joachim Winkler,
Am Klosterkiel 51, 27798 Hude-Wüsting, Tel. 04484/671,
Fax 04484/1525

Ndsa 38
Größe: 0,8 ha
Anmeldung erbeten
Öffnungszeiten: Mai und Juni Mi, Sa und So, 11–18 Uhr
Eintritt: 5 DM, Kinder frei bis 6 Jahre, Führungen: nach Voranmeldung, für Gruppen bis 30 Personen, Preis inkl. Erfrischung nach Vereinbarung
→ BAB Ausfahrt Oldenburg-Osternburg, B 75 Richtung Delmenhorst, beim Ortsschild Hemmelsberg links Am Klosterkiel
Veranstaltungen: Kunstausstellung, Skulpturenpark

Graftanlagen mit Burginsel

Bismarckstraße, Delmenhorst

Der Landschaftspark wurde zu Beginn des 20. Jahrhunderts durch den Bremer Gartendirektor Orth gestaltet. Der Park liegt auf dem Gelände einer 1711 geschleiften mittelalterlichen Wasserburg, die von zwei Graften umgeben und geschützt war. Eindrucksvoll ist der 100jährige Baumbestand der Graftanlagen.

Eigentümer/in: Stadt Delmenhorst, Max-Planck-Straße 5–7, 27749 Delmenhorst, Tel. 04221/129785, Fax 04221/129782

Ndsa 39
Größe: 16 ha
frei zugänglich
Führungen: nach Voranmeldung, kostenlos,
→ Im Stadtzentrum
Veranstaltungen: Gildeveranstaltungen, Ritterturnier, Klassikkonzerte

Wollepark

Stedinger Straße, Delmenhorst

Der Landschaftspark wird von der Delme durchflossen und entstand Ende des 19. Jahrhunderts auf dem Areal der Norddeutschen Wollkämmerei und Kammgarnspinnerei. Er weist einen 100jährigen Baumbestand und einen großen Teich auf.

Eigentümer/in: Stadt Delmenhorst, Max-Planck-Straße 5–7, 27749 Delmenhorst, Tel. 04221/129785, Fax 04221/129782

Ndsa 40
Größe: 4,4 ha,
frei zugänglich
202, 203 Stedinger Straße/Wollepark
→ Im Stadtzentrum

herb's Kräutergarten

Stedinger Weg 16, Nuttel bei Dötlingen

Der 1995 angelegte Schaugarten neben dem von alten Bäumen umgebenen Resthof zeigt die Vielfalt der Kräuter, vor allem die umfangreichen Thymian- und Minzensammlun-

Ndsa 41
Größe: 0,5 ha
Anmeldung für Gruppen erbeten
Eintritt: frei

Führungen: nach Voranmeldung, für Gruppen bis 25 Personen
DB Brettorf
→ OT Nuttel liegt zwischen Ganderkesee und Kirchhatten

gen. Der von Hecken umgebene Schnuppergarten lädt nicht nur zum Anschauen ein.
Eigentümer/in: Herbert Vinken, Stedinger Weg 16, 27801 Nuttel bei Dötlingen, Tel. 04432/94003, Fax 04432/94004
Öffnungszeiten: April bis Oktober
Do, Fr 14.30–19.30 Uhr, Sa 9–15.30 Uhr

Ndsa 42
Größe: 2 ha
Anmeldung für Gruppen erbeten
ganzjährig geöffnet
Eintritt: frei
Führungen: nach Voranmeldung
→ Ab Harpstedt ausgeschildert

Zentrum Prinzhöfte, Permakulturgelände

Simmerhauser Straße 1, Prinzhöfte

Der Verein erwarb Haus und Gelände vor 12 Jahren. In dieser Zeit wurde das Gelände nach permakulturellen Aspekten gestaltet. Es umfaßtt eine Pflanzenkläranlage für das Haus, Kräutergarten, Kleintierhaltung, Imkerei, einen Waldgarten im Aufbau, ein Anlehngewächshaus sowie einen Kinderspielplatz.
Eigentümer/in: Verein für ganzheitliches Lernen e.V., Simmerhauser Straße 1, 27243 Prinzhöfte, Tel. 04244/95066, Fax 04244/8679

Ndsa 43
Größe: 1,4 ha
Anmeldung für Gruppen erbeten
ganzjährig geöffnet
Eintritt: frei
→ Ab Harpstedt ausgeschildert
Veranstaltungen: Kulturcafé mit wechselndem Programm, jedes Wochenende
am Sonntag

Mikado, Permakulturgelände

Zur Großen Höhe 20, Prinzhöfte-Horstedt

Das Mikado ist ein neu erworbenes Gelände mit Haus, das der Verein umgebaut und umgestaltet hat. Der Garten ist ein teilweise durch Trockenmauern gestaltetes Permakulturgelände auf sandigem Boden. Die Pflanzung besteht überwiegend aus Wildobstgehölzen und Kräuterpflanzen. Es gibt ein Anlehngewächshaus, einen Bouleplatz, einen Kinderspielplatz, eine Imkerei sowie eine Pflanzenkläranlage für das Haus.
Eigentümer/in: Verein für ganzheitliches Lernen e.V., Zur Großen Höhe 20, 27243 Prinzhöfte-Horstedt, Tel. 04224/95066, Fax 04244/95067

Ndsa 44 NEU
Größe: 0,23 ha
Anmeldung erbeten
Öffnungszeiten: Juni bis September
Eintritt: frei an den Aktionstagen Quer durch die Beete, andere Tage: 5 DM/Person inkl. Kaffee und Führung
Führungen: nach Voranmeldung

Privatgarten Jambioszyk

Am Sportplatz 99, Engeln-Scholen

Staudenrabatten in Farbthemen: von Weiß, Lachs-Apricot, Gelb, Purpur bis Grün sind fast alle Farben vertreten. Durch den Garten führen Rasen-, Kies- und gepflasterte Wege. Historische Kletterrosen blühen an Pergolen, Lauben und Bögen von Mitte Juni bis Mitte Juli. Ein weiterer Schwerpunkt sind viele seltene Stauden und eine kleine Sammlung von Duftpelargonien. Ein kleiner Gemüsegarten ist von Buchsbaumhecken umgeben.
Eigentümer/in: Margret Jambioszyk, Am Sportplatz 99, 27305 Engeln-Scholen, Tel. 04252/2040

Privatgarten Hormann

Brandheide 1, Martfeld

Ein romantischer, ländlicher Garten mit vielen Historischen Rosen, Buchshecken, Clematis und Stauden.

Eigentümer/in: Ulla Hormann, Brandheide 1, 27327 Martfeld, Tel. 04255/1348

Öffnungszeiten: 2. Wochenende Juni, 14–20 Uhr und nach telefon. Vereinbarung

Ndsa 45
Größe: 0,5 ha
Eintritt: frei
P ♿
☕ privat
✿ Historische Rosen, Stauden, Taglilien

Privatgarten Schulze

Auf dem Stühr 10, Martfeld

Neben Rhododendren und Schattenstauden gibt es einen streng gegliederten Gartenteil mit Strauchrosen, Päonien und vielen anderen Stauden, Historischen Rosen und Wildrosen.

Eigentümer/in: Lieselotte Schulze, Auf dem Stühr 10, 27327 Martfeld, Tel. 04255/207

Ndsa 46
Größe: 0,3 ha
Öffnungszeiten:
2. Wochenende Juni
Sa und So, 13–20 Uhr
Eintritt: frei
P 🐕 ♿

Privatgarten Zempel

Essener Straße 10, Asendorf

Den idyllisch gelegenen, unter Denkmalschutz stehenden Bauernhof umgibt ein alter Baumbestand und ein neu angelegter Garten nach englischem Vorbild. Neben einem Innenhof mit Buchsbaumhecken, Rosen, Clematis und Stauden umfaßt der Garten eine neu angelegte Teichanlage mit einer interessanten Staudenrandbepflanzung.

Eigentümer/in: Heidemarie und Harmen Zempel, Essener Straße 10, 27330 Asendorf, Tel. 04253/683, Fax 04253/1282

Ndsa 47
Größe: 1 ha
Anmeldung erbeten
Eintritt: frei
Führungen: nach Voranmeldung, kostenlos
Öffnungszeiten: Mai bis Sept.
→ Ca. 400 m von der B 6, Richtung Hoya
P 🐕 ♿

Privatgarten Gester

Orthof 18, Visselhövede/Wittorf

In dem vor 6 Jahren neu begonnenen Garten auf einer hofnahen Weide mit altem Baumbestand gibt es neben einer Rhododendrenpflanzung unter alten Eichen und einem Gemüse- und einem Heidegarten inzwischen viele Rosen und Stauden, Rosenbögen, Pergolen und Formschnittpflanzen.

Eigentümer/in: Karin und Christoph Gester, Orthof 18, 27374 Visselhövede / Wittorf, Tel. 04260/620, Fax 04260/951142, Internet www.bauernhofferien.de/0213.htm

Attraktionen: Frühlingsblumenzwiebeln, Rhododendrenblüte

Ndsa 48 NEU
Größe: 0,7 ha
nur telefonische Anmeldung erbeten
Öffnungszeiten: April bis September
Eintritt: frei
Führungen: nach Voranmeldung
→ bei Anmeldung
P ♿

Ndsa 49
Eigentümer/in: Familie Brehm, Am Rieselbach, 29664 Walsrode, Tel. 05161/2015/17, Fax 05161/8210, E-Mail Office@vogelpark-walsrode.de Internet www.vogelpark-walsrode.de
Größe: 24 ha
Öffnungszeiten: März bis Okt. 9–19 Uhr
Eintritt: 20 DM, Kinder frei bis 4 Jahre, Gruppen ab 25 Personen 16 DM/Person, für Gruppen ab 200 Personen 14 DM/Pers., für Kinder ab 15 Personen 11 DM/Pers.
Führungen: nach Voranmeldung, für Gruppen bis 35 Personen, 200 DM/Gruppe
DB Walsrode
→ Ausgeschildert ab BAB-Abfahrten A7 (Fallingbostel) oder A27 (Walsrode West und Süd)

Vogelpark Walsrode

Am Rieselbach, Walsrode

Foto: Vogelpark Walsrode

Der größte Vogelpark der Welt ist eine gelungene Synthese aus Botanischem und Zoologischem Garten. Es werden sowohl seltene Bäume und Sträucher als auch eine ständig wechselnde Blumenpracht gezeigt. Attraktionen sind die Rhododendren-, die Rosen- und die Heideblüte sowie die prächtige Laubfärbung im Herbst. Mehrere Steingärten und spezielle Anlagen für Fuchsien-, Heide- und Tropenpflanzen sind weitere Anziehungspunkte. Neu ist die Tropenwaldhalle mit einer exotischen Bepflanzung von indonesischen Tropenpflanzen.

Ndsa 50 NEU
Größe: 0,5 ha
Anmeldung erbeten
Eintritt: frei
Führungen: nach Voranmeldung
DB Walsrode
Bus 520 Honerdingen, Bomlitzer Straße
→ B 209, an der Ampelkreuzung in Honerdingen in Richtung Bomlitz abbiegen, nach 50 m links in den Grünen Weg, 4. Haus links, Kaffe und Kuchen nach Vereinbarung

Privatgarten Groffmann

Grüner Weg 54, Walsrode-Honerdingen

Vielseitiger, ökologisch ausgerichteter Privatgarten mit hohem Baumbestand, Hecken, Gartenteich, Nutzgarten mit Hochbeet und Gewächshaus, Rasenflächen, Turngeräten aus Holz, diversen Sitzplätzen und vielen Staudenbeeten. Die angelegten Staudenrabatten mit Raritäten sind ebenso wichtig wie die Ecken des Gartens, in denen selbstversamte Blumen ihre Struktur- und Farbkompositionen entwickeln.
Eigentümer/in: Reiner und Fridegard Groffmann, Grüner Weg 54, 29664 Walsrode-Honerdingen, Tel. 05161/71674
Attraktionen: Ferienhäuschen für 2 Personen
Öffnungszeiten: ein Wochenende im Juni und nach Vereinbarung

Ndsa 51 NEU
Größe: 0,1 ha
Anmeldung erbeten
Öffnungszeiten: ganzjährig

Privatgarten Eichler

Marienburger Straße 1, Fallingbostel

Auf dem leicht abschüssigen Gelände befindet sich eine mit Gehölzen durchsetzte, dichte und nicht alltägliche Stau-

denbepflanzung ganz ohne Rasen. Ein Holzweg führt als Rundweg durch den gesamten Garten, vorbei an mehreren Sitzplätzen und berankten Holzspalieren. In den drei naturnahen Teichen befinden sich keine Fische, dafür aber Frösche, Kröten, Molche und viele Kleinlebewesen. Überall hängen Nisthilfen für Vögel und Wildbienen. Alles anfallende organische Material, was nicht auf den Kompost gehört, vertilgt das auf dem Grundstück geborene, gemischte Hühnervolk.
Eigentümer/in: Marita und Hans-Joachim Eichler, Marienburger Straße 1, 29683 Fallingbostel, Tel. 05162/6282

geöffnet
Eintritt: frei
DB Fallingbostel
P
✿ Pflanzenableger werden abgegeben

Privatgarten Kiesekamp

Oberortsstraße 1, Bramsche, OT Eye

Ein großzügiger bäuerlicher Garten, der in verschiedene Bereiche eingeteilt ist: parkähnlicher Teil mit altem Baum- und Obstbaumbestand, Kräutergarten mit Trockenmauer und Sitzplatz, Gemüsegarten und Beerenobstquartier, Buchsbaumgärtchen mit vielen Stauden, Einjährigen und duftenden Rosen.
Eigentümer/in: Anneliese und Jürgen Kiesekamp, Oberortsstraße 1, 49565 Bramsche/OT Eye, Tel. 05461/62452, Fax 05461/62421

Ndsa 52
Größe: 0,25 ha
Anmeldung erbeten
Öffnungszeiten: März bis Oktober Mi/So
Eintritt: 3 DM,
Kinder frei bis 10 Jahre
Führungen: nach Voranmeldung, für Gruppen bis 50 Personen
DB Bramsche
→ bei Anmeldung
P

Privatgarten Furmanek

Buchenweg 9, Bramsche

Eine wellenförmig geschnittene Hainbuchenhecke umrahmt den Garten, gibt aber über einer Sandsteinquadermauer den Blick in die Landschaft frei. Der noch junge Garten mit einem alten Brunnen vereinigt sowohl Nutz- als auch Blühaspekte.
Eigentümer/in: Familie Wilhelm Furmanek, Buchenweg 9, 49565 Bramsche, Tel. 05468/362

Ndsa 53
Größe: 0,1 ha
Anmeldung erbeten
Öffnungszeiten: ab der Mohnblüte (ca. Ende Mai)
Eintritt: frei
DB Bramsche
→ bei Anmeldung
P

Johannisfriedhof

Hauswörmannsweg, Osnabrück

Als 1808 die alten städtischen Friedhöfe geschlossen wurden, entstand südlich der Bürgergärten vor dem Johannistor der Johannisfriedhof. Nach mehreren Erweiterungen im 19. und 20. Jahrhundert entwickelte sich die heutige Anlage, die den Phasen ihrer Erweiterung entsprechend in 5 Bereiche gegliedert ist. Im ersten Friedhofsabschnitt, der bis um die Mitte des 19. Jahrhunderts ausreichte, befinden sich Grabstätten der wohlhabenderen Familien mit einer größeren Anzahl an Grabdenkmäler des Klassizismus.

Ndsa 54
Eigentümer/in:
Stadt Osnabrück,
Natruper Torwall 1,
Postfach 4460,
49034 Osnabrück,
Tel. 0541/3230,
Fax 0541/3234346
Größe: 6,5 ha,
frei zugänglich
2, 6, 402, 403, 404 Lutherkirche
P

Botanischer Garten der Universität Osnabrück

Albrechtstraße 29, Osnabrück

In dem seit 1984 in einem ehemaligen Steinbruchgelände angelegten Garten werden Pflanzen der Waldgesellschaften

Ndsa 55
Größe: 8,6 ha
Anmeldung für Gruppen erbeten

Öffnungszeiten: ganzjährig geöffnet, im Sommer Mo–Fr 8–20 Uhr, sonn- und feiertags 10–20 Uhr, Sa 14–20 Uhr, im Winter Mo–Fr 8–16 Uhr, sonn- und feiertags 10–16 Uhr, Sa geschlossen
Eintritt: frei
Führungen: nach Voranmeldung, für Gruppen bis 20 Personen, 5 DM/Erw., 3 DM/Kind
2 Sedanplatz
Veranstaltungen: Tag des Botanischen Gartens
Verkauf im Sekretariat

Nordamerikas und Asiens, des europäischen Schluchtwaldes, der Schwäbischen Alb sowie Pflanzen der alpinen Regionen Europas und des Mediterraneums kultiviert. Außerdem wurden Beete zu den Themen Heil- und Duftpflanzen, Tertiärrelikte, Farne sowie Ericaceen angelegt. Im Sommer sind Kübelpflanzen aufgestellt. Die tropischen und subtropischen Pflanzen in den Anzuchtgewächshäusern sind nur im Rahmen von Führungen für Gruppen oder Schulklassen zu besichtigen. 1997 wurde das Regenwaldhaus als erster Teil des geplanten Tropicariums für Besucher geöffnet. In dem bis zu 21 Meter hohen Haus wird in den nächsten Jahren ein Stück des stark gefährdeten Tieflandregenwalds heranwachsen.
Eigentümer/in: Universität Osnabrück, Landeseinrichtung, Albrechtstraße 29, 49076 Osnabrück, Tel. 0541/9692739, Fax 0541/9692724, E-Mail uroesema@rz.uni-osnabrueck.de, Internet www.bogos.uni-osnabrueck.de

Ndsa 56

Eigentümer/in: Stadt Osnabrück, Natruper Torwall 1, Postfach 4460, 49034 Osnabrück, Tel. 0541/3230, Fax 0541/3234346
Größe: 10,4 ha
frei zugänglich
DB Hasetorbahnhof
4, 8, 501, 502, 503, 504, 505, 506 Hasefriedhof

Hasefriedhof

Bramscher Straße, Osnabrück

Der Hasefriedhof ist neben dem Johannisfriedhof der älteste Friedhof Osnabrücks und wurde im Jahre 1808 auf Geheiß des Königs von Westfalen, Jerome Bonaparte, angelegt. Es gibt insgesamt 6 Abteilungen, die im Laufe der Zeit von Süden nach Norden entstanden. Vor allem in den Mauern der ersten und 1837 entstandenen zweiten Abteilung finden sich zahlreiche Grabplatten bekannter Osnabrücker Bürger des 19. Jahrhunderts. Kennzeichnend für den parkartigen Friedhof ist die große Zahl schöner, alter Grabstellen, zum Teil in Form von Gruften und Mausoleen. Auffällig ist ferner der alte wertvolle Gehölzbestand. Der Friedhof wird nicht mehr belegt, sondern nach Auslauf der Ruhefristen in eine öffentliche Grünanlage umgewandelt.

Ndsa 57

Eigentümer/in: Stadt Osnabrück, Natruper Torwall 1, Postfach 4460, 49034 Osnabrück, Tel. 0541/3230, Fax 0541/3234346
Größe: 11 ha,
frei zugänglich
DB Hasetorbahnhof
4, 8, 501, 502, 503, 504, 505, 506 Roopstraße/Haus am Bürgerpark

Bürgerpark Osnabrück

Roopstraße, Osnabrück

Im Jahre 1833 regte der Tuchhändler Gerhard Friedrich Wagner an, das damals unwegsame Gelände des Gertrudenbergs zu einer Promenade zu gestalten. Mit Hilfe des von ihm 1835 gegründeten Verschönerungsvereines verstand er es, die Bürgerschaft zu finanzieller und sachlicher Unterstützung seiner Pläne zur Anlage eines Lustgarten zu bewegen. 1876 ging das vom Verein gepachtete Gelände in städtischen Besitz über und wurde als ein Landschaftspark mit unregelmäßigem Wechsel von Grünflächen und baumbestandenen Partien angelegt. Die Besonderheit des Bürgerparks liegt in seinem Alter und im teilweise seltenen Baumbestand. Die Nutz- und Erlebnismöglichkeiten wurden durch die Anlage eines Kinderspielplatzes, einer Schattenstaudenpflanzung, den Bau einer Rodelbahn sowie die Renovierung des Rosengartens erweitert.

Veranstaltungen:
Bürgerparkfest, im August

Privatgarten Steinkamp
Nahner Weg 11, Osnabrück

Ndsa 58 NEU
Größe: 800 m²
Anmeldung erbeten
Öffnungszeiten: Mai, Juni
Veranstaltungen:
Keramikausstellung von Wilhelm Steinkamp, Juni

Foto: Steinkamp

Ein Staudengarten, im Frühling viele Zwiebelgewächse, viele Rosen, ein Teich und viele Gartenkeramiken.
Eigentümer/in: Anny Steinkamp, Nahner Weg 11, 49082 Osnabrück, Tel. 0541/53019

La Cartuja
Gustav-Beckmann-Weg 43, Osnabrück
In Gartenzimmern mit mehreren Sitzecken wachsen auf engem Raum Obstbäume und -sträucher, verschiedene Kletterpflanzen, Stauden und Immergrüne. Selbst für einen Topfgarten mit Einjährigen, Gemüsen und Kräutern und zwei Mini-Feuchtbiotopen (mit Frosch) ist noch Platz.
Eigentümer/in: Bettina und Christoph Porsch, Gustav-Beckmann-Weg 43, 49076 Osnabrück, Tel. 0541/2021027, E-Mail cpconnect@aol.com

Ndsa 59 NEU
Größe: 120 m²,
Anmeldung erbeten
Öffnungszeiten:
ganzjährig geöffnet
Eintritt: frei
DB Osnabrück
Bus 21 Atterfeld
P

Privatgarten Hövelkamp
Tiemannstraße 21, Osnabrück
Der Reihenhausgarten ist durch Hecken und Rankzäune in mehrere Gartenräume unterteilt, die durch buchsbaumgesäumte Wege erreichbar und erlebbar sind. Neben der vorhandenen Erstbepflanzung aus den 60er Jahren (Magnolie, Goldregen, Felsenbirne) sollen 20 neugepflanzte, kleinkronige Obstbäume einen Waldgarten schaffen, in dem wechselndes Licht- und Schattenspiel eine besondere Atmosphäre schafft. Schwerpunkte dieses naturnahen Sammler-

Ndsa 60 NEU
Eigentümer/in: Petra und Helmut Hövelkamp, Tiemannstraße 21, 49084 Osnabrück, Tel. 0541/708965
Größe: 500 m²,
Anmeldung erbeten
Öffnungszeiten:
ganzjährig geöffnet
Eintritt: frei

Führungen: nach Voranmeldung
Osnabrück
11, 12, 13 Ölweg

gartens sind Buchsbaum (zirka 40 Sorten), rund 10 000 frühjahrsblühende Blumenzwiebeln, Großstauden und Ziergräser. Die Sammlung von Hosta und Hemerocallis soll in den nächsten Jahren weiter ausgebaut werden.

Ndsa 61 NEU
Größe: 0,12 ha
Öffnungszeiten: ganzjährig geöffnet Mo bis Fr, 10–18 Uhr, So 12–18 Uhr
Eintritt: frei
Führungen: nach Voranmeldung, für Gruppen bis 50 Personen
Osnabrück
Kunst-Keramik

Atelier Trieb

Am Sutthauser Bahnhof 5 b, Osnabrück

Ein magischer Ort, ein Refugium zeitloser Symbolistik und meditativer Kontemplation – ein Biotop des Besonderen. Der Garten als Keimzelle: 1996 gestaltete der Gesamtkünstler Trieb den Perron- und Gleiskörper des stillgelegten Sutthauser Bahnhofs, in dem sein Atelierareal ist, zu einem Environment um: Totemhafte, fast urweltliche Stahlkunst – unbearbeitete Fundstücke aus der Walzanlage, gekoppelt mit farbig glasierten Steinzeugton. Wege wurden durchs wuchernde Gestrüpp geschlagen, Wasserbecken in die Erde gesenkt.
Eigentümer/in: Volker Johannes Trieb, Am Sutthauser Bahnhof 5b, 49082 Osnabrück, Tel. 0541/597153, Fax 0541/597103, E-Mail info@atelier-trieb.de, Internet www.atelier-trieb.de

Ndsa 62 NEU
Größe: 0,1 ha
nur telefonische Anmeldung erbeten
Öffnungszeiten: ganzjährig geöffnet
Eintritt: frei
Osnabrück
6 Tannenkamp

Privatgarten Polewsky

Am Tannenkamp 28, Osnabrück

Der vielfältige, weibliche (nur runde Formen!) Wohn- und Nutzgarten wird nach dem Vorbild der Natur bewirtschaftet und zum Teil gelassen. Er ist abwechslungsreich mit altem Obstbaumbestand, großen Teichbereichen, Trockenmauern, vielen unterschiedlich gestalteten Sitzecken, Weidenbögen und Weidentunnel, Buchenkuppel und Benjeshecke.
Eigentümer/in: Maria Polewsky, Am Tannenkamp 28, 49088 Osnabrück, Tel. 0541/17988

Ndsa 63 NEU
Größe: 0,45 ha
Anmeldung erbeten
Öffnungszeiten: April bis Oktober
Eintritt: Preis auf Anfrage
Führungen: nach Voranmeldung, Preis auf Anfrage
Bohmte
Osnabrück – Bad Essen Stirpe-Oelingen

Mithoffs Garten

Mindener Straße 16, Bohmte / Stirpe-Oelingen

Der romantische Garten ist an einem landwirtschaftlichen Betrieb gelegen mit Blick auf das Wiehengebirge. Er wird geprägt durch uralte Bäume, eine große Grotte und einen alten Brunnen, eingerahmt von Ziergehölzen, Rosen, Stauden, Einjährigen und Zwiebelgewächsen. Eine Kräuterschnecke und ein kleines Wasserbecken liegen auf der Südseite, im Terrassenbereich.
Eigentümer/in: Ulrike Mithoff, Mindener Straße 16, 49163 Bohmte / Stirpe-Oelingen, Tel. 05471/2224, Fax 05471/2224

Ndsa 64 NEU
Größe: 1 ha
Öffnungszeiten: Juni und Juli 2001, Sa/So, genaue Zeiten

Ippenburger Schloßgarten

Schloßstraße 1, Bad Essen

Der Schloßgarten umgibt das neugotische Schloß aus dem 19. Jahrhundert inner- und außerhalb des Schloßgrabens.

Historische Bereiche wurden, soweit vorhanden, erhalten bzw. rekonstruiert. Insgesamt hat sich der Garten in den letzten 15 Jahren als Neuschöpfung im Stil englischer Cottage-Gärten entwickelt. In die Parklandschaft wurden zahlreiche Beete mit Rosen und Stauden eingefügt, die nach biologischen Prinzipien gepflegt werden.
Eigentümer/in: Philip Freiherr von dem Bussche, Schloßstraße 1, 49152 Bad Essen, Tel. 05472/4475, Fax 05472/2764, Internet www.ippenburg.de
Veranstaltungen: Ippenburger Festival (Gartenmesse), 24.–27.05.2001

bitte erfragen
Eintritt: 15 DM, Kinder frei bis 12 Jahre, ab 12 Jahre 5 DM
DB → ausgeschildert an der B 65
P gebührenpflichtig nur während der Messe
✿ nur während der Messe

Privatgärten Dankelmann

Am Lohkamp 23, Hasbergen bei Osnabrück

Gut die Hälfte des Gartens nimmt ein parkähnlicher Bereich mit alten Bäumen mit Unterpflanzungen, diversen Stauden, einem kleinen Alpinum, Treibhaus, Teich und einem kleinen Japanteil ein. Zahlreiche Nistmöglichkeiten für Vögel und Insekten (u.a. Hornissen) sind vorhanden. In einem großen Nutzgarten werden nach biologischen Anbauprinzipien viele Beerensträucher, Obstbäume und diverse Gemüsearten gezogen, so daß, auch wegen des Tomatenhauses, eine ganzjährige Ernte möglich ist.
Eigentümer/in: Dieter und Bärbel Dankelmann, Am Lohkamp 23, 49205 Hasbergen bei Osnabrück, Tel. 05405/1686, Fax 05405/1686

Ndsa 65 NEU
Größe: 0,3 ha
Anmeldung erbeten
Öffnungszeiten: ganzjährig geöffnet
Eintritt. frei
Führungen: nach Voranmeldung, für Gruppen bis 6 Personen
Attraktionen: Schneeglöckchenblüte Februar und März
P

Privatgarten Dallmöller

Am Schützenplatz 4, Glandorf

Der ländliche Wohn- und Ziergarten hat Schwerpunkte mit formgeschnittenen Solitären aus Buchsbaum und Eibe und zahlreiche seltene Gehölze, unter anderem eine kleine Ahornsammlung (Zimtahorn, Japanische Ahorne usw.). Genutzt wird der Garten aber auch von Kindern, Hunden und Hühnern.
Eigentümer/in: Anne und Klaus Dallmöller, Am Schützenplatz 4, 49219 Glandorf, Tel. 05426/5027
Öffnungszeiten: ein Wochenende im Juni und nach Vereinbarung

Ndsa 66 NEU
Größe: 0,35 ha
Anmeldung erbeten
Eintritt: frei
Führungen: nach Voranmeldung
→ B 51 gegenüber Einfahrt Glandorf-Industriegebiet links, Am Schützenplatz, erstes Haus rechts
P

Privatgarten van Leerdam

Am Sonnenhang 11, Dissen am Teutoburger Wald

Kleiner Garten im englischen Stil mit vielen Englischen und Alten Rosen, aparten Stauden, Clematis und Buchsbaum. Ein Tip für Rosenliebhaber!
Eigentümer/in: Dr. Henry und Margo van Leerdam, Am Sonnenhang 11, 49201 Dissen am Teutoburger Wald, Tel. 05421/4721, Fax 05421/5650,

Ndsa 67 NEU
Größe: 600 m^2,
Anmeldung für Gruppen erbeten
Eintritt: frei
Führungen: nach Voranmeldung
DB Dissen-Bad Rothenfelde
→ nach Ortsausgang

Richtung Bielefeld,
erste Straße rechts,
danach erste Straße rechts

E-Mail: Henry.van@t-online.de
Öffnungszeiten: erste zwei Wochenenden im Juni, 10–17 Uhr

Ndsa 68 NEU
Größe: 3 ha
Anmeldung für Gruppen erbeten
Öffnungszeiten: Juni bis August, 10–18 Uhr oder nach Vereinbarung
Eintritt: 5 DM, Kinder frei bis 10 Jahre, Gruppen ab 10 Personen 50 DM/Gruppe
Führungen: nach Voranmeldung, für Gruppen bis 20 Personen, 50 DM/Gruppe, ab 20 Personen 3 DM/Person
DB Melle
→ A 30, Abfahrt Gesmold

Schloßgarten Gesmold

Melle

In der äußeren Vorburg des aus dem 16. Jahrhundert stammenden, von Wassergraften umgebenen Renaissanceschlosses wurde 1997 bis 1999 ein barockes Parterre mit vier Rasenstücken, die von Blumenrabatten mit niedrigen Buchsbaumhecken begrenzt sind, angelegt. Das Wegekreuz wird durch eine Vase auf einem Podest betont. Um das Schloß herum erstreckt sich der Wallgarten.
Davor liegt der 11 Hektar große, frei zugängliche Tiergarten. Vom diesem alten barocken Park, der entlang des Flusses Else schöne Blicke auf das Schloß freigibt, sind nur noch ein Wasserbassin, die ehemaligen Blickachsen des Jagdsterns und ein achteckiges Wasserbecken erhalten.
Eigentümer/in: Hans-Adam Freiherr von Hammerstein, Schloßallee 5, 49326 Melle, Tel. 05422/44216, Fax 05422/49755

Ndsa 69
Größe: 0,3 ha
ganzjährig geöffnet
Eintritt: frei
Führungen: nach Voranmeldung
DB Nienburg/Weser
Nienburg-Stolzenau/Lichte

Pfarrgarten

Binnen

Am Kirchplatz mit Pfarrgarten befinden sich historische Gebäude wie die Kirche aus dem 13. Jahrhundert, das Küster- und Gemeindehaus, ein Fachwerkbau aus dem 17. Jahrhundert und das Pfarrhaus im ländlichen Jugendstil von 1931. Die parkähnliche Anlage in offener Flächengestaltung zeichnet sich durch den alten Baumbestand mit einer 450 Jahre alten Linde und bis zu 800 Jahre alten Eiben aus.
Eigentümer/in: Kirchengemeinde Binnen, 31619 Binnen, Tel. 05023/2685, Fax 05023/2192

Ndsa 70
Größe: 1,6 ha
Öffnungszeiten: letztes Wochenende im Juli, 10–18 Uhr
Eintritt: frei

Hohes Holz

Brokeloher Holz 1, Landesbergen-Brokeloh

Kleiner, baubiologisch umgestalteter Aussiedlerresthof am Rande des Rehburger Moors mit biologisch-dynamisch bewirtschaftetem, neu angelegtem Gemüse- und Blumengarten, Streuobstwiese und Bienenweide.
Eigentümer/in: Yasmine und Peter Brama, Brokeloher Holz 1, 31628 Landesbergen-Brokeloh, Tel. 05027/902700

Privatgarten Kadach

Rossittener Weg 5 A, Nienburg

Der Privatgarten ist nach englischem Vorbild streng gegliedert und enthält Historische als auch Englische Rosen und Sträucher.

Eigentümer/in: Erika und Horst Kadach, Rossittener Weg 5 A, 31582 Nienburg, Tel. 05021/910675, Fax 05021/969278

Ndsa 71
Größe: 600 m²,
Anmeldung erbeten
ganzjährig geöffnet
Eintritt: 5 DM
Führungen: nach Voranmeldung
Attraktionen: Rosen- und Staudenblüte
P ♿

Naturnaher Schau- und Lehrgarten

Ziegelkampstraße, Nienburg

Die Stadt Nienburg hat der BUND-Kreisgruppe Nienburg ein Areal für die Einrichtung eines naturnahen Schau- und Lehrgartens zur Verfügung gestellt. Ziel dieser Einrichtung ist es, ein Gefühl für naturnahe Gartengestaltung und Gartenpflege zu vermitteln. Der Garten soll ein Lernort für Erwachsene und Kinder und auch ein lebendiger Kontrast zu vielen eintönigen Zier- und Nutzgärten sein.

Eigentümer/in: Bund für Umwelt- und Naturschutz BUND, Kreisgruppe Nienburg, Wallstraße 6, 31582 Nienburg, Tel. 05021/14499, Fax 05021/14499

Veranstaltungen: Infos unter Tel. 05027/565

Ndsa 72
Größe: 0,3 ha
Anmeldung für Gruppen erbeten bei
Alwine Gerner,
Tel.: 05021/12318
Öffnungszeiten: Mai bis Sept.
Di, Fr, So, 15–18 Uhr
Eintritt: frei
Führungen: nach Voranmeldung, evtl. gegen Spende
→ Vom Berliner Ring in die Ziegelkampstraße stadtauswärts
🐕 ♿ ℹ

Privatgarten Hausendorf

Moltkestraße 25, Nienburg

Der Garten besteht aus Rhododendren und Azaleen als Hybriden und Wildformen mit Kiefernrindenschicht als Bodendeckung. Zwischen 1998 und 2000 kamen 200 Remontant-, Englische und Historische Rosen dazu. In einem geräumigen Gewächshaus werden Orchideen, Phalaenopsis und Cattleyen kultiviert.

Eigentümer/in: Christa und Günther Hausendorf, Moltke-Straße 25, 31582 Nienburg, Tel. 05021/66266

Ndsa 73
Größe: 0,1 ha
Öffnungszeiten: Mai bis Anfang Sept. 9–20 Uhr
Eintritt: frei
Führungen: nach Voranmeldung, kostenlos
Attraktionen: Rhododendren, Azaleen
DB Nienburg
→ Im Stadtzentrum
P

Privatgarten Otto

Waldstraße 8, Steimbke

Der Garten ist besonders im Winter attraktiv durch immergrüne Blattpflanzen beziehungsweise Winterblüher. Er formt sich mit pflanzlichen Fundstücken aus der Natur nach und nach immer interessanter.

Eigentümer/in: Uta Otto, Waldstraße 8, 31634 Steimbke, Tel. 05026/1747, Fax 05026/1747

Ndsa 74 NEU
Größe: 0,1 ha
Anmeldung erbeten
Öffnungszeiten: ganzjährig geöffnet
Eintritt: frei
→ bei Anmeldung
P 🐕 ♿

Privatgarten Oesterheld

In der Blankenau 12, Husum-Schessinghausen (bei Hannover)

Der Garten in ländlicher Umgebung wurde vor ca. 20 Jahren angelegt, aber in den letzten sieben Jahren erheblich

Ndsa 75
Eigentümer/in: Alexander Oesterheld,
In der Blankenau 12,
31632 Husum-

Schessinghausen (bei Hannover), Tel. 05027/294, Fax 05027/1615
Größe: 0,5 ha
Anmeldung erbeten
Öffnungszeiten: ganzjährig geöffnet
Eintritt: frei
Führungen: nach Voranmeldung, kostenlos
P

verändert und neugestaltet. Der Garten ist dem Charakter des Landschaftsgartens ähnlich. Ein großer Naturteich von zirka 0,1 Hektar Fläche und zwei kleinere, künstlich angelegte Teiche, die durch einen mit Sandsteinfelsen gestalteten Bachlauf miteinander verbunden sind, stehen im Mittelpunkt. Der Garten ist in verschiedene Räume aufgeteilt. So wurde vor etwa fünf Jahren ein kleiner formaler Obstgarten geschaffen und vor zwei Jahren ein Bauerngarten. Bei der Begehung öffnen sich dem Besucher immer wieder neue Blickachsen. Viele Sitzmöglichkeiten laden zum Verweilen ein.

Foto: Oesterheld

Ndsa 76
Eigentümer/in: Bernd Hildebrandt, Brinkstraße 20 A 31515 Wunstorf/OT Idensen, Tel. 05031/912243
Größe: 300 m²
Öffnungszeiten: Juni und August auf Anfrage
Eintritt: frei
Führungen: nach Voranmeldung K.-D. Lorch, Hannover, Tel. und Fax: 0511/7000062 kostenlos
DB Wunstorf
Bus R 4/5, 764 Idensen Friedhof
P

Bauerngarten am Seminarhaus Idensen

Brinkstraße 20 A, Wunstorf, OT Idensen

Nach der liebevollen Restaurierung des 1847 erbauten Bauernhauses und der Umnutzung zum Seminarhaus Idensen wurde im August 1996 damit begonnen, auf dem Hofgrundstück einen Bauerngarten anzulegen. Eine strenge äußere Struktur mit Wegekreuz, Rondell, Buchsbaumfassung, Bordüre und bepflanzter Trockenmauer gliedert den Bauerngarten, der durch einen Vorgarten von der Dorfstraße getrennt wird. In den Beeten bilden geplant und auch spontan gepflanzte Sommerblumen, Stauden, Gewürze und Duftkräuter, Zwiebelgewächse, Gemüse und Beerensträucher immer wieder neue und interessante Kombinationen aus Farben, Gerüchen und Formen.

Ndsa 77
Eigentümer/in: Landkreis Hannover, c/o Deponie Kolenfeld,

Gärtnerei des Landkreises Hannover

Deponie Kolenfeld, Wunstorf-Kolenfeld

Seit 1995 werden im Rahmen von Arbeitsbeschaffungsmaßnahmen Teile der noch im Betrieb befindlichen Hausmülldeponie in eine Parklandschaft umgewandelt, um bereits heute für die Zeit nach der Schließung der Deponie in etwa zehn Jahren Ideen zu entwickeln und zu erproben. Die Gärtnerei besteht aus einem Produktionsbereich, u.a. mit einem großem Geranium-Sortiment, und einer vielfältigen Parklandschaft, die in wenigen Jahren entstanden ist. Besondere Attraktionen sind das Rhododendrental mit Eichenallee, der Demonstrationsgarten und die Schmetterlingsteiche, die Japanische Brücke und der Wasserfall, die Streuobstwiese, Dachbegrünung und nachwachsende Rohstoffe, die Mutterpflanzenquartiere und die Staudensammlung. Ein weiterer Schwerpunkt ist die Aus- und Fortbildung.

z. Hd. Dr. A. Steiner,
31515 Wunstorf-Kolenfeld,
Tel. 05031/14561
Größe: 3,5 ha
Anmeldung erbeten
Öffnungszeiten: Mai bis September 7–16 Uhr
Eintritt: frei
Führungen: nach Voranmeldung
→ Beschreibung bei Anmeldung
P
♿ Hauptbereiche

Landschaftsgarten Fabich

Münzkamp 12, Neustadt/Warmeloh

Ndsa 78
Eigentümer/in: Mariannne und Werner Fabich, Münzkamp 12, 31535 Neustadt/Warmeloh,
Tel. 05073/555,
Fax 05073/555,
E-Mail Fabich@T-online.de
Größe: 0,2 ha
Anmeldung erbeten
Öffnungszeiten: Mai/Juni
Eintritt: frei
Führungen: nach Voranmeldung
465 Warmeloh
P ♿

Foto: Gauditz

Am Landschaftsschutzgebiet Blankes Flat liegt der Garten von Laubbäumen eingerahmt. Die Düne des Leine-Urstromtals wurde schwungvoll aufgenommen und der Garten modelliert, so daß eine reizvolle Spannung entstand. Ein Rosenbogen ist die offene Gartenpforte. In den Staudenbeeten stehen keramische Brunnen und Skulpturen aus der eigenen Töpferwerkstatt. Über den Teich führt eine Brücke, die zugleich die Sichtachse für die weite Landschaft ist. Der mit alten Rundkopfsteinen gepflasterte Weg (Heideparkett) führt zum selbstgebauten Backofen unter einem Fachwerkhäuschen.

Ndsa 79
Größe: 900 m²
Eintritt: frei
Führungen: nach Voranmeldung, kostenlos
DB Poggenhagen oder Neustadt
P

Privatgarten Herrfurth
Eichenweg 5, Neustadt
Der Zier- und Nutzgarten bietet eine große Auswahl an Rhododendren und Azaleen, Kletter- und Historische Strauchrosen sowie Stauden.
Eigentümer/in: Marta und Ingrid Herrfurth, Eichenweg 5, 31535 Neustadt, Tel. 05032/3978
Öffnungszeiten: Mai/Juni auf Anfrage

Ndsa 80
Größe: 500 m²
nur telef. Anmeldung erbeten
Öffnungszeiten: ganzjährig geöffnet und Offene Pforte Hannover,
Eintritt: frei
444 Dorfteich
P

Privatgarten Thiele
Weichselweg 1, Neustadt/OT Bordenau
Die farblich abgestimmten Gartenräume umfassen Strauch- und Kletterrosen, Clematis und strahlen mediterranes Flair aus.
Eigentümer/in: Hella und Enno Thiele, Weichselweg 1, 31535 Neustadt/OT Bordenau, Tel. 05032/64163

Ndsa 81
Größe: 0,4 ha
Anmeldung erbeten
Öffnungszeiten: Juni und Juli
Eintritt: frei
P
✿ Kräuter

Privatgarten Heinze
An der Marsch 19, Gilten
Der Garten ist ein großer ländlicher Garten im englischen Stil. Der klassische Rosengarten ist mit Buchs- und Eibenhecken umgeben.
Eigentümer/in: Marianne Heinze, An der Marsch 19, 29690 Gilten, Tel. 05071/3009
Führungen: nach Voranmeldung, für Gruppen bis 10 Personen, 30 DM/Gruppe

Foto: Palma

Privatgarten Günther

Drebberfuhrenweg 20, Essel

Vor sieben Jahren begann die Umwandlung einer Fichten- und Kiefernmonokultur in einen Garten. Unter den verbliebenen alten Kiefern wurden flächig Stauden und Gräser gepflanzt mit den Schwerpunkten Helleborus, Hosta, Bergenia. Der Garten ist in Farbsegmente unterteilt, wie Weiß/Gelb im Birkenhain oder blaue Töne vor dem Waldesrand. Zahlreiche Details, wie Ramblerrosen auf den hängenden Leitern zwischen gekappten Fichten, sorgen für Überraschungen.

Ndsa 82 NEU

Eigentümer/in: Ingrid und Rolf Günther, Drebberfuhrenweg 20, 29690 Essel, Tel. 05071/3380

Größe: 0,3 ha

Anmeldung erbeten

Öffnungszeiten: März bis Oktober

Eintritt: frei

→ bei Anmeldung

P 🐕 ♿

Parkplatz für die Seele

Kaninchenweg 2, Winsen an der Aller

Foto: Leuchtmann

Der in Themenbereiche unterteilte Garten enthält vier Teichanlagen mit Koi-Karpfen. Sie bilden eine Wasserlandschaft mit Brücke, Trittstufen, Insel, Bergbachlauf und einem in eine Trockenmauer integrierten Pavillon, Rosenbögen, verschiedenen Terrassenebenen aus Rosagranit und Holz. Beeindruckend ist die Rhododendronblüte im Mai, gefolgt von den blühenden Rosen.

Eigentümer/in: Rita und Christian Leuchtmann, Kaninchenweg 2, 29308 Winsen an der Aller, Tel. 05143/93730, Fax 05143/93730

Ndsa 83 NEU

Größe: 0,13 ha

nur telefonische oder Fax-Anmeldung erbeten

Öffnungszeiten: ganzjährig geöffnet nach Absprache

Eintritt: frei

Führungen: nach Voranmeldung

DB Celle

🚌 Winsen Museumshof

→ bei Anmeldung

P ♿

Schloßanlagen

Schloßplatz, Celle

Die Vorgeschichte der Schloßanlagen beginnt mit dem späten 18. Jahrhundert. Bis dahin waren die Befestigungsanlagen unangetastet geblieben. Mit dem Abbruch wurde 1784 an den westlichen Bastionen begonnen und bis 1827 fortgesetzt. Das Material wurde größtenteils in den ursprünglich

Ndsa 84

frei zugänglich

Eigentümer/in: Stadt Celle, Grünflächenam, Lüneburger Straße 66, 29223 Celle, Tel. 05141/939011, Fax 05141/35078

Größe: 6,3 ha, frei zugänglich
Führungen: nach Voranmeldung Fremdenverkehrsamt, Tel.: 05141/12350 oder 12455 für Gruppen bis 30 Personen, 50 DM/Gruppe
🚌 alle Linien zur Innenstadt
🅿 gebührenpflichtig
Veranstaltungen: Theater im Schloß, Ausstellungen im Schloß, Infos bei: Tel. 05141/12350/12455
🐕 ♿

sehr breiten Schloßgraben verfüllt. Das neu entstandene Gelände zwischen Schloß und dem auf eine durchschnittliche Breite von zirka 6,7 Meter reduzierten Schloßgraben wurde mit Bäumen bepflanzt und als Promenade entlang einer rundumführenden Pappelallee genutzt. Als 1839 beschlossen wurde, das Celler Schloß für das Hannoversche Königshaus herzurichten, wurden zahlreiche Flächen angekauft und vom Hannoverschen Hofgarteninspektor Christian Schaumburg gestaltet. Seit dieser Zeit sind bis auf einige Flächenverluste die Grundzüge der Anlage erhalten geblieben.

Ndsa 85

Größe: 600 m²
Anmeldung erbeten
Gruppen bis 10 Personen
Öffnungszeiten: ganzjährig geöffnet
Eintritt: frei
Attraktionen: Rhododendren-Blüte, Rosen und Begleitstauden, Licht im Garten,
🚌 1, 6 Dasselsbrucher Straße
🅿 🐕 ♿

Privatgarten Kocot

Im Heidlande 67, Celle/OT Westercelle

Das Reiheneckhaus umfaßt schwerpunktmäßig die Vorgarten-Gestaltung und einen romantischen Wohngarten mit Wasser, Klang und Licht.
Eigentümer/in: Heidemarie und Klaus Kocot, Im Heidlande 67, 29227 Celle, OT Westercelle, Tel. 05141/981778, E-Mail Kocot@t-online.de
Veranstaltungen: Sternschnupperabend, Gedankenaustausch in der Dämmerung, Faszination Licht im Garten im August, Termin auf Anfrage

Ndsa 86

Eigentümer/in: Stadt Celle, Grünflächenamt, Lüneburger Straße 66, 29223 Celle, Tel. 05141/939011, Fax 05141/35078
Größe: 4,1 ha
frei zugänglich
Führungen: nach Voranmeldung, für Gruppen bis 30 Personen, 50 DM/Gruppe
→ Im Stadtzentrum
🅿 🐕 ♿

Trift

Bahnhofstraße / Trift, Celle

Die ursprünglich alte Viehtrift vor dem Westerceller Tor wurde unter dem letzten Celler Herzog Georg Wilhelm (1624–1705) 1680 das erste Mal überplant. Zwischen 1710 und 1730 entstand das fast schloßähnliche Zuchthaus am nordwestlichen Rand. Im Zuge dieses Baus sollte auch die Trift als Grünanlage umgestaltet werden, doch erst das Nutzungsverbot von 1833 leitete die Umwandlung der Trift in eine homogene im landschaftlichen Stil gestaltete Parkanlage ein. Neben ihrer geschichtlichen Bedeutung für die städtebauliche Entwicklung und als das Stadtbild prägende Grünanlage dient die Trift heute vor allem der wohnungsnahen Erholung im Grünen für die angrenzenden, sehr dicht bebauten Wohnquartiere im Süden und im Westen der Stadt.

Ndsa 87

Größe: 9,4 ha
frei zugänglich
Führungen: nach Voranmeldung, für Gruppen bis 30 Personen,

Französischer Garten

Magnusstraße, Celle

Die erste komplette Anlage eines Nutz- und Lustgartens in der höfischen Gartentradition entstand im frühen 18. Jahrhundert. In den Jahren 1695 und 1696 wurde eine doppelte Lindenallee gepflanzt, eine bis heute bestehende dominante

Mittelachse in Ost-West-Richtung. Die Lindenallee wurde zwischen 1951 und 1953 vollständig erneuert. Mitte des 19. Jahrhunderts erfolgte die schrittweise Umwandlung in einen englischen Landschaftspark. Nach dem 1. Weltkrieg wurde im Osten der heute noch bestehende Kinderspielplatz angelegt, im Westen ein kleiner Rosengarten, der 1996 überholt wurde. Durch kleinere Eingriffe im Rahmen der laufenden Unterhaltung soll der schutzwürdige Zustand des Landschaftsparks von 1860 schrittweise wiederhergestellt werden.
Eigentümer/in: Stadt Celle, Grünflächenamt, Lüneburger Straße 66, 29223 Celle, Tel. 05141/939011, Fax 05141/35078

50 DM/Gruppe
Attraktionen: Fontäne
Dauerbetrieb im Sommer
→ Im Stadtzentrum
P gebührenpflichtig
Veranstaltungen: Konzerte 1 bis 2 x jährlich
Infos bei:
Tel. 05141/12350/12455,
Kinderfest/Flohmarkt 4 × jährlich,
Fronleichnamsprozession jährlich

Stadtpark Celle

77er Straße, Celle

Auf dem Gelände der ehemaligen Heidekaserne am Rande der Altstadt und unmittelbar südlich des historischen Französischen Gartens hat die Stadt Celle nach Plänen von Prof. Günter Nagel und Dipl.-Ing. Christoph Schonhoff Ende der 90er Jahre eine neue öffentliche Parkanlage gebaut. Die fast 2 Hektar große Fläche liegt inmitten des traditionsreichen Militärgeländes, das zukünftig durch Wohnen und eine Konzentration der städtischen Verwaltungsdienststellen bestimmt sein wird. Kernstück der Anlage ist eine große Wasserfläche, die in einem Kreis mit einem Durchmesser von 20 Meter endet. Über 70 neu gepflanzte Bäume, 3000 Sträucher und 1000 Heckenpflanzen gliedern den Garten. Rosen, Stauden und Blumenzwiebeln laden zum Verweilen ein.
Eigentümer/in: Stadt Celle, Grünflächenamt, Lüneburger Straße 66, 29223 Celle, Tel. 05141/939011, Fax 05141/35078

Ndsa 88
Größe: 1,9 ha
frei zugänglich
Führungen: nach Voranmeldung, für Gruppen bis 30 Personen, 50 DM/Gruppe,
Attraktionen:
Fontäne Mai bis Oktober
Bus 11 Langensalzaplatz, Hallenbad
P
Veranstaltungen: kulturelle Veranstaltungen, Infos bei Tourismus Region Celle, Markt 4, 29221 Celle, Tel. 05141/1212, Fax 05141/12459

Privatgarten Hentschke

Moorweg 32, Hambühren-Oldau

Auf kargem Sandboden wachsen zahlreiche Strauch- und Kletterrosen, darunter auch viele Historische Rosen, die mit Bodendeckern und Stauden unterpflanzt sind. Weiterhin gibt es zwei kleine Teiche und im ehemaligen Kiefernwald einen neu angelegten Wildgarten.
Eigentümer/in: Anneliese Hentschke, Moorweg 32, 29313 Hambühren-Oldau, Tel. 051431/2109, Fax 051431/2416, E-Mail annehe@web.de
Öffnungszeiten: ganzjährig geöffnet

Ndsa 89 NEU
Größe: 0,2 ha
Anmeldung erbeten
Eintritt: frei
Führungen: nach Voranmeldung, für Gruppen bis 25 Personen, 2 DM/Person (Spende für Europarosarium Sangerhausen)
Bus Celle-Winsen/Aller Oldau
P

Stadtpark Garbsen

Bremer Straße, Garbsen

Mit dem Stadtpark Garbsen entstand im Laufe der beiden Bauphasen zwischen 1984 und 1988 sowie 1993 und 1995

Ndsa 90
Eigentümer/in: Stadt Garbsen, Grünflächenamt, Rathausplatz 1,

30823 Garbsen,
Tel. 05131/707430,
Fax 05131/707777
Größe: 22 ha
frei zugänglich
Führungen: nach Voranmeldung
441 Kastendamm
481 Märchenstraße/Osteriede
420 Märchenstraße/Osteriede

in der Mitte der Stadt ein bedeutendes Naherholungsgebiet, welches Bestandteil eines überregionalen, vernetzten Grünsystems ist. Nach dem 1990 erstellten Konzept Grüne Mitte Garbsen 2000 des Planungsbüros Hans-Joachim Adam, Hannover, wurde der größte Teil bereits realisiert. Im Einklang der Komponenten Wasser, Wald, Freiflächen, Ruhezonen und klassischer Park wurde hier ein Landschaftsteil erschlossen und als Stadtpark der Bevölkerung zugänglich gemacht. Mittelpunkt des Stadtparks ist der Schwarze See, eine ehemalige Tongrube mit benachbarter Ziegelei. Als letztes Element der früheren Industrienutzung liegt ein Ringofen inmitten der überwiegend naturnahen Parkgestaltung. Eine weitere Besonderheit des Stadtparks ist der Baumlehrpfad mit 54 verschiedenen Arten.

Ndsa 91 NEU
Größe: 0,17 ha
Anmeldung erbeten
Eintritt: frei
Öffnungszeiten: Juni, nachmittags 15–18 Uhr
440 Leistlinger Straße

Privatgarten Nordmeyer
Heinrich-Oberheu-Weg 1, Garbsen
Ehemals zwei unterschiedliche Gärten sind jetzt in einer Hand und gleichen sich langsam an, wobei die naturhafte, nach Intuition kreierte Gestaltung immer mehr gewinnt. Um die drei Teiche herum blüht es das ganze Jahr über.
Eigentümer/in: Magdalene Nordmeyer, Heinrich-Oberheu-Weg 1, 30826 Garbsen, Tel. 05131/2716, Fax 05131/455379

Ndsa 92 NEU
Größe: 700 m²
Anmeldung erbeten
Eintritt: frei
440 Denkmal / Frielingen
→ in Richtung Frielingen, zirka 600 Meter nach Ortsende links

Privatgarten König
Frielinger Straße 51, Garbsen
Entlegenes Idyll mit Duft- und Farbenrausch inmitten Historischer Rosen und ausgefallener Stauden.
Eigentümer/in: Cornelia König, Frielinger Straße 51, 30826 Garbsen, Tel. 05131/51568, Fax 05131/53156, E-Mail CorKoenig@AOL.com
Öffnungszeiten: ein Wochenende im Juni, 14–18 Uhr

Ndsa 93 NEU
Größe: 720 m²
Anmeldung erbeten
Öffnungszeiten: ganzjährig geöffnet
Eintritt: frei
DB Hannover Hbf
10 Ahlem
571 Endhaltestelle Velber

Privatgarten Papsch
Im Helland 5, Seelze
Der Hausgarten beinhaltet Strauch- und Kletterrosen, Clematis, Stauden und Gehölze. Die um das Haus verteilten Gartenräume sind farblich gegliedert in einen kleinen weißen Garten, einen gelb-orange-roten Garten und einen rosa-blau-violetten Garten.
Eigentümer/in: Familie Papsch, Im Helland 5, 30926 Seelze, Tel. 0511/483214
Attraktionen: Rosenblüte Juni, Herbstastern Ende September bis Anfang Oktober

Ndsa 94
Größe: 900 m²
Anmeldung für Gruppen erbeten

Privatgarten Läer
Am Alten Freyhof 26, Wedemark, OT Bissendorf
Der formale, in verschiedene Bereiche angelegte Privatgarten besteht aus üppigen, farblich abgestimmten Stauden-

rabatten und Rosen, einem Frühlingsgarten mit Rhododendren, Terrassen gerahmt von Kletterpflanzen, einem buchsgefaßten Kräutergarten und einem ruhig-strengen Teichbereich.
Eigentümer/in: Claudia und Peter Läer, Am Alten Freyhof 26, 30900 Wedemark, Tel. 05130/6371, Fax 05130/97032
Öffnungszeiten: s. Offene Pforte Hannover und nach Vereinbarung

Eintritt: frei
Führungen: nach Voranmeldung, nach Vereinbarung
DB Bissendorf
→ im OT Bissendorf in S-Kurve Flasworth, Heinrich-Sievers-Straße links

Stadtpark Langenhagen

Langenhagen

Die Anlage entstand im Zusammenhang mit der 1862 gegründeten Nervenheilanstalt der Stadt Hannover in Langenhagen. Die Ziergärten erstreckten sich zunächst nur in Gebäudenähe. Darüberhinaus gab es Obstwiesen, Gemüsegärten, Bleichwiesen und Weiden. In den folgenden Jahrzehnten wurden der Gebäudebestand und die Gärten ständig erweitert und unter anderem drei Teiche sowie eine kleine kreisförmige Friedhofsanlage geschaffen. Bei der letzten größeren Erweiterung der Nervenheilanstalt vor dem Ersten Weltkrieg durch einzelstehende pavillonartige Bauten wurden 1902 bis 1912 auch die verschiedenen Teile der Gartenanlagen zu einer Gesamtkonzeption im Stile der Lenné-Meyer-Schule verbunden. Der für die Gestaltung verantwortliche Gartenarchitekt ist nicht bekannt. Trotz Gebäudeverlusten im Zweiten Weltkrieg, der Errichtung von Neubauten in den letzten Jahrzehnten und Flächenverlusten im südlichen Randbereich besitzt die Anlage durch das teilweise noch erhaltene Wegenetz und den alten Baumbestand viele Reize.

Ndsa 95
Eigentümer/in: Stadt Langenhagen, Grünflächenamt, Am Marktplatz 1, 30853 Langenhagen, Tel. 0511/7307469, Fax 0511/7307499
Größe: 25 ha
frei zugänglich
1 Langenhagen/Zentrum
→ Über Kirchplatz

Privatgarten Haag

Kreuzwippe 12, Langenhagen, OT Engelbostel

Foto: Haag

Ndsa 96
Eigentümer/in: Dorothea Haag, Kreuzwippe 12, 30855 Langenhagen, OT Engelbostel, Tel. 0511/782868, Fax 0511/782868
Größe: 0,1 ha
Anmeldung erbeten
Öffnungszeiten: ganzjährig geöffnet
Eintritt: frei
Führungen: nach Voranmeldung, für Gruppen bis 15 Personen, kostenlos
→ Bei Anmeldung

Unterschiedliche kleine Höfe und Sitzplätze rund ums Haus sowie Staudenbeete in Sonne und Schatten, reizvoll zu jeder Jahreszeit, charakterisieren diesen naturnahen Garten.

Ndsa 97
Größe: 12,5 ha
frei zugänglich
🚋 1 Berliner Platz
P 🐕 ♿
Veranstaltungen: Kinderfeste, Osterfeuer
Musikveranstaltungen
Grillmöglichkeiten

Brinker Park
Langenhagen
Der Mitte der 80er Jahre geschaffene Park liegt in der Kernstadt Langenhagens. In ihm verbinden sich Reste alter bäuerlicher Kulturlandschaft mit Spiel- und Erholungseinrichtungen.
Eigentümer/in: Stadt Langenhagen, Grünflächenamt, Am Marktplatz 1, 30853 Langenhagen, Tel. 0511/7307469, Fax 0511/7307499

Ndsa 98 NEU
Größe: 0,5 ha
nur telefonische Anmeldung erbeten
Öffnungszeiten: Mai bis September
Eintritt: frei
→ bei Anmeldung
P ♿

Schapers Garten
Köllingsmoor 22, Langenhagen
Abwechslungsreiche Anlage mit verschlungenen (Rhodo-) Waldwegen, die – vorbei an Wasserspielen und besonderen Aussichtspunkten – die Bereiche Heidegarten, Bauerngarten, Teichgarten und Bambusgarten miteinander verbinden. Besonders attraktiv ist der Garten zur Zeit der Azaleen- und Rhododendronblüte (Mai/Juni).
Eigentümer/in: Familie Heinz-Christian und Burkardt Schaper, Köllingsmoor 22, 30855 Langenhagen, Tel. 0511/755650, Handy 0177/2392648

Ndsa 99
Größe: 450 m²
Anmeldung erbeten
Öffnungszeiten: Mai bis Okt. Sonntag, 11–17 Uhr, Gruppen auch wochentags
Eintritt: frei
Führungen: nach Voranmeldung
🚋 3 Fasanenkrug
🚌 62 Dehne/Isernhagen NB
☕ nur Sonntag, 🐕 ♿ ℹ

Museumshof Wöhler-Dusche
Am Ortfelde 40, Isernhagen NB
Der Museumshof Wöhler-Dusche ist eine typische alte Isernhagener Hofstelle mit Bauerngarten, Obstgarten, Wiese, Grashof und einem alten Backhaus im Eichenwald. Kräutergarten, Blumen- und Gemüsebeete sind mit Buchs eingefaßt, im Rondell wächst eine Alte Rose Centifolia non nominata.
Eigentümer/in: Nordhannoversches Bauernhausmuseum Isernhagen e.V., Burgwedeler Straße 51, 30916 Isernhagen NB, Tel. 0511/731620

Ndsa 100 NEU
Größe: 4 ha
Anmeldung erbeten
Öffnungszeiten: ganzjährig geöffnet
Eintritt: frei
Führungen: nach Voranmeldung
DB Celle
🚌 Celle-Wienhausen
→ An den Klosterpark

Privatgarten Hoppe
Mühlenstraße 8, Wienhausen bei Celle
Der Pflanzensammler begann vor zirka 20 Jahren mit der Anpflanzung von exotischen Gehölzen und erweiterte diese jährlich. Ein Weg führt durch ein verwildertes Parkgelände mit einem großen Pavillon, das durch verschiedene Teiche und Gewässerzonen belebt wird. Besonderheiten sind zum Beispiel: Rhododendrenanpflanzungen, Mammutbäume, Sumpfzypressen, Bambus, Magnolien, Scheinkamelien, verschiedene Kastanien, Eichen.

Eigentümer/in: Klaus-Friedrich Hoppe, Mühlenstraße 8, 29342 Wienhausen bei Celle, Tel. 05149/366
Attraktionen: Rhododendrenblüte Mai/Juni

Wienhausen grenzend

Privatgarten Beckmann
Tunner-Hartmann-Straße 9, Sachsenhagen
Ein in Buchsbaum eingefaßter Staudengarten mit zahlreichen Rosen und einer gut eingewachsenen Teichanlage.
Eigentümer/in: Anne Beckmann, Tunner-Hartmann-Straße 9, 31553 Sachsenhagen, Tel. 05725/913203, Fax 0177/6844424
Öffnungszeiten: April bis Oktober

Ndsa 101 NEU
Größe: 0,1 ha
nur telefonische Anmeldung erbeten
Eintritt: frei
DB Lindhorst

Schloßpark und Stadtgarten
Obernstraße / Habichhorsterstraße / Ecke Oberntorstraße, Stadthagen

Der Schloßpark des Stadthäger Schlosses, dessen südlicher Teil der heutige Stadtgarten ist, wurde als barocke Gartenanlage im 18. Jahrhundert gestaltet. Fünf gerade Wegeachsen, an den Längsseiten mit Baumalleen gestaltet, gliedern den Garten in Nord-Süd-Richtung. Das ehemalige gräfliche Lusthaus – heute Stadtgartencafé – steht mitten in einem rechteckigen Teich, der den nördlichen Abschluß der Wegemittelachse bildet. In südlicher Richtung schließen sich drei Brunnenanlagen an. Das Bade- und Gärtnerhaus mit Quellbrunnen im Südosten des Stadtgartens erinnert noch heute an den frühen Badebetrieb im ehemaligen Schloßpark, der bis zur Anlage von Bad Eilsen um 1800 nachweisbar ist.
Eigentümer/in: Land Niedersachsen (Schloßpark), vertreten durch das Finanzamt, Stadt Stadthagen (Stadtgarten) Schloß (Land Niedersachsen), Rathauspassage 1, 31655 Stadthagen, Tel. 05721/7820, Fax 05721/110, E-Mail stadtverwaltung@stadthagen.de, Internet www.stadthagen.de

Ndsa 102 NEU
Größe: 4,9 ha
frei zugänglich
Führungen: nach Voranmeldung Verkehrsverein Stadthagen, Tel. 05721/79131
für Gruppen bis 30 Personen, 2 DM/Person,
Attraktionen: diverse Springbrunnen, Mai bis September, Schwarze Schwäne
DB Stadthagen w, Stadthagen, Bahnhof
Bus 2014 Schloß
P gebührenpflichtig
Veranstaltungen: Diverse Infos bei i-Punkt, Stadthagen, Am Markt 1 oder Internet www.stadthagen.de, Tel. 05721/925065, Fax 05721/925055

Ndsa 103 NEU
Größe: 3 ha
Anmeldung für Gruppen erbeten
ganzjährig geöffnet, Fr 9–18 Uhr
Eintritt: frei
Führungen: nach Voranmeldung
→ 3 Kilometer östlich von Stadthagen, 1 Kilometer südlich der B 65
P

Gutspark Remeringhausen

Rittergut Remeringhausen, Stadthagen

Der ehemalige Barockgarten wurde im 19. Jahrhundert durch den Kasseler Hofgärtner Georg Wilhelm Homburg in einen Englischen Landschaftsgarten umgestaltet. Auf der großen Wiesenfläche des Parks stehen einzelne schöne Solitärgehölze, wie Eßkastanie, Blutbuche, Lärche und Tulpenbaum. Der Bach der alten Mühle am Parkrand durchfließt den Garten und wird zu einem Teich angestaut. 1998 bis 2000 wurde der Park mit Hilfe verschiedener Institutionen instandgesetzt.
Eigentümer/in: Hans Hildebrand von Breitenbach, Rittergut Remeringhausen, 31655 Stadthagen, Tel. 05725/1561, Fax 05725/7424

Ndsa 104 NEU
Größe: 12 ha, frei zugänglich
DB Bückeburg
Bus Schloßtor, Stadtkirche
P
Veranstaltungen: Landparty und Ritterspiele, Infos bei: Fürstliche Schloßverwaltung, Schloß, 31675 Bückeburg, Tel. 05722/5039, Fax 05722/955858

Schloßpark Bückeburg

Schloß, Bückeburg

Hinter dem Schloß Bückeburg, das auf einer vom Schloßgraben umgebenen Insel liegt, erstreckt sich der etwa 200-jährige Park im englischen Landschaftsgartenstil. Herausragend ist der prachtvolle alte Baumbestand. Den hinteren Gartenteil dominiert das mächtige, 1911 bis 1915 vom Berliner Architekten Paul Baumgarten erbaute Mausoleum.
Eigentümer/in: Philipp-Ernst Prinz zu Schaumburg-Lippe, Schloßplatz 6, 31675 Bückeburg
Attraktionen: Mausoleum April bis Nov., 10–17 Uhr

Ndsa 105 NEU
Größe: 15 ha
frei zugänglich
Attraktionen: Wasserspiele im Sommer, 10–12 und 14.30–17 Uhr, täglich
Bus Busbahnhof Bad Eilsen
P
Veranstaltungen, Konzerte im Konzertgarten

Kurpark Bad Eilsen

Bad Eilsen

Im Zentrum des Kurparks mit seinem alten, dendrologisch interessanten Baumbestand und den historischen Kuranlagen liegen die Brunnenanlagen mit zahlreichen Wasserspielen, um die sich diverse Blumenbeete mit farbenfroher Bepflanzung erstrecken. Eingebettet in den Landschaftspark sind außerdem ein Stein- und ein Rosengarten.
Eigentümer/in: LVA Hannover, Rehazentrum Bad Eilsen, Harrlallee 2, 31707 Bad Eilsen, Tel. 05722/8840, Fax 05722/85572

Ndsa 106
Größe: 0,6 ha
Anmeldung für Gruppen erbeten
Öffnungszeiten: Mai bis Juli 9–19 Uhr
Eintritt: frei
P

Privatgarten Vicankova

Deisterstraße 37, Lauenau, OT Feggendorf

Großzügige Staudenpflanzungen verbinden das Haus mit Teichen, Gemüsegarten, Obstwiese und Wäldchen, wobei sie dennoch den Blick in die malerische Landschaft am Deister und Süntel ermöglichen.
Eigentümer/in: Dr. med. Ludmila Vincankova und Dr. Jan Vicanek, Deisterstraße 37, 31867 Lauenau, OT Feggendorf, Tel. 05043/5346, E-Mail J.Vicanek@t-online.de

Rittergut Langreder

Langreder, Kapellenstraße 2, Barsinghausen

Der ab 1969 angelegte Englische Landschaftsgarten ist in Nord-Süd-Richtung ausgerichtet, von einem überbrückten Deisterbach durchflossen und mit zahlreichen seltenen Bäumen bestanden. Er wird im Südosten und Südwesten von Gehölzen eingerahmt, im Nordosten bilden Gutshaus (1734) und stillgelegte Wassermühle (1578) den abschließenden Rahmen.

Eigentümer/in: Georg v. Ilten Langreder, Kapellenstraße 2, 30890 Barsinghausen, Tel. 05105/58990, Fax 05105/589916

Attraktionen: Blüte des Taschentuchbaumes (Davidia involucratz) und der Paulownie

☕ nach Vereinbarung

Ndsa 107

Größe: 1,5 ha

Anmeldung erbeten

Öffnungszeiten: Tag der Offenen Pforte Hannover und nach Vereinbarung

Eintritt: 10 DM als Spende für den „Verein historischer Gärten in Niedersachsen", Ermäßigung 5 DM, Gruppen 5 DM/Person

Führungen: nach Voranmeldung, im Eintritt enthalten

🚌 560, 561 Langreder

P 🐕 ♿

Privatgarten Kayser

Rilkeweg 3, Barsinghausen, OT Egestorf

Verschiedene Gartenräume gruppieren sich rund um das Haus: Ein kleiner Eingangshof, umrankt von Kletterrosen und Clematis, der Gemüsegarten mit buchsgesäumten Gemüse- und Blumenbeeten, der Teichgarten mit größerem, natürlich angelegtem Teich und formalem Wasserbecken, übergehend in einen Gartenteil mit Stauden, vielen Rosen und Clematis. Hinter einem Rosenbogen beginnt ein symmetrischer Gartenabschnitt, der in einem mit wildem Wein überwucherten Laubengang mit Hosta und Farnen endet.

Eigentümer/in: Adolf und Karin Kayser, Rilkeweg 3, 30890 Barsinghausen, OT Egestorf, Tel. 05105/8652

Ndsa 108 NEU

Größe: 500 m^2

Anmeldung erbeten

Öffnungszeiten: ganzjährig geöffnet

Eintritt: frei

Führungen: nach Voranmeldung

DB Egestorf

→ über Wennigser Straße, Geibelstraße, 3. rechts Rilkeweg

P ♿

Privatgarten Stempniewicz

Auf dem Damm 8, Barsinghausen, OT Groß Munzel

Der junge Garten ist in schwungvollen, gezirkelten und fließenden Linien mit alten Sandsteinen gestaltet. Farblich abgestimmte Staudenbereiche und -inseln sind mit Historischen Rosen bereichert und von vielen Sitzplätzen zu betrachten. Eine Wildrosenhecke und ein Beerengarten schaffen harmonisch den Übergang zu einer naturbelassenen Obstbaumwiese.

Eigentümer/in: Aleksandra Stempniewicz, Auf dem Damm 8, 30890 Barsinghausen, OT Groß Munzel, Tel. 05035/2368

Ndsa 109 NEU

Größe: 0,25 ha

Anmeldung erbeten

Öffnungszeiten: Mai bis September

Eintritt: frei

Führungen: nach Voranmeldung

DB Barsinghausen

🚌 570 Auf dem Damm

P ♿

Privatgarten Seyfang

Westerhagen 5, Barsinghausen, OT Groß Munzel

Großer ländlicher Garten um einen 200jährigen Bauernhof mit unterschiedlichen Gartenräumen, extensiven und intensiven Bereichen mit Stauden sowie einem formalen Nutzgarten.

Eigentümer/in: Dr. Volkmar Seyfang, Westerhagen 5, 30890 Barsinghausen, OT Munzel, Tel. 05035/459, Fax 05035/488, E-Mail v.seyfang@hx.upb.de

Ndsa 110 NEU

Größe: 0,26 ha

Anmeldung erbeten

Öffnungszeiten: Mai/Juni

Eintritt: frei

Führungen: nach Voranmeldung

DB Barsinghausen

🚌 570 Groß Munzel Ortsmitte

P 🐕 ♿

Ndsa 111 NEU
Größe: 6 ha
Anmeldung erbeten
Öffnungszeiten: Mai bis Oktober
Eintritt: frei
Führungen: nach Voranmeldung
DB Barsinghausen, weiter mit Bus 532
9 Empelde, weiter mit Bus 532
532 Eckerde Mitte

Gutspark von Heimburg

Barsinghausen

Der Park gliedert sich in zwei Teile, einen früheren mit Mausoleum und einen um 1890 angelegten Landschaftsgarten. Dieser sogenannte Südpark ist dem Haus (1890) zugeordnet und kulissenartig angelegt. Blickachsen in die Landschaft und über den Hausgraben zu einem kleinen Teich geben der Anlage ihren eigenen Reiz. Buchen, Eichen, Kastanien, Ulmen, Linden und Pappeln bestimmen das Bild.
Eigentümer/in: Anno von Heimburg, Alte Dorfstraße 2, 30890 Barsinghausen-Eckerde, Tel. 05105/1413, Fax 05105/63225

Ndsa 112 NEU
Größe: 0,14 ha
nur telefonische Anmeldung erbeten
Öffnungszeiten: April bis Oktober
Wochenenden 14–19 Uhr
Eintritt: frei
→ bei Anmeldung

Privatgarten Tölcke

Rehbockstraße 5, Apelern

Der Garten an einem Fachwerkhaus aus dem 18. Jahrhundert öffnet sich zum Münchhausen-Park. Die Rasenflächen zwischen alten Bäumen sind mit Beeten mit Rosen und Stauden gegliedert.
Eigentümer/in: Heidi Tölcke, Rehbockstraße 5, 31552 Apelern, Tel. 05043/1495

Ndsa 113
Größe: 1 ha
Anmeldung erbeten
Eintritt: frei
Führungen: nach Voranmeldung
Öffnungszeiten: ganzjährig geöffnet
580 Lenthe, K 30

Obergut Lenthe

Winterstraße 23, Gehrden

Das Obergut Lenthe ist ein alter Landschaftsgarten des späten 18. Jahrhunderts, dessen Wegesystem und ein großer Teil des Baumbestands noch aus dieser Zeit stammen. Der Gutsgarten ist vollständig von einer Mauer umgeben. Über den Wassergraben, der zwischen Garten und Herrenhaus liegt, führt eine Brücke des klassizistischen Baumeisters Laves.
Eigentümer/in: Friedrich von Lenthe, Winterstraße 23, 30989 Gehrden, Tel. 05137/93153, Fax 05137/93152

Ndsa 114
Größe: 3 ha
Anmeldung erbeten
Öffnungszeiten: nur an bestimmten Tagen geöffnet (auf Anfrage)
Eintritt: frei
Führungen: nach Voranmeldung, kostenlos
→ Bei Anmeldung

Untergut Lenthe

Im Eickhof 6, Gehrden-Lenthe

Der Englische Landschaftspark aus der Mitte des 19. Jahrhunderts liegt sanft in die umgebende Landschaft gebettet. Sehenswert sind eine 150 Jahre alte Süntelbuche und ein Arboretum junger Eichen mit etwa 90 verschiedenen Sorten.
Eigentümer/in: Dr. Hans Jürgen Frhr. von Richthofen, Im Eickhof 6, 30989 Gehrden-Lenthe, Tel. 05137/4134, Fax 05137/2736

Ndsa 115
Eigentümer/in: üstra, Hannoversche Verkehrsbetriebe AG,

Parkanlage Berggasthaus Niedersachsen

Köthner Berg, Gehrden

Julius Trip, der erste Gartenbaudirektor Hannovers, hat die 1898 fertiggestellte Parkanlage am Berggasthaus gestaltet. Der Park, verwildert aber reizvoll, ist ein Beispiel für die Gartenkunst des Gemischten Stils, wie er im 19. Jahrhundert zeittypisch war, ein Kleinod der Calenberger Landschaft. Seit 1991 wurde auf der Grundlage eines Entwicklungsplanes für das Naherholungsgebiet Gehrdener Berg der Zentralbereich der Tripschen Parkanlage behutsam und zeitgemäß instand gesetzt. So kann man heute über die rekonstruierte Freitreppenanlage an Rasenwegen in die angrenzenden Parkräume gelangen. Von den Terrassen der Freitreppe geht der Blick weit in die Calenberger Landschaft.

Am Hohen Ufer 6,
30159 Hannover,
Tel. 0511/16681,
Fax 0511/1668666
Größe: 14 ha,
frei zugänglich
DB Hannover
U 3, 7 Wettbergen, umsteigen in
500 Gehrden / Steintor oder U 9 Empelde, umsteigen in 532 Gehrden / Steintor
P

Hausgarten Meyer

Tulpenweg 2, Ronnenberg

Die abwechslungsreiche Anlage mit artenreicher Bepflanzung liegt in einem Reihenhauseckgrundstück auf verschiedenen Ebenen. Diese bestehen aus Heidegarten (Vorgarten), Pergola mit Kletterpflanzen, Teich, Zwergsträucher, Stauden und Rosen und einem Alpinum als Schwerpunkt.
Eigentümer/in: Friedrich Meyer, Tulpenweg 2, 30952 Ronnenberg, Tel. 05109/1255
Attraktionen: Hauptblüte der Gebirgspflanzen, letzte Maiwoche

Ndsa 116
Größe: 200 m²
Anmeldung erbeten
Öffnungszeiten: Mai bis Okt.
Eintritt: frei
Führungen: nach Voranmeldung, für Gruppen bis 15 Personen, kostenlos
Regio Sprinter 500 Dettmer
→ Ab Haltestelle zweimal rechts und dann zweimal links abbiegen

Privatgarten Am Teiche

Am Teiche 4, Ronnenberg

Verschiedene romantische Gartenräume mit Rosen und Stauden gruppieren sich um einen Teich mit einem Steingarten als Zentrum. Obst und Gemüse ist in den artenreichen Garten integriert. Mehrere Pergolen sind mit unterschiedlichen Kletterpflanzen berankt.
Eigentümer/in: Marita Hemmann, Am Teiche 4, 30952 Ronnenberg, Tel. 05109/1217, Fax 05109/1217
Führungen: nach Voranmeldung, für Gruppen bis 15 Personen

Ndsa 117
Größe: 800 m²
Anmeldung erbeten
Öffnungszeiten:
15. April bis 31. Oktober
Eintritt: frei
DB Ronnenberg
500 Langereihe
→ Bauernwiesenweg, in Wilhelm-Humbeck-Straße abbiegen, dann 2. Straße rechts
P

Hinüberscher Garten

Am Hinüberschen Garten, Hannover

Der Hinübersche Garten in Marienwerder ist einer der frühesten Landschaftsgärten in Deutschland. Inspiriert durch die Landschaftsgärten in England schuf 1765 Jobst Anton von Hinüber auf dem bewaldeten Dünenrücken beim Kloster Marienwerder einen Landschaftsgarten. Im Mittelpunkt des Konzepts stand die wohldurchdachte Verteilung von bewachsenen Flächen und Freiräumen, die einen Blick über das Umland gewährten. Durch behutsame Eingriffe wurden 1999 im Rahmen denkmalpflegerischer Maßnahmen unter anderem einstige Ausblicke auf Teiche und die

Ndsa 118
Größe: 20 ha
frei zugänglich
Führungen: nach Voranmeldung, 70 DM/Gruppe, Tel. 0511/16849015, Informationsblatt zu Führungen durch Parks und Gärten in Hannover ist gegen frankierten, adressierten Rückumschlag beim Grünflächenamt der Stadt

Hannover, Langensalzastr. 17, 30169 Hannover, erhältl.
4 Marienwerder/ Wissenschaftspark
126 Marienwerder/ Friedhof

Leineaue wiederhergestellt. Durch den Einbau einer Treppe im alten Hexenturm hat der Park neue Attraktivität gewonnen. Der Park bezieht nach wie vor seine Wirkung aus der besonderen landschaftlichen Situation am Rande des Leinetals.
Eigentümer/in: Landeshauptstadt Hannover, Grünflächenamt, Langensalzastraße 17, 30169 Hannover, Tel. 0511/16843801, Fax 0511/16842914, E-Mail 67@hannover-stadt.de, Internet www.hannover.de

Ndsa 119
Eigentümer/in: Ursula und Karl-Heinz Wend, Quantelholz 38 A, 30419 Hannover, Tel. 0511/799460
Größe: 120 m²
Öffnungszeiten: März bis Okt.
Eintritt: frei
Anmeldung erbeten
4 Marienwerder/ Wissenschaftspark
126, 420 Marienwerder/ Friedhof

Gartenhof Wend

Quantelholz 38 A, Hannover

Foto: Wend

Der als Wohnhof konzipierte Garten wurde in den 60er Jahren angelegt und unter Beibehaltung der architektonischen Grundstruktur und der bestimmenden Gehölze den wechselnden Lebensphasen der Familie angepaßt. Neben Stauden und Wasserpflanzen geben Kübelpflanzen, für deren Überwinterung ein Gewächshaus gebaut wurde, dem Garten sein besonderes Gepräge.

Ndsa 120
Größe: 55 ha
Öffnungszeiten: ganzjährig geöffnet, im Sommer 8–20 Uhr, im Winter 9–17 Uhr
Eintritt: frei
Führungen: nach Voranmeldung
4, 5 Stöcken/Friedhof

Stadtfriedhof Stöcken

Stöckener Straße 68, Hannover

Unter den großen kommunalen Friedhöfen Hannovers nimmt der Stöckener Friedhof eine Sonderstellung ein. Zwischen 1901 und 1902 nach Plänen von Stadtgartendirektor Julius Trip angelegt, lädt der Stadtfriedhof Stöcken wie kein anderer in Hannover als konsequent durchgestalteter Parkfriedhof zum besinnlichen Spaziergang ein. Vor allem zur Zeit der Rhododendronblüte im Mai ist die Parklandschaft rund um den 2,5 Hektar großen Teich ein Anziehungspunkt.
Eigentümer/in: Landeshauptstadt Hannover, Grünflächenamt, Langensalzastraße 17, 30169 Hannover, Tel. 0511/16845441/2, Fax 0511/16845670

Botanischer Schulgarten Burg

Vinnhorster Weg 2, Hannover

Der Botanische Schulgarten Burg ist ein primär unter pädagogischen Gesichtspunkten angelegter Garten und Park, der in den siebzig Jahren seines Bestehens mehrmals umgestaltet wurde. Er ist in Fläche und Mitarbeiterzahl der größte Teil des Schulbiolgoiezentrums Hannover, der neben den Botanischen Schulgärten Burg und Linden auch die Freiluftschule Burg und die Zooschule umfaßt. Die ursprünglich gärtnerisch-botanische Ausrichtung ist heute sehr stark erweitert worden. Das ganzheitliche Arbeitskonzept umfaßt alle die Natur und Umwelt betreffenden Themen. Das Gelände spiegelt diese Konzeption wider. Es ist offensichtlich, daß der Garten kein Schaugarten ist, sondern von dem lebt, was Schüler, Lehrer und andere Besucher in und mit ihm tun können. Im Gelände gibt es den sogenannten Tüxenschen Wald, eine zirka 2 Hektar große, teilweise etwas verwunschene, pflanzensoziologische Anlage mit Teich und Bach, einen Garten für ökologische Kleinexperimente und Schulgeländegestaltung, einen Sinnespfad und Duftgarten, einen Gemüse- und Bienengarten, verschiedene Kleintiergehege, den neuen Garten für Sonne, Energie und Klima sowie Stauden- und Gehölzpflanzungen 1000 Quadratmeter Gewächshäuser zur Produktion von Unterrichtsmaterial und ein 180 Quadratmeter großes Unterrichtsgewächshaus ergänzen die Anlage. Anläßlich der EXPO 2000 wurden der seit der Gründung bestehende Heilpflanzengarten neu gestaltet, ein Farbgarten angelegt, die Genetikbeete zum Garten für Genetik, Evolution und Züchtung erweitert und der Bienengarten zum Garten für Insekten umgewandelt.

Ndsa 121
Eigentümer/in: Schulamt der Landeshauptstadt Hannover, Schulbiologiezentrum Hannover,
Vinnhorster Weg 2,
30419 Hannover,
Tel. 0511/16847665/7,
Fax 0511/16847352
Größe: 7,5 ha
Anmeldung für Gruppen erbeten
Öffnungszeiten:
ganzjährig geöffnet,
Mo–Fr 7–16.15 Uhr,
Sa 8–12 Uhr
Eintritt: frei
Führungen: nach Voranmeldung,
bis zu 40 DM/Gruppe
4, 5 Schaumburgstraße
121 Burgweg
P
Veranstaltungen:
Umweltforum, September
Sonntagvormittagsveranstaltungen im Sommerhalbjahr außerhalb der Ferien, 10–13.30 Uhr

Großer Garten

Herrenhäuser Straße, Hannover

In Herrenhausen, vor den Toren Hannovers, entwickelte sich von der Mitte des 17. Jahrhunderts bis 1866 die Sommerresidenz der welfischen Herzöge, Kurfürsten und Könige, deren vier Gärten Großer Garten, Berggarten, Georgengarten und Welfengarten heute ein einzigartiges Gartenensemble darstellen. Unter dem Kurfürsten Ernst-August und seinem Sohn Georg-Ludwig wurde die Sommerresidenz Ende des 17. Jahrhunderts vergrößert und die heute noch erhaltene Orangerie gebaut. Das Schloß, 1943 durch Bomben zerstört, wurde nicht wieder aufgebaut. Die kunstsinnige Kurfürstin Sophie, Gattin Ernst-Augusts, hatte mit Hilfe ihres Ratgebers, des Gelehrten Leibniz, großen Einfluß auf die Gestaltung des Großen Gartens, der zwischen 1680 und 1714 seine heutigen Größe und Ausstattung erlangte. Die Struktur des fast rechtwinkligen Gartens, der ihn umgebende Graben und

Ndsa 122
Eigentümer/in:
Landeshauptstadt Hannover, Grünflächenamt
Herrenhäuser Gärten,
Herrenhäuser Straße 4,
30419 Hannover,
Tel. 0511/16847576,
Fax 0511/16847374,
E-Mail 67@hannover-stadt.de,
Internet www.hannover.de
Größe: 56 ha
Öffnungszeiten: ganzjährig geöffnet,
im Sommer 8–20 Uhr,
im Winter 8–16.30 Uhr
Eintritt: 5 DM, Kinder frei bis 14 Jahre, Gruppen ab 12 Personen 3 DM/Person
Führungen: nach Voranmeldung, für Gruppen

bis 20 Personen, 65 DM
Attraktionen: Fontäne, April bis Sept., Mo–Fr 11–12 Uhr, 15–17 Uhr, Sa, So, Feiertag 11–12 Uhr, 14–17 Uhr
Abendliche Illumination
4, 5 Herrenhäuser Gärten
P gebührenpflichtig
Veranstaltungen: Kleines Fest im Großen Garten, Musik, Theater, Kleinkunst Jedes Jahr an drei Wochenenden im Juli Infos bei: Hannover Tourist Information, Tel. 0511/16849710 (Info), 16849720 (Kartenverk.), Feuerwerkswettbewerb, mehrere Termine Theater/ Konzerte im Gartentheater

zahlreiche Gartenbauwerke und Skulpturen blieben erhalten, da die Nachfahren der Kurfürstin Sophie über 120 Jahre in Personalunion auch Könige von England waren, und so die Sommerresidenz lange Zeit einen Dornröschenschlaf schlief. Dies bewahrte die Anlage vor der Umwandlung in einen Landschaftsgarten. Nach der Übernahme des Gartens durch die Stadt Hannover in den 30er Jahren gab es einige Veränderungen, unter anderem in der Ausstattung der Beete und Heckengärten. Die Prachtentfaltung und Komposition eines barocken Gartens ist dennoch erlebbar. Neben dem prächtigen Parterre, einem Irrgarten, Sondergärten, zahlreichen Kaskaden, Tempeln und Brunnen, unter anderem die bis zu 70 Meter hoch springende Große Fontäne, lädt das originale Heckentheater mit seinen vergoldeten Figuren zu unvergeßlichen Aufführungen ein. Zahlreiche Kübelpflanzen, teils über 300 Jahre alt, schmükken den nördlichen Gartenbereich. 2000 entstanden mit dem Feigen- und Blumengarten des Schweizer Landschaftsarchitekten Guido Hager moderne Interpretationen der hier ehemals vorhandenen Gartenbereiche.

Foto: Preißel

Ndsa 123
Eigentümer/in:
Landeshauptstadt Hannover, Grünflächenamt Herrenhäuser Gärten, Herrenhäuser Straße 4, 30419 Hannover, Tel. 0511/16847576, Fax 0511/16847374, E-Mail 67@hannover-stadt.de, Internet www.hannover.de
Größe: 21 ha

Berggarten mit Regenwaldhaus

Herrenhäuser Straße, Hannover

Auf den Resten einer eiszeitlichen Düne – daher der Name Berggarten – entstand nördlich des Großen Gartens im späten 17. Jahrhundert ein Küchengarten. In den folgenden 150 Jahren erfolgte eine schrittweise Umwandlung in einen Botanischen Garten. Pflanzen wie das Usambaraveilchen starteten von hier ihre weltweite Verbreitung. Die Lindenallee stammt von 1728. Schwerpunkte im Freilandbereich sind der Iris-, Stein-, Kletterpflanzen-, Wüsten- und der 1997 eingeweihte Präriegarten sowie große Rhododendren-

pflanzungen im Paradies und die gärtnerisch gestalteten und bepflanzten Landschaftsräume Moor, Heide sowie Wald und Wiese. In den Gewächshäusern sind Kakteen und andere Sukkulenten, Pflanzen der Kanarischen Inseln, der Tropen und eine der größten Orchideensammlungen der Welt ausgestellt. Der Schmuckhof ist mit zahlreichen Sommerblumen und Kübelpflanzen ausgestattet. Seit 2000 lädt das Regenwaldhaus zu einer außergewöhnlichen Entdeckungsreise in den südamerikanischen Bergregenwald ein. Unter der eigenwilligen Dachkuppel sind neben etwa 6000 tropischen Pflanzen auch Vögel, Fledermäuse, Pfeilgiftfrösche, Blattschneideameisen und andere exotische Tiere zu sehen. Betreiber Regenwaldhaus: CxX Edutainment GmbH & Co.KG, Regenwaldhaus Hannover, Herrenhäuserstraße 4a, 30419 Hannover, Tel. 0511/12604210,
Fax 0511/12604222, E-Mail: info@regenwaldhaus.de,
Internet: www.regenwaldhaus.de

Öffnungszeiten:
ganzjährig geöffnet,
im Sommer 8–20 Uhr,
Schauhäuser 8–19 Uhr,
im Winter 8–16.30 Uhr,
Schauhäuser 8–16 Uhr
Regenwaldhaus
im Sommer bis 23 Uhr
im Winter bis 20 Uhr
Eintritt: 5 DM für Schauhäuser, Eintrittskarte gilt auch für den Großen Garten, Freiland frei, Kinder frei bis 14 Jahre,
Regenwaldhaus:
Eintritt: 16 DM, Kinder (6–14 J.) 8,50 DM, erm. 10 DM für Schüler, Studenten, Schwerbehinderte,
Kombitickets mit Eintritt Herrenhäuser Gärten 19 DM, erm. 13 DM,
Schauhäuser: Berggarten: Gruppen ab 12 Personen 3 DM/Person, Regenwaldhaus: Gruppen ab 20 Personen 8,50 bis 10 DM
Führungen: nach Voranmeldung, für Gruppen bis 20 Personen, 70 DM
Attraktionen:
Rhododendrenblüte, Blumenzwiebeln, Präriegarten, Orchideen ganzjährig
4, 5 Herrenhäuser Gärten
P gebührenpflichtig

Foto: Preißel

Georgengarten
Nienburger Straße, Hannover
Auf beiden Seiten der 2 Kilometer langen, barocken Lindenallee, die 1972 bis 1974 erneuert wurde, liegt der Georgengarten, benannt nach Georg IV., König von England und Hannover. Entlang der Allee hatten mehrere Adlige des Hofes kleine Palais mit barocken Gärten errichten lassen. Reichsgraf Johann von Wallmoden ließ im späten 18. Jahrhundert einige dieser Gärten in einen frühen Landschaftsgarten umwandeln und baute das Wallmoden-Palais, das heutige Wilhelm-Busch-Museum (Deutsches Museum für Karikatur und kritische Grafik). Von 1835 bis 1841 und noch einmal zwischen 1859 und 1860 vergrößerte der Hofgarteninspektor Christian Schaumburg den Park und schuf

Ndsa 125
Eigentümer/in:
Landeshauptstadt Hannover, Grünflächenamt Herrenhäuser Gärten, Herrenhäuser Straße 4, 30419 Hannover,
Tel. 0511/16847576,
Fax 0511/16847374,
E-Mail 67@hannover-stadt.de,
Internet www.hannover.de
Größe: 70 ha
frei zugänglich
Führungen: nach Voranmeldung, für Gruppen bis 20 Personen, 70 DM,

🚋 4, 5 Schneiderberg,
Universität Hannover
P 🐕 ♿
Veranstaltungen: Open-Air-Konzert der Chopin-Gesellschaft, August
Infos bei: Hannover Tourist Information,
Tel. 0511/16849710

einen malerischen Landschaftsgarten nur mit den natürlichen Mitteln Bäume, Sträucher, Wasser und Wiesen.
Der Georgengarten ist in seinen Grundstrukturen größtenteils erhalten geblieben und die einzige in Hannover noch existierende Anlage Schaumburgs. Aufwendige gartendenkmalpflegerische Arbeiten, vor allem vor und hinter dem Wilhelm-Busch-Museum, wie die Neugestaltung des Palaisgartens durch Reinald Eckart, trugen in den letzten Jahren zu seinem Erhalt bei.

Ndsa 125
Eigentümer/in: Land Niedersachsen Hannover,
Tel. 0511/16843801,
Fax 0511/16842914
Größe: 13 ha
frei zugänglich
🚋 4, 5 Schneiderberg
P 🐕 ♿
Veranstaltungen: Sommerfest der Universität Hannover, Anfang Juli
Infos bei: Tel. 0511/7620

Welfengarten

Nienburger Straße, Hannover

Der Welfengarten ist aus den ursprünglich barock gestalteten Anlagen des ehemaligen Lustschlosses Montbrillant hervorgegangen und wurde 1720 angelegt. Im 19. Jahrhundert wurde der Park durch den Landschaftsgärtner Christian Schaumburg mehrmals umgestaltet und erweitert. Heute dient der direkt hinter dem Welfenschloß, der heutigen Universität, gelegene Park mit seinem schönen, alten Baumbestand Bewohnern der Nordstadt und Studenten der Universität als Erholungsfläche. In den letzten Jahren wurde der Garten mehrmals gartendenkmalpflegerisch überarbeitet.

Ndsa 126
Größe: 2,5 ha
frei zugänglich
Führungen: nach Voranmeldung,
Tel. 0511/16849015,
Informationsblatt zu Führungen durch Parks und Gärten in Hannover ist gegen frankierten, adressierten Rückumschlag beim Grünflächenamt der Stadt Hannover, Langensalzastr. 17, 30169 Hannover, erhältl.
70 DM/Gruppe
🚋 U1, U2, U8
Dragonerstraße
P 🍴 🐕 ♿

Vahrenwalder Park

Dragonerstraße, Hannover

Der Vahrenwalder Park ist ein Quartierspark, der 1986 als Sanierungsvorhaben auf einem ehemaligen Gewerbegrundstück entstand. Der Park hat eine großzügige offene Wiesenfläche als Mittelpunkt, deren Randbereiche Raum für verschiedene Aktivitäten bieten. Mauern und berankte Pergolen schirmen den Park gegen den Straßenverkehr ab.
Der zweite Bauabschnitt des Vahrenwalder Parks wurde 1997 fertiggestellt. Seither nutzen insbesondere die Anwohner der angrenzenden Stadtteile den Park intensiv. Besondere Attraktionen sind die Staudenanlagen, ein Brunnen und ein großer Kinderspielplatz.
Eigentümer/in: Landeshauptstadt Hannover, Grünflächenamt, Langensalzastraße 17, 30169 Hannover,
Tel. 0511/16843801, Fax 0511/16842914,
E-Mail 67@hannover-stadt.de, Internet www.hannover.de

Ndsa 127
Größe: 500 m²,
Anmeldung erbeten
Öffnungszeiten: nach Vereinbarung
Eintritt: frei

Privatgarten in der Vereinsanlage Ehlershausen-Garten 57

Tannenbergallee/Masurenweg, Hannover

Ein Garten mit Zimmern – mehr oder weniger ordentlich. Ein alter Kleingarten wurde vorsichtig verändert, um zu sehen, was in ihm steckt. Hecken und Stauden unterteilen

den Garten in verschiedene Räume unterschiedlichen Charakters.
Eigentümer/in: Jörg Ledderbogen und Andreas Wessels, Lister Kirchweg 90, 30177 Hannover, Tel. 0511/624495 oder 625213, Fax 0511/625213

Führungen: nach Voranmeldung
128 Möckernstraße

Laurins Garten
An der Wietze 12, Hannover, OT Isernhagen-Süd
Laurins Garten sind verschiedene gastliche Gartenräume mit Gartenküche Zur Alten Jungfer und Stöberstübchen Zur Kaffeemütze. Der Vier-Jahreszeiten-Garten wurde in den 40er Jahren angelegt und unter Mitarbeit von Peter Hübotter in den 90er Jahren umgestaltet. Die Anlage umfaßt Skulpturen, Pflastergarten, Wasser, hohe Bäume, Rhododendren und Giersch.
Eigentümer/in: Ilsemarie Lorenz, An der Wietze 12, 30657 Hannover, OT Isernhagen-Süd, Tel. 0511/650610, Fax 0511/651020

Ndsa 128
Größe: 0,2 ha
Öffnungszeiten: Mai – Okt.
Anmeldung erbeten unter Tel. 0511/65450
Eintritt: frei
Führungen: nach Voranmeldung
7 Fasanenkrug
Veranstaltungen: u. a. Kochen im Garten

Botanischer Schulgarten am Lindener Berg
Am Lindener Berge 50, Hannover
Ein Weinberg in Hannover? Wenigstens ein kleines Rebstück mit der dazugehörigen Begleitvegetation liegt am Westhang des Lindener Berges, im Steingarten des Botanischen Schulgartens, oberhalb eines schilfumwachsenen Teichs. Als Teil des Schulbiologiezentrums Hannover produziert der Botanische Schulgarten Linden Material für Schulen. Schüler der umliegenden Schulen kommen, um ihre Beete für jeweils ein Jahr zu bestellen. Kräuter- und Gemüsegarten, Schnittblumen, der Gehölzbestand, Mooranlage und fleichschfressende Pflanzen sind weitere Gründe für Lehrer, Schüler und andere Besucher, den ehemaligen Steinbruch zu besuchen. Die für Hannover ungewohnte Hanglage mit den alten Bäumen macht den besonderen Reiz des Gartens aus.
Öffnungszeiten: ganzjährig geöffnet Mo bis Fr, 7–16 Uhr

Ndsa 129
Eigentümer/in: Schulamt der Landeshauptstadt Hannover, Schulbiologiezentrum Hannover, Vinnhorster Weg 2, 30419 Hannover, Tel. 0511/16844077, Fax 0511/16847352
Größe: 2 ha
Anmeldung für Gruppen erbeten
Eintritt: frei
Führungen: nach Voranmeldung, bis zu 40 DM/Gruppe
9 Bernhard-Caspar-Straße

Von-Alten-Garten
Posthornstraße, Hannover
Die Familie von Platen legte um 1700 unterhalb des Lindener Bergs einen Privatpark im barocken Stil mit zentral gelegenem Schloß an, der an Ausstattung und Schönheit seinerzeit mit den Königlichen Gärten in Herrenhausen verglichen wurde. Ende des 18. Jahrhunderts wurde der Park in einen Landschaftsgarten umgewandelt und Anfang des 19. Jahrhunderts an die Familie von Alten verkauft. Wesentliche Teile des Gutes wurden nach 1945 wegen der Zerstörung des Schlosses und der Gutshäuser als öffentliche Park-

Ndsa 130
Größe: 7 ha
frei zugänglich
Neuer Garten im Sommer 8–21 Uhr, im Winter 8–16.30 Uhr
Führungen: nach Voranmeldung, Tel. 0511/16849015, Informationsblatt zu Führungen durch Parks und Gärten in Hannover ist gegen

frankierten, adressierten Rückumschlag beim Grünflächenamt der Stadt Hannover, Langensalzastr. 17, 30169 Hannover, erhältl., 70 DM/Gruppe
U 9 Lindener Marktplatz
132 Martinskirche
nur im alten Teil erlaubt

anlage mit Spielplätzen und großen Rasenflächen der Öffentlichkeit zugänglich gemacht. Ein bis 1998 in Privatbesitz befindlicher Parkteil konnte im Rahmen des Projekts „Stadt als Garten" zu einem Schmuckstück mit historischen Elementen gestaltet werden. Besondere Attraktion ist die erhaltene und restaurierte Terrassenanlage des Schlosses und alter Baumbestand, der zum Teil noch aus der Blütezeit des Gutes stammt. Im gesamten öffentlichen Park verteilt lassen sich noch Spuren aus der Vergangenheit entdecken.
Eigentümer/in: Landeshauptstadt Hannover, Grünflächenamt, Langensalzastraße 17, 30169 Hannover, Tel. 0511/16843801, Fax 0511/16842914, E-Mail 67@hannover-stadt.de, Internet www.hannover.de

Ndsa 131
Größe: 50 m²
Anmeldung für Gruppen erbeten
Öffnungszeiten: ganzjährig geöffnet
Mo bis Sa, 9–18.30 Uhr, So 10–13 Uhr
Eintritt: frei
9 Lindener Markt
120, 132 Lindener Markt
P

Lindener Töpfergarten im Hof

Stephanusstraße 2, Hannover-Linden

Der Innenhofgarten mit kreisförmigem Platz in der Mitte ist gepflastert. Als Ausweg aus der kleinen Grundfläche wurden hauptsächlich Stauden und Kletterpflanzen verwendet. Der Garten ist Bindeglied zwischen Wohn- und Arbeitswelt.
Eigentümer/in: Töpferei Oppermann, Stephanusstraße 2, 30449 Hannover, Tel. 0511/445856, Fax 0511/445654, E-Mail Mistercera@t-online.de
Veranstaltungen: Ausstellung traditionelle kretische Großkeramik, Demonstration alter Handwerkstechniken, Galerie, Kuchen, Tee und Kaffee nach Absprache

Ndsa 132
Größe: 900 m²
Anmeldung erbeten
Eintritt: frei
Führungen: nach Voranmeldung, kostenlos
Öffnungszeiten:
3, 7 Am Sauerwinkel
P

Privatgarten Schöning

Am Ginsterbusch 15, Hannover

Der in einer über 40 Jahre alten Kleinsiedlung gelegene Hausgarten ist ökologisch gestaltet, naturnah gepflegt und dient überwiegend der Selbstversorgung. Schwerpunkte des Gartens sind eine Regenwassernutzungsanlage, Fassadenbegrünung, Dachbegrünung, Steingarten, Tonteich, Gemüsebeete mit Buchsbaumeinfassung und ein besonderer Pavillon.
Eigentümer/in: Bärbel und Uwe Schöning, Ute Meierdiecks, Am Ginsterbusch 15, 30459 Hannover, Tel. 0511/2330043/2330308

Ndsa 133
Eigentümer/in: Landeshauptstadt Hannover, Grünflächenamt, Langensalzastraße 17, 30169 Hannover,

Maschpark

Am Maschpark, Hannover

Der Maschpark wurde um 1900 in direktem Zusammenhang mit dem Bau des Neuen Rathauses von Gartendirektor Julius Trip geplant und ausgeführt. Mittelpunkt des Parks ist ein mit vielen Einbuchtungen und Vorsprüngen versehener künstlicher Teich, der sich seitlich unter einer Bogenbrücke verengt und dann in ein zweites Becken übergeht. Die Wegeführung orientiert sich meist an den Teichufern, und von verschiedenen Standpunkten aus ergeben sich reizvolle Ausblicke auf eine wirkungsvolle Bepflanzung, die den Park in Szene setzt. Auf einem erhöhten Aussichtspunkt steht die Plastik Schottisches Kreuz von Henry Moore. Der Maschpark ist das Bindeglied zwischen der Innenstadt und der naturnahen Leineaue.

Tel. 0511/16843801,
Fax 0511/16842914,
E-Mail 67@hannover-stadt.de,
Internet www.hannover.de
Größe: 10 ha
frei zugänglich
Führungen: nach Voranmeldung,
Tel. 0511/16849015,
Informationsblatt zu Führungen durch Parks und Gärten in Hannover ist gegen frankierten, adressierten Rückumschlag beim Grünflächenamt der Stadt Hannover, Langensalzastr. 17, 30169 Hannover, erhältlich,
70 DM/Gruppe
U 1, 2, 4, 5, 6
Aegidientorplatz
120 Rathaus/Osterstraße
132 Bleichenstraße
P gebührenpflichtig

Foto: Bede

Maschsee

Rudolf-von-Bennigsen-Ufer, Hannover

Der Maschsee entstand Anfang der 30er Jahre im Rahmen einer Arbeitsbeschaffungsmaßnahme in der Leinemasch. An seinen Ufern liegen neben mehreren Bootsschulen auch Restaurants sowie am Südufer ein Strandbad. Das Ostufer ist als Promenade gestaltet, während sich das Westufer in geschwungener, landschaftlicher Form darstellt. Von dort führen Wege in die angrenzende, naturnahe Leineaue. Der Maschsee ist das beliebteste Naherholungsgebiet der Hannoveraner. In den Sommermonaten ist er auch Ort verschiedener Veranstaltungen, wie zum Beispiel dem Maschseefest im August. Im Herbst 1997 wurde eine rund 2000 Quadratmeter große Staudenpflanzung nach Plänen des niederländischen Landschaftsarchitekten Piet Oudolf im sogenannten Staudengrund an der Maschseequelle angelegt.
Eigentümer/in: Landeshauptstadt Hannover, Grünflächenamt, Langensalzastraße 17, 30169 Hannover, Tel. 0511/16843801, Fax 0511/16842914,
E-Mail 67@hannover-stadt.de, Internet www.hannover.de
Veranstaltungen: Maschseefest, August, Infos bei: Hannover Tourist Information, Ernst-August-Platz 2, 30159 Hannover Boote: Tel. 0511/16849710/11, Bootsfahrten (Abend-/Kaffeefahrten), täglich (wöchentlich)

Ndsa 134
Größe: 80 ha
frei zugänglich
Führungen: nach Voranmeldung,
Tel. 0511/16849015,
Informationsblatt zu Führungen durch Parks und Gärten in Hannover ist gegen frankierten, adressierten Rückumschlag beim Grünflächenamt der Stadt Hannover, Langensalzastr. 17, 30169 Hannover, erhältlich,
70 DM/Gruppe
U 1, 2, 4, 5, 6
Aegidientorplatz
132 Maschsee/Sprengelmuseum
P

Ndsa 135
Eigentümer/in:
Landeshauptstadt Hannover,
Grünflächenamt,
Langensalzastraße 17,
30169 Hannover,
Tel. 0511/16845441/2,
Fax 0511/16845670
Größe: 21,7 ha
frei zugänglich
Führungen: nach Voranmeldung
U1, 2, 18 Altenbekener Damm
121 Elkartallee
370 BBS Wirtschaft, Siemensstraße

Stadtfriedhof Engesohde

Alte Döhrener Straße 96, Hannover

Der Engesohder Friedhof an der Alten Döhrener Straße wurde 1861 bis 1864 nach Plänen des Stadtbaumeisters Ludwig Droste angelegt. Der Friedhof war zunächst etwa 4 Morgen groß. Der Flächengrundriß zeigt eine Gliederung durch das damals übliche einfache Wegeraster. Durch ein Achsenkreuz entstand eine zusammenhängende symmetrische Gesamtform. Nach 1890 wurde der Friedhof für Beisetzungen in Reihengräbern gesperrt. Damit begann die gärtnerische Ausgestaltung der Innenflächen der Abteilungen mit den heute noch sehr schönen Hecken, Anpflanzungen und Grabstätten.

Der Besucher betritt den Friedhof am Haupteingang durch die Arkaden, die in orientalisch-historisierender Form von Ludwig Droste geschaffen und 1880 von Otto Wilsdorff erweitert wurden. Sehenswert sind neben den Grabmalen auch die aus dieser Zeit stammenden eisernen Einfriedungen der Grabstätten, von denen nur noch wenige erhalten sind. Viele bekannte Persönlichkeiten Hannovers sind hier bestattet.

Ndsa 136
Eigentümer/in:
Landeshauptstadt Hannover,
Grünflächenamt,
Langensalzastraße 17,
30169 Hannover,
Tel. 0511/16843801,
Fax 0511/16842914,
E-Mail 67@hannover-stadt.de,
Internet www.hannover.de
Größe: 6 ha
Öffnungszeiten: ganzjährig geöffnet, im Sommer 8–21 Uhr, im Winter 8–16.30 Uhr,
Eintritt: frei
Führungen: nach Voranmeldung,
Tel.: 0511/16842656 oder 0511/16849015,
70 DM/Gruppe
11 Congress-Zentrum/ Stadtpark
Veranstaltungen: 2001: verschiedene Aktivitäten zum 50jährigen Jubiläum des Stadtparks,
Infos bei: Tel. 0511/16843801,
Teezeremonie, Anmeldung
Tel. 0511/301422

Stadtpark Hannover

Clausewitzstraße / Stadthalle, Hannover

Der Stadtpark, der zu den gepflegtesten und anspruchvollsten öffentlichen Gärten in Hannover zählt, entstand in enger räumlicher und zeitlicher Verbindung zu den Gebäuden des heutigen Congress-Zentrums. Er zeichnet sich aus durch einen Reichtum an aufeinander abgestimmten Gehölz-, Stauden- und Wechselbepflanzungen in Verbindung mit Wasseranlagen und einem Rosengarten, der zirka 140 Sorten umfaßt. Hier befindet sich auch das Rosencafé. Der Stadtpark wurde 1914 als eine streng axiale Ergänzung zur Stadthalle angelegt. 1933 fand hier die Jahresschau Deutscher Gartenkultur statt, 1951 die erste Bundesgartenschau. Beide Ausstellungen wurden von dem Gartenarchitekten Wilhelm Hübotter planerisch begleitet. Große Teile der Konzeption der BUGA 1951 sind unverändert erhalten geblieben, so daß sich der Stadtpark als einzigartiges Gartendenkmal der Nachkriegszeit darstellt. Eine besondere Attraktion des Stadtparks ist der 1996 eingeweihte und im Rahmen der Städtepartnerschaft zwischen Hannover und Hiroshima geschaffene Japanische Teegarten, in dem regelmäßig die japanische Teezeremonie gefeiert werden kann. Höhepunkte der Vegetationsperiode sind die Blüten der Rhododendren im Mai, die der Rosen im Juni und Juli und die Prachtstauden von August bis September.

Hermann-Löns-Park

Hermann-Löns-Park, Hannover

Der Hermann-Löns-Park wurde zwischen 1936 und 1939 als verbindendes Glied zwischen Eilenriede und dem Tiergarten gebaut. Dem Park liegt eine außergewöhnliche Gestaltungsidee zugrunde. Einerseits ist er mit Sportanlage, Freibad, Kleingartenanlage, Teich, Spielplätzen und Liegewiesen ein typischer Volkspark. Andererseits stellt er idealisiert ein Stück niedersächsische Landschaft dar. Der Park zeigt die Pflanzen überwiegend an ihrem natürlichen Standort und vermittelt den Eindruck perfekter Natur. Das Anpflanzen von Nadelgehölzen, die in der nordwestdeutschen Niederungslandschaft nicht heimisch sind, wurde grundsätzlich vermieden. In seiner besonderen Eigenart ist der Hermann-Löns-Park ein Gartenkunstwerk und eines der bedeutendsten Gartendenkmale der Stadt Hannover. Durch eine differenzierte Parkpflege siedelten sich in den letzten Jahren seltene Pflanzen, darunter auch Orchideen an.
Eigentümer/in: Landeshauptstadt Hannover,
Grünflächenamt, Langensalzastraße 17, 30169 Hannover,
Tel. 0511/16843801, Fax 0511/16842914,
E-Mail 67@hannover-stadt.de, Internet www.hannover.de

Ndsa 137
Größe: 100 ha
frei zugänglich
Führungen:
nach Voranmeldung,
Tel. 0511/16849015,
Informationsblatt zu Führungen durch Parks und Gärten in Hannover ist gegen frankierten, adressierten Rückumschlag beim Grünflächenamt der Stadt Hannover, Langensalzastr. 17, 30169 Hannover, erhältlich,
70 DM/Gruppe,
5 Bleekstraße
124, 123 Bleekstraße

Privatgarten Rohde

Müdener Weg 61, Hannover

Der Garten um ein Reihenendhaus ist zweiteilig mit schmaler Verbindung und von fünf Nachbargärten umgeben. Bäume, Obststräucher, Stauden und Zweijährige wachsen in möglichst widerstandsfähigen, standortgemäßen Gemeinschaften, die ganzjährig Erlebnisse bieten.
Eigentümer/in: Barbara und Peter Rohde,
Müdener Weg 61, 30625 Hannover, Tel. 0511/575828
Öffnungszeiten: März/April und Sept./Okt.
Anmeldung erbeten

Ndsa 138 NEU
Größe: 400 m²
Eintritt: frei
Führungen: nach Voranmeldung
nur telefonisch, 8–13 Uhr, 18–21 Uhr
DB Hannover, Karl-Wiechert-Allee
4 Roderbruch
124, 127 An der Breiten Wiese

Wohngarten am Reihenbungalow

Wilseder Weg 33, Hannover

Naturnaher Wohngarten am Endhaus einer Reihenbungalowsiedlung. Der reine Wohngarten ist als Erweiterung des Innenraumbereichs angelegt, mit vielfältigen Sitz- und Sichtmöglichkeiten. Kernstück ist die überdachte Terrasse mit einem Wildteich und einer Wildwiese. Seitlich ist ein streng gehaltener Blumen- und Kräutergarten angelegt.
Eigentümer/in: Marianne und Dietrich Lüderwaldt,
Wilseder Weg 33, 30625 Hannover

Ndsa 139 NEU
Größe: 570 m²
Anmeldung erbeten
Eintritt: frei
Führungen: nach Voranmeldung
124, 127 An der Breiten Wiese

Privatgarten von Falkenhausen

Hirschanger 44, Hannover

Zusammen mit dem Nachbargarten ergeben die ineinander übergehenden Grundstücke eine ansprechende Anlage, die

Ndsa 140
Größe: 250 m²
Anmeldung erbeten
Öffnungszeiten: April bis

Mitte Juni
Eintritt: frei
5 Kirchrode Endhaltestelle

überwiegend mit Stauden bepflanzt ist. Von März bis Ende April blüht eine Fülle unterschiedlicher Zwiebelpflanzen.
Eigentümer/in: Elisabeth von Falkenhausen, Hirschanger 44, 30559 Hannover, Tel. 0511/520147

Ndsa 141
Größe: 600 m²
Anmeldung erbeten
Öffnungszeiten: Mitte Juni, nach telef. Vereinbarung
Eintritt: frei
5 Endpunkt Tiergarten
P ♿

Privatgarten Thomsen

Hirschanger 46, Hannover

Zwei Häuser, ein Garten: Zwei nebeneinanderliegende Reihenhausgärten wurden gestalterisch miteinander verbunden. Die vielfältige Staudenverwendung in den Lebensbereichen Sonne, Schatten und Wasser charakterisieren die Anlage.
Eigentümer/in: Familie Thomsen, Hirschanger 46, 30559 Hannover, Tel. 0511/512565

Ndsa 142
Eigentümer/in:
Tierärztliche Hochschule,
Bünteweg 17 d,
30559 Hannover,
Tel. 0511/9538881,
Fax 0511/9538584,
E-Mail Dieter.Schulz@tiho-hannover.de
Größe: 4 ha
frei zugänglich
Anmeldung für Gruppen erbeten
Führungen: nach Voranmeldung, für Gruppen bis 20 Personen, kostenlos,
131, 370, 371 Westfalenhof
P ♿ i

Westfalenhof

Bünteweg 17 d, Hannover

Foto: Schulz

Um 1920 legte der Direktor der Lothringen AG Geres in einem feuchten Gelände den Park mit vielen verschiedenen Baum- und Straucharten an. Er ließ die stattliche, heute als Botanisches Institut genutzte Villa mit den beiden Torhäusern bauen und nannte sie in Erinnerung an seine westfälische Heimat Westfalenhof. Der Teich wurde vergrößert, eine kleine Insel eingerichtet und in der Nordostecke des Gewässers ein Teehäuschen angelegt. Ende der 40er Jahre erwarb das Land Niedersachsen das Anwesen und stellte es 1953 der Tierärztlichen Hochschule zur Verfügung. Seit dieser Zeit wird der Gehölzbestand durch Zupflanzungen ständig erweitert, um die Anlage für Lehr- und Demonstrationszwecke zu nutzen. Der Name Westfalenhof gilt heute für das gesamte Gelände, das ebenso wie die Gebäude unter Denkmalschutz steht. Mit seinen aus fünf Kontinenten stammenden 227 Baum- und Straucharten stellt er nach dem Berggarten die umfangreichste Gehölzsammlung in Hannover dar. Die Attraktivität dieses Gartens ist bedingt durch das Nebeneinander von einheimischen und ausländischen Arten und von sehr alten und jungen Exemplaren. Der Garten wird durch drei Rundwege gegliedert, alle Gehölzarten sind mit Schrifttafeln versehen.

Hausgarten Hübotter

Tessenowweg 9-11, Hannover-Kirchrode

Der Garten beinhaltet neben Frühjahrsblühern auch Stauden und Wildsträucher in ihren verschiedenen Lebensräumen.

Eigentümer/in: Ruth und Peter Hübotter, Tessenowweg 9 bis 11, 30559 Hannover-Kirchrode, Tel. 0511/514548

Ndsa 143
Größe: 0,1 ha
max. 25 Pers.
Anmeldung erbeten
Öffnungszeiten: März bis Juli
Eintritt: frei, Spende für Plan international
5 Großer Hillen

Stadtfriedhof Seelhorst

Garkenburgstraße 43, Hannover

Anstelle zweier kleiner alter Friedhöfe entstand um 1920 an der Seelhorst eine strenge, formale Friedhofsanlage durch Gartendirektor Hermann Kube.

Das Rückgrat der Anlage bildet ein Achsenkreuz, in dessen Schnittpunkt die dominierende Kapelle und das Krema-

Ndsa 144
Eigentümer/in:
Landeshauptstadt Hannover, Grünflächenamt, Langensalzastraße 17, 30169 Hannover, Tel. 0511/16845441/2, Fax 0511/16845670

Größe: 63 ha
Öffnungszeiten:
ganzjährig geöffnet,
im Sommer 8–20 Uhr,
im Winter 9–17 Uhr
Eintritt: frei
Führungen: nach Voranmeldung
U8, 18 Garkenburgstraße
123 Garkenburgstraße

torium liegen. Auf beiden Seiten der Achsen reihen sich symmetrisch die Grababteilungen für Erd- und Urnengräber, die bis ins Detail durchgearbeitet waren. Hinter dem Krematorium nimmt ein vertieft liegendes Wasserbecken, flankiert von streng linear gestalteten Urnenabteilungen, die Funktion der Mittelachse wieder auf. Den Abschluß der Achse bildet ein erhöhtes, von Bäumen umrahmtes Halbrund.
Hecken und Alleen übernehmen wichtige Gliederungsfunktionen und die optische Führung der Hauptwege. Neben einer Gedenkstätte für die hannoverschen Bomben- und KZ-Opfer ist auch eine Gedenkstätte für niederländische Kriegsopfer eingefügt.

Ndsa 145
Größe: 0,8 ha
Anmeldung für Gruppen erbeten
Öffnungszeiten: April bis Okt. Mo–Fr 10–18 Uhr, Sa 10–16 Uhr
Eintritt: frei
Führungen: nach Voranmeldung
Attraktionen: Fontäne/ Wasserspiel jeden Samstag
DB Hemmingen
Hemmingen, Deveser Straße
→ Direkt an der B 3, Ecke Deveser Straße, Privateinfahrt durchfahren

Historische Rosengärten

Göttinger Landstraße 75, Hemmingen

Von rosigen Träumen und Zeiten erzählt der neu entstandene Rosenhof Hemmingen. Von einer Natursteinmauer und einer Rosenhecke umschlossen blühen Alte und Historische Rosen, Provencerosen und Duft- und Strauchrosen sowie Aromastauden und -gehölze. Ferner gibt es einen Laubengang mit 60 Rank- und Kletterrosen, den weißen Schattengarten, einen Senkgarten nach Karl Foerster, einen Bauerngarten und einen Wintergarten mit altem Mauerwerk und Spiegelillusion.
Eigentümer/in: Sabine Heiner-Lindenblatt, Göttinger Landstraße 75, 30966 Hemmingen, Tel. 0511/412648/871026, Fax 0511/23375/868879
Veranstaltungen: Rosenführungen, April – Juli: jeden ersten Samstag im Monat,
Vorträge, April – Juli: jeden ersten Samstag im Monat

Ndsa 146 NEU
Größe: 400 m²
Anmeldung für Gruppen erbeten
Öffnungszeiten: Juni (s. Öffnung Offene Pforte Hannover)
Eintritt: frei
DB Hannover
1 Röntgenstraße

Privatgarten Meyer

Bachstraße 41, Sarstedt

Der Schwerpunkt des Gartens mit viktorianischem Pavillon, Bachlauf und Teichen liegt auf Historischen und Englischen Rosen. Die Beete sind mit Buchsbaum eingefaßt. An der Terrasse ist ein Gewächshaus in mediterranem Stil errichtet.
Eigentümer/in: Elke Meyer, Bachstraße 41, 31157 Sarstedt, Tel. 05066/64440, Fax 05066/64440

Ndsa 147 NEU
Größe: 7 ha
Öffnungszeiten: ganzjährig geöffnet, 8 Uhr bis Einbruch der Dunkelheit
Eintritt: frei

Regionaler Grünzug / Park der Sinne

Hauptstraße, Karlsruher Straße, Laatzen

Als Herzstück des EXPO-Projektes „Regionaler Landschaftsraum am Kronsber?“ wurde der vom hannoverschen Garten- und Landschaftsarchitekten Hans-Joachim Adam geplante Park im Jahr 2000 eröffnet. Die vier Elemente

Feuer, Wasser, Luft, und Erde können an verschiedenen Erlebnisstationen die Sinne Sehen, Hören, Fühlen, Schmekken und Riechen geschärft werden. Ein hoher, mit Wildrosen und anderen Wildgehölzen dicht bepflanzter Wall schirmt den Park vom Verkehrslärm ab, die eingeschlossene Fläche ist einem Talkessel nachempfunden. Auf einem Spaziergang durch den Park können zahlreiche Erlebnisstationen entdeckt werden: Treffpunkt am Wasser, Garten der Düfte, Trockental, Hecken-Labyrinth, Info-Station, Echo-Garten, Ort der Idylle, Steiniger Weg, Civitan-Hain, Ort der Begegnung, Spielwald, Quelle, Tal der Schmetterlinge, Schlucht und Spiel der Farben.
Eigentümer/in: Stadt Laatzen, Marktplatz 13, 30880 Laatzen, Tel. 0511/82050, Fax 0511/8205373/8209775, E-Mail wucherpfennig@laatzen.de, Internet www.laatzen.de

Führungen: nach Voranmeldung, für Gruppen bis 35 Personen, 150 DM/Gruppe, 85 DM/ermäßigungsberechtigte Gruppe
DB Laatzen-Messe, Eingang Karlsruher Straße
1 Senefelderstraße
P ♿ i

Privatgarten Overfeld

Siekfeldstraße 17, Lehrte, OT Aligse

Der Garten bietet Mensch wie Tier Lebensraum mit unterschiedlichen Sitzplätzen, Trockenmauern, Teich und Bachlauf. Außerdem gibt es einen vielseitigen Obst- und Gemüsegarten.
Eigentümer/in: Waltraud Overfeld, Siekfeldstraße 17, 31275 Lehrte, OT Aligse, Tel. 05132/3461
Attraktionen: Windlichtkeramiken

Ndsa 148
Größe: 765 m²
Öffnungszeiten: s. Offene Pforte Hannover und nach Vereinbarung
Eintritt: frei
DB Lehrte
P 🐕 ♿ i
Pflanzen werden verschenkt

Privatgarten Gemba

Waterkamp 24, Edemissen

Der Naturgarten ist umgeben von Wildsträucherhecken in 50 verschiedenen Arten, davon 10 verschiedene Wildrosen. Trockenmauern, Trockenbeete, Sumpfgraben und Teich, Fassaden- und Dachbegrünung, jeweils mit entsprechender Wildstaudenflora, kleiner Wildblumenwiese, Wege und Sitzplätze verteilen sich rund um das Niedrigenergie-Haus.
Eigentümer/in: Rosemarie und Wolfgang Gemba, Waterkamp 24, 31234 Edemissen, Tel. 05176/90038, Fax 05176/90038, E-Mail rosemarie.gemba@t-online.de

Ndsa 149 NEU
Größe: 0,1 ha
Anmeldung erbeten
Öffnungszeiten: Mai bis September
Eintritt: frei
Führungen: nach Voranmeldung, für Gruppen bis 10 Personen, 50 DM/Gruppe
DB Peine
6 Edemissen
P

Villengarten im Unternehmenspark II

Woltorfer Straße, Peine

Eingebettet in den Unternehmenspark II, der in den frühen 90er Jahren des letzten Jahrhunderts entstand, liegt der 1926 angelegte Garten der Gäbler-Villa, eine geometrische Anlage mit Parterre und Natursteinmauer. Der verwilderte Garten wurde zwischen 1992 und 1993 nach Plänen von Ruprecht Dröge, Hannover, unter Berücksichtigung der alten Grundsätze wiederhergestellt. Die auf das Villengebäude ausgerichtete Wegeachse mit Rankbogen durch-

Ndsa 150
Eigentümer/in: Stadt Peine, Tiefbauamt, Kantstraße 5, 31207 Peine, Tel. 05171/49429, Fax 05171/49390
Größe: 0,4 ha
frei zugänglich
DB Peine
→ Im Stadtzentrum
P ♿

schneidet den mit Buchsbeeten und Staudenunterpflanzungen versehenen Rosengarten und ein vertieftes Pflasterparterre, das von Staudenpflanzungen eingefaßt ist. Die vorhandenen Altbäume konnten behutsam in die Gestaltung integriert werden.

Ndsa 151
Eigentümer/in: Stadt Peine, Tiefbauamt, Kantstraße 5, 31207 Peine, Tel. 05171/49429, Fax 05171/49390
Größe: 0,5 ha
frei zugänglich
P gebührenpflichtig

Rosengarten am Stadtpark

Am Rosengarten, Peine

Der östlich an den Peiner Stadtpark angrenzende Grünzug wurde Mitte der 60er Jahre angelegt. In seinem Mittelteil befindet sich ein Rosengarten, der an seiner Nordkante mit einer Pergola begrenzt ist. Dieser Grünzug wird täglich von mehreren hundert Schülern der umliegenden Schulen genutzt. Wegen einer sehr hohen Zerstörungsbelastung wurde 1988 der gesamte Bereich erneuert und mit gärtnerisch aufwendigen Rabatten versehen. Der Rosengarten selbst wurde mit neuen Rosensorten, Gräsern und niedrigen Koniferen aufgewertet.

Ndsa 152
Größe: 0,1 ha
Anmeldung erbeten
Öffnungszeiten: ganzjährig geöffnet
Eintritt: frei
Führungen: nach Voranmeldung
DB Peine
Bus Peine-Rosenthal
P

Privatgarten Heimberg

Im Boege 14, Peine-Rosenthal

Abwechslungsreicher naturnaher Garten mit mehreren Sitzplätzen ums Haus. Er umfaßt unter anderem zahlreiche Gehölze, Stauden, Buchs und Bambus.
Eigentümer/in: Edeltraud und Horst Heimberg, Im Boege 14, 31226 Peine-Rosenthal, Tel. 05171/53690, Fax 05171/54806

Ndsa 153
Eigentümer/in: G. und H.Thiem, Breslauer Ring 10, 38542 Leiferde, Tel. 05373/1587
Größe: 0,1 ha
Anmeldung erbeten
Öffnungszeiten: nach Vereinbarung
Eintritt: frei
Führungen: nach Voranmeldung, kostenlos
DB Leiferde
→ Bei Anmeldung
P

Privatgarten Thiem

Breslauer Ring 10, Leiferde bei Gifhorn

Foto: Thiem

Dieser romantische Waldgarten gliedert sich in verschiedene Gartenräume. Er zeichnet sich durch seine große

Pflanzenvielfalt aus: Vor allem seine Schattenstauden und seine alpinen Stauden sind sehenswert.

Privatgarten Mudra-Bebnowski

Zu den Höfen 9, Calberlah, OT Edesbüttel

Der Privatgarten auf dem Lande am Ortsrand eines Dorfes gliedert sich in unterschiedliche Gartenbereiche: Terrassen, Wasserfläche, Stauden- und Gehölzpflanzungen, Obstwiese, Rasen-, Wege- und Hofflächen.

Eigentümer/in: Familie Mudra-Bebnowski, Zu den Höfen 9, 38547 Edesbüttel, Tel. 05374/4200, Fax 05374/6500

Ndsa 154
Größe: 0,1 ha
Anmeldung für Gruppen erbeten
Öffnungszeiten: ganzjährig geöffnet
Eintritt: frei
DB Calberlah
P

Privatgarten Bunge

Am Walde 6, Vordorf-Eickhorst

Foto: Bunge

Der Staudengarten zeichnet sich durch eine Vielzahl Historischer und Alter Rosen aus. Wunderschöne Staudenrabatten in Hanglage, Teich, Bachlauf und verschiedene gemütliche Sitzplätze geben dem Garten einen romantischen Charakter. Der Garten befindet sich nahe dem Waldrand.

Ndsa 155
Eigentümer/in: Frauke und Karl-Heinz Bunge, Am Walde 6, 38533 Vordorf-Eickhorst, Tel. 05304/4770
Größe: 0,1 ha
Anmeldung erbeten
Öffnungszeiten: Mai bis Sept.
Eintritt: frei
Führungen: nach Voranmeldung, kostenlos
Attraktionen: Rosenblüte
P

Hausgarten Lange und Parkanlage

Denstorfer Straße 3, Vechelde-Wedtlenstedt

Der Hausgarten und die Parkanlage mit Teichen liegen direkt nebeneinander. Rosen aller Klassen, Gehölze und Stauden – farblich aufeinander abgestimmt – bestimmen die Bepflanzung.

Eigentümer/in: Sabine Lange, Denstorfer Straße 3, 38159 Vechelde-Wedtlenstedt, Tel. 05302/1713

→ Von der B 1 Braunschweig–Hildesheim in Denstorf in die Denstorfer Straße. Kurz vor der Einmündung in den Stadtweg rechts zur Schule, auf der linken Seite

Ndsa 156
Größe: 0,6 ha
Anmeldung erbeten
Öffnungszeiten: Mai bis Okt. nur nachmittags
Eintritt: frei
Führungen: nach Voranmeldung, kostenlos
DB Braunschweig
Bus 25, von Braunschweig

Ndsa 157
Größe: 0,5 ha
Anmeldung erbeten
Öffnungszeiten:
ganzjährig geöffnet
Eintritt: frei
25, von Braunschweig
Wedtlenstedt, Schleusenstraße

Privatgarten Vemmer
Hornkampsweg 3, Vechelde-Wedtlenstedt
Der Garten umfaßt Kleinstrauchrosen auf Bodendeckern, vor allem Thymian, Bodendeckerstauden, Kletterrosen und einige Ziersträucher.
Eigentümer/in: Eilike und Herward Vemmer, Hornkampsweg 3, 38159 Vechelde-Wedtlenstedt, Tel. 05302/4134

Ndsa 158
Eigentümer/in: Stadt Wolfsburg, Grünflächenamt, Dieselstraße 17, 38446 Wolfsburg, Tel. 05361/282812, Fax 05361/281807
Größe: 3,7 ha
frei zugänglich
3 Gröpertor
4 Altes Brauhaus
gebührenpflichtig

Schloßpark Fallersleben
Hofekamp / Hinterm Hagen, Wolfsburg
Der Schloßpark bildet innerhalb von Fallersleben, das heute als Stadtteil zur Stadt Wolfsburg gehört, den zentralen Freiraumbereich. Zusammen mit den angrenzenden historischen Bauten wie Schloß, Kirche, Hoffmannhaus oder Brauscheune prägt er ganz entscheidend das Bild der Altstadt. Das Schloß Fallersleben wurde erstmals 1337 erwähnt. Der Park, über dessen historische Entwicklung nur wenig bekannt ist, entstand aus einer Vielzahl von Gärten und ehemaligen Hofanlagen.

Ndsa 159
Eigentümer/in: Stadt Wolfsburg, Grünflächenamt, Dieselstraße 17, 38446 Wolfsburg, Tel. 05361/282812, Fax 05361/281807
Größe: 6,5 ha, frei zugänglich
1 Alt-Wolfsburg

Schloßpark Alt-Wolfsburg
Schloßstraße, Wolfsburg
Der Schloßpark wurde Anfang des 19. Jahrhunderts als Landschaftspark durch die damaligen Eigentümer, die Grafen von der Schulenburg, angelegt. Dieser Park ist eng mit dem Schloß Wolfsburg verknüpft und damit Bestandteil einer historischen Gesamtanlage. Von besonderer Bedeutung ist der alte Baumbestand und die gut erlebbare Raumstruktur des Parks.

Ndsa 160
Eigentümer/in: Stadt Wolfsburg, Grünflächenamt, Dieselstraße 17, 38446 Wolfsburg, Tel. 05361/282812, Fax 05361/281807
Größe: 1,7 ha,
frei zugänglich
1 Alt-Wolfsburg

Barockgarten Alt-Wolfsburg
Schloßstraße, Wolfsburg
Der Barockgarten wird erstmals Anfang des 18. Jh. als Lustgarten oder Neuer Park erwähnt. Wie der Schloßpark Alt-Wolfsburg ist auch der Barockgarten eng mit dem Ausbau des Schlosses Alt-Wolfsburg verbunden. Mit dem Parterrebereich, den Heckenbosketts und dem Parkwaldgürtel, die mehrfach saniert und umgestaltet wurden, dient der Barockgarten der Erholung sowie bei festlichen Gelegenheiten zur Repräsentation und als Kulisse für Veranstaltungen.

Ndsa 161
Größe: 17 ha
frei zugänglich
Eintritt: 5,80 DM nur April bis Okt., Halbtagskarte: 3,50 DM

Kurpark Bad Pyrmont
Bad Pyrmont
Die seltene Verbindung von intaktem barocken Alleensystem mit einem Landschaftsgarten gibt dem Park eine herausragende gestalterische Qualität und ist Zeugnis der

Entwicklung Bad Pyrmonts zur Kurstadt. Die Anlage geht auf Graf Georg Friedrich von Waldeck-Pyrmont zurück, der 1668 die Hauptallee anlegen ließ. Bis 1772 wurde das Pyrmonter Alleensystem vervollständigt und ist bis heute Gliederungselement der Stadt und der Kuranlagen. Ein Teil der Alleen konnte in den letzten Jahren ersetzt werden. Von 1903 bis 1907 erweiterte der Stadtgartendirektor Julius Trip den Kurpark nach Westen. Hofgartendirektor Werner Dirks vervollständigte den Kurpark und schuf durch Umwandlung der französischen Anlage den Palmengarten, den bekanntesten Parkteil. Die nördliche Erweiterung des Kurparks bis an den Waldrand des Bombergs, den Bergkurpark, ließ Werner Dirks in den 30er Jahren anlegen.
Die historische Entwicklung der Anlagen sind heute noch gut nachlesbar. Die letzte wesentliche Maßnahme war 1995 bis 1998 die Neupflanzung der Klosterallee in einer Länge von 1,2 Kilometer mit Kaiserlinden. Das ortsprägende Erscheinungsbild der barocken Alleen wird damit auch für künftige Generationen erhalten.
Eigentümer/in: Niedersächsisches Staatsbad Pyrmont, Kurverwaltung, Heiligenangerstraße 6,
31812 Bad Pyrmont, Tel. 05281/151515, Fax 05281/151910
Attraktionen: Wasserspiele Sommerhalbjahr

ermäßigt 3 DM, für Schwerbehinderte
Gruppen ab 10 Personen 2,80 DM/Person
Führungen: nach Voranmeldung,
Tel.: 05281/151801 kostenlos,
DB Bad Pyrmont
Bus diverse Kaiserplatz
diverse Untere Hauptallee
P ✕ ☕ ♿ ℹ
Veranstaltungen: Goldener Sonntag Parkillumination, Feuerwerk, Musikdarbietungen
erster Sonntag im Sept., Infos bei: Informationszentrum, Tel. 05281/940511, Fax 05281/940555,
Pyrmonter Sommer
Kulturelle Veranstaltungen Juli bis Aug. Kurmusik, Konzerte des Kurorchesters tägl. außer Do Expo-Projekt Aqua Bad Pyrmont
✿ Floristik, Palmen

Ohrbergpark

Rittergut Ohr, Emmerthal

Der Park auf dem Ohrberg liegt nur wenige Kilometer südlich von Hameln, wurde 1817 bis 1840 durch Georg Adolph von Hake angelegt und von den nachfolgenden Generationen behutsam weiterentwickelt und gepflegt. Die Anlage ist ein wichtiges Zeugnis für Landschaftsgärten in Niedersachsen und bildet zusammen mit den Gutswiesen und dem Rittergut Ohr ein unter Denkmalschutz stehendes Ensemble. Seit 1997 erfolgen auf Grundlage eines Parkpflegekonzepts umfangreiche Rodungsarbeiten zur Wiederherstellung von Sichtachsen, erweiterten Parkwiesen und Ausblicken ins Wesertal.

Ndsa 162
Eigentümer/in:
Dietrich Freiherr von Hake, Rittergut Ohr,
31860 Emmerthal,
Tel. 05151/64563,
Fax 05151/63786
Größe: 15 ha,
frei zugänglich
Attraktionen: Blüte von Rhododendren- und Azaleenbüschen
→ 5 km südlich von Hameln an der B 83
P 🐕

Park des Ritterguts Hastenbeck

Von-Reden-Weg 15, Hameln-Hastenbeck

Der Park des Ritterguts Hastenbeck liegt an einem neugotischen Schloß aus dem Jahr 1869. Er wurde nach den Freiheitskriegen von dem Königl.-Hannov. Major Ferdinand von Reden angelegt. Durch eine von Tilly zerstörte Wasserburg in der Mitte des Landschaftsparks gibt es Höhenunterschiede, Graften und Teichflächen. Neben einer 300- bis 400jährigen Esche gibt es eine Vielzahl schöner, alter und zum Teil außergewöhnlicher Bäume, wie eine Süntelbuche,

Ndsa 163 NEU
Eigentümer/in:
Frank-Garlich Hohlt,
Bückebergstraße 23,
31789 Hameln-Hastenbeck,
Tel. 05151/56617,
Fax 05151/56618
Größe: 5 ha
Öffnungszeiten:
ganzjährig geöffnet
Anmeldung erbeten

Eintritt: frei
→ bei Anmeldung
P 🐕

eine schlitzblättrige Platane und die blaue Form eines Riesenmammutbaumes.
Führungen: nach Voranmeldung

Ndsa 164
Größe: 200 m^2,
Anmeldung erbeten
Öffnungszeiten: März bis Nov.
Eintritt: frei
🚌 Wehrbergen
→ zwischen Hameln und dem Dorf Wehrbergen. Direkt an der B 83 (von Hameln Richtung Minden)
P 🐕
✿ spezielle Stauden und Gehölze

Der Junge Garten

Seeangerweg 1, Hameln

Mittelpunkt des Hausgartens ist ein kleiner Gartenteich mit Wasserlauf, die beide mit Stauden und Gehölzen umpflanzt sind, wobei insbesondere Blattschmuckstauden von Bedeutung sind. In einem Topfgarten stehen viele Stauden, Gehölze und Sommerblumen in ausgesuchten Terrakotten.
Eigentümer/in: Gisela Großmann-Junge, Seeangerweg 1, 31787 Hameln, Tel. 05151/3470, Fax 05151/924345, E-Mail DJGarten@aol.com, Internet members.aol.com/DJGarten/index.htm

Ndsa 165 NEU
Größe: 2,5 ha
Anmeldung für Gruppen erbeten
ganzjährig geöffnet
DB Hameln, Holzminden
🚌 RBB Westerbrak
P 🐕

Privatgarten Von Grone

Westerbrak 10, Kirchbrak

Von dem zwischen 1667 bis 1678 angelegten Garten sind neben zwei Terrassen mit barockem Engelstor von 1733 noch Treppen, Bassin, Skulpturen und eine Lindenallee erhalten. Von dem alten Baumbestand sind eine Trauerbuche, große Magnolien und ein etwa 150jähriger Tulpenbaum besonders erwähnenswert.
Eigentümer/in: Nadia von Grone, Westerbrak 10, 37619 Kirchbrak, Tel. 05533/2623, Fax 05533/1085, E-Mail gronewesterbrak@t-online.de

Ndsa 166
Größe: 1,4 ha
Anmeldung erbeten
ganzjährig geöffnet
Eintritt: frei
Attraktionen: Frühjahrsgeophyten
→ Von Bodenwerder kommend, Richtung Kirchbrak, Eingang Westerbrak, über Lindenallee zum Gutshof
P 🐕

Gutspark Westerbrak

Westerbrak 10, Westerbrak

Die Gartenanlage entstand zwischen 1668 und 1678. Von der ursprünglichen terrassierten Anlage mit drei Ebenen sind, neben anderen barocken Strukturen, noch zwei Terrassen erhalten. Seine zweite Blütezeit folgte in den 20er Jahren des letzten Jahrhunderts mit der Anlage von Staudenrabatten nach dem Vorbild von Gertrud Jeckyll. Diese können zur Zeit nicht gepflegt werden und sind mit Rasen eingesät.
Eigentümer/in: Eckbrecht von Grone, Westerbrak 10, 37619 Westerbrak, Tel. 05533/2623

Ndsa 167
Größe: 2 ha
Anmeldung erbeten
Öffnungszeiten: Freitag im Sommer 14–17 Uhr und nach telef. Vereinbarung

Gutspark Hasperde

Hasperder Straße 4, Bad Münder-Hasperde

Schon im 18. Jahrhundert war der Gutspark architektonisch im französischen Stil gestaltet. Davon sind heute nur Reste erhalten. 1825 wurde die Anlage in einen Englischen Landschaftsgarten umgewandelt. Einige der damals ge-

pflanzten Bäume wie die Griechische Tanne (Abies cephalonica) und ein reizvolles Gartenhaus stammen noch aus dieser Zeit. Zwischen 1870 und 1890 erfuhr der Park eine weitere Umgestaltung und Bepflanzung, die wesentlich das heutige Aussehen bestimmen. Die Wegegestaltung und einige Solitärbäume gehen auf die Planung des Gartenarchitekten Otto Ebert aus Hannover zurück. Ein wichtiger Blickpunkt in der Hasperde umgebenden Landschaft ist das Mausoleum, 1882 als Begräbnisstätte für die Besitzer des Guts Hasperde erbaut.
Eigentümer/in: Graf und Gräfin Adelmann, Hasperder Straße 4, 31848 Bad Münder – Hasperde, Tel. 05151/52490, Fax 05151/53719, E-Mail adelmann.hasperde@t-online.de

Eintritt: frei, Spende zur Erhaltung erbeten
Führungen: nach Voranmeldung, kostenlos
DB Bad Münder
15, 16 Hasperde, Ort
→ in Hasperde abseits der B 217
♿

Kur- und Landschaftspark Bad Münder

Am Kurpark, Bad Münder

Dem klaren Entwurf der renommierten Zürcher Landschaftsarchitekten Kienast, Vogt und Partner folgend, wurde der um das Vierfache seiner bisherigen Größe erweiterte Kur- und Landschaftspark nach mehrjähriger Bauzeit im Juni 1998 eingeweiht. Ziel war es, aus Bestehendem und Neuem ein ausgewogenes Ganzes zu gestalten und dabei Natur und Kultur in bewußten Kontrast zu setzen.
Der alte Kurpark mit seinem eindrücklichen Baumbestand Kugeleiben und Wechselflorbepflanzung bildet durch seine Lage an Kurmuschel, Konzertsaal und Kurmittelhaus das stimmungsvolle kulturelle Herz der Anlage. Der neue Parkteil, geprägt durch seine Lage am Hang, bietet zum einen aktive Freizeiträume wie Bahnengolf und Freiluftschach, zum anderen Orte, die einfach zum ruhigen Sein anregen. Am neuen Kurparksee ragen lange schmale Steininseln wie Tierrücken aus dem Wasser. Die ökologischen Ausgleichsflächen oberhalb des als kleiner See ausgebildeten Regenrückhaltebeckens stehen in selbstverständlichem Kontrast zu den übrigen gepflegten Anlagen.

Ndsa 168
Eigentümer/in: Stadt Bad Münder am Deister, Postfach 1140, 31841 Bad Münder, Tel. 05042/9430, Fax 05042/943150, E-Mail info@bad-muender.de, Internet www.bad-muender.de
Größe: 14 ha
frei zugänglich
Führungen: nach Voranmeldung
DB Bad Münder am Deister
P ☕ 🐕 ♿ ℹ
Veranstaltungen: Kurkonzerte, Mai bis September, So 10.45–15.45 Uhr
Infos bei Bad Münder, Tourist-Information, Tel. 05042/929804

Privatgarten Tangermann

Rauhe Wiese 17, Nordstemmen

Ein Hausgarten im Wandel der Zeit: 37 Jahre lebt dieser Garten und hat trotz einiger baulicher Veränderungen am Haus seine klaren Formen und Linien beibehalten. Durch das Wachstum der Gehölze haben die zurückhaltenden Schattenstauden die vielen, farbenprächtigen Sonnenstauden mit den Jahren verdrängt. Im Frühjahr übersäen Schneeglöckchen, Krokus, Primula vulgaris, Veilchen und Günsel den Rasen mit ihren Blüten.
Eigentümer/in: Erika und Willi Tangermann, Rauhe Wiese 17, 31171 Nordstemmen, Tel. 05069/3683, Fax 05069/3030

Ndsa 169
Größe: 300 m²
Anmeldung erbeten
Öffnungszeiten: März bis Okt.
Eintritt: frei
DB Nordstemmen
→ Heyersumer Straße, hinter Gewächshäusern links
P
✿ Stauden, heimische Wildpflanzen

Ndsa 170
Eigentümer/in: Stadt Hildesheim, Marktstraße 13, 31134 Hildesheim, Tel. 05121/301282, Fax 05121/301308
Größe: 19 ha
frei zugänglich
✕ 🐕 ♿

Wallanlagen und Ernst-Ehrlicher-Park

Hildesheim

Wie in vielen anderen Städten wurden auch in Hildesheim die mittelalterlichen Stadtmauern im 19. Jahrhundert geschleift und überbaut. Ein großer Teil der Wallanlagen und Gräben blieben jedoch erhalten und wurden zu einer innerstädtischen Grünanlage umgestaltet, die den alten Stadtkern von drei Seiten umschließt. Da die bis zu 25 Meter hohen Wälle ihre ursprünglichen Ausmaße bewahrt haben, sind sie auch von großem historischem Wert.
Unmittelbar angrenzend liegt der Ernst-Ehrlicher-Park, der sich aus einem um 1885 angelegten Villengarten entwickelte und noch über viele Bäume aus seiner Gründungszeit verfügt.
Seit den 20er Jahren steht der Park der Öffentlichkeit zur Verfügung und ist durch eine naturnahe Pflege ein Rückzugsgebiet von gefährdeten Tier- und Pflanzenarten.

Ndsa 171
Größe: 0,3 ha
Anmeldung erbeten
Öffnungszeiten: nur an bestimmten Tagen, nach Vereinbarung
Eintritt: frei, Spenden zu Gunsten der Gartenbotanischen Vereinigung/Arktisch-Alpiner Garten Chemnitz
Führungen: nach Voranmeldung, für Gruppen bis 20 Personen
🚌 3, 4 Waldquelle
→ Bei Anmeldung
🅿 ✿

Garten am Lerchenberg

Bleckenstedter Straße 12, Hildesheim

Seit 1987 wurde der Garten in teils steiler, steiniger Hanglage angelegt und durch Terrassierung im Trockenmauerverfahren und durch freistehende Trockenmauern gegliedert. Durch Freilegung einer Fläche von zirka 800 Quadratmetern des anstehenden Muschelkalks gelang die Anlage eines Alpinums. Neben Sammelschwerpunkten wie alpine, ungewöhnliche Stauden und seltene Gehölze für kalkige Lagen gibt es weitere Pflanzungen von Gehölzen sowie Stauden für schattige Bereiche.
Eigentümer/in: Karl-Heinz Neuwirth, Bleckenstedter Straße 12, 31137 Hildesheim, Tel. 05121/44377

Ndsa 172
Eigentümer/in: Christine und Karl Bernhard Kruse, Dammstraße 39, 31079 Eberholzen, Tel. 05065/8669
Größe: 0,4 ha
ganzjährig geöffnet
Anmeldung erbeten
Eintritt: freiwillige Spende
Führungen: nach Voranmeldung, Spende
🅿

Privatgarten Kruse

Dammstraße 39, Eberholzen

Der extensiv gepflegte Garten um einen alten Fachwerkkleinbauernhof des 17. bis 20. Jahrhunderts vereint gärtnerisch Europa mit Ostasien. Vor dem Wohnhaus und einer Fachwerkscheune liegt ein buchsgefaßter Rosen- und Staudengarten. Hinter den Häusern liegen – umgeben von einer Wiese – ein klassischer Japanischer Steingarten und ein Wandelgarten mit großem Teich und Steinen. Über eine Brücke gelangt man in den von Hecken umgebenen Teegarten mit japanischem Teehaus. Besondere Attraktionen bilden Trockenwasserfälle und von Ahornbäumen, Azaleen und Päonien umgebene japanische Wasserbecken. Ein Bambushain mit vielen Phyllostachysarten bildet den Hintergrund für den Teich. Eine Bonsaisammlung einheimischer Arten wird seit über zehn Jahren gepflegt.

Kurpark Bad Salzdetfurth

Bad Salzdetfurth

Der Kurpark bietet vom üppigen Blumenzwiebelflor im Frühjahr bis zur Herbstfärbung der Bäume in jeder Jahreszeit neue Aspekte. Besonders hervorzuheben sind die 250 Jahre alten Gradierwerke und das Rosarium mit vielfältigen Rosenarten.
Eigentümer/in: Kurbetriebsgesellschaft Bad Salzdetfurth mbH, Unterstraße 87, 31162 Bad Salzdetfurth, Tel. 05063/9000, Fax 05063/1260
Veranstaltungen: Kurparkkonzerte, Chöre, Kapellen, Musikkorps Mai bis Oktober, So 15–17 Uhr

Ndsa 173
Größe: 5,2 ha
frei zugänglich
DB Bad Salzdetfurth
Bus 2453 Detfurther Allee
P gebührenpflichtig

Arboretum Grund

Am Forstamt 8, Bad Grund

Das niedersächsische Forstamt Grund entwickelt in der Nähe des Harzer Bergstädtchens Bad Grund seit 1975 einen Exotenwald. Der Aufbau erfolgt nach pflanzensoziologischen Gesichtspunkten, ganze Waldgesellschaften aus den verschiedensten Erdteilen werden kultiviert. Die Pflanzungen sind in ein langfristig konzipiertes Beobachtungs- und Messungsschema integriert. Die einzelnen Bestände sollen Aufschluß über die Resistenz der eingeführten Baumarten gegenüber biotischen und abiotischen Schadfaktoren geben, Wuchsvergleiche zwischen fremdländischen und einheimischen Arten ermöglichen und das waldbauliche Verhalten der fremdländischen Baumarten außerhalb ihres natürlichen Verbreitungsgebietes aufzeigen. Darüber hinaus erhält das Arboretum eine vielgestaltige und interessante Wander- und Erholungslandschaft.
Eigentümer/in: Niedersächsisches Forstamt Grund, Sösetalstraße 37, 37520 Osterode, Tel. 05522/90420, Fax 05522/904255

Ndsa 174
Größe: 100 ha
frei zugänglich
Führungen: nach Voranmeldung, Tel.: 05327/1866
für Gruppen bis 60 Personen, 10 DM/Person
Mindestentgelt: 100 DM,
Attraktionen: Blüte, Herbstlaubfärbung
P
Veranstaltungen: Trekkingtouren Infos bei: Bad Grund Information, Tel. 05327/700710, Fax 05327/700770

Gutspark Altenrode

Rittergut Altenrode, Gielde

Durch Erweiterung einer älteren Parkanlage neben dem Gutsgarten ist der heutige Landschaftspark zwischen 1895 und 1909 um das neu erbaute Gutshaus im Villenstil entstanden. Der unbekannte Planer hat die vorhandenen zwei Teiche, eine alte Klostermauer, Weideland, 250jährige Huteeichen und Waldteile in die Parkanlage mit einbezogen und weite Durchblicke auf die Harzberge geschaffen. In den letzten Jahren sind Brücken, Tennisplatz und Rhododendronpflanzungen erneuert worden. Besonderheit des Parks, der mit der gesamten Gutsanlage unter Denkmalschutz steht, ist eine zirka 180jährige Sumpfzypresse (Taxodium distichum).

Ndsa 175 NEU
Größe: 4,8 ha
Anmeldung erbeten
Öffnungszeiten: Wochenenden im Mai und Juni und nach Vereinbarung
Eintritt: frei
Führungen: nach Voranmeldung
→ K 83 zwischen Werlaburgdorf und Gielde, Landkreis Wolfenbüttel
P

Eigentümer/in: Johann Dietrich Wätjen, Rittergut Altenrode, 38315 Gielde, Tel. 05339/809, Fax 05339/441

Ndsa 176
Größe: 4 ha
Anmeldung für Gruppen erbeten
Öffnungszeiten: im Sommer 8–18 Uhr, Gewächshäuser: Di–Do 13.30–16.30 Uhr, im Winter 8–16 Uhr, Gewächshäuser: Di–Do 13.30–16 Uhr
Eintritt: frei
Führungen: nach Voranmeldung, für Gruppen bis 25 Personen, 60 DM/Gruppe
3, 8 Botanischer Garten
Veranstaltungen: Torhaus am Botanischer Garten (Galerie) wechselnde Ausstellungen, Floristische Ausstellungen Mo–Fr: 10–14 Uhr, 16–18 Uhr, So 10–14 Uhr

Botanischer Garten
der Technischen Universität Braunschweig
Humboldtstraße 1, Braunschweig
Der Botanische Garten in Braunschweig, im 19. Jahrhundert als Anatomiegarten angelegt, gehört heute noch zu den kleinsten, aber auch schönsten Botanischen Gärten Deutschlands. Für die meisten Besucher, die jedes Jahr den Botanischen Garten von Braunschweig aufsuchen, ist die – nach seiner Erweiterung 1995 – fast 4 Hektar große Grüne Oase in der Stadt ein lohnendes Ziel für einen Spaziergang. In den Gewächshäusern und im Freigelände sind zirka 40 000 Pflanzen in 4000 Arten aus unterschiedlichen Gebieten, wie dem tropischen Amazonasgebiet, den Wüstengebieten, den gemäßigten Zonen Europas oder den Bergregionen unserer Alpen beherbergt.
Eigentümer/in: Land Niedersachsen, TU Braunschweig, Botanisches Institut und Botanischer Garten, Humboldtstraße 1, 38023 Braunschweig, Tel. 0531/3915888/5889, Fax 0531/3918128
Attraktion: Braunschweigs höchster Wasserfall (6 Meter)

Ndsa 177
Eigentümer/in: Stadt Braunschweig, Grünflächenamt, Lessingplatz 10, 38023 Braunschweig, Tel. 0531/4704900, Fax 0531/4704999
Internet www.braunschweig.de
Größe: 43 ha, frei zugänglich

Bürgerpark
Lessingplatz, Braunschweig
Der Bürgerpark bildet mit seinen Wiesenflächen und waldartigen Partien, mit romantischen Teichen, Hügeln sowie dem Fluß Oker, der die Anlage durchzieht, einen Freiraum von hohem ästhetischem Reiz. Die Idee einer öffentlichen Parkanlage in diesem Bereich, der bis Mitte des 19. Jahrhunderts überwiegend baumlos sowie durch feuchte Wiesen und Flußschleifen der Oker geprägt war, entwickelte der Gartenarchitekt Friedrich Kreiß im Jahre 1868, konnte diese aber erst zwanzig Jahre später verwirklichen. Bei dem von zahlreichen Trauerweiden umstandenen Portikusteich befindet sich der 1896 dort aufgestellte Säulenportikus, der bis heute erhalten ist, während andere Bauwerke insbesondere während des 2. Weltkriegs schwer beschädigt oder zerstört wurden. Ab 1892 wurde der Bürgerpark großzügig nach Süden und Südosten erweitert. In dieser Zeit entstand auch der sogenannte Südteich. In den Jahren 1976 und zwischen 1990 und 1991 wurde der Park um große Spiel- und Liegeflächen im Nordwesten und Westen erweitert. Vor allem im Südteil werden die früher intensiv gestalteten Bereiche heute verstärkt naturnah gepflegt.

Ndsa 178
Eigentümer/in: Stadt Braunschweig, Grünflächenamt,

Richmondpark
Wolfenbütteler Straße, Braunschweig
Der Richmondpark wurde 1768 von der englischen Prinzessin und späteren Braunschweiger Herzogin Auguste Friede-

rike Luise wahrscheinlich nach Plänen des englischen Landschaftsarchitekten Capability Brown angelegt. Das Besondere am Braunschweiger Park waren von Anfang an die vom Schloß ausgehenden großen Sichtachsen, die, durch unregelmäßig gestaltete Baumgürtel gegliedert, weit in die Talaue reichten. Die Anlage war in der für Brown typischen Art vorrangig auf die Gewinnung eines möglichst ruhig und malerisch wirkenden idealen Landschaftsgemäldes angelegt. Ein Beispiel dafür ist die Lage des Schlößchens auf einem landschaftsprägenden Hügel über der Oker. Die nach Beginn der Restaurierung 1978 sichtbar gewordene Gartenfläche vermittelt inzwischen wieder den Eindruck von ihrer ursprünglichen Gestalt aus dem 18. Jahrhundert. Im Rahmen der Parkrestaurierung wurden als erste Schritte die großen Sichtachsenfächer, der Pleasureground mit seinem Blumenbeet vor dem Schloß und zahlreiche Wege instandgesetzt.

Lessingplatz 10,
38023 Braunschweig,
Tel. 0531/4704900,
Fax 0531/4704999
Internet
www.braunschweig.de
frei zugänglich

Inselwallpark

Inselwall, Braunschweig

Auf dem Terrain des ehemaligen Ludwigbollwerks, das mehrere Inseln einschloß, entstand nach 1800 der sogenannte Inselwallpark und Löbbeckes Insel. Heute wird das Bild bestimmt von der im italienischen Renaissancestil auf dem höchsten Punkt der Insel zwischen 1880 und 1881 errichteten Löbbeckes-Villa, heute das Gästehaus der Technischen Universität Braunschweig und dem zwischen Villa und Promenade liegenden Teich. Eine äußerst reizvolle Ensemblewirkung, die die Absicht des Gestalters des 19. Jahrhunderts verrät, auch im Garten Traumbilder zu schaffen. Unmittelbar daneben liegt der Inselwallpark mit seinem alten Baumbestand und dem nach dem 2. Weltkrieg an Stelle der ehemaligen Bierbaumschen Villa eingefügten Brunnen mit Fontäne, der zum neuen Hauptblickpunkt des Parks geworden ist und ihn zugleich festlich und lebendig erscheinen läßt.

Ndsa 179
Eigentümer/in:
Stadt Braunschweig,
Grünflächenamt,
Lessingplatz 10,
38023 Braunschweig,
Tel. 0531/4704900,
Fax 0531/4704999
frei zugänglich
Attraktionen: Fontäne

Arzneipflanzengarten Braunschweig

Mendelssohnstraße, Braunschweig

Der Arzneipflanzengarten ist in verschiedene thematische Bereiche gegliedert: Arzneipflanzen, die heute von Bedeutung sind, wurden in den Beeten nach Inhaltsstoffgruppen geordnet. Nachbildungen von historischen Arzneipflanzengärten zeigen die Entwicklung dieser Gärten aus den Klostergärten des Mittelalters auf. Arzneipflanzen, die derzeit in der aktuellen Diskussion stehen, sind in gesonderten Beeten mit aktuellen Informationsblättern untergebracht. Eigentümer/in: Technische Universität Braunschweig, Institut f. Pharmazeutische Biologie, Mendelssohnstraße 1,

Ndsa 180
Größe: 0,2 ha
Anmeldung für Gruppen erbeten
Öffnungszeiten: Mai bis Sept. 10–14.30 Uhr, Mi 10–19 Uhr (Juni bis August)
Eintritt: frei
Führungen: nach Voranmeldung,
für Gruppen bis 25 Personen auch wissenschaftliche und Spezialführungen 100 DM/

Gruppe, 10–20 Pers.: 5 DM/Pers., 10 DM/Pers. für wissenschaftliche Führung
3, 8 Grabenstraße

38106 Braunschweig, Tel. 0531/3915680, Fax 0531/3918104
Veranstaltungen: Tag der offenen Tür, Führungen und Pflanzenverkauf 1. Sonntag im Juni

Ndsa 181
Eigentümer/in:
Stadt Braunschweig, Grünflächenamt, Lessingplatz 10, 38023 Braunschweig, Tel. 0531/4704900, Fax 0531/4704999, Internet www.braunschweig.de
Größe: 54 ha
frei zugänglich
18 Stadtpark
Veranstaltungen:
Drachenfestival, im Sommer

Prinz-Albrecht-Park (Prinzenpark)

Ebertallee, Braunschweig

Den Auftrag, das ursprüngliche Exerziergelände in einen Park umzuwandeln, bekam der Gartenarchitekt Friedrich Kreiß 1895. Auf einer Fläche von 58 Hektar wurden Pflanzungen im Wechsel mit Wiesenflächen angelegt, wobei insbesondere die sanft zum Nußberg ansteigenden Hänge freigehalten wurden. Kreiß verzichtete auf Details wie künstliche Bodenerhebungen, Wasserläufe oder Ruinen zum Vorteil einer schlichten aber großzügigen und einprägsamen Großform. Innerhalb des Geländes wurde ein Promenadenring angelegt, der in weiten, ornamenthaften Bögen die wiesenartig gestalteten Freiflächen und Waldgürtel durchzieht und in Wegekreuzpunkten kreis- oder ellipsenförmig aufgeweitet ist. Insgesamt stellt sich der Park als typische, das heißt sowohl freie landschaftliche als auch formale Elemente integrierende Parkanlage des späten 19. Jahrhunderts dar.

Ndsa 182
Eigentümer/in:
Stadt Braunschweig, Grünflächenamt, Lessingplatz 10, 38023 Braunschweig, Tel. 0531/4704900, Fax 0531/4704999, Internet www.braunschweig.de
Größe: 8 ha
frei zugänglich
16, 36 Theater

Museum- und Theaterpark

Ehemaliger Herzoglicher Garten, Am Theater, Braunschweig

Die Wallanlagen Braunschweigs mit promenadenartigen Straßenachsen, Plätzen, Parkanlagen und Gärten sind nach 1800 aus den barocken Festungsanlagen der Stadt entstanden. Sie bilden den inneren der drei grünen Ringe und beinhalten neben den baumbestandenen Straßen und Villengärten an der Oker unmittelbar an die Innenstadt angrenzende Parkanlagen mit hohem Erholungswert für die Bürger der Stadt. Der Museumpark und der Theaterpark sind aus dem ehemaligen Herzoglichen Garten hervorgegangen, der ab 1803 nach Plänen von Johann Gottlieb Schoch als Englicher Landschaftspark angelegt wurde. Die Gesamtanlage wurde durch den Bau des Theaters 1858 bis 1861 zweigeteilt, Parkteile durch den Bau des Herzog-Anton-Ulrich-Museums und weiterer Eingriffe zum Teil erheblich verändert. Trotzdem sind weite Bereiche der ursprünglichen Parkstrukturen erhalten geblieben und werden seit 1995 mit Hilfe der Richard-Borek-Stiftung saniert.

Ndsa 183
Eigentümer/in:
Stadt Braunschweig, Grünflächenamt,

Schul- und Bürgergarten

Duweseeweg 1, Braunschweig

Die Anlage ist ein für die Region Braunschweig einmaliges Zeugnis für die gartenkünstlerische Auffassung der 20er

Jahre, die naturbezogene Lehrinhalte im Rahmen eines gartenarchitektonischen Konzepts zu vermitteln und dabei gestalterische Ansprüche und pädagogische Ziele miteinander zu verbinden suchte. Auch die Parkerweiterung von 1953 ist aufgrund ihrer einheitlichen und abgeschlossenen Gestaltung ein gutes Beispiel für Parkanlagen der 50er Jahre ist.
Öffnungszeiten: ganzjährig geöffnet 9–15 Uhr
Führungen: nach Voranmeldung

Lessingplatz 10,
38023 Braunschweig,
Tel. 0531/4704900,
Fax 0531/4704999,
Internet
www.braunschweig.de
Größe: 5 ha
Eintritt: frei
P ♿

Wallanlagen Wolfenbüttel
Rosenwall / Herzogtorwall, Wolfenbüttel
Ab 1804 wurde in der Auguststadt begonnen, die Befestigungen zu beseitigen, 1837 das Harztor abgebrochen. Auf dem Gelände der Befestigungsanlagen, die die westliche Altstadt umfassen, entstand ein Garten im englischen Landschaftsstil. Auch ein Teil des ehemaligen Stadtgrabens ist noch erhalten.
Eigentümer/in: Stadt Wolfenbüttel, Postfach 1864, 38299 Wolfenbüttel, Tel. 05331/860

Ndsa 184
Größe: 14 ha
frei zugänglich
Attraktionen: Fontäne Sommer
DB Wolfenbüttel
P gebührenpflichtig

Garten am Lessinghaus
Lessingplatz, Wolfenbüttel
Der kleine Gartenhof mit einem 1978 rekonstruierten Parterre gehört zu einem um 1735 errichteten Wohnhaus mit Gartensaal und wurde 1777 bis 1781 von Lessing bewohnt. Seit 1970 wird das Gebäude als Museum genutzt.
Eigentümer/in: Land Niedersachsen, Herzog-August-Bibliothek, Wolfenbüttel, Tel. 05331/8080

Ndsa 185
Größe: 190 m²
frei zugänglich
DB Wolfenbüttel
P gebührenpflichtig

Garten am Kleinen Schloß
Schloßplatz, Wolfenbüttel
Ursprünglich gehörten auch Teile des Parks Seeliger zum Garten des Kleinen Schlosses, das um 1643 erbaut wurde. Eine Steinbrücke über die Oker verband diese Teile. 1864 erwarb Gustav Seeliger das Grundstück um das Kleine Schloß herum und legte den Park an, der heute nur noch bis zur Oker geht. Aus der Zeit Gustav Seeligers stammen noch ein Gingko, eine Blutbuche und eine Platane. Unmittelbar am Schloß gibt es einen Giardino secreto, die Einfriedung gegen den Schloßplatz besteht unter anderem aus Pfeilern mit Putten und einem schmiedeeisernen Tor.

Ndsa 186
Eigentümer/in:
Stadt Wolfenbüttel
Größe: 0,2 ha
frei zugänglich
DB Wolfenbüttel
P gebührenpflichtig

Park Seeliger
Jägerstraße / Schulwall, Wolfenbüttel
Der Park wurde von Gustav Seeliger, der das Gelände 1864 kaufte, angelegt. Das Gelände umfaßt das Bollwerk „Den wunderlichen Heinz", später Lindenberg genannt. Teile dieses Bollwerks sind noch im Park zu sehen. Nach dem

Ndsa 187
Eigentümer/in:
Stadt Wolfenbüttel,
Postfach 1864,
38299 Wolfenbüttel,
Tel. 05331/298346,

Fax 05331/298347
Größe: 3,7 ha
frei zugänglich
DB Wolfenbüttel
P gebührenpflichtig

2. Weltkrieg wurden große Teile des Gartens als Nutzgarten betrieben, wovon noch heute viele Obstbäume zeugen. Der Altbaumbestand mit einem schönen Tulpenbaum, geschlitztblättriger Buche, Süntelbuche und Sumpfzypresse ist leider nicht mehr vorhanden. Sie wurden nach und nach durch Neupflanzungen ersetzt.

Ndsa 188
Größe: 14 ha
frei zugänglich
Eintritt: Tageskarte 3 DM, Halbtageskarte 2,50 DM ermäßigt 2 DM für Kinder, Schüler, Gruppen
DB Goslar
Bus Goslar–Braunlage
P gebührenpflichtig
Veranstaltungen: Kurkonzerte, Mai bis Oktober: Di–So
Infos bei Kurverwaltung Braunlage,
Tel. 05520/93070

Kurpark Braunlage

Promenade, Braunlage

Der Kurpark entstand um 1909. Mit der Ausdehnung der Kureinrichtungen wurde 1980 ein neues Kurgastzentrum gebaut und aus diesem Anlaß das Umfeld, der zentrale Bereich des Parks, nach Plänen des Garten- und Landschaftsarchitekten Raimund Herms neu gestaltet. Im Park sind die Elemente der Oberharzlandschaft in den Erlebnisraum des Kurgastes zusammengeführt: ein Wasserfall, gespeist mit dem Wildwasser der Warmen Bode, gebaut aus dem Granit der nahen Berge, ein Waldbach mit dem Quellwasser der Berghänge, Granit-Terrassen, die im kühlen Tal Sonnenwärme sammeln, Pflanzungen mit Arten der Landschaft und Gestaltungen nach dem Prinzip der strömenden Bewegung, die im Durchschreiten wohltun, indem sie beruhigend und beschwingend zugleich wirken.
Eigentümer/in: Kurbetriebsgesellschaft Braunlage, Elberingeröderstraße 17, 38100 Braunlage,
Tel. 05520/93070, Fax 05520/930720
Attraktionen: großer Zierteich mit Fontäne, Gartenschachspiel, Boggiabahn, Wassertretbecken Mai – Oktober

Ndsa 189
Eigentümer/in: Universität Göttingen Göttingen,
Tel. 0551/395713,
Fax 0551/393556,
E-Mail rcallau@gwdg.de
Internet www.gwdg.de/rcallau/botgart.htm
Größe: 32 ha
frei zugänglich
Führungen: nach Voranmeldung, Spende,
Bus 5 Kellnerweg
P
Veranstaltungen, Verkaufs- und Tauschbörsen, jährlich Ende April / Anfang Okt.
✿ Gebirgspflanzen, Carnivore Pflanzen

Neuer Botanischer Garten Göttingen

Grisebachstraße 1a, Göttingen

Der Neue Botanische Garten umfaßt spezielle Versuchs- und Demonstrationsquartiere für ausländische und einheimische Waldgesellschaften und unterschiedliche Wiesentypen. Das Alpinum, das zwischen 1988 und 1989 angelegt wurde, zeigt auf zirka 5000 Quadratmetern Pflanzenformationen der nordamerikanischen, europäischen und asiatischen Hochgebirge. Die Staudensammlung umfaßt mehrere hundert Wildstauden. Einige Flächen, die in der mittelalterlichen Form der Dreifelderwirtschaft bewirtschaftet werden, beherbergen viele bedrohte Wildkräuter. Seit 1996 wird eine Sammlung historischer Obstsorten aus der Göttinger Region aufgebaut. Spezielle Einrichtungen wie Grundwasserbecken und Rolldächer ermöglichen ökologische Freilandversuche unter kontrollierbaren Bedingungen. Einen Dauerversuch stellt die Sukzessionsfläche seit 1968 dar, auf der die Entwicklung einheimischer Pflanzengesellschaften mit und ohne Kulturmaßnahmen verfolgt wird.
Attraktionen: Alpenpflanzenblüte Mai – Juni

Privatgarten Brandi

Rohnsweg 52, Göttingen

Das Wohnhaus wurde 1937 vom Architekten Diez Brandi neben einer weithin sichtbaren Pappel errichtet. In der scheinbar wilden Ursprünglichkeit, die aber immer die ordnende Hand braucht, ist alles in so freudigem Zusammenwachstum begriffen, daß man es sehen, schmecken, riechen und hören kann (Wilhelm Hübotter, 1956). Auf kleiner Fläche harmonieren Sommerblumen, Stauden, Blumenzwiebeln, Obst und Gemüse.

Ndsa 190
Eigentümer/in: Antje Brandi, Rohnsweg 52, 37085 Göttingen, Tel. 0591/57030
Größe: 0,1 ha
Anmeldung erbeten
ganzjährig geöffnet
jeden ersten Do im Monat, ab 16 Uhr
Eintritt: frei
Ⓢ 1, 2, 5, 11 Mühlburger Tor

Botanischer Garten Göttingen

Untere Karspüle, Göttingen

Der Botanische Garten der Univesität Göttingen geht aus dem Alten Botanischen Garten hervor, der 1736 von Albrecht von Haller gegründet wurde und den Ursprung der Universität darstellt. Heute setzt er sich aus zwei Abteilungen zusammen: Ein Alter Botanischer Garten mit Systematischer Abteilung und der neue Botanische Garten mit Geobotanischer Abteilung. Inmitten der Innenstadt beherbergt der Alte Botanische Garten über 10 000 Pflanzenarten. Im Freiland finden sich unter anderem ein System mit 1200 Arten, ein Teich, ein Alpinum, eine kulturhistorische Abteilung mit Kulturpflanzen, Unkräutern sowie Heilpflanzen und ein Arboretum mit altem Baumbestand, auf dessen Wiesenflächen im Frühjahr Zehntausende verwilderte Zwiebelpflanzen aufblühen. Viele Anlagen bestehen seit etwa 100 Jahren unverändert, so daß sich faunistische Arten angesiedelt haben, die im Innenstadtbereich ihresgleichen suchen Der Alte Botanische Garten hat acht Gewächshäuser: Palmen-, Cycadeen-, Araceen-, Kakteen-, Victoria- und Farnhaus sowie zwei Gewächshäuser zur Überwinterung der Kalthauspflanzensammlung. Schwerpunkte sind die europäischen Wildpflanzen, die Kalthauspflanzen, Bromelien, Orchideen, Insektivoren, tropische Wasserpflanzen und andere. Der besondere Reiz des Gartens liegt in den historischen, teils im letzten Jahrhundert erbauten Gewächshäusern, in denen die Sammlungen präsentiert werden.

Ndsa 191
Eigentümer/in: Georg-August-Universität Göttingen, Göttingen, Tel. 0551/395753/395755, E-Mail mschwer@gwdg.de Internet www.gwdg.de/~rcallau/botgart.htm
Größe: 4,5 ha
ganzjährig geöffnet
werktags: 8–18 Uhr, sonn- und feiertags: 8–15 Uhr
Eintritt: frei
Führungen: nach Voranmeldung, Tel.: 0551/395753 oder 395755
2 DM/Person
Attraktionen: Frühjahrsgeophyten,
Veranstaltungen: Pflanzenbörsen, Ausstellungen
♿ ℹ
✿ zeitweiser Verkauf von Pflanzen

Stadtfriedhof Göttingen

Kasseler Landstraße, Göttingen

Der erste, 7,5 Hektar umfassende Friedhofsabschnitt wurde 1881 eingeweiht und nur neun Jahre später wurde eine Erweiterung notwendig. Weitere folgten in den Jahren bis 1963. Mit ca. 40 000 Gräbern und mehr als 1000 Ruhestätten der Opfer von Krieg und Gewaltherrschaft war der Friedhof 1976 voll belegt. Die anspruchsvolle gärtnerische Gestaltung lag in den Händen des Gartenbaumeisters August Ahlborn. Vielfältig sind auch die Grabdenkmäler Göt-

Ndsa 192
Eigentümer/in: Stadt Göttingen, Hiroshimaplatz 1–4, 37083 Göttingen, Tel. 0551/4002481, Fax 0551/4002841
Größe: 35,6 ha
frei zugänglich
Führungen: nach Voranmeldung

Fremdenverkehrsverein Göttingen e.V.
für Gruppen bis 25 Personen, 130 DM/Gruppe
🚌 3, 4, 5, 6 Stadtfriedhof
P ♿

tinger Bürger, die Zeugnis von hoher handwerklicher Denkmalkunst ablegen. Heute stellt sich der Göttinger Stadtfriedhof als ein historisch gewachsenes Gesamtkunstwerk dar. Verbunden mit den zahlreichen Gräbern berühmter Göttinger Bürger werden auch die Grabstellen von acht Nobelpreisträgern häufig von Besuchern aus aller Welt aufgesucht.

Ndsa 193
Eigentümer/in: Stadt Göttingen, Hiroshimaplatz 1–4, 37083 Göttingen, Tel. 0551/4002481, Fax 0551/4002841
Größe: 16,5 ha
frei zugänglich
Führungen: nach Voranmeldung Fremdenverkehrsverein Göttingen e. V., für Gruppen bis 25 Personen, 130 DM/Gruppe
→ Im Stadtzentrum
P gebührenpflichtig
✕ ☕ 🐕 ♿

Stadtwall Göttingen

Göttingen

Die Wallanlagen sind Überreste der historischen Stadtbefestigungen. Sie umschließen die Göttingen Altstadt zum Teil noch mit einer Höhe von 3–5 Metern. Als die Wallanlagen als Befestigung ihre Bedeutung verloren hatten, erfolgte 1729 die erste Lindenpflanzung auf dem Wall und damit die Umgestaltung der Wallanlagen zur Grünzone. Von den ersten Linden stehen wegen der ungünstigen Bondenverhältnisse nur noch wenige. Zwischen Weender Tor im Norden und Bahnhof im Westen wurden um 1930 die alternden Linden mit Rotbuchen durchsetzt. Zusätzlich wurden Bergahorn, Esche, Roßkastanie und Robinie eingebracht. Im Jahre 2000 wurde das Vorfeld des Walls um ein Rosarium ergänzt.

Ndsa 194
Eigentümer/in: Universität Göttingen, Büsgenweg 2, 37077 Göttingen, Tel. 0551/393492, Fax 0551/392705
Größe: 30 ha
frei zugänglich
Führungen: nach Voranmeldung, für Gruppen bis 60 Personen, 4 DM/Person
Attraktionen: Kirsch- und Apfelblüte, Herbstfärbung,
🚌 18 Griesebachstraße
P 🐕 ♿ ✿
Veranstaltungen: Pflanzentauschbörse, jährlich im Okt., genauer Termin auf Anfrage

Forstbotanischer Garten und Arboretum der Uni Göttingen

Büsgenweg 2, Göttingen

Die Anlagen gehören zur Fakultät für Forstwissenschaften und Waldökologie der Georg-August-Universität Göttingen. Im Forstbotanischen Garten sind zur Zeit 140 Pflanzengattungen mit zirka 1100 Wildarten, Subspecies, Varietäten, Formen und Kultursorten angepflanzt. Hinzu kommt das im gesamten Nordbereich zwischen den Instituten gelegene pflanzengeographische Arboretum. Es umfaßt mit Nordamerika, Japan, China, Korea und Kaukasus beziehungsweise Kleinasien fünf pflanzengeographische Sammelgebiete. Hier sind insgesamt zirka 45 Gattungen mit etwa 800 Arten, Subspecies, Varietäten und Kultursorten angepflanzt. Im Bereich eines neu erstellten Geoparks wurde mit dem Aufbau eines Tertiärwaldes begonnen.

Ndsa 195
Eigentümer/in: Nds. Forstliche Versuchsanstalt, Abt. C, Forstamtstraße 6, 34355 Staufenberg-Escherode,

Arboretum Habichtsborn

Forstamtstraße 6, Staufenberg-Escherode

Das Arboretum liegt auf durch Lößlehm überlagertem Buntsandstein des westlichen Kaufungerwaldes im südlichen Niedersachsen am Ortsrand Escherode. Seit 1934 wurden hier Baumarten, überwiegend aus den gemäßigten

Zonen der Erde, in Gruppen und Einzelbäumen gepflanzt. Insgesamt stehen zirka 3000 Einzelbäume und Sträucher von über 200 Arten und Varietäten, darunter vor allem von Picea abies zur Verfügung. Unter anderem findet man hier aus Stecklingen gezogene, 40 Jahre alte Nadelbäume. Das Arboretum Habichtsborn dient seit den Anfängen als Lehrobjekt für forstgenetische, forstpflanzenzüchterische und botanische Weiterbildung. Im kleinen Umfang wird es auch für züchterische (Kreuzungen) und morphologische beziehungsweise phänologische Untersuchungen genutzt.

Tel. 05543/94080,
Fax 05543/940861,
E-Mail nfv-abtc@t-online.de
Größe: 6 ha
Öffnungszeiten: ganzjährig geöffnet,
im Sommer 8–20 Uhr,
im Winter 8–17 Uhr
Eintritt: frei
Führungen: nach Voranmeldung, kostenlos

NRW

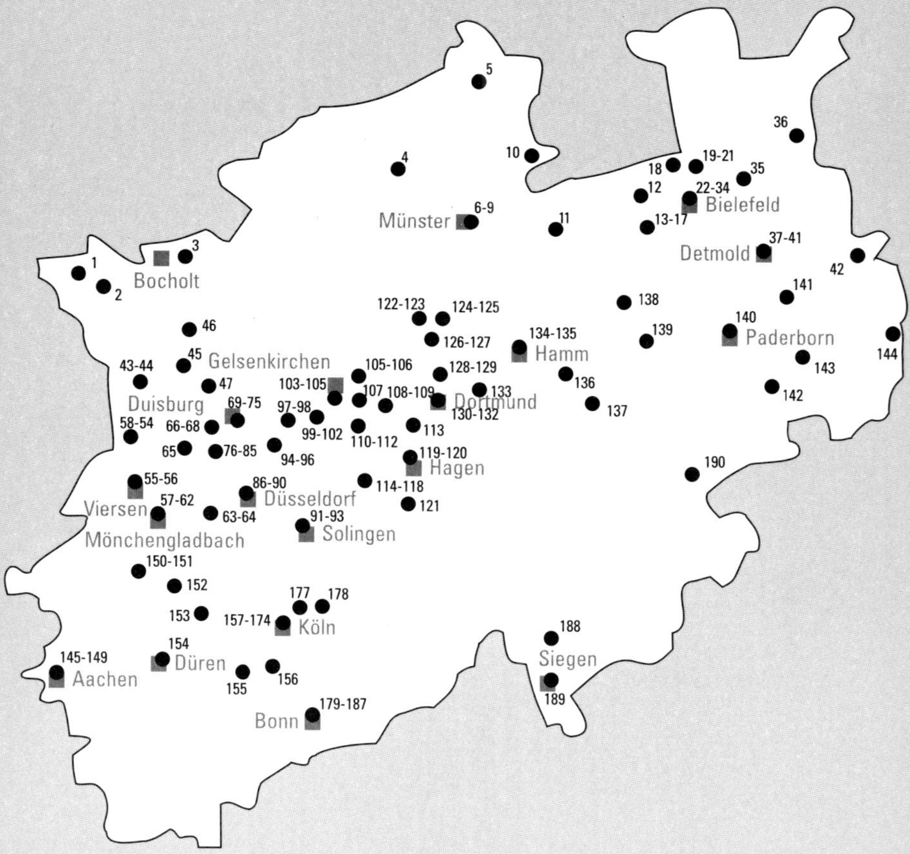
5
4
10
Münster
6-9
11
36
18
19-21
35
12
22-34
Bielefeld
13-17
1
2
3
Bocholt
Detmold
37-41
42
122-123
124-125
138
141
46
126-127
134-135
Hamm
139
140
Paderborn
144
45
Gelsenkirchen
43-44
105-106
128-129
136
143
47
103-105
107
108-109
133
142
Duisburg
69-75
97-98
Dortmund
130-132
137
58-54
66-68
99-102
113
65
76-85
94-96
110-112
119-120
Hagen
190
55-56
86-90
114-118
Viersen
57-62
63-64
Düsseldorf
121
91-93
Solingen
Mönchengladbach
150-151
152
177
178
153
157-174
Köln
188
154
145-149
Düren
Siegen
Aachen
155
156
189
179-187
Bonn

Klever Gärten

Tiergartenstraße, Kleve

Johann Moritz von Nassau-Siegen, als preußischer Statthalter in Kleve eingesetzt, gestaltete Mitte des 17. Jahrhunderts das städtische Umland Kleves als frühes Beispiel einer Gartenlandschaft aus. Zentrum und Höhepunkt ist das sogenannte Amphitheater, ein Terrassengarten nach italienischer Tradition, der in einer Quellmulde am nördlichen Hang des Springberges entstand. Von hier aus geht der Blick über die Kanalachse zum Turm der Stiftskirche auf dem Eltenberg. Der Tempel und der Obelisk stammen aus der Mitte des 19. Jahrhunderts. Vom im Tiergarten gelegenen Sternberg strahlen Achsen sternförmig in die Landschaft. Im frühen 19. Jahrhundert nahm der Landschaftsgärtner M. F. Weyhe unter Beibehaltung der Grundkonzeption Veränderungen im landschaftlichen Stil vor und schuf mehrere neue Parks, wie den Forstgarten und den Elsenbusch. Die nach 1975 einsetzende Restaurierung nach Plänen Rose und Gustav Wörners gab dem seit dem 1. Weltkrieg stark verwilderten Ensemble wieder ein Gesicht, das die verschiedenen Entstehungsepochen berücksichtigt.

NRW 1 NEU
Eigentümer/in: Stadt Kleve, Stadtverwaltung, Kavariner Straße 20–22, 47533 Kleve
Größe: 11,6 ha
ohne Alter und Neuer Tiergarten
frei zugänglich
DB Kleve
Bus 58 Forstgarten
P

Privatgarten Bender und Lucenz

Mühlenstraße 6, Bedburg-Hau, OT Schneppenbaum

Foto: Elke Borkowski

An eine Sichtachse gliedern sich verschiedene Gartenräume. Im Zentrum steht ein weißer Garten, ein gelber Hügel und ein Purpurgarten schließen sich an. Der mit Buchs eingefaßte Gemüsegarten verbindet ästhetische Gesichtspunkte mit Nützlichkeit – er gewährleistet eine Versorgung der Küche rund ums Jahr mit biologischem Gemüse. Im Frühjahr blühen 10 000 Narzissen um einen Wiesenteich. Alle vier bis sechs Wochen gibt es andere Schwerpunkte in Pflanzen und Blütenfarben.

NRW 2 NEU
Eigentümer/in: Klaus Bender und Manfred Lucenz, Mühlenstraße 6, 47551 Bedburg-Hau, OT Schneppenbaum, Tel. 02821/60270
Größe: 0,4 ha
Anmeldung für Gruppen erbeten
Öffnungszeiten:
1. Wochenende im April, jeweils 3. Wochenende im Mai und Juni
Eintritt: 5 DM Gruppen unter 20 Personen: 100 DM
DB Bedburg-Hau
→ im OT Schneppenbaum zwischen L 362 Uedem-Kleve und K 27 Alte Bahn
P

Privatgarten Rudolf

Zum Flugplatz 21, Borken

20 Jahre Garten in der Landschaft: Eine ehemalige Hofstelle wurde in einen Landschaftsgarten umgewandelt und harmonisch mit der freien Natur verbunden. Der Garten wurde zweimal bei Wettbewerben ausgezeichnet.
Eigentümer/in: Dieter und Jutta Rudolf, Zum Flugplatz 21, 46325 Borken, Tel. 02861/1821, Fax 02861/65468
Führungen: nach Voranmeldung, für Gruppen bis 20 Personen

NRW 3
Größe: 0,7 ha
Anmeldung erbeten
ganzjährig geöffnet
Eintritt: 5 DM, Kinder frei bis 12 Jahre, ermäßigt 3 DM für Schüler, Studenten, Soldaten, Zivis, Gruppen 3 DM/Person
→ Nähe Segelflugplatz Borken-Hoxfeld

Lehrgarten des Kreises Steinfurt

Veltruper Kirchweg / Wemhöferstiege, Steinfurt-Burgsteinfurt

Foto: Krohme

Bereits 1914 wurde der Kreislehrgarten auf einer Fläche von 3 Hektar gegründet. Im Laufe von über 80 Jahren sind viele Mustergärten mit dem Ziel entstanden, zeitgemäße Gartenbaukultur in nachahmenswerter Weise zu demonstrieren. Die Besucher finden hier Anregungen für die Gestaltung der eigenen Gärten und in Kursen theoretisches und vor allem praktisches Wissen über umweltbewußtes Gärtnern. Schwerpunkte sind Themengärten wie beispielsweise der Stein-, der Kräuter- oder der Bauerngarten. Mit einem Hauch der Verwilderung präsentieren sich die farbenfrohen Beete mit Rosen, Stauden und Sommerblumen. Eindrucksvoll werden in den Sommermonaten Kübelpflanzen aus aller Welt vorgestellt, darunter alleine 120 Fuchsiensorten in einer Fuchsienallee. Über 300 verschiedene alte wie auch neue Obstsorten werden in den Obstquartieren des Lehrgartens auf ihre Eignung für das Münsterland überprüft.

NRW 4
Eigentümer/in:
Kreisverwaltung Steinfurt, Tecklenburger Straße 10, 48565 Steinfurt, Tel. 02551/833388, Fax 02551/5090
Größe: 3,2 ha
Öffnungszeiten: 8 Uhr bis Einbruch der Dunkelheit
Eintritt: frei
Führungen: nach Voranmeldung, Tel. 02551/833388 für Gruppen bis 50 Personen, 60 DM/Gruppe
DB Burgsteinfurt
271 Kreislehrgarten
Veranstaltungen: jährliches Veranstaltungsprogramm, Infos bei:
Tel. 02551/833388, Fax 02551/5090
nur nach Voranmeldung für Gruppe

Botanischer Garten Ibbenbüren

Loismannweg, Ibbenbüren

NRW 5
Eigentümer/in: Frau Loismann, Loismannweg 10, 49479 Ibbenbüren-Dörenthe, Tel. 05451/17346
Größe: 2 ha
Anmeldung für Gruppen erbeten
Öffnungszeiten: April bis Okt. 9.30–12 Uhr, 14–18 Uhr
Eintritt: 2 DM, Kinder frei bis 12 Jahre,
Führungen: nach Voranmeldung, 2 DM/Person
Bus 163 Botanischer Garten – Loismannweg
P

Foto: Stadt Ibbenbüren

Vor 78 Jahren begann Bauer Loismann in Ibbenbüren-Dörenthe, einheimische Gewächse auf einem 7 Morgen großen Stück Land anzupflanzen. Später kamen exotische Nadelbäume und Pflanzen aus aller Welt hinzu. Heute bietet der Botanische Garten eine sehenswerte Vielfalt seltener Pflanzen.

Botanischer Garten der Westfälischen Wilhelms-Universität Münster

Schloßgarten 3, Münster

NRW 6
Eigentümer/in: Westfälische Wilhelms-Universität, Institut für Botanik, Schloßgarten 3, 48149 Münster, Tel. 0251/8323810/8323827, Fax 0251/8323823,

Fürstbischof Max Friedrich ließ zwischen 1766 und 1784 ein Residenzschloß erbauen, das heute die Verwaltung der Westfälischen Wilhelms-Universität beherbergt. Zu Beginn des 19. Jahrhunderts wurde der alte fürstliche Garten zu

E-Mail
voigth@uni-muenster.de,
Internet
www.uni-muenster.de/biologie/botanik
Größe: 4,5 ha
Anmeldung für Schulklassen erbeten
Öffnungszeiten:
im Sommer 8–17 Uhr,
im Winter 8–16 Uhr
Eintritt: frei
Führungen: nach Voranmeldung,
Tel. 0251/8323827 für Gruppen bis 25 Personen,
Preis nach Absprache
🚌 12 Freiherr-vom-Stein-Gymnasium (Hindenburgplatz)
14 Landgericht (Hindenburgplatz)
P gebührenpflichtig
Veranstaltungen:
Ausstellungen in der Alten Orangerie, Sommer
✕ ♿ ℹ

einem der Medizinischen Fakultät angegliederten Botanischen Garten umgewandelt. Trotz starker Zerstörungen in beiden Weltkriegen in dieser Gegend sind die historischen Grundkonzepte und die Orangerie von 1840 erhalten. Vielfältige Pflanzensammlungen im Freiland und in den Gewächshäusern stehen Lehre und Forschung, aber auch der Information und der Erholung der Bevölkerung zur Verfügung. Der Freilandbereich bietet unter anderem Pflanzensystem, Blütenökologie, Heide und Moor, Heil- und Giftpflanzen, Alpinum, Mittelmeerflora, Wildwiese, Bauern-, Tast- und Riechgarten und in den Sommermonaten die Flora Neuseelands und Australiens. Der Unterglasbereich gliedert sich in tropischen Regenwald der Alten Welt und in Kakteen-, Kanaren-, Südafrika-, Victoria- und Bromelienhaus. Der Botanische Garten ist in den Schloßpark eingebettet.

Foto: Voigt

NRW 7
Größe: 0,48 ha
frei zugänglich
Führungen: nach Voranmeldung im Zusammenhang mit der Führung durch das Haus Rüschhaus vom 01.03. bis 22.12. kostenlos,
🚌 5 Haus Rüschhaus
P ♿

Garten Haus Rüschhaus

Am Rüschhaus 81, Münster

1745 bis 1749 wurde das Anwesen von Johann-Conrad Schlaun als dessen Landsitz erbaut. In dieser Zeit entstanden Garten und Auffahrtsallee. Von 1826 bis 1846 lebte hier die westfälische Dichterin Annette von Droste-Hülshoff. 1979 erwarben die Stadt Münster und der Landschaftsverband Westfalen-Lippe das Anwesen. Der Garten wurde nach Plänen Johann-Conrad Schlauns rekonstruiert. Die Originalpläne befinden sich im Landesmuseum Münster am Domplatz.
Eigentümer/in: Stadt Münster, Landschaftsverband Westfalen-Lippe, Amt für Grünflächen und Naturschutz, Herwarthstraße 8, 48127 Münster, Tel. 0251/4926732, Fax 0251/492 7737

NRW 8
Eigentümer/in: Stadt Münster, Amt für Grünflächen und Naturschutz,

Promenade Münster

Münster

Die Promenade ist ein Bau-, Boden- und Gartendenkmal von hohem Rang, das aus dem historischen Stadtgrundriß entstanden ist. Nachdem die mittelalterlichen Befestigungsanlagen geschleift, d. h. Mauern und Türme abgerissen, innerer und äußerer Wallgraben weitgehend verfüllt wurden, ließ der Minister Franz von Fürstenberg durch den Barockbaumeister Johann Conrad Schlaun um 1764 unter Beteiligung des Wallmeisters Möllmann sowie einer besonderen Promenadenkommission einen grünen Ring um die Stadt entstehen. Es wurden Ulmen und Linden in vier Reihen gepflanzt. In dieser noch heute geschlossenen Form ist der grüne Ring um die Altstadt für Städte in vergleichbarer Größenordnung einmalig. Im 19. Jahrhundert wurden die ehemaligen Schanzanlagen zu Schmuckanlagen. 1985 bis 1992 wurde der Promenadenring als vierreihige Allee mit Erfolg erneuert. Von der Promenade kann der Aa-Seitenweg erreicht werden.

Herwarthstraße 8,
48143 Münster,
Tel. 0251/4926700,
Fax 0251/4927737,
E-Mail
Amt-67@stadt-muenster.de
Größe: 25,3 ha,
frei zugänglich
DB Münster
P 🐕 ♿ ℹ
Informationen in der Bürgerberatung im Stadthaus 1

Aa-Seitenweg

Am Stadtgraben, Cheruskerring, Münster

Die Entstehung der Stadt Münster ist eng mit der Aa verbunden. An einer strategisch wichtigen Stelle entwickelte sich seit dem 8. Jahrhundert die Stadt. Die Aa fließt quer durch die Altstadt und wird von dem Aa-Seitenweg begleitet, der nach der Zerbombung der Altstadt für die Bürgerschaft als Spazierweg nutzbar gemacht wurde. Von der Straße Am Stadtgraben bis zum Cheruskerring wurde ein idyllischer Uferweg geschaffen, der von jeder querenden Straße aus zu erreichen ist. Von 1994 bis 1996 wurden Sanierungsarbeiten durchgeführt. An verschiedenen Stellen gibt es idyllische Motive mit Blick auf die Türme der Martinikirche, des Doms und der Überwasserkirche. Entlang des Weges wurde ein stadtökologischer Lehrpfad eingerichtet. Der Schwerpunkt der 18 eingerichteten Stationen liegt auf grünen Themen, die vor Ort erlebbar sind und anschaulich erläutert werden. Vom Aa-Seitenweg kann die Promenade erreicht werden.

NRW 9
Eigentümer/in: Stadt Münster, Amt für Grünflächen und Naturschutz,
Herwarthstraße 8,
48143 Münster,
Tel. 0251/4926700,
Fax 0251/4927737,
E-Mail
Amt–67stadt-muenster.de
Größe: 3 ha
frei zugänglich
P 🐕 ℹ
Informationen in der Bürgerberatung im Stadthaus 1

Privatgarten Mischok

In den Wallhecken 8, Lienen

Der Garten ist im japanischen Stil angedeutet. Alle Pflanzen kommen ursprünglich aus dem asiatischen Bereich, darunter sehr viele Raritätengehölze. Weiterhin sind Formgehölze, eine Hostasammlung mit etwa 50 Arten und Sorten und ein kleiner Teich mit Koi-Karpfen zu sehen. Eigentümer/in: Eheleute Mischok, In den Wallhecken 8, 49536 Lienen, Tel. 05483/8620

NRW 10 NEU
Größe: 800 m²
Anmeldung erbeten
Öffnungszeiten: April bis Ende September
Eintritt: frei
→ bei Anmeldung
P 🐕 ♿

Warendorfer Duftgarten

Hoetmarer Straße, Freckenhorst, Warendorf

Der Warendorfer Duftgarten umfaßt eine große Anzahl von Heil- und Duftpflanzen, überwiegend Stauden.

NRW 11
Größe: 1500 m²
Anmeldung erbeten
Eintritt: frei

Warendorf
351 Berliner Straße

Eigentümer/in: Ingrid Pohlmann, Zumlohstraße 13, 48231 Warendorf, Tel. 02581/60113
Öffnungszeiten: Juni – Sept.

NRW 12
Größe: 700 m²
Anmeldung erbeten
Öffnungszeiten: ganzjährig geöffnet
Eintritt: frei
Künsebeck
→ B 68, an der Ampelkreuzung in Künsebeck Richtung Süden, über die Bundesbahnlinie 100 m, links Brinkweg

Privatgarten Beckmann
Brinkweg 8, Halle/Künsebeck (Westf.)
In diesem Hausgarten dreht sich fast alles um Taglilien. Etwa 250 Hemerocallissorten sind aufgepflanzt, darunter selektierte Pflanzen aus der Kreuzungsarbeit namhafter deutscher Züchter und aus eigenen Kreuzungen. Zusätzlich gibt es einige Stauden mit Seltenheitscharakter zu sehen.
Eigentümer/in: Elmar Beckmann, Brinkweg 8, 33790 Halle/Künsebeck (Westf.), Tel. 05201/70250
Attraktionen: Hemerocallisblüte

NRW 13
Größe: 0,3 ha
Anmeldung erbeten
Eintritt: 5 DM, Kinder frei bis 16 Jahre, ermäßigt 3 DM
Führungen: nach Voranmeldung
42 Großekathöfe,

Privatgarten Müther
Ammerweg 1, Gütersloh
Der Hausgarten mit verschiedenen Sitzplätzen und Wasserbecken mit einem Bachlauf umfaßt neben Stauden, Rosen, Gräsern und Gehölzen auch einen Gemüsegarten mit Hochbeetkulturen, einer Blumenwiese, einen Kräutergarten und ein Gewächshaus.

Eigentümer/in: Monika und Karl Josef Müther, Ammerweg 1, 33335 Gütersloh, Tel. 05209/2731, E-Mail daniel.muether@uni-konstanz.de
Öffnungszeiten: ganzjährig geöffnet

94 Molkerei
Getränke, Kuchen und kleine Gerichte

Botanischer Garten – Blumengarten
Parkstraße 51, Gütersloh
Der Garten, der seit 1912 am nordöstlichen Rand des Stadtparks angelegt wurde, stellt die Pflanzen nicht, wie bei Botanischen Gärten üblich, systematisch nach ihrer geographischen Herkunft dar. Der Stadtgärtner Karl Rogge entwarf vielmehr einen Schaugarten, mit typischen Grundzügen der englischen Gartenkunst des beginnenden 20. Jahrhunderts. Wesentliche Merkmale, wie das Spannungsverhältnis von architektonischer Gestaltung, Raumbildung und pflanzlicher Vielfalt, bestimmen den Reiz dieser Gartengestaltung. Der Kern der Anlage ist bis heute in der ursprünglichen Form erhalten. Geometrische Wasserbecken, Laubengänge mit Sitznischen und hohe Hainbuchenhecken schaffen immer noch Räumlichkeit und formale Geschlossenheit. In späteren Jahren hinzugekommene seitliche Bereiche wurden durch größere Rasenflächen und geschwungene Wege räumlich geöffnet. Nach außen hin schließen hohe, meist einheimische Bäume und Sträucher den Garten ab. 1992 wurde der Garten komplett erneuert. Mit der Anlage des Apothekergartens sowie des naturnahen Gartenbereichs in den Jahren 1997 und 1998 erreichte der Garten seine heutige Größe.

NRW 14
Eigentümer/in: Stadt Gütersloh, Grünflächenamt, Postfach 2955, 33326 Gütersloh, Tel. 05241/822423, Fax 05241/822426
Größe: 3,35 ha
Öffnungszeiten: ganzjährig geöffnet 8 Uhr bis Einbruch der Dunkelheit
Eintritt: frei
Führungen: nach Voranmeldung, kostenlos
DB Gütersloh
42 Reckenberger Straße, 45 Verler Straße

Wassergarten Schael
Brenzelpath 7, Gütersloh
Der Wassergarten an einem Reihenhaus mit kleinem Wasserlauf, zwei Sitzplätzen und einer Halbinsel mit Zierkirsche umfaßt eine nach Lebensbereichen gegliederte Staudenpflanzung, darunter Waldhumussträucher und Wiesenstauden.
Eigentümer/in: Heike und Dieter Schael, Brenzelpatt 7, 33334 Gütersloh, Tel. 05241/67870

NRW 15
Größe: 500 m²
Anmeldung erbeten
Öffnungszeiten: ganzjährig geöffnet
Eintritt: frei
Führungen: nach Voranmeldung, kostenlos

Privatgarten Kahleis
Brackweder Straße 90, Gütersloh
Der Garten wird von einem Badeteich mit Wasserfall geprägt. Eine Riesenschaukel und zahlreiche Tiere (Hühner, Ziervögel und Hunde) machen ihn zu einem Familienparadies.
Eigentümer/in: Beate Kahleis, Brackweder Straße 90, 33335 Gütersloh, Tel. 05209/980840, Fax 05209/98043
Öffnungszeiten: Mai bis September

NRW 16 NEU
Größe: 0,1 ha
Anmeldung erbeten
Eintritt: frei
Führungen: nach Voranmeldung

NRW 17 NEU
Eigentümer/in: Volker und Monika Geissler, Grundtvigstraße 2, 33330 Gütersloh, Tel. 05241/36782, Fax 05241/36782
Größe: 350 m²
Anmeldung erbeten
Öffnungszeiten: ganzjährig geöffnet
Eintritt: frei
Führungen: nach Voranmeldung
DB Gütersloh
→ bei Anmeldung
P 🐕 ♿

Privatgarten Geissler

Grundtvigstraße 2, Gütersloh

Foto: Geissler

Ein Reihenhausgarten mit architektonischem Wasserbekken, Pergola, Stauden, Kletterpflanzen, Kübelpflanzen und begrüntem Flachdach.

NRW 18 NEU
Größe: 1 ha
Anmeldung erbeten
Öffnungszeiten: Ausstellungstage, verschiedene Termine (bitte erfragen) und nach Vereinbarung
Eintritt: frei
DB Bielefeld Hbf
Bus 59 Weinhorst
P 🐕 ♿

Skulpturengarten art + work

Auf der Bleeke 41, Werther-Häger

In dem parkartigen Gelände mit sehr altem Baumbestand, Hecken, Großstauden, Obstwiese und Wasserläufen sind verschiedene Mosaikarbeiten, Springbrunnen und Kleinskulpturen aus Holz, Glas und Metall eingefügt. An den Ausstellungstagen stellen auch andere Künstler aus der Region aus.

Eigentümer/in: Irmgard Wiesbrock, Auf der Bleeke 41, 33824 Werther-Häger, Tel. 05203/5235, 01705/51322, Fax 05203/5235

NRW 19
Größe: 0,2 ha
Anmeldung erbeten
Eintritt: frei
Führungen: nach Voranmeldung, kostenlos
DB Brake bei Bielefeld
P 🐕 ♿
✿ Pflanzen werden evtl. verkauft

Stedefreunder Staudengarten

Stieglitzweg 18, Herford

Die Anlage ist aus einem Staudenanzuchtbetrieb in den Jahren 1970 bis 1989 hervorgegangen. Es finden sich viele interessante Stauden unterschiedlicher Bereiche, wie Alpinum, Beetstauden, Schattenpflanzen, Steppenpflanzen, Wasseranlage, winterharte Sukkulenten.

Eigentümer/in: Doris Pfennig, Stieglitzweg 18, 32051 Herford, Tel. 05221/32424

Öffnungszeiten: Mai bis August

Privatgarten Philipsen

An der Waldspitze 35, Herford

Ein naturnaher Hausgarten als Heilgarten. Etwa 100 Heilpflanzenarten, ergänzt durch spezielle Duftpflanzen, sind ihren natürlichen Standorten entsprechend am Teichrand, in Stauden- und Gehölzpflanzungen und in eine Kräuterwiese integriert und beschildert.
Eigentümer/in: Helga und Johannes Philipsen, An der Waldspitze 35, 32049 Herford, Tel. 05221/981419, Fax 05221/981421
Öffnungszeiten: April bis Oktober

NRW 20
Größe: 800 m²
Anmeldung erbeten
Eintritt: frei
Führungen: nach Voranmeldung
404, 439 Oberingstraße
kostenloser Ausschank von eigenem Kräutertee
Heilpflanzen
Heilpflanzenliste kostenlos

Privatgarten Wemhöner

Plankstraße 1, Herford

In dem ländlich modernen Garten steht ein Badeteich mit Felseninsel mit Kunstplastik, Wasserfall und Strand im Mittelpunkt. Neben einem Bauerngärtchen haben Kinder eine eigene Ecke.
Eigentümer/in: Elke und Heiner Wemhöner, Plankstraße 1, 32052 Herford, Tel. 05221/770210, Fax 05221/770239

NRW 21 NEU
Größe: 0,2 ha
Anmeldung erbeten
Öffnungszeiten: Mai bis Oktober Sa 10–17 Uhr
Eintritt: frei
DB Herford

Privatgarten Bayreuther-Finke

Telgenbrink 79, Bielefeld

Foto: Bayreuther-Finke

Der stimmungsvolle, sehr naturnahe Bauerngarten an einem westfälischen Fachwerkkotten liegt in der freie Landschaft am Waldrand. Alte Rosen, Duftpflanzen, Wasseranlagen, lauschige Sitzplätze, ein Bienenstand und Vögel, darunter Schleiereulen, machen den Garten attraktiv.

NRW 22
Eigentümer/in: Barbara Bayreuther-Finke und Dr. Peter Finke, Telgenbrink 79, 33739 Bielefeld, Tel. 05206/1466, E-Mail Peter.Finke@t.online.de
Größe: 0,2 ha
Anmeldung erbeten
Öffnungszeiten: die beiden letzten Wochenenden im Juni und nach Vereinbarung, 10–22 Uhr
Eintritt: frei
Führungen: nach Voranmeldung
→ von der Straße 80 m Fußweg über Privatweg des Hauses 77

Nordpark

Bünderstraße 25 a, Bielefeld

In mehreren Schritten wurde der Nordpark zu einem landschaftlich geprägten Stadtpark. Besonders hervorzuheben ist ein schöner, als Café genutzter steinerner Pavillon, der

NRW 23
Eigentümer/in: Stadt Bielefeld, 33597 Bielefeld, Tel. 0521/513985, Fax 0521/513437

Größe: 6,4 ha
frei zugänglich
Nordpark
Nordpark

nach dem Krieg aus einem Privatgarten in den Nordpark versetzt wurde. Das Bauwerk, vermutlich von einem Schüler des Baumeisters Karl Friedrich Schinkel 1830 errichtet, steht unter Denkmalschutz. Besonders attraktiv ist neben der vielfältigen Staudenpflanzung die Dahlienschau. Veranstaltungen: Konzerte im Café Nordpark

NRW 24
Eigentümer/in: Christhard Ehrig,
Marderweg 23,
33689 Bielefeld,
Tel. 05205/7647,
Fax 05205/72351
Größe: 0,1 ha
Anmeldung erbeten
Öffnungszeiten: April bis Okt.
Eintritt: frei
Führungen: nach Voranmeldung
Attraktionen: Frühjahrsblüte
→ bei Anmeldung

Hausgarten Christhard Ehrig
Marderweg 23, Bielefeld

Foto: Ehrig

Der Privatgarten am Waldrand umfaßt Stauden, Wasserspiegel und zahlreiche Natursteinarbeiten.

NRW 25
Eigentümer/in: Stadt Bielefeld,
33597 Bielefeld,
Tel. 0521/513985,
Fax 0521/513437
Größe: 4,4 ha
frei zugänglich
Attraktionen: Ruine des ehemaligen Torgebäudes und Schienenwegreste
DB Bielefeld

Rochdale Park – Ravensberger Spinnerei-Garten
Heeper Straße 45–49, Bielefeld
Im Jahre 1854 entstand die damals europaweit modernste Spinnerei. Nach dem 2. Weltkrieg lief die Produktion aus. Durch eine Bürgerinitiative konnte der Abbruch verhindert werden und es entstand der Museumspark in Verbindung mit Einrichtungen der Volkshochschule. Im Gebäude der ehemaligen Direktorenvilla ist die Kunstgewerbesammlung der Stiftung Huelsmann untergebracht. Der Direktorengarten konnte weitgehend originalgetreu mit Wegeführung, Teich, Springbrunnen wiederhergerichtet werden. Der südliche Teil der Gesamtparkanlage ist Rochdale, der englischen Partnerstadt von Bielefeld, gewidmet.

NRW 26
Größe: 8,5 ha
frei zugänglich
Attraktionen: großflächige Frühjahrs- und Sommerbepflanzung, weitläufige Rhododendronhecken,

Bürgerpark und Rosengarten
Wertherstraße 88 / Stapenhorststraße, Bielefeld
Der Bürgerpark einschließlich des Rosengartens ist die attraktivste städtische Grünanlage in Bielefeld. Die Anfänge gehen auf eine Arbeitsbeschaffungsmaßnahme in den 20er Jahren zurück, als man eine aufgelassene Tongrube in eine innerstädtische Erholungsanlage umgestaltete. Seine jetzige

Prägung erhielt der Bürgerpark nach dem 2. Weltkrieg durch häufige Umgestaltungen. Der Rosengarten zeigt eine Auswahl großblumiger Edelrosen, Polyantharosen, Bodendeckerrosen sowie Hochstammrosen in attraktiven Sorten. Eigentümer/in: Stadt Bielefeld, 33597 Bielefeld, Tel. 0521/513985, Fax 0521/513437

freilaufende Kronenkraniche
Oetkerhalle
Oetkerhalle

Privater Künstlergarten

Herner Straße 13, Bielefeld

NRW 27
Eigentümer/in: Sigrid und Klaus Stegmann, Herner Straße 13, 33649 Bielefeld, Tel. 0521/442044, Fax 0521/433474
Größe: 800 m²
Anmeldung erbeten
Öffnungszeiten: ganzjährig geöffnet
Eintritt: frei
Führungen: nach Voranmeldung
Attraktionen: Blüte von Azaleen, Rhododendren, Japanischen Kirschen und Magnolien Mai bis Juni

Foto: Stegmann

Der eigenwillig gestaltete Garten eines Malers mit diversen, bis zu 7 Meter hohen Bambus- und zahlreichen Azaleen- und Rhododendrenarten erhält durch asiatische Stein- und Holzplastiken interessante Formelemente.

Blinden-, Duft- und Tastgarten

Stadtblick 12, Bielefeld

Ein offener Blinden-, Duft- und Tastgarten mit freiem Zutritt, dessen Besonderheiten Historische und Englische Rosen, kombiniert mit Stauden, vor allem Phloxe und staudige Sonnenblumen sind. Ein Teil der Rosen ist in Schwarz- und Blindenschrift ausgezeichnet.

NRW 28
Größe: 400 m²
frei zugänglich
Eintritt: frei evtl. Spende zur Erhaltung und Erweiterung der Projekte
Führungen: nach Voranmeldung, evtl. Spende

3 Babenhausen-Süd

Eigentümer/in: Heidi Thielke, Stadtblick 12, 33739 Bielefeld, Tel. 0521/888212

NRW 29
Größe: 0,6 ha
Anmeldung für Gruppen erbeten
Öffnungszeiten: ganzjährig geöffnet Di–So, im Sommer 10–18 Uhr, im Winter 10–17 Uhr
Eintritt: auf Anfrage
1, 2, 3 Jahnplatz
24 Tierpark
→ Haltestelle Jahnplatz umsteigen in Buslinie 24

Bauernhausmuseum Bielefeld

Dornberger Straße 82, Bielefeld

Der Bauerngarten ist historischen Vorbildern aus der Zeit zwischen 1850 und 1900 im Ravensberger Land nachempfunden. Kräuter, Beerensträucher und Zierpflanzen wachsen in geometrischer Anlage mit von Buchs umrahmten Beeten neben einer Hainbuchenlaube und einer Obstwiese.
Eigentümer/in: Bielefelder Bauernhausmuseum GmbH, Dornberger Straße 82, 33619 Bielefeld, Tel. 0521/513367
Führungen: nach Voranmeldung, für Gruppen bis 15 Personen

NRW 30
Eigentümer/in: Stadt Bielefeld, Am Kahlenberg 16, 33617 Bielefeld, Tel. 0521/513178, Fax 0521/513178
Größe: 4 ha
frei zugänglich
Führungen: nach Voranmeldung, evtl. Spende,
Attraktionen: Frühjahrsblüte im Steingarten,
1 Bethel-Eck
Bethel
→ Ab der Straßenbahnhaltestelle ausgeschildert
Veranstaltungen: internationaler Samentausch

Botanischer Garten

Am Kahlenberg 16, Bielefeld

Im Jahre 1912 legte die Stadt Bielefeld nach einem Plan des damaligen Gartenbaudirektors Meyerkamp einen Garten an. Zwei Gesichtspunkte waren hierbei maßgebend: die Beschaffung von Anschauungsmaterial für den naturkundlichen Unterricht an Schulen und die Funktion als Schaugarten mit vielen heimischen und nichtheimischen Pflanzen.
Meyerkamp lehnte einen nach streng wissenschaftlichen Grundsätzen eingerichteten Garten und eine Einfriedigung ab. Die Anlage sollte der Allgemeinheit gehören. Trotz verschiedener Erweiterungen und Veränderungen gelten diese Prinzipien auch heute noch, wobei der Aspekt des Schulgartens in den letzten Jahren fast völlig verdrängt wurde. Gestalterisch sind in vielen Bereichen noch die Planungen der zweiten Erweiterung von 1925 bis 1927 erkennbar. Besonderheiten des Gartens sind ausgedehnte Rhododendren- und Wildstaudenflächen, der Rosen- und Staudengarten, das Alpinum, der Arznei- und Gewürzgarten, der Heidegarten und ein Bereich mit 200 gefährdeten Arten aus der Roten Liste NRW. Die geologische Erdzeituhr veranschaulicht die Entwicklung der Erde und der Lebewesen.

NRW 31 NEU
Größe: 0,5 ha
Öffnungszeiten: 02./03.06. 2001, 11–18 Uhr, 01./02.06. 2002, 11–18 Uhr
Eintritt: frei, Führungen

Privatgarten Eckhardt

Siekkamp 67, Bielefeld

Das Gebäude wurde als Siedlungshaus in den 20er Jahren errichtet. Die Grundstücksgröße ist bis heute unverändert. Der große Naturgarten besteht aus einer Wildschutzhecke mit heimischen Gehölzen, verschiedenen Themengärten, einem großen Teich und einem Steingarten mit Bachlauf.
Eigentümer/in: Anna und Heinrich Eckhardt, Siekkamp 67, 33659 Bielefeld, Tel. 0521/402443, Fax 0521/402443, telefon. Voranmeld., E-Mail 0521402443-1@t-online.de

Privatgarten Bolte
Mannheimer Straße 1, Bielefeld
Der an einem 2-Familien-Haus aus den 50er-Jahren gelegene Garten wurde erst kürzlich neu angelegt, wobei ein älterer Baumbestand mit überwiegend Buchen und einer großen Trauerbuche einbezogen werden konnte. Während der Bereich vor dem Haus als Staudengarten mit Tee- und Heilpflanzen gestaltet ist, enthält der Garten hinter dem Haus Rhododendren, Englische Rosen und eine Terrasse mit Quelle und Bachlauf zu einem großen Schwimmteich.
Eigentümer/in: Jutta Bolte, Mannheimer Straße 1, 33659 Bielefeld, Tel. 0521/492518, E-Mail juttabolte@aol.com

NRW 32 NEU
Größe: 0,1 ha
Anmeldung erbeten
Öffnungszeiten: März bis September nach Vereinbarung
Eintritt: frei
DB Bielefeld
Bus 135 Spelenkampweg
→ bei Anmeldung
P

Skulpturengarten Pladeck
Am Brodhagen 97, Bielefeld
Die alten knorrigen Bäume, denen Kletter-Rosen und Clematis eine zweite Blüte verleihen, und die vielen Staudeninseln bieten einen wunderschönen Rahmen für Ausstellungen der im eigenen Atelier gefertigten Skulpturen aus Bronze und hochgebrannter frostfester Keramik.
Eigentümer/in: Doris Pladeck, Am Brodhagen 97, 33613 Bielefeld, Tel. 0521/882266
Öffnungszeiten: 15. April bis 31. Oktober

NRW 33 NEU
Größe: 0,21 ha
Anmeldung erbeten
Eintritt: frei
Führungen: nach Voranmeldung
DB Bielefeld
Bus 25, 26 Am Brodhagen
P ♿

Privatgarten Röder
Am Mühlenberg 30, Bielefeld
Den Vorgarten in Hanglage bestimmt eine einfache, großzügige Gestaltung mit altem Baumbestand. Rankgerüste und reiche Staudenpflanzungen mit strukturierten Platz- und Rasenflächen gliedern den rückwärtigen Teil in verschiedene Gartenräume. Neben gärtnerischen Baustoffen bestimmen Werkstoffe wie Mühlstein, Balustraden, Futtertröge und schmiedeeiserne Gitter das Bild, komplettiert durch zahlreiche Skulpturen aus Terrakotta und anderen Materialien.
Eigentümer/in: Marianne und Friedrich W. Röder, Am Mühlenberg 30, 33619 Bielefeld, Tel. 0521/102337

NRW 34 NEU
Größe: 0,1 ha
Anmeldung erbeten
Eintritt: frei
Führungen: nach Voranmeldung
Öffnungszeiten: ganzjährig geöffnet
DB Bielefeld
Bus 22 Wettensiek
♿ über Nachbargrundstück, Auf der Egge 117

Schloßpark Schötmar
Schloßstraße, Bad Salzuflen
Die Schloßanlage mit dem über 275 Jahre alten Schloß, ein typischer kleiner barocker Adelssitz, stellt in Verbindung mit dem anglisierten Park, der von einer hohen Mauer umgrenzt wird, eine schützenswerte Einheit dar. Der Landschaftspark aus dem 19. Jahrhundert, der über mehrere Umgestaltungen und Vergrößerungen seine heutige Gestalt erhielt, liegt etwas abseits vom Schloß. Von der Südseite des Schlosses erreicht man den Park über einen unscheinba-

NRW 35
Eigentümer/in: Stadt Bad Salzuflen, Umweltamt, 32102 Bad Salzuflen, Tel. 05222/952245, Fax 05222/952168
Größe: 5 ha
frei zugänglich
Bus 350, 351, 940, 942, 961, 963 Schötmar Markt
P ♿

ren Seitengang. Vom Haupteingang zum Marktplatz öffnet sich der Park in eine baumbestandene Wiese. Südlich vom Schloß liegt ein Rosen- und Steingarten, eine Eichenallee führt zu einem Mausoleum mit den davorliegenden Grabstätten der Familie von Stietencron, den ehemaligen Besitzern, die 1949 von der Stadt Schötmar gekauft wurde.

NRW 36
Eigentümer/in: August Großmann GmbH & Co KG, Senkelteichstraße 13, 32602 Vlotho/Weser, Tel. 05733/9210, Fax 05733/921400, Internet www.badsenkelteich.de
Größe: 1,8 ha, frei zugänglich
457 Bad Senkelteich

Kurpark
Senkelteichstraße, Bad Senkelteich
Der um 1860 angelegte Kurpark liegt am Rand des Erdfalltrichters von Bad Senkelteich. Intensiv gestaltete Bereiche wie der Rosengarten lösen sich zur Landschaft hin auf. Den Landschaftsgarten zeichnen einen terrassenförmigen Aufbau mit alten Treppen, ein alter Baumbestand und zahlreiche Ausblicke ins Tal bei südexponierter Hanglage aus. Eine geologische Besonderheit ist der Erdfalltrichter, in dem sich über 7000 Jahre lang ein 40 Meter mächtiges Moor entwickelt hat.

NRW 37
Größe: 0,2 ha
Anmeldung erbeten
Öffnungszeiten: Mai bis Sept.
Eintritt: frei
Führungen: nach Voranmeldung, kostenlos
→ Von der Straße zwischen Freilichtmuseum und Hiddesen (Friedrich-Ebert-Str.) im Tal in die Straße Friedenstal einbiegen, dann nach links in den Amselweg

Privatgarten Döhl
Amselweg 4, Detmold
Der Hausgarten ist durch Hecken in verschiedene Bereiche aufgeteilt, die mit Stauden, Kletterpflanzen und seltenen Gehölzen bepflanzt sind. Es werden hauptsächlich Wildstauden verwendet, unter anderem Geranium, Päonie, Helleborus, Umbelliferen. Zur Zeit wird eine Sammlung von Iris-Wildarten aufgebaut. Pflasterritzenflora verschönt befestigte Wege, ein Gewächshaus dient zur Überwinterung von Kübelpflanzen und zur Staudenanzucht.
Eigentümer/in: Ute Döhl, Amselweg 4, 32756 Detmold, Tel. 05231/22605

NRW 38
Größe: 1,5 ha
frei zugänglich
→ Im Stadtzentrum
P gebührenpflichtig

Kaiser-Wilhelm-Platz
Paulinenstraße / Hermannstraße/Bismarckstraße, Detmold
Der Kaiser-Wilhelm-Platz wurde im Zuge der gründerzeitlichen Stadterweiterung als zeittypischer Vertreter eines Rasenschmuckplatzes 1875 angelegt. Die streng rasterförmige Wegestruktur ist von Lindenalleen gefaßt.
Eigentümer/in: Stadt Detmold, FB 8, Georgstraße 10, 32456 Detmold,
Tel. 05231/977700, Fax 05231/977400

NRW 39
Größe: 1,9 ha
frei zugänglich
701, 702, 703, 704 Rosental
→ Im Stadtzentrum

Schloßplatz Detmold
Schloß Detmold, Detmold
Der Schloßplatz des Residenzschlosses zu Detmold ist die zentrale Grünanlage des historischen Stadtkerns. In seiner wechselvollen Geschichte entwickelte er sich aus dem Vorwerk einer Burganlage über einen Exerzierplatz mit

Esplanade aus drei Baumreihen um 1750 zur heutigen Parkanlage, die durch geschwungene Rasenflächen und wertvollen Altbaumbestand geprägt ist. Der Schloßplatz steht ebenso wie die umgebenden Bauwerke, darunter das Weser-Renaissance-Schloß und seine Nebengebäude, unter Denkmalschutz.
Eigentümer/in: Dr. Armin Prinz zur Lippe (zu ca. zwei Dritteln), Stadt Detmold (zu ca. einem Drittel), FB 8, Georgstraße 10, 32456 Detmold, Tel. 05231/977700, Fax 05231/977400

P gebührenpflichtig
✂ 🐕 ♿

Palaisgarten
Allee, Detmold
Der Palaisgarten wurde um 1718 zunächst im französischen Stil als langgestreckter, von Mauern umgebener Barockgarten angelegt. Von dieser Gestaltung sind heute nur wenige Reste, darunter Hecken und Futtermauer erhalten. Die heutige Grundstruktur der Anlage entstand in der Zeit von 1850 bis 1860 durch Umgestaltung und Erweiterung zum Landschaftspark. Der Palaisgarten ist seit 1919 öffentlich zugänglich und verfügt über einen wertvollen Altbaumbestand. Das am Rande des Gartens gelegene Palais ist Sitz der Nordwestdeutschen Musikakademie.

NRW 40
Eigentümer/in: Land Nordrhein-Westfalen
Größe: 8,1 ha,
frei zugänglich
🚌 701, 703 Palaisgarten
P 🐕 ♿

Anne und Dieters Bonsai- und Feng Shui Garten
Falkenhagen 27, Lügde
Das Wohnhaus ist ein Nebengebäude des Klosters Falkenhagen. Der Garten ist nach japanischer Art mit Teichen, Brücken und gestalteten Büschen angelegt. 130 ausgesuchte, schöne Bonsai-Solitäre sind zu bewundern, weitere 200 sind in den Garten integriert. Zum Garten gehören auch ein Senkgarten mit mediterranen Pflanzen, ein Feng-Shui Garten mit Schildkröteninsel-Steingestaltung und ein Gehege mit Papageien und Kanarienvögeln. In einem Pavillon werden Suiseki und Biseki (japanische Meditations- und Betrachtungssteine) sowie Betrachtungssteine aus aller Welt gezeigt. Eine weitere ständige Ausstellung zeigt Bonsai-Grundgestaltungen von 20 deutschen und europäischen Bonsaikünstlern.
Eigentümer/in: Dieter und Anita Arndt, Falkenhagen 27, 32676 Lügde, Tel. 05283/1282
Veranstaltungen: Ausstellungen des Bonsai-AK Lippe Südost, letztes Augustwochenende 2001 Fotoausstellung mit erotischen Baumbildern

NRW 41
Größe: 0,1 ha
Öffnungszeiten: Mai bis Okt. 12–22 Uhr
Eintritt: 3 DM, Kinder frei bis 15 Jahre
→ Von Hameln in Richtung Höxter, B 83 bis Polle, in Polle an der 1. Ampel rechts Richtung Bad Pyrmont – Falkenhagen
P ☕ 🐕 ♿
✿ Pflanzen werden bei Sonderausstellungen verkauft

Gärten des Westfälischen Freilichtmuseums Detmold
Detmold
Bei zahlreichen Einzelgebäuden und in den Dorfanlagen des Freilichtmuseums sind ländliche Gärten nach histori-

NRW 42 NEU
Eigentümer/in: Landschaftsverband Westfalen-Lippe,

Landesmuseum für Volkskunde Krummes Haus, 32760 Detmold, Tel. 05231/7060, Fax 05231/706106, E-Mail wfm-detmold@lwl.org, Internet www.lwl.org/freilichtmuseum-detmold
Größe: 90 ha
Öffnungszeiten: April bis Oktober 9–18 Uhr
Eintritt: 7 DM, Kinder frei bis 5 Jahre, ermäßigt 3 DM für Schüler, Kinder, Jugendliche von 6–18 Jahren, Gruppen ab 20 Personen 5 DM/Person, Schülergruppen 3 DM/Person
Führungen: nach Voranmeldung, Tel. 05231/706104 für Gruppen bis 35 Personen, 60 DM/Gruppe
DB Detmold
Bus 701 Freilichtmuseum
→ ausgeschildert
P
Veranstaltungen, Honig- und Staudentag, 12./13.05.2001 und verschiedene, wechselnde Veranstaltungen
✿ geplant, seltene Zier- und Nutzpflanzen

schem Vorbild wieder angelegt worden. Diesen Rekonstruktionen waren umfangreiche Forschungsarbeiten vorangegangen, so daß die Gärten sowohl der geographischen als auch der zeitlichen und sozialen Zuordnung der Gebäude, zu denen sie gehören, entsprechen. Die Spanne reicht von den repräsentativen Gärten der gehobenen bäuerlichen Schicht bis zu verzierten Nutzgärten, reinen Ziergärten und Obstgärten mit ihren regionalen, bzw. lokalen Obstsorten.

Foto: Fotodienst Fehn

NRW 43 NEU
Größe: 0,1 ha
Öffnungszeiten: jeweils 3. Wochenende im Mai und Juni, 11–18 Uhr
Eintritt: 5 DM, Kinder frei bis 15 Jahre, für Gruppen ab 5 Personen: 3 DM/Person
Führungen: nach Voranmeldung, für Gruppen bis 20 Personen
DB Geldern
→ Geldern – Ortsteil Veert
P

Privatgarten Ehmanns

Von-Galen-Straße 1, Geldern

Die zentrale Lage des Bungalows auf dem Grundstück gab bei der Gartengestaltung die Möglichkeit, sehr unterschiedliche Räume zu schaffen, die dennoch alle im Formalen die strenge Geometrie des Hauses aufgreifen. Der Garten vor dem Haus wird zum einen bestimmt durch eine Gruppenpflanzung aus Rhododendren und Azaleen mit entsprechenden Begleitern, zum anderen durch einen Rosengarten mit vorwiegend Englischen Rosen. Die Gestaltung des Gartens im rückwärtigen Teil orientiert sich an möglichen Blickrichtungen aus Wohnräumen und von verschiedenen Sitzplätzen.
Eigentümer/in: Dagmar und Herbert Ehmanns, Von-Galen-Straße 1, 47608 Geldern, Tel. 02831/3606, Fax 02831/3606

Op de Bartelt

Bartelter Weg 20, Geldern

Der Garten vor dem Haus fügt sich mit seiner Vielfalt an Stauden und Rosen in formalen Buchsbaumbeeten harmonisch in die ländliche Umgebung ein. Im Garten hinter dem Haus wechseln freie und formale Gestaltungselemente einander ab. Terrassen und Sitzplätze mit langen Blickachsen, Teiche und Rasenfläche mit Obstbäumen, Kräutergärtchen und Schattenpfade bestimmen die romantische Gartensituation.

Eigentümer/in: Hildegard Beauvy, Robert Uster, Bartelter Weg 20, 47608 Geldern, Tel. 02831/7648, Fax 02831/991788

NRW 44 NEU

Größe: 0,25 ha
Anmeldung für Gruppen erbeten
Öffnungszeiten: jeweils 3. Wochenende im Mai und Juni, Sa und So 11–18 Uhr
Eintritt: 5 DM, Kinder frei bis 12 Jahre
DB Geldern
→ Nähe Krankenhaus, Schloß Haag
P

Privatgarten van Huet

Mühlenfeld 16, Sonsbeck

Foto: van Huet

Ein beinahe ganzjährig blühender, bunter Staudengarten, kombiniert mit Rosen und Blütensträuchern, eingerahmt von Bäumen und Rhododendren. Schattige Bereiche, Teich, Springbrunnen und Rasen wechseln ab, unter anderem mit einem blau-gelben und rosa-blau-purpurfarbenen Border. Dabei werden Farben, Formen und Blattexturen harmonisch miteinander kombiniert und ergänzt.

NRW 45 NEU

Eigentümer/in: Jo van Huet, Helmut van Huet, Mühlenfeld 16, 47665 Sonsbeck, Tel. 02838/96234, Fax 02838/9511
Größe: 0,13 ha
Anmeldung für Gruppen erbeten
Öffnungszeiten: 3. Wochenende im Mai und Juni, Sa/So, 11–18 Uhr
Eintritt: 5 DM, Gruppen: 5 DM/Person, Kinder frei bis 10 Jahre
→ A 57, Abfahrt Sonsbeck (Nr. 5), links bis zum Stoppschild, links, nach 200 m rechts, 2. Straße rechts (Stichstraße)
P in begrenzter Zahl

Privatgarten Krautwig

Fürstenberg 18, Xanten

Das Grundstück erstreckt sich hinter einem 130 Jahre alten Bauernhaus. Beherrscht wird es von einer Allee ebenso alter Eßkastanien. Es ist naturnah (un-)gestaltet – auch Brennesseln, Disteln und Brombeeren erhalten in der Wildblumenwiese ihren Lebensraum. Im Kontrast dazu wachsen Alte Rosen mitten in der Wiese. Ebenso ein Rambler-

NRW 46 NEU

Eigentümer/in: Christel Krautwig, Fürstenberg 18, 46509 Xanten, Tel. 02801/4443
Größe: 0,15 ha
Anmeldung erbeten
Öffnungszeiten: März bis Juni, Termine in Faltblatt „Vier

Gärten öffnen ihre Pforten" (gegen frankierten Rückumschlag erhältlich)
Eintritt: 5 DM, Kinder frei bis 12 Jahre
Führungen: nach Voranmeldung
Attraktionen: Narzissenblüte, Rosenblüte März bis Juni
DB Xanten
→ Veener Weg (Richtung Krankenhaus), am Kleinen Waldstück links (Fürstenberg), dann 1. Feldweg links, 2. Haus (altes Bauernhaus)

Rosenbogengang. Ein Teich, ein Kräutergarten, ein mit Buchs formal gestalteter Blumengarten und ein Innenhof mit alten Myrthen schaffen Gartenräume.

Foto: Krautwig

NRW 47
Größe: 2,2 ha
Öffnungszeiten: ganzjährig geöffnet, im Sommer 8 Uhr im Winter 9 Uhr bis Eintritt der Dunkelheit
Eintritt: frei
Führungen: nach Voranmeldung
Ordensmuseum, Abteiplatz 24, Tel.: 02842/4062,
DB Moers
Bus 32 Bergrücken Kamp

Terrassengarten am Kloster Kamp

Am Abteiplatz, Kamp-Lintfort

Der historische Terrassengarten der Abtei Kamp entstand im Jahre 1700 unter dem Abt Emundus Richterich. Nach der Aufhebung der Abtei während der französischen Herrschaft am Niederrhein von 1795 bis 1815 verfiel die Anlage und geriet zunehmend in Vergessenheit. In den Jahren 1986 bis 1990 ließ die Stadt Kamp-Lintfort die barocke Gartenanlage nach historischem Vorbild wiedererrichten, jedoch mit architektonischen Gestaltungsmitteln der Gegenwart. Der Terrassengarten präsentiert seit 1990 zeitgenössische Kunst.
Eigentümer/in: Stadt Kamp-Lintfort, Kulturamt, Am Rathaus 2, 47479 Kamp-Lintfort, Tel. 02842/912333, Fax 02842/912494
Veranstaltungen: Ausstellungen zeitgenössischer Kunst in der westlichen Orangerie, Mai bis Sept., Infos bei: Kulturamt der Stadt, Tel. 02842/912333, Fax 02842/912367

NRW 48
Größe: 1,2 ha
Anmeldung für Gruppen erbeten unter Tel. 02153/72623 oder 6729
Eintritt: frei
Führungen: nach Voranmeldung, Preis auf Anfrage
Bus 093 Schlöp
→ A 40, Richtung Venlo,

Naturschutzhof

Sassenfeld 200, Nettetal

Die Anlage gibt Anregungen zur Gestaltung von Hausgarten, Schulgarten und Kindergartengelände. Dazu dienen Schaubiotope wie Kräutergarten, Heckenanlagen, Kleingewässertypen, Duftgarten, Kräuterspirale, Kräutermensch, Bauerngarten, Ackerwildkräuter, Blumenwiesen, Steingarten, Dachbegrünung, Rankgewächse, Totholzmauer, Benjeshecke, Obstgarten mit alten Sorten, Trockenmauer, Pflanzenklärbecken und Bruthügel für Nashornkäfer. Ergänzt

werden die Schaubiotope durch Schauanlagen wie Windrad zur Wasserförderung, Bienenstock, Freiluft-Klassenzimmer, Sonnenuhr, Vogeluhr und Nutzung der Sonnenenergie.
Eigentümer/in: Naturschutz-Hof, Sassenfeld 200, 41334 Nettetal, Tel. 02153/89374, Fax 02153/89374
Öffnungszeiten: Freifläche ganzjährig geöffnet, Info-Center: Mai bis Okt. an jedem 2. Sonntag
Attraktionen: Steingartenblüte, Wiesenblüte, Obstblüte

Abfahrt Straelen, nach Leuth, von da nach Lobberich, dann nördl. Richtung De Wittsee, weiter nach Ausschilderung
Veranstaltungen: Saison-Eröffnung, Saison-Abschluß
🐕 ♿ ℹ
✿ gegen Spende in sehr begrenztem Umfang

Landschaftspflegehof

Baerlo 149, Nettetal

Ziel der Anlagenkonzeption ist, die Entwicklung einer Naturlandschaft zu einer Kulturlandschaft zu demonstrieren. Gleichzeitig wird ein typischer Ausschnitt einer historischen niederrheinischen Kulturlandschaft gezeigt. Die Anlage befindet sich noch in der Aufbauphase. Wesentliche Elemente sind jedoch bereits vorhanden, darunter ein Bauerngarten, Teiche und Heckenpflanzungen.
Eigentümer/in: Bernd Rosenkranz, Arbeitsgemeinschaft Biotopschutz im Kreis Viersen e.V., Schulstr. 11, 41334 Nettetal, Tel. 02153/730660
Veranstaltungen: naturkundliche Ausstellung

NRW 49
Größe: 3 ha
frei zugänglich
Eintritt: frei
Führungen: nach Voranmeldung, Preis nach Vereinbarung, in Teilbereichen ganzjährig geöffnet
→ Östlich der K 3 zwischen Breyell und Leuth
🅿 🐕 ♿

Gartenanlage um den Rokokopavillon in Nettetal-Kaldenkirchen

Friedrichstraße 229, Nettetal

Die Anlage um einen Rokokopavillon ist in ihrer Gestaltung den historischen Vorlagen nachempfunden. Einfassungshecken aus exakt beschnittenem Liguster trennen die Wege von den umgebenden Rasenflächen und formen in der Hauptachse ein Rosenrondell. Garteninventar aus der Entstehungszeit des Pavillons ist zum Teil noch vorhanden, darunter eine Sonnenuhr, Steinbänke. Der sehr gut erhaltenen Pavillon ist ein bedeutendes Beispiel niederrheinischer Gartenbauten.

NRW 50
Eigentümer/in: Eheleute Hubert Funken, Friedrichstraße 229, 41334 Nettetal, Tel. 02157/6117
Größe: 0,1 ha
Anmeldung erbeten
ganzjährig geöffnet
Eintritt: frei
→ Bei Anmeldung
🅿 🐕 ♿

Sequoiafarm

Buschstraße 98, Nettetal

Das Arboretum mit ca. 600 Pflanzenarten wurde nach dem 2. Weltkrieg angelegt. Besonderheiten sind eine Baumreihe aus Metasequoia glyptostroboides, Bestände von Sequoiadendron giganteum und Sequoia sempervirens sowie eine alte Winterlinde im Eingangsbereich. Die wissenschaftliche Leitung erfolgt durch die GHS Essen.
Eigentümer/in: Stadtwerke Nettetal GmbH, Lenther Straße 25, 41334 Nettetal, Tel. 02157/1205111 o. 6133, Fax 02157/1205159 o. 6133
Attraktionen: Rhododendren-Blüte, Blüte der Buchenflora (Anemone, Salomonsiegel, Maiglöckchen)

NRW 51
Größe: 3,5 ha
Anmeldung erbeten
ganzjährig geöffnet
Eintritt: frei
Führungen: nach Voranmeldung, kostenlos
🚌 092, 093 Kreuzmönchstraße, 074 Schwimmbad Kaldenkirchen
🐕 ♿

NRW 52
Größe: 6 ha
Öffnungszeiten: alle zwei Jahre ein Tag der offenen Tür
Eintritt: frei
Attraktionen: Das Gesamtgelände kann vom Feuerwachturm auf den Hinsbecker Höhen überschaut werden.
→ Lage im Naturschutzgebiet Krickenbecker Seen, Anreise mit dem Fahrrad empfohlen
P ♿
Veranstaltungen: Musikveranstaltungen im Schloßhof
☕ nur am Tag der offenen Tür

Schloßpark am Schloß Krickenbeck

Schloßallee 1, Nettetal

Anfang des 18. Jahrhunderts wurde um das Schloß, dessen Ursprünge im Mittelalter liegen, eine barocken Gartenanlage angelegt und Mitte des 19. Jahrhunderts teilweise landschaftlich überformt. Zu Beginn unseres Jahrhunderts erfolgten weitere Umgestaltungen im neobarocken Stil. Der letzte Ausbauzustand wurde auf der Grundlage der Planung von Rose und Gustav Wörner 1990 wiederhergestellt, als im Schloß ein Schulungszentrum eingerichtet wurde. Besonders bemerkenswert ist heute der wertvolle Altbaumbestand im Park. Es ergeben sich reizvolle Ausblicke auf die umliegende Seenlandschaft des Naturschutzgebiets Krickenbecker Seen.
Eigentümer/in: Westdeutsche Landesbank, Akademie Schloß Krickenbeck GmbH, Schloßallee 1, 41334 Nettetal, Tel. 02153/9170

NRW 53
Größe: 3 ha
frei zugänglich
Attraktionen: Fontänen Sommermonate
→ Im Stadtzentrum Nettetal-Lobberich
P ✕ ☕ 🐕 ♿
Veranstaltungen: Rock im Park Festival Frühjahr/Sommer

Ingenhovenpark

Hochstraße / Marktstraße, Nettetal-Lobberich

Der zentrale Stadtpark besitzt einen wertvollen alten Baumbestand, unter anderem mit Eichen, Rotbuchen, Amberbäumen und Ginkgo. Den Mittelpunkt der Anlage bildet eine große, künstliche Teichanlage mit Insel und Wasserfontäne. Reizvoll im Park gelegen ist die Wasserburg Ingenhoven aus dem 15. Jahrhundert sowie Haus Erlenbroich, eine in neugotischem Stil errichtete Villa aus der Zeit um 1900.
Eigentümer/in: Stadt Nettetal, Fachbereich Tiefbau, Doerkesplatz 11, 41334 Nettetal, Tel. 02153/8986701, Fax 02153/8986688

NRW 54 NEU
Größe: 0,2 ha
Anmeldung erbeten
Eintritt: 5 DM
Führungen: nach Voranmeldung, für Gruppen bis 16 Personen, 10 DM/Gruppe
DB Nettetal-Kaldenkirchen
→ bei Anmeldung
P ♿ ℹ
✿ Gartenbücher

Garten Gröne

Busch 7, Nettetal-Leuth

Im Garten Gröne mit seinem alten Baumbestand wachsen zirka 750 mehrjährige, winterharte Gartenpflanzen. Die 15 verschiedenen, nach modernen, naturnahen Gestaltungsideen bepflanzten Beete zeigen einen Querschnitt durch das Spezial- und Standardsortiment der Baumschulen und Staudengärtnereien, insbesondere die Gattungen Aster, Clematis, Geranium und Narzisse.
Eigentümer/in: Hermann Gröne, Busch 7, 41334 Nettetal-Leuth, Tel. 02157/5177, E-Mail info@garten-groene.de, Internet www.garten-groene.de
Öffnungszeiten: ganzjährig geöffnet nach telefonischer Vereinbarung, Tage der Offenen Tür 2001: Frühlingsgarten 07./08.04., Sommergarten 07./08.07., Herbstgarten 22./23.09, jeweils 10–18 Uhr, Termine 2002 auf Anfrage oder im Internet

Alter Garten Viersen

Bahnhofstraße/Ecke Burgstraße, Viersen

Die Anlage besitzt einen neobarocken Charakter mit zeitgenössischen Stilelementen des Jugendstils und wurde 1901 von dem Düsseldorfer Gartenarchitekt M. Reinhard geplant. Es entstand ein Barockgarten mit zeitgetreuen Stilelementen der Gartenkunst. Der Garten ist symmetrisch aufgebaut. Auch die Vegetation betont die Symmetrie, die durch Taxushecken und Solitärtaxus in Kegel- und Kegelstumpfform gekennzeichnet ist. Im Mittelpunkt der Parkanlage befindet sich ein Wasserbecken, einseitig von einer geschwungenen Brüstung mit Kandelabern aus Sandstein eingefaßt. Die in der Mitte vorspringende Balustrade trägt drei bronzene Wasserspeier in Form von Löwenköpfen. Symmetrisch angelegte Schmuckbeetpflanzen ergänzen die Gartengestaltung.

NRW 55
Eigentümer/in: Stadt Viersen,
Bahnhofstraße 23,
41747 Viersen,
Tel. 02162/101420/416,
Fax 02162/101473
Größe: 0,6 ha
frei zugänglich
Attraktionen: Wasserspiele April bis Okt.
VVG 19, CE 89 Casinogarten

Wildstaudengarten Viersen

Hauptstraße, Viersen

Der Wildstaudengarten ging aus einer innerstädtischen Grünanlage hervor. Ziel der Umgestaltung war, den hohen Anteil an versiegelten Flächen auf das notwendigste Maß zu beschränken, das tote Betonbecken durch einen naturnahen Teich zu ersetzen, um das Wasser als Lebenselement ins Blickfeld zu stellen, und die artenarmen, standortfremden, überalterten Pflanzenbestände mit Betonung auf Naturnähe und Wahrung einer gartenkulturellen Vielfalt zu erneuern. So wurden 10 Lebensbereiche geschaffen, die die unterschiedlichsten Vegetationsformen beinhalten. Eine Besonderheit ist eine analemmatische Sonnenuhr, bei der der Körper des Besuchers den Schattenstab darstellt.

NRW 56
Eigentümer/in: Stadt Viersen,
Bahnhofstraße 23,
41747 Viersen,
Tel. 02162/101420/416,
Fax 02162/101473
Größe: 0,5ha,
frei zugänglich
VVG 92 Gereonsplatz/Hauptstraße

Schloßpark Rheydt

Ritterstraße, Mönchengladbach

Mit Torburg, Vorburg und Herrenhaus, mit Wall, Bastionen und Gräben ist Schloß Rheydt eine der besterhaltenen Wasserburgen am Niederrhein. Die Anlage erhielt ihre heutige Gestalt in den Jahren 1565 bis 1585, erbaut auf den Resten einer mittelalterlichen Burg. Der Renaissancebau des Herrenhauses und die Vorburg dienen als Museum für Kunst- und Kulturgeschichte. Die Außenanlagen, im 18. und 19. Jahrhundert zum Landschaftsgarten umgestaltet, wurden in den Jahren 1994 bis 1997 nach Plänen von Rose und Gustav Wörner, Wuppertal, überarbeitet. Die ehemaligen Befestigungsanlagen sind noch partiell erkennbar. Ein wiederhergestellter Bereich der Bastionsauen vermittelt ein Bild von der Wehrhaftigkeit des Schlosses Ende des 16. und im 17. Jahrhundert. Rundwege über die Wall-

NRW 57
Eigentümer/in: Stadt Mönchengladbach, Amt für Grünflächen und Friedhöfe,
Postfach,
41050 Mönchengladbach,
Tel. 02161/256800,
Fax 02161/256879
Größe: 2,6 ha
Eintritt: frei
Führungen: nach Voranmeldung, kostenlos
Öffnungszeiten: ganzjährig geöffnet Di–So
im Sommer 10–19 Uhr,
im Winter 10–16 Uhr
016 Schloß Rheydt

anlagen sowie im Außenbereich mit Blickschneisen auf die Schloßgebäude bieten ein abwechslungsreiches Natur- und Kulturerlebnis. Schloß Rheydt liegt an der Südseite eines zirka 200 Hektar umfassenden Wald- und Wiesengebietes, Teil des Niersgrünzuges.

NRW 58
Größe: 20 ha
frei zugänglich
Attraktionen: Kahnfahrten,
🚌 008 Volksgarten-Restaurant, 008 Buchenhof
🅿 ✂ ☕ 🐕 ♿

Volksgarten Mönchengladbach

Peter-Krall-Straße / Carl-Diem-Straße, Mönchengladbach

Der Volksgarten wurde im Jahre 1893 vom Unternehmers Peter Krall gestiftet. Den Mittelpunkt bildet ein Weiher mit Insel, um den Wiesenflächen, ein Kinderspielplatz und ein Café-Restaurant liegen. Der Volksgarten geht nahtlos in ein Waldgebiet, den Bungtwald, und das Naturschutzgebiet Elschenbruch mit Schloß Rheydt über. Erwähnenswert sind Buchenaltholzbestände im Volksgarten und Bungtwald mit Höhen bis zu 35 Meter.
Eigentümer/in: Stadt Mönchengladbach, Amt für Grünflächen und Friedhöfe, Postfach, 41050 Mönchengladbach, Tel. 02161/256800, Fax 02161/256879

NRW 59
Eigentümer/in: Stadt Mönchengladbach, Amt für Grünflächen und Friedhöfe, Postfach,
41050 Mönchengladbach,
Tel. 02161/256800,
Fax 02161/256879
Größe: 5 ha
frei zugänglich
Führungen: nach Voranmeldung, kostenlos,
🚌 005, 015, 017 Geroplatz
🅿 ✂ 🐕 ♿

Geropark

Weiherstraße / Hittastraße, Mönchengladbach

Der Geropark, eine Parkanlage im Herzen des Stadtbezirks Stadtmitte, entstand nach dem 2. Weltkrieg auf den Trümmern der Altstadt, auf ehemaligem Fabrikgelände und auf Grabelandflächen. Ein Weiher und ein Stück der mittelalterlichen Stadtmauer sind Zeugen der Vergangenheit. Benannt ist der Park nach dem Kölner Erzbischof Gero, dem Begründer der ehemaligen Benediktinerabtei, dem heutigen Rathaus, das oberhalb des Parkes liegt. Eine Grünverbindung in östlicher Richtung führt durch den Abteigarten sowie den Hans-Jonas-Park bis zur Fußgängerzone Hindenburgstraße. Architektonische Besonderheit des Abteigartens ist das Museum Abteiberg, entworfen von dem österreichischen Architekten Hans Hollein, eröffnet 1982. Der Abteigarten besticht durch seine Brunnenanlage und kunstvoll gestalteten Terrassen, von denen man einen guten Blick auf die Stadt hat.

NRW 60
Eigentümer/in: Stadt Mönchengladbach, Amt für Grünflächen und Friedhöfe, Postfach,
41050 Mönchengladbach,
Tel. 02161/256800,
Fax 02161/256879
Größe: 14 ha
frei zugänglich

Schloßpark Wickrath

Hochstadenstraße, Mönchengladbach

Schloß Wickrath wurde Mitte des 18. Jahrhunderts im Stil des Barock erbaut. Das Hauptgebäude mußte 100 Jahre später wegen Baufälligkeit abgerissen werden. Die Vorburg ist noch weitgehend vorhanden. Vierreihige Lindenalleen, gepflanzt etwa um 1775, sind in weiten Teilen des Schloßgeländes erhalten. Der Grundriß der barocken Parkanlage ist ungewöhnlich. Die äußeren Alleen knicken mehrmals stumpfwinklig ab und treffen sich in der Mittelachse, in der sie sich als Trompeterallee in nordwestlicher Richtung fortsetzt. Die außergewöhnlich großen, das Schloß umgebenden Wasserflächen sind ebenfalls als Besonderheit der Barockanlage zu werten. Die Absicht, die vierreihigen Alleen im Kastenprofil zu schneiden, wurde nie verwirklicht. Die Linden sind deshalb durchgewachsen und haben heute eine Höhe von bis zu 30 Metern erreicht. Die notwendige Erneuerung der Alleen wurde bisher nicht vorgenommen.

Führungen: nach Voranmeldung, kostenlos,
006, 016, 026 Trompeterallee,
006, 016, 026 Wickrath Markt

Foto: Kaiser

Bunter Garten

Lettow-Vorbeck-Straße/Bettrather Straße, Mönchengladbach

Der Bunte Garten ist die bekannteste Grünfläche der Stadt. Er ging hervor aus der Deutschen Rosenschau des Jahres 1928. Zum Bunten Garten zählen auch der Kaiserpark mit der Kaiser-Friedrich-Halle und der Botanische Garten. Seine nördlich angrenzenden Ausläufer, der Nordwald und der sogenannte Jahrtausendwald sowie der Hauptfriedhof reichen bis an die nördliche Stadtgrenze und bilden zusammen einen Grünkomplex von 100 Hektar. Die Hauptattraktion im Bunten Garten ist das Blumenparterre mit seinen jahreszeitlichen Wechselpflanzungen. Aber auch die Blütezeiten der Narzissen, der Azaleen und Rhododendren bilden Höhepunkte im Gartenjahr. Der Botanische Garten grenzt unmittelbar im Südwesten an den Bunten Garten.

NRW 61

Eigentümer/in: Stadt Mönchengladbach, Amt für Grünflächen und Friedhöfe, Postfach, 41050 Mönchengladbach, Tel. 02161/256800, Fax 02161/256879
Größe: 30 ha
frei zugänglich
Attraktionen: Blumenparterre, Narzissen-, Azaleen-, Rhododendrenblüte,
001, 015 Kaiser-Friedrich-Halle,
001, 015 Schürenweg

Botanischer Garten Mönchengladbach

Bettrather Straße, Mönchengladbach

Der Botanische Garten entstand ab 1927 auf dem Gelände einer Friedhofsgärtnerei und später auf zwei aufgegebenen

NRW 62

Eigentümer/in: Stadt Mönchengladbach, Amt für Grünflächen und Friedhöfe,

Postfach,
41050 Mönchengladbach,
Tel. 02161/256800,
Fax 02161/256879
Größe: 5 ha
frei zugänglich
Führungen: nach Voranmeldung, kostenlos,
🚌 009 Hagelkreuzstraße
P 🐕 ♿

Friedhöfen. Einige alte Grabmäler sind bis zum heutigen Tage erhalten. Der Verzicht auf eine streng geometrische Anordnung der Pflanzenbestände hat eine Anlage im Parkcharakter entstehen lassen. Hier gedeihen, bedingt durch das milde atlantische Klima, Pflanzen, die sonst selten in gleichen Breiten anzutreffen sind. Schutz vor Nord- und Ostwinden bietet der hohe Baumbestand des angrenzenden Kaiserparks beziehungsweise Bunten Gartens. Die botanische Sammlung umfaßt Pflanzen aus allen fünf Kontinenten, die in 30 Abteilungen geordnet sind. 1978 wurde als Ergänzung ein Blindengarten geschaffen. Eine Voliere ist besonderer Anziehungspunkt für jung und alt. Der Botanische Garten ist Bestandteil des Bunten Gartens, in den er ohne Abgrenzung übergeht.

NRW 63

Eigentümer/in: Stadt Neuss, Grünflächenamt,
Bergheimer Straße 67,
41464 Neuss,
Tel. 02131/908500,
Fax 02131/908527
Größe: ca. 23 ha
Öffnungszeiten:
im Sommer 8–20 Uhr,
im Winter 9–17 Uhr
Eintritt: frei
🚌 854 Lupinenstraße
P 🐕 ♿

Selikumer Park

Aurinstraße/Nixhütter Weg, Neuss-Reuschenberg

Der heutige Selikumer Park hat seinen Ursprung in der historischen Parkanlage des Reuschenberger Schlosses. Das Arboretum wurde 1958 innerhalb des Parks angelegt. Einige Jahre später kam das Wildgehege hinzu. Unmittelbar an den Park angrenzend wurde 1976 der Kinderbauernhof der Stadt Neuss eingerichtet, dem 1996 ein Naturschutz- und Landschaftsschutzzentrum in der ehemaligen Scheune sowie 1998 eine historische Spielzeugausstellung in dem alten Pferdestall angegliedert wurden. Im Zuge der Sanierung des Parks von 1992 bis 1994 wurde auch ein Landschaftslehrpfad in die beliebte Naherholungsanlage integriert.

NRW 64

Größe: 80 ha
Anmeldung für Gruppen erbeten
Eintritt: 25 DM, Sa, So und feiertags 20 DM, Mo–Fr Kinder frei bis 6 Jahre, erm. 12,50/10 DM für Schüler, Studenten und Behinderte
DB Neuss
🚌 869, 872 Insel Hombroich
→ ausgeschildert ab Autobahnabfahrten Neuss-Reuschenberg und Grevenbroich-Kapellen
P ☕ ♿ ℹ

Stiftung Insel Hombroich

Neuss

In einer Park-Auen- und Terrassenlandschaft, die von dem Landschaftsplaner Bernhard Korte kenntnisreich erarbeitet wurde, liegen, zum Teil versteckt, zehn skulpturenartige Bauten, entworfen von Erwin Heerich. Die Bauten dienen als Ausstellungsräume für Moderne Kunst und ältere Kunstwerke aus Asien, Afrika und Südamerika. Die spannungsreiche Verbindung von Kunst und Natur in dieser geschützten Landschaft kommt schon im Namen der Stiftung Kunst parallel zur Natur zum Ausdruck.
Eigentümer/in: Stiftung Insel Hombroich, 41472 Neuss, Tel. 02182/2094, Fax 02182/1229
Öffnungszeiten: Februar bis November,
im Sommer 10–19 Uhr, im Winter 10–17 Uhr
Führungen: nach Voranmeldung, Tel. 0211/771826

Privatgarten Tümmers
Unterweiden 23 D, Kempen
Der intensiv gestaltete Hausgarten geht in eine Obstwiese über. Der Garten zwischen den beiden Terrassen am Haus und dem Sitzplatz am Teich ist regelmäßig gestaltet. Niedrige Buchsbaumhecken umschließen die Beete, der Sitzplatz wird von drei Platanen mit speziell flach gezogenen Kronen beschattet.
Öffnungszeiten: Juli/August

NRW 65
Eigentümer/in: Karl-Heinz und Dorothee Tümmers, Unterweiden 23 D, 47906 Kempen, Tel. 02152/52179, Fax 02152/52179
Größe: 0,2 ha
Anmeldung erbeten
Eintritt: frei

Freizeitpark Moers
Krefelder Straße, Moers
An die alten Stadtgräben grenzend verbindet der Freizeitpark die Innenstadt mit der umgebenden Landschaft. Den Moersbach begleitend bietet er eine Vielzahl von Möglichkeiten zur Erholung und sportlichen Betätigung. Zu den besonderen Attraktionen zählen zwei große Spielzonen mit diversen Geräten, Wasserspielanlage und Kletterzirkus, Streichelzoo mit Haustieren, Skateboardanlage, Rodelberg, Grillplätze und ein Japanischer Garten. Im Süden schließt das beliebte Naturfreibad Bettenkamp an.
Eigentümer/in: Stadt Moers, Grünflächenamt, Meerstraße 2, 47439 Moers, Tel. 02841/201590, Fax 02841/201679

NRW 66
Größe: 34 ha
frei zugänglich
911, 912, 929 Königlicher Hof
Veranstaltungen: Moers Festival Jazz im Zirkuszelt, Camping im Freizeitpark Pfingsten jeden Jahres
Infos bei: 02841 201777, Camping im Freizeitpark
außer Wallanlage

Schloßpark und Wallanlagen Moers
Schloß Moers/Hauckwitzstraße, Moers
Das Schloß hat seine Ursprünge in einer frühmittelalterlichen Burganlage. Im Auftrage des Besitzers, des Moerser Fabrikanten Friedrich Wintgens, wurde auf dem in der französischen Besatzungszeit verwilderten Gelände im Jahre 1836 ein privater Park, der östliche Teil des heutigen Schloßparks, angelegt. Das heutige Schloßparkgelände wechselte im 19. Jahrhundert mehrmals den Besitzer, der Park wurde dabei stetig vergrößert. Nach der Einbeziehung des Schloßgrabens um 1860 folgte eine Erweiterung und teilweise Umgestaltung des alten Parkteils, der viele alte Bäume zum Opfer fielen. Die Stadt Moers kaufte Schloß und Parkgelände 1905. Eine letzte bedeutende Vergrößerung erfolgte in den frühen 30er Jahren, da die alte Anlage dem Besucheransturm nicht mehr gewachsen war. Heute kann man den Schloßpark mit dem Stadtgraben unter den vielen alten Bäumen in Ruhe genießen. Die Pflege erfolgt nach gartendenkmalpflegerischen Gesichtspunkten auf der Grundlage eines Parkpflegewerkes.

NRW 67
Eigentümer/in: Stadt Moers, Grünflächenamt, Meerstraße 2, 47439 Moers, Tel. 02841/2015590, Fax 02841/201679
Größe: 21,2 ha
frei zugänglich
Führungen: nach Voranmeldung Stadtinformation Moers, Tel.: 02841 201777 kostenlos
Attraktionen: Fontänen Ostern – Herbstferien
921 Königlicher Hof
→ Im Stadtzentrum, am Schloß
Veranstaltungen: Parkfest Musik, Show, Lampions
außer Wallanlage

Privatgarten Schmitz
Lintforter Straße 133, Moers
Der vielfältige Bauerngarten hat neben einem alten Baumbestand und einer Liege- und Spielwiese eine Kräuterecke,

NRW 68 NEU
Größe: 800 m²
Anmeldung erbeten
Öffnungszeiten: Mai bis

September, nach Vereinbarung
Eintritt: 5 DM
→ bei Anmeldung
P ♿

Springbrunnen, Obstbäume und Beerenobst.
Eigentümer/in: Elle und Herbert Schmitz, Lintforter Straße 133, 47415 Moers, Tel. 02841/72776

NRW 69
Eigentümer/in: Stadt Duisburg, Amt für öffentliches Bauen, Straßen- und Grünflächenunterhaltung, Friedrich-Albert-Lange-Platz 7, 47049 Duisburg, Tel. 0203/2834266, Fax 0203/2833222
Größe: 8,7 ha
frei zugänglich
U 79 Karl-Jarres-Straße
921, 924 Heerstraße
P ✕ ♿

Böninger-Park

Johanniterstraße/Karl-Jarres-Straße, Duisburg-Innenstadt

Der Böninger-Park entstand aus dem ehemaligen Privatgarten der Familie Böninger. Diese erwarb bereits im Jahre 1774 die am Lauf des Dickelsbachs gelegene Marienmühle und richtete später dort ihren Sommersitz ein. Ab 1912 wurde der Garten schrittweise der Öffentlichkeit zugänglich gemacht. Im Jahre 1921 erwarb die Stadt den 7,5 Hektar großen westlichen Teil und richtete einen attraktiven Stadtpark ein. Im Zeitraum zwischen 1949 und 1951 wurde der Park, zusammen mit dem im Jahre 1937 erworbenen östlichen Teil, instand gesetzt. Das Gebäude der ehemaligen Böninger-Mühle wurde 1944 zerstört. Der Park ist in etwas veränderter Form heute noch erhalten. Der Dikkelsbach allerdings wurde verrohrt beziehungsweise umgeleitet. Die Anlage wurde so gestaltet, daß im westlichen Teil ein Bereich für die aktive Erholung ausgewiesen wurde. Der östliche Teil ist aufgrund seiner Ausstattung mit Zierrasen, Wasserspielen, Rosen- und Staudengärten und einem reichhaltigen Pflanzensortiment Ruhe- und Entspannungsbereich.

NRW 70
Eigentümer/in: Stadt Duisburg, Amt für öffentliches Bauen, Straßen- und Grünflächenunterhaltung, Friedrich-Albert-Lange-Platz 7, 47049 Duisburg, Tel. 0203/2834266, Fax 0203/2833222
Größe: 31 ha
frei zugänglich
921 Johanniter Krankenhaus
P ♿
Veranstaltungen: Konzerte, saisonal

Volkspark Rheinhausen

Gartenstraße/Moerser Straße/Kreuzacker, Duisburg-Rheinhausen

In den Jahren 1928 bis 1930 entstand mit Unterstützung des Siedlungsverbandes Ruhrkohlenbezirk (SVR) entlang der Gartenstraße eine 5 Hektar große Anlage. Sie wurde nach den Plänen der Gartenarchitekten Hans Friedrich Pohlenz und Julius Müller angelegt und hielt sich in ihrer Linienführung streng an die Vorbilder der französischen Renaissancegärten.

Nach Errichtung einer Kleingartenanlage an der Moerser Straße wurde der Park 1950 erheblich erweitert. Im Zuge dieser Erweiterung wurde eine mit Müll aufgefüllte Fläche zu einem Hügel umgestaltet und begrünt. Zwischen 1955 und 1962 konnte, wiederum mit Unterstützung des SVR, eine Fläche von 4,5 Hektar parkartig ausgebaut werden, eine weitere wurde waldähnlich aufgeforstet. Der alte Teil des Volksparks, der durch Kriegseinwirkungen und Bergsenkungen beeinträchtigt war, wurde gleichzeitig umgestaltet. Die Anlage ist mit mehreren Spiel- und Sportanlagen, Wasserflächen, Heidegarten, Damwildgehege, Musikpavillon, Minigolfanlage und einem heimatkundlichen Studio, dem heutigen Naturschutzzentrum, ausgestattet. Im Musikpavillon werden saisonal Konzerte aufgeführt.

Stadtpark Meiderich

Bürgermeister-Pütz-Straße, Duisburg–Meiderich/Beek

Die Errichtung des Stadtparks Meiderich geht auf einen Beschluß der Duisburger Stadtverordnetenversammlung aus dem Jahre 1911 zurück. Die Planungen stammen allerdings schon aus der Zeit, als Meiderich noch eigenständige Stadt war, 1896–1905, und beruhen wesentlich auf dem Engagement des Meidericher Bürgermeisters Josef Pütz. In den Jahren 1911 bis 1913 wurde der Park in seiner Grundstruktur fertiggestellt. Von 1923 bis 1927 folgten einige Erweiterungen, wie der Neubau des beheizbaren Seerosenbeckens, der Stauden- und Rosengarten für die Stadtgärtnerei, das Stadtgarten-Café und die Erweiterung nach Westen um 9 Hektar mit dem Konzert- und dem Sportplatz. In der Folgezeit war der Stadtpark ständigen Veränderungen unterworfen, zuletzt durch den Bau der Berliner Brücke, wodurch ein Teil des östlichen Bereichs abgetrennt wurde. Der Stadtpark ist für die stark belasteten Stadtteile Unter- und Mittel-Meiderich ein wichtiger Erholungsraum.
Er bietet großzügige Rasenflächen, auf denen zahlreiche Einzelbäume und Baumgruppen mit unterschiedlichen Gehölzflächen angeordnet sind. Ein umfangreiches Wegenetz verbindet die gartenähnlich angelegten Ruhebereiche mit Rosen- und Staudenbeeten, die 1990 neu gestalteten Spielplatzeinrichtungen, den Sport- und den Hundedressurplatz und die Kleingartenanlagen im Westen des Parks.

NRW 71
Eigentümer/in: Stadt Duisburg, Amt für öffentliches Bauen, Straßen- und Grünflächenunterhaltung, Friedrich-Albert-Lange-Platz 7, 47049 Duisburg,
Tel. 0203/2834266,
Fax 0203/2833222
Größe: 17,5 ha
frei zugänglich
🚌 939 Kaiser-Wilhelm-Krankenhaus
P 🐕 ♿

Landschaftspark Duisburg-Nord

Lösorter Straße/Emscherstraße, Duisburg–Meiderich/Beek

Der Kern dieses größten industriellen Landschaftsparks Europas bildet das 1985 stillgelegte Hüttenwerk Meiderich der Thyssen Stahl AG, dem drei weitere brachliegende Industrieflächen, Siedlungsareale und landwirtschaftliche Nutzflächen angegliedert sind. Im Jahre 1989 wurde der Landschaftspark von der Stadt Duisburg als Projekt zur Internationalen Bauausstellung Emscher Park (IBA) angemeldet und als IBA-Leitprojekt aufgenommen. Ziel des Projekts ist die Verbesserung der Wohn- und Lebensverhältnisse im Duisburger Norden durch die Anlage eines großen verbindenden Freiraums bei gleichzeitiger Erhaltung der industriell geprägten Mitte des Stadtbilds. Teile der ehemaligen Werkflächen wurden nach einem Entwicklungskonzept des Planungsteams Peter Lutz und Partner behutsam zum Park umgestaltet, andere hinsichtlich ihrer Arten-

NRW 72
Eigentümer/in: Stadt Duisburg, Amt für öffentliches Bauen, Straßen- und Grünflächenunterhaltung, Friedrich-Albert-Lange-Platz 7, 47049 Duisburg,
Tel. 0203/2834266,
Fax 0203/2833222
Größe: 230 ha
frei zugänglich, außer Projektausstellung und „Zugänge zum Eisen"
Führungen: nach Voranmeldung,
Tel. und Fax 0203/420151,
Führungen zur Hüttenwerksgeschichte Sa, So, feiertags 14 Uhr, spezielle Führungen mit Voranmeldung, kostenlos

Attraktionen:
Projektausstellung (Alte Verwaltung) und Zugänge zum Eisen (Hüttenmagazin)
Di–So: 10–18 Uhr
903 Am Zuschlag
Veranstaltungen:
Lichtinstallation der Hochofenanlage, Sa, So und Feiertage: nach Einbruch der Dunkelheit bis 2 Uhr

und Biotopfunktion für die Tier- und Pflanzenwelt als Industriebrachen gepflegt. Zentraler Anziehungspunkt ist die Hochofenanlage, die zum Teil als Aussichtsturm zugänglich ist und nachts als künstlerische Lichtinstallation erstrahlt. Ein Teil der Erzbunkeranlage ist zum Klettergarten umgestaltet worden, einschließlich eines Kinderspielplatzes mit Riesenrutsche. Die Sinterbunkeranlage umfaßt mehrere Themengärten. Das Gelände der Schachtanlage, der Kokerei und des Manganeisenlagers ist dem Natur- und Artenschutz vorbehalten. Auf den schon teilweise Jahrzehnte brachgefallenen Flächen hat sich eine artenreiche, einzigartige Spontanvegetation eingestellt, die sich zum Teil zu Wald entwickeln, teilweise aber auch als Pionier- und Hochstaudenfluren erhalten bleiben sollen. Die Flächen um den Ingenhammshof, der heute als Lern- und Lehrbauernhof genutzt wird, und den Emstermannshof, der nicht mehr existiert, sind einige der letzten landwirtschaftlichen Nutzflächen in Duisburgs Norden. Alleen, Hecken, Obstwiesen, Weiden und Einzelbäume prägen das Landschaftsbild dieser bäuerlichen Kulturlandschaft.

NRW 73
Größe: 45 ha
frei zugänglich
DB Duisburg
903 Duisburg-Walsum/Rathaus
umsteigen 905 GHH-Brücke

Revierpark Mattlerbusch

Wehofer Straße, Duisburg

Im Bereich der historischen Hoflage Mattlerhof liegt diese abwechslungsreiche Parklandschaft. Der Revierpark gliedert sich in verschiedene Zonen: den Park- und Waldbereich mit Biotop und Saline, die historische Hofanlage mit Gast- und Reiterhof und die Thermal-, Sole- und Saunabadeanlage Niederrheintherme.
Eigentümer/in: Revierpark Mattlerbusch GmbH, Wehofer Straße 42, 47169 Duisburg, Tel. 0203/995840, Fax 0203/9958444

NRW 74
Eigentümer/in: Stadt Duisburg, Amt für öffentliches Bauen, Straßen- und Grünflächenunterhaltung, Friedrich-Albert-Lange-Platz 7, 47049 Duisburg, Tel. 0203/2834266, Fax 0203/2833222
Größe: 123 ha
Eintritt: frei, ganzjährig geöffnet außer Jubiläumshain im Sommer 7–22 Uhr, im Winter 8–17 Uhr
Attraktionen: Wellenbad, Freibad, Freizeithaus, Mattlerhof,

Freizeitpark Hamborn

Wehofer Straße/Ziegelhorststraße, Duisburg–Hamborn

Der Freizeitpark Hamborn ist Bestandteil des Regionalen Grünzugs A, in dem sich die drei Anrainerstädte Duisburg, Oberhausen und Mülheim zusammengeschlossen haben, um die verstreut liegenden Grün- und Parkflächen zu verknüpfen und ein durchgehendes Wegenetz herzustellen. Ausgangspunkt des Freizeitparks sind die alten Anlagen Mattlerbusch und Jubiläumshain. 1914 erwarb die damalige Stadt Hamborn einen Teil der 30 Hektar großen Ländereien des Mattlerhofes und legte in den 20er Jahren eine Art Volkspark mit Wegen, Spielwiesen, Tennisplätzen und Schwimm- und Planschbecken an. Der Ausbau des Jubiläumhains als Parkanlage erfolgte zwischen 1908 und 1912 nach dem Entwurf des Gartenarchitekten M. Rheinhardt.

Mit dem heute vorhandenen Pflanzenbestand, dem Rosen- und Staudengarten wurden die historischen Qualitäten der Anlage erhalten. Der Ausbau des Freizeitparks begann 1967, der des Revierparks 1976. Danach stand mit dem Freizeitpark Hamborn ein großes und abwechslungsreich gestaltetes Erholungsgebiet zur Verfügung.

901 Hermannstraße
905 Jubiläumshain/ Krankenhaus Nord/ Mühlbachstr/ Niederrheintherme

Botanischer Garten Hamborn

Fürst-Pückler-Straße 18, Duisburg–Hamborn

In unmittelbarer Nähe des Stadtwaldes, durch die Hamborner Straße getrennt und eingerahmt von ehemaligen Thyssen-Häusern, liegt der Botanische Garten Hamborn. Die Stadt Hamborn erwarb 1906 ein 2 Hektar großes Gelände und richtete dort 1908 das erste Gewächshaus zur Anzucht von Pflanzen ein. Im Verlauf seiner Geschichte hat der Botanische Garten zahlreiche Veränderungen erfahren. Heute gliedert er sich in verschiedene Freilandabteilungen und in die Gewächshausanlage. Im Freiland werden etwa 1000 verschiedene Pflanzenarten aus den gemäßigten Breiten der Erde kultiviert. Schwerpunkte bilden die Heidelandschaft, Arznei- und Gewürzpflanzen, Pflanzen der Biologischen Abteilung, Sammlung Freilandfarne, Rhododendren- sowie die Primel- und Fuchsiensammlung. Im Gewächshausbereich werden auf zirka 2000 Quadratmeter etwa 2500 Arten tropischer und subtropischer Pflanzen gezeigt. Schwerpunkte bilden hier das Tropenhaus mit tropischen Nutzpflanzen, das Subtropenhaus mit geographisch geordneten Hartlaubgewächsen, die Schauabteilung mit insektenfangenden Pflanzen und das Kakteenhaus.

NRW 75
Eigentümer/in: Stadt Duisburg, Amt für öffentliches Bauen, Straßen- und Grünflächenunterhaltung, Friedrich-Albert-Lange-Platz 7, 47049 Duisburg,
Tel. 0203/2834266,
Fax 0203/2833222
Größe: 3,1 ha
Öffnungszeiten: im Sommer Mo–Fr 7–18 Uhr, Sa/So/Feiertag 10–18 Uhr, im Winter Mo–Fr 7.30–16 Uhr, Sa/So/Feiertag 10–16 Uhr
Eintritt: frei
Führungen: nach Voranmeldung, kostenlos
903 Hamborn Rathaus
908 St. Johannes-Hospital

Stadtgarten Krefeld

St.-Anton-Straße, Krefeld

Der Stadtgarten ist aus dem ersten kommunalen Friedhof Krefelds entstanden, der bereits 1867 wieder aufgegeben und um 1885 in eine öffentliche Parkanlage umgewandelt wurde. Alte Lindenalleen und teilweise noch vorhandene Grabsteine prägen den Charakter des Parks.
Eigentümer/in: Stadt Krefeld, Grünflächenamt, Konrad-Adenauer-Platz 1, 47727 Krefeld,
Tel. 02151/864411, Fax 02151/864440

NRW 76
Größe: 4,3 ha
frei zugänglich
041 Stadtgarten

Botanischer Garten Krefeld

Sandberg 2, Krefeld

Der Botanische Garten in Krefeld entstand um 1930 aus einem kleinen Schulgarten und entwickelte sich bis heute zu einer harmonischen Gartenanlage, die – umgeben von dem ausgedehnten Schönwasserpark – Teil eines Grüngürtels ist. Das Arboretum, in dem die Laubgehölze und Nadel-

NRW 77
Eigentümer/in: Stadt Krefeld Botanischer Garten, Sandberg 2, 47809 Krefeld,
Größe: 4,5 ha
Tel.: 02151/540519,
Öffnungszeiten: ganzjährig geöffnet,

im Sommer 8–18 Uhr,
im Winter Mo–Do 9–15 Uhr,
Fr 9–12 Uhr,
Sa/So: geschlossen
Eintritt: frei
Führungen: nach Voranmeldung,
Tel. 02151/540519
044 Botanischer Garten
Veranstaltungen: ART OF EDEN Design im Botanischen Garten 1. Maiwochenende
Kakteenausstellung
Umweltwochenende
VHS-Pflanzentauschbörse

bäume nach Pflanzenfamilien geordnet sind, bildet den äußeren Rahmen des Botanischen Gartens. Ebenfalls gemäß ihrer Familienzugehörigkeit stehen heimische und nichtheimische Wildpflanzen in übersichtlichen Beeten in der Systematischen Abteilung. In anderen Bereichen findet man Pflanzen zu speziellen Themen wie Apotheker- und Blindengarten und die Abteilung für technisch nutzbare Pflanzen. Ein Rhododendrongürtel umschließt eine weite Rasenfläche, dahinter liegt der Rosengarten mit seinen etwa 150 Rosensorten. Vielfältige Sommerblumenbeete setzen farbenfrohe Akzente und geben Anregungen für den heimischen Garten. Neben dem Staudenbereich liegt ein kleiner Steingarten. Das 1997 fertiggestellte Gewächshaus zeigt eine Kakteenlandschaft und einen Ausschnitt aus der Flora der Kanarischen Inseln und des Mittelmeerraumes. Sehenswert ist auch der Niederrheinische Bauerngarten mit seinen buchsbaumgesäumten Beeten, in denen Obst, Gemüse, Kräuter und Blumen wachsen.

NRW 78
Größe: 0,4 ha
Öffnungszeiten: während der Wechselausstellungen, Di–So, 10–17 Uhr
Eintritt: frei
054 Wilhelmshof

Skulpturengarten der Museen Haus Esters/Haus Lange

Wilhelmshofallee 91 und 97, Krefeld

Die Museen sind zwei nebeneinanderliegende, 1928 bis 1930 von Mies van der Rohe entworfene Backsteinvillen im Bauhausstil. Die sie umgebenden Gartenanlagen werden heute als Skulpturengärten des Museums genutzt. Der alte Baumbestand, zentrale Rasenflächen und die ehemaligen Rosengärten prägen die Gartenanlagen.
Eigentümer/in: Stadt Krefeld, Grünflächenamt, Konrad-Adenauer-Platz 1, 47727 Krefeld,
Tel. 02151/864411, Fax 02151/864440

NRW 79
Eigentümer/in: Stadt Krefeld, Grünflächenamt, Konrad-Adenauer-Platz 1, 47727 Krefeld,
Tel. 02151/864411,
Fax 02151/864440
Größe: 28 ha
frei zugänglich
044 Kuhleshütte

Schönwasserpark

Johansenaue, Krefeld

Der Schönwasserpark ist eine langgestreckte Anlage, an deren Endpunkt Haus Schönwasser liegt. Der Park aus dem 19. Jahrhundert beherbergt heute den Botanischen Garten. Ursprünglich für private Zwecke angelegt, wurde Haus Schönwasser um die Jahrhundertwende zum Gartenlokal umgewandelt. In den 20er Jahren erweiterte man die Anlage und legte in der feuchten Rinne einen landschaftlich geformten Weiher mit Fontäne an.

NRW 80
Größe: 5 ha
frei zugänglich
042, 043 Sollbrüggenstraße

Sollbrüggenpark

Uerdinger Straße, Krefeld

Haus Sollbrüggen hat seinen Ursprung in einer mittelalterlichen Wasserburg und ist auch heute noch von Wassergräben umgeben. Seine klassizistische Form erhielt Sollbrüggen durch den Baumeister Adolf von Vangedes,

der die Burg als Landsitz für die Seidenhändlerfamilie De Greiff umbaute. Die Gestaltung des umgebenden Landschaftsparks wird Maximilian Friedrich Weyhe zugeschrieben.
Eigentümer/in: Stadt Krefeld, Grünflächenamt, Konrad-Adenauer-Platz 1, 47727 Krefeld, Tel. 02151/864411, Fax 02151/864440

Veranstaltungen: Open Air Kino, Sommermonate
Infos bei: Verkehrs- und Werbeamt Krefeld, Tel. 02151/861501

Stadtpark Uerdingen

Nikolaus-Groß-Straße, Krefeld

1897 wurde der Stadtpark nach Plänen der Gärtner Peter und Heinrich Vincenz mit Stadtparkrestaurant, Tennisanlage, Weiher und waldartigen Parkpartien gestaltet. 1928 folgte eine Erweiterung mit einer großen, hippodromförmigen Spielwiese.
Eigentümer/in: Stadt Krefeld, Grünflächenamt, Konrad-Adenauer-Platz 1, 47727 Krefeld, Tel. 02151/864411, Fax 02151/864440

NRW 81
Größe: 16 ha
frei zugänglich
058, 059 Bergstraße

Schönhausenpark

Uerdinger Straße, Krefeld

Den Landschaftspark des 19. Jahrhunderts, der vom Textilfabrikanten Carl Hügel um seine Villa im italienischen Stil angelegt wurde, prägt vor allem der artenreiche Baumbestand. Der ehemalige Parkweiher führt wegen Grundwasserabsenkungen nur noch zeitweise Wasser.
Eigentümer/in: Stadt Krefeld, Grünflächenamt, Konrad-Adenauer-Platz 1, 47727 Krefeld, Tel. 02151/864411, Fax 02151/864440

NRW 82
Größe: 4,5 ha
frei zugänglich
042, 043 Sonnenhof

Bruckhausenpark

An Bruckhausen, Krefeld

Der landschaftliche Park um den zentralen, 1994 wiederhergestellten Parkweiher mit kleiner Insel und mit altem, dendrologisch zum Teil interessanten Baumbestand, darunter Sequoiadendron gigantea, wurde um Haus Bruckhausen angelegt, das ursprünglich als Landsitz für die Krefelder Familie vom Bruck im 19. Jahrhundert gebaut wurde.

NRW 83
Eigentümer/in: Stadt Krefeld, Grünflächenamt Konrad-Adenauer-Platz 1, 47727 Krefeld, Tel. 02151/864411, Fax 02151/864440
Größe: 2,7 ha
frei zugänglich
052, 058 Bergstiege

Greiffenhorstpark

Greiffenhorst, Krefeld-Linn

Die langgestreckte, schmale Anlage im landschaftlichen Stil wurde im 19. Jahrhundert von Maximilian Friedrich Weyhe für den Krefelder Seidenhändler Cornelius de Greiff entworfen. Sie erstreckt sich zu beiden Seiten des Linner Mühlenbaches, den Weyhe landschaftlich aufwer-

NRW 84
Eigentümer/in: Stadt Krefeld, Grünflächenamt, Konrad-Adenauer-Platz 1, 47727 Krefeld, Tel. 02151/864411, Fax 02151/864440
Größe: 12 ha

frei zugänglich
044 Am Steinacker
059 Greiffenhorst

tete und der heute nur noch zeitweise Wasser führt. Im Zentrum der Parkanlage steht das sogenannte Greiffenhorstschlösschen, ein oktogonaler Bau im klassizistischen Stil, das als Jagdschlösschen dienen sollte.

NRW 85
Eigentümer/in:
Berthold Leendertz,
Maria-Sohmann-Straße 93,
47802 Krefeld,
Tel. 02151/560191,
Fax 02151/563868
Größe: 3,2 ha
Anmeldung erbeten
Öffnungszeiten: Mai an Werktagen
Eintritt: frei
Führungen: nach Voranmeldung, für Gruppen bis 20 Personen, 100 DM/Gruppe
Attraktionen: Rhododendren- und Azaleenblüte April bis Mai
Krefeld
052 Flünnertzdyk
nur teilweise

Heilmannshof

Maria-Sohmann-Straße 93, Krefeld

Foto: Leendertz

Die Parkanlage Heilmannshof erstreckt sich entlang der beiden Ufer der Niepkuhlen, einer eiszeitlichen Altstromrinne. Der älteste Teil entstand in der zweiten Hälfte des 19. Jahrhunderts. Die im Zusammenhang mit dem 1909 erbauten Wohnhaus entstandenen kleinteiligen Hecken- und Beetstrukturen wurden nach Vorschlägen des Gartenarchitekten Roland Weber nach dem 2. Weltkrieg aufgegeben zugunsten einer großzügigen Wiesenfläche, die sich vom Wohnhaus bis zur Wasserfläche erstreckt. 1937 bis 1939 wurde nach Plänen von Walter Baron von Engelhardt unter anderem ein großer Gehölz- und Staudengarten westlich des Wohnhauses angelegt. Eine breite Querachse, deren Endpunkte mit Sitzplätzen betont sind, gliedert die langgestreckte Gesamtanlage. Der Staudengarten wurde durch Kriegseinwirkung zerstört, der Gehölzgarten blieb unbehelligt und wird nach Gesichtspunkten der Gartendenkmalpflege erhalten. Der Garten enthält neben einigen dominierenden Großbäumen ein den kleinklimatischen Gegebenheiten angepaßtes dendrologisch interessantes

Sortiment, das in den Jahren von 1960 bis 1990 durch den jetzigen Eigentümer erheblich angereichert wurde.

Südpark Düsseldorf

Emmastraße/Philipshalle, Düsseldorf

Anläßlich der Bundesgartenschau 1987 wurde der Volksgarten aus dem späten 19. Jahrhundert durch die Rekultivierung angrenzender Gewerbegebiete und einer Kiesgrube beträchtlich erweitert. Im nördlichen Bereich des Südparks liegen die prächtigen alten Bäume, die weiten Wiesen, der lauschige Weiher und die rekultivierte Düssel. Die naturnahen Lebensräume Wasser und Wiese mit ihrer Wildblumenpracht prägen den südlichen Teil. Verbunden werden beide Teile mit einer Gartenachse, die das Thema Natur zur Freizeit- und Erholungsbeschäftigung werden läßt. Zwischen alten Obstbäumen reihen sich Teile der Schaugärten mit Stauden, Sommerblumen und Rosen, die von der Bundesgartenschau erhalten blieben, sowie der Biogarten und interessante Spielanlagen, darunter eine Wasserlandschaft.

NRW 86
Eigentümer/in: Stadt Düsseldorf, Gartenamt, Kaiserswerther Straße 390, 40474 Düsseldorf,
Tel. 0211/8994823,
Fax 0211/8929058
Größe: 78 ha, frei zugänglich
U 77 Harffstraße
701, 707, 711, 713 Christophstraße
735, 827 Südpark
S6, 7 Düsseldorf-Oberbilk
Veranstaltungen: Pflanzentauschbörse im VHS-Biogarten, regelmäßig im Oktober an einem Samstag

Schloßpark Benrath

Schloßallee, Düsseldorf

Als 1755 Kurfürst Carl Theodor seinem Ersten Architekten und Generaldirektor der Gebäude und Gärten, Nicolas de Pigage, den Auftrag zum Bau einer neuen Sommerresidenz gab, schloß dies auch die Umgestaltung des hinter dem alten Wasserschloß liegenden Tiergartens mit ein. Als Gesamtkunstwerk ergänzen sich Bauwerk, Gartenwerk und Wasserwerk gegenseitig und bilden gemeinsame Bezugspunkte. Den Innenräumen des Schlosses wurden entsprechende Gartenräume zugeordnet, beispielsweise der Spiegelweiherraum dem Kuppelsaal, die Privatgärten, heute Englischer und Französischer Garten, den Privaträumen des Kurfürstenpaares. Der Park ist dem Zeitgeist entsprechend streng gestaltet. Der unregelmäßige Tiergarten wurde zu einem geometrisch gegliederten Jagdgarten mit sternförmig von einem Rondell ausgehenden Alleen gestaltet. Der Englische Garten, auch Blumengarten genannt, wurde von dem Gartenarchitekten Maximilian Weyhe 1841 umgewandelt.

Neben seiner Bedeutung als Gartendenkmal von nationalem Rang ist der Park auch ein Refugium für viele Pflanzen- und Tierarten.

NRW 87
Eigentümer/in: Stadt Düsseldorf, Gartenamt, Kaiserswerther Straße 390, 40474 Düsseldorf,
Tel. 0211/8994823,
Fax 0211/8929058
Größe: 63 ha, frei zugänglich
701 Benrather Schloßallee
S Benrath

Hofgarten Düsseldorf

Maximilian-Weyhe-Allee/Jägerhofstraße, Düsseldorf

Um 1770 wurde nach dem Siebenjährigen Krieg der älteste Teil des Hofgartens von Nicolas de Pigage angelegt. Von

NRW 88
Eigentümer/in: Stadt Düsseldorf, Gartenamt, Kaiserswerther Straße 390,

40474 Düsseldorf,
Tel. 0211/8994823,
Fax 0211/8929058
Größe: 27 ha
frei zugänglich
→ Im Stadtzentrum
P gebührenpflichtig

dieser regelmäßigen Barockanlage blieben nur die Reit- und Seufzerallee neben der kanalartigen Düssel erhalten. Nach großen Zerstörungen in den französischen Revolutionskriegen vergrößerte der Gartenkünstler Maximilian Weyhe ab 1811 den Hofgarten und bezog auch die ehemaligen Wallanlagen der Stadt mit ein. Er schuf einen Landschaftsgarten, in dem es ihm gelang, durch geschickte Bodenmodellierung und mit Hilfe von Baumgruppen, Wiesen und einem Teich den Eindruck von Großzügigkeit und Weite zu erreichen. Heute ist der Hofgarten, in dem noch viele der alten Gestaltungsabsichten Weyhes gut abzulesen sind, eine beliebte und vielbesuchte Parkanlage.

Foto: Otte

NRW 89
Größe: 7 ha
Anmeldung für Gruppen erbeten
Öffnungszeiten: ganzjährig geöffnet, im Sommer Mo–Fr 8–18 Uhr, Sa 13–18 Uhr, So 9–18 Uhr,
im Winter Mo–Do 8–16 Uhr, Fr 8–14.30 Uhr, Nov. bis Febr. Sa, So, feiertags geschlossen
Eintritt: frei
Führungen: nach Voranmeldung, Spenden an den Freundeskreis
707, 711 Universität Ost / Botanischer Garten
827, 835, 836 Universität Süd
P

Botanischer Garten der Heinrich-Heine-Universität Düsseldorf

Universitätsstraße 1, Düsseldorf

Die Attraktion des 1973 gegründeten Botanischen Gartens ist das Kuppelgewächshaus mit einer Höhe von 18 Metern und einem Durchmesser von 36 Metern, in dem mediterrane Pflanzen gezeigt werden. Das Freiland verfügt über eine Systematische Abteilung, einheimische Pflanzengesellschaften und ein Arboretum mit Bäumen aus Amerika und Asien. Darüber hinaus verfügt die Anlage über Demonstrationsgärten mit Nutz-, Heil- und gefährdeten Pflanzen, Sommerblumen, Blumenwiese und über ein Rhododendrental.
Eigentümer/in: Heinrich-Heine-Universität, Universitätsstraße 1, 40225 Düsseldorf,
Tel. 0211/8112477, Fax 0211/8113085
Veranstaltungen: Freundeskreis Botanischer Garten der HHU. Führungen, Vorträge, Exkursionen, Infos bei:
Tel. 0211/8112477, Fax 0211/8113237

Nordpark Düsseldorf

Düsseldorf

Entstanden ist der Nordpark in nur eineinhalbjähriger Bauzeit nach Plänen des damaligen Düsseldorfer Gartenamtsdirektors Willi Tapp anläßlich der Großen Reichsausstellung Schaffendes Volk. Zahlreiche Großbäume aus Parks und Friedhöfen wurden damals in die entstehende, streng architektonische und mit markanten Blickachsen ausgestattete Anlage verpflanzt. Nach langjährigen Wiederherstellungsarbeiten präsentiert sich der Nordpark heute in weiten Bereichen so, wie er 1937 angelegt wurde. Dazu gehören neben zahlreichen Plastiken eine Wasserachse mit der Großen Fontänenterrasse und dem Wassergarten, andere Sondergärten und die umfangreichen Sommerblumenbeete. Ergänzt wurde er um zahlreiche Spieleinrichtungen für Kinder und Jugendliche. 1975 schenkte die Japanische Gemeinde der Landeshauptstadt Düsseldorf einen 5000 Quadratmeter großen Japanischen Garten, für dessen Pflege auch heute noch gelegentlich japanische Gärtner nach Düsseldorf kommen.

NRW 90
Eigentümer/in: Stadt Düsseldorf, Gartenamt, Kaiserswerther Straße 390, 40474 Düsseldorf, Tel. 0211/8994823, Fax 0211/8929058
Größe: 37 ha
frei zugänglich
Attraktionen: Japanischer Garten
U 78, U 79 Nordpark/Aquazoo
P gebührenpflichtig

Engelsberger Hof

Langhansstraße, Solingen

Entstanden zwischen 1908 und 1910 im Stil eines klassischen Landschaftsparks sind ursprüngliche Elemente noch gut erhalten, darunter die Wegeführung, die Brunnenanlage und der Teich mit Brücken und Inseln. Der Park, der an das Naturschutzgebiet Obligser Heide grenzt, enthält viele von starker Feuchtigkeit geprägte Bereiche mit seltenen Pflanzenarten. Neben derAnlage befindet sich ein großer Spielplatz.

NRW 91
Eigentümer/in: Stadt Solingen, Amt 3224, Postfach 100165, 42648 Solingen, Tel. 0212/2902656, Fax 0212/2902589
Größe: 5 ha,
frei zugänglich
691 St.-Lukas-Klinik
P

Schloßgarten Burg an der Wupper e.V.

Schloßplatz 2, Solingen-Oberburg

Schloß Burg an der Wupper ist ein sehr beliebtes Ausflugsziel hoch über der Wupper gelegen, mit herrlichem Rundblick. Die Außenanlagen mit verstreut liegenden Rosen sind jederzeit zugänglich, der Innenhof mit Rosenpflanzungen gegen Eintritt. Dort sind auch eine Anzahl historischer Rosen gepflanzt. Die mittelalterliche Burg ist das meistbesuchte Museum Nordrhein-Westfalens.
Eigentümer/in: Schloßbau Verein, Schloßplatz 2, 42659 Solingen-Oberburg, Tel. 0212/42098
Veranstaltungen: Sonderveranstaltungen und Ausstellungen

NRW 92
frei zugänglich
Führungen: nach Voranmeldung Renate Graumann, Tel.: 0202 470571
kostenlos,
Attraktionen: Rosenblüte
683 Unterburg
→ A 1, Ausfahrt Schloß Burg
P gebührenpflichtig

Botanischer Garten Solingen

Vogelsang 2 a, Solingen

Der Botanische Garten wurde 1963 eröffnet. 1965 wurde das Tropenhaus eingeweiht, das neben dem Bromelien-,

NRW 93
Größe: 4 ha
Öffnungszeiten: ganzjährig geöffnet, Schauhäuser:

Mi 13–15.30 Uhr,
So und Feiertags 10–13 Uhr
im Sommer Garten 8–20 Uhr,
im Winter Garten 9–18 Uhr
Eintritt: frei
Führungen: nach Voranmeldung,
Tel.: 0212/599820,
Fax: 0212/5998215, kostenlos
🚌 682 Hallenbad Vogelsang
690 Eigen, 692, 693
Krankenhaus

Sukkulenten-, Kakteen- und Orchideenhaus die Vielfalt der nicht winterharten Pflanzen zeigt. Schwerpunkte des Freilandes sind Alpinum, Irisgarten, Teich, Heidegarten, Bauerngarten, Staudengarten mit Heil- und Gewürzkräutern, Zwiebelpflanzen und die Mauervegetation. Eine 150 Quadratmeter große Rosenpflanzung, mit robusten ADR-Rosen bepflanzt, wird vom Verein zur Förderung der Rosenkultur des Bergischen Landes e.V. gepflegt. Eigentümer/in: Stadt Solingen, Amt 3224, Postfach 100165, 42648 Solingen, Tel. 0212/2904461, Fax 0212/2904450 Veranstaltungen: Weihnachtsausstellung (Floristik), Wochenende vor dem 1. Advent, Sa 10–18 Uhr und So 10–13 Uhr

NRW 94
Eigentümer/in: Stadt Mülheim an der Ruhr, Grünflächen- und Friedhofsamt,
Von-Graefe-Straße 37,
45470 Mülheim an der Ruhr,
Tel. 0208/4556709,
Fax 0208/4559999/4556799,
Internet
www.muelheim-ruhr.de
Größe: 23 ha,
frei zugänglich
🚌 102, 124, 132 Stadthalle

Landesgartenschau Mülheim an der Ruhr 1992

Am Schloß Broich, Mülheim

Ausgangspunkt der Gartenschauentwürfe waren die von der Ruhr geprägte Geschichte der Stadt und ihre landschaftliche Lage am Fluß. Durch die Planung wurden rund 7 Kilometer städtisches und landschaftliches Ruhrufer zu einem Grünzug verbunden. Unterschiedlichste Strukturen wie der Schloßpark Styrum, Schloß Broich, Auenbereiche und Waldflächen wurden in die Planung integriert. Mit der Landesgartenschau 1992 wurde die traditionelle Gestaltungsform bisheriger Gartenschauen aufgehoben. Die Landesgartenschau Mülheim ist nicht mehr der große, kompakte Landschaftspark mit vielen gartenarchitektonisch gegliederten Teilbereichen, sondern ein Stadt- und Landschaftspark mit eigenständigen Einzelparks. Die zahlreichen gestalterischen Höhepunkte der Landesgartenschau sind auch heute noch erlebbar. Die Spanne reicht dabei vom Apothekergarten über einen Fossilienweg und einen Wasserspielplatz bis zum renovierten historischen Wasserturm, der heute das hochmoderne, multimediale Museum Aquarius beherbergt, das wohl einzige Wassermuseum der Welt.

NRW 95
Eigentümer/in: Stadt Mülheim an der Ruhr, Grünflächen- und Friedhofsamt,
Von-Graefe-Straße 37,
45470 Mülheim an der Ruhr,
Tel. 0208/4556709,
Fax 0208/4559999/4556799,
Internet
www.muelheim-ruhr.de
Größe: 5,2 ha
frei zugänglich
Anmeldung für Gruppen

Altstadtfriedhof

Kettwiger Straße 7, Mülheim an der Ruhr

Über 100 Jahre wurden auf dem 1812 in Benutzung genommenen Friedhof Bestattungen vorgenommen. 1967 wurde der Friedhof geschlossen und in einen Park umgewandelt. Seit 1987 können jedoch wieder Urnen beigesetzt werden. Der Alte Friedhof mit seinem schönen Altbaumbestand und den interessanten, zum Teil imposanten Grabmalen hat einen unverwechselbaren, besinnlichen Charakter. Anhand der Grabsteine kann die geschichtliche Entwicklung Mülheims vom Dorf zur Großstadt in weniger als 100 Jahren beobachtet werden. Bekannte Firmengünder wie August Thyssen und Mathias Stinnes liegen hier begraben.

erbeten, Führungen: nach Voranmeldung, kostenlos
110 Wertgasse

Hauptfriedhof

Zeppelinstraße 132, Mülheim an der Ruhr

Unter der Leitung des Gartenbaudirektors Fritz Keßler wurde 1915 der erste, geometrische Teil des Friedhofs gebaut. Mehrere Erweiterungen folgten bis 1978. Dann übernahm das Wuppertaler Landschaftsarchitektenpaar Rose und Gustav Wörner die Gestaltung. Den Eingangsbereich dominiert das 1924 erbaute Verwaltungsgebäude von Suhnel. Hauptgestaltungsmerkmale sind alleegesäumte Wege, die der Übersicht dienen und in mehreren Gräberfeldern zusammengefaßte, überschaubare Räume. Die Hauptallee besteht aus geschnittenen Säuleneichen, bemerkenswert ist auch die Flußzedernallee südlich der Trauerhalle.
Eigentümer/in: Stadt Mülheim an der Ruhr, Grünflächen- und Friedhofsamt, Von-Graefe-Straße 37, 45470 Mülheim an der Ruhr, Tel. 0208/4556709, Fax 0208/4559999/4556799, Internet www.muelheim-ruhr.de

NRW 96
Größe: 40,4 ha
Öffnungszeiten: ganzjährig geöffnet,
im Sommer 8–20 Uhr,
im Winter 8–17.30 Uhr
Eintritt: frei
Führungen: nach Voranmeldung, kostenlos
104, 110, 114 Hauptfriedhof

Kaisergarten

Am Kaisergarten / Sterkrader Straße, Oberhausen

Ende des 19. Jahrhunderts ließ die Stadt Oberhausen einen Volksgarten errichten, der 1897 anläßlich des 100. Geburtstags des vormaligen Kaisers Wilhelm I. seinen Namen erhielt. Der Park wurde mit einem Gesellschaftshaus, mit Blumenschmuck auf geometrisch angeordneten Beeten, einem Gondelweiher, geschwungenem Wegesystem und zwei Tennisplätzen ausgestattet. Dies stieß schon zu seiner Bauzeit auf Kritik, da zu wenig Spiel-, Sport- und Freizeitmöglichkeiten für Arbeiterfamilien zur Verfügung standen. In den 20er Jahren entstand ein kleiner Zoo, der wie das gesamte Parkgelände im 2. Weltkrieg zerstört wurde. Pergolastelen an der Konrad-Adenauer-Allee markieren heute die frühere Lage des Gesellschaftshauses. Das Tiergehege entstand 1954 neu und wurde in den 60er Jahren erweitert.

NRW 97
Eigentümer/in: Stadt Oberhausen, Schwartzstraße 72, 46042 Oberhausen, Tel. 0208/8251, Fax 0208/8252755
Größe: 20 ha
frei zugänglich
122, 952 Schloß Oberhausen
Veranstaltungen: Ludwig Galerie, Schloß Oberhausen Gedenkhalle, ganzjährig
Infos bei: Tel. 0208/8251, Fax 0208/804016
Museumsshop

Revierpark Vonderort

Bottroper Straße, Oberhausen

Grundlage für den 1969 entwickelten Revierpark Vonderort war der seit 1925 geplante Volksgarten Osterfeld. Der Volksgarten wurde unter Erhaltung des Waldbestandes und Nutzung bestehender alter Kiesgruben als Wasserflächen angelegt. Der neue Stadtwald Osterfeld entsprach im Ergebnis sowohl in gestalterischer als auch in funktionaler Hinsicht den Volkspark-Vorbildern seiner Zeit. Nach den Zer-

NRW 98
Eigentümer/in: Stadt Oberhausen, Schwartzstr. 72, 46042 Oberhausen, Tel. 0208/8251, Fax 0208/8252755
Größe: 32 ha
frei zugänglich
Führungen: nach

Voranmeldung
CE 91 Revierpark Vonderort

störungen durch den 2. Weltkrieg und Bergsenkungen verfiel der Stadtwald in den Nachkriegsjahren. 1969 begann mit der Errichtung des Revierparks eine neue Epoche. Das bisherige Areal wurde stark erweitert und durch den Landschaftsarchitekten Gustav Wörner geplant. Heute bietet der Revierpark Vonderort Bereiche für Sport und Spiel, ein Freizeithaus und ein Freizeitbad.

NRW 99
Eigentümer/in: Stadt Essen, Grünflächenamt, Viehofer Straße 38–52, 45121 Essen, Tel. 0201/883067, Fax 0201/8867007
Größe: 8 ha
frei zugänglich
DB Altenessen
183 Palmbuschweg

Kaiser-Wilhelm-Park

Palmbuschweg, Essen

1897 beschloß der Gemeinderat von Altenessen, zum Andenken an Kaiser Wilhelm I. einen Volksgarten anzulegen. Der Düsseldorfer Gartenarchitekt Fritz Gude erarbeitete einen Gestaltungsplan, in dem Teich, Kinderspielplatz, Blumenrabatten und von Wegen durchzogene Rasenflächen wichtigste ursprüngliche Bestandteile waren. Im 2. Weltkrieg wurden große Teile der Parkanlage zerstört, worauf vor allem in den 70er Jahren umfangreiche Instandsetzungsarbeiten mit Betonung des Freizeitcharakters erfolgten. Die Stadt Essen beabsichtigt heute, im Park nach und nach einige der historischen Strukturen wiederherzustellen.

NRW 100
Größe: 70 ha
Öffnungszeiten: ganzjährig geöffnet, im Sommer Freiland: 9 Uhr bis Anbruch der Dunkelheit Schauhäuser/Vogelfreiflughalle: 9–19 Uhr im Winter Freiland: 9 Uhr bis Anbruch der Dunkelheit, Schauhäuser/ Vogelfreiflughalle: 9–16 Uhr
Eintritt: 5 DM, Kinder frei bis 5 Jahre
Nov. bis Ostern: 50 % ermäßigt
3 DM für Schüler, Soldaten, Zivis
Kinder: 2 DM, Familien: 10 DM
Gruppen ab 25 Personen 4 DM/Person
Führungen: Fachführungen, allgem. Parkführung: Tel.: 0201/8883104
für Gruppen bis 25 Personen, Parkführung: 75 DM, Fachf.: 100 DM
U 11 Messe Ost/Gruga
U 17 Margarethenhöhe
P gebührenpflichtig

Grugapark Essen

Külshammer Weg 32, Essen

Der Name stammt von einer Ausstellung Ende der 20er Jahre: Große Ruhrländische Gartenbauausstellung 1929. Der Botanische Garten innerhalb des Grugaparks wurde bereits 1927 auf Kippengelände und Äckern errichtet. Aus dieser Zeit stammen die Japanische Sicheltannen-Gruppe und der Pagoden- oder Schnurbaum, ebenso der Chinesische Taschentuchbaum und die Gehölzsammlung besonderer Säulen- und Hängeformen. Im Rhododendrontal steht ein Wald von vornehmlich Rhododendron catawbiense-Hybriden. Sie sind 1927 als 50jährige Gehölze von aufgelassenen Friedhöfen dorthin verpflanzt worden. Die Größe und das Aussehen der Anlage veränderten sich durch weitere Austellungen, wie die Reichsgartenschau 1938 und die Bundesgartenschau von 1965. Die strenge Geometrie der ursprünglichen Gartenanlage, die im 2. Weltkrieg zerstört wurde, ist 1952 im wiedereröffneten Grugapark aufgegeben worden. Seitdem zeichnet er sich durch geschwungene Wegführung und ausgedehnte Rasenflächen aus. Die 1965 geschaffenen Möglichkeiten der aktiven Erholung durch Sport und Spiel wurden nach 1981 weiter ausgebaut. Mit der Aufgabe des Aquariums und Terrariums entstanden neue Greifvogel- und Eulenvolieren, ein Japanischer Garten, Grill- und Partyplätze, Rollschuhbahn, Verkehrsspielplatz, Ponyhof und Streichelzoo. Zusätzlich sind Themen-

gärten wie Westfälischer Bauerngarten, Weißer und Blauer Garten, Garten der Sinne (Duft- und Tastgarten), Rosen-, Mittelmeer-, Staudengarten, Dahlienarena und das Alpinum mit Wasserfall sehenswert. Die drei hohen Glaspyramiden der Pflanzenschauhausanlage sind architektonisch interessant und bieten dem Besucher 1500 Quadratmeter Schaufläche für tropischen Regenwald, Bergnebelwald und Wüste. Im Innenhof befindet sich ein Bonsai-Garten mit Exemplaren aus berühmten japanischen Sammlungen. Seit 1997 ist die neue Vogelfreiflughalle zu besichtigen.
Eigentümer/in: Stadt Essen, Tel. 0201/8883333/8883300, Fax 0201/8883007, E-Mail singel@marlowe.iosys.de, Internet www.umwelt.org/uwz/Schule /Natur
Attraktionen: Rhododendrenblüte

Veranstaltungen:
Ausstellungen in der Orangerie:
Pflanzenraritätenbörse, China, Essen erntet und weitere Ausst., April bis Okt.
Infos bei: Tel. 0201/8883104 oder 8883333,
Musikveranstaltungen, Kammerkonzerte, Musikgarten und Parkfest
Open Flair Kinderfest zum Weltkindertag
✕ ☕ 🐕 ♿ ℹ
✿ Bonsais

Foto: Jardner

Park der Villa Hügel

Essen

Alfred Krupp ließ in der Zeit von 1870 bis 1873 die Villa Hügel nach eigenen Entwürfen bauen. Auch Garten und Park wurden ebenfalls nach Krupps eigenen Entwürfen durch seinen Baumeister Barchewitz und den damaligen Obergärtner Bete gestaltet. So entstanden 1873 südlich der Villa am Hang über der Ruhr zwei untereinander liegende Terrassengärten mit umgebendem Park im gemischten Stil, die nicht künstlerisch gestaltet waren, sondern den persönlichen Wünschen des Bauherrn entsprachen, damit aber zugleich zeittypische Züge trugen. Nach dem Tod Alfred Krupps 1887 erhielt der Park unter Friedrich Alfred und Margarethe Krupp und auch anschließend unter Gustav und Bertha Krupp von Bohlen und Halbach ein zunehmend repräsentativeres Aussehen. Im Vorfeld des 150jährigen Jubiläums der Firma Krupp 1961 fiel die grundsätz-

NRW 101
Eigentümer/in: Alfried Krupp von Bohlen und Halbach-Stiftung, Hügel 15, 45133 Essen,
Tel. 0201/1884823,
Fax 0201/1884859
Größe: 28 ha
Öffnungszeiten: ganzjährig geöffnet Di–So 10–18 Uhr
Eintritt: 1,50 DM, ermäßigt 0,50 DM
🚋 107 Frankenstraße, umsteigen in
🚌 194 Villa Hügel
Ⓢ 6 Bhf Hügel
→ A52, Abf. Essen-Rüttenscheid, Alfredstraße (B224) Richtung Solingen,

Beschilderung Villa Hügel folgen
P ♿
Veranstaltungen: wechselnde Kunstausstellungen der Kulturstiftung Ruhr im Großen Haus der Villa

liche Entscheidung, dem Ensemble Hügel sein heutiges, parkartiges Erscheinungsbild zu geben und es damit zugleich den Erfordernissen der langfristigen musealen Nutzung anzupassen. Teile des Ostparks und vor allem des Westparks wurden abgetrennt und stehen seither als sogenannter Krupp-Wald der Allgemeinheit zur Erholung zur Verfügung.

NRW 102
Eigentümer/in: Stadt Essen, Grünflächenamt, Viehofer Straße 38–52, 45121 Essen, Tel. 0201/883067, Fax 0201/8867007
Größe: 42 ha
frei zugänglich
DB Essen-Borbeck
103 Schloß Borbeck
P ✕ ♿

Schloßpark Borbeck

Schloßstraße, Essen-Borbeck

Im Westen von Essen erstreckt sich der Park von Schloß Borbeck. Heute liegt er inmitten geschlossener Bebauung im gleichnamigen Essener Stadtteil. Erstmals sind Gärten, Plantagen und Alleen im Zusammenhang mit dem Neubau des Schlosses zwischen 1640 und 1655 erwähnt. Nach 1783 erfolgte eine Umgestaltung des Parks im englisch-chinesischen Stil. Die historische Parkstruktur ist, bedingt durch Erholungsnutzung und forstliche Pflege der Waldbestände, stark verändert. Aufgrund der Größe der Anlage und der hohen Strukturvielfalt ist der Park auch von ökologischer Bedeutung und ein Beispiel für eine frühe und besondere Form des Landschaftsgartens.

NRW 103
Eigentümer/in: Stadt Gelsenkirchen, Gelsengrün, Immermannstraße 47, 45894 Gelsenkirchen, Tel. 0209/1694227, Fax 0209/1694808
Größe: 100 ha
frei zugänglich
383 Zum Bauverein
P ✕ ♿

Bundesgartenschau 1997

Nordsternstraße, Gelsenkirchen

Die Bundesgartenschau Gelsenkirchen ist ein Projekt im Rahmen der Internationalen Bauausstellung Emscherpark (IBA – Emscherpark). Im Rahmen des auf zehn Jahre angelegten Projekts sollen in der Emscherzone von Duisburg bis Dortmund strukturelle, ökonomische, ökologische, soziale und auch baulich-landschaftliche Veränderungen initiiert werden. Die Bundesgartenschau 1997 gilt als Beispiel dafür, wie Industriebrachen im Ruhrgebiet für neue Nutzungen erschlossen werden könnnen. Am westlichen Rand Gelsenkirchens wurde auf einem ehemaligen Zechen- und Haldengelände ein moderner Landschaftspark nach Entwürfen des Marler Landschaftsarchitekten Wedig Pridik gestaltet. Das Gelände zeigt heute durch die nicht romantisierte Neugestaltung das Gesicht einer nachindustriellen Parklandschaft, die die Wunden der industriellen Nutzung nicht verdeckt. Landschaftspark, Rhododendren-Hain und die als stumpfkegelige Pyramide umgestaltete Halde sind nur einige Elemente der Anlage.

NRW 104
Eigentümer/in: Stadt Gelsenkirchen, Revierpark Nienhausen GmbH,

Revierpark Nienhausen

Feldmarkstraße, Gelsenkirchen

Der Revierpark Nienhausen ist einer von fünf Freizeitparks, die der Kommunalverband Ruhrgebiet gemeinsam mit den Anliegergemeinden in den 70er Jahren errichtet hat. Der Park in Gelsenkirchen entstand auf dem historischen Gelände des ehemaligen Gutes Nienhausen. Die Freizeitanlage gliedert sich in drei Bereiche: Freizeithaus mit Restauration, Badeanlagen mit Wellenbad, Aktivarium und Spiel- und Parkbereich. Der angrenzende Waldpark aus den 20er Jahren mit Café, Bootsteich und Spazierwegen ergänzt das Freizeitangebot.

Feldmarkstraße 201,
45883 Gelsenkirchen,
Tel. 0209/941310,
Fax 0209/9413199
Größe: 30 ha
frei zugänglich
127 Revierpark Nienhausen
Veranstaltungen: ganzjähriges Programm

Landschaftspark Scherlebeck

Scherlebecker Straße / Gertrudenstraße, Herten

Der Landschaftspark ist auf einer ehemaligen Zechenbrache im Zusammenhang mit einem Gewerbegebiet und einer Wohnbebauung entstanden. Im Zuge der Bodensanierung wurden die belasteten Böden in einem zirka 20 Meter hohen Erdhügel eingebaut. Die Anlage besteht im wesentlichen aus Extensivrasen und Grünverbindungswegen, waldartigen Bereichen, einem Regenrückhaltebecken sowie zwei auffällig gestalteten Brückenbauwerken.

NRW 105
Eigentümer/in: Stadt Herten,
Kurt-Schumacher-Straße 2,
45699 Herten,
Tel. 02366/303319,
Fax 02366/303229
Größe: 3 ha
frei zugänglich
224, 242 Gertrudenstraße oder Scherlebecker Straße

Schloßpark Herten

Im Schloßpark, Herten

Die Anlage, erstmals erwähnt im Jahre 1376, wurde ab 1680 in einen Barockgarten umgestaltet, 1725 errichtete man die Orangerie. Von der barocken Struktur sind noch zwei kreisrunde Plätze, die Barockwiese, Fischteiche und mehrere Alleen zu erkennen. Maximilian Friedrich Weyhe wandelte den Schloßpark von 1814 bis 1817 in einen englischen Landschaftsgarten um. Aus dieser Zeit stammt ein großer Teil des alten Baumbestandes mit über 200 seltenen, dendrologisch wertvollen Gehölzarten. Eine besondere Attraktion ist die vor etwa 100 Jahren gepflanzte Narzissenwiese. Der Park, 1974 für die Öffentlichkeit freigegeben, wurde bis 1982 wiederhergestellt. Die Gestaltungsgrundsätze Weyhes sind in diesem fast unverändert gebliebenen Park gut ablesbar.
Eigentümer/in: Landschaftsverband Westfalen-Lippe, Pächterin: Stadt Herten, Freiherr-vom-Stein-Platz 1, 48133 Münster, Tel. 0251/5910, Fax 0251/591254

NRW 106
Größe: 26,3 ha
frei zugänglich
Führungen: nach Voranmeldung,
Tel.: 02366/303568,
kostenlos,
DB Recklinghausen
234, 224, 219, 210 Rathaus – Schloß Herten 240 Schloß Herten
Veranstaltungen: Fest der Griechischen Gemeinde, Mai
Kunstmarkt, Pfingsten
Folkfestival, August

Revierpark Gysenberg

Am Revierpark 9, Herne

Der erste Freizeitpark im Ruhrgebiet war der Revierpark Gysenberg im Grenzbereich der Städte Herne und Bochum. Auf der Grundlage eines bestehenden Waldparks mit Tierpark, Gartenwirtschaften und Freizeiteinrichtungen wurde seit 1970 nach den Vorstellungen des Kommunalverbandes Ruhrgebiet (KvR), der die Idee der Revier-

NRW 107
Eigentümer/in: Stadt Herne,
Garten- und Friedhofsamt,
Auf dem Stennert 9,
44627 Herne,
Tel. 02323/164210,
Fax 02323/162100
Größe: 26,1 ha
frei zugänglich

323 Revierpark

park entwickelt hat, eine Landschaft aus Terrassen, Rabatten und Rasenflächen gestaltet. Wellenbad, Freizeithaus, Sport- und Spielflächen, Sole- und Saunabereiche sind einige Elemente, die heute den Revierpark Gysenberg als Freizeitanlage mit regionalem Einzugsbereich auszeichnen.

NRW 108
Eigentümer/in: Stadt Castrop-Rauxel, Friedhofswesen, Europaplatz 1, 44575 Castrop-Rauxel, Tel. 02305/1062790, Fax 02305/1062788
Größe: 7,7 ha
frei zugänglich
481 Friedhof Bladenhorst

Waldfriedhof Bladenhorst

Schulstraße / Eichenweg, Castrop-Rauxel

Der Kommunalfriedhof, südlich von Schloß Bladenhorst gelegen, wurde in den 20er Jahren unter Einbeziehung des alten Baumbestandes durch den Gartenarchitekten Gustav Allinger geplant. 1960 bis 1962 folgten eine Erweiterung der Friedhofsfläche und umfangreiche Neuanpflanzungen von Bäumen und Sträuchern. Der Parkfriedhofscharakter der Anlage wird durch die südliche und westliche Einbindung in das Waldgebiet Castroper Holz noch verstärkt.

NRW 109
Größe: 0,1 ha
Anmeldung erbeten
Öffnungszeiten: ganzjährig, Friedhof ist abgeschlossen Schlüssel bei Eigentümerin erhältlich
Eintritt: frei
458, 472, 481 Engelsburgplatz

Jüdischer Friedhof

Obere Münsterstraße, Castrop-Rauxel

Der aus dem 18. Jahrhundert stammende Jüdische Friedhof ist der älteste Friedhof im Zentrum Castrop-Rauxels. Ein alter Baumbestand und alte Grabsteine ab 1812 prägen diesen Ort. Die Eingrenzung der Friedhofsfläche mit Ziegelmauer und Eingangstor erfolgte um 1930.
Eigentümer/in: Stadt Castrop-Rauxel, Friedhofswesen, Europaplatz 1, 44575 Castrop-Rauxel, Tel. 02305/1062790, Fax 02305/1062788

NRW 110
Eigentümer/in: Stadt Bochum, Rathaus, 44777 Bochum, Tel. 0234/9103460, Fax 0234/9103443
Größe: 33 ha
frei zugänglich
336, 353 Gudrunstraße

Stadtpark Bochum

Bergstraße, Bochum

Der erste, von der öffentlichen Hand in Auftrag gegebene und finanzierte Stadtpark im Ruhrgebiet wurde 1878 fertiggestellt. Vom Kölner Landschaftsgärtner Anton Strauß geplant, war er ein zeittypischer Landschaftsgarten im gemischten Stil. Er umfaßte auch Restaurationsgebäude mit aufwendig gestalteten Terrassen sowie einen Milch- und Mineralwasserausschank im Nordostteil. Seine heutige Größe erreichte der Stadtpark 1903 bis 1908, in den 30er Jahren wurden ein Tiergehege und ein Aquarium eingefügt. In den 50er und 60er Jahren erhielten die Teichanlagen Fontänen und Wasserspiele, es wurden Rhododendron-, Stauden- und Sommerblumengärten angelegt und der Rosen- und der Dahliengarten erweitert. Viele alte Gehölze, größtenteils aus Asien stammend, setzen mit ihren bizarren Wuchsformen, auffallender Belaubung und leuchtender Herbstfärbung deutliche Akzente.

Stadtgarten Wattenscheid

Stadtgartenring, Bochum

Der erste Stadtgarten in der ehemaligen Stadt Wattenscheid mit einer Größe von 4,5 Hektar entstand nach Entwürfen des Gartenarchitekten Reinhold Hoemann bis 1900: ein zeittypischer Park mit aufwendigen Rosen- und Blumenbeeten, aber auch einem mit Geräten ausgestatteten Kinderspielplatz. Bis 1932 wuchs der Stadtgarten auf seine heutige Größe in mehreren Schritten an und erhielt einen Gondelteich, einen botanischen Schulgarten, Tiergehege, Sportplätze und eine Freiluftbühne. Nach dem Zweiten Weltkrieg kamen noch ein Haus für exotische Tiere, Aquarium und ein Rosengarten hinzu. Geprägt wird der Stadtgarten vor allem durch viele alte Bäume aus der Entstehungszeit.

NRW 111
Eigentümer/in: Stadt Bochum, Rathaus, 44777 Bochum,
Tel. 0234/9103460,
Fax 0234/9103443
Größe: 20 ha
frei zugänglich
302 August-Bebel-Platz
363 Stadtgartenring

Botanischer Garten an der Ruhr-Universität

Universitätsstraße, Bochum

Der Aufbau des Botanischen Gartens begann kurz nach Aufnahme des Lehrbetriebes im Jahre 1965. Seit Anfang der 70er Jahre sind die ersten Freilandanlagen für die Öffentlichkeit zugänglich. Zu den Anlagen des am Südhang des Ruhrtals gelegenen Forschungs- und Lehrgartens gehören ein Gewächshauskomplex mit Tropenhaus, ein Demonstrationshaus für Pflanzen der Trockengebiete, ein Alpinenhaus und verschiedene andere. Im Freiland zeigen ein Alpinum sowie Vegetationsbilder und Biotope Pflanzen aus Europa, Asien und Amerika. Ein Chinesischer Garten ergänzt die Anlagen im Freiland.

NRW 112
Eigentümer/in: Ruhr-Universität, Universitätsstraße, 44801 Bochum,
Größe: 13 ha
Öffnungszeiten: im Sommer 9–18 Uhr, im Winter 9–16 Uhr
Eintritt: frei
U 35 Ruhr-Universität
349, 356 Querenburger Straße

Schwesterngarten

Pferdebachstraße, Witten

Die Idee zur Anlage eines Gartens in der Nachbarschaft eines Diakonissenhauses entstand 1906. Der etwa 1912 fertiggestellte Schwesterngarten in Witten ist eine originelle Anlage, die sich nicht einer zeitgenössischen Gartenkunst um 1900 zuordnen läßt. Es entstanden 14 Kleinlandschaften, die ineinander übergehen und eine einheitliche Gesamtanlage bilden. Der Weg führt von der Herbstwiese über Quelltal, Frühlingsmulde, Kiefernhöhe, Azaleental, Fliederweg zur Spielwiese. Weitere Landschaften sind Alpenrosental, Eichenwald, Heidetal, Laubengang sowie Veilchen-, Tiefen- und Bachtal. Ende der 80er Jahre wurde das Areal überarbeitet.

NRW 113
Eigentümer/in: Diakonissenwerk Ruhr,
Pächter: Stadt Witten, Betriebsamt, Pferdebachstraße 109, 58454 Witten,
Tel. 02302/5818315
Größe: 2 ha
frei zugänglich
320, 350 Witten Rathaus dann 375 Diakonissenstraße

Botanischer Garten der Stadt Wuppertal

Elisenhöhe 1, 42107 Wuppertal

Als botanischer Schulgarten der damaligen Stadt Elberfeld 1890 gegründet avancierte er durch die Städtezusammenle-

NRW 114
Größe: 2,5 ha
Öffnungszeiten: ganzjährig geöffnet,

im Sommer 7.30–19 Uhr,
Sa, So und Feiert. 9–19 Uhr,
im Winter 7.30–16.30 Uhr,
Sa, So und Feiert.:
9–16.30 Uhr
Eintritt: frei
Führungen: nach Voranmeldung,
Tel.: 0202/5634180, kostenlos
643 Botanischer Garten

gung 1929 zum Botanischen Garten Wuppertal. Hier befinden sich die denkmalgeschützten Gebäude Elisenturm von 1838 und der 1820 errichtete Landsitz mit Orangerie. Der Botanische Garten beherbergt 4100 Pflanzenarten und hat 240 Tauschpartner in aller Welt. Besonders erwähnswert sind die Blumenzwiebel- und Cyclamenkollektion, der tropische Seerosenteich im Freiland, ein Alpinum, Heil- und Gewürzkräutergarten und eine Zapfensammlung.
Eigentümer/in: Stadt Wuppertal, Wuppertal,
Tel. 0202/5634180, Fax 0202/5638092
Veranstaltungen: Rund um den Elisenturm Gartenfest in Verbindung mit dem Förderverein, 3. Wochenende im August eines jeden Jahres

NRW 115
Eigentümer/in: Stadt Wuppertal,
Große Flurstraße 10,
42269 Wuppertal,
Tel. 0202/5635498,
Fax 0202/5638049,
E-Mail 0202 563 207@online.de,
Internet www.wuppertal.de
Größe: 57 ha
frei zugänglich
643 Parkanlage Hardt
Veranstaltungen: Waldbühne (Freilichtbühne) unterschiedliche Veranstaltungen (Jazz, Theater, Rock-Veranstaltungen, Konzerte) Sommer
Infos bei: Stadt Wuppertal,
Tel. 0202/5634184/24589,
Fax 0202/563455198
Kinderfeste

Zentrale Parkanlage Hardt

Elisenhöhe 1, Wuppertal

Die Lage zwischen den Siedlungsschwerpunkten Elberfeld und Barmen begründet die vorrangige Bedeutung der Hardt für die innerstädtische Erholung. Der Hardtberg erhebt sich mit Elisenturm, Bismarckturm und der Kuppe über den Hardthöhlen westlich der Kirchlichen Hochschulen bis zu 90 Meter unmittelbar über der Wupper und bietet einen Ausblick über die Tallagen der Stadt, auf Elberfeld und Barmen und die umgebenden bewaldeten Höhen. Historisch wertvolle Gestaltungselemente wie Brücken, Treppenanlagen und Denkmäler sind noch erhalten. Die Freilichtbühne befindet sich in einem ehemaligen Steinbruch, der als geologischer Aufschluß als Naturdenkmal ausgewiesen ist. Der westliche Teil der Anlage ist seit Anfang des 19. Jahrhunderts intensiv gestaltet und beinhaltet einen gut ausgestatteten und auf mehreren Ebenen angelegten Kinderspielplatz mit betreutem Spielplatzhaus. Der Garten an der aus der 2. Hälfte des 19. Jahrhunderts stammenden Ellerschen Villa ist ein pflanzlich intensiv gestalteter Bereich von besonderem Reiz und umfaßt international anerkannte Pflanzenraritäten.

NRW 116
Größe: 0,3 ha
ganzjährig geöffnet
Führungen: nach Voranmeldung, gegen Spende
620 Parkstraße umsteigen 640 Echoer Straße
Veranstaltungen: Permakulturseminare, auf Anfrage Diavorträge Wochenendworkshops

natUR-WALDgarten

Echoer Straße 57, Wuppertal

Der natUR-WALDgarten ist ein privater Versuchsgarten. Auf einer einst brachliegenden Waldwiese am Stadtrand von Wuppertal wird seit 1980 ein Waldgarten entwickelt. Das Ziel, einen nachhaltigen, vielseitigen Lebensraum für Pflanzen, Tiere und Menschen zu schaffen, ist weitgehend verwirklicht. In der genußvollen, erholsamen und eßbaren Landschaft wird das Konzept der Permakultur angewendet.
Eigentümer/in: Johannes Dickmann, Echoer Straße 57,
42369 Wuppertal, Tel. 0202/469160, Fax 0202/464770

Rosebank

Mastweg 21, Wuppertal, Ortsteil Cronenberg

Von diesem intensiv gestalteten und gepflegten Garten hat man schöne Ausblicke in die Bergische Landschaft mit Wald und Wiesen. Er gliedert sich bei einer Länge von 140 Metern und 35 Metern Höhenunterschied in sechs Teilbereiche, von denen vier formal gehalten sind: Der Staudengarten um das Haus mit Hecken und Beetstauden, ein Gemüsegarten mit Schwerpunkt Beerenobst und Frühbeeten, der Hausgarten mit der Hauslinde, Staudenpflanzungen, Rasen und Sitzflächen, ein Gehölzteil mit Bäumen, Großsträuchern, Rhododendren und begleitenden Stauden und ein formaler Bauerngarten. Eine besondere Spezialität ist der Rosenhang, die sog. Rosebank und eine Strauch- und Kletterrosensammlung mit 550 Arten und Sorten, eine Auswahl gesunder Rosen auch für rauhe Lagen und kühles Klima, mit Stauden unterpflanzt.

Eigentümer/in: Hermann Rieth, Renate Graumann, Mastweg 21, 42349 Wuppertal, Ortsteil Cronenberg, Tel. 0202/470571

NRW 117
Größe: 0,5 ha
Anmeldung erbeten
Öffnungszeiten: ganzjährig geöffnet
Eintritt: frei
Führungen: nach Voranmeldung, kostenlos
DB Wuppertal Hbf
Bus 635 Mastweg
→ Kann zugesandt werden
P, Hund
Getränke und Kaffeemahlzeit nach Vereinbarung, Übernachtung in besonderem Falle

Schaugarten der Staudengärtnerei Georg Arends

Monschaustraße 76, Wuppertal-Ronsdorf

Foto: Anja Maubach

Die älteste deutsche Staudengärtnerei wurde 1888 von dem bekannten Staudensichter Georg Arends gegründet und wird heute von seiner Urenkelin geleitet. Unterschiedliche Schaubeete zeigen, wie gärtnerische Tradition und Gartenkunst eine glückliche Liaison eingehen. Viele der Arendsii-Züchtungen, wie zum Beispiel die große Palette der Astilben, sind zu weltweiten Klassikern der Staudenkultur geworden. Die Verwendungsmöglichkeiten der Stauden werden in unterschiedlichen Beeten, wie Septemberbeet, Simple Border, Graues Beet und June-Border demonstriert.

NRW 118 NEU
Eigentümer/in: Anja Maubach Monschaustraße 76, 42369 Wuppertal-Ronsdorf, Tel. 0202/464610
Fax 0202/464957
E-Mail stauden@arends.de
Größe: 0,25 ha
Anmeldung für Gruppen erbeten
Öffnungszeiten: ganzjährig geöffnet Mo, Mi , Do, Fr: 8–12 Uhr, 13–17 Uhr, Sa 9–16 Uhr, November bis Februar: Sa geschlossen
Eintritt: frei
Führungen: nach Voranmeldung, für Gruppen bis 20 Personen, 180 DM/Gruppe
DB Wuppertal
P, Hund, i
Veranstaltungen: Tag der Offenen Tür, letzter Samstag im August, Gartenschule, Diavorträge
✿ Pflanzenversand

Der private alte Schaugarten, die sogenannte Felspartie und der neue „Garten der langen Vorfreude“ werden nur am letzten Samstag im August und zu speziellen Einladungen der Gärtnerei geöffnet.

NRW 119
Eigentümer/in: Stadt Hagen,
Grünflächenamt,
Fleyerstraße 117,
58042 Hagen,
Tel. 02331/2074615,
Fax 02331/2072467
Größe: 1,5 ha
Öffnungszeiten:
ganzjährig geöffnet Mo–Sa,
werktags: 8–16 Uhr,
samstags: 14–18 Uhr
Eintritt: frei
🚌 522, 525 Haßleyer Straße

Garten der Villa Hohenhof

Stirnband, Hagen

Die Villa Hohenhof entstand zwischen 1906 und 1908 im Auftrag des Hagener Kulturreformers Karl Ernst Osthaus nach Plänen des belgischen Architekten Henry van der Velde. Der Gesamtplan entstand allein nach künstlerischen Gesichtspunkten. In den sogenannten Architektengärten jener Zeit spielten Pflanzen nur eine untergeordnete Rolle. Der geometrische Grundriß der Villa setzt sich in den Formen einzelner Gartenbereiche fort. Alle Gartenräume beziehen sich über Symmetrieachsen auf das Gebäude. Der von van der Velde realisierte Garten entsprach jedoch nicht den Vorstellungen von Osthaus, der daraufhin 1913 den Gartenarchitekten Leberecht Migge mit einem Bepflanzungskonzept beauftragte. Der Entwurf Migges löste eine Auseinandersetzung zwischen ihm und van der Velde aus. Letztendlich wurde Migges Entwurf fast unverändert umgesetzt. Bis 1960 blieb der Garten in seinen Strukturen unverändert. In den 60er Jahren wurden Teilbereiche durch Baumaßnahmen völlig verändert. 1976 beschloß die Stadt Hagen, die Villa samt Garten zu restaurieren. Die in den Garten hineingebauten Pavillons konnten 1987 wieder entfernt werden. Eine Restaurierung erfolgte bisher nur in kleinen Teilbereichen.

NRW 120
Eigentümer/in: Stadt Hagen,
Grünflächenamt,
Fleyerstr. 117, 58042 Hagen,
Tel. 02331/2074615,
Fax 02331/2072467
frei zugänglich
🚌 513, 524 Allgemeines Krankenhaus
🅿 ✕ ☕ 🐕 ♿

Stadtgarten Hagen

Buscheystraße, Hagen

Im Februar 1884 kamen Hagener Bürger zusammen, um sich über den Plan zur Errichtung eines für alle Volkskreise offenen Gartens zu unterhalten. Noch im gleichen Jahr wurde die Aktiengesellschaft Hagener Stadtgarten gegründet, um weitere Gelder zu erschließen. Ziel der Aktiengesellschaft war es, einen neutralen Vereinigungspunkt zu schaffen für alle Gesellschaftsklassen, für Reich und Arm, für Hoch und Niedrig, wo der Arbeiter sehe, daß für seine Erholung und Erfrischung in eben dem Maße gesorgt sei wie für diejenige anderer Leute. Seit 1896 Eigentum der Stadt Hagen, blieb die Grundstruktur bis heute erhalten.

NRW 121
Größe: 0,3 ha
Anmeldung für Gruppen erbeten

Gartenlust

Altemühle 1, Halver

Der naturnahe Schaugarten umfaßt Hunderte von Blütenstauden und einen großen Teich. Neben gezielten Farbbe-

pflanzungen gibt es viele Stauden- und Kräuterraritäten. Sehenswert sind auch die ausgefallenen Gartenkeramiken.
Eigentümer/in: Karin Schröder, Altemühle 1, 58553 Halver, Tel. 02353/10740, Fax 02353/903932,
Internet www.gartenlust-halver.de
Veranstaltungen: Tag der Offenen Tür (mit Pflanzenversteigerung), im Juni (Termin bitte nachfragen), Kaffee kann serviert werden

Eintritt: frei
Öffnungszeiten: April bis Okt. Di–Fr: 15–19.30 Uhr, Sa: 10–16 Uhr, So: nach Vereinbarung
Eintritt: frei
→ Stadtmitte Halver, Bächterhof abbiegen, am Schulzentrum vorbei hinab ins Tal, dann ausgeschildert

Rosengarten Seppenrade

Hauptstraße 20, Lüdinghausen–Seppenrade

Der Rosengarten ist mit 10 000 Rosen in 600 Sorten der Mittelpunkt des Rosendorfes Seppenrade. Er entstand unter der Trägerschaft des Heimatvereins und wird von ehrenamtlichen Helferinnen und Helfern gepflegt. Der Garten bietet einen vorzüglichen Überblick über die bekannten und weniger bekannten Rosenarten und -sorten.
Eigentümer/in: Heimatverein Seppenrade e.V., Lüdinghausen, Hermann-Löns-Weg 15, 59348 Lüdinghausen-Seppenrade, Tel. 02591/6152
Veranstaltungen: Volks- und Lichterfest Musik, Tanz, Höhenfeuerwerk 3. Wochenende im Aug., Sa bis Mo, Infos bei: Tel. 02591/6152

NRW 122
Größe: 1,8 ha
frei zugänglich
Führungen: nach Voranmeldung, für Gruppen bis 150 Personen, Preis nach Absprache,
Attraktionen: Rosenblüte
DB Lüdinghausen
→ Der Rosengarten liegt etwa in der Ortsmitte von Seppenrade, vom Bf. Lündinghausen 3 km entfernt, an der B 58 und B 474.

Bauerngarten Christensen

Leversum 6, Lüdinghausen-Seppenrade

Die von Hecken eingefaßten und von Buchsbaum umsäumten Rabatten sind üppig mit Stauden, Knollenpflanzen und Sommerblumen bepflanzt.
Eigentümer/in: Gabriele und Stephan Christensen, Leversum 6, 59348 Lüdinghausen-Seppenrade, Tel. 02591/989899, Fax 02591/989809
Attraktionen: Staudenblüte, Kübelpflanzen

NRW 123
Größe: 0,12 ha
Anmeldung erbeten
Öffnungszeiten: ganzjährig geöffnet, insbesonders Juli, August
Eintritt: frei
Führungen: nach Voranmeldung, kostenlos

Privatgarten Mart

Rosenstraße 64, Nordkirchen

Der Garten mit einer üppigen Staudenpflanzung ist insbesondere zwischen Mitte Mai bis Mitte Juni während der Blüte sehenswert.
Eigentümer/in: Jürgen und Gudrun Mart, Rosenstraße 64, 59394 Nordkirchen, Tel. 02596/2018
Öffnungszeiten: ganzjährig geöffnet
Führungen: nach Voranmeldung kostenlos

NRW 124
Größe: 600 m^2,
Anmeldung erbeten
Eintritt: frei
✿ Pflanzen können evtl. abgegeben werden.

NRW 125
Eigentümer/in: Land Nordrhein-Westfalen, Fachhochschule für Finanzen, Schloß, 59394 Nordkirchen, Tel. 02596/9330, Fax 02596/933333
Größe: 70 ha
frei zugänglich
Veranstaltungen: Schloßkonzerte
Infos bei Schul- und Kulturamt, Kreis Coesfeld, Tel. 02541/180, Fax 02541/18454

Schloßpark Nordkirchen

Schloß, Nordkirchen

Foto: Fachhochschule für Finanzen

Schloß Nordkirchen, das Westfälische Versailles, besaß im 18. Jahrhundert einen der schönsten Barockgärten im französischen Stil, von Johann Conrad Schlaun geplant und ausgeführt. Schon 1705 begann unter dem Architekten Pictorius die Errichtung einer Gartenanlage im holländischen Stil, die sich damals bis zu den runden Türmen bei der jetzigen Oranienburg erstreckte. Es war ein eingefriedetes Carré, zum Teil mit hohen Mauern und Toren versehen. Ab 1723/24 begann Schlaun seine Tätigkeit in Nordkirchen für den jungen Reichsgrafen Ferdinand von Plettenberg. Er ließ unter anderem die ehemalige Orangerie aus dem holländischen Garten zu einem zweigeschossigen Theatergebäude aufstocken. Der Schlaunsche Garten hatte etwa einhundert Jahre Bestand und wurde im 19. Jahrhundert von den nächstfolgenden Schloßbesitzern, den ungarischen Grafen Esterhazy-Galantha, durch den Landschaftsgärtner Friedrich Weyhe aus Düsseldorf in einen Landschaftsgarten umgestaltet. Dieser idyllisch-romantische Park bestand bis 1903. Der Herzog von Arenberg hatte nach dem Kauf dieser Schloßanlage durch seinen französischen Architekten Dùchené etlichen Bereichen des Schloßensembles den Stil des Neobarocks aufdrücken lassen, indem er typische Stilelemente wie Balustraden, verschiedene Höhenparterres, Promenoirs verwendete. Ein repräsentativer Teil dieses französischen Gartens, die sogenannte Venusinsel auf der Nordseite der Schloßanlage ist Anfang der 90er Jahre im Stil des Neobarocks restauriert worden. Für den westlichen, französisch-barocken Garten à la Schlaun bestehen gute Chancen der Rebarockisierung in den nächsten Jahren.

NRW 126
Eigentümer/in: Graf von Kanitz, Freiherr-vom-Stein-Straße 27,

Park von Schloß Cappenberg

Freiherr-vom-Stein-Straße, Selm

Seit dem 9. Jahrhundert stand auf einer steil aufragenden Erhebung die einzige Höhenburg Westfalens Karolingischen Ursprungs. 1122 wurde hier das erste Prämonstratenserkloster auf deutschem Boden gegründet. Die im Barock umgebauten Stiftsgebäude waren nach der Säkularisation ab 1816 Alterssitz und Sterbeort des preußischen Politikers und Reformers Freiherr vom Stein. Bis heute blieben viele Elemente des Klosters in ihren Grundstrukturen erhalten. Dazu gehören unter anderem Fischteiche, Obstgärten, Weinberg und Stiftsgarten. 1719 kam ein Tiergarten hinzu. Nach dem Besitzwechsel 1816 nahm der ehemalige preußische Staatsminister Karl Friedrich vom und zum Stein starken Einfluß auf die Entwicklung des Schloßparks. Die historischen Strukturen im Stil englischer Landschaftsgärten blieben in der neuen Anlage weitgehend unverändert und bis heute erhalten.

59379 Selm,
Tel. 02306/750060
Öffnungszeiten: Ende März bis Ende Okt. Sa, So, feiertags 11–18 Uhr
Mo bis Fr nur Gruppen nach telefonischer Anmeldung
Eintritt: 4 DM,
Kinder 2,50 DM
DB Lünen Hbf
Bus 530 Schloß Cappenberg

Naturgarten des Biologischen Zentrums

Rohrkamp 29, Lüdinghausen

In dem Naturgarten können Pflanzen und Tiere in naturnahen Lebensräumen wie Teich, Blumenwiese, Hecken und Gehölze beobachtet werden. Von den Gemüsearten aus dem Bauerngarten über Heil- und Küchenkräuter bis zu modernen und historischen Getreidearten sind eine Vielzahl von Nutz- und Wildpflanzen zu entdecken. Sonderausstellungen zeigen Nachwachsende Rohstoffe, Energie für die Zukunft und Bienen.
Eigentümer/in: Biologisches Zentrum, Rohrkamp 29, 59348 Lüdinghausen, Tel. 02591/4129, Fax 02591/4129
Veranstaltungen: Tag der Offenen Tür, Pfingstmontag

NRW 127 NEU
Größe: 2 ha
Anmeldung für Gruppen erbeten
Öffnungszeiten: ganzjährig geöffnet Mo–Fr, 9–16 Uhr und nach Vereinbarung
Eintritt: frei
Führungen: nach Voranmeldung
DB Lüdinghausen
Bus S 90, ab Münster Lüdinghausen

Seepark Lünen

Preußenstraße, Lünen

Der Seepark entstand 1996 aus der Landesgartenschau Nordrhein-Westfalen als Projekt der Internationalen Bauausstellung, IBA-Emscher-Park. Auf einer industriell überformten Fläche ist eine vielfältig nutzbare Freizeitanlage entstanden, deren Kernstück der zirka 10 Hektar große, neu geschaffene Badesee mit Sandstrand, Liege- und Spielwiese ist. Bereiche mit Schmuckstauden und Themengärten, insbesondere ein intensiv gestalteter Apothekergarten, laden neben der Landschaftsgestaltung zu ausgedehnten Spaziergängen ein. Große Skulpturen aus Baumstämmen bestimmen die weiten Spielbereiche. Der Seepark ist planerisch aufgeteilt in Bereiche für intensive Freizeitnutzung und in ökologische Vorranggebiete. Hier sind insbesondere eine zirka 4 Hektar große Streuobstwiese mit traditionellen, regionaltypischen Obstsorten sowie der naturnah gestaltete Bereich am neugeschaffenen See mit wechselfeuchten Zonen, dem Schilfgürtel und kleineren Tümpeln bemerkenswert. Die Landesschule der Kleingärtner Westfalen-

NRW 128
Eigentümer/in: Stadt Lünen, Willy-Brandt-Platz 1, 44530 Lünen,
Tel. 02306/104 671,
Fax 02306/104680
Größe: 63 ha
frei zugänglich
Führungen: nach Voranmeldung,
Geländeführung kostenlos,
Apotheker-Garten Preis nach Vereinbarung
DB Lünen
Bus R 11 der VKU Baukelweg
P im Bereich Schloßpark Schwansbell

Lippe ist in die Anlage integriert. Ergänzt wird der neue Park im Norden durch den Schloßpark Schwansbell, ein etwa 7 Hektar großer Landschaftsgarten mit altem Baumbestand. Im Süden des Parks befindet sich die Bergehalde Preußen als Sukzessionsbrache.

NRW 129
Eigentümer/in: Stadt Lünen, Grünflächenamt, Cappenberger Straße 28, 44534 Lünen, Tel. 02306/104670
Größe: 60 ha
frei zugänglich
R 12 Volkspark

Park der Landesgartenschau Lünen 1996

Preußenstraße, Lünen

Ein Jahrhundert lang prägte der Bergbau die Struktur und Landschaft Lünens. Fast das gesamte Gelände war vor der Landesgartenschau Poldergebiet und gegenüber dem Umland aufgrund von Bergsenkungen um bis zu 14 Meter abgesunken. Leitidee der Gartenschau war es, siedlungsnahe Freiräume mit hohem und vielseitigem Gebrauchswert für den Menschen zurückzugewinnen und natürliche Potentiale der Landschaft zu aktivieren. Der Gartenpark in Lünen ist ein Landschaftspark neuen Typs, ein siedlungsbezogener Erholungsraum mit einem Wechsel von groß- und kleinflächigen, offenen und geschlossenen Landschaftsräumen mit integrierten Spielzonen, Kleingärten und Friedhofsflächen. Seine Qualität liegt in den vielseitig nutzbaren Bereichen, die bisher im Raum Lünen fehlten.

NRW 130
Größe: 70 ha
Öffnungszeiten: ganzjährig geöffnet 9–21 Uhr
Eintritt: 2,50 DM, Kinder frei bis 6 Jahre, Erw. ab 18 Uhr ermäßigt 1,50 DM für Behinderte und ihre Begleiter
Führungen: nach Voranmeldung, Tel.: 0231/5026100, Parkführungen, Baumführungen, Rosenführungen
öffentl. Führungen kostenlos, Privatführung: 150 DM
Attraktionen: Fontäne, Sesselbahn, Kleinbahn, Turmauffahrten,
U 47, 41 Westfalenpark U 45, 49 Märkische Straße

Westfalenpark Dortmund

An der Buschmühle 3, Dortmund

Ursprung des Westfalenparks ist der 1894 von Dortmunder Bürgern eröffnete Kaiser-Wilhelm-Hain. Die Anlage um den Kaiserhainteich war mit seltenen exotischen Bäumern und Sträuchern bepflanzt und mit mehreren Denkmalen ausgestattet. Nach der ersten von drei Bundesgartenschauen (1959, 1969, 1991) erhielt der Park seinen heutigen Namen und den 214 Meter hohen Fernsehturm mit sich drehendem Turmrestaurant. Der Westfalenpark beherbergt das Deutsche Rosarium, die drittgrößte Rosensammlung der Welt mit über 3500 Rosensorten und -arten in insgesamt 38 Einzelgärten und Schaupflanzungen. Des weiteren umfaßt die Anlage einen Japanischen Garten, den Geologischen Garten, das Rhododendron-Thema, die Naturschutzinsel mit Naturschutzhaus und Kartenbiotop, Sommerblumenpflanzungen, Staudengärten wie der Romantische Garten oder zahlreiche Themengärten, eine Heidelandschaft und viele interessante Spielbereiche für Kinder und Jugendliche.
Eigentümer/in: Stadt Dortmund, Stadtamt, 44122 Dortmund, Tel. 0231/5026100, Fax 0231/5026111

NRW 131
Eigentümer/in: Revierpark Wischlingen GmbH, Höfkerstraße,

Revierpark Wischlingen

Höfkerstraße, Dortmund

Seit 1974 wurde auf dem 39 Hektar großen Gelände eine ausgedehnte Park- und Freizeitanlage entwickelt. Integriert in die Anlage ist das Gelände der ehemaligen Wasserburg Wischlingen aus dem Jahre 1284, von der nur noch die Fachwerkkapelle auf mittelalterlichen Fundamenten zu sehen ist. Heute bietet der Revierpark ein vielfältiges Angebot an Freizeitaktivitäten, von ruhiger Erholung wie Wandern, Bootfahren oder Naturbeobachtung im angrenzenden Naturschutzgebiet Hallerey bis zu sportlichen Angeboten wie Sauna, Solebad und Aktivarium.

44149 Dortmund,
Tel. 0231/9170710
Größe: 39 ha
frei zugänglich
Ⓢ 2 Dortmund Wischlingen

Botanischer Garten Rombergpark

Am Rombergpark, Dortmund-Brünninghausen

Gisbert von Romberg beauftragte ab 1820 den königlichen Hofgartendirektor Maximilian Weyhe mit der Planung eines neuen Landschaftsparks. Nach dem Verkauf an die Stadt Dortmund 1927 begann unter dem Gartendirektor Nose der Bau eines Botanischen Gartens, unter anderem mit einem botanischen Schulgarten und der Anpflanzung eines nach Pflanzenfamilien geordneten Arboretums. Die Gehölzsammlungen wurden unter der Leitung von Gert Krüssmann erweitert. Es entstand der Rhododendronhain, der Gehölzsichtungsgarten für Ziersträucher und Kleinbäume und Geographische Gehölzpflanzungen aus Nordamerika, Asien und dem Kaukasus.
Der Gartendirektor Bünenmann entwickelte den Garten unter ökologischen Gesichtspunkten weiter. Er schuf den Küchen- und Kräutergarten, den Moor- und Heidegarten und das Schulbiologiezentrum. Seit 1995 werden die umfangreichen Gehölzbestände neu geordnet und weitere Gehölz- und Baumsortimente aufgebaut.

NRW 132
Eigentümer/in: Stadt Dortmund,
Am Rombergpark 49 b,
44225 Dortmund,
Tel. 0231/5024377,
Fax 0231/5024163
Öffnungszeiten: frei zugänglich außer Pflanzenschauhäuser, ganzjährig geöffnet,
im Sommer 10–18 Uhr,
im Winter 10–16 Uhr
Eintritt: frei außer Pflanzenschauhaus
Führungen: nach Voranmeldung
U 49 Rombergpark

Privatgarten Mail-Brandt

Hochweg 30, Kamen

1995 angelegter romantischer Duftgarten mit Alten Rosen und Staudenraritäten in farblich und räumlich unterteilten Ecken, auf einem langen, schmalen Grundstück.
Eigentümer/in: Wolfgang Brandt, Marina Mail-Brandt, Hochweg 30, 59174 Kamen, Tel. 02307/21935,
E-Mail brandt-kamen@t-online,
Internet www.gartenliteratur.de
Öffnungszeiten: April bis Oktober und nach Voranmeldung 14.06.2001/ 30.05.2002/19.06.2003: 14–20 Uhr

NRW 133
Größe: 600 m²,
Anmeldung erbeten
Eintritt: frei
→ bei Anmeldung
✿ Gartenbücher

Maximilianpark

Alter Grenzweg, 2, Hamm

Ursprünglich war der Maximilianpark Standort der Zeche Maximilian. 1912 begann hier der Kohleabbau. Nach nur zwei Jahren wurde die Förderung jedoch aufgrund dauernder Wassereinbrüche aufgegeben. 1984 wurde auf dem

NRW 134
Eigentümer/in: Maximilianpark Hamm GmbH,
Alter Grenzweg 2,
59071 Hamm,
Tel. 02381/982100,

E-Mail
info@maximilianpark.de
Größe: 22 ha
Öffnungszeiten:
im Sommer 9–19 Uhr,
im Winter 10–17 Uhr
Eintritt: 4 DM, ermäßigt 3 DM für Schüler
🚌 1, 3 Maximilianpark
P ✗ ☕ ♿

Gelände die erste Landesgartenschau Nordrhein-Westfalens geplant und umgesetzt. Natur und Kunst treten in einen Dialog: Vorhandene Vegetation und Ruinenfragmente der ehemaligen Zeche wurden in den Park integriert oder in künstlerische Installationen einbezogen. Im Park stehen sich natürlich Entstandenes und künstlich Geschaffenes – verbunden durch fließende Übergänge – gegenüber. Es gibt großflächige Stauden- und Sommerblumenpflanzungen sowie Duftgarten, Kräutergarten, Apothekergarten und Schulgarten mit Themenausstellungen. Das erste renaturierte Zechengelände in Deutschland ist Ankerpunkt in der Route der Industriekultur. Bekanntes Wahrzeichen des Maximilianparkes ist die durch eine Stahl-Glas-Konstruktion als Glaselefant umgestaltete ehemalige Kohlewäsche des Hammer Künstlers Horst Rellecke.

NRW 135
Eigentümer/in: Stadt Hamm, Grünflächenamt, Grenzweg 76, 59071 Hamm,
Tel. 02381/89761
Größe: 50 ha
frei zugänglich
🚌 1 Bad Hamm
P 🐕 ♿

Kurpark Hamm

Ostenallee, Hamm

Ausgehend von einem 1883 angelegten Sole-Thermalbad entwickelte sich die ausgedehnte Parkanlage des Kurparks Hamm. Nach dem 2. Weltkrieg übernahm der Kurpark die Funktion einer innerstädtischen Grünanlage und bis heute bestimmt die ruhige Parkstruktur mit weiten Wiesenflächen, geschlossenen Gehölzgruppen und vereinzelten Solitärgehölzen das Erscheinungsbild.

NRW 136
Größe: 3,5 ha
Anmeldung für Gruppen erbeten
Eintritt: 6 DM
Führungen: nach Voranmeldung
DB Soest
🚌 R36 Herzfeld Lindenweg
✗ ☕ ♿ ℹ ✿

Der Garten fürs Leben

Schwarzen Weg 10, Lippetal-Oestinghausen

Der Ausstellungsgarten hat den Schwerpunkt Beispiele für den Hausgarten. Neben diesen Schau- und Mustergärten wird eine umfangreiche Ausstellung von Gartenbronzen und Skulpturen gezeigt. Terracotta aus Impruneta und Wasserspiele aus Naturstein runden das Angebot ab.
Eigentümer/in: Pegasos-Quante GmbH,
Schwarzen Weg 10, 59510 Lippetal-Oestinghausen,
Tel. 02923/8081, Fax 02923/8083
Öffnungszeiten: März bis 15. Dezember, 14–19 Uhr

NRW 137 NEU
Größe: 0,5 ha
nur außerhalb Öffnungszeiten
Anmeldung erbeten
→ B 1 Abfahrt Bad Sassendorf – Thermalbad, nach 700 Meter links Oestinghausen–Heppen, in Heppen rechts Richtung Lohne, nach 500 Meter links ausgeschildert

Gabrechter Gutsgarten

Gabrechten 1, Bad Sassendorf

Der alte, eingewachsene Bauerngarten an einem Gutshaus hebt sich durch seine weitläufigen Gartenbereiche hervor, mit großem Staudengarten, Gemüsegarten mit Kräuterspirale, Naturteich, altem Baumbestand und einer Obstwiese. Eine uralte Weißdorn-/Buchenhecke umschließt die ganze Anlage.
Eigentümer/in: Heike und Dirk Schulze-Gabrechten,
Gabrechten 1, 59505 Bad Sassendorf, Tel. 02921/80289,
Fax 02921/9818555, Internet www.gabrechtergutsgarten.de

Öffnungszeiten: März bis Dezember Mi bis Sa, 14.30–18.30 Uhr und nach Vereinbarung
Eintritt: 3 DM, Kinder frei bis 12 Jahre
Gruppen ab 10 Personen 2,50 DM/Person
Führungen: nach Voranmeldung, 5 DM/Person inkl. Eintritt

P 🐕 ♿
ℹ Gartenzubehör

Privatgarten Hofmann

Raiffeisenallee 12, Rheda-Wiedenbrück

Der Familiengarten ist geprägt durch viele Stauden, diverse Sitzplätze und einen Imkergarten. Ein Kleinod ist der Gemüsegarten im Bauerngartenstil mit Buchsbaumeinfassungen und Sommerblumen.
Eigentümer/in: Familie Dorothea und Christian Hofmann, Raiffeisenallee 12, 33378 Rheda-Wiedenbrück, Tel. 05242/47640

NRW 138 NEU
Größe: 750 m²
nur telefonische Anmeldung erbeten
Öffnungszeiten: Juni/Juli Sa/So und Feiertag
Eintritt: frei
DB Rheda-Wiedenbrück
→ bei Anmeldung
P ✿

Privatgarten Barton

Flachsweg 16, Lippstadt-Benninghausen

NRW 139
Eigentümer/in: Reinhild und James Barton, Flachsweg 16, 59556 Lippstadt-Benninghausen, Tel. 02945/6098
Größe: 0,1 ha
Anmeldung erbeten
Öffnungszeiten: Mai bis Juli
Eintritt: frei
🚌 Soest oder Lippstadt Dorf Benninghausen
→ in Benninghausen Richtung Horn, gegenüber Gewerbegebiet, 2. Straße rechts, 1. links, 2. links (rot gepflasterte Spielstraße)
P 🐕

Foto: Nickig

Der Privatgarten im englischen Stil ist durch Buchs- und Buchenhecken in verschiedene Bereiche wie Teich-, Kräuter-, Rosen-, Schatten-, Wildstaudengarten, Geraniumecke und Rabatten in einheitlichen Farbabstufungen unterteilt.

NRW 140

Eigentümer/in: Schloß- und Auenpark Gesellschaft Paderborn mbH, Marstallstraße 10, 33104 Paderborn, Tel. 05254/80192, Fax 05254/80199, E-Mail schloss.auenpark@paderborn.de
Größe: 42 ha
frei zugänglich
Führungen: nach Voranmeldung Verkehrsverein Paderborn
🚌 1, 8, 11 Schloß Neuhaus
P ✕ ☕ 🐕 ♿ ℹ
Veranstaltungen: Schloßsommer, Programm 1. Mai bis 3. Okt.
Museen, Ausstellungen

Schloß- und Auenpark Paderborn

Marstallstraße 10, Paderborn-Schloß Neuhaus

Foto: Schloß- und Auenpark Paderborn mbH

gegenüber: Kurpark Bad Driburg

Paderborn, im Stadtteil Schloß Neuhaus, wurde der Schloß- und Auenpark im Rahmen der Landesgartenschau Paderborn 1994 angelegt. Mit dem Weserrenaissanceschloß und den historischen Gartenanlagen im Zentrum, umrahmt von landschaftlich reizvollen Flußauen, ist die Anlage inzwischen zu einem beliebten Ausflugsziel geworden und hat jene Patina angesetzt, die ein solcher Park braucht, um seine gesamte Schönheit als Komposition aus Natur und Architektur zu entwickeln. Während im Schloßpark ein kulturgeschichtliches Erbe barocker Gartenkunst in seinen wesentlichen Formen wiederhergestellt werden konnte, bietet die weitläufige Flußlandschaft heute Entwicklungsmöglichkeiten für Pflanzen und Tiere, deren Lebensräume vielerorts durch menschliche Eingriffe zerstört wurden.

NRW 141

Eigentümer/in: Landesverband Lippe, Parkstraße 17, 32805 Horn-Bad Meinberg, Tel. 05234/9010, Fax 05234/901217, Internet www.staatsbad-meinberg.de
Größe: 5,8 ha
frei zugänglich, im Sommer bei Veranstaltungen: 10–18 Uhr nicht frei zugänglich
Anmeldung für Gruppen erbeten

Historischer Kurpark Horn-Bad Meinberg

Horn-Bad Meinberg

Im 18. Jahrhundert wurde Bad Meinberg aufgrund seiner Kohlensäuregas- und weiterer Mineralwasserquellen bekannt. 1767 legte der Oberförster Feige einen Park mit quadratischem Grundriß an. Im Parkmittelpunkt steht der 1842 durch den Brunnenarzt Dr. Carl Piderit erbaute Brunnentempel, das Wahrzeichen des Ortes. Lange Zeit diente er als Badehaus. Im Kurpark, der reich mit Wechselbepflanzungen ausgestattet ist, befindet sich neben dem Kurgastzentrum von 1987 eine Musikmuschel von 1929 und das 1770 erbaute Ballhaus. In den letzten Jahren ist in dem denkmalgeschützten Park mit Wiederherstellungsarbeiten

Eintritt: 3,50 DM, Kinder frei bis 14 Jahre, ermäßigt für Schüler und Studenten, für Gruppen Preis nach Vereinbarung
Führungen: nach Voranmeldung
Attraktionen: Fontäne in der Stauteichanlage Sommerhalbjahr
DB Horn
Bus Horn – Bad Meinberg Allee Bad Meinberg
P ☕ ♿ ℹ
Veranstaltungen: diverse, siehe Jahresveranstaltungskalender

begonnen worden. Zahlreiche kranke und abgestorbene Altbäume wurden durch Jungbäume ersetzt.
Neben dem historischen Kurpark gehört zu der insgesamt 60 Hektar umfassenden Kurparkfläche Bad Meinbergs auch der 1930 angelegte Bergkurgarten, die Stauteichanlagen von 1956 und das 1962 entstandene Silvaticum mit 14 Länderwaldgebieten.

Foto: Staatsbad Meinberg

NRW 142 NEU
Größe: 0,32 ha
Anmeldung erbeten
Eintritt: frei
Führungen: nach Voranmeldung
DB Paderborn
Bus Paderborn–Lichtenau Brücke Lichtenau
P 🐕 ♿
✿ Etagen-Primeln

Bauerngarten An der Sauer

Lange Straße 5, Lichtenau

Der Blumengarten mit einem Staudenbeet im viktorianischen Stil, Cottage-Garden und alten Bauernheilpflanzen blüht das ganze Jahr. An dem großen Seerosenteich gibt es japanisch angelehnte Partien und einen neu angelegten Steingarten. Am Bachlauf stehen unter alten Bäumen zahlreiche Rhododendren und Buchsbaum.
Eigentümer/in: Elisabeth Plank, Lange Straße 5, 33165 Lichtenau, Tel. 05295/8413, Fax 05295/930319
Öffnungszeiten: ganzjährig geöffnet

NRW 143
Größe: 60 ha
Führungen: nach Voranmeldung frei zugänglich
🍴 ☕ ♿

Kurpark Bad Driburg

Bad Driburg

Der schöne alte Kurpark besticht durch seinen eindrucksvollen Baumbestand, schöne Schaubeete mit Frühjahrs- und Sommerblumen, seinen Rosengarten und formalen Heckengarten vor der alten Trinkhalle.
Eigentümer/in: Gräfl. Gesundheits- und Fitness-Bad,

Bad Driburg, Im Kurpark 33014 Bad Driburg,
Tel. 05253/952700, Fax 05253/952814

Lehrpark der Universität-GH Paderborn, Abt. Höxter

An der Wilhelmshöhe 44, Höxter

Anfang der 80er Jahre begann die Entwicklung der Außenanlagen für die Studierenden der Landespflege. Kontinuierlich hat sich seitdem ein sowohl von der Pflanzenvielfalt als auch von der Gestaltungsqualität herausragender Lehrgarten für Landschaftsarchitektur entwickelt. In den Gehölzquartieren stehen zirka 900 Arten und Sorten. Bei den Staudenpflanzungen mit zirka 250 verschiedenen Arten und Sorten sind die Beetstauden in regelmäßigen Beeten ausgepflanzt, die Wildstauden mit Beetstaudencharakter nach gestalterischen Kriterien miteinander kombiniert. Daneben werden auch ökologische Zusammenhänge, zum Beispiel in den Steinanlagen gezeigt. Acht kleinere, miteinander verbundene Gartenhöfe, die sogenannten Mauergärten, wie Steingartenhof, Gräser- und Farngarten oder Ostasiengarten sollen Möglichkeiten aufzeigen, möglichst optimal durch Gestaltung mit Pflanzen zu individuellen und beispielhaften Lösungen zu kommen. Für das Forschungsprogramm Optimierung von Staudenpflanzungen in öffentlich nutzbaren Grünanlagen wurden 1995 neue Versuchsflächen mit Staudenpflanzungen angelegt.

NRW 144
Eigentümer/in: Land NRW, verantwortl. wissenschaftl. Leiter:
Prof. Dr. Volkmar Seyfang,
An der Wilhelmshöhe 44,
37671 Höxter,
Tel. 05271/687181,
Fax 05271/687181,
E-Mail v.seyfang@hx.uni-paderborn.de
Größe: 3,7 ha
Anmeldung für Gruppen erbeten
Öffnungszeiten: ganzjährig geöffnet nur an Werktagen, 7.30–18 Uhr
Eintritt: frei
Führungen: nach Voranmeldung
DB Höxter
P ♿

Foto: Seyfang

NRW 145
Eigentümer/in:
Ordensgemeinschaft der
Töchter vom heiligen Kreuz
Strüverweg 3,
52070 Aachen,
Tel. 0241/918510,
Fax 0241/9185111
Größe: 13 ha
Anmeldung erbeten
ganzjährig geöffnet
Eintritt: frei
🚌 57 Soers Kloster
57 Purweiderweg
P 🐕

Park des Klosters St. Raphael

Strüverweg 3, Aachen

Der Park wurde vor etwa 200 Jahren angelegt. Mittelpunkt war das alte Gut Obere Müsch. Wilhelm Körfgen, Generalsekretär der französischen Verwaltung in Aachen, erwarb das Gut als Sommersitz und umgab seine Wiesen und Felder mit Parkwegen. Damit schuf er eine Ferme ornée, wie sie damals in Frankreich und England üblich war. Dieser Parkstil ist hier als besondere Seltenheit bis heute erhalten geblieben! Im Laufe der Zeit haben mehrere Aachener Familien das Gut als Sommersitz besessen. 1929 erwarb das Kloster St. Raphael das Parkgelände und stellt nun den naturnahen Park von historischer Bedeutung den Bewohnern seines Altenheims zur Verfügung.

NRW 146
Eigentümer/in: Stadt Aachen,
Aachener Stadtbetrieb,
Madrider Ring 20,
52058 Aachen,
Tel. 0241/4321879,
Fax 0241/4321806
Größe: 34 ha,
frei zugänglich
🚌 3, 13 Kupferstraße
P ✕ ☕ 🐕 ♿

Parkanlage Lousberg/Salvatorberg

Kupferstraße, Aachen

Die Parkanlage umfaßt das Areal von Lousberg, Salvatorberg und Lammertzpark. Im Jahr 1807 beschloß der Rat der Stadt die Bepflanzung des Lousbergs. Ab 1815 plante und betraute der Düsseldorfer Hofgärtner M. F. Weyhe das Projekt. Somit ist der Lousberg eine der ersten öffentlichen Grünanlagen in Europa und ein besonderes kulturhistorisches Erbe. Der Park ist durch viele Wege erschlossen und umfaßt Rast- und Aussichtsplätze, interessante Bauwerke, Anlagen für Spiele und Freizeit und einen alten und artenreichen Baumbestand. Von der höchsten Stelle des Berges hat man einen herrlichen Ausblick auf die Stadt. Der Lousberg liegt 90 Meter über dem Marktplatz und ist nur 1500 Meter davon entfernt.

NRW 147
Größe: 18,1 ha
frei zugänglich
Attraktionen: Fontänen,
Musikpavillon, Lennépavillon,
Spielkasino,
🚌 3, 13 Eurogress
P gebührenpflichtig
Parkhaus Eurogress
Veranstaltungen: Kurkonzerte,
Ausstellungen, Kongresse
✕ 🐕 ♿

Kurpark, Stadtgarten mit Farwickpark und ehemaligem Evangelischem Friedhof

Monheimsallee, Aachen

Die Parkanlage liegt im Zentrum der Stadt und ist eine wichtige öffentliche Grünanlage mit historischen Ansprüchen in Aachen. Im Jahre 1853 wurde der Kurpark nach den Plänen von Peter Joseph Lenné angelegt. Im Stadtgarten entstand ab 1880 ein Botanischer Garten (heute aufgelöst). Die Anlage wurde um 1926 um den Farwickpark erweitert. Die Parkanlage ist mit dem dendrologisch wertvollen Bestand, dem gut ausgebauten Wegenetz und den vielen Möglichkeiten für Freizeit, Erholung und Entspannung ein Ort der Begegnung für viele Bürger der Stadt Aachen.
Eigentümer/in: Stadt Aachen, Aachener Stadtbetrieb,
Madrider Ring 20, 52058 Aachen,
Tel. 0241/4321879, Fax 0241/4321806

Kaiser-Friedrich-Park

Kaiser-Friedrich-Park-Allee, Aachen

Im Süden der Stadt Aachen wurde um die Jahrhundertwende ein Volkspark geschaffen. Er besitzt heute einen wertvollen Baumbestand, ein gut ausgebautes Wegenetz und großzügig angelegte Anlagen für Sport, Freizeit und Erholung, wie 'Hangeweiher' mit Bootsverleih, Restaurant und Café, Terrassengarten mit Pergola, Treppenaufgang, Brücke über den Paubach, Sitzhügel mit Rankgerüst, Eingangssäulen und das Paubachtal mit Weiher und Tritonenbrunnen.

NRW 148
Eigentümer/in: Stadt Aachen, Aachener Stadtbetrieb, Madrider Ring 20, 52058 Aachen, Tel. 0241/4321879, Fax 0241/4321806
Größe: 6,7 ha
frei zugänglich
🚌 2 Am Hangeweiher
🅿 ✗ ☕ 🐕 ♿

Von-Halfern-Park

Lütticher Straße/Preusweg, Aachen

Der Park wurde von dem Besitzer des Gutes Hochgrundhaus, dem Fabrikanten Friedrich von Halfern 1870 an seinem Landsitz angelegt. 1891 erfolgte die Erweiterung des Parks im Stil des Englischen Landschaftsgartens nach den Plänen von Stadtgartendirektor Heinrich Grube auf zirka 10 Hektar. Friedrich von Halfern war ein leidenschaftlicher Dendrologe und pflanzte eine große Zahl in der damaligen Zeit nur schwer erhältlicher, seltener Baumarten und Varietäten. Nach über 100 Jahren haben sie sich zu prächtigen, großkronigen Bäumen in 130 Arten entwickelt. Mehrere Bäume wurden zwischenzeitlich zu Naturdenkmalen erklärt.

NRW 149
Eigentümer/in: Stadt Aachen, Aachener Stadtbetrieb, Madrider Ring 20, 52058 Aachen, Tel. 0241/4321879, Fax 0241/4321806
Größe: 10 ha
frei zugänglich
🚌 24 Grundhaus
🅿 Ende Preusweg 🐕 ♿

Stadtpark Erkelenz

Theodor-Körner-Straße, Erkelenz

1870 wurde der Park von einem Erkelenzer Fabrikanten angelegt. 1929, zur Zeit der Wirtschaftskrise, wurde ein Teil der Parkanlage verkauft und bebaut. 1940 übernahm die Stadt Erkelenz den Park und verpflichtete sich, ihn als Grünanlage zu erhalten und nicht zu bebauen. Nach den Zerstörungen des 2. Weltkriegs wurde der Park wiederhergestellt und bepflanzt. Eine weitere Umgestaltung erfolgte in den 70er Jahren. Dennoch sind anhand der Bäume die einzelnen Entwicklungen der Anlage gut ablesbar.

NRW 150
Eigentümer/in: Stadt Erkelenz, Johannismarkt 17, 41812 Erkelenz, Tel. 02431/850, Fax 02431/85295
Größe: 0,9 ha
frei zugänglich
🚌 alle Linien Busbahnhof
🅿 🐕 ♿

Ziegelweiher-Park

Krefelder Straße/Oestricher Straße, Erkelenz

Der Ziegelweiher-Park wurde 1994 neu gestaltet. Schwerpunkt war dabei der naturnahe Ausbau von Grünflächen mit landschaftlichen Gehölzpflanzungen, Wildblumenwiese, Obstwiese und Bauerngarten. Optischer Mittelpunkt der Anlage ist ein Erdwall, der als Rasenhügel gestaltet wurde und im Winter als Rodelhügel genutzt werden kann. Der Hügel wurde so ausgerichtet, daß der Besucher

NRW 151
Größe: 6,5 ha
frei zugänglich
DB Erkelenz
🚌 1, 11, 18 Ziegelweiher
🅿 ✗ 🐕 ♿
Veranstaltungen: Lambertusmarkt, Frühkirmes Frohnleichnam bis einschl. folgenden Montag

Infos bei: Tel. 02431/85329, Fax 02431/70558, Burgkirmes, Herbstkirmes 2. September-Wochenende, Circus Varieté 1 × jährlich, ohne festen Termin

auf der Kuppe einen schönen Blick auf die Innenstadt hat. Größere Einzelbäume übernehmen die gliedernde und raumbildende Funktion. Einen weiteren Schwerpunkt bildet der rondellartig angelegte Eingangsbereich, der Stadtmitte und Parkanlage optisch miteinander verbindet.
Eigentümer/in: Stadt Erkelenz, Bauverwaltungsamt, Johannismarkt 17, 41812 Erkelenz,
Tel. 02431/85277, Fax 02431/85343
Attraktionen: Fontäne April bis Oktober

NRW 152 NEU
Eigentümer/in: Stiftung Schloß Dyck, 41363 Jüchen, Tel. 02182/4061, Fax 02182/4174
Größe: 35 ha
Öffnungszeiten: ganzjährig geöffnet Di–So, 10–18 Uhr
Eintritt: 3,50 DM
Ab 2002 andere Öffnungszeiten und Eintrittsregelungen. Bitte beim Eigentümer erfragen.
DB Grevenbroich
Bus 96 Kastanienallee
870 Schloß Dyck
S 8 Kleinenbroich
→ A 46, Grevenbroich – Kapellen

Schloßpark Dyck

Jüchen

Um die mittelalterliche Wasserburg Dyck, die im 17. und 18. Jahrhundert schloßartig ausgebaut wurde, ließ Joseph Fürst zu Salm-Reifferscheidt-Dyck Ende des 18. Jahrhunderts durch den Schotten Thomas Blaikey einen Landschaftsgarten anlegen. In den folgenden Jahrzehnten baute der leidenschaftliche Pflanzensammler Fürst Joseph eine bedeutende Gehölzsammlung auf, die von den beiden bekannten Gartenkünstlern und Vettern M. F. Weyhe und P. J. Lenné gestalterisch eingegliedert wurde. In den nächsten Jahren wird der Park auf Grundlage eines Parkpflegewerks von G. Bermbach restauriert.
Im Rahmen der Dezentralen Landesgartenschau 2002 werden in der Nähe des Parks auf dem Dyckerfeld nach Entwürfen des Landschaftsarchitekten S. Lenzen in einem Meer von Chinaschilf neue, ausgestanzte Schaugärten entstehen. Im restaurierten Schloß eröffnet 2002 ein Gartenkunstmuseum.

NRW 153 NEU
Größe: 500 m², Öffnungszeiten: März bis Oktober
Anmeldung erbeten
Eintritt: frei
Führungen: nach Voranmeldung
DB Bergheim / Erft

Conny's Romantikgarten

Drosselweg 16, Bergheim / Erft

Um den in der Mitte des Gartens gelegenen runden Brunnenplatz wachsen in ornamentalen Beeten Rosen, Lilien und Stauden. Putten, Laternen und französische Eisenmöbel geben der parkähnlichen Anlage einen Hauch von Romantik.
Eigentümer/in: Helmut und Cornelia Sahle,
Drosselweg 16, 50126 Bergheim / Erft, Tel. 02271/61953

NRW 154
Eigentümer/in: Stadt Düren, Grünflächenamt, Fritz-Erler-Straße 5, 52348 Düren, Tel. 02421/251347, Fax 02421/251394
Größe: 4,8 ha
frei zugänglich

Stadtpark – Willy-Brandt-Park

Valencienner Straße, Düren

Westlich des Flusses Rur wurde der Stadtpark Ende des 19. Jahrhunderts nach Plänen des Kölner Gartendirektors Adolf Kowallek angelegt. Um eine alte Gastwirtschaft entstand mit Hilfe von Spenden Dürener Bürger eine typische gründerzeitliche Anlage mit geschwungenen Wegen, Rasenflächen und Baumgruppen sowie zusätzlich eine große Rhododendrenpflanzung. Schon damals wurden ein Kinderspielplatz und ein Rasentennisplatz integriert. Zum 100jährigen Bestehen wurde der Eingangsbereich umgestaltet.

Südbahnhof
2 Aachener Straße
3 Eiswiese

Schloßpark Gracht

Fritz-Erler-Straße, Erftstadt-Liblar

Der Park um das Wasserschloß Gracht wurde um 1700 angelegt und seither mehrfach in Teilen verändert. Von den einstigen fünf Formalgärten sind bis heute das Gartenparterre, das Wegesystem und die Heckenanlage erhalten. Die übrigen Gebiete wurden im Sinne sogenannter Englischer Gärten umgewandelt. Zur Zeit wird das gesamte Areal fachkundig restauriert. Um den Zustand und die Pflege des Parks kümmert sich der Förderverein Schloßpark Gracht e.V.

Eigentümer/in: Bürger von Erftstadt, vertreten durch die Stadtverwaltung, 50374 Erftstadt-Liblar, Tel. 02235/2119

NRW 155
Größe: 2 ha
frei zugänglich
Führungen: nach Voranmeldung, für Gruppen bis 30 Personen
kunsthistorische Führungen im Frühjahr und Herbst
150 DM/Gruppe zugunsten der Parkpflege
979 Carl-Schurz-Halle

Barockgarten von Schloß Augustusburg

Schloßstraße 6, Brühl

Die Schlösser Augustusburg und Falkenlust zählen mit ihren Gartenanlagen zum Weltkulturerbe der UNESCO. Die barocke Gartenanlage stammt von Dominique Girard, ein Schüler André Le Nôtres. Im 19. Jahrhundert nahm der preußische Hofgartendirektor Peter Joseph Lenné im Auftrag Friedrich-Wilhelms IV. von Preußen eine Umgestaltung zum Englischen Landschaftsgarten vor, von dem Teile im Waldgebiet heute noch erhalten sind. Das Gartenparterre wurde 1934 nach den Originalplänen Girards rekonstruiert und gilt heute als das authentischste Beispiel französischer Gartenbaukunst in Europa. Zum Teil ist noch der Baumbestand aus dem 18. Jahrhundert erhalten.

Eigentümer/in: Verwaltung Schloß Brühl, Schloßstraße 6, 50321 Brühl, Tel. 02232/44000, Fax 02232/43254

Attraktionen: Fontänen 15–17 Uhr

NRW 156
Größe: 74,4 ha
Öffnungszeiten:
im Sommer 7–21 Uhr,
im Winter 7.30–17 Uhr
Eintritt: frei
Führungen: Ende Mai bis Ende Sept., So 10.30, 14 und 15.30 Uhr, 8 DM/Pers.
RE 5, 6 Brühl
18 Brühl-Mitte
Veranstaltungen: Brühler Markt, Juni/Juli, Infos bei: Brühl-Info, Rathaus, Uhlstr. 3, 5031 Brühl, Theater, Konzerte u.ä., Juni/Juli 24 klassische Schloßkonzerte Mai bis August

Flora und Botanischer Garten

Alter Stammheimer Weg, Am Botanischen Garten, Köln-Riehl

Auf Initiative wohlsituierter Kölner Bürger unter Führung des Bankiers Eduard von Oppenheim wurde 1859 die Aktiengesellschaft Flora gegründet. Ihr Ziel war die Errichtung eines Botanischen Zier- und Lustgartens, dessen baulicher und gesellschaftlicher Mittelpunkt ein repräsentativer tropischer Wintergarten sein sollte. Er wurde als Glaspalast nach dem Vorbild des Londoner Crystal Palace von Joseph Paxton erbaut. Die Gartenanlagen der Flora und ihre Ge-

NRW 157
Eigentümer/in: Stadt Köln, Amt für Landschaftspflege und Grünflächen, Botanischer Garten Verwaltung, Amsterdamer Straße 34, 50735 Köln, Tel. 0221/764335, Fax 0221/7605250
Größe: 11,5 ha
Öffnungszeiten: ganzjährig geöffnet 8 Uhr bis Einbruch

der Dunkelheit, spätestens 21 Uhr, Schaugewächshäuser: 10–18 Uhr, im Winter bis Einbruch der Dunkelheit, werktags 12–13 Uhr geschlossen
Eintritt: frei
Führungen: von März bis Okt., jeden 2. Mittwoch im Monat,
15, 16 Zoo/Flora
17, 19 Kinderkrankenhaus
134 Zoo/Flora
→ nach innerstädtischen Wegweisern: Zoo/Flora

wächshäuser wurden in den Jahren 1862 bis 1864 nach Entwürfen von Peter Joseph Lenné in modernem Style, d. h. im Stil des Historismus, angelegt. Das repräsentativste Element der Flora-Anlagen ist ein den Formen des Barock entlehntes Französisches Parterre, das dem Glaspalast zum Eingang hin vorgelagert ist. Es dient mit einer Fontäne im Mittelpunkt und seiner opulenten Blumenausstattung als prachtvoller Eingangsteppich und festliches Entrée. Auf der Südseite des Wintergartens zitiert Lenné die italienische Renaissance – eingespannt zwischen Laubengängen aus geschnittenen Hainbuchen plätschert Wasser über eine fünfstufige Kaskade und verleiht dem Garten hier eine heitersüdliche Atmosphäre. Die beiden formal-regelmäßigen Teile sind in Parkbereiche im Stil des Englischen Landschaftsgartens eingebettet. Elegant geschwungene Wege führen durch gemuldete Wiesen zu prächtigen Solitärbäumen und zum Floraweiher. Am Rande des Weihers entstand 1906 zur Deutschen Kunstausstellung der Frauen-Rosenhof mit dem Roten Garten von Josef Maria Olbrich. 1914 wurde der Botanische Garten der Stadt Köln im Norden der Flora eröffnet, der als streng formale, wissenschaftliche Anlage konzipiert war. Zwischen den Weltkriegen wurden beide Anlagen verschmolzen und bilden heute nach Zerstörung, Wiederaufbau und denkmalpflegerischer Instandsetzung eines der schönsten und vielfältigsten Gartenensembles in Köln.

Innerer Grüngürtel Köln

Köln

Die Anlagen des Inneren Grüngürtels, bis auf einige Flächen zwischen 1923 und 1924 entstanden, erstrecken sich in einer Länge von rund 7 Kilometern vom Rhein bei Riehl bis zur Luxemburger Straße und umfassen insgesamt 104 Hektar. In die Ausführung eingeschlossen waren auch die 1500 Meter lange Verbindung zum Stadtwald und die Promenade in der Kanalstraße. Das bereits vorher umgestaltete Fort X, der seit 1810 bestehende Friedhof Melaten, der Botanische und der Zoologische Garten sind ebenfalls integriert.

Für die Ausgestaltung der Freiflächen war der Bebauungsplan von Fritz Schumacher aus dem Jahr 1919 maßgebend. Dieser Plan sah von Bebauung umschlossene Räume, meist längliche Rechtecke, die den verschiedenen Bedürfnissen neuzeitlicher öffentlicher Grünanlagen gerecht werden müssen, in einer straffen Formgebung vor. Schumacher ließ nur dort, wo die Architektur in ihrer bestimmenden Wirkung zurücktrat, eine freizügigere Gestaltung zu. Auch waren im Bebauungsplan die Funktionen der einzelnen Teilbereiche festgelegt.

Die Ausgestaltung der Grünflächen erfolgte durch Gartendirektor Fritz Encke weitgehend nach Vorgaben von Schumacher.

Nach dem Zweiten Weltkrieg wurden große Teile umgestaltet.

NRW 158
Eigentümer/in: Stadt Köln,
Amt für Landschaftspflege
und Grünflächen,
Perlengraben 2,
50676 Köln,
Tel. 0221/2212584,
Fax 0221/2213867
Größe: 104 ha
frei zugänglich
Attraktionen: integrierte
begrünte Fortanlage,
Aachener Weiher
→ Im Stadtzentrum

Friedenspark

Oberländer Wall, Köln

Kernstück des heutigen Friedensparks bildet ein umgestaltetes ehemaliges Festungswerk, das Fort I. Die ursprünglich sehr viel stärkeren Niveauunterschiede dieser Verteidigungsanlage wurden etwas ausgeglichen, das heißt der Wall ein wenig abgetragen und die Grabensohle aufgefüllt. Die so entstandene differenzierte Geländeformation bedingt eine eigenwillige Grundrißstruktur. Den verschiedenen Geländeniveaus entsprechen ausgewählte Pflanzengesellschaften. Auf der südlichen Wallseite überwuchern Polsterstauden die Trockenmauern. Davor ziert ein bunter Blumengarten mit Staudenbeeten, der heute in seiner einst vielgerühmten Artenvielfalt stark dezimiert ist, den gestuften, sonnigen Ruhebereich in Höhe des unteren Wallabsatzes. Den sich anschließenden schattigen Wallgraben belebt eine immergrüne Bepflanzung. Die klare Raumabgrenzung und die schlicht gegliederten Grünpartien kennzeichnen die gesamte Parkanlage, die nach einem Entwurf von Fritz Encke 1914 bis 1916 entstand.

NRW 159
Eigentümer/in: Stadt Köln,
Amt für Landschaftspflege
und Grünflächen,
Perlengraben 2,
50676 Köln,
Tel. 0221/2212584,
Fax 0221/2213867
Größe: 4,5 ha
frei zugänglich
Attraktionen: integrierte
begrünte Fortanlage,
15, 16 Schönhauser Straße

NRW 160
Eigentümer/in: Stadt Köln, Amt für Landschaftspflege und Grünflächen, Perlengraben 2, 50676 Köln, Tel. 0221/2212584, Fax 0221/2213867
Größe: 40 ha
frei zugänglich
13 Neuenhöfer Allee

Beethovenpark

Neuenhöfer Allee, Köln

Der Beethovenpark wurde nach einem Entwurf von Fritz Encke zwischen 1924 und 1926 angelegt. Einen markanten Akzent setzen die im Kreis gepflanzten Pappeln im Eingangsbereich, ein im ersten Drittel des 20. Jahrhunderts beliebtes Gestaltungselement. Diese Baumgruppe umgibt ein streng geometrischer Parkteil, an den sich nach Südwesten ein weitläufiger landschaftlich gestalteter Park anschließt. Dessen Herzstück ist ein offener Wiesenraum. Parallel zur Berrenrather Straße entstand nach dem Kriege am Parkrand ein langgestreckter Trümmerberg, der wie zahlreiche andere auch in den 50er Jahren aufgeforstet wurde und heute integraler Parkbestandteil ist. Der landschaftlich gestaltete Park geht in den angrenzenden Äußeren Grüngürtel über.

NRW 161
Eigentümer/in: Stadt Köln, Amt für Landschaftspflege und Grünflächen, Perlengraben 2, 50676 Köln, Tel. 0221/2212584, Fax 0221/2213867
Größe: 6 ha
frei zugänglich
Attraktionen: künstlicher Schiefer- und Basaltbruch,
18, 19 Siebengebirgsallee

Klettenbergpark

Siebengebirgsallee, Köln

Kennzeichnend für den nach einem Entwurf von Fritz Encke 1906 bis 1907 angelegten Klettenbergpark ist die Abfolge von nachgestalteten rheinischen Landschaftsformationen. Eine ehemalige Kiesgrube, deren tiefliegendes Zentrum sich für eine Teichanlage anbot, wurde zum Ausgangspunkt der Anlage. Die Bewässerung erfolgte durch den eigens umgeleiteten Duffesbach, der zunächst das belebende Element einer ebenen Blumenwiese bildet und sich dann als Felsbach über einen mit Basaltlava bestückten Steilabfall ergießt.
Heidelandschaft, feuchte Uferpartien mit durchlichteter Ufervegetation und Waldpartien als heimische Landschafts- und Vegetationsbilder sind hier erstmals in Köln als Gestaltungselemente eingesetzt. Heimische Baum- und Pflanzenarten in lockeren Gruppen prägen das Bild. Ein übersichtlich angelegter Rosengarten am Parkrand ist durch Sichtbezüge mit den landschaftlichen Parkpartien verknüpft.

NRW 162
Eigentümer/in: Stadt Köln, Amt für Landschaftspflege und Grünflächen, Perlengraben 2, 50676 Köln, Tel. 0221/2212584, Fax 0221/2213867
Größe: 2,2 ha
frei zugänglich
153 Weilberger Straße

Humboldtpark

An der Pulvermühle, Köln

Der Humboldtpark, eine im Grundriß annähernd dreieckige Anlage, wurde zwischen 1912 und 1914 nach dem Entwurf von Fritz Encke angelegt. Auf relativ kleinem Raum entstand eine regelmäßig geformte Anlage zum Ausruhen, Spazierengehen und Spielen für die rasch wachsende Bevölkerung des anliegenden Wohngebiets. Ein breiter Spazierweg führt in etwa parallel zu den umgebenden Straßen durch die zum Teil dichte und hohe Randbepflanzung. Die Parkanlage öffnet sich in ihrem mittleren Teil zur Straße An der Pulvermühle. Blickfang ist hier der tiefergelegte

Blumengarten mit seinen umlaufenden Wegen. Dahinter liegt der zentrale, von Linden umstandene und mit Kies gedeckte große Spielplatz mit einem überdimensionalen runden Sandbecken in der Mitte.

Rheinpark

Rheinparkweg, Köln

Das Rheinparkgelände wurde erstmals 1914 im Zuge der Werkbundausstellung gestaltet. 1922 erweiterte Fritz Encke diesen ehenmaligen Kaiser-Wilhelm-Park um den Messehofgarten, einer geometrischen Schmuckanlage nördlich der Messegebäude. Eine zweite Ausweitung nahm Theodor Nußbaum 1928 vor, indem er in der Achse des halbrunden Staatenhauses den Leuchtbrunnen anlegte und ihn im Umkreis mit Rhododendren bepflanzen ließ.

Der heutige Rheinpark wird im wesentlichen durch die Gestaltung der 50er Jahre geprägt, die 1957 anläßlich der Bundesgartenschau unter der technischen und künstlerischen Oberleitung von Kurt Schönbohm entstand. Damals wurden hier landschafts- und gartengestalterische Gesichtspunkte in gleicher Weise wie städtebauliche und architektonische Aspekte berücksichtigt. Die Anlage mit den farbigen Blumenrabatten sollte fließend in die natürliche Uferlandschaft mit Wiesen und Pappeln übergehen. Rhein- und Parkcafé sind gestalterisch in die Gartenlandschaft integriert. Der so als Einheit geplante grüne Freiraum ist in seine städtebauliche Umgebung eingepaßt, zur Straße und Eisenbahnlinie kulissenhaft mit dichter Bepflanzung und Verbauung abgeschirmt.

NRW 163
Eigentümer/in: Stadt Köln,
Amt für Landschaftspflege
und Grünflächen,
Perlengraben 2,
50676 Köln,
Tel. 0221/2212584,
Fax 0221/2213867
Größe: 40 ha
frei zugänglich
Attraktionen: Brunnen,
Wasserspiele, Kunstwerke,
Panoramablick auf Köln,
1, 2 Bahnhof Deutz

Lindenthaler Kanal

Innere Kanalstraße, Köln

Fritz Schumacher plante die Lindenthaler Kanalanlage, die 1925 angelegt wurde. Sie verbindet den Inneren mit dem Äußeren Grüngürtel und führt geradlinig vom Aachener Weiher zum Stadtwald. Sie wird von Alleen gesäumt und ist in barocker Formgebung gehalten. Am Karl-Schwering-Platz ist der Wasserlauf unterbrochen. Einfriedungen, Bekkengeländer, Blumengärten und andere Elemente tragen zur dekorativen Ausgestaltung dieses Parkabschnitts bei. Einen besonderen Akzent erhält die Anlage durch die steinernen Figuren von Peter Grasegger: ein Zentaur mit einer sich vor ihm beugenden Najade. Die Lindenthaler Kanalanlage vermittelt heute am ehesten einen Eindruck von Anlagen aus den 20er Jahren.

NRW 164
Eigentümer/in: Stadt Köln,
Amt für Landschaftspflege
und Grünflächen,
Perlengraben 2, 50676 Köln,
Tel. 0221/2212584,
Fax 0221/2213867
Größe: 8,5 ha
frei zugänglich
1, 2 Aachener Straße,
Melatenfriedhof

Stadtgarten Köln

Venloer Straße, Köln

Der Stadtgarten, zwischen 1827 und 1829 angelegt, ist die älteste erhaltene öffentliche Grünanlage Kölns. Auf Initia-

NRW 165
Eigentümer/in: Stadt Köln,
Amt für Landschaftspflege
und Grünflächen,

Perlengraben 2, 50676 Köln,
Tel. 0221/2212584,
Fax 0221/2213867
Größe: 6 ha
frei zugänglich
3, 4, 5 Hans-Böckler-Platz

tive und Empfehlung der Verschönerungskommission kaufte die Stadt Köln 1826 das sogenannte Ziegelfeld, ein außerhalb der Umwallung liegendes Gelände. Kölns erster Gartendirektor, Jacob Greiß, erstellte die Pläne für die 3 Hektar große Parkanlage mit westlich angrenzender, 8 Hektar großer Baumschule. 1864 übernahm die Stadt einen Teil der Baumschule und gliederte sie dem bei den Bürgern beliebten Park an, wobei der damalige Stadtgärtner Anton Strauss die Umgestaltung besorgte. Durch den Eisenbahnbau und den Neubau der Wälle im Zuge der Stadterweiterung wurde der Stadtgarten verkleinert und erhielt 1888 seine endgültige Gestalt durch den Stadtgartendirektor Adolf Kowallek.

NRW 166
Eigentümer/in: Stadt Köln,
Amt für Landschaftspflege
und Grünflächen,
Perlengraben 2, 50676 Köln,
Tel. 0221/2212584,
Fax 0221/2213867
Größe: 18,5 ha
frei zugänglich
Attraktionen: Bootsverleih,
13 Parkgürtel

Blücherpark

Parkgürtel, Köln

Der 1911 bis 1913 angelegte Blücherpark erscheint auf den ersten Blick hin nicht zeitgemäß. Die straffe barocke Form wurde hier jedoch bewußt als Mittel gewählt, um Räume unterschiedlicher Zweckbestimmung klar zu umreißen. Charakteristisch ist die Auswahl einheimischer Baumsorten. Den Blickfang am stadtwärtigen Parkende bildet ein von Pyramidenpappeln eingefaßtes Wasserbecken. Schattige Spazierwege führen durch Lindenalleen entlang des rechteckigen Weihers, über die mit Kastanien bestandenen, erhöhten und von Mauern eingefaßten Plätze mit Blumengärten bis hin zu der von einer Ahornallee gerahmten Volkswiese. Liege- und Spielwiese sowie ein zentrales Gewässer zum Kahnfahren und Schlittschuhlaufen laden zum Verweilen ein. Niveauunterschiede betonen die durch Bepflanzung und Wegführung markierte Raumgliederung. Heute hat der Blücherpark seine Erholungsfunktion durch Verkehrslärmbelastung stark eingebüßt.

NRW 167
Eigentümer/in: Stadt Köln,
Amt für Landschaftspflege
und Grünflächen,
Perlengraben 2, 50676 Köln,
Tel. 0221/2212584,
Fax 0221/2213867
Größe: 14 ha
frei zugänglich
132, 133 Bonntor

Vorgebirgspark

Kreuznacher Straße, Köln

Als nach der Jahrhundertwende die Vororte immer dichter zusammenzuwachsen drohten, sah der damalige Stadtbaumeister Carl Rehorst Grünräume zwischen den Neubaugebieten vor, um ein annähernd gesundes Wohnumfeld zu gewährleisten. Aufgrund dessen plante Fritz Encke den Vorgebirgspark zwischen Zollstock und Raderthal. Der größere Teil des Parks ist in landschaftlichem Stil gehalten. Ein weiter, offener Binnenraum ist durch Gehölzstreifen nach außen hin abgeschlossen. Geradezu revolutionär war damals das im nördlichen Teil befindliche Planschbecken, das jedermann zu jeder Zeit betreten konnte. Vier verschiedene, klar voneinander getrennte Ruhegärten am östlichen Rand betonen die Asymmetrie des Landschaftsparks. Die geometrische Grundrißstruktur dieser Sondergärten ist dem barocken Garten nachempfunden. Die damals vorhandenen Statuen, Brunnen, Blumenrabatten, Hecken und Baumkulissen sind zwar barocke Gartenelemente, aber in ihrer ungekünstelten Ausgestaltung Zeugnisse des Jugendstils. Statt hochgezüchteter Zierpflanzen wurden bei der Parkgestaltung von 1911 bis 1914 herkömmliche Stauden wie Malven oder Rittersporn in Verbindung mit heimischen Baumarten wie Pappeln verwendet.

Volksgarten Köln

Volksgartenstraße, Köln

Der Volksgarten wurde 1887 bis 1889 der Zeit entsprechend als Landschaftspark im gemischten Stil geschaffen. Den baulichen Schwerpunkt bildete ehemals ein erhöht liegendes Parkhaus in der Nordostecke am Eifelplatz mit einem Restaurant und regelmäßigen, kreisförmig angelegten Gartenterrassen mit einem Musikpavillon. Von der heute hier vorhandenen Rasenfläche bietet sich dem Besucher ein Blick über einen buchtenreichen Teich und offenen Wiesenraum, in die sich von den Seiten kulissenartig gestellte Gehölzgruppen schieben. Ein dem Restaurant benachbartes älteres Festungswerk, einst als Milchwirtschaft und billiges Wirtshaus in den Park einbezogen, ist mit einem regelmäßigen Rosengarten halbkreisförmig umgeben. Ein ausgedehntes Wegenetz mit einem Ringweg erschließt verschiedene kleinere, als malerische Naturausschnitte gedachte Teilräume.

NRW 168
Eigentümer/in: Stadt Köln, Amt für Landschaftspflege und Grünflächen, Perlengraben 2, 50676 Köln, Tel. 0221/2212584, Fax 0221/2213867
Größe: 14 ha
frei zugänglich
Attraktionen: Fortanlage, Fontäne,
10, 12 Eifelplatz

Stammheimer Schloßpark

Stammheimer Hauptstraße, Köln

Zwischen dem alten Dorfkern von Stammheim, dem Rheinufer und der Wallfahrtskirche Mariä Geburt ließ der Reichsfreiherr Franz Egon von Fürstenberg von dem Landschaftsgärtner Maximilian Weyhe an seinem Schloß einen Park anlegen. Das Schloß wurde im Zweiten Weltkrieg zerstört und nicht wieder aufgebaut. Die einst zum Schloß führende alte Lindenallee ist noch erhalten. Südlich von dieser geradlinigen Baumbegrenzung schließt sich der Park im klassischen Landschaftsstil an. Einen weiteren Akzent innerhalb dieser 1828 bis 1832 entstandenen Anlage setzt ein erhöhter Aussichtsstandort im südlichen Parkteil nahe des Rheinufers.

NRW 169
Eigentümer/in: Stadt Köln, Amt für Landschaftspflege und Grünflächen, Perlengraben 2, 50676 Köln, Tel. 0221/2212584, Fax 0221/2213867
Größe: 8 ha
frei zugänglich
152 Stammheimer Ring

Äußerer Grüngürtel Süd

Militärringstraße, Köln

Auf dem äußeren Festungsring, der nach dem Versailler Vertrag als militärisches Gelände aufgegeben werden muß-

NRW 170
Eigentümer/in: Stadt Köln, Amt für Landschaftspflege und Grünflächen,

Perlengraben 2, 50676 Köln,
Tel. 0221/2212584,
Fax 0221/2213867
Größe: 800 ha
frei zugänglich
2 Stüttgenhof
18, 19 Effern
978 Hürth-Effern,
Hertzstraße

te, entstand 1926 bis 1929 nach dem Generalbebauungsplan Fritz Schumachers von 1923 beiderseits der Militärringstraße ein Grünbereich mit Kleingärten, Sport-, Wald- und Wiesenflächen. Der hierfür ausgearbeitete Entwurf von Fritz Encke, der einen relativ dichten Baumbewuchs vorsah, wurde von Theodor Nußbaum völlig überarbeitet. Weite Rasenflächen und mehr Gewässer waren kennzeichnend für seinen Entwurf. Im wesentlichen besteht der äußere Bereich der Anlage aus einer von Gehölz gerahmten weiten Wiesenfläche. Der mittlere Teil nahe der Militärringstraße umfaßt geometrisch geformte Freiflächen, Sport- und Spielflächen. Im inneren, stadtwärtigen Teil, soweit er auf dieser Seite der Militärringstraße angelegt wurde, erstreckt sich ein Kleingartengelände. Gruppierungen von Bäumen gleicher Art sind typisch für die Bepflanzung des Äußeren Grüngürtels. Baumreihen erstrecken sich entlang von Spazierwegen oder grenzen Freiflächen voneinander ab.

NRW 171
Eigentümer/in: Stadt Köln,
Schillingsrotter Straße,
50996 Köln,
Tel. 0221/354325,
Fax 0221/352575
Größe: 25 ha
frei zugänglich
Führungen: nach Voranmeldung, für Gruppen bis 30 Personen regelmäßig 1. Mi im Monat, 14.30 Uhr, und 3. Sa im Monat, 15 Uhr, kostenlos
16 Rodenkirchen
131 Konrad-Adenauer-Straße
135 Schillingsrotter Straße

Forstbotanischer Garten Köln

Schillingsrotter Straße, Köln-Rodenkirchen

Anfang der 60er Jahre wurden auf einer ehemaligen Ackerfläche Bäume, Sträucher und Stauden aus vielen Teilen der Welt gepflanzt. Hier läßt sich beobachten, wie sie im mitteleuropäischen Klima gedeihen und ob sie in bezug auf Größe und Aussehen für eine Gartenverwendung interessant sind. Der Forstbotanische Garten bietet Naturerlebnisse zu jeder Jahreszeit: Rhododendronschlucht, Heidegarten, Pfingstrosenwiese, eine japanische Abteilung mit Kirschen- und Azaleenblüte und prächtiger Herbstfärbung der Fächerahorne und Kuchenbäume, Bambus und eine 1,5 Hektar große Waldfläche mit nordamerikanischen Bäumen wie Riesenmammutbaum, Gelbkiefer, Flußzeder und Coloradotanne.

Im Süden schließt sich der in den 80er Jahren angelegte, 26 Hektar große Friedenswald an, wo Bäume und Sträucher aus allen Staaten, zu denen die Bundesrepublik damals diplomatische Beziehungen pflegte, gepflanzt wurden. Die tropischen und subtropischen Länder, deren typische Vegetationen hier nicht winterhart sind, sind durch symbolische Gehölze vertreten.

NRW 172
Eigentümer/in: Stadt Köln,
Amt für Landschaftspflege und Grünflächen,
Perlengraben 2, 50676 Köln,
Tel. 0221/2212584,
Fax 0221/2213867
Größe: 7,5 ha

Mülheimer Stadtgarten

Lasallestraße, Köln

Die Niederung des Strundener Bachs bildete die natürliche Grundlage für den muldenförmig angelegten Mülheimer Stadtgarten.

Ein Teich inmitten offener Wiesenflächen, vereinzelte Baumgruppen und der dicht bepflanzte, ansteigende Park-

rand verleihen diesem Grünraum eine ruhige landschaftliche, geschlossene Atmosphäre.
In geometrische Grundrisse gebundene Parkteile sind in die randlichen Partien eingestreut. Einen markanten erhöhten Eckpunkt stellt das Rondell um den 1914 von Wilhelm Albermann entworfenen Märchenbrunnen an der Ecke Jan-Wellem- und Lassallestraße dar. Von dieser Stelle öffnet sich der Blick in den weitläufigen offenen Raum. Ein in sich geschlossener Parkteil ist der parallel zur Lassallestraße gelegene Rosengarten mit dem zentralen Seerosenbecken und den Zieräpfeln, die das mittlere Karree einrahmen.

frei zugänglich
16, 18 Wiener Platz

MediaPark

Erftstraße, Köln

Aufbauend auf den Ergebnissen eines international ausgelobten Wettbewerbs entsteht zur Zeit auf dem Gelände des ehemaligen Güterbahnhofs Gereon das Medienzentrum MediaPark. Die gleichnamige Grünanlage legt sich halbkreisförmig um die Bebauung und schirmt sie gegen die Bahnanlage ab. Nach einem Gesamtentwurf des Landschaftsarchitekten Schubert, Köln, entstand sowohl entlang der Erftstraße eine private Grünanlage mit einem zentral gelegenen Gewässer als auch zwischen Bebauung und Bahnanlagen eine öffentliche Grünanlage mit Spielplätzen, Liegewiesen und Spazierwegen. Über zwei Brücken ist der MediaPark mit dem Stadtgarten und dem Herkulesberg verbunden, so daß sich die neue Grünanlage in das gesamtstädtische Grünsystem einbettet.

NRW 173
Eigentümer/in: Stadt Köln, Amt für Landschaftspflege und Grünflächen, Perlengraben 2, 50676 Köln, Tel. 0221/2212584, Fax 0221/2213867
Größe: 10 ha,
frei zugänglich
1, 15, 19 Kaiser-Wilhelm-Ring
P gebührenpflichtig

Finkens Garten

Friedrich-Ebert-Straße 49, Köln

In dem Naturerlebnisgarten für Kinder im Vorschulalter werden praktisches Naturerleben und -erfahren am konkreten Objekt vermittelt. Die Kindern sollen Natur sehen (lernen), beobachten, riechen, schmecken, fühlen und tasten. Pflege und Unterhaltung der Anlage geschehen durch benachteiligte Jugendliche in Berufsvorbereitungsprogrammen. Finkens Garten berät und unterstützt auch Kinder- und Schulgärten, u.a. mit der Kinderpflanze des Jahres.
Eigentümer/in: Stadt Köln, Amt für Landschaftspflege und Grünflächen, Perlengraben 2, 50676 Köln,
Tel. 0221/2212654, Fax 0221/2213867

NRW 174
Größe: 5 ha
Öffnungszeiten: ganzjährig geöffnet Sa, So, feiertags, Mo–Fr: Kindergärten und Tagesstätten, Schulen und Fachschulen, 9–18 Uhr
Eintritt: frei
Führungen: nach Voranmeldung
131 Friedrich-Ebert-Straße

Schloßpark Schloß Morsbroich

Gustav-Heinemann-Straße 80, Leverkusen

Der Park gliedert sich in zwei Teile: Der innerhalb des Wassergrabens gelegene, rund 10 Hektar große, innere

NRW 175
Größe: 27 ha
frei zugänglich
Attraktionen: Narzissenblüte,

🚌 212, 214 Schloß
→ Das Schloß liegt im Stadtteil Schlebusch und ist an jeder größeren Kreuzung als Museum Morsbroich ausgeschildert.
P ☕ 🐕 ♿

Schloßpark ist als Repräsentationsgrünfläche gestaltet. Der 17 Hektar große äußere Schloßpark ist naturnah gestaltet und dient als Skulpturenpark. Im inneren Schloßpark blühen im Frühjahr ausgedehnte Narzissenfelder.
Eigentümer/in: Stadt Leverkusen, Grünflächenamt, Haus-Vorster-Straße 6, 51379 Leverkusen, Tel. 0214/56007, Fax 0214/56000
Veranstaltungen: Morsbroicher Sommer Konzerte (Open Air), Klassik, Volksmusik, Jazz Sommermonate
Infos bei: Kulturamt, Tel. 0214/4064141, Fax 0214/4064102

NRW 176
Eigentümer/in: Bayer AG Kaiser-Wilhelm-Allee, 51369 Leverkusen, Tel. 0214/30-0
Größe: 32 ha
frei zugänglich
Attraktionen: Gedenkstätte und Japanischer Garten
DB Leverkusen
🚌 201, 227, 233, 250, 255 Bayerwerk
S 6 bis Bayerwerk
P nur an Wochenenden
Veranstaltungen:
Tag der offenen Tür
Infos bei:
Tel. 0214/3050100,
Fax 0214/3052140
Tag des Denkmals
✕ ☕ 🐕 ♿

Carl-Duisberg-Park

Kaiser-Wilhelm-Allee, Leverkusen

Der Carl-Duisberg-Park, in Rheinnähe zwischen Leverkusen und Köln gelegen, wird an drei Seiten von den Produktionsstätten und Verwaltungsgebäuden der Bayer AG umgeben. Die Ursprünge des Parks gehen auf den bergischen Fabrikanten Carl Leverkus zurück, der Mitte des 19. Jahrhunderts in der Nähe eine Farbenfabrik betrieb. Benannt ist der Park nach Geheimrat Carl Duisberg, dem früheren Bayer-Generaldirektor, der den Park um 1912 wegen seiner Wohlfahrtswirkungen für die Fabrikarbeiter neu gestaltete und wesentlich erweiterte. Neben Werksangehörigen wird dieser von der Leverkusener Bevölkerung und Bayer-Gästen gern besucht. Neben ausgedehnten Rasenflächen bietet der Park einen wunderbaren alten Baumbestand, in dem neben Buchen, Eichen und Kastanien auch seltenere Bäume wie Geweihbaum, Judasbaum, Blasenbaum, Mispel und Blauglockenbaum zu sehen sind. Erwähnenswert ist auch der hier befindliche Japanische Garten.

NRW 177
Größe: 1 ha
Öffnungszeiten: im Sommer 9–20 Uhr, im Winter 9 Uhr bis Einbruch der Dunkelheit
Eintritt: frei
Führungen: nach Voranmeldung,
Tel. 0214/3050100,
Fax 0214/3052140,
mit Diashow,
DB Leverkusen
🚌 201, 227, 233, 250, 255 Bayerwerk
S 6 bis Bayerwerk
P nur an Wochenenden
✕ ☕ 🐕 ♿

Japanischer Garten

Kaiser-Wilhelm-Allee, Leverkusen

Der Japanische Garten der Bayer AG wurde 1913 von Geheimrat Carl Duisberg, dem damaligen Bayer-Generaldirektor, als Garten seiner Dienst-Villa angelegt, 1926 von ihm, inspiriert durch zahlreiche Fernost-Reisen, wesentlich erweitert und später der Öffentlichkeit zugänglich gemacht. Umgeben von Bachläufen und einem Teich enthält der Garten eine Fülle von baulichen, künstlerischen und floristischen Kostbarkeiten aus vielen Teilen Ostasiens. Darunter finden sich ein Teehaus, Brücken und Laternen, Bronzeskulpturen japanischer Gottheiten und Fabeltiere sowie eine Sammlung von Pflanzen fernöstlicher wie europäischer Herkunft, die dem Garten zu jeder Jahreszeit einen besonderen Reiz verleihen.
Eigentümer/in: Bayer AG, Kaiser-Wilhelm-Allee, 51369 Leverkusen,
Tel. 0214/30-0

Park von Haus Lerbach

Lerbacher Weg, Bergisch Gladbach

Das repräsentative Herrenhaus des Papierfabrikanten Richard Zanders wurde ab 1898 in historisierenden Formen des Münchner Neubarock erbaut. Es wird heute als Schloßhotel Lerbach genutzt. Der Park wurde ab 1905 nach einem Lageplan von Oskar Lindemann angelegt. Der Garten läßt sich in drei verschiedene gestalterische Bereiche unterteilen: gärtnerische Anlagen für Wirtschaftszwecke, heute kaum noch vorhanden, ein regelmäßig angelegter Gartenteil in unmittelbarer Umgebung zur Haus- und Hofanlage und ein Landschaftspark mit mächtigen, alten Bäumen und vielen exotischen Pflanzen.
Eigentümer/in: c/o Schloßhotel Lerbach, Lerbacher Weg, 51465 Bergisch Gladbach, Tel. 02202/2040, Fax 02202/204940, Internet www.schlosshotel-lerbach.com

NRW 178
Größe: 28 ha
frei zugänglich
Anmeldung für Gruppen erbeten unter
Tel.: 02202/2040
Führungen sind evtl. möglich
→ Abfahrt Bergisch Gladbach–Bensberg
Veranstaltungen: Musikveranstaltungen

Botanischer Garten der Universität Bonn

Meckenheimer Allee 171, Bonn

Der Bonner Garten blickt auf eine über 400jährige Geschichte zurück und ist damit einer der ältesten und traditionsreichsten Gärten nördlich der Alpen. Im 17. Jahrhundert entstand einer der glanzvollsten Gärten seiner Zeit, in dem bereits Orangerien vorhanden waren. Im 18. Jahrhundert wurde im Stil der damaligen Zeit das Poppelsdorfer Schloß Clemensruh erbaut. In seinen Grundzügen basiert der heutige Botanische Garten auf dem zirka 1715 bis 1725 entstandenen kurfürstlichen Barockgarten, von dem noch zwei Buchen erhalten sind. Mit der Gründung der Universität wurde 1818 der heutige Botanische Garten angelegt. Gründer des Gartens und erster Direktor (1818–1830) war Nees von Esenbeck. Im Botanischen Garten werden heute etwa 9000 Planzenarten kultiviert. Das Freiland besteht aus einem parkartig angelegten Arboretum und den aus Beeten aufgebauten Lehrabteilungen, unter anderem mit Biotopen, Systematischer und Geographischer Abteilung sowie Arzneipflanzen. Die Schaugewächshäuser bestehen aus 9 miteinander verbundenen Einzelhäusern, in denen rund 4500 Arten gezeigt werden. Hinzu kommen noch 4 kleinere Kultur- und Schauhäuser.

NRW 179
Eigentümer/in: Universität Bonn, Meckenheimer Allee 171, 53115 Bonn, Tel. 0228/735523, Fax 0228/739058, E-Mail botgart@uni-bonn.de, Internet www.botanik.unibonn.de/botgart/home.htm
Größe: 6,5 ha
Öffnungszeiten: im Sommer April bis Sept. 9–18 Uhr, So und Feiertage 9–13 Uhr, im Winter Mo–Fr 9–16 Uhr
Eintritt: frei
Führungen: nach Voranmeldung, Tel.: 0228/644416 für Gruppen bis 20 Personen, 5 DM/Pers.
DB Hauptbahnhof
Bus 620, 624, 625 Am Botanischen Garten

Alter Friedhof

Thomasstraße, Bonn

1715 wurde der Alte Friedhof auf Veranlassung des Kurfürsten Joseph Clemens außerhalb der Stadt angelegt. Mehrere Erweiterungen im 19. Jahrhundert folgten, die letzte 1876. 1884 wurde der Friedhof aufgelassen. Die zunächst schlichte zweckmäßige Plangestaltung wurde landschaftsgärtnerisch aufgelockert. An der Planung war u. a. Peter Jo-

NRW 180
Eigentümer/in: Bundesstadt Bonn, Servicebetrieb Stadtgrün, Berliner Platz 2, 53103 Bonn, Tel. 0228/774230, Fax 0228/774272
Größe: 3 ha
Öffnungszeiten:

im Sommer 7.30–20 Uhr,
im Winter 8–17 Uhr
Eintritt: frei
Führungen: durch VHS Bonn
620, 621, 625, 626, 627, 635 Alter Friedhof

seph Lenné beteiligt. Bedeutende Persönlichkeiten des deutschen Kultur- und Geisteslebens wie Ernst Moritz Arndt, Robert und Clara Schumann, August Wilhelm von Schlegel fanden hier ihre letzte Ruhestätte. Der über 100jährige Baumbestand, darunter einige imposante Exemplare, verstärken den parkartigen Charakter.

NRW 181
Größe: 0,3 ha
frei zugänglich
U 16, 63, 66 Auswärtiges Amt

Arndtgarten

Adenauerallee 79, Bonn

Als Wohnsitz ließ sich Ernst Moritz Arndt 1819 eine Villa mit Parkanlage errichten. Der Garten wird von zwei Seiten durch eine Linden- beziehungsweise Kastanienreihe eingefaßt. Interessant sind die Rosenrabatten im Innenbereich.
Eigentümer/in: Bundesstadt Bonn,
Servicebetrieb Stadtgrün, Berliner Platz 2, 53103 Bonn,
Tel. 0228/774230, Fax 0228/774272

NRW 182
Eigentümer/in: Land NRW, Universität Bonn
Größe: 7,5 ha
frei zugänglich
DB Bonn Hbf
U 16, 63, 66 Universität/Markt

Hofgarten

Am Hofgarten, Bonn

Der Hofgarten wurde um 1725 nach Plänen des Gartenarchitekten Robert de Cotte zunächst als Barockgarten im französischen Stil angelegt, aber schon gegen Ende des 18. Jahrhunderts in eine große Wiese umgewandelt. An das ehemalige Blumenparterre mit seinen vielen verschnörkelten Rabatten und Buchseinfassungen erinnert heute noch die tieferliegende, als Spielgrund und Liegeplatz nicht nur bei den Studierenden sehr beliebte Rasenfläche. Der Baumbestand hingegen zeigt die ursprüngliche Lage der Heckenbosketten an. Heute säumt je eine Allee aus Roßkastanien und Linden die gesamte Anlage. Wo sich ursprünglich eine große Brunnenanlage befand, errichtete man 1824 die Alte Akademie, das heutige Akademische Kunstmuseum.

NRW 183
Eigentümer/in: Bundesstadt Bonn, Servicebetrieb Stadtgrün, Berliner Platz 2, 53103 Bonn,
Tel. 0228/774230,
Fax 0228/774272
Größe: 8 ha
frei zugänglich
DB Bad Godesberg
U 16, 63 Stadthalle

Stadtpark / Kurpark

Koblenzer Straße, Bonn-Bad Godesberg

Die weitläufige Anlage wurde in den Jahren 1890 und 1891 vom Kölner Gartendirektor Adolf Kowallek im Stil eines Englischen Gartens angelegt, in dem markante Baumgruppen oder Einzelbäume angeordnet wurden. Der wasserzügige Niederterrassenboden, auf dem der Stadt- und Kurpark eingerichtet wurde, bietet für die Entwicklung der Bäume günstige Voraussetzungen. Immer wieder öffnen sich zwischen den Baumgruppen wunderschöne Blickachsen auf den vom Rhein freigelegten Basalthügel mit der Godesburg und auf das Kurfürstliche Ballhaus Redoute jenseits der Kurfürstenallee. Gegenüber der Stadthalle liegt der geschwungen ovale Kurparkteich mit Fontäne, um den interessante Gehölze aus fast allen Kontinenten gepflanzt sind. Westlich an die Stadthalle schließt sich im Bereich der ehemaligen Stadtgärtnerei die Trinkhalle mit dem schönen und reich bestückten Rosengarten an. Auf diesem Standort wurde 1962 die Kurfürstenquelle eingerichtet. Südlich erstreckt sich die knapp 5 Hektar große Rigalsche Wiese, benannt nach den Freiherren von Rigal-Grunwald.

Redoutenpark

Kurfürstenallee, Bonn-Bad Godesberg

Der Park wurde 1820 nach der Vollendung des Kurfürstlichen Ballhauses Redoute im Stil eines Englischen Landschaftsgartens angelegt und 1856 nochmals erweitert. Der leichte Anstieg markiert hier den Übergang von der breiten Niederterrassenfläche des Rheins zu den am Hang nur in schmalen Leisten oder Riegeln erhaltenen Resten verschiedener Stufen der Mittelterrasse. Im Redoutenpark findet man etliche alte und wertvolle Baumarten aus vielen Ländern. Besonders hervorzuheben ist ein Mammutbaum nahe dem Seerosenteich.

NRW 184
Eigentümer/in: Bundesstadt Bonn, Servicebetrieb Stadtgrün, Berliner Platz 2, 53103 Bonn,
Tel. 0228/774230,
Fax 0228/774272
Größe: 6,5 ha
frei zugänglich
DB Bad Godesberg
U 16, 63 Stadthalle
P

Drachensteinpark

Mainzer Straße, Bonn-Bad Godesberg/Mehlem

Der rheinseitig vorgelagerte Teil des ehemaligen Parkgeländes der Villa Drachenstein ist ein Landschaftspark des 19. Jahrhunderts und liegt gegenüber dem Siebengebirge mit Blick zum Drachenfels. Die Anlage mit schloßartiger Villa wird geprägt durch einen alten Baumbestand.
Eigentümer/in: Bundesstadt Bonn,
Servicebetrieb Stadtgrün, Berliner Platz 2, 53103 Bonn,
Tel. 0228/774230, Fax 0228/774272

NRW 185
Größe: 2 ha
frei zugänglich
852, 857 Mehlem Ort
P

Rechts- und linksrheinische Rheinaue

Ludwig-Erhardt-Allee, Bonn-Gronau

Der Rheinauenpark, der sich in unmittelbarer Nähe zum ehemaligen Regierungsviertel befindet, wurde zur Bundesgartenschau 1979 von dem Landschaftsarchitekten Gottfried Hansjakob, München, geplant und ist seither als Freizeitgelände sehr beliebt. Die auf der linksrheinischen Seite landschaftsgärtnerisch gestaltete Anlage besteht in großen Teilen aus Rasenflächen und Gehölzgruppen, darunter auch die im rheinischen Auenwald heimischen Baum- und Straucharten. In ihren Formen greift die Rheinaue die Elemente der natürlichen Auenlandschaft wie Terrassenstufen, Uferkanten und Inselkörper auf. Der langgestreckte, 15 Hektar große Rheinauensee ist einem Altwasser in einer verlassenen Strömungsrinne nachempfunden. Im Park befindet sich ein Blindengarten, der mit ausgewählter Bepflan-

NRW 186
Eigentümer/in: Bundesstadt Bonn, Servicebetrieb Stadtgrün, Berliner Platz 2, 53103 Bonn,
Tel. 0228/774230,
Fax 0228/774272
Größe: 35 ha rechtsrheinisch, 125 ha linksrheinisch
frei zugänglich
66 Rheinaue (linksrheinisch)
66 Ramersdorf (rechtsrheinisch)
P

zung vor allem den Tast- und Geruchssinn schult. Sehenswert ist auch der japanische Meditationsgarten sowie ein Rosengarten mit rund 6000 Pflanzen in mehr als 50 Sorten. Im rechtsrheinischen Teil ist als Besonderheit die Anlage von rund 4000 Quadratmeter Wiesenfläche aus dem Projekt Future Garden des amerikanischen Künstlerehepaares Helen Mayer Harrison und Newton Harrison zu nennen.

NRW 187
Eigentümer/in: Regina Härle, Stiftung Arboretum – Park Härle, Büchelstraße 40, 53227 Bonn,
Tel. 0228/441549
Größe: 4 ha
Öffnungszeiten: Mai bis Okt. jeweils am ersten Samstag des Monats, 10–12.30 Uhr
Anmeldung erbeten
Eintritt: frei
Ⓢ 62, 66: Bonn-Oberkassel Nord
♿ nur Arboretum

Arboretum Härle

Büchelstraße, Bonn-Oberkassel

Das Privatarboretum, seit Anfang 1998 Stiftung, hat seinen Ursprung in einem um 1870 entstandenen Park, der mit zahlreichen exotischen Laub- und Nadelgehölzen bepflanzt war. Viele dieser großen Zedern, Gingkos und Eiben haben bis heute überlebt, wenn auch Grundwasserabsenkungen und Luftverschmutzung ihre Lebensumstände verschlechtern. Seit über 50 Jahren wird der Baumbestand ergänzt, mit Waldstauden unterpflanzt und durch schattenliebende Sträucher aufgelockert. Auf dem Gelände der früher zu dem Anwesen gehörenden Erwerbsgärtnerei entstand seit 1976 ein neuer Garten, vorwiegend in Form einer großen Koniferensammlung. Alte Steinbrüche und Reste eines Eichen-Linden-Eßkastanien-Hochwaldes bilden einen idealen Hintergrund für die Nadelgehölze. Das streng symmetrische Wegesystem der alten Gärtnerei wird durch die Bepflanzung langsam aufgelockert.

Foto: Härle

NRW 188
Eigentümer/in: Stadt Kreuztal
Siegener Straße 5,
57223 Kreuztal,

Dreslers Park

Hagener Straße 22–30, Kreuztal

Im Zentrum Kreuztals liegen zwei Gründerzeitvillen im Stil italienischer Renaissancepalazzi mit Nebengebäuden, die früher als Fabrikantenwohnsitz dienten und heute Bürger- und Kulturzentrum sind. Die Parkanlagen entstanden um 1860. Die Gelbe Villa besitzt einen formalen Garten mit Staudenpflanzungen, die Weiße Villa einen Landschaftsgarten, der 1999 saniert wurde. Viele Elemente des späten 19. Jahrhunderts sind noch vorhanden. Neben Staudenpflanzungen und vielen Rhododendren beeindrucken die Gärten vor allem durch den alten Baumbestand, darunter die 1898 gepflanzte Bismarckeiche. 1999 wurde ein Kräutergarten hinzugefügt.

Tel. 02732/51264,
Fax 02732/57936,
E-Mail kultur@kreuztal.de
frei zugänglich
🚌 1 Kreuztal-Mitte 75 Ernsdorf – Wende
P ✂ ☕ 🐕 ♿
Veranstaltungen: diverse Veranstaltungen, Infos bei: Stadt Kreuztal,
Tel. 02732/51264,
Fax 02732/57936

Parkanlage Oberes Schloß

Burgstraße, Siegen

Um den aus dem 15. Jahrhundert stammenden Gebäudekomplex des Oberen Schlosses, der über dem historischen Stadtkern auf einer Bergkuppe liegt, gruppieren sich die Schloßgärten. 1888 wurde das Gelände durch die Stadt vom Preußischen König erworben, um einen Bürgerpark zu errichten. Mit der Eröffnung des Siegerlandmuseums im Oberen Schloß wurde er zu Beginn des 20. Jahrhunderts öffentlich zugänglich. Der nach dem 2. Weltkrieg sanierte Park wurde unter Berücksichtigung der historischen Umgebung Anfang der 70er Jahre entsprechend den Bürgerbedürfnissen umgestaltet. Aufgrund der exponierten Lage kann man weite Teile der Stadt überblicken. Durch den alten Baumbestand, die gepflegten Pflanzungen und ein abwechslungsreiches Kulturprogramm sind die Schloßanlagen über die Region hinaus bekannt.

NRW 189
Eigentümer/in: Stadt Siegen,
Postfach 100352,
57003 Siegen,
Tel. 0271/4040
Größe: 2,3 ha
Öffnungszeiten: Nov. bis Sept., im Sommer 7–22.30 Uhr, im Winter 7–19 Uhr
Eintritt: frei
🚌 15 Marburger Tor
Veranstaltungen: Sonntagnachmittag um 4 im Schloßgarten Musik, Tanz, Lied, Theater Mai bis Sept. Infos bei: Tel. 0271/4041285, Siegener Sommerfestival, Juni bis Juli, Kindertheater in den Ferien, Juli bis August
✂ ☕ 🐕 ♿

Rosenbogen Assinghausen

Zum Küsterland 10, Olsberg

Direkt neben Wiesen und Weiden entstand in den letzten Jahren der Schaugarten einer Rosengärtnerei mit über 150 Rosensorten, kombiniert mit Stauden oder an Klettergerüsten. Der Schwerpunkt liegt auf Historischen Rosen und Kletterrosen.
Eigentümer/in: Mechthild Heidrich, Zum Küsterland 10, 59939 Olsberg, Tel. 02962/5236, Fax 02962/802879
Öffnungszeiten: letzter Sa im März bis Ende November Mo, Mi–Fr, 10–12.30 Uhr und 14.30–18 Uhr, Sa 10–16 Uhr

NRW 190 NEU
Größe: 0,14 ha
Eintritt: frei
Führungen: nach Voranmeldung
P 🐕 ♿
✿ Rosen

Rheinland-Pfalz

RhPf

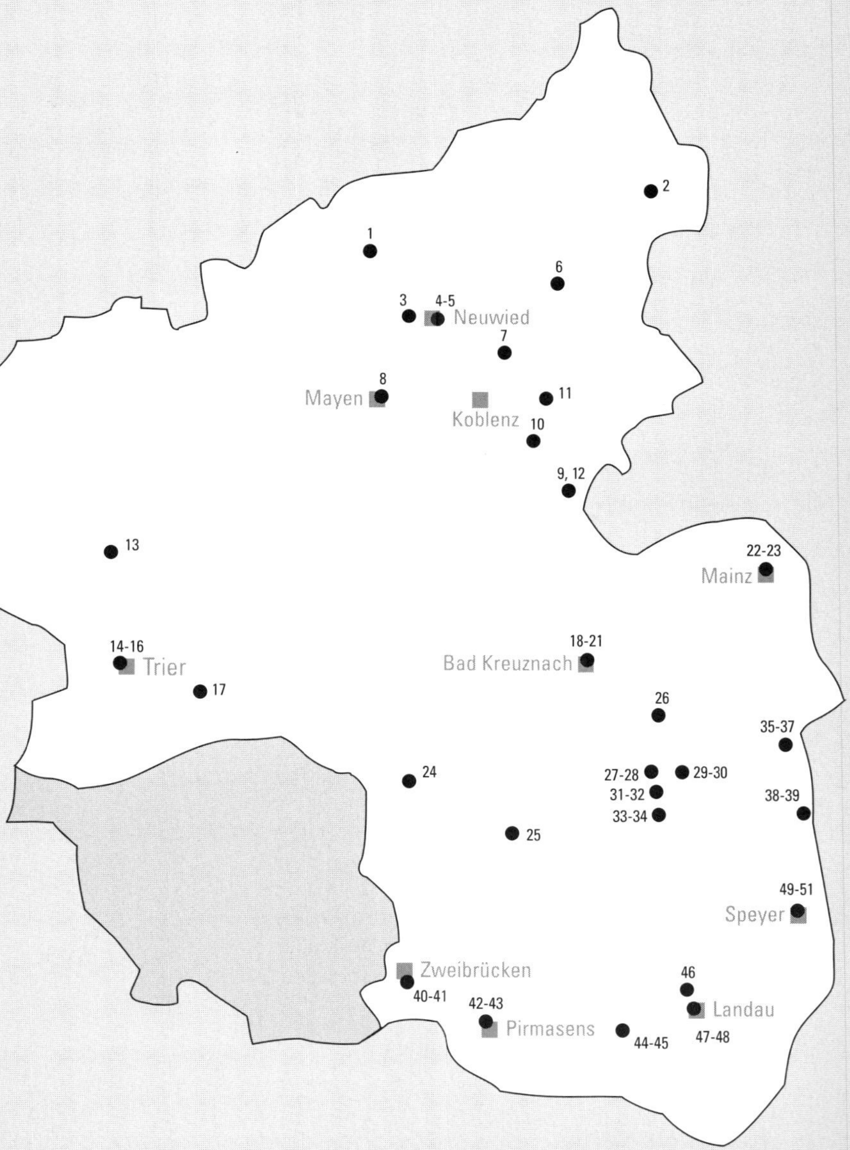

Park des Zehnthofs

Zehnthofstraße 2, Sinzig

Peter Joseph Lenné schuf von 1857 bis 1864 einen Garten und einen Park um die schloßartige Anlage Zehnthof. Im näheren Schloßbereich befindet sich ein Ziergarten mit hoher Balustrade, Doppelpergola und anschließender Orangerie und Gartensaal. Orangerie und Gartenbereich sind eine verkleinerte Kopie der Anlage von Sanssouci in Potsdam, die Lenné einige Jahre zuvor errichtet hatte. Beide Elemente wurden restauriert und befinden sich in einem guten Zustand. Der Park erstreckt sich entlang eines Höhenwegs an einem ehemaligen Weinberg. Die Treppenanlagen, Halbtürme am Hang und einige alte Bäume zeigen noch die Reste der Strukturen. Die Beete, der Teich und die Nutzgärten sind hingegen nur noch zu erahnen. Lennés Anlage um die Kirche von 1863 ist nicht mehr erkennbar. Auch der weitere Park um das Sinziger Schloß, von seinem Neffen Joseph August Lenné geplant, 100 Meter vom Kirchberg entfernt, wurde stark verändert.

RhPf 1
Eigentümer/in: Dieter Schewe (Garten),
Im Ellig 8,
53424 Remagen,
Tel. 02228/8585,
Fax 02228/8585
Größe: Garten 900 m², Park 1 ha
frei zugänglich
DB Sinzig
P 🐕 ♿

Kurpark Bad Marienberg

Bad Marienberg

Die Kurparkanlage gliedert sich in zwei etwa gleich große Bereiche: der ältere Teil mit Musikpavillon hinter der Kurverwaltung zeichnet sich durch einen zirka 40 Jahre alten Baumbestand und mehrere, sehr vielseitige Beete mit Wechselbepflanzungen, Bereiche mit Schattenstauden und einem Staudenbeet vor dem Musikpavillon aus; der neuere Teil, die Bornwiese, besteht zum größeren Teil aus einer Streuobstwiese mit einigen älteren und zirka 30 neugepflanzten Obstbäumen.

RhPf 2 NEU
Eigentümer/in: Stadt Bad Marienberg,
Wilhelmstraße 10,
56470 Bad Marienberg,
Tel. 02661/7031,
Fax 02661/61565,
Internet www.badmarienberg.de
Größe: 3 ha
Eintritt: frei
frei zugänglich
P 🐕 ♿

Gutspark Nettehammer

Andernach

Das Gut, das seit 1836 im Besitz der Familie des Eigentümers ist, war bis zur Säkularisation klösterlich. In der zweiten Hälfte des 19. Jahrhunderts erfolgten zahlreiche Umbaumaßnahmen, u.a. auch durch den Architekten Henry van der Velde. Neben dem Landschaftspark mit schönem Altbaumbestand – viele Eichen stammen noch aus der klösterlichen Zeit – sind eine von Wasser umgebene Ruine, Eiskeller, Wasserfall, Rosengarten und Lavendelbeet bemerkenswert.
Eigentümer/in: Hermann-Viktor Luithlen,
Gut Nettehammer, 56626 Andernach,
Tel. 02636/957141, Fax 02636/957176,
E-Mail luithlen.h@luithlen-werke.de

RhPf 3 NEU
Größe: 4 ha
Öffnungszeiten:
Juni bis September
Parkbesichtigung nur in Verbindung mit Führung
Führungen: nach Voranmeldung,
für Gruppen bis 25 Personen, 50 DM/Gruppe
→ bei Anmeldung
P ♿

Foto: Luithlen

RhPf 4
Größe: 1,6 ha,
4,5 ha Naturpark
Öffnungszeiten: frei zugänglich, außer Kräutergarten
Eintritt: frei
Führungen: nach Voranmeldung,
Tel. 02622/837365
evtl. Spende
🚌 Linie 2: Mo bis Fr,
Linie 12: Sa/So Königsgericht
P 🐕
ℹ Sonn- und Feiertags

Ehemalige Abtei Rommersdorf

Stiftsstraße 2, Neuwied

Die ehemalige Abtei Rommersdorf wurde um 1710 von dem Prämonstratenser-Orden gegründet. Aus der Abtei entstand ein Barockgarten. Der gegenüberliegende Englische Garten wurde aus einem ehemaligen Weinberg umgebaut und hat einen alten Baumbestand. Seit 1976 gehört die Abtei einer Stiftung, die auch den Kräutergarten im Kreuzgang, mit einem Springbrunnen als Höhepunkt, gestaltete.
Eigentümer/in: Abtei Rommersdorf Stiftung, Stiftsstraße 2, 56562 Neuwied
Attraktionen: Kräutergarten im Kreuzgang nur mit Führung, von Ostern bis Allerheiligen, Sonn- und Feiertags, 13–18 Uhr

RhPf 5 NEU
Größe: 20 ha
frei zugänglich
DB Neuwied
P ♿
🐕 nur angeleint

Schloßpark Neuwied

Neuwied

Der ursprünglich regelmäßige Barockgarten wurde 1810 in einen Landschaftsgarten umgewandelt. Der Forschungsreisende Prinz Maximilian zu Wied fügte exotische Bäume hinzu, von denen nach Sturm und Hochwasser 1876 nur noch wenige vorhanden sind. Unter Beratung des Muskauer Gartendirektors Eduard Petzold erfolgte eine teilweise Umgestaltung. Professor Wiebking überplante den Park 1955. Zwei Drittel des Parks sind öffentlich zugänglich.
Eigentümer/in: Fürst zu Wied, Schloßstraße 1,
56564 Neuwied,
Tel. 02631/22040, Fax 02631/22040

RhPf 6
Größe: 0,2 ha
Anmeldung erbeten
Öffnungszeiten: Juni bis

Privatgarten Ziegler

Bergstraße 18, Dierdorf

Der 30 Jahre alte Garten in ländlicher Umgebung verfügt über einen alten Baumbestand. Eine Umgestaltung des Gar-

tens erfolgte 1993 nach den Plänen der Eigentümerin, die hier ihr Büro für Gartenarchitektur betreibt. Gestaltungsakzente werden durch Trockenmauern, Treppenanlagen, verschiedenartige Pflasterungen – vorwiegend aus Natur- und Ziegelstein –, Pergolen, Fassadenbegrünung und eine Teichanlage gesetzt. Der Nutzgarten dient der Selbstversorgung der Familie. Zentraler Punkt des Gartens ist das 1998 fertiggestellte Gartenhaus mit Dachbegrünung.
Eigentümer/in: Dipl.-Ing. Sonja Ziegler, Bergstraße 18, 56269 Dierdorf, Tel. 02689/1239, Fax 02689/971174, E-Mail info@garten-architektur.de, Internet www.garten-architektur.de
Veranstaltungen: Gartenkunstausstellung, 29./30. Juni 2002

August
Eintritt: frei
Führungen: nach Voranmeldung
DB Neuwied
8242 Dierdorf, Obertor
→ Autobahn A3, Ausfahrt Dierdorf, in Dierdorf am Kreisverkehr rechts Richtung Selters, 2 km, im Ortsteil Brückrachdorf 1. Straße links, 1. Straße rechts

Schloßpark und Burgberg Sayn

Schloßstraße, Sayn

Der Schloßpark entstand 1848 bis 1850 unter Fürst Ludwig zu Sayn-Wittgenstein-Sayn und bezog die oberhalb gelegene romantische Ruinenlandschaft mit der im Dreißigjährigen Krieg zerstörten Stammburg der Sayner Grafen und anderer Burgmannensitze mit ein. Der Schloßpark wird auf natürliche Weise eingerahmt durch die Bäche Sayn und Brex, die sich am westlichen Ende des Parks vereinen. Verantwortlich für die Planung im Stil des Englischen Gartens war der Nassauische Hofgärtner Karl Friedrich Thielemann. Die Ausführung lag bei den Brüdern Heinrich und Nikolaus Siesmayer. Zu den Attraktionen des Parks zählen heute ein bemerkenswerter Bestand seltener alter Bäume, eine ehemalige Kunstgrotte, die sogenannte Löwengrube, zwei Weiher mit Fontäne und der Garten der Schmetterlinge. Vom Burgberg genießt der Besucher den Blick über die Koblenz-Neuwieder Rheinebene auf die Berge der Vulkaneifel.
Eigentümer/in: Alexander Fürst zu Sayn-Wittgenstein-Sayn, Schloßstraße, 56170 Bendorf-Sayn, Tel. 02622/5936, Fax 02622/5940, E-Mail a.fuerst@sayn.de, Internet www.sayn.de

RhPf 7
Größe: 10 ha
Öffnungszeiten: Mitte März bis Ende Okt.
Eintritt: frei
Attraktionen: Garten der Schmetterlinge (Glashäuser mit exotischen Pflanzen und exotischen Schmetterlingen),
8, KEVAG Schloß Sayn
Veranstaltungen: Exkursionen mit Schwerpunkt Vogelwelt, Fledermäuse und Baumbestand 1 bis 2 Mal/Jahr
Infos bei:
Tel. 02622/15478,
Fax 02622/15479
E-Mail:
schmetterlinge@sayn.de

Gärten am Schloß Bürresheim

Mayen/Eifel

Südlich des Schlosses Bürresheim liegen zwei Terrassengärten. Die unregelmäßig rechteckige Terrasse vor der Südfront des Schlosses wurde 1683 angelegt. Das zentrale, vierpassige Fontänenbecken und die Geißblattlaube stammen ebenfalls aus dieser Zeit. Nach einer Abbildung auf einem Gemälde des Schlosses von 1711 wurden 1952 Rasenbeete mit Buchs und Eibenpyramiden rekonstruiert. Auch die regelmäßige Beetaufteilung des ehemaligen Wirtschaftsgartens auf der zweiten, rechteckigen Terrasse südöstlich des

RhPf 8
Eigentümer/in: Landesamt für Denkmalpflege, Verwaltung der staatlichen Schlösser Mainz, Göttelmannstraße 17, 55130 Mainz,
Tel. 06131/83070,
Fax 06131/830755
Größe: 0,2 ha
Öffnungszeiten: Schloss ganzjährig geöffnet, Jan. bis Nov. Di–So im Sommer 9–18 Uhr

im Winter 9–17 Uhr
Eintritt: frei
→ Ca. 5 km nordwestl. von Mayen, Landstraße von Mayen nach Weibern Beschilderung folgen
P

Schlosses ist das Ergebnis der Rekonstruktion von 1952. Die Gartenterrassen der ältesten erhaltenen Gartenanlage im Land Rheinland-Pfalz sind nicht zugänglich, sondern nur von oben aus dem Schloß beziehungsweise vom Anfahrtsweg aus zu betrachten.

RhPf 9
Größe: 0,2 ha
Anmeldung für Gruppen erbeten
Öffnungszeiten: Mai bis Okt. 9–12 Uhr, 14.30–18 Uhr
Eintritt: frei
Führungen: nach Voranmeldung
DB Kaub/Rhein
→ Besucher, die mit der Bahn kommen, müssen vom Bahnhof abgeholt werden (3 km steil bergan).
P
nur zu den Veranstaltungen

Skulpturengarten Thiesmeyer

Am Viktoriastollen, Kaub am Rhein

Der Garten um das restaurierte Betriebsgelände einer stillgelegten Schiefergrube gliedert sich in zwei Bereiche. Auf der Hoffläche befindet sich ein Topfgarten in großen, handgearbeiteten Töpfen als Nutzgarten, Immergrünen-, Rank- und Sommergarten. Über dem Wasserreservoir liegt ein südlich anmutendes Staudenbeet. Der terrassierte Garten hinter dem Haus mit altem Baumbestand hat einen naturnahen Charakter. Viele große und kleine Skulpturen aus dem Atelier des Besitzers machen den wildromantischen Garten spannend und auch geheimnisvoll.
Eigentümer/in: Beate Thiesmeyer, Michael Sälzer, Am Viktoriastollen, 56349 Kaub am Rhein, Tel. 06774/1452, Fax 06774/8111
Veranstaltungen: Kunst- und Gartenausstellung, Aktionen, Wildstaudenmarkt, kleines Café, Sommeranfang und die letzten zwei Wochenenden im September

RhPf 10
Größe: 0,1 ha
Anmeldung für Gruppen erbeten unter Tel. 02627/206 oder Fax 02627/8866
Eintritt: 8 DM, Kinder frei bis 6 Jahre, Kinder und Jugendl. 6-18 Jahre 6 DM ermäßigt 7 DM, Gruppen ab 20 Personen 7 DM/Person
DB Braubach
Marksburg-Express
P auch für Busse

Gärten der Marksburg

Braubach

1786 legte der Kommandant der im 12. Jahrhundert errichteten Marksburg im oberen Zwinger ein Barockgärtlein an, dessen Grundriß noch in dem zu Beginn des 19. Jahrhunderts von Hill gefertigten Plan zu erkennen ist. 1969 wurde von Karl Müller der Botanische Schau- und Lehrgarten mit Pflanzen des Mittelalters angelegt. Er umfaßt folgende Abteilungen: Hexen- und Zauberpflanzen sowie Pflanzen des Aberglaubens, das Lustgärtlein, Heil- und Würzpflanzen nach Hildegard von Bingen und Pflanzen des Capitulare de villis et curtis imperialibus, eine um 800 nach Christus erschienene Anweisung zum Betrieb königlicher Güter und Königshöfe.
Eigentümer/in: Deutsche Burgenvereinigung e.V., Marksburg, 56338 Braubach, Tel. 02627/536, Fax 02627/8866
Öffnungszeiten: ganzjährig geöffnet, im Sommer 10–17 Uhr, im Winter 11–16 Uhr
Führungen: Tel. 02627/206 bei Sonderführung, Sommersaison: Führungen finden laufend statt, Wintersaison: Führungen jeweils zur vollen Stunde im Eintritt enthalten

Kurpark Bad Ems

Römerstraße / Lahnufer-Promenade, Bad Ems

Foto: Bernd Plenz

Der im 19. Jahrhundert entstandene Kurpark gliedert sich in zwei Teile. Ein der Spielbank vorgelagerter geometrischer Bereich mit drei Achsen, Rosen-, Blumenbeeten und Springbrunnen ist auf ein Kaiser-Wilhelm-Denkmal ausgerichtet. Zu beiden Seiten verlaufen Alleen mit heckenumsäumten Sitznischen. Der anschließende Landschaftsgarten enthält alten Baumbestand, darunter eindrucksvolle Solitärgehölze. Bemerkenswert sind die Sichtbeziehungen zur gegenüberliegenden russischen Kapelle und zur parallel verlaufenden Lahn.

RhPf 11 NEU
Eigentümer/in: Staatsbad Bad Ems GmbH, Römerstraße 1, 56130 Bad Ems,
Tel. 02603/973143,
Fax 02603/973100,
E-Mail staatsbad.bad.ems@rz-online.de,
Internet www.staatsbad-badems.de
Größe: 7 ha
frei zugänglich
Führungen: nach Voranmeldung April bis September
DB Bad Ems
P gebührenpflichtig
Veranstaltungen, Jaques Offenbach Festival / Brückenfestival, Anfang Juni bis Mitte Juli
Infos bei
Tel. 02603/973119,
Fax 02603/973100
Open Air Operngala
Musik- und Showprogramm, Schlemmermeile

Klostergarten der Minoriten

Oberwesel

Im Rahmen einer Gebäudesanierung entstand auf dem ehemaligen Klostergartengelände, teilweise auf einer Tiefgarage, ein intensiv gestalteter Garten. Der Ziergarten mit einem als Rosenrondell gestaltetem Wegekreuz blüht fast das ganze Jahr. Er geht über in einen parkartigen Randbereich mit älteren Gehölzen. Optisch geschickt einbezogen sind die angrenzenden Ruinen der mittelalterlichen Kirche und der Blick über die Altstadt.
Eigentümer/in: Anton Heinrich Hütte, Oberstraße 11, 55430 Oberwesel, Tel. 06744/8884, Fax 06744/711027

RhPf 12 NEU
Größe: 0,15 ha
Anmeldung erbeten
Öffnungszeiten: Mai bis September
Eintritt: frei
DB Oberwesel
Im Sommer Linienschiffe auf dem Rhein

Schloßgarten Malberg

Schloßstraße 45, Malberg

Um die zu Beginn des 18. Jahrhunderts zum Schloß erweiterte mittelalterliche Burg Malberg ließ Johann Werner von Veyder mehrere barocke Gartenterrassen errichten. Der von Mauern umgebene Eiserne Garten hat noch die ursprüngliche Aufteilung in vier Kompartimente mit einem Brunnen im Wegekreuz. Eine von zwei Eckpavillons ein-

RhPf 13 NEU
Größe: 0,25 ha
Anmeldung erbeten
Eintritt: frei
Führungen: nach Voranmeldung,
Tel. 06563/930244
für Gruppen bis 25 Personen
März bis Oktober,

jeden Sa 5 DM/Person,
Kinder frei bis 16 Jahre
DB Kyllburg
Bus 4377 Malberg
P

gefaßte, schmale Terrasse wird von einer Balustrade zum Runden Garten begrenzt. Dieser Gartenteil schließt die gesamte Anlage halbkreisförmig ab. Auch hier ist ein Brunnenbecken Zentrum des Wegekreuzes.
Eigentümer/in: Verbandsgemeinde Kyllburg, Marktplatz 8, 54655 Kyllburg, Tel. 06563/59129, Fax 06563/59220, E-Mail vgv-kyllburg@t-online.de
Öffnungszeiten: im Rahmen der Führungen und nach Vereinbarung März bis Oktober

RhPf 14
Eigentümer/in: Stadt Trier,
Grünflächenamt,
Gärtnerstraße 62,
54292 Trier,
Tel. 0651/7181670,
Fax 0651/7181678
Größe: 5,3 ha
frei zugänglich
Bus 2, 6, 21, 26
Weberbachstraße
30, 31, 33 Mustorstraße
P gebührenpflichtig in den Straßen der Umgebung

Palastgarten

Weberbach / Weimarer Allee, Trier

Der Palastgarten liegt im Herzen der Stadt, eingebettet zwischen dem Kaiserlich-Römischen Palast, der Basilika und der heutigen Kirche der evangelischen Gemeinde, dem Kurfürstlichen Palais im Renaissancestil sowie an Resten der Stadtmauer. Im Süden wird er durch die Römischen Kaiserthermen begrenzt. In seiner ursprünglichen Konzeption im Auftrage des Kurfürsten Philipp von Walderdorff Mitte des 18. Jahrhunderts entworfen, wurde er nur in ganz kleinen Teilen verwirklicht. Nach einer sich anschließenden, sehr wechselhaften Nutzung stiftete Franz Weißebach 1937 den Park der Stadt Trier. In seiner jetzigen Form entstand der Park nach 1945 auf der Grundlage von historischen Plänen. In Form geschnittene Hainbuchenhecken gliedern die Anlage, die barocke Stilelemente und eine Vielzahl von über 200 Jahre alten Steinfiguren griechischer Gottheiten besitzt. Für Kinder ist ein reichhaltiges Spielangebot für verschiedene Altersgruppen vorhanden. Unter einem Teil des Palastgartens befindet sich eine mehrstöckige Tiefgarage, die von außen nur an den Treppenzugängen und der seitlich angeordneten Ein- und Ausfahrt erkennbar ist. Innerhalb des Parks befinden sich Wasserspiele in verschiedenster Form, so eine zirka 8 Meter hohe Fontäne unmittelbar gegenüber den Kaiserthermen, ein Wasserspiel in barocker Brunnenfassung, Quellfontänen im Langbecken und ein begehbarer Brunnen mit sechs radial angeordneten Fontänen, die in der Mitte zusammentreffen.

RhPf 15
Eigentümer/in: Stadt Trier,
Grünflächenamt,
Gärtnerstraße 62,
54292 Trier,
Tel. 0651/7181670,
Fax 0651/7181678
Größe: 8,5 ha
frei zugänglich
Bus 3, 15 Kyrianderstraße

Mattheiser Weiher

Arnulfstraße / Auf der Weismark, Trier

1950 entstanden, hat sich auf ehemals landwirtschaftlich genutzten Flächen ein Erholungspark entwickelt, dessen landschaftliche Gestaltung im wesentlichen vom Mattheiser Weiher und vom Caspay-Weiher sowie einem teilweise über 150 Jahre alten Baumbestand geprägt wird. Entlang des Caspay-Weihers befindet sich ein einmaliger und unter

Naturschutz stehender Speierling-Bestand. Zwischen den Weihern liegt ein Kinderspielplatz.

P gebührenpflichtig in den Straßen der Umgebung

Nells Park

Dasbachstraße, Verteilerring, Trier

Im äußersten Norden der Stadt Trier gelegen, wurde der Nells Park hergestellt und finanziert durch Nikolaus von Nell, Kanonikus am Stift von St. Paulin. Für den 1801 unter großem finanziellem und personellem Aufwand fertiggestellten Park wurde ein ehemals sumpfiges Gelände teilweise trockengelegt und im frühromantisch englisch-holländischen Stil gestaltet. Der Park wird geprägt von einem alten und artenreichen Baumbestand, der im 2. Weltkrieg stark in Mitleidenschaft gezogen wurde. Von der östlichen Seite her speist ein natürlicher Bachzulauf die ausgedehnte Teichanlage. Bei der Trockenlegung des Geländes entstanden mehrere Inseln, auf denen sich im Laufe der Jahre ein bedeutender Rhododendrenbestand entwickelte. Der Bach fließt entlang der alten Gutsschrotmühle, welche bis 1918 in Betrieb war. Ökonomiegebäude und Orangerie sind ebenfalls noch vorhanden, wenn auch mittlerweile einer anderen Nutzung zugeführt. Eine moderne in den Park integrierte Hotelanlage ergänzt die historischen Bauwerke. Auf der Grundlage eines kleinen Rosengartens aus den 60er Jahren wurde 1982 ein neuer Rosengarten geschaffen, in dem über 6000 Rosenstöcke in 400 Sorten blühen.

RhPf 16
Eigentümer/in: Stadt Trier, Grünflächenamt, Gärtnerstraße 62, 54292 Trier, Tel. 0651/7181670, Fax 0651/7181678
Größe: 10,2 ha
frei zugänglich
30, 35 Verteilerring
P

Privatgarten Mathow

Zur Borwiese 8, Beuren-Prosterath

Der Garten besteht aus zwei unterschiedlichen Teilen. Der Wohngarten mit Terrasse, Staudenhag und Teich wird ergänzt von einem symmetrisch angelegten Bauerngarten mit Buchsbaumumgrenzung, in dem Gemüse und ein- und zweijährige Sommerblumen wachsen.
Eigentümer/in: Dr. Helmuth Mathow, Zur Borwiese 8, 54413 Beuren-Prosterath, Tel. 06586/234, Fax 06586/99066

RhPf 17 NEU
Größe: 0,14 ha
Anmeldung erbeten
Öffnungszeiten: Mai bis September
Eintritt: frei
→ bei Anmeldung
P

Kurpark Bad Kreuznach

Badeallee / Kurhausstraße, Bad Kreuznach

Als Lustgarten der Pfälzer Kurfürsten angelegt, ging der Park 1834 in den Besitz der Solbäder AG über und wurde einige Jahre später in einen Kurpark umgewandelt. Seit dem Neubau des Kurhauses 1913 ist der Park in seinen Grundstrukturen erhalten geblieben. Der Konzertplatz mit Tanzfläche, Springbrunnen und zahlreiche Wechselbepflanzungen machen den mit alten Bäumen bestandenen Park zu einem beliebten Ausflugsziel.

RhPf 18
Größe: 3 ha
frei zugänglich
Attraktionen: Sole-Zerstäuberanlage, alter Baumbestand, Wechsel-/Blütenflor Sommer
DB Bad Kreuznach
8, 10 Kreisverwaltung, Badeallee
P

Veranstaltungen: Kurkonzerte, Sommer, Infos bei: Tel. 0671/836000, Fax 0671/8360080

Eigentümer/in: Stadt Bad Kreuznach, Grünflächen- und Umweltamt, Viktoriastraße 13, 55529 Bad Kreuznach, Tel. 0671/800745, Fax 0671/800767

RhPf 19
Größe: 8 ha
frei zugänglich
Attraktionen: zwei Fontänen im Sommer
DB Bad Kreuznach
Bus 4 Schloßpark
P

Schloßpark Bad Kreuznach

Dessauer Straße, Bad Kreuznach

1775 ließ Henriette von Anhalt-Dessau um das nach seinen späteren Besitzern Puricelli-Schlößchen genannte Schloss einen Rokokogarten anlegen, den die neuen Besitzer nach 1855 zu einem Landschaftsgarten umwandeln ließen. 1903 ging der Park in den Besitz der Max-Planck-Gesellschaft über, 1977 in den der Stadt, die ihn kurze Zeit später umgestaltete und als Arboretum der Öffentlichkeit zugänglich machte. Der größte Teil der Fläche wird extensiv als Wald und Wiese gepflegt.
Eigentümer/in: Stadt Bad Kreuznach, Grünflächenamt, Viktoriastraße 13, 55543 Bad Kreuznach, Tel. 0671/800745, Fax 0671/800767, E-Mail gruenflaechenamt@bad-kreuznach.de, Internet www.bad-kreuznach.de

RhPf 20
Größe: 1 ha
frei zugänglich
DB Bad Kreuznach
Bus 8, 10 Oranienpark
P gebührenpflichtig
Veranstaltungen: Musikalische Darbietungen im Musikpavillon, Infos bei: Tel. 0671/836000, Fax 0671/8360080

Oranienpark Bad Kreuznach

Salinenstraße / Kaiser-Wilhelm-Straße, Bad Kreuznach

Der Park, 1934 nach Plänen des ehemaligen Essener Gartendirektors Rudolf Korte gestaltet, ist mit Rosarium, Stauden, Blumenbeeten, Seerosenbecken und Kinderspielplatz ausgestattet. Nach langen Jahren mangelnder Pflege wurde die Bepflanzung des Tiefgartens mit Wasserbecken 1995 ergänzt.
Eigentümer/in: Stadt Bad Kreuznach, Grünflächenamt, Viktoriastraße 13, 55543 Bad Kreuznach, Tel. 0671/800745, Fax 0671/800767, E-Mail gruenflaechenamt@bad-kreuznach.de, Internet www.bad-kreuznach.de

RhPf 21
Größe: 0,6 ha
frei zugänglich
Attraktionen: Nahekanzel, kleine Plattform über dem sog. Mühlenteich
DB Bad Kreuznach
Bus 1 Wilhelmstraße
P gebührenpflichtig

Kirschsteinanlage

Bad Kreuznach

Der kleine, neu entstandene Park, benannt nach einem früheren Bürgermeister, liegt idyllisch am Rande der Innenstadt im inneren Mündungsbogen des Mühlgrabens in die Nahe. Das Ufer entwickelt sich aus einer breiten, zwischen Natursteinmauern eingespannten Freitreppe zu hochgelegenen Sitzstufen, auf deren höchsten Terrasse ein Mahnmal für den örtlichen Holocaust steht. Die weiten Rasenflächen sind von Kirschbäumen überstellt, die mit ihrer weißen Blütenpracht und der feurigen Herbstfärbung für Höhepunkte im Frühling und Herbst sorgen.
Eigentümer/in: Stadt Bad Kreuznach, Grünflächenamt Viktoriastraße 13, 55543 Bad Kreuznach, Tel. 0671/800745, Fax 0671/800767, E-Mail gruenflaechenamt@bad-kreuznach.de, Internet www.bad-kreuznach.de

Botanischer Garten der Johannes Gutenberg-Universität Mainz

Anselm-von-Bentzel-Weg 9, Mainz

Der noch junge Botanische Garten aus dem Jahr 1950 dient vorwiegend der Forschung und Lehre. Das Freiland enthält eine große Systematische Abteilung, ein Arboretum mit einer Gymnospermenabteilung und einen Steppenwald. In einer Steppenanlage werden auch vom Aussterben bedrohte Pflanzen in Erhaltungskulturen gezogen. In der Biologischen Abteilung befindet sich eine der größten Pergolen Europas, die mit zahhlreichen Rank-, Kletter- und Windepflanzen der nördlichen Hemisphäre bepflanzt ist. Ein Arzneipflanzengarten und ein Alpinum vervollständigen das Freilandangebot. Ein Teil der Gewächshäuser ist für Besucher zugänglich, darunter Tropenhäuser, das Sukkulentenhaus und das Haus für tropische Nutzpflanzen, das in der kalten Jahreszeit zur Überwinterung der Kübelpflanzen dient.

Eigentümer/in: Universität Mainz, Saarstraße 21, 55122 Mainz, Tel. 06131/3922251, Fax 06131/3923524, E-Mail botanischergarten@uni-mainz.de, Internet www.uni-mainz.de/FB/Biologie/Botanikspeziell/SpezBot.html

RhPf 22
Größe: 10 ha
Öffnungszeiten: ganzjährig geöffnet,
Freianlagen 7.30–18 Uhr,
Gewächshäuser: 10–15 Uhr
Attraktionen: Tropisches Nutzpflanzenhaus Juli bis September
Eintritt: frei
Führungen: nach Voranmeldung, kostenlos
🚌 6, 6A, 56, 64, 65 Universität
→ Mit PKW Einfahrt In die Universität nur an Sonn- und Feiertagen sowie samstags möglich.
P ♿
Veranstaltungen: Wechselnde Sonderausstellungen

Stadtpark Mainz

Karl-Weiser-Straße / Unterer Michelsbergweg, Mainz

Ein an der Stelle des heutigen Stadtparks gelegenes Schloß Favorite mit barockem Garten wurde 1793 total zerstört. Ab 1820 begann nach den Plänen des Mainzers Peter Wolff die Gestaltung der Neuen Anlagen, die aber in den folgenden Jahrzehnten wieder verwilderten. 1888 erhielt der Park durch die Gartenarchitekten Gebrüder Siesmayer seine heutige Gestalt. Neben einer großen Restaurationsterrasse wur-

RhPf 23
Eigentümer/in: Stadt Mainz, Grün- und Naturschutzamt, Geschwister-Scholl-Straße 4, 55131 Mainz,
Tel. 06131/123321,
Fax 06131/123357
Größe: 11 ha
frei zugänglich
Pflanzenschauhäuser und Vogelhaus:
ganzjährig geöffnet,
im Sommer 9–19 Uhr,
im Winter 9–16 Uhr
Eintritt: frei
🚌 1, 15 Stadtpark
S Südbahnhof
P ✕ ☕ 🐕 ♿
Veranstaltungen: Ausstellung im Blütenhaus, alle vier Wochen
Infos bei:
Tel. 06131/286210
Mainzer Weinmarkt
Ende August / Anfang Sept.

de 1892 das Palmenhaus gebaut. In Verbindung mit einer Rosenschau entstand 1925 der bis heute in seiner Struktur erhaltene Rosengarten mit 7500 Rosen.
Nach Beseitigung der Kriegszerstörungen bis 1950 wurden Teile des Stadtparks 1962 anläßlich der 2000-Jahres-Feier der Stadt umgestaltet, ein modernes Café, heute Hotel, mit vier Gewächshäusern und einem Vogelhaus mit Innen- und Außenvolieren gebaut. Der an den Stadtpark anschließende Volkspark ist ein Freizeit- und Ausstellungsgelände mit zahlreichen Spiel- und Sportmöglichkeiten.

RhPf 24 NEU
Größe: 130 m²
Anmeldung für Gruppen erbeten
Eintritt: frei
Führungen: nach Voranmeldung im Rahmen von Burgführungen
DB Kusel
Bus 6539, 6542 Burg Lichtenberg

Kräutergarten auf Burg Lichtenberg

Kusel

Der Kräutergarten ist nach dem Vorbild des St. Gallener Klostergartens aus der Zeit um 820 gestaltet worden. In 24 schmalen, rechteckigen Beeten, die durch Rasenwege erschlossen werden, sind die 24 wichtigsten Kräuter und Heilpflanzen jener Zeit aufgepflanzt.
Eigentümer/in: Landkreis Kusel, Kreisverwaltung Kusel – Burg Lichtenberg, Trierer Straße 49–51, 66869 Kusel, Tel. 06381/8429, Fax 06381/40429
Öffnungszeiten: ganzjährig geöffnet, am Infostand des Museums Zehntscheune ist Schlüssel erhältlich, im Sommer 10–17 Uhr, im Winter 10–12 Uhr, 14–17 Uhr

RhPf 25
Eigentümer/in: Christian Barth, Zum Sängerhain 14, 67705 Trippstadt, Tel. 06306/2971
Größe: 0,7 ha
Anmeldung erbeten
Öffnungszeiten: ganzjährig geöffnet
Eintritt: 6 DM
Führungen: nach Voranmeldung, für Gruppen bis 20 Personen
DB Kaiserslautern
Bus 6512 Trippstadt Denkmal

Privatgarten Barth

Zum Sängerhain 14, Trippstadt

Foto: Barth

Auf dem Gelände sind unter besonderer Berücksichtigung des vorhandenen alten Baumbestandes verschiedene Gartenräume verwirklicht, so zum Beispiel ein Italienischer Garten, ein im Kiefernwald befindlicher Japanischer Garten sowie der größte Teil des Grundstücks im englischen Landschaftsstil, in dem sich auch der neu gestaltete Weiße Garten befindet. Das große Adlerfarnvorkommen verbindet die unterschiedlichen Gartenbereiche harmonisch miteinander. Das Herzstück ist der am Wohnhaus gelegene Italienische Garten, welcher im Sommer durch seine ausgewogene Staudenpflanzung und im Winter durch seine strenge architektonische Form die Blicke auf sich zieht. Eine Klinkermauer mit Nischen, in denen sich Büsten und Wandreliefs befinden, bildet den Abschluß dieses mediterranen Raumes. Eibenhecken und das Wohnhaus grenzen den klassischen Garten zu den anderen Seiten hin ab. Eine viktorianische Orangerie aus England perfektioniert das private Gartenreich.

Schloßgarten Kirchheimbolanden

Dr.-Edeltraud-Sießl-Allee, Kirchheimbolanden

Der Schloßgarten entstand um 1738 unter Fürst Carl August. Zusammen mit dem Schloßneubau wurde der Park nach Vorbild des Heidelberger Schlosses im barocken Stil angelegt. Sein heutiges Erscheinungsbild erhielt er ab etwa 1889. Dem damaligen Zeitgeist entsprechend ließ der neue Besitzer, Geheimrat Dr. Heinrich von Brunck, den Schloßgarten nach dem Vorbild englischer Landschaftsparks von der bekannten Frankfurter Gartenbaufirma Gebrüder Siesmayer umgestalten. Zahlreiche Baum- und Straucharten machen den Schloßpark zu einer botanischen Besonderheit. Seit einigen Jahren läuft ein Pflege- und Wiederherstellungsprogramm für den Park.

RhPf 26
Eigentümer/in: Dr.-Heinrich-von-Brunck-Gedächtnis-Stiftung, BASF, 67056 Ludwigshafen am Rhein, Tel. 0621/60
Größe: 8 ha
frei zugänglich
alle Linien Kreisverwaltung, Hitzfeldstraße

Stadtpark Grünstadt

Grünstadter Berg, Grünstadt

Westlich des Stadtgebietes am Haardtrand gelegen mit herrlicher Aussicht über die Rheinebene bis zu den Ausläufern des nördlichen Schwarzwalds und des Odenwalds sowie Teile des Nordpfälzer Berglands lädt der überwiegend naturbelassene Stadtpark mit vielen Spazier- und Wanderwegen auch in die angrenzenden Weinberge ein.
Eigentümer/in: Stadt Grünstadt, Stadtverwaltung, Kreuzerweg 2, 67269 Grünstadt, Tel. 06359/805240, Fax 06359/85688, E-Mail stadt.gruenstadt.a-t-online.de, Internet www.gruenstadt.de

RhPf 27
Größe: 20,8 ha
frei zugänglich
Attraktionen: Kneipp-Anlage
DB Grünstadt

RhPf 28
Größe: 1 ha
frei zugänglich
DB Grünstadt

St.-Peters-Park

Asselheimer Straße, Grünstadt

In Stadtzentrumsnähe liegt die kleine Anlage mit altem Baumbestand, Spielplatz und Spielwiese, Vogelvoliere und Wasserbecken sowie einem napoleonischen Kriegerdenkmal.
Eigentümer/in: Stadt Grünstadt, Stadtverwaltung, Kreuzerweg 2, 67269 Grünstadt, Tel. 06359/805240, Fax 06359/85688, E-Mail stadt.gruenstadt.a-t-online.de, Internet www.gruenstadt.de

RhPf 29
Größe: 0,5 ha
Öffnungszeiten: ganzjährig geöffnet Mo–Fr: 8–12 Uhr, 13–18 Uhr Sa: 9–13 Uhr
Eintritt: frei
Führungen: nach Voranmeldung, für Gruppen bis 100 Personen, 5 DM/Person
DB Bad Dürkheim
Rhein-Haardt-Bahn Mannheim-Bad Dürkheim
P

Garten beim Weingut Fitz-Ritter

Weinstraße Nord 51, Bad Dürkheim

Dieser Gutsgarten neben dem unter Denkmalschutz stehenden Weingut (erbaut 1785) wurde 1987 als Schönster Garten an der Deutschen Weinstraße prämiert. Prunkstück des Gartens ist ein Fächerblattbaum (Ginkgo biloba), der als einer der größten und ältesten Bäume dieser Art in Deutschland beschrieben wird. Andere Besonderheiten sind eine zirka 300jährige Stieleiche (Quercus robur), eine selten große und breite Säulen- oder Pyramideneiche (Quercus robur Fastigiata), eine große Sumpfzypresse (Taxodium distichum) mit zahlreichen hohen Luftwurzeln entlang dem Ententeich und vieles mehr. Während der Glyzinien-Blüte, Anfang Mai, werden die schönen Strauchpäonien (Paeonia suffruticosa) ganz besonders bewundert.
Eigentümer/in: Konrad Fitz, Weinstraße Nord 51, 67098 Bad Dürkheim, Tel. 06322/5389, Fax 06322/66005, E-Mail weingut@compuserve.com, Internet www.vinonet.com/fitz-ritter.htm

Italienischer Garten

Hauptstraße 67, Großkarlbach

Mit möglichst authentischen Pflanzen und Materialien, wie Pinienbalken, Marmorterrassen und -kaminen, und einem toskanischen Gartenhaus wirkt der Garten wie aus Italien nach Deutschland versetzt. Durch das milde Klima gedeihen neben Libanonzedern und Päonien auch immergrüne Eichen und zwei Zypressenalleen.

Eigentümer/in: Gebr. Meurer, Hauptstraße 67, 67229 Großkarlbach, Tel. 06238/678, Fax 06238/1007

RhPf 30 NEU

Größe: 0,3 ha
Anmeldung erbeten
Öffnungszeiten: März bis Oktober, So 14–18 Uhr und nach Vereinbarung
Eintritt: frei
Führungen: nach Voranmeldung
DB Kirchheim / Weinstraße

Der Garten von Palatina-Keramik

Hauptstraße 51, Großkarlbach

Der Garten gehört zu einem denkmalgeschützten Weingut. Unter Berücksichtigung vorhandener barocker Strukturen wurde die Neugestaltung 1994 begonnen, die eine Verbindung aus Bauern- und mediterranem Garten darstellt. Neben südländischen Gehölzen bestimmen vor allem zahlreiche Kübelpflanzen das Gartenbild.

Eigentümer/in: Birgit Hagenburger und Erk Kanis, Hauptstraße 51, 67229 Großkarlbach, Tel. 06238/929008, Fax 06238/929007, E-Mail kanis@palatina-keramik.de, Internet www.palatina-kermaik.de

RhPf 31 NEU

Größe: 0,1 ha
Öffnungszeiten: Sa, 10–16 Uhr
Eintritt: frei
DB Frankenthal / Pfalz
Bus 460, 461 Großkarlbach – Kirche
Veranstaltungen: Topf- und Pflanzenmarkt, 1 bis 2 Mal jährlich
Qualitätspflanzenkeramik

RhPf 32
Eigentümer/in: Stadt Bad Dürkheim, Mannheimer Straße 24, 67098 Bad Dürkheim, Tel. 06322/935156, Fax 06322/935159, Internet www.bad-duerkheim.de
Größe: 4 ha
frei zugänglich
Attraktionen: Wasserspiele bei der Brunnenhalle täglich
DB Bad Dürkheim
P ☕ ♿
Veranstaltungen: Kurkonzerte, mehrmals wöchentlich

Kurpark Bad Dürkheim

Kurgartenstraße, Bad Dürkheim

Der Kurpark Bad Dürkheim gliedert sich in zwei Teile. Mittelpunkt des oberen Kurgartens bildet eine schattenspendende Platanenallee, welche ein Parterre mit Blumenrabatten einfaßt. Attraktiver Endpunkt bildet die reizvolle Jugendstilanlage des Valentin-Ostertag-Brunnens. Der untere Teil des Kurgartens stellt eine Parkanlage im englischen Stil mit einem prächtigen alten Baumbestand dar. Im Zentrum des Kurparks liegt die Brunnenhalle. Hier können Kurgäste und Besucher das Bad Dürkheimer Heilwasser Fronmühle kosten und den Anblick des Springbrunnens mit abwechslungsreichen Wasserspielen genießen. Die Saline im unteren Kurgarten verkörpert ein Wahrzeichen der Kur- und Kongreßstadt Bad Dürkheim und gilt als eine der längsten Gradierwerke Deutschlands.

Foto: Stadt Bad Dürkheim

RhPf 33
Eigentümer/in: Stadt Deidesheim, Tourist-Information, Bahnhofstraße 5, 67146 Deidesheim, Tel. 06326/96770, Fax 06326/967718
Größe: 1,3 ha
frei zugänglich
Führungen: nach Voranmeldung Juni bis Okt., alle 14 Tage Do
DB Deidesheim
P 🐕

Stadtpark Deidesheim

Stadtplatz, Deidesheim

In dieser Parkanlage ist eine Fülle verschiedener Arten mediterraner Pflanzen zu sehen, wie man sie in Deutschland wohl selten findet. Vom Stadtplatz kommend betritt man den Park durch eine Pflanzung von Rebstöcken aus aller Herren Ländern. Der Pergolagarten mit Sitz- und Liegestühlen ist umsponnen von Kletter- und Schlingpflanzen, darunter auch Kiwis, die jedes Jahr Früchte ausbilden. Die Attraktion des Parks ist der Mediterrane Hügel. Die mediterranen Pflanzen wurden auf der IGA 1983 in München erstmals gezeigt und konnten von Deidesheim am Ende der Ausstellung übernommen werden. Inzwischen haben sich immergrüne Magnolien, Echter Lorbeer, Zypressen, verschiedene Sorten von Oliven, Dattelpflaume, Seidenbaum und vieles mehr prächtig entwickelt.

Schloßpark Deidesheim

Bahnhofstraße, Deidesheim

Die heutige Parkanlage wurde mit viel Liebe und Eigenleistungen der Bürger von Deidesheim im ehemaligen Schloßgraben des Fürstbischöflichen Schlosses angelegt. Die obere Anlage weist heute noch deutlich die Struktur des Schloßgrabens auf, bauliche Kleinode sind der Turm des Turmschreibers und eine steinerne Brücke. Dem milden Klima der Weinstraßenlandschaft angepaßt sind in der Schloßpark-Anlage botanische Seltenheiten wie Taschentuchbaum, Eisenholzstrauch, Amberbaum, Palmlilie. Eine Kneipp- und eine Minigolf-Anlage befinden sich im zweiten Teil des Schloßparks, wo unter anderem der Kalifornische Mammutbaum, Judasbaum, Lederhülsenbaum und Ginkgo zu bewundern sind.

RhPf 34
Eigentümer/in:
Stadt Deidesheim,
Tourist-Information,
Bahnhofstraße 5,
67146 Deidesheim,
Tel. 06326/96770,
Fax 06326/967718
Größe: 0,7 ha
frei zugänglich
Führungen: nach Voranmeldung Juni bis Okt., alle 14 Tage Do
DB Deidesheim
P 🐕 ♿

Schloßpark Herrnsheim

Herrnsheimer Hauptstraße, Worms

Der Schloßpark im Ortsteil Herrnsheim der Stadt Worms gilt als bedeutendster Englischer Landschaftsgarten in Rheinland-Pfalz. Seine Entstehung reicht bis in das 15. Jahrhundert zurück. Anfang des 18. Jahrhunderts erfolgte die Konzeption einer Barockanlage. Eine Neuplanung um das Jahr 1788 durch Friedrich Ludwig von Sckell gestaltete die Anlage in einen Englischen Landschaftsgarten um. Im Zuge des klassizistischen Schloßneubaus im Jahre 1808 erfolgte durch Johann Michael Zeyer, einem Schüler Sckells, eine weitere Umgestaltung und Erweiterung unter Beibehaltung der Sckellschen Grundidee. Wesentliche Gestaltungselemente sind die große Wiesenmulde in der Parkmitte, die ausgedehnte Teichanlage mit Brücken, Inseln, Kanälen und Amorgrotte, die waldartigen Baumbestände im Norden, die lebendige Wegeführung, die immer neuen Kulissen, Durchblicke und Sichtachsen, wie die zur St.-Anna-Kapelle, zum Teehaus in den Weinbergen oder zum romantischen Schillerturm und der Pleasure-Ground sowie die Orangerie im Schloßhof. Mit der Erstellung eines Parkpflegewerks im Jahr 1988 nach Planung von Peter Jordan, Aschaffenburg, entwickelte Worms eine wichtige Grundlage zur Erhaltung des Gartens. Zunächst wurde 1992 bis 1994 die Teichanlage saniert.

RhPf 35
Eigentümer/in: Stadt Worms
Marktplatz 2,
67547 Worms,
Tel. 06241/8530 und 55674,
Fax 06241/853363
Größe: 10,6 ha
frei zugänglich
🚌 3, 403 Cornelius-Wilhelm-Straße
P ☕ 🐕 ♿

Ringanlagen

Worms

Die Ringanlagen, ein historischer Grünzug entlang der mittelalterlichen Stadtmauer, sind die wohl bedeutendsten Grünflächen der Wormser Innenstadt. Ursprünglich als Verteidigungsgraben angelegt, erfolgte gegen 1860 die Umgestaltung zu einer Grünanlage. Eine weitere Umgestaltung

RhPf 36
Eigentümer/in: Stadt Worms
Marktplatz 2,
67547 Worms,
Tel. 06241/8530,
Fax 06241/853363
Größe: 3 ha
frei zugänglich

Führungen: nach Voranmeldung, Verkehrsverein Worms e.V., Neumarkt 14, 67547 Worms, Tel. 06241/25045, Fax 06241/26328 für Gruppen bis 50 Personen, 90 DM/Gruppe,
DB Worms
2, 4 Adenauerring
P gebührenpflichtig

erfolgte in den 1920er Jahren und prägt noch heute ihr Aussehen. In den Ringanlagen ist der Besucher zu Fuß durch zwei Jahrtausende unterwegs und erlebt so hautnah die wechselvolle Geschichte einer der ältesten Städte Deutschlands. Ebenso abwechslungsreich wie die Historie ist auch die gärtnerische Gestaltung der Anlage. Während am Adenauerring ein symmetrisches Konzept mit strenger Mittelachse und aufwendigen Blumenrabatten dominiert, sind die Anlagen am Willy-Brandt-Ring als Spazierweg landschaftlicher Prägung gehalten. Die Artenvielfalt der Bäume am Lutherplatz soll die weltweite Ausbreitung des Reformationsgedankens widerspiegeln. Hervorzuheben sind außerdem die reizvollen Blickbeziehungen zum Dom St. Peter, zum Andreasstift und zur altehrwürdigen Stadtmauer.

RhPf 37

Eigentümer/in: Stiftung Museum Heylshof, Stephansgasse 9, 67547 Worms, Tel. 06241/22000, Fax 06241/57542
Größe: 1 ha
Öffnungszeiten: ganzjährig geöffnet, im Sommer 8.30–20 Uhr, im Winter 8.30–18 Uhr
Eintritt: frei
Führungen: nach Voranmeldung Verkehrsverein Worms e.V., Neumarkt 14, 67547 Worms, Tel. 06241/25045, Fax 06241/26328 für Gruppen bis 50 Personen, 90 DM/Gruppe
DB Worms
1, 2, 3 Marktplatz

Heylshofgarten

Stephansgasse 9, Worms

Der Heylshofgarten ist eine repräsentative Parkanlage im Stadtzentrum. Sie befindet sich in unmittelbarer Nähe zum Dom und zur alten Stadtmauer auf geschichtsträchtigem Gelände. Ursprünglich stand hier eine karolingische Königspfalz und später der mittelalterliche Bischofshof, dessen Gebäude noch nachvollziehbar sind. Beim Reichstag 1521 fand dort die Verhandlung gegen Martin Luther statt. Ende des 19. Jahrhunderts wurde der Park durch Gartenbaudirektor Thierolf im Auftrag des Industriellen Cornelius Heyl gestaltet. Im Westen grenzt der Garten an den historischen Wehrgang. Dessen Rundbögen sind mit Motiven zur Stadtgeschichte gestaltet. Eine romantisierende Grotte mit Wasserspiel befindet sich ebenfalls in diesem Teil des Parks. Ebenso sind verschiedene Rokoko-Figuren als Parkschmuck aufgestellt. Seine besondere Atmosphäre erhält die Anlage vor allem durch den alten Baumbestand und die Kulisse aus historischen Bauwerken. Hierzu zählt auch das Museum Heylshof, das in seiner Gemäldegalerie alte und neue Meister zeigt.

RhPf 38

Eigentümer/in: Stadt Ludwigshafen am Rhein, Sparte Umwelt und Grünflächen Rathausplatz 20 67012 Ludwigshafen, Tel. 0621/5043316, Fax 0621/5043235
Größe: 9 ha
frei zugänglich
10 Marienkirche
156, 158 Marienkirche
P gebührenpflichtig

Friedenspark

Gustav-Heinemann-Allee, Ludwigshafen am Rhein

Der 1992 fertiggestellte Friedenspark entstand auf einem ehemaligen Industriegelände. Schwerpunkt der Anlage bildet eine 600 Meter lange, dreireihige Kastanienallee, die an ihren Endpunkten in Rondelle mündet. Im östlichen Rondell stehen eine Reihe Skulpturen aus rotem Sandstein, die die Geschichten und Legenden der Stadtteile zum Thema haben. Der Park mit seinen ausgedehnten Spielmöglichkeiten, wie Wasserspiel- und Abenteuerbereich, ist besonders bei Kindern sehr beliebt.

Ebertpark

Erzberger Straße, Ludwigshafen am Rhein

Für die Süddeutsche Gartenbauausstellung wurde 1925 auf dem Standort eines versumpften, ehemaligen Rheinarmes ein Park errichtet, der zeittypisch architektonische Elemente mit Landschaft kombinierte. Trotz starker Kriegszerstörungen blieben viele der ursprünglichen Gestaltungsideen erhalten und wurden mit neuen Elementen harmonisch kombiniert. Wahrzeichen des Parks ist der geometrisch angelegte Eingangsbereich mit Springbrunnenanlagen, Blumenbeeten und dem Turmrestaurant. Neben den weiten Wiesenflächen und dem Parkweiher sind die Sondergärten wie Waldstauden-, Rosen-, Quell-, Rhododendren- und Lesegarten sehr beliebt.

RhPf 39
Eigentümer/in: Stadt Ludwigshafen am Rhein, Sparte Umwelt und Grünflächen, Rathausplatz 20, 67012 Ludwigshafen am Rhein,
Tel. 0621/5043316,
Fax 0621/5043235
Größe: 29 ha
frei zugänglich
10 Ebertpark
Veranstaltungen: Freiluftkonzerte, Parkfest

Europas Rosengarten

Rosengartenstraße, Zweibrücken

Inmitten der Rosen- und Pferdestadt Zweibrücken präsentiert der 1914 von den Pfälzer Rosenfreunden gegründete Garten die Königin der Blumen. In stilvoller Umgebung von Gehölzen, Stauden und Teichen werden Rosen aus aller Welt vorgestellt: die neuesten und ältesten, die seltensten und prächtigsten internationaler Züchter, rund 60 000 Rosen in über 2000 Arten.

RhPf 40
Eigentümer/in: Stadt Zweibrücken, Stadtbauamt, PF 1853, 66468 Zweibrücken,
Tel. 06332/871123,
Fax 06332/871100
Größe: 5 ha
Öffnungszeiten: April bis Okt.
Eintritt: 5 DM, Kinder frei bis 6 Jahre, ermäßigt 3,50 DM Schüler, Studenten, Zivis, Wehrpflichtige, Gruppen und Sozialhilfeempfänger
Führungen: nach Voranmeldung, Mo–Fr kostenlos,
Sa, So 50 DM/Gruppe
Infos beim Büro für Fremdenverkehr, Herzogstraße 1, 66482 Zweibrücken,
Tel. 06332/871123,
Fax 06332/871100
Veranstaltungen: diverse, Mai bis Sept. 15–17 Uhr, Infos bei: Büro für Fremdenverkehr, Herzogstraße 1,
Rosentage, Juni

Wildrosengarten Zweibrücken

Fasanerie, Zweibrücken

Der Wildrosengarten im Gelände des ehemaligen Lustschlosses Fasanerie beherbergt 800 Arten und Sorten. Eine Sammlung Historischer Rosen ergänzt das Sortiment zu einem lebendigen Rosenmuseum inmitten eines Wiesengeländes mit Obstbäumen.

RhPf 41
Größe: 2 ha
frei zugänglich
Infos beim Büro für Fremdenverkehr, Herzogstraße 1, 66482 Zweibrücken,
Tel. 06332/871123,

Fax 06332/871100
→ Beim Romantik-Hotel

Eigentümer/in: Stadt Zweibrücken, Stadtbauamt, PF 1853, 66468 Zweibrücken, Tel. 06332/871123, Fax 06332/871100
Attraktionen: Blüte der Wildrosen Juni/Juli

RhPf 42
Eigentümer/in: Stadt Pirmasens, Stadtverwaltung, Exerzierplatz, 66953 Pirmasens, Tel. 06331/8400
Größe: 4,5 ha
frei zugänglich
6 Luisenstraße

Neuffer-Park

Zeppelinstraße / Luisenstraße, Pirmasens

Ende des letzten Jahrhunderts war das Gelände im Besitz von Emil Paqué, der auf der Abraumfläche eines ehemaligen Steinbruchs eine Villa mit einer parkähnlichen Anlage errichten ließ, die vorrangig als Nutzgarten bewirtschaftet wurde. 1928 erwarb Emil Neuffer die Parkanlage und errichtete das Gartenhaus, heute Café. In dem seit 1965 öffentlichen Park sind der alte Baumbestand mit waldartigem Charakter, die Felsformationen des Roten Sandsteins und eine Konzertbühne hervorzuheben.

RhPf 43
Eigentümer/in: Stadt Pirmasens, Stadtverwaltung, Exerzierplatz, 66953 Pirmasens, Tel. 06331/8400
Größe: 6 ha
frei zugänglich
1–8 Alter Friedhof

Alter Friedhof Pirmasens

Buchsweilerstraße, Pirmasens

Die Gründung des Friedhofs erfolgte um 1740 außerhalb der Stadtmauern. Zwischen 1929 und 1953 waren auf Grund der räumlichen Enge nur noch Bestattungen in Familiengräbern möglich. Von 1973 bis 1976 erfolgte die Umwandlung in einen Stadtpark. Dabei blieben die kunst- und stadtgeschichtlich sowie handwerklich bedeutsamen Grabmäler und das Germaniadenkmal von 1938 erhalten, ebenso das durch den alten Baumbestand vorgegebene Wegenetz. Durch Erweiterung des Rhododendrengartens, Erneuerung und Vergrößerung von Pflanzflächen und Einfügen schattenverträglicher Stauden und Zwiebelgewächse wurde ein ganzjährig attraktiver Park mit besonderem Blühcharakter geschaffen, in den sich moderne Kunstobjekte aus Sandstein harmonisch einfügen.

RhPf 44
Größe: 0,1 ha
Öffnungszeiten: ganzjährig geöffnet
Sa und So: 14–18 Uhr
Anmeldung erbeten
Eintritt: frei
→ Nähe Bad Bergzabern

Privatgarten Wörz

Gartenstraße 23, Silz

Der an einem Hang gelegene Garten ist mit Natursteinterrassen in drei Ebenen gegliedert. Er ist zu allen Jahreszeiten reizvoll, der Blühhöhepunkt von Rosen und Stauden liegt dabei im Hochsommer. Immergrüner Bambus gibt die Struktur im Winter.
Eigentümer/in: Karin und Michael Wörz, Gartenstraße 23, 76857 Silz, Tel. 06346/989140, Fax 06346/989143

RhPf 45
Eigentümer/in: Stadt Landau in der Pfalz, Grünflächenabteilung, Königstraße 21, 76825

Öffentliche Parkanlagen Landau

Landau

Die Schleifung der ehemaligen Festung führte in der Zeit von 1874 bis 1905 zur Anlage mehrer Parks auf Wallanlagen, Vorwerken und dem Glacis. Die Gestaltung orientierte sich an dem Stil der Englischen Landschaftsparks. So entstanden durch den Weitblick des damaligen Stadtrats insgesamt acht Parkanlagen mit einem abwechslungsreichen Pflanzenbestand, großen Rasen- und Wasserflächen, bunten Blumenbeeten und einem weitverzweigten Wegesystem. Der Goethe-, Savoyen-, Schillerpark, Spionskopf, Luitpoldpark, Zoo und Nordpark umgeben im Westen die Altstadt. Der Ostpark mit großem Teich liegt bei der Festhalle.

Landau in der Pfalz,
Tel. 06341/13460/461,
Fax 06341/13407
Größe: 30 ha
frei zugänglich
Führungen: nach Voranmeldung,
Tel.: 06341/13460
DB Landau
P

Weingut Scherr Wilhelm

Karl-Stein-Straße 9, Hainfeld

Auf einer Wiese zwischen Weinbergen und Dorfrand entstand vor 20 Jahren um das Wohnhaus eines Weingutes ein Garten, in dem viele Pflanzen aus alten Bauerngärten eine neue Heimat fanden. Begünstigt durch das milde Klima wachsen aber auch Feigen, Judasbaum, Paulownien und Bitterorangen, die Pfälzer Zitronen, ergänzt durch zahlreiche Kübelpflanzen im Sommer. An Klettergerüsten wachsen bunt gemischt Kiwi, Wein und Clematis.
Öffnungszeiten: April bis Oktober 1. So im Monat, 9–16 Uhr

RhPf 46
Eigentümer/in:
Weingut Scherr, Wilhelm
Karl-Stein-Straße 9,
76835 Hainfeld,
Tel. 06323/3777
Größe: 0,2 ha
Eintritt: frei
→ Nähe Edenkoben
P

Mediterraner Garten Maikammer

Immengartenstraße, Maikammer

Der Garten enthält eine botanische Sammlung mediterraner Pflanzen, die im Freiland überwintern. Die Anlage, geplant vom Ingenieurbüro outdoor und dem Pflanzenspezialisten Peter Straub, ist gegliedert in einen Pflanzbereich mit unterschiedlichen Standortbedingungen und in einen Bouleplatz unter Pinien.
Eigentümer/in: Gemeinde Maikammer, Immengartenstr. 24, 67487 Maikammer, Tel. 06321/589960, Fax 06321/589990

RhPf 47 NEU
Größe: 0,12 ha
frei zugänglich
nur für Sondertermine
Anmeldung für Gruppen erbeten, Führungen: nach Voranmeldung Büro für Tourismus Maikammer,
Tel. 06321/589917,
→ hinter dem Verwaltungsgebäude
P

Privatgarten Bock

Weinstraße 26, Klingenmünster

Von einem alten Bauerngarten innerhalb eines 250 Jahre alten, barocken Gehöfts waren nur Teile einer alten Buchsbaumhecke und einige Rosenstöcke übrig geglieben. Sie bildeten den Grundstock bei der Neuanlage des Gartens nach alten Vorbildern: Sommerblumen, Stauden, Gemüse und Kräuter wachsen gemischt in den mit Buchsbaum umsäumten Beeten. An Eisengalerien an der alten Mauer finden sich, wie in der Pfalz in alten Gärten üblich, Wein, Clematis, Efeu und Feigen. Die alten Rosen, Iris, Päonien und ausgepflanzte Kamelien tragen dazu bei, daß in diesem Garten immer etwas blüht.

RhPf 48
Eigentümer/in: Dr. Christian und Marion Bock,
Weinstraße 26,
76889 Klingenmünster,
Tel. 06349/6900,
Fax 06349/928219
Größe: 500 m²
Öffnungszeiten: ab Mai
Eintritt: frei
Anmeldung erbeten
→ Klingenmünster, südliche Weinstraße, zwischen Bad Bergzabern und Landau

Foto: Ellen Fischer

RhPf 49
Eigentümer/in: Bischöfliches Ordinariat,
Kleine Pfaffengasse 16,
67346 Speyer,
Tel. 06232/102-0
Größe: 6,6 ha
frei zugänglich
Führungen: nach Voranmeldung
VBS 565 Domplatz
gebührenpflichtig

Domgarten

Domplatz, Speyer

Rund um den weithin sichtbaren, mächtigen Dom der Salier liegt der Domgarten, der seinen Ursprung im frühen 19. Jahrhundert hat. Der 1816 fertiggestellte, zwischen Dom und der alten Stadtmauer gelegene obere Domgarten wurde überwiegend aus dem Verkauf von großen Teilen der Stadtmauer finanziert. Einige mächtige Platanen stammen noch aus dieser Zeit. Der Brunnen ist 1883 gebaut und 1982 erneuert worden. Die verwilderte Anlage wurde in den 1930er Jahren wiederhergestellt und zwischen 1947 und 1950 bis zum Rhein hin erweitert. In diesem unteren Domgarten befinden sich neben größeren Wiesenbereichen und dem 1986 geschaffenen Speyerbachbrunnen auch verschiedene Sport- und Freizeiteinrichtungen und eine Schiffsanlegestelle.

Feuerbachpark

Ludwigstraße, Speyer

Der Park, benannt nach Anselm Feuerbach, der aus Speyer stammte, ist auf eine ehemalige Sandgrube gebaut. Durch den damaligen Gartenamtsleiter Otto Rißmann erhielt er 1942 seine strenge, fast rechtwinklige Gestalt. Die tieferliegende Rasenfläche umgibt eine zweireihige, geschnittene Platanenallee, die hohen Böschungen sind mit Gehölzen dicht bepflanzt. Die ursprünglich vorhandenen Blumenrabatten und Rosenbögen wurden in den letzten Jahren aus Kostengründen entfernt.

RhPf 50
Eigentümer/in: Stadt Speyer,
Maximilianstraße 100,
67343 Speyer,
Tel. 06232/621847,
Fax 06232/621848
Größe: 1 ha
frei zugänglich
578 Merl
P ♿

Adenauerpark

Bahnhofsstraße, Speyer

Auf dem Gelände eines alten Friedhofs – die Friedhofkapelle von 1516 und einige alte Grabsteine erinnern noch daran – schuf der Stadtgärtner Friedrich Lindner 1958 einen kleinen, aber intensiv gestalteten Innenstadtpark, der seinen Charakter bis heute bewahrt hat. In dem großen Seerosenbecken blühen im Sommer zahlreiche Seerosen und Sumpfpflanzen. Neben einer berankten Pergola und zahlreichen Blumenbeeten sind viele seltene Bäume erwähnenswert, die aufgrund des milden Klimas hier besonders gut gedeihen.

RhPf 51
Eigentümer/in: Stadt Speyer,
Maximilianstraße 100,
67343 Speyer,
Tel. 06232/621847,
Fax 06232/621848
Größe: 1,5 ha
frei zugänglich
P gebührenpflichtig
♿

Saar

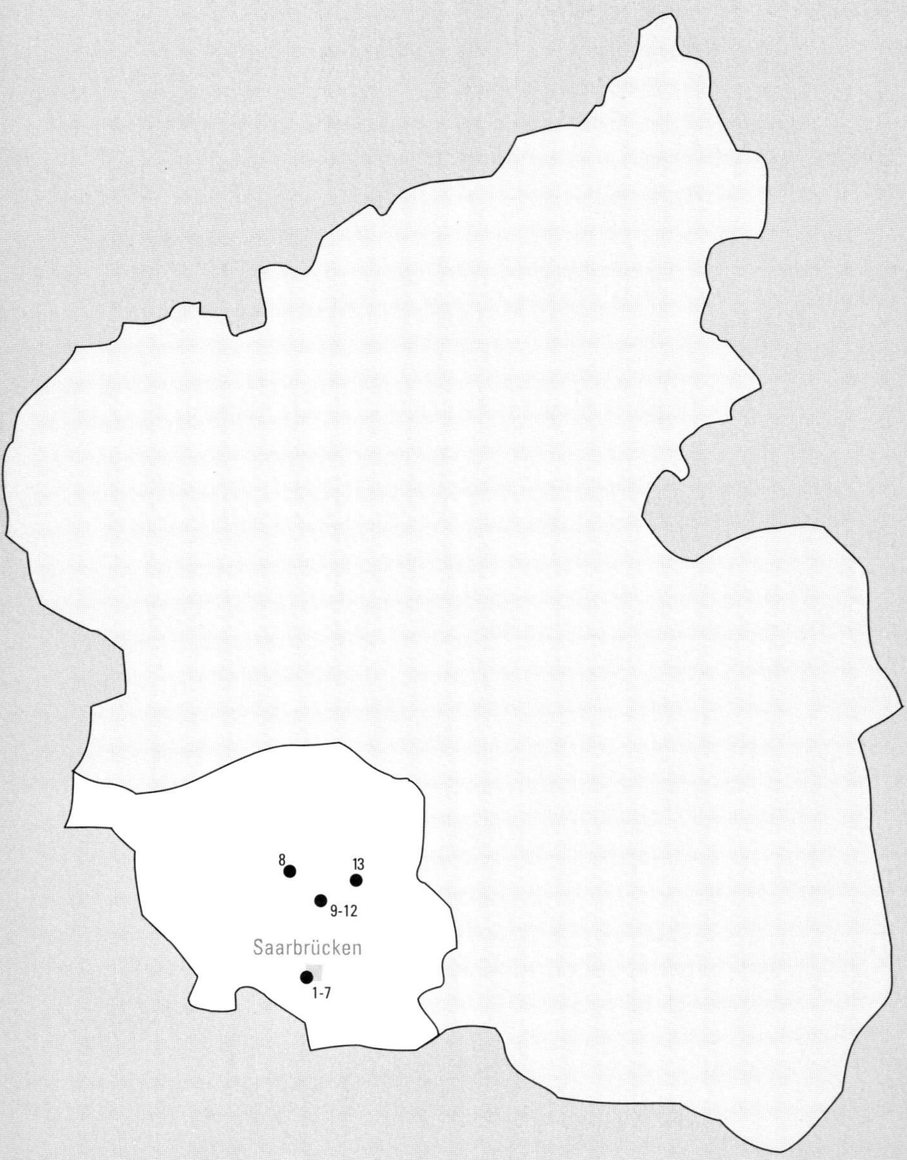

Botanischer Garten der Universität des Saarlandes

Universitätsgelände, Saarbrücken

Auf etwa 600 Quadratmeter Schauhausfläche werden tropische und subtropische Pflanzen gezeigt, darunter auch viele Nutzpflanzen wie Kakaobaum, Baumwolle, Bananenstauden und Kaffeesträucher. Das Alpinum enthält in einer Felsenlandschaft mit Wasserfall eine stattliche Anzahl von montanen bis alpinen Pflanzen. Im Zentrum des Freilands liegt eine Teichanlage mit europäischen Sumpf- und Wasserpflanzen. Weiterhin sind ein Arboretum, eine reichhaltige Rosensammlung, ein Gewürzgarten und verschiedene Schmuckrabatten zu bewundern.

Saar 1
Eigentümer/in: Universität des Saarlandes, Postfach 151150, 66041 Saarbrücken, Tel. 0681/3022864/3556, Fax 0681/3022555
Größe: 3,3 ha
Öffnungszeiten: ganzjährig geöffnet, im Sommer 10–20 Uhr, Gewächshäuser: Mo–Do 10–15.30 Uhr, Sa, So, Feiertage 13–17 Uhr, im Winter 10–18 Uhr, Gewächshäuser: Mo–Do 10–15.30 Uhr, geschl. am Rosenmontag, 24.12. und 31.12.
Eintritt: frei
Führungen: nach Voranmeldung, Tel.: 0681/3022864, 50 DM/Gruppe, für Schulen und soziale Einrichtungen frei
Bus 11, 12, 13, 19, 49, 50, Universität Campus
P gebührenpflichtig

Stengelanlage

Saarbrücken

Bei der Stengelanlage handelt es sich um eine kleine innerstädtische Grünanlage aus den 50er Jahren mit Brunnen- und Wasserspielen, die 1995 restauriert wurde.
Eigentümer/in: Landeshauptstadt Saarbrücken, Amt für Grünanlagen, Forsten und Landwirtschaft, Nassauer Straße 4, 66104 Saarbrücken, Tel. 0681/9051434, Fax 0681/9051760

Saar 2
Größe: 0,2 ha
frei zugänglich
Bus 19, 42 Keplerstraße

Bürgerpark Hafeninsel

Saarbrücken

Nach längerer Planungsphase in den Jahren 1986 bis 1989 entstand der Park nach dem Entwurf von Prof. Peter Latz auf einem alten Industriestandort, dem ehemaligen Kohlehafen Saarbrückens. Die typisch postmoderne Gestaltung greift vielfach auf vorhandene Materialien und Strukturen zurück und bezieht die Geschichte des Geländes mit ein.
Eigentümer/in: Landeshauptstadt Saarbrücken,

Saar 3
Größe: 9 ha
frei zugänglich
Führungen: nach Voranmeldung Kontour, Tel.: 0681/36901, für Gruppen bis 25 Personen, kostenlos,
Tram 1 Trierer Straße, Ludwigstraße
Bus 10, 17, 38 Auf der Werth

→ Im Stadtzentrum

Amt für Grünanlagen, Forsten und Landwirtschaft, Nassauer Straße 4, 66104 Saarbrücken, Tel. 0681/9051434, Fax 0681/9051760

Saar 4
Größe: 32,6 ha
frei zugänglich
Führungen: nach Voranmeldung Kontour, Tel. 0681/36901, für Gruppen bis 25 Personen, 90 DM/Gruppe,
Attraktionen: Wasserorgel jede volle Stunde
11, 19 DFG, Ehrental
Veranstaltungen: Kinderfest Ende der Sommerferien
Infos bei: Kontour GmbH Saar, Tel. 0681/36901, diverse Musikveranstaltungen

Deutsch-Französischer Garten

Metzer Straße / Deutschmühlental, Saarbrücken

Der Garten wurde 1960 als deutsch-französische Gartenschau zum Zeichen der Aussöhnung zwischen Deutschland und Frankreich eröffnet. Er entstand in einer deutsch-französischen Gemeinschaftsarbeit der vier Preisträger eines im Jahr 1958 ausgerichteten internationalen Ideenwettbewerbs. Mit einer reichhaltigen gärtnerischen Ausstattung wie Deutscher und Französischer Rosengarten, Sonnenheide, Schattenhain, Tal der Blumen und Immergrünpflanzung ist es die größte bis heute erhaltene Anlage in der Formensprache der 50er Jahre.
Eigentümer/in: Landeshauptstadt Saarbrücken, Amt für Grünanlagen, Forsten und Landwirtschaft, Nassauer Straße 4, 66104 Saarbrücken, Tel. 0681/9051434, Fax 0681/9051760

Saar 5
Größe: 33 ha
frei zugänglich
1 Hellwigstraße
26 Staatstheater
gebührenpflichtig

Stadenanlage

Saarbrücken

Die historische Parkanlage, entstanden um 1910, liegt an der Saar und ist einer um die Jahrhundertwende entstandenen Villenbebauung vorgelagert.
Eigentümer/in: Landeshauptstadt Saarbrücken, Amt für Grünanlagen, Forsten und Landwirtschaft, Nassauer Straße 4, 66104 Saarbrücken, Tel. 0681/9051434, Fax 0681/9051760

Saar 6
Größe 0,6 ha
frei zugänglich
1 Johanneskirche
20, 26 Staatstheater
gebührenpflichtig

Theatergarten

Schillerplatz, Saarbrücken

Diese jüngste Grünanlage Saarbrückens wurde 1998 der Öffentlichkeit übergeben. Auf dem ehemals als Parkplatz genutzten Schillerplatz hinter dem Saarländischen Staatstheater entstand auf dem Dach einer Tiefgarage ein kleiner, aber strukturell anspruchsvoller Park. Die Raumbildung erfolgte durch 98 kleinkronige Bäume (Rotdorn) und 250 geschnittene Heckenpflanzen (Hainbuchen) in strenger Anordnung.
Eigentümer/in: Landeshauptstadt Saarbrücken, Amt für Grünanlagen, Forsten und Landwirtschaft, Nassauerstraße 4, 66104 Saarbrücken, Tel. 0681/9051434, Fax 0681/9051760

Saar 7 NEU
Eigentümer/in: Zita Rotter-Otto und Winfried Otto, Waldstraße 44,

Privatgarten Rotter-Otto

Waldstraße 44, Saarbrücken

Die Gartenanlage einer Jugendstilvilla – erbaut 1912 – war bei Übernahme der jetzigen Eigentümer sehr verwahrlost und wurde in den vergangenen Jahren restauriert und teilweise neu angelegt. Der alte Baumbestand wurde erhalten. Dadurch entstand im überwiegenden Teil der Anlage ein romantischer Schattengarten mit Waldcharakter. Der Reiz des Gartens liegt in der Gestaltung unterschiedlicher Bereiche (Pavillon, Wassergarten, Wiese, Staudenbeete), die immer wieder überraschende Einblicke bieten. Besondere Lieblingspflanzen sind Hortensien, Funkien und Farne.

66113 Saarbrücken,
Tel. 0681/740128
Größe: 0,15 ha
Anmeldung erbeten
Öffnungszeiten:
Mai bis September
Eintritt: frei
DB Saarbrücken-Burbach
Bus 10 Hochstraße

Foto: W. Klauke

Gärten des Umwelt- und Freizeitzentrums Finkenrech

Tholeyer Straße, Eppelborn-Dirmingen

Zahlreiche mit Natur und Umwelt befaßte Vereine pflegen die ausgedehnten Gartenbereiche, wie Rosen- und Staudenstraße mit Lilien, Rosen, Dahlien und vielen anderen Blumen, Biogarten, Obstlehrgarten, ökologischer Lehrpfad und Imkerlehrstand. Verschiedene moderne Umwelttechnikanlagen erfüllen die hohen ökologischen Ansprüche des Zentrums, das aber auch Spiel- und Freizeitbereiche anbietet.

Eigentümer/in: Landkreis Neunkirchen,
Wilhelm-Heinrich-Straße 36, 66564 Ottweiler,
Tel. 06824/906400, Fax 06824/906401,
E-Mail rosenkreis@compuserve.de,
Internet www.landkreis-neunkirchen.de
Veranstaltungen: Tag der Landwirtschaft, Juni,
Infos unter Tel. 06824/906410, Fax 06824/906411,
Herbst auf Finkenrech, September

Saar 8 NEU
Größe: 5 ha
frei zugänglich
Führungen: nach Voranmeldung,
Tel. 06824/906410 für Gruppen bis 30 Personen,
60 DM/Gruppe
→ A 1 Abfahrt Eppelborn – Dirmingen, in Dirmingen Richtung Tholey L 323

Rosengarten Stennweiler

Waldstraße, Stennweiler

In dem an einem Hang gelegenen Garten sind zirka 2400 Rosen in den verschiedensten Arten und Sorten aufge-

Saar 9
Größe: 0,3 ha
frei zugänglich
Anmeldung für Gruppen

erbeten
Führungen: nach Voranmeldung
→ In Stennweiler ausgeschildert
P 🐕 ♿
Veranstaltungen: Sommerfest, 1. Juliwochenende

pflanzt, die von Stauden und Blumen umgeben sind. Die zehn Beete sind durch befestigte Wege getrennt und durch Rasen- und Strauchflächen aufgelockert.
Eigentümer/in: Rosen- und Blumenfreunde Stennweiler e.V., Herbert Schu, 1. Vorsitzender,
Danziger Straße 2, 66578 Stennweiler, Tel. 06824/1246,
E-mail rosenkreis-neunkirchen @t-online.de,
Internet www.jura.uni-sb.de/Landkreis-Neunkirchen

Saar 10
Größe: 0,8 ha
Öffnungszeiten: ganzjährig geöffnet
Eintritt: frei
Anmeldung erbeten
Führungen: nach Voranmeldung, für Gruppen bis 60 Personen
Attraktionen: Freilandorchideen, Sommerheide März bis Juli, August bis September
DB Neunkirchen-Saar, Landsweiler-Ottweiler
🚌 RSW Grenner Stennweiler
P ♿

Schell's Heidegarten

In der Schlangengasse 23, Schiffweiler-Stennweiler
Die Heidepflanzen wurden in ein Erdsubstrat aus Gerberlohe gepflanzt. Die Anlage ist mit ihren vielen Begleitpflanzen einmalig in Deutschland. Über 100 verschiedene Heidesorten und verschiedene Arten blühen das ganze Jahr über. Auch zahlreiche verschiedene wildwachsende Orchideen und seltene Tiere wie Wespenspinne sind im Heidegarten anzutreffen.
Eigentümer/in: Michael und Olga Schell,
In der Schlangengasse 23, 66578 Schiffweiler-Stennweiler,
Tel. 06824/7467, Fax 06824/7467
Veranstaltungen: Heideschnittkurs, Praktische Vorführung 1. Samstag im April, 15 Uhr Infos bei: Michael Schell,
In der Schlangengasse 23, 66578 Schiffweiler-Stennweiler,
Tel. 06824/7467, Fax 06824/7467

Saar 11
Größe: 0,5 ha
frei zugänglich
Führungen: nach Voranmeldung
P
Veranstaltungen: Rosenfest, 1. Sonntag im August

Rosengarten Welschbach

Zur kupfernen Hölle, Illingen
Der Rosengarten umfaßt 3000 Rosen in 120 Arten, dazu 40 Obstbäume umsäumt mit Sträuchern. Von dem am Hang liegenden Garten gibt es eine wunderbare Aussicht zum höchsten Berg des Saarlandes (Schaumberg, 598 m).
Eigentümer/in: Hermann Baus, Jungwaldstraße 17a,
66557 Illingen-Welschbach, Tel. 06825/41779,
E-Mail rosenkreis-neunkirchen @t-online.de,
Internet www.jura.uni-sb.de/Landkreis-Neunkirchen

Saar 12
Größe: 0,3 ha
frei zugänglich
Anmeldung für Gruppen erbeten, Tel.: 06825/43007
Führungen: nach Voranmeldung
DB Wemmetsweiler
🚌 NVG Rathaus oder Bildstockstraße
P ✕ 🐕 ♿ ℹ

Rosengarten Wemmetsweiler

Rosengartenweg, Merchweiler-Wemmetsweiler
Das Rosarium, in den 20er Jahren von Mitgliedern des Vereins der Rosenfreunde angelegt, wird als Vorläufer vieler Rosengärten im Saarland angesehen. Es umfaßt etwa 3000 Rosenstöcke. In die Rosenanlage integriert sind eine Minigolfanlage, eine Freischachanlage und eine Kapelle.
Eigentümer/in: Verein der Rosenfreunde Wemmetsweiler e.V., Rosengartenweg, 66589 Merchweiler-Wemmetsweiler, Tel. 06825/3511/43007

Barock-Rosengarten Ottweiler
Am Stengelschen Pavillon, Ottweiler
Der im barocken Stil angelegte Rosengarten am Stengelschen Pavillon hat den Schwerpunkt auf Edel- und Hochstammrosen, allen voran die Neuzüchtung Gräfin von Ottweiler. Durch mit Kletterrosen berankte Rosenbögen gelangt man zu den einzelnen von Buchsbaum umsäumten Rosenbeeten.
Eigentümer/in: Stadt Ottweiler, Illinger Straße 7, 66564 Ottweiler, Tel. 06824/3008, Fax 06824/300866, E-Mail info@ottweiler.de, Internet www.ottweiler.de

Saar 13 NEU
Größe: 0,27 ha
frei zugänglich
Führungen: nach Voranmeldung Tourist-Information der Stadt Ottweiler, Tel. 06824/3511,
DB Ottweiler
P gebührenpflichtig
♿

Sachs

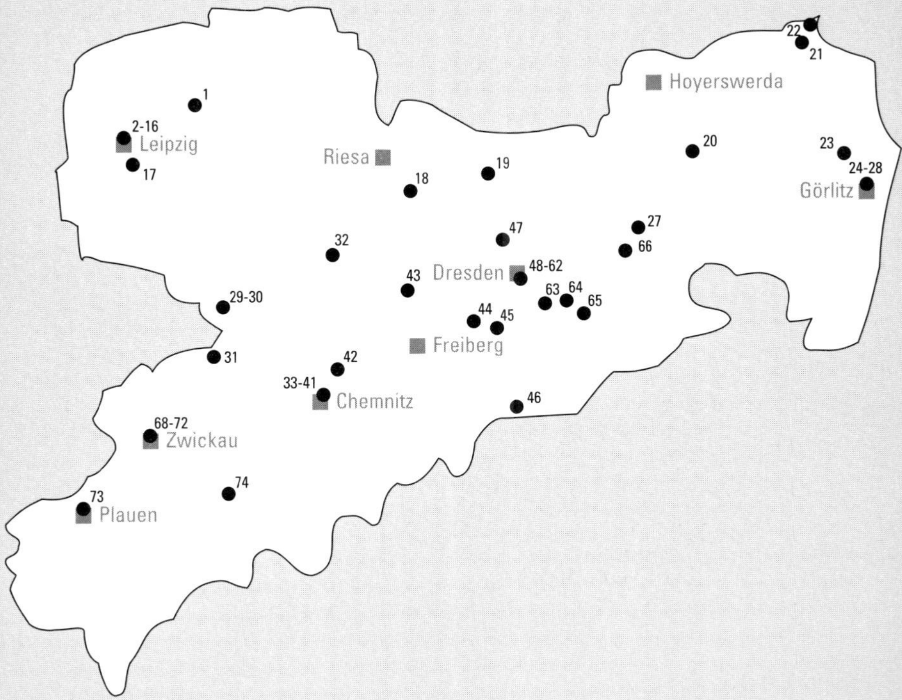
22
21
Hoyerswerda
1
2-16
Leipzig
17
Riesa
18
19
20
23
24-28
Görlitz
27
47
66
32
43
Dresden
48-62
29-30
63
64
65
44
45
Freiberg
31
42
33-41
Chemnitz
46
68-72
Zwickau
74
73
Plauen

Landschaftsgarten zu Machern

Schloßplatz, Machern

Hinter dem ursprünglich barocken Schloß in Machern begann ab 1782 Carl Heinrich August von Lindenau, Oberstallmeister am Hofe des Königs Friedrich Wilhelm II. von Preußen, mit der Anlage eines Landschaftsgartens. Besonderen Wert legte er auf die Herausbildung einzelner abgeschlossener Gartenszenen, die jeweils einen bestimmten Charakter trugen. Daneben fanden die Ideen der Aufklärung und des Freimaurertums in vielfältiger Weise Eingang. Die zahlreichen und zum großen Teil noch erhaltenen Gartengebäude wie Hygieia-Tempel, Pyramide und Wilhelmsruhe stammen überwiegend aus der Hand des Architekten Ephraim Wolfgang Glasewald. Sein bemerkenswertestes Bauwerk ist die Ritterburg an der nordöstlichen und am höchsten gelegenen Stelle im Garten. Vor zehn Jahren begann man die Burg, die 1951 ausbrannte, mit dem Ziel musealer Nutzung zu restaurieren. Bei der Bepflanzung wurden viele ausländische Gehölze verwendet. 1802 verkaufte Lindenau seinen Besitz, doch auch unter seinen Nachfolgern erfuhr der Park keine wesentlichen Veränderungen und ist daher ein äußerst gut erhaltenes Beispiel für einen frühen Landschaftsgarten in Deutschland.

Sachs 1
Eigentümer/in: Gemeinde Machern, Kommunale Dienste Machern – Eigenbetrieb, Schloßplatz 13, 04827 Machern,
Tel. 034292/72058,
Fax 034292/72755
Größe: 34 ha
frei zugänglich
Führungen: April – Okt., Sa, So, Feiertage, 14 Uhr, ab Schloßplatz oder nach Vereinbarung 5 DM/Pers., 3 DM/Schüler, Studenten
DB Machern
S Bahnhof Machern
Veranstaltungen: Parkfest

Botanischer Garten der Universität Leipzig

Linnéstraße 1, Leipzig

Bereits 1542 legte die Leipziger Universität einen Hortus medicus an, der Botanische Garten ist somit die älteste Einrichtung dieser Art in Deutschland. Nach mehreren Umzügen fand der Garten 1877 seinen jetzigen Standort. Die Freilandanlagen sind aufgeteilt in eine Systematische, Pflanzengeographische und Ökologische Abteilung und ein Arboretum. In den bis zu 15 Meter hohen Schauhäusern sind tropische Land- und Wasserpflanzen, Ananasgewächse und Sukkulenten zu sehen. Seit einigen Jahren ist das Schmetterlingshaus eine besondere Attraktion. Zusätzlich wird in der Nähe (im Friedenspark) voraussichtlich im Juni 2001 auf 3000 Quadratmeter ein über 300 Arten umfassender Apothekergarten eröffnet, in dem sich so seltene Arten wie Alraunwurz, Boldostrauch oder Bilsenkraut befinden.
Eigentümer/in: Freistaat Sachsen / Universität Leipzig, Linnéstraße 1, 04103 Leipzig,
Tel. 0341/9736850, Fax 0341/9736868
Führungen: nach Voranmeldung, kostenlos

Sachs 2
Größe: 3,1 ha
Öffnungszeiten: ganzjährig geöffnet, Sommer 9–20 Uhr,
Gewächsh.: April bis Okt., So/Mi 9–18 Uhr
Schmetterlingsh.: Di–Fr 13–18 Uhr, Sa, So und feiertags 10–18 Uhr
im Winter 9–16 Uhr
Gewächsh.: Nov. bis März, So/Mi 9–16 Uhr
Eintritt: 6 DM nur für Schmetterlingshaus, Kinder frei bis 4 Jahre, ermäßigt 3 DM
Gruppen ab 10 Personen 3 DM/Person.
15 Ostplatz
21 Johannisallee
60 Liebigstraße oder Johannisallee

Volkspark Kleinzschocher

Antonienstraße, Leipzig

Das heutige Parkgelände war Bestandteil des Rittergutes Kleinzschocher, zu dem unter anderem ein Schloß und ein

Sachs 3
Eigentümer/in: Stadt Leipzig, Grünflächenamt, Nonnenstraße 5 c,

04092 Leipzig,
Tel. 0341/1236100/6197,
Fax 0341/1236098/6088
Größe: 47,8 ha
frei zugänglich
Führungen: nach Voranmeldung, kostenlos,
1, 8 Oeserstraße
3, 4 Schwartzestraße
60 Rödelstraße

aus der 1. Hälfte des 19. Jahrhundert stammender Park gehörten. 1920 erwarb die Stadt Leipzig das Rittergut mit der Absicht, auf den Flächen einen großen Volkspark für die dicht besiedelten südwestlichen Stadtbezirke zu schaffen. Von 1928 bis 1936 wurde der Park nach Plänen des Leipziger Gartendirektors Nicolaus Molzen angelegt. Zunächst sah die Planung eine ausgedehnte, streng symmetrische Anlage vor. Nach diesem Konzept entstanden die regelmäßigen Sondergärten an der Antonienstraße. In der Folgezeit wurde die Planung jedoch modifiziert und dem vorhandenen reizvollen Landschaftsraum der Elsteraue angepaßt, der Schloßpark sowie ein Sommerbad in die Gesamtanlage einbezogen. Gutachterlich war für die Anlage der Berliner Gartenbaudirektor a.D. Gustav Allinger tätig. Im Krieg wurde das Schloß zerstört und später abgetragen. Der Volkspark mit dem ehemaligen Schloßpark, den Sondergärten und dem Freibad ist im wesentlichen erhalten.

Sachs 4
Eigentümer/in: Stadt Leipzig, Grünflächenamt, Nonnenstraße 5 c, 04092 Leipzig,
Tel. 0341/1236100/6197,
Fax 0341/1236098/6088
Größe: 23,9 ha
frei zugänglich
Attraktionen: Fontäne März bis Okt.
3, 4, 5, 13, 15, 17, 27 Angerbrücke Straßenbahnhof

Palmengarten

Karl-Heine-Straße, Leipzig

Für das Gelände, auf dem zuvor schon verschiedene Gartenbauausstellungen stattgefunden hatten, wurde 1897 ein Gestaltungswettbewerb zur Einrichtung des Palmengartens durchgeführt. Weitestgehend umgesetzt wurden die Planungen des zweiten Siegers, des Leipziger Landschaftsgärtners Otto Moßdorf. Bereits 1899 kam es zur Eröffnung der Anlage nach dem Vorbild des Palmengartens in Frankfurt am Main. Zentrum von aufwendigen formalen und landschaftlichen Gartenteilen mit verschiedenen Teichen und Fontänen, diversen Pavillons und Kiosken war ein sogenanntes Gesellschaftshaus mit Palmenhaus, welches schon 1938/39 für eine auf diesem Areal geplante Gutenberg-Reichsausstellung abgerissen wurde. Nachdem es kriegsbedingt nicht zu weiteren Vorbereitungsarbeiten für die Ausstellung gekommen war, wurde in der Nachkriegszeit eine vereinfachte Gestaltung des Parks durchgeführt. Bis heute sind ein besonders artenreicher Gehölzbestand, Reste einer Grotte, eine Teichanlage mit Insel, ein gußeiserner Pavillon von 1893 und eine Brücke mit steinernen Puttenfiguren erhalten.

Sachs 5
Eigentümer/in: Stadt Leipzig, Grünflächenamt, Nonnenstraße 5 c, 04092 Leipzig,
Tel. 0341/1236100/6197,
Fax 0341/1236098/6088
Größe: 9 ha
frei zugänglich

Promenadenring

Leipzig-Mitte

Nachdem es bereits seit Beginn des 18. Jahrhunderts zu ersten Begrünungsmaßnahmen auf dem Gelände der Stadtbefestigungen gekommen war, ließ der Bürgermeister C.W. Müller 1784 auf dem Areal zwischen Hallischem und Grimmaischem Tor eine der ersten bürgerlichen Parkanlagen Deutschlands anlegen. In der Folge entstanden weitere

Begrünungen und vor den Stadttoren jeweils ein größerer Platz, darunter der heutige Augustusplatz. Ab 1857 wurde der Bereich zwischen Augustusplatz und Peterstor nach Plänen Peter Joseph Lennés gestaltet. Ein Vorbild war der von ihm geschaffene Marly-Garten in Potsdam. Unter den Stadtgartendirektoren Wittenberg und Hampel kam es zu einer weiteren Ausgestaltung des Promenadenrings, in dessen Verlauf eine Vielzahl von Denkmälern und Brunnen integriert wurde. Mit dem Bau des Hauptbahnhofs ab 1910 begann die langsame aber stetige Reduzierung der Anlagen vor allem durch den immer mehr Raum beanspruchenden Straßenverkehr. Dennoch ist ein großer Teil der kulturgeschichtlich wertvollen Substanz des Ringgrüns erhalten, das im Zusammenhang mit der städtebaulichen Umgebung ein einzigartiges und beeindruckendes Ensemble bildet.

alle, außer 22 Hbf und Neues Rathaus
gebührenpflichtig

Foto: Stadt Leipzig

Kleingartenanlage Dr. Schreber

Aachener Straße 7, Leipzig

Am 25. Mai 1865 wurde in Leipzig der erste sogenannte Schreberplatz eingeweiht. Zunächst bestand dieser nur aus

Sachs 6
Eigentümer/in: Stadt Leipzig, Grünflächenamt, Abt. Kleingärten,

Nonnenstraße 5 c,
04092 Leipzig,
Tel. 0341/1236161,
Fax 0341/9600509
Größe: 3,4 ha
frei zugänglich
Führungen: nach
Voranmeldung Deutsches
Kleingärtnermuseum,
Tel. 03241/2111194
3 DM/Pers., erm.: 2 DM/Pers.,
Attraktionen: Museum,
4, 5, 6, 12, 15, 17
Waldplatz
Lenzen/Kirche zu Fuß
800 m in Richtung Fähre

einer Wiesenfläche für das Spielen und Turnen von Kindern. Ziel des verantwortlichen, nach dem Leipziger Arzt Dr. Schreber benannten Vereins war die Förderung der leiblichen und geistigen Erziehung des Nachwuchses. Bald entstand der erste Gerätespielplatz Leipzigs. 1868 wurden auf einem Teil des Vereinsgeländes Beete eingerichtet, die sich aus Gründen der Pflege zu Familienbeeten entwickelten. Damit entstanden die ersten später sogenannten Schrebergärten. Aufgrund von Straßenbauprojekten mußte die Anlage 1876 aufgegeben werden. Noch im gleichen Jahr wurde ein neuer Schreberplatz, die heutige Kleingartenanlage Dr. Schreber eingerichtet. Sie umfaßt 158 Gartenparzellen, eine große zentrale Vereinswiese mit nach historischem Vorbild wiederhergestelltem Kinderspielplatz und ein Vereinshaus. Von einem 1901 nach dem Entwurf des Architekten Georg Wünschmann in Erinnerung an die Vereinsväter errichteten Schreber-Hauschild-Denkmal existiert noch eine Bronze-Tafel. Die Rekonstruktion eines 1927 aufgestellten Trinkbrunnens unter Einbeziehung der originalen Brunnenfigur ist geplant. Im Vereinshaus des ältesten deutschen Schrebervereins wurde 1996 das Deutsche Museum der Kleingärtnerbewegung eröffnet. Die Gesamtanlage steht unter Denkmalschutz.

Sachs 7
Eigentümer/in: Stadt Leipzig,
Grünflächenamt
Nonnenstraße 5 c,
04092 Leipzig,
Tel. 0341/1236100/6197,
Fax 0341/1236098/6088
Größe: 118 ha,
frei zugänglich
6 Platostraße
20, 24 Zoo

Das Rosental

Emil-Fuchs-Straße, Leipzig

Vor den Toren der alten Stadt Leipzig plante Kurfürst August der Starke um 1700 den Bau eines Lustschlosses, das die Bürger der Stadt finanzieren sollten. Diese konnten mit zahlreichen Ausflüchten den Bau verhindern. Über 100 Jahre erinnerte nur ein großes Wiesenstück, umgeben von einem Waldstück mit 13 strahlenförmig angelegten Schneisen, an die großen Pläne. Der spätere Ratsgärtner Rudolph Siebeck erarbeitete 1835 einen Entwurf, bei dessen Umsetzung dem ehemals barocken Grundriß durch gezielte Neupflanzungen die strenge Regelmäßigkeit genommen wurde. Mit der behutsamen Umgestaltung der Anlage zum Landschaftspark im englischen Stil konnten bis heute Teile des Rosentals als ursprünglicher Auenwaldbestand mit einer großen Vielfalt an Tier- und Pflanzenarten erhalten bleiben.

Die Gründung des Zoologischen Gartens 1878 auf dem Pfaffendorfer Gut brachten für das Rosental erhebliche Veränderungen mit sich, vor allem durch Erweiterungen in den 20er Jahren. Durch das 1976 gebaute sogenannte Zoofenster können Spaziergänger im Rosental an Lamas, Kamelen, Straußen und anderen exotischen Tieren vorbeiflanieren. Neben zahlreichen Denkmalen sind der Dendrologische Lehrpfad und Aussichtsturm erwähnenswert.

Johannapark

Ferdinand-Lasalle-Straße / Marschnerstraße, Leipzig

Der 1863 fertiggestellte Johannapark war ein Geschenk des Bankiers Wilhelm Seyfferth an die Bürger der Stadt Leipzig zur Erinnerung an seine früh gestorbene Tochter Johanna. Wilhelm Seyfferth beauftragte den Königlich-Preußischen Gartendirektor Peter Joseph Lenné mit der Planung, der für seine Gestaltung auch Motive des von ihm geplanten Marly-Gartens in Potsdam mit seinen reichen Schmuckpflanzungen verwendete. In seinem Testament verfügte Seyfferth, daß der Park nie bebaut, nichts an der Lennéschen Schöpfung verändert werden darf und der Johannapark für immer seinen Namen behalten soll. Außerdem verfügte er, daß die Verbindung nach den Wiesen und Wäldern der Aue dem Publikum erhalten bleibt. Ein weiser, vorausschauender Beschluß, da der Johannapark heute ein Bindeglied zwischen der Innenstadt und dem grünen Gürtel Leipzigs und ein bedeutendes Kulturdenkmal ist.

Sachs 8
Eigentümer/in: Stadt Leipzig,
Grünflächenamt
Nonnenstraße 5 c,
04092 Leipzig,
Tel. 0341/1236100/6197,
Fax 0341/1236098/6088
Größe: 11 ha
frei zugänglich
Attraktionen: Fontäne
März – Okt.
🚋 1, 5, 8, 13 Karl-Tauchnitz-/
Friedrich-Ebert-Straße
🅿 🐕 ♿ ℹ

Mariannenpark

Rohrteichstraße / Lindenallee, Leipzig

Auf der Grundlage von Plänen des bekannten Gartenarchitekten Leberecht Migge, zunächst auch unter seiner Leitung, wurde der Mariannenpark 1928 fertiggestellt. Verantwortlich nach der Ablösung Migges waren die Leipziger Stadtgartendirektoren Carl Hampel und Nikolaus Molzen. Der als klassischer Volkspark konzipierte Mariannenpark ermöglicht mit seiner charakteristischen Kombination aus formalen und landschaftlichen Gartenteilen sowohl Erholung als auch aktive Freizeitgestaltung durch Sport und Spiel. Trotz einiger baulicher Veränderungen ist der Charakter der Anlage in wesentlichen Strukturen erhalten geblieben. 1991 wurde sie als Kulturdenkmal unter Schutz gestellt. Besonderheiten sind der vom Frühling bis Herbst leuchtend blühende Sommerblumengrund, der Staudengarten, der Rosengarten und die Spiel- und Sporteinrichtungen sowie der Rodelberg.

Sachs 9
Eigentümer/in: Stadt Leipzig,
Grünflächenamt,
Nonnenstraße 5 c,
04092 Leipzig,
Tel. 0341/1236100/6197,
Fax 0341/1236098/6088
Größe: 22,3 ha
frei zugänglich
🚋 17, 22, 27 Stannebeinplatz
🅿 🐕 ♿ ℹ

Clara-Zetkin-Park

Karl-Tauchnitz-Straße / Marschnerstraße, Leipzig

Im Jahr 1877 wurde im Scheibenholz nach Plänen des Gartendirektors C. O. Wittenberg der Volksgarten angelegt. 1897 fand auf dem nördlich angrenzenden Gelände die Sächsisch-Thüringische Industrie- und Gewerbeausstellung statt, in die Teile des Scheibenholzes einbezogen wurden. Die Gestaltung des Ausstellungsgeländes geht im wesentlichen ebenfalls auf Gartendirektor C. O. Wittenberg, Landschaftsgärtner Moßdorf sowie die Architekten Schmidt und Johlige zurück. Die sumpfigen Wiesen wur-

Sachs 10
Eigentümer/in: Stadt Leipzig,
Grünflächenamt,
Nonnenstraße 5 c,
04092 Leipzig,
Tel. 0341/1236100/6197,
Fax 0341/1236098/6088
Größe: 23,2 ha,
frei zugänglich
Attraktionen: Fontäne
März bis Okt.
🚋 1, 5, 8, 13 Karl-Tauchnitz-/

Friedrich-Ebert-Straße
P ☕ 🐕 ♿ ℹ
Veranstaltungen: Parkbühne verschiedene Veranstaltungen Sommerhalbjahr

den entwässert und umfangreiche Erdmassen bewegt. Die Gebäude wurden, nachdem die Ausstellung geschlossen worden war, abgerissen, und die gärtnerischen Anlagen erweitert. Anläßlich des 25jährigen Regierungsjubiläums des sächsischen Königs im Jahre 1898 erhielt die Anlage den Namen König-Albert-Park. Aus der Entstehungszeit sind der Inselteich, das große Bassin mit Fontäne und die vierreihige Lindenallee erhalten. 1912 wurde der noch vorhandene Musikpavillon der Öffentlichkeit übergeben. Ab 1955 faßte man das ehemalige Ausstellungsgelände und alle angrenzenden Anlagen, also Johannapark, Nonne, Scheibenholz, Palmengarten und Richard-Wagner-Hain zum Zentralen Kulturpark Clara Zetkin zusammen.

Sachs 11
Eigentümer/in: Stadt Leipzig, Grünflächenamt, Nonnenstraße 5 c, 04092 Leipzig, Tel. 0341/1236100/6197, Fax 0341/1236098/6088
Größe: 2,8 ha
frei zugänglich
🚋 3, 4, 5, 13, 15, 17, 27 Jahnallee/Sportforum
P 🐕

Richard-Wagner-Hain

Friedrich-Ludwig-Jahn-Allee, Leipzig

Im Jahre 1932 wurde in Leipzig ein Ausschuss für die Errichtung eines Richard-Wagner-Denkmals gebildet. Mit der Machtübernahme durch die Nationalsozialisten wurde das Projekt zum Richard-Wagner-Nationaldenkmal erklärt und im wesentlichen vom Architekten W. Lossow, dem Gartenarchitekten G. Allinger und dem Bildhauer E. Hipp geplant. Mit Ausnahme des Denkmalplatzes wurde der Hain im 2. Weltkrieg fertiggestellt. Er ist auf der Ost- und Westseite des Elsterflutbeckens streng axial aufgebaut – beide Ufer sind terrassiert. Teile der Anlage wurden in den 50er Jahren beseitigt. Eine 225 Meter lange Trockenmauer und die westliche Blumenterrasse mit Wasserbecken sind erhalten. Letztere wird von einer weiträumigen Pergola, die 1992 erneuert wurde, gerahmt.

Sachs 12
Größe: 0,4 ha
Öffnungszeiten: ganzjährig geöffnet Mo bis Fr: 9–12 Uhr, Di, Do und So: 14–18 Uhr
Eintritt: frei
Führungen: nach Voranmeldung, für Gruppen bis 15 Personen, 2 bis 5 DM/Person
DB Leipzig-Connewitz
🚋 11, 22 Hildebrandstraße
P 🐕 ♿ ℹ ✿
Veranstaltungen: Frühjahrsfest, Erntedankfest Workshops
☕ auf Anmeldung

Stadtgarten Connewitz

Kohrener Straße 50, Leipzig

Der Stadtgarten Connewitz ist ein Beratungszentrum für naturnahe Gartengestaltung und biologischen Gartenbau. Die Bereiche des Gartens sind auf Umweltbildungskonzepte ausgelegt. Sie beinhalten unter anderem Kräutergarten, Gemüsegarten, Streuobstbereich, Trockenschutthang, Teich, Trockenmauer und einen wechselfeuchten Erfahrungsbereich. Das noch in Teilen vorhandene Gestaltungsgerüst aus den 30er Jahren wurde durch die Einfügung regionaltypischer, standortgerechter Stauden- und Gehölzpflanzungen weiterentwickelt.
Eigentümer/in: Projektträger: Ökolöwe – Umweltbund Leipzig e.V., Eigentümer: Freistaat Sachsen, Bernhard-Göring-Straße 152, 04277 Leipzig, Tel. 0341/3065114, Fax 0341/3065179, E-Mail oekoloewe@link-l.cl.sub.de

Robert-Koch-Park

Nikolai-Rumjanzew-Straße 100, Leipzig

Der Park und die wichtigsten Gebäude errichtete in der Zeit von 1910 bis 1913 der Großindustrielle Rudolf Sack als Sommersitz für höhere Angestellte. Für die architektonische Gestaltung der Gebäude und des Parks, der typisch für die Gestaltung zu Beginn des 20. Jahrhunderts ist, sind die Architekten Schmidt und Johlige verantwortlich. Die Familiengrabanlage wurde vom Gartenarchitekten Otto Moßdorf gestaltet. Nach dem Ende des 2. Weltkriegs übernahm das Gesundheitswesen die Parkanlagen. 1962 wurden ein neues Klinikgebäude und weitere Häuser an den Parkgrenzen errichtet.
Öffnungszeiten: ganzjährig geöffnet, 5–20 Uhr

Sachs 13
Eigentümer/in: Stadt Leipzig, Robert-Koch-Klinik, Nikolai-Rumjanzew-Straße 100, 04207 Leipzig, Tel. 0341/4230, Fax 0341/4231266
Größe: 19,6 ha
Eintritt: frei
1, 8 Schönauer/Ratzelstraße
66 Schönauer/Ratzelstraße
Stuttgarter Allee

Wilhelm-Külz-Park

Leipzig

Der Park wurde im Zusammenhang mit dem Bau des Völkerschlachtdenkmals geplant. Die Entwürfe des Denkmals und der unmittelbar angrenzenden Freianlagen stammen von Bruno Schmitz. 1904 wurde mit dem Bau der Anlagen am Napoleonstein begonnen, 1912 das Parkgelände um die Marienquelle erstellt, beide im wesentlichen unter dem Leipziger Gartendirektor Carl Hampel. Die Quelle war bereits im 16. Jahrhundert Ausgangspunkt einer Wasserleitung, die nach Leipzig führte. Der von Linden umstandene ovale Platz trägt den Namen Hampels. Er bildete früher den Schwerpunkt eines geometrisch gestalteten Anlagenteils. Heute überwiegt auch in diesem Bereich die in allen anderen Parkteilen schon ursprünglich konzipierte landschaftliche Gestaltung. Der Park beherbergt eine Anzahl dendrologischer Besonderheiten.

Sachs 14
Eigentümer/in: Stadt Leipzig, Grünflächenamt, Nonnenstraße 5 c, 04092 Leipzig, Tel. 0341/1236100/6197, Fax 0341/1236098/6088
Größe: 24,9 ha
frei zugänglich
Attraktionen: Völkerschlachtdenkmal April bis Okt. 10–17 Uhr, Nov. bis März: 9–16 Uhr
15, 21 Naunhofer Straße

Alter Johannisfriedhof

Prager Straße / Täubchenweg, Leipzig

Der Alte Johannisfriedhof ist die älteste kommunale Begräbnisstätte der Stadt. Hier spiegelt sich die Leipziger Stadtgeschichte auf besonders anschauliche Weise wider: Bereits Ende des 13. Jahrhunderts wurde auf dem Areal ein Hospital für Leprakranke eingerichtet, zu welchem auch ein Friedhof und eine Johannis dem Täufer gewidmete Kapelle gehörte. 1536 wurde der Friedhof zum allgemeinen Begräbnisplatz der Stadt bestimmt. Bis zur letzten Beerdigung 1883 wurde der Friedhof systematisch gen Osten erweitert. Von den bis zum Beginn des 20. Jahrhunderts noch zahlreich vorhandenen Grufthäusern blieb lediglich die barocke Baumgärtnerische Gruft unmittelbar hinter dem Grassimuseum erhalten. Heute gibt es noch etwa 400 Grabmale. Sie stellen eine interessante Abfolge Leipziger

Sachs 15
Eigentümer/in: Stadt Leipzig, Grünflächenamt, Nonnenstraße 5 c, 04092 Leipzig, Tel. 0341/1236100/6197, Fax 0341/1236098/6088
Größe: 3,1 ha
Öffnungszeiten: ganzjährig geöffnet, im Sommer Di, Do, Fr 10–18 Uhr, Mi 10–20 Uhr, Sa, So 10–17 Uhr, im Winter Di bis So 10–16 Uhr
Eintritt: frei
15 Johannisplatz

Grabmalkunst aus Barock, Klassizismus und Historismus dar. Auf dem Gelände des alten Johannisfriedhofs befindet sich heute auch ein Lapidarium mit Grabmonumenten des säkularisierten Neuen Johannisfriedhofs, heute Friedenspark, darunter auch die Grabsteine der Leipziger Verlegerfamilien Brockhaus und Reclam.

Sachs 16
Eigentümer/in: Stadt Leipzig, Grünflächenamt, Nonnenstraße 5c, 04092 Leipzig, Tel. 0341/8629201, Fax 0341/8781535
Größe: 82 ha
Öffnungszeiten: ganzjährig geöffnet, im Sommer 7–20 Uhr, im Winter 8–16 Uhr
Eintritt: frei
Führungen: nach Voranmeldung
DB Leipzig
15, 21, 22 Völkerschlachtdenkmal oder Südfriedhof

Südfriedhof Leipzig

Friedhofsweg 3, Leipzig

Die größte und heutzutage bezüglich ihrer Freiflächenstrukturen bemerkenswerteste Friedhofsanlage Leipzigs ist der Südfriedhof. Es handelt sich um einen ab 1886 angelegten, für seine Zeit hochmodernen Parkfriedhof mit mehreren repräsentativen Wegeachsen, welche auf den sogenannten Feierhallenkomplex, eines der größten Friedhofsbauwerke Deutschlands, ausgerichtet sind. Der Kernbereich des Begräbnisplatzes hat als Grundriß die Form eines Lindenblattes (der Stadtname Leipzig geht auf ein Wort der slawischen Urbevölkerung für Linde zurück). Das später errichtete, unmittelbar benachbarte Völkerschlachtdenkmal wirkt stark in das Ensemble des Südfriedhofs hinein und bestimmt seinen Charakter. Tatsächlich wurden auch die Strukturen des Begräbnisplatzes nach dem Bau des Monuments verändert und gestalterisch darauf ausgerichtet. Beachtenswert sind eine Vielzahl monumentaler Grabdenkmale verschiedener Stilepochen, darunter etliche bekannter Leipziger Verlegerfamilien.

Sachs 17
Größe: 2,4 ha
Öffnungszeiten: Mai bis Sept. Mo bis Fr 8–18 Uhr
Sa, So, feiertags 10–17 Uhr, April und Okt.
Mo bis Fr: 8–15 Uhr
Eintritt: frei
Führungen: nach Voranmeldung, für Gruppen bis 30 Personen, 2 DM/Person, 0,50 DM/Kind
DB Großpösna-Oberholz
171 Pflaumenallee
Kräuter, Zierpflanzen, Balkonpflanzen, Zimmerpflanzen

Botanischer Garten für Arznei- und Gewürzpflanzen

Störmthaler Weg 2, Großpösna

Dieser spezialisierte Botanische Garten wurde 1936 von den Leipziger Mitgliedern vom Verband der Deutschen Drogistenschaft gegründet. Sein Sortiment umfaßt ca. 400 Heilpflanzen, einschließlich Bäumen und Sträuchern. Der Schwerpunkt liegt auf den Arznei- und Gewürzpflanzen, doch werden auch verschiedenste Gift- und Zierpflanzen sowie nachwachsende Rohstoffe gezeigt. Speziell für Kinder werden Führungen unter Aspekten des Umwelt- und Naturschutzes angeboten. Ihnen steht auch ein kleiner Streichelzoo mit einigen Lämmern, Kaninchen und Meerschweinchen zur Verfügung.
Eigentümer/in: Stadt Leipzig, Betrieb für Beschäftigungsförderung, Ökologische Stadtgüter, Störmthaler Weg 2, 04463 Großpösna, Tel. 034297/41249

Sachs 18
Größe: 3 ha
frei zugänglich
Führungen: nach

Barockgarten Seußlitz

An der Weinstraße, Diesbar-Seußlitz

Der vordere Teil des Gartens wurde von 1725 bis 1728 im französischen Stil angelegt. Er ist in seiner Grundanlage un-

verändert geblieben. Kugelförmige Taxusbüsche, Buchenhecken und Blumenrabatten, gesäumt von schönen Sandsteinskulpturen, fügen sich harmonisch in die Anlage ein. Der Barockgarten setzt sich jenseits der Straße bis hinauf zur Heinrichsburg fort. Ein Englischer Garten mit Teich ergänzt den unteren Schloßpark. Neben zahlreichen exotischen Kübelpflanzen besitzt der Park viele seltene Bäume wie Ginkgo, Sumpfzypresse, Roteiche, Krimlinde, Flatterulme und Silberahorn. Einige Laubbäume sind über 100 Jahre alt.
Eigentümer/in: Gemeinde Diesbar-Seußlitz über Touristinformation Diesbar-Seußlitz, An der Weinstraße 29, 01612 Diesbar-Seußlitz, Tel. 035267/225, Fax 035267/225

Voranmeldung, 4 DM/Person
407 Meißen-Nünchritz,
415 Meißen-Diesbar-Seußlitz
Seußlitzer Hof
P gebührenpflichtig am Wochenende
Veranstaltungen: unterschiedlicher Art, Januar bis November
Infos bei Touristinformation Diesbar-Seußlitz,
Tel. 035267/225,
Fax 035267/225

Schloßpark Schönfeld

Straße der Jugend 3, Schönfeld

Foto: Pätzig

Der Park wurde von dem Dresdener Gartenarchitekten Max Bertram in der Zeit von 1882 bis 1884 gestaltet. Der Umbau der Renaissance-Schloßanlage erfolgte ab 1882 durch den Dresdener Architekten Möckel zu einem der bedeutendsten Neorenaissancebauten Sachsens. Nach 1910 veränderte der Berliner Gartenarchitekt Willy Lange den Park, der seit 1989 schrittweise wieder instandgesetzt wird. Neben mehreren Teichen und einem kleinen Bachlauf wird er vor allem durch seinen hervorragenden Baumbestand mit großen Eschen, Ulmen und dendrologische Besonderheiten wie Celtis occidentalis, Quercus heleophylla geprägt.

Sachs 19
Eigentümer/in:
Gemeinde Schönfeld, Gemeindeverwaltung, Straße der MTS 11, 01561 Schönfeld,
Tel. 035248/82835,
Fax 035248/82837
Größe: 6,7 ha
frei zugänglich
Führungen: nach Voranmeldung,
Tel. 035248/81210 (Schloßverwaltung) oder Landschaftsarchitektin Pätzig, Dresden, Tel.: 0351/015748
für Gruppen bis 50 Personen, 120 DM/Gruppe
Großenhain – Schönfeld – Ponikau, Schloß Schönfeld,
Großenhain – Schönfeld – Ortrand, Schloß Schönfeld,
Großenhain – Schönfeld – Radeburg, Schloß Schönfeld
→ an B 98
P

Schloßpark Neschwitz

Neschwitz

Die Besonderheit dieses Parks ist die Teilung in einen französisch-regelmäßigen und einen englisch-landschaftlichen

Sachs 20 NEU
Größe: 5 ha
frei zugänglich
Führungen: nach

Voranmeldung
Naturschutzstation Neschwitz,
Tel. 035933/30077,
0,50 DM/Person
Bautzen-Hoyerswerda
Neschwitz
Veranstaltungen,
Schloßkonzerte

Teil. Der französische Teil wurde mit dem Bau des Alten Schlosses im frühen 18. Jahrhundert gestaltet. Von den ehemals fünf Pavillons sind noch vier erhalten. Im späten 18. Jahrhundert entstand mit dem Neuen Schloss, das 1945 abbrannte, ein Landschaftsgarten. Vom Alten Schloß aus führen drei Sichtachsen in die freie Landschaft, auf die Kirche Neschwitz und auf den Jagdpavillon am Ende einer Kastanienallee.
Eigentümer/in: Gemeinde Neschwitz, Bahnhofstraße 1, 02699 Neschwitz, Tel. 035933/3860, Fax 035933/38611

Sachs 21 NEU
Größe: 200 ha
frei zugänglich
Führungen: nach Voranmeldung, für Gruppen bis 50 Personen,
1,50 DM/Person,
Attraktionen:
Rhododendrenblüte, Mai/Juni
Waldeisenbahn,
Schmalspurbahn, Mai-Okt.,
Sa/So, Voranm.
DB Weißwasser
P gebührenpflichtig
Veranstaltungen: Park- und Blütenfest, Pfingsten
Infos bei Eigentümer

Kromlauer Park

Halbendorfer Straße, Kromlau

1844 wurde der Landschaftspark von dem Gutsbesitzer Friedrich Herrmann Rötschke angelegt. Dabei machte sich Rötschke die natürlichen Gegebenheiten des Muskauer Faltenbogens zunutze. Er fügte Bauwerke mit einmaligen romantischen Finessen, wie die Rakotzbrücke, das Kavaliershaus, Basaltsäulengruppen und Grotten liebevoll in den Park ein. Seit 1889 war die Familie von und zu Egloffstein Eigentümer des Parkes und es wurde unter der Leitung von Gartenbauinspektor Eichler unter anderem mit der Pflanzung von Rhododendren und Freilandazaleen in Größenordnungen begonnen, die den Grundstock für die heutige Bekanntheit als Rhododendrenpark bilden. Bemerkenswert sind aber auch zahlreiche alte Bäume wie eine zirka 30 Meter hohe Tulpenbaumgruppe, eine geschlitztblättrige Rotbuche und riesige Trauerbuchen.
Eigentümer/in: Gemeindeamt Gablenz, Ortsverwaltung Kromlau, Halbendorfer Straße 6, 02953 Kromlau, Tel. 03576/222828, Fax 03576/222828

Sachs 22
Eigentümer/in: Freistaat Sachsen, Stiftung Fürst-Pückler-Park, Bad Muskau, Orangerie,
02953 Bad Muskau,
Tel. 035771/52010,
Fax 035771/52014
Größe: 570 ha,
davon 220 ha westlich der Neiße
frei zugänglich
Führungen: nach Voranmeldung, für Gruppen bis 30 Personen,
200 DM/Gruppe
DB Weißwasser
Weißwasser–Bad Muskau
→ Zugang über Marktplatz –

Fürst-Pückler-Park Bad Muskau

Bad Muskau

Der Fürst-Pückler-Park Bad Muskau ist ein klassischer, zonierter Landschaftspark, dessen Anlage von dem Grafen und späteren Fürsten Ludwig Heinrich Hermann von Pückler-Muskau am 1. Mai 1815 bekanntgegeben wurde. Erste Arbeiten wurden vermutlich bereits 1811 ausgeführt. In diesem Landschaftspark wurde mit unterschiedlichen Bäumen und Sträuchern, mit natürlichen und künstlichen Wasserläufen und Wehren, mit Seen und Rasenflächen ein Gelände geschaffen, das dem Betrachter immer neue Landschaftsbilder präsentiert. Diese Bilder sind so komponiert, daß sie als idealisierte Natur größtmögliche Ruhe und Vollkommenheit ausstrahlen. Pückler erreichte dies durch unterschiedlichste Anordnung der Gehölze, Schaffung von Räumlichkeit durch Überschneidungen und Staffelungen, natürlich erscheinende Sichtbeziehungen zu interessanten

Objekten und durch Ausnutzung der Höhenunterschiede des Geländes. Des weiteren wurde berücksichtigt, daß sich im Laufe eines Jahres die Erscheinung des Parks ständig ändert. Es wurden sowohl die Farben der Blüten als auch die Grüntöne des Blattwerks und das herbstliche Laub in Intensität und Verteilung aufeinander abgestimmt. Im Fürst-Pückler-Park Bad Muskau wurde so eine räumliche und zeitliche Komposition in vorher nicht gekannter Größe und Perfektion verwirklicht. Kernstück des Parks ist der Schloßbereich in der Neißeaue. Das Schloß wurde von Pückler mit einem Pleasureground umgeben, der die Übergangszone zwischen den Ziergärten um das Schloß wie Schloßgarten, Blauer Garten und Herrengarten und dem übrigen Park bildet. Der Pleasureground ist der Parkteil, der heute am stärksten verändert ist. Durch Pleasureground, Gärten und den übrigen Schloßpark fließt die Hermannsneiße, ein künstlicher Bach, der den Schloßteich und weiter im Norden den Eichsee speist. Westlich des Schloßparks liegt auf einer Hangterrasse der das Neißetal begrenzenden Abhänge des Muskauer Faltenbogens die Stadt Bad Muskau. Vom Oberweg, der sich durch den hier schmalen Bergpark auf einer Höhe des Faltenbogens entlangzieht, hat der Besucher des Parks die Möglichkeit, Stadt und Park in wechselnden Ansichten zu überblicken. Der Bergpark erstreckt sich weiter nach Westen, an ihn schließt sich südlich der Badepark an, der gleichzeitig von der Neiße und der Stadt begrenzt wird. Auf der östlichen Neißeseite liegt in Polen der Oberpark mit der verschönten Braunsdorfer Feldflur in Form einer Ornamental Farm. Ursprünglich waren die Bereiche links und rechts der Neiße mit vier Brücken verbunden. Der Park ist auf der polnischen Seite aufgrund mangelnder Pflegemöglichkeiten in Teilen verwaldet, jedoch in seinen Strukturen weitestgehend vorhanden und erlebbar.

Altes Schloß
P gebührenpflichtig
Veranstaltungen: Tag des Offenen Denkmals, jeden zweiten Sonntag im September

Garten der Pension Wiesenhof

Sachs 23 NEU
Größe: 0,5 ha
Öffnungszeiten: Mai bis September
Anmeldung erbeten
Eintritt: frei
→ bei Anmeldung
P

Kunnersdorfer Straße 8, Kodersdorf, OT Torga

Um den über 100jährigen Vierseitenhof stehen verschiedene Bäume wie Birke, Linde, Weide, Tannen und kleinere Ziergehölze. Der Garten in schöner landschaftlicher Lage, mit Obst- und Gemüsegarten mit Kräuterecke, vielen Blumen und Stauden, einem Teich mit Goldfischen, Rosen, Rhododendren und einer Trockenmauer lädt zum Ausruhen ein.

Eigentümer/in: Andreas und Waltraud Schillings, Kunnersdorfer Straße 8, 02923 Kodersdorf, OT Torga, Tel. 035825/5619, Fax 035825/5619

Sachs 24
Eigentümer/in: Stadt Görlitz, Hoch-, Tiefbau- und Grünflächenamt, Hugo-Keller-Straße 16, 02806 Görlitz, Tel. 03581/672621, Fax 03581/672622
Größe: 8,2 ha
frei zugänglich
B Schützenstraße
P gebührenpflichtig

Stadtpark Görlitz

Am Stadtpark / Kahlbaumallee, Görlitz

Foto: Stadt Görlitz

Der Stadtpark stellt heute die größte zentrale Grünanlage der Stadt Görlitz dar. Er ist gleichzeitig ein wichtiges Bindeglied zwischen den weitgestreckten städtischen Grünanlagen, die sich im großen Halbkreis von Norden nach Süden östlich um die Innenstadt ziehen. Ab 1830 wurde eine städtische Viehweide zum Landschaftspark umgestaltet. Das Wirken Peter Joseph Lennés auf die Gestaltung einzelner Bereiche gilt als sicher, sein Einfluß auf die Gesamtkonzeption der Anlage jedoch als umstritten. Die Stadthalle und der Stadthallengarten wurden zwischen 1909 und 1911 hinzugefügt. 1924 wurden Pflanzungen für den heutigen Rhododendron-Hang ausgeführt sowie der Goldfischteich angelegt. Die heutige Rosenterrasse entstand in den 50er Jahren unter dem damaligen Gartenbaudirektor Henry Kraft. Eine Neubepflanzung erfolgte 1995. Der Park beeindruckt heute vor allem durch seinen landschaftlichen Charakter. Auffällige Kompositionen von Laub- und Nadelholzgruppen wechseln mit ausgedehnten Wiesenstandorten. Eine Vielzahl von Wechsel- und Staudenpflanzungen, Denkmälern und Ausstattungselementen ergänzen den Gesamteindruck und schaffen interessante und abwechslungsreiche Räume innerhalb des Stadtparks. Der alte Baumbestand enthält neben einheimischen Gehölzen auch eine Vielzahl dendrologischer Besonderheiten.

Sachs 25
Größe: 0,4 ha
Öffnungszeiten: April bis Mitte Sept.: 8–21 Uhr, 16.09.–31.10.: 8–20 Uhr
Eintritt: frei

Nikolaizwinger

Nikolaistraße / Bei der Peterskirche, Görlitz

Der Raum zwischen innerer und äußerer mittelalterlicher Stadtbefestiung wurde 1953 und 1954 durch den Gartenbaudirektor Henry Kraft zu einer attraktiven Anlage umgestaltet. Eine Neugestaltung erfolgte bis 2000, bei der vier

Zwingerhöfe unterschiedlichen Charakters entstanden, die einen interessanten Wechsel von intimen Gartenräumen und weiten Ausblicken auf die Altstadt und über die Neiße erleben lassen.
Eigentümer/in: Stadt Görlitz, Hoch-, Tiefbau- und Grünflächenamt, Hugo-Keller-Straße 16, 02806 Görlitz, Tel. 03581/672621, 03581/672622

1, 2 Jägerkaserne

Ölberggarten

Friedhofstraße, Görlitz

Der Ölberggarten erhielt seine heutige Gestaltung um 1925. Er steht inhaltlich in Verbindung mit dem südlich benachbarten Heiligen Grab, welches um 1480 entstand. Stellt das Heilige Grab mit Grabkapelle, Kreuzkapelle und Kreuzweg eine architektonische Nachbildung des Grabes Jesu in Jerusalem dar, ist der Ölberggarten als landschaftliche Nachahmung der Jerusalemer Topographie zu verstehen. Daraus abgeleitet sind Kidrontal, Ölberg mit Ölbaum und Jüngerwiese. Die mit Obstbäumen bestandenen Wiesenhänge, die Rosenterrasse mit Blick über Görlitz sowie der angelegte Teich im Kidrontal ergänzen den landschaftlich reizvollen Ort mit interessanter Symbolik. 1999 wurde die historische direkte Wegebeziehung zwischen Heiligem Grab und Ölberggarten wiederhergestellt.

Sachs 26
Eigentümer/in: Stadt Görlitz, Hoch-, Tiefbau- und Grünflächenamt, Hugo-Keller-Straße 16, 02806 Görlitz, Tel. 03581/672621, Fax 03581/672622
Größe: 3,1 ha
frei zugänglich
1, 2 Heiliges Grab

Ochsenbastei

Bergstraße / Uferstraße, Görlitz

An der ältesten Bastei von Görlitz wurde bis 1834 das Vieh auf die Weide und zum Städtischen Schlachthof getrieben. Die heute existierende Gartenanlage entstand 1962 und 1963. Den nördlichen Teil charakterisieren eine Brunnenachse und Schmuckbeete in barocker Formsprache. Die Ochsenbastei ist der architektonisch markanteste Teil der alten Wehranlage der Stadt.
Eigentümer/in: Stadt Görlitz, Hoch-, Tiefbau- und Grünflächenamt, Hugo-Keller-Straße 16, 02806 Görlitz, Tel. 03581/672621, Fax 03581/672622

Sachs 27
Größe: 0,2 ha
Öffnungszeiten:
April bis Okt. 8–20 Uhr
Eintritt: frei
1, 2 Demianiplatz
P gebührenpflichtig

Weinberganlagen

An der Landskronbrauerei, Görlitz

Bereits im 15. Jahrhundert erwähnt, wurde an den südexponierten Neißehängen wohl eine Zeitlang versucht, Wein anzubauen. Ab 1871 kam es zur parkartigen Gestaltung mit Ulmenplatz und Luther-Buche. Seit 1890 ist das Weinberghaus mit Aussichtsturm fester Bestandteil der Anlage. Auf Initiative des Besitzers und Direktors der Landskronbrauerei Scheller entstand um die Jahrhundertwende ein landschaftlich-romantisch gestalteter Park, der Schellergrund.

Sachs 28
Eigentümer/in: Stadt Görlitz, Hoch-, Tiefbau- und Grünflächenamt, Hugo-Keller-Straße 16, 02806 Görlitz, Tel. 03581/672621, Fax 03581/672622
Größe: 15 ha
frei zugänglich

Attraktionen: Oldtimer-Parkeisenbahn,
1 Goethestraße

Die zum Teil stark geneigten Hänge wechseln mit waldartigem Baumbestand und gehölzfreien Rasenflächen. Dieses Erscheinungsbild erhielt der Schellergrund 1940 bis 1950. Der Berggarten ist kleinräumig und erinnert an eine Gebirgslandschaft. Die 1941 vom Kaufmann Winkler eingerichtete und 1961 nach Entwürfen des Gartenbaudirektors Kraft umgestaltete Anlage enthält zahlreiche seltene Laub- und Nadelgehölze.

Sachs 29
Eigentümer/in: Stadt Kohren-Sahlis, Markt 68, 04655 Kohren-Sahlis, Tel. 034344/8100, Fax 034344/81022
Größe: 3,3 ha
frei zugänglich
Führungen: nach Voranmeldung Fremdenverkehrsverband Kohrener Land e.V. Tel. 034344/61258, Fax 034344/61613, für Gruppen bis 40 Personen, Führungen nur für Schwindpavillon 2 DM/Pers.
DB Frohburg oder Geithain
Frohburg – Kohren – Sahlis
→ Im Ort ausgeschildert
Veranstaltungen: Kammerkonzerte im Schwindpavillon, Sommermonate
Verkauf im Schwindpavillon

Park Rüdigsdorf mit Schwindpavillon

Kohren-Sahlis

Südlich von Kohren-Sahlis befindet sich der Ortsteil Rüdigsdorf mit dem ehemaligen Rittergut. Im idyllischen Mausbachtal zieht sich der Landschaftspark um die hochgelegene Gutsanlage mit Herrenhaus herum. Ein Parkteich mit Wasserzulauf an der Südfront des Gebäudes, mittels Bogenbrücke verbundene Parterreteile und ein waldparkartiger Teil kennzeichnen die Anlage. Dr. Heinrich Wilhelm Leberecht Crusius, der 1824 die Güter Sahlis und Rüdigsdorf übernahm, ließ das Gutshaus umbauen sowie Park und Orangerie anlegen. Das Orangeriegebäude, 1829 gebaut, enthält im rechten Seitenflügel, dem Schwindpavillon, den wohl bemerkenswertesten Innenraum aus der 1. Hälfte des 19. Jahrhunderts, der im Leipziger Gebiet erhalten geblieben ist. Der Maler Moritz von Schwind schuf im Auftrag von Crusius 1837 im Gartensalon einen Freskenzyklus nach Motiven des antiken Märchens von Amor und Psyche in neun Wandbildern, wovon er vier eigenhändig ausführte. Der Entwurf der Innendekoration des Pavillons stammt von Gotfried Semper, dem bedeutendsten Architekten Sachsens.

Sachs 30
Eigentümer/in: BVS Berlin
Größe: 1,4 ha
frei zugänglich
Führungen: nach Voranmeldung Fremdenverkehrsverband Kohrener Land e.V., Tel.: 034344/61258, Fax: 034344/61613, nach Vereinbarung
DB Frohburg oder Geithain
→ Zugang vom hinteren Tor an Straße zwischen Sahlis und Lindenvorwerk

Rokokogarten Sahlis

Kohren-Sahlis

Die kleine reizvolle Anlage gehört zum ehemaligen Rittergut Sahlis im gleichnamigen Ortsteil des 1000jährigen Töpferstädtchens Kohren-Sahlis. Die Gründung des Rittergutes Sahlis geht auf das 15. Jahrhundert zurück. 1754 kaufte der Chemnitzer Textilkaufmann Georg Leberecht Crusius das Rittergut, ließ 1756 das Herrenhaus neu erbauen und südlich davon 1771 den Garten anlegen. Die langgestreckte Gartenanlage, mit der Symmetrieachse auf das Herrenhaus bezogen, weist eine Folge heckenumschlossener Gartenräume auf unterschiedlichen Ebenen mit typischen Merkmalen des Rokoko auf. Bemerkenswert ist das von einem Heckengang umschlossene Parterre mit einem vertieft angelegten, unterteilten Rasenstück und Rasenböschungen. Die Übergänge der Gartenräume werden durch hohe, hutförmig geschnittene Bäume betont. Das nach Süden ansteigende Gelände wird in der Mittelachse durch Treppenanlagen überwunden, während die jeweils seitlich begrenzenden Alleen rampenartig zum halbrunden Parterre der Putten, die vier Jahreszeiten darstellend, ansteigen. Dieser Gartenteil zeigte ursprünglich eine dreifache Heckenumgrenzung von differenzierter Ausformung. Ansteigende Rasenböschungen, die sich aus Rasenschnecken entwickeln, unterstützen die Raumwirkung. Die Mittelachse war ursprünglich durch Wasserspiele belebt, die des Wiederaufbaus harren, beginnend am geschwungenen Springbrunnenbecken, über den wassersprühenden Blumenkorb bis zum großen Teich mit Fontäne am Gartenende.

Grünfelder Park

Grünfelder Straße, Waldenburg

Foto: Stadtverwaltung Waldenburg

Der Grünfelder Park zählt zu den bedeutendsten Werken sächsischer Gartenkunst und gehört mit zu den schönsten Landschaftsparks der Romantik und Sentimentalität. In den Jahren 1780 bis 1795 ließ Otto Carl Friedrich von Schönburg den zirka 113 Hektar großen Park anlegen, der zunächst Greenfield, nach seinem Vorbild in Kew/England, genannt wurde. Otto Carl Friedrich verwirklichte in den Grünfelder Parkanlagen seine Vorstellungen von natürlicher Garten- und antiker Baukunst. Im vorderen Teil des Parks befindet sich die von alten Kastanien gesäumte Kastanienallee, die in die mächtige Eichenallee einmündet. Angelegte Teiche, wie zum Beispiel der Gondelteich, früher Sauteich genannt, der Schafteich und der in saftige Wiesen eingebettete Elisenteich geben dem Park ein besonderes Flair. Der hintere Bereich der Parkanlage wird durch ein gewaltiges Steintor eröffnet. Es war das ehemalige Eingangstor des 1619 abgebrannten Schlosses, dessen Inschrift „Der Stillen

Sachs 31
Eigentümer/in:
Stadt Waldenburg,
Markt 1,
08396 Waldenburg,
Tel. 037608/21349,
Fax 037608/21350,
E-Mail stadt-waldenburg-sa@t-online.de,
Internet www.waldenburg.de
Größe: 113 ha
frei zugänglich
Führungen: nach Voranmeldung, für Gruppen bis 25 Personen,
50 DM/Gruppe,
jede weitere Person 4 DM
DB Waldenburg
T112, T120, T123 Waldenburg
Veranstaltungen: Konzerte und Trauungen, Mai bis Oktober,
Infos bei Fremdenverkehrsamt Waldenburg, Markt 22,
08396 Waldenburg,
Tel. 037608/21000,
Fax 037608/21006

Naturfreude" von der Absicht des Grafen zeugt. Das Badehaus mit klassizistischen Innendekorationen und der Gesundheitsbrunnen, im Volksmund Hirschtränke genannt, beide 1790 errichtet, blieben erhalten. Die vielen Kleinplastiken aus der Gründungszeit, die ästhetisch im Park eingegliedert wurden, sind leider verlorengegangen. In den Jahren ab 1820 wurden das Mausoleum und das Grünfelder Schloß mit neogotischen Stilelementen errichtet. Die einstigen Wirtschaftsräume des Schlößchens werden heute als Hotel und Gaststätte Grünfelder Schloß genutzt.

Sachs 32
Größe: 0,14 ha
Anmeldung für Gruppen über 10 Personen erbeten
Öffnungszeiten: ganzjährig geöffnet, im Sommer März bis Okt., Do–Sa 9–18 Uhr
im Winter Nov. bis Febr.
Sa 9–16 Uhr
Eintritt: frei
Führungen: nach Voranmeldung, für Gruppen bis 25 Personen, kostenlos
DB Leisnig
→ Im Ortsteil Gorschmitz auf der Hauptstraße Hinweisschild zu der Anlage
✿ 800 Arten Gebirgspflanzen

Arktisch-Alpiner Pflanzengarten

OT Gorschmitz Nr. 14, Leisnig

Der Pflanzengarten ist seit 1995 als Botanischer Garten Deutschlands für Gebirgspflanzen registriert. Die 2500 Pflanzenarten sind geographisch in die Abteilungen Europa auf Kalk, Europa auf Urgestein, Asien, Canadische Rocky Mountains, Neuseeland/Australien, Nordische Länder sowie andere Versuchsreihen aufgeteilt. Besonderheit sind 200 verschiedene zwergige Weiden-Arten, darunter die seit 1930 am Wildstandort in Grönland ausgestorbene Salix ivigtutiana.
Eigentümer/in: Siegfried Geißler, OT Gorschmitz Nr. 14, 04703 Leisnig, Tel. 034321/14623, Fax 034321/14623
Veranstaltungen: Pflanzenbörse, zur Sonnenwende im Juni, Pflanzenbörse, 2. Wochenende im Sept.
Attraktionen: Blütezeit Saxifraga, Draba, Dianthus April/Mai

Sachs 33
Größe: 12 ha
Eintritt: frei
Öffnungszeiten: ganzjährig geöffnet,
im Sommer 8–18 Uhr,
im Winter 8–17 Uhr
Führungen: nach Voranmeldung, für Gruppen bis 10 Personen, Kinder bis 15 Personen, Kinder: 15 DM/Gr. Erw.: 30 DM/Gr.
Bus 21 Wittgensdorfer Straße (Eisstadion)
P gebührenpflichtig
Veranstaltungen: Diverse Infos bei Eigentümer

Botanischer Garten Chemnitz

Leipziger Straße 147, 09114 Chemnitz

Der Botanische Garten präsentiert mitteleuropäische Pflanzengesellschaften auf eindrucksvolle Weise. Nach ökologisch-pflanzensoziologischen Aspekten werden wissenschaftliche Idealvorstellungen mitteleuropäischer Biotope attraktiv gärtnerisch umgesetzt und entwickelt. Anlagen wie Heide, Düne, Steppenhügel und verschiedene Kleingewässer bieten einen umfassenden Überblick über die entsprechenden Pflanzengemeinschaften. Eng mit den Zielstellungen der Einrichtung verbunden ist eine intensive Kinder- und Jugendtätigkeit. Gemeinsam mit dem Naturschutzbund Deutschland, Regionalverband Erzgebirge e.V., werden zahlreiche Schüler-Arbeitsgruppen betreut, Erlebnis- und Projekttage organisiert.
Eigentümer/in: Stadt Chemnitz, Garten-, Friedhofs- und Forstamt, Annaberger Straße 89, 09120 Chemnitz, Tel. 0371/3364805, Fax 0371/235199

Arktisch-Alpiner-Garten

Schmidt-Rottluff-Straße 90, Chemnitz

Der zirka 5 000 Pflanzenarten umfassende Arktisch-Alpine-Garten stellt ein Kleinod sowohl für Wissenschaftler als auch für interessierte Liebhaber und botanische Laien dar. Auf kleinstem Raum werden vielfältige Pflanzengesellschaften in ausdrucksvoller Art und Weise gezeigt. Durch den Kontakt zu Botanischen Gärten und internationalen Samenaustausch sind auch die Pflanzensammlungen außereuropäischer Gebiete reichhaltig. Es werden Informationen über laufende Artenschutz- und Umweltprojekte sowie Ergebnisse taxonomischer Untersuchungen vermittelt. Eigentümer/in: Walter-Meusel-Stiftung, Schmitt-Rottluff-Straße 90, 09114 Chemnitz, Tel. 0371/426895

Sachs 34
Größe: 0,2 ha
Anmeldung erbeten
Öffnungszeiten: ganzjährig geöffnet, Mo–Fr 9–17 Uhr
Eintritt: frei Spenden erbeten
Führungen: nach Voranmeldung
P ♿ i
✿ April – Okt., Mi und jeden 1. Sa, 9 – 18 Uhr

Park Schönau

Guerickestraße / Eichelbergweg, Chemnitz

Der Park Schönau erstreckt sich in Hanglage unterhalb der Guerickestraße. Entsprechend seiner topographischen Situation entstand die Anlage aufgrund der schönen Aussicht (Schonowe = Siedlung in der schönen Aue). In den Jahren 1992 bis 1994 erfolgte die Umgestaltung, bei der unter anderem Pergolen und ein Rosenpavillon eingeordnet wurden.

Sachs 35
Eigentümer/in: Stadt Chemnitz, Garten-, Friedhofs- und Forstamt, Annaberger Straße 89, 09120 Chemnitz, Tel. 0371/4886700, Fax 0371/4886799
Größe: 1,7 ha, frei zugänglich
🚋 1 Schönau Endhaltestelle
P 🐕

Schloßplatz

Hechlerstraße, Salzstraße, Chemnitz

Der Schloßplatz entstand im Jahr 1900 als eine in seiner Gestaltung und Gliederung in Chemnitz einzigartigen architektonischen Platzanlage mit umlaufenden Blumenrabatten, Ornamentbeeten, Hochstämmen und immergrünen Pflanzenrondells, die im Rahmen der Rekonstruktion 1993 wiederhergestellt wurden.
Eigentümer/in: Stadt Chemnitz, Garten-, Friedhofs- und Forstamt, Annaberger Straße 89, 09120 Chemnitz, Tel. 0371/4886700, Fax 0371/4886799

Sachs 36
Größe: 0,8 ha
frei zugänglich
🚌 21, 22 Küchwaldring
P ✂ 🐕 ♿

Neue und Alte Schloßteichanlagen

Hartmannstraße / Schloßteichstraße / Erich-Schmidt-Straße, Chemnitz

Der Schloßteich mit einer heutigen Wasserfläche von 11 Hektar wurde 1493 vom Abt Heinrich von Schleinitz als Fischteich für das Kloster angelegt. 1860 wurde er von der Stadt aufgekauft und erhielt nach Plänen des Stadtrats Zipper seine Gestalt. Die bestehende Anlage konnte ab 1930 wesentlich erweitert werden, als man im Rahmen von Notstandsarbeiten das Gelände der ehemaligen Hartmannschen Werke zum Park umgestaltete. Als wesentliches Ge-

Sachs 37
Eigentümer/in: Stadt Chemnitz, Garten-, Friedhofs- und Forstamt, Annaberger Straße 89, 09120 Chemnitz, Tel. 0371/4886700, Fax 0371/4886799
Größe: 20 ha
frei zugänglich
Attraktionen: Wasserspiele,
🚌 21, 22, 23

Hartmannstraße
Veranstaltungen:
Sommerkonzerte
auf der Schloßteichinsel

staltungselement wurde die Neue Schloßteichanlage durch eine Achse über die Schloßteichinsel mit der Alten Anlage verknüpft. Neben dem Leuchtbrunnen und einer Staudenterrasse entstand eine Treppenanlage, die die 1868 von Johannes Schilling geschaffenen vier Allegorien zum Thema „Die Tageszeiten" aufnimmt. Diese überlebensgroßen Figurengruppen aus Postelwitzer Sandstein standen ursprünglich am Treppenaufgang zur Brühlschen Terrasse in Dresden, bis sie 1898 der Stadt Chemnitz geschenkt wurden.

Sachs 38
Größe: 55 ha
frei zugänglich
Attraktionen:
Otto-Werner-Garten,
5, 6 Treffurthstraße
43 Scheffelstraße
49 Händelstraße

Stadtpark

Beckerstraße / Südring, Chemnitz
Der Stadtpark erstreckt sich entlang der Chemnitz vom Stadtzentrums bis zum Stadtrand. Die erste Anlage eines kleinen Bereiches erfolgte 1798 an der Beckerstraße mit Erweiterungen ab 1884. So entstanden der Kleine und der Große Stadtparkteich, das Rosarium und eine prachtvolle Staudenanlage, welche später nach dem Gartendirektor Otto Werner benannt wurde, der Planung und Realisierung des Stadtparks zwischen 1909 und 1923 maßgeblich vorangetrieben hat. Nach dem 2. Weltkrieg gab es Veränderungen, die jedoch den Charakter der Anlage nicht beeinträchtigen.
Eigentümer/in: Stadt Chemnitz, Garten-, Friedhofs- und Forstamt, Annaberger Straße 89, 09120 Chemnitz,
Tel. 0371/4886700, Fax 0371/4886799

Sachs 39
Größe: 0,1 ha
frei zugänglich
jede Linie Zentralhaltestelle
gebührenpflichtig

Rosenhof

Innere Klosterstraße / Theaterstraße, Chemnitz
Der Rosenhof entstand ab 1964 im Gebiet früherer alter Märkte. Die Erstpflanzung bestand unter anderem aus Rosen, die aus Leningrad, Lidice, Oradour und Coventry als Geschenke der Freundschaft übergeben wurden.
Eigentümer/in: Stadt Chemnitz, Garten-, Friedhofs- und Forstamt, Annaberger Straße 89, 09120 Chemnitz,
Tel. 0371/4886700, Fax 0371/4886799

Sachs 40
Eigentümer/in: Stadt Chemnitz, Garten-, Friedhofs- und Forstamt,
Annaberger Straße 89,
09120 Chemnitz,
Tel. 0371/4886700,
Fax 0371/4886799
Größe: 94 ha
frei zugänglich
Attraktionen: Parkeisenbahn,
Kosmonautenzentrum,

Küchwaldpark

Küchwaldstraße / Leipziger Straße, Chemnitz
Der Küchwaldpark in Chemnitz entwickelte sich aus dem mittelalterlichen Klosterwald. Nach Staatswald und Ratsforst begann ab 1898 die Planung und Realisierung der Umgestaltung des Küchwaldes zum Waldpark durch die Städtische Gartenverwaltung. Der damalige Gartendirektor Otto Werner legte mit seiner gestalterischen Intention mit spannungsreichem Wechsel von waldartigen Partien und Wiesenflächen sowie der Ausstattung mit Tennisplatz und Küchwaldschänke eine Grundlage, die heute noch Bestand hat.

Nach dem 2. Weltkrieg erfolgte ab 1952 die Gestaltung des Kulturparks Küchwald, unter anderem mit der Einordnung einer Freilichtbühne am Standort der Küchwaldschänke und einer Parkeisenbahn.

21, 22 Küchwaldring

Am Roten Turm

Straße der Nationen, Chemnitz

Die Anlage Am Roten Turm entstand in Verbindung mit dem Bau der Chemnitzer Stadthalle. Durch reichhaltigen plastischen Schmuck sowie durch die Wasserspiele ist diese Grünfläche im Zentrum der Stadt besonders attraktiv. Der Rote Turm ist in seinen Fundamenten das älteste noch vorhandene Bauwerk aus der Geschichte der Stadt und war Teil der Stadtbefestigung.

Sachs 41
Eigentümer/in: Stadt Chemnitz, Garten-, Friedhofs- und Forstamt, Annaberger Straße 89, 09120 Chemnitz, Tel. 0371/4886700, Fax 0371/4886799
Größe: 1,6 ha, frei zugänglich
jede Linie Zentralhaltestelle
gebührenpflichtig

Barockgarten Schloß Lichtenwalde

August-Bebel-Straße 6, Lichtenwalde

Graf Friedrich Carl von Watzdorf ließ von 1730 bis 1737 neben dem kurz zuvor errichteten Schloß einen Garten anlegen, der stilgeschichtlich den repräsentativen französischen Barockgarten mit dem intimeren, auf den Wechsel der Erlebnisbereiche konzipierten Park des Rokoko vereint. Bei der Planung des Parks war nicht die Zuordnung zum Schloß, sondern die Einordnung in das hängige Gelände des Zschopautals und die Öffnung der gestalteten Natur in die freie Landschaft entscheidend. Der besondere Reiz der Anlage geht von seiner Terrassierung sowie der Aufteilung in einzelne Heckengärten aus. Rondells, Wasserbecken, Wasserspiele mit ursprünglich über 400 Springstrahlen, Plastiken und botanische Elemente runden die künstlerische Gestaltung ab. Wesentliche Teile des um 1800 durch einen Landschaftspark erweiterten Gartens wurden seit 1954 erneuert.
Eigentümer/in: Gemeinde Niederwiesa, Dresdner Straße 22, 09577 Niederwiesa, Tel. 03726/718625, Fax 03726/718640

Sachs 42
Größe: 10 ha
Öffnungszeiten: ganzjährig geöffnet
Eintritt: 4 DM, Kinder frei bis 12 Jahre, ermäßigt 2 DM Schüler, Auszubildende, Studenten und Schwerbehinderte
Führungen: nach Voranmeldung, Fremdenverkehrsamt Tel. und Fax: 037206/5200, für Gruppen bis 50 Personen, 200 DM/Gruppe oder 4 DM/Pers.
Attraktionen: Fontänen Mitte Mai bis zum 1. Oktoberwochenende, 10–18 Uhr
T-203 Lichtenwalde Schloß
gebührenpflichtig
Veranstaltungen: Parkfest, Orangeriekonzerte

Klosterpark Altzella

Am Schloß 3, 01683 Nossen

Die Ruinen des ehemaligen Zisterzienserklosters Altzella zählen zu den ältesten architektonischen Zeugnissen in Sachsen. Um 1800 gestaltete der Kunstgärtner Johann Gottfried Hübler unter Einbeziehung der Ruinen einen Englischen Landschaftspark. Das Mausoleum, die Grablege der Wettiner, paßte sich in die Gestaltung ein. Maler wie Caspar David Friedrich und Ludwig Richter wurden durch die Romantik des Parks inspiriert.

Sachs 43
Eigentümer/in: Freistaat Sachsen, Sächsische Schlösserverwaltung, Stauffenbergallee 2, 01099 Dresden, Tel. 035242/68700, Fax 035242/68700
Größe: 17,5 ha
Öffnungszeiten: April bis Okt. Di–Fr: 9–17 Uhr,

Sa u. So 10–18 Uhr
Eintritt: 3 DM, Kinder frei bis 6 Jahre, ermäßigt 2 DM
Schulklassen 1,50 DM/Person
Führungen: nach Voranmeldung
Tel.: 035242/68700
20 DM/Gruppe Mindesgebühr
1 DM Zuschlag zum Eintritt
DB Nossen
P ☕ 🐕 ℹ
Veranstaltungen: Infos bei: Staatl. Schloßbetrieb, Schloß Nossen / Kloster Altzella, Tel. 035242/68700

Foto: Schloßbetrieb Altzella

Sachs 44

Eigentümer/in: Technische Universität Dresden, 01062 Dresden, Tel. 035203/381274, Fax 035203/381274
Größe: 18 ha
Öffnungszeiten: April bis Okt. Sa–Do, 8–17 Uhr
Eintritt: frei
Führungen: nach Voranmeldung, für Gruppen bis 30 Personen, 60 DM/Gruppe, ermäßigt 30 DM/Gruppe
Attraktionen: Forstbotanisches Museum 13.30–15.30 Uhr
P gebührenpflichtig
✂ 🐕 ♿ ℹ

Forstbotanischer Garten Tharandt

Pienner Straße 8, 01737 Tharandt

Foto: TU Dresden

Der Forstbotanische Garten Tharandt wurde bereits im Jahre 1811 durch Heinrich Cotta und Adam Reum angelegt und zählt somit zu den ältesten Arboreten der Welt. Ein Bestand von derzeit zirka 2300 Sippen winterharter Gehölze machen den Garten nicht nur für den Dendrologen außerordentlich wertvoll, sondern auch zu einem touristischen Magneten der Region. Das dem Garten angeschlossene Forstbotanische Museum mit der Wald-Erlebnis-Werkstatt Sylvaticon wendet sich mit einem vielfältigen Angebot zur Umweltbildung an jung und alt.

Seifersdorfer Thal

Seifersdorf

Das Seifersdorfer Thal, ab 1781 von Hans Moritz, dem Sohn des sächsischen Premierministers Heinrich von Brühl, und seiner Frau Christina geschaffen, gehört zu den bedeutendsten frühen Landschaftsgärten und Zeugnissen der empfindsamen Gartenkunst in Deutschland. In dem 1 Kilometer von Dorf, Schloß und Herrenhaus Seifersdorf entfernten Tal der Großen Röder konzipierten die Brühls über 40 Gartenszenen, griffen in den vorhandenen reizvollen Landschaftsraum jedoch nur behutsam ein. Zentraler Punkt ist die in Resten noch vorhandene Hermannseiche auf dem sogenannten Burgberg. Zu seinen Füßen befindet sich die Marienmühle, das einzige noch erhaltene Gebäude der Anlage. Die Brühls waren mit dem Weimarer Kulturkreis um die Herzogin Anna-Amalia verbunden. Besonders die Theorien Johann Gottfried von Herders lieferten Anregungen für das ideelle Konzept des Gartens. Als gestalterische Vorlage diente oft Georg Hirschfelds Theorie der Gartenkunst. Bis zur Mitte des 19. Jahrhunderts entstanden unter dem Sohn Karl von Brühl, Intendant des Königlichen Schauspielhauses in Berlin, noch einige Gedenksteine, die sich jedoch dem Konzept des frühen Landschaftsgartens unterordneten. Für den Umbau des bis dahin unbewohnbaren Renaissanceschlosses im neogotischen Stil lieferte Schinkel Entwürfe. Um das Schloß entstand gegen Ende des 18. Jahrhunderts ein Landschaftspark. Schloß, Herrenhaus und Park, wenn auch mit Veränderungen, sind erhalten. Im ehemaligen Garten am Herrenhaus befindet sich noch ein stark verfallener, Ende des 18. Jahrhunderts errichteter Gartenpavillon. Von den insgesamt 45 Gartenszenen im Seifersdorfer Thal sind über die Hälfte zumindest in Resten heute noch vorhanden.

Sachs 45
Eigentümer/in: Landesverein Sächsischer Heimatschutz e.V., Wilsdruffer Straße 29, 01067 Dresden, Tel. 0351/4956153, Fax 0351/4951559, E-Mail huback@t-online.de (Seifersdorfer Thal e.V.)
Größe: 40 ha
frei zugänglich
Führungen: nach Voranmeldung Klaudia Kröning,Tel. 0351/8808537, oder Birgit Pätzig, Tel. 0351/4015748, für Gruppen bis 50 Personen, Rundgang ca. 2 Stunden 60 DM/Gruppe
🚌 Radeberg Ottendorf-Okrilla
Ⓢ Radeberg
P ✕ 🐕 ♿
Veranstaltungen: Opernaufführung, Sommermonate
Infos bei: Wilfried Promnitz, Tel. 0351/2640261,
Thalfest mit Wandelkonzert Laufen und Lauschen, Sommermonate Pfingstsingen
ℹ nur bei Veranstaltungen

Botanischer Garten Schellerhau

Hauptstraße 41a, Schellerhau

Harmonisch eingebunden in die von Bergwiesen, Steinrücken und ausgedehnten Wäldern geprägte Landschaft des Osterzgebirges befindet sich der reizvolle Erzgebirgsort Schellerhau mit seinem traditionsreichen Botanischen Gar-

Sachs 46
Eigentümer/in: Stadt Altenberg, Platz des Bergmanns 2, 01773 Altenberg
Größe: 1,5 ha

Öffnungszeiten: Mai bis Oktober Di–So 9–17 Uhr
Eintritt: 3,50 DM, Kinder frei bis 6 Jahre, ermäßigt 2,50 DM
Gruppen ab 20 Personen 2,50 DM/Person
Führungen: nach Voranmeldung, für Gruppen bis 30 Personen, 25 DM/Gruppe
360, 367 (Regionalverkehr Dresden) Botanischer Garten
→ Anfahrt über B170/E55 Dresden – Grenzübergang Zinnwald – Prag

ten. Hervorgegangen aus der vom Königlich-Sächsischen Garteninspektor Gustav Adolf Porscharsky 1906 angelegten Pflanzensammlung beherbergt der erst in jüngster Zeit wesentlich erweiterte und naturnah gestaltete Garten zirka 1200 ausschließlich im Freiland kultivierte Gebirgspflanzen. Neben der Flora des Erzgebirges und der europäischen Hochgebirge umfaßt die Sammlung aber auch ausgewählte Vertreter nordamerikanischer und asiatischer Gebirge. Die Quartiere der europäischen Hochgebirge beinhalten typische Arten der alpinen Rasen, Fels- und Schuttfluren, der subalpinen Zwergstrauchheiden, Hochstaudenfluren sowie der Latschenkiefern- und Grünerlengebüsche. Dem Schutz gefährdeter und vom Aussterben bedrohter Arten des Osterzgebirgsraums fühlt sich der Botanische Garten in besonderem Maße verpflichtet. Mit Erhaltungskulturen und der Betreuung geschützter Pflanzen am Naturstandort ist er in das Artenschutzprogramm des Freistaats Sachsen integriert. Naturnah angelegte Biotope (Wiesen- und Waldgesellschaften, Steinrücken, Moor, Bachlauf und Teich) bringen im Garten die Vielfalt der heimischen Flora und auch die pflanzensoziologischen Bindungen der jeweiligen Arten zum Ausdruck.

Foto: Barthel

Sachs 47
Eigentümer/in: Freistaat Sachsen, Sächsische Schlösserverwaltung, Stauffenbergallee 2, 01099 Dresden, Tel. 035207/87310, Fax 035207/87311
Größe: 4 ha
Öffnungszeiten: ganzjährig geöffnet, Sommer 10–18 Uhr, Winter 10–15 Uhr
Eintritt: frei

Schloß Moritzburg

01468 Moritzburg

1542 bis 1546 wurde unter Herzog Moritz von Sachsen ein Renaissancehaus als Jagdsitz nach Entwürfen der Architekten H. von Dehn-Rothfelser und C.V. von Wierandt gebaut. Im 16. und 17. Jahrhundert erfolgten zahlreiche Umbauten, die 1723 bis 1733 unter der Leitung des Oberlandbaumeisters M. D. Pöppelmann im Umbau des alten Renaissancebauwerks zum Jagd- und Lustschloß für August den Starken endeten. Durch die Nutzung der das Schloß umgebenden Teichlandschaft entstand im 18. Jahrhundert eine als Gesamtkunstwerk konzipierte Kulturlandschaft, deren gestalterische Ideen auf August den Starken zurückzuführen sind. Neben dem König selbst waren die Architekten M. C. Dietze und M. D. Pöppelmann maßgeblich beteiligt. Nach 1726 wurde mit der Anlage eines Lustgartens, vermutlich nach Plänen von Pöppelmann, am mit der Insel verbundenen nördlichen Teichufer begonnen. Sehr detaillierte Planungen von J. Ch. Knöffel und G. G. Meister wurden offensichtlich nur in Teilen in diesem Bereich realisiert. 1770 erfolgte der Bau des Neuen Palais, dem späteren Fasanenschlößchen, durch den Architekten J. D. Schade unter Kurfürst Friedrich August III. Der Hauptzugang zur Fasanerie erfolgte über eine Allee, die von Westen her vom Jagdschloß aus durch den Tiergarten geführt worden war. In der zweiten Hälfte des 18. Jahrhunderts wurden in die großzügig angelegten, durch Alleen und Kanäle gebildeten Sichtachsen zahlreiche Elemente der Landschaft einbezogen und so zu gestalteten Landschaftsbildern verändert.

Schmalspurbahn Radebeul – Radeburg
P gebührenpflichtig

Foto: Schöner

Botanischer Garten der TU Dresden

Stübelallee 2, Dresden

Schon kurz nach seiner Gründung im Jahr 1822 verfügte der Dresdner Botanische Garten über 7800 Pflanzenarten. Nach seiner Zerstörung 1945 übernahm ihn wenige Jahre später die Technische Universität Dresden. Er zeigt heute rund 9000 Pflanzenarten aus allen Klimazonen und verschiedensten geographischen Regionen der Erde. Die Gliederung folgt vor allem pflanzengeographischen Gesichtspunkten. Vor den Toren des großen Tropenhauses, das den Gewächsen Afrikas und Asiens gewidmet ist, trifft man auf Zeugen einer längst vergangenen Zeit: urzeitliche Pflanzen aus der mitteleuropäischen Tertiärflora, ergänzt durch mächtige fossile Baumstümpfe. Die Morphologische Abteilung stellt pflanzliche Anpassungen an verschiedene Umweltfaktoren vor. Benachbart dazu ist eine Sammlung von

Sachs 48
Eigentümer/in: Technische Universität Dresden, Stübelallee 2, 01307 Dresden, Tel. 0351/4593185, Fax 0351/4593185
Größe: 3,2 ha
Öffnungszeiten: ganzjährig geöffnet, im Sommer 8–18 Uhr, Gewächshäuser 10–18 Uhr, im Winter 10–15.30 Uhr
Eintritt: frei
Führungen: nach Voranmeldung, kostenlos
1, 2, 4, 10, 12, 13 Straßburger Platz

Veranstaltungen:
Infos bei:
Tel. 0351/4593185

Heil- und Gewürzpflanzen. Die Systematische Abteilung geht auf botanische Verwandtschaftsverhälnisse ein. Neben ausdauernden Pflanzen wird eine umfangreiche Sammlung einjähriger Pflanzen gezeigt. Drei Schaugewächshäuser geben einen Einblick in die Flora tropischer und subtropischer Gebiete.

Sachs 49
Größe: 1 ha
Anmeldung für Gruppen erbeten
Öffnungszeiten: ganzjährig geöffnet, 7 Uhr bis Einbruch der Dunkelheit
Eintritt: frei
Führungen: nach Voranmeldung, kostenlos
1 Kleinzschachwitz
83 Pillnitz, Pillnitzer Platz, Elbfähre nach Pillnitz
→ 10 Minuten Fußweg durch den Schloßpark

Gärten der HTW Dresden in Pillnitz

Pillnitzer Platz, Dresden-Pillnitz

Pillnitz mit seinem Lustschloß an der Elbe ist ein Schwerpunkt des sächsischen Garten-, Wein- und Obstbaus.
1922 wurde die Höhere Staatslehranstalt für Gartenbau gegründet und in Marstallgebäuden des ehemaligen Kammerguts angrenzend an Schloß und Park untergebracht.
Mit dem Aufbau der gartenkünstlerischen Ausbildung entstanden beispielhafte Außenanlagen, die aber nach der Verlegung der Ausbildungsstätte in den 60er Jahren vernachlässigt und zum Teil zerstört wurden. Seit Anfang der 90er Jahre wird der Bestand gesichert und wieder als Lehr- und Demonstrationsanlage weiterentwickelt – nunmehr für den Fachbereich Landbau/Landespflege der HTW Dresden.
Botanisch gesehen stellen die Gärten eine Ergänzung der Pflanzenbestände des Schloßparks Pillnitz und der Lehr- und Sichtungsgärten der Sächsischen Landesanstalt für

Landwirtschaft dar. Die Neuanlagen sind einer zeitgemäßen Entwurfshaltung verpflichtet.
Eigentümer/in: Freistaat Sachsen, Hochschule für Technik u. Wirtschaft Dresden (FH), Fachbereich Landbau/Landespfl., Pillnitzer Platz 2, 01326 Dresden, Tel. 0351/4622761, Fax 0351/4622167, E-Mail dekanat@pillnitz.htw-dresden.de, Internet www.htw-dresden.de/pillnitz

Lehr- und Sichtungsgarten und das Versuchsfeld für Gartenbau Dresden-Pillnitz

Lohmener Straße, Dresden-Pillnitz

Der Lehr und Sichtungsgarten umfaßt unterschiedliche Gestaltungselemente zur Material- und Pflanzenverwendung für öffentliche Grünanlagen und private Gärten. Er wurde 1997 neu angelegt und ist in der Entwicklung begriffen. An ihn schließt sich das Versuchsfeld des Fachbereichs Gartenbau und Landespflege an. Es besteht aus großflächigen Anlagen der Referate Obst-, Zierpflanzen- und Gemüsebau.
Unter dem Aspekt der Park- und Gartengestaltung bieten die hier auch angesiedelten Demonstrations- und Versuchsflächen des Referates Landespflege, Baumschule und Friedhofsgärtnerei zahlreiche Einzelthemen. Neben dem BdB-Gehölzsortiment (Bund deutscher Baumschulen) und umfangreichen Staudenpflanzungen wurden in den letzten Jahren großflächige Demonstrationsanlagen für Klein- und Großstrauchrosen angelegt. 20 verschiedene handelsübliche Wiesenblumenmischungen werden in einem mehrjährigen Versuch geprüft. Die Anlagen sind vorrangig für Lehre und Versuchswesen konzipiert.

Sachs 50
Eigentümer/in:
Sächsische Landesanstalt für Landwirtschaft, August-Böcksteigel-Straße 1, 01326 Dresden-Pillnitz, Tel. 0351/26120, Fax 0351/2612489
Größe: 1,5 ha
Anmeldung erbeten
Öffnungszeiten: ganzjährig geöffnet
Eintritt: frei
Führungen: nach Voranmeldung
🚌 Elbdampfer nach Pillnitz
P ♿

Schloßpark Pillnitz

Fliederhof, 01326 Dresden

1694 gelangte Pillnitz in den Besitz der Wettiner. Unter August dem Starken begannen im Jahre 1718 umfangreiche Planungen für pavillonartige Palaisneubauten und ein großes Zentralschloß mit dazugehörigen Gärten. Zwischen 1720 und 1721 wurde mit den ersten Arbeiten begonnen, einige Jahre später waren die zwei Palaisbauten im chinoisen Stil mit dem in seiner Grundstruktur bis heute erhaltenen Garten fertiggestellt. Als Schöpfer der Anlage ist M. D. Pöppelmann anzusehen, Z. Longuelune war an den Planungen in Pillnitz maßgeblich beteiligt. Mit dem Garten wurde ein Lustort geschaffen, der in konzentrierter Form wohl jeglichem Spieltrieb Befriedigungsmöglichkeiten bot. Der Garten wurde 1725 in Richtung der Hauptachse durch eine Allee verlängert, die später als Mail-Bahn genutzt wurde. Durch den Bau eines Aha gelang 1790 eine klare optische Verbindung zwischen der inneren Hauptallee am

Sachs 51
Eigentümer/in: Freistaat Sachsen, Sächsische Schlösserverwaltung, Stauffenbergallee 2, 01099 Dresden, Tel. 0351/2613265/267, Fax 0351/2613261
Größe: 28 ha
Anmeldung für Gruppen erbeten
Öffnungszeiten: ganzjährig geöffnet bis Eintritt der Dunkelheit
Eintritt: 2 DM, ermäßigt 1 DM für Senioren, Schüler, Studenten, Soldaten, Zivis
Führungen: nach Voranmeldung, für Gruppen bis 30 Personen
Attraktionen: Kamelienblüte

Ende Febr. bis Mitte/Ende April
9, 14 Kleinzschachwitz
85 Pillnitz
Elbdampfer: Schloß Pillnitz
gebührenpflichtig
Veranstaltungen: Elbhangfest
Kultur- und Volksfest
letztes Wochenende im Juni
Infos bei: Tel. 0351/2683832
Kamelien

westlichen Schloßeingang und der Mail-Bahn.
Alle nachfolgenden architektonischen und gartenkünstlerischen Gestaltungen akzeptierten die aus der ersten Hälfte des 18. Jahrhunderts stammende Gestaltungsidee und orientierten sich an ihr. Durch die Nutzung als Sommerresidenz des Sächsischen Hofes kam es nach 1765 zu Veränderungen: 1778 bis 1791 erfolgte die Erweiterung des Schloßparks im englischen Stil mit dem Pavillon im Englischen Garten, die Errichtung der Flügelbauten des Palais, die Anlage des Holländischen Gartens und des Chinesischen Gartens mit dem Pavillon im chinesischen Geschmack nach C. F. Schuricht. Die Umgestaltung des Lustgartens wurde in den Jahren 1838 bis 1867 in mehreren Etappen vorgenommen. Seine heutige Form entspricht im wesentlichen den auf den Gestaltungsideen P. J. Lennés aufbauenden Planungen des Hofgartendirektors G. F. Krause aus dem Jahre 1866. In der von den Flügelbauten des Neuen Palais gebildeten Hoffläche legte man darüber hinaus den Fliederhof an. 1858 bis 1861 entstand das Palmenhaus.
Seit Ende des 18. Jahrhunderts diente Pillnitz den naturwissenschaftlich interessierten Regenten Sachsens als botanisches Experimentierfeld. Im Park gibt es eine Vielzahl dendrologischer Raritäten. Die über zweihundertjährige Kamelie mit bis zu 15 000 Blüten jährlich gehört zu den bekanntesten ihrer Art in Europa.

Sachs 52
Eigentümer/in: Freistaat Sachsen, Sächsische Schlösserverwaltung, Stauffenbergallee 2, 01099 Dresden, Tel. 0351/4456600, Fax 0351/4456722
Größe: 147 ha
frei zugänglich
Attraktionen: Parkeisenbahn Ostern bis Ende Okt.
9, 10, 11, 13, 26 Lennéstraße, Stübelallee
gebührenpflichtig

Großer Garten

Lennéstraße, Dresden

Foto: Pellmann

Unter Kurprinz Johann Georg, dem späteren Kurfürsten Johann Georg III., wurde ab 1676 mit der Gestaltung des Großen Gartens begonnen. Von 1676 bis 1687 erfolgten in mehreren Etappen Flächenankäufe für die Gartenanlage, deren erste Planungen dem Gärtner M. Göttler zugeschrieben werden. 1678 bis 1683 wurde das Palais nach Plänen von Oberlandbaumeister J. G. Starcke in der Mitte des Gartens errichtet. Kurfürst Johann Georg III. entschied, den Garten zukünftig nach Plänen J. F. Karchers zu gestalten. Die bis zu diesem Zeitpunkt erst in Ansätzen fertiggestellte Anlage wurde so in einen Barockgarten umgestaltet. Ab 1684 folgte die Errichtung von acht Pavillonbauten. 1715 wurde das Palaisbassin angelegt, vier Jahre später das Parterre und die Boskette um das Palais sowie das Fasanengehege. Nach mehreren kriegsbedingten Zerstörungen wurden unter Amtshauptmann von Carlowitz nach 1813 erste romantische Veränderungen des Gartens vorgenommen. Durch Friedrich Bouché erfolgte von 1873 bis 1914 die landschaftliche Umgestaltung des Großen Gartens unter Beibehaltung barocker Grundstrukturen. Nach 1945 wurde der Garten zum Volkspark erklärt und mit entsprechenden Funktionsbereichen versehen.

Zwinger

Theaterplatz, Dresden

Auf dem Gelände der zwischen der äußeren und inneren Stadtbefestigung – dem sogenannten Zwinger – gelegenen Gärten ließ August der Starke durch M. D. Pöppelmann eine Orangerie errichten. Der Bau des Königlichen Orangeriegebäudes geschah in mehreren Etappen, so daß zwischen 1711 und 1728 die Bogengalerien am Wallpavillon, das Nymphenbad, der Mathematische Salon und der Französische Pavillon, das Kronentor mit den Langgalerien, der Rohbau des Wallpavillons und die südlichen Pavillonbauten errichtet wurden. Die Fläche des Zwingers wurde bis in die Mitte des 18. Jahrhunderts als Festplatz und Orangerieparterre genutzt, wobei die Verwendung der Gebäude als Orangerie 1728 eingestellt wurde. 1820 bis 1830 erfolgte die Umgestaltung dieses Gebietes und die Anlage des Zwingerteichs nach Plänen des Hofgärtners C.A. Terscheck. Mit der Gründung der Zwingerbauhütte 1924 bis 1936 unter Leitung von H. Ermisch wurde der Zwinger saniert und restauriert sowie eine den Plänen von Pöppelmann nachempfundene Parterreanlage realisiert.

Sachs 53
Eigentümer/in: Freistaat Sachsen, Sächsische Schlösserverwaltung, Stauffenbergallee 2, 01099 Dresden, Tel. 0351/4914601/603, Fax 0351/4914625
Größe: 5,4 ha
frei zugänglich
Attraktionen: Brunnenanlagen mit Fontänen Mai bis Okt.
P gebührenpflichtig
Veranstaltungen: Konzerte, Sommer

Elbpromenade mit Rosen- und Staudengarten

Königsufer, Carolabrücke / Diakonissenweg, Dresden

Rosengarten und Staudengarten entstanden nach Plänen des Stadtgartendirektors Heinrich Balke und zählen zu den bedeutendsten städtebaulich-gärtnerischen Leistungen dieser Zeit. Am Neustädter Elbufer gelegen, sind sie Teil der landschaftlich gestalteten Uferpromenade. Das sogenannte

Sachs 54
Eigentümer/in: Landeshauptstadt Dresden, Grünflächenamt, Comeniusstraße 101, 01309 Dresden, Tel. 0351/3105581, Fax 0351/3100064

Größe: 6 ha
frei zugänglich
3, 5, 6, 7, 8 Carolaplatz
11, 51 Diakonissenplatz
Fähre zwischen Johannstädter Fährgarten und Drachenschänke
Veranstaltungen:
Filmfestnächte, Juni bis Juli

Königsufer bildet das Pendant zur architektonisch ausgebildeten Altstädter Seite. Die Anlagen wurden im Zusammenhang mit einer Gartenausstellung 1936 als Lehr- und Schaugärten eröffnet. Der Rosengarten wies einen Bestand von 6000 Rosenstöcken auf. Er gliedert sich in die aufeinander folgenden Bereiche Staudenteil, Trennungsteil, Hochstammrosenteil und Senkgarten. In ihrer Ausprägung mit den streng geometrischen Formen, dem rechteckigen Mittelfeld und den Umgehungswegen, der Rahmung, Reihung und Materialauswahl sowie der bildkünstlerischen Gestaltung gelten die Gärten als typische Vertreter der 30er Jahre.

Sachs 55
Größe: 4 ha
frei zugänglich
11 Räcknitzhöhe
gebührenpflichtig

Volkspark Räcknitz

Räcknitzhöhe, Dresden

Zwischen 1896 und 1905 kam es zur Errichtung von zwei Wasserhochbehältern, deren Umfeld die Stadtgartenverwaltung zu einem öffentlichen Park umgestalten ließ. Von den Gartenbauausstellungen 1926 und 1936 wurden viele wertvolle Gehölze in den Volkspark versetzt. Vom Park genießt man schöne Ausblicke auf Dresden und Umgebung.
Eigentümer/in: Landeshauptstadt Dresden, Grünflächenamt, Comeniusstraße 101, 01309 Dresden, Tel. 0351/3105581, Fax 0351/3100064

Sachs 56
Eigentümer/in:
Landeshauptstadt Dresden, Grünflächenamt, Comeniusstraße 101, 01309 Dresden, Tel. 0351/3105581, Fax 0351/3100064
Größe: 4,5 ha
frei zugänglich
10, 13, 26 Lennéplatz
61, 75, 89, 93

Bürgerwiese

Bürgerwiese, Dresden

Die Dresdener Bürgerwiese – der Name reflektiert einen von alters her überkommenen städtischen Besitz – zieht sich unweit der einstigen mittelalterlichen Stadtbefestigung als 1 Kilometer langes und durchschnittlich 100 Meter breites Band in südöstlicher Richtung zum Areal des Großen Gartens hin. Die Kommune veranlaßte die Gestaltung einer öffentlichen Gartenanlage und beauftragte den Hofgärtner Terscheck 1838 mit der Planung und Ausführung eines ersten Abschnitts, der sogenannten Inneren Bürgerwiese. Diese trägt noch heute biedermeierliche Züge. Die Äußere Bürgerwiese sowie der Erweiterungsteil wurde zwischen 1859 und 1869 nach Plänen des preußischen Gartendirektors Peter Joseph Lenné angelegt. Lenné entsprach in seinen Entwürfen mit sanften Ausmuldungen und Hügelungen sowie der geschickten Einbeziehung eines Bachlaufs dem ursprünglichen Charakter der Auenlandschaft. Durch die Betonung der Diagonalen entsteht trotz der geringen Breite räumliche Tiefe. Reizvoll sind der Teich mit Fontäne, aber auch der Blick zu den Türmen der Kreuzkirche und des Rathauses. Verschiedene Plastiken sowie zwei Brunnen akzentuieren wichtige Parkpartien.

Hermann-Seidel-Park
Ermelstraße, Dresden
1892 wurde der Moorbeetkulturen-Betrieb von Hermann Seidel nach Laubegast verlegt. Auf dem Gelände blieben im Altkiefernbestand Rhododendron-Mutter- und Sichtungspflanzen zurück. Daraus ging 1920 der von der Stadtgartenverwaltung angelegte Park hervor, in dem 1930 ein Jugendstil-Märchenbrunnen aufgestellt wurde. Weitere Umgestaltungen folgten 1990.
Eigentümer/in: Landeshauptstadt Dresden, Grünflächenamt, Comeniusstraße 101, 01309 Dresden, Tel. 0351/3105581, Fax 0351/3100064

Sachs 57
Größe: 1,7 ha
frei zugänglich
61 Dornblüthstraße
gebührenpflichtig

Bienertpark
Paschkystraße, Dresden
Von Max Bertram geplant wurde der Park um 1900 mittels Spenden von Kommerzienrat Th. Bienert im landschaftlichen Stil erbaut. Von der Aussichtsplattform hat man einen guten Blick über den Südteil von Dresden. Durch den dendrologisch wertvollen Park geht der Weg steil vom linken Weißeritzufer hinauf nach Dölzschen.
Eigentümer/in: Landeshauptstadt Dresden, Grünflächenamt, Comeniusstraße 101, 01309 Dresden, Tel. 0351/3105581, Fax 0351/3100064

Sachs 58
Größe: 1,5 ha
frei zugänglich
8 Fritz-Schule-Straße
gebührenpflichtig

Fichtepark
Ehemaliger Westendpark, Bernhardstraße / Am Fichtepark, Dresden
Der Park, der 1891 nach Plänen von Carl Hampel angelegt wurde, liegt auf der Höhe von Plauen und fällt nach Nordwesten ab. Vom 25 Meter hohen, 1896 erbauten und kürzlich renovierten Fichteturm hat man einen guten Blick über Dresden und das Elbsandsteingebirge. Von der Höhe fließt ein künstlicher Bach und mündet in einen Betonteich. Die Rekonstruktion des Parks unter denkmalpflegerischen Aspekten wurde 1996 abgeschlossen.
Eigentümer/in: Landeshauptstadt Dresden, Grünflächenamt, Comeniusstraße 101, 01309 Dresden, Tel. 0351/3105581, Fax 0351/3100064

Sachs 59
Größe: 1,5 ha
frei zugänglich
8 Kotteweg
gebührenpflichtig
Verkauf zu den Turmöffnungszeiten

Leutewitzer Park
Am Leutewitzer Park, Dresden
Die bedeutendste Grünanlage im Westen der Stadt, auf einem fruchtbaren Elbhang gelegen, ist der Volkspark Leutewitz. Er ist ein verbindendes architektonisches und landschaftliches Element im Ensemble des alten historischen Dorfkerns von Leutewitz und den angrenzenden Obstbaumwiesen, Kleingärten und Wiesenflächen, auf denen die

Sachs 60
Eigentümer/in: Landeshauptstadt Dresden, Grünflächenamt, Comeniusstraße 101, 01309 Dresden, Tel. 0351/3105581, Fax 0351/3100064
Größe: 7 ha

frei zugänglich
79, 80 Gorbitzer Straße
gebührenpflichtig

Leutewitzer Windmühle, heute eine Gaststätte, steht. Die Gestaltung des Parks ist sehr stark von der Volkspark-Bewegung der Gründerzeit geprägt: Er wurde zwischen 1908 und 1911 als Spielplatz für die Kinder der Arbeitervororte Dresdens angelegt. Klare symmetrische Linienführung ohne größere künstlerische Elemente und der die große Rasenfläche umschließende ovale Ringweg mit der doppelreihigen Ahornallee sind typische Stilelemente dieser Zeit. Die diagonalen Wege sind noch heute mit Silberlinden eingefaßt. Die mit dichten Hecken umpflanzten Nischen wurden als Spiel- beziehungsweise Ruhebereich genutzt. Die Innenreihe der Ahornallee ging verloren, als die Fläche im Ringweg 1920 bis 1922 in zwei getrennte Sportplätze umgebaut wurde. Seit 1993 laufen gartendenkmalpflegerische Restaurierungsarbeiten.

Sachs 61
Größe: 4,6 ha
frei zugänglich
Hauptbahnhof
gebührenpflichtig

Touristengärten und Anlagen

Prager Straße, Dresden

Als Verbindung des Hauptbahnhofs mit den Hotelbauten der Prager Straße von 1969 bis 1978 von Pietsch, Landgraf und Wanitschke erbaut und gestaltet, ist die Anlage mit Wasserspielen, Pergolen, Rasen-, Stauden- und Gehölzflächen sowie historischen und modernen Plastiken ausgestattet.
Eigentümer/in: Landeshauptstadt Dresden, Grünflächenamt, Comeniusstraße 101, 01309 Dresden, Tel. 0351/3105581, Fax 0351/3100064

Sachs 62
Eigentümer/in:
Landeshauptstadt Dresden,
Grünflächenamt,
Comeniusstraße 101,
01309 Dresden,
Tel. 0351/3105581,
Fax 0351/3100064
Größe: 11 ha
frei zugänglich
11, 51 Schloß Albrechtsberg
gebührenpflichtig

Park Schloß Albrechtsberg

Bautzner Straße, Dresden

Foto: Pätzig

Das Schloß wurde 1850 bis 1854 für Prinz Albrecht von Preußen vom Preußischen Landbaumeister Lohse, einem Schinkelschüler, im spätklassizistischen Stil gebaut. Die umgebende Parkanlage entstand nach einem Entwurf von Neide, die Ausführung leitete Hofgärtner Neumann. Die Gestaltung des Elbhangs ist an die italienische Renaissance angelehnt und durch seine Terrassen sehr wirkungsvoll. Die große Terrasse ist 127 Meter lang und 12 Meter hoch. Große Viadukte, eine Serpentinenstraße, Säulenhallen und Wasseranlagen wurden geschaffen. Der Park, der unter denkmalpflegerischen Aspekten seit 1990 rekonstruiert wird, weist einen wertvollen Baumbestand auf. Unterhalb des Parks, von dem man einen weiten Blick auf Dresden und das Elbtal hat, liegt ein Weinberg.

Barockgarten Großsedlitz

Parkstraße, Heidenau

Foto: Pohle

Unweit von Dresden begann 1719 der Ausbau eines Gartens unter Graf August Christoph von Wackerbarth, einem sächsischen General und Vertrauten Augusts des Starken. In einem Geheimvertrag 1723 von Wackerbarth abgekauft, ließ August bis 1732 von bedeutenden Künstlern seiner Zeit, wie C. J. Knöffel, Z. Longuelune und M. D. Pöppelmann, eine Gartenanlage schaffen, die seinen höfischen Ansprüchen entsprach. Prunkvolle Feste, Glanz, Größe und Macht konnten so präsentiert werden. Die Anlage zählt zu den vollkommensten Kompositionen deutscher barocker Gartenkunst. Sie blieb unvollendet, ist jedoch in ihrer Grundstruktur bis in die heutige Zeit nahezu original erhalten. In der besonderen territorialen Hanglage wurden geschickt terrassierte Gartenräume angelegt. Die Höhendifferenzen wurden dabei durch prachtvolle Treppenanlagen, Stützmauern und Böschungen überbrückt. Große markante Sichtachsen führen den Blick durch den Garten. In die Anlage sind das Friedrichschlößchen sowie die Obere und Untere Orangerie eingefügt. Farbenfrohe Blumenrabatten,

Sachs 63
Eigentümer/in:
Freistaat Sachsen,
Staatlicher Schloßbetrieb,
Parkstraße 85,
01809 Heidenau,
Tel. 03529/56390,
Fax 03529/563999
Größe: 18 ha
Öffnungszeiten:
ganzjährig geöffnet
April bis Sept. 7–20 Uhr,
Okt. bis März 8–16.30 Uhr
Eintritt April bis Okt.: 5 DM
Nov. bis März frei, Kinder frei bis 6 Jahre, ermäßigt 3 DM
Gruppen 5 DM/Person
Führungen: nach Voranmeldung,
Tel.: 03529/56390, zusätzlich in der Saison jeden So und Feiertag 15 Uhr,
5 DM/Pers., erm.: 4 DM
Attraktionen: Wasserspiele im Sommerhalbjahr
S Heidenau – Großsedlitz
→ Touristische Wegweisungsschilder
P gebührenpflichtig
Veranstaltungen:
Sommerkonzerte u.a. im Freien bzw. in einer Orangerie, jeweils Sa oder So
Infos bei: Tel. 03529/56390,
Wechselausstellungen in den Orangerien

zahlreiche Orangenbäumchen sowie künstlerisch wertvolle Sandsteinskulpturen und eine Vielfalt von Wasserspielen prägen das prachtvolle Ensemble. Vor dem Hintergrund der Stillen Musik, einem reizvollen Glanzstück der Gartenanlage, finden unter anderem die beliebten Sommerkonzerte statt.

Sachs 64
Eigentümer/in: Freistaat Sachsen, Landesamt für Finanzen, Sächsische Schlösserverwaltung, Stauffenbergallee 2, 01099 Dresden,
Tel. 035027/5426,
Fax 035027/5552,
E-Mail Weesenstein@-online.de,
Internet www.members.aol.com/wesenstein/welcome.htm
Öffnungszeiten: ganzjährig geöffnet, im Sommer 9–18 Uhr, im Winter 9–17 Uhr
Eintritt: 6 DM, Nov. bis vor Ostern Erw.: 4 DM, erm.: 3 DM, ermäßigt 4 DM für Schüler, Studenten
Führungen: nach Voranmeldung, für Gruppen bis 40 Personen, 4 DM/Pers., erm. 2 DM/Pers.
Bus: Weesenstein
S: umsteigen in Heidenau-Nord
P: gebührenpflichtig
Veranstaltungen: Sonderführung Der verschwundene Park
Infos bei: Tel. 035027/5426, Fax 035027/5552

Schloßpark Weesenstein

Am Schloßberg 1, 01809 Weesenstein

Foto: Pellmann

Neben dem Renaissanceschloß Weesenstein mit klassizistischem Wintergarten von 1775 liegen am Flüßchen Müglitz ein Rokokopark und Reste eines Landschaftsgartens aus dem späten 18. Jahrhundert. In den letzten Jahren wurden viele Fragmente einstiger Parkarchitekturen gefunden und gesichert.

Sachs 65
Größe: 1,5 ha
Öffnungszeiten: 1. März bis 20. Oktober

Botanische Sammlungen der TU Dresden

Am Landschloß 6, Pirna

Neben dem Landschloß Zuschendorf, das 1553 aus einer alten Burg umgebaut wurde, legte der kurfürstliche Sekretarius Dr. Stöckel um 1730 einen Garten an, von dem aber nichts erhalten ist. Seit Anfang der 1990er Jahre haben es sich die Botanischen Sammlungen zur Aufgabe gemacht, das genetische Potential von Kulturpflanzen zu bewahren. Aus kulturgeschichtlichen und züchterischen Gründen werden so viele alte Sorten wie möglich erhalten. Der wichtigste und wertvollste Teil der Sammlungen sind die Kamelien. Ursprung hat die Zucht der vor allem in der Mitte des 19. Jahrhunderts sehr beliebten Pflanze in der Gärtnerfamilie Seidel. Über 100 Kameliensorten aus Seidels denkmalgeschützten Beständen und 100 weitere Sorten dominieren die 1000 Quadratmeter großen Gewächshausbestände. Auch die anderen Sammlungen von Azaleen, Hortensien, Bonsai, Zwergobstbäumen in Töpfen und Efeu haben im einst sehr bedeutenden Dresdner Gartenbau eine lange Tradition.

Eigentümer/in: Förderverein Landschloß Pirna-Zuschendorf e.V., Kastanienallee 6, 01796 Pirna-Zuschendorf, Tel. 03501/527734, Fax 03501/527734

Attraktionen: Kamelienschau, Azaleen, Bonsai und Zwergobstbäume, März bis Oktober

Di–Fr 10–18 Uhr
Sa, So, Feiertag 10–17 Uhr
Eintritt: 4 DM, für Kinder bis 14 Jahre 1 DM, ermäßigt 3 DM für Senioren, Schüler, Studenten, Zivis, Wehrdienstleistende und Gruppen ab 10 Personen 3 DM/Person
Führungen: nach Voranmeldung, 3 DM/Person
DB Pirna
Bus Zuschendorf
→ Der Garten liegt kurz vor dem Ortsausgang von Pirna in Richtung Liebstadt
P, Hunde, i
♿ teilweise
✿ Kamelien, Bonsai

Schloßpark Rammenau

Am Schloß 4, 01877 Rammenau

1717 wurde das in der Oberlausitz gelegene Rittergut Rammenau von E. F. von Knoch, Königlich-Polnischer und Kurfürstlich-Sächsischer Kammerherr, erworben, der kurz darauf mit dem Bau des neuen Schlosses im Barockstil und der regelmäßigen Gartenanlage auf der Fläche des trockengelegten Kleppschteichs begann. 1794 bis 1820 erfolgten umfangreiche Baumaßnahmen in dem 1749 fertiggestellten Schloß. Unter dem damaligen Besitzer Rittmeister F. von Kleist wurde die landschaftliche Umgestaltung der regelmäßigen Gartenanlage vorgenommen. J. C. von Hoffmannsegg kaufte das Gut 1820. Vermutlich ließ er eine weitere Ausgestaltung der englischen Anlage vornehmen. Bekannt wurde von Hoffmannsegg durch einen weitreichenden Pflanzenhandel mit eigenen Pflanzenzüchtungen. 1879 bis 1914 erfolgte unter C. Ch. E. von Posern eine nochmalige Ergänzung und Erweiterung der Gartenanlage, an welcher seine Frau Priscilla von Posern entscheidenden Anteil hatte. In den 60er Jahren wurden Planungen zur Rekonstruktion der teilweise verfallenen Gartenanlage nach Vorlagen von Ch. Bretschneider vorgenommen, die jedoch nur in Ansätzen ausgeführt wurden.

Sachs 66
Eigentümer/in: Freistaat Sachsen, Sächsische Schlösserverwaltung, Stauffenbergallee 2, 01099 Dresden, Tel. 03594/703559, Fax 03594/703559
Größe: 5 ha
Öffnungszeiten: ganzjährig geöffnet, im Sommer 10–18 Uhr, im Winter So–Fr 10–16 Uhr, Sa 13–16 Uhr
Eintritt: 4 DM, ermäßigt 3 DM für Schüler, Studenten, Familien: 6 DM
Schulklassen 1 DM/Person
Führungen: nach Voranmeldung, 1 DM/Pers.
P, Restaurant, i

Umwelt- und Lehrgarten im Kloster St. Marienstern

Cisinskistraße 35, Panschwitz-Kuckau

Der Umwelt- und Lehrgarten besteht aus sieben Gartenbereichen, die uns alte Traditionen und Erfahrungen

Sachs 67
Größe: 0,6 ha
Öffnungszeiten: Mai bis Oktober 10–18 Uhr

Eintritt: 3 DM, Kinder frei bis 6 Jahre, ermäßigt 2 DM für Senioren, Schüler, Studenten, Zivis, Wehrdienstleistende und Gruppen
Führungen: nach Voranmeldung, für Gruppen bis 40 Personen, 30 DM/Gruppe
Bus: Bautzen-Kamenz Panschwitz-Kuckau
P, Café, Rollstuhl, i, Blume
Veranstaltungen: Konzerte u.a., Sonntagnachmittags

ebenso wie modernste Erkenntnisse aus dem Gartenbau vermitteln. Es werden Gestaltungsmöglichkeiten für verschiedene Gartensituationen vorgestellt, welche vielleicht die eine oder andere Anregung geben. Besonders der historische Kräutergarten, kurz Hortulus genannt, konnte mit seinen in Holz eingefaßten Beeten hier im Umwelt- und Lehrgarten nahezu originalgetreu nach dem Hortulus des Abts Walahfried Stralo aus dem 9. Jahrhundert nachgestaltet werden.
Eigentümer/in: Christlich-Soziales Bildungswerk, Kurze Straße 8, 01920 Miltitz, Tel. 035796/9710, Fax 035796/97116

Sachs 68

Eigentümer/in: Stadt Zwickau, Garten- und Friedhofsamt, PF 200933, 08009 Zwickau, Tel. 0375/836701, Fax 0375/836799, E-Mail zwickau@zwickau.de, Internet www.zwickau.de
Größe: 7,3 ha
frei zugänglich
DB Zwickau
Bus: 16, 19 Niederplanitz / Strandbad Planitz
P, Hund, Rollstuhl

Schloßpark Planitz

Lengenfelder Straße, Zwickau

Foto: Voigtsberger

Als Teil eines Ensembles aus Schloß, Schloßkirche mit Schloßfriedhof, Lukaskirche mit Gemeindefriedhof und Parkanlage handelt es sich bei dem Planitzer Schloßpark um eine Neuschöpfung Carl Eduard A. Petzolds aus Muskau. Eine erste urkundliche Erwähnung weist die Anlage im Jahre 1583 als Wirtschafts- und Obstgarten aus, der in Besitz der Familie Arnim 1667 in einen Lustgarten umgewandelt wurde. Seit der Entstehung des Landschaftsparks 1869 blieb seine verhältnismäßig geringe Ausdehnung unverändert. Dennoch gewinnt der Park an Größe und Vielfalt dank einer Folge ineinander übergehender Räume, deren Wirkung gesteigert wird durch geschickte Gestaltung topographischer Gegebenheiten, den kulissenartigen Aufbau der Gehölzbestände sowie durch gezielte Auswahl und Anordnung der Gehölzarten, insbesondere einheimischer Baumarten und deren Formen. Der besondere Erlebniswert der Anlage ist heute im wesentlichen auf die Parkräume und das Teehaus beschränkt, da die von Petzold konzipierten Ausblicke auf Stadt und Landschaft nur noch vereinzelt gegeben sind.

Schwanenteichpark

Humboldtstraße, Parkstraße, Zwickau

Foto: Voigtsberger

Sachs 69
Eigentümer/in: Stadt Zwickau, Garten- und Friedhofsamt, PF 200933, 08009 Zwickau, Tel. 0375/836701, Fax 0375/836799, E-Mail zwickau@zwickau.de, Internet www.zwickau.de
Größe: 41,5 ha
frei zugänglich
Attraktionen: Fontäne, Gondelbetrieb Mai bis Oktober
DB Zwickau
7 Zentralhaltestelle
1, 13, 14, 15, 16, 18, 19, 20, 21, 23 Zentralhaltestelle

Der Stadtpark am Schwanenteich ist wohl die älteste gartengestalterische Anlage Zwickaus. Der Grundstein für die ursprünglich aus fünf Teichen bestehende Anlage wurde 1473 auf Initiative zweier Ratsherrren und Bergwerksunternehmer, Martin Römer und Hans Federangel, gelegt. Sie diente in den folgenden Jahrhunderten unter anderem auch der Stadtverteidigung. Der Plan für die Gestaltung eines Parks mit dem Großen Teich als Mittelpunkt wurde Mitte des 19. Jahrhunderts gefaßt und von Carl Eduard A. Petzold in der noch heute bestehenden Form ausgeführt. Die seit 1850 auf dem Teich beheimateten Schwäne (der Schwan ist das Wappentier der Stadt Zwickau) prägten schließlich den heutigen Namen der Parkanlage. Nach 1950 erhielt der Schwanenteichpark nach Jahren der Stagnation seinen heutigen Volksparkcharakter. Neben baulichen Anlagen, wie dem Schwanenbrunnen (1935), dem Lothar-Streit-Denkmal, der Gondelstation, dem VVN-Denkmal, dem Denkmal der Gefallenen des Ersten Weltkriegs und der Freilichtbühne, bestehen im Park Angebote für Sport und Spiel.

Park Neue Welt

Leipziger Straße, Zwickau

Der Konzert-Park Neue Welt mit Terrassensaal entstand kurz nach der Jahrhundertwende als Bestandteil eines Ensembles aus Ballhaus (1903) für 3000 Gäste, Festwiese und Park. Der streng symmetrisch angelegte Garten wurde unter anderem mit Grotten, Brunnen und künstlichen

Sachs 70
Eigentümer/in: Stadt Zwickau, Garten- und Friedhofsamt, PF 200933, 08009 Zwickau, Tel. 0375/836701, Fax 0375/836799, E-Mail zwickau@zwickau.de,

Internet www.zwickau.de
Größe: 3 ha
frei zugänglich
DB Zwickau
7 Konzerthaus Neue Welt
P
Veranstaltungen: Konzert- und Tanzveranstaltungen im Ballhaus Neue Welt
Infos bei: Tel. 0375/834633

Felsen sowie einem Rosarium, einem Alpinum und einer Dahlienplantage gestaltet. Mit der Aufstellung zahlreicher Gartenplastiken des 1860 in Zwickau geborenen Bildhauers R. Mosebach konnte der künstlerische Rahmen besonders hervorgehoben werden. Im Jahre 1911 fand im Park und in den Räumen des Ballhauses Neue Welt eine Gartenbauausstellung des Verbandes der Handelsgärtner Deutschlands statt. Zu Beginn der 80er Jahre wurden umfassende Rekonstruktionsarbeiten vorgenommen. Eine Wiederherstellung der gesamten originalen Ausstattungen war jedoch nicht möglich. In Ergänzung zur historischen Parkachse erfolgten Erweiterungen in nördlicher und südlicher Richtung, wobei neben großen Parkwiesen auch kleinteilige Gartenbereiche entstanden.

Foto: Voigtberger

Sachs 71 NEU
Eigentümer/in: Stadt Zwickau, Garten- und Friedhofsamt, PF 200933, 08009 Zwickau, Tel. 0375/836701, Fax 0375/836799, E-Mail zwickau@zwickau.de, Internet www.zwickau.de
Größe: 3,2 ha
frei zugänglich
DB Zwickau
7 Lessingstraße
P

Schlobigpark

Zwickau

Der Schlobigpark, ursprünglich als Anstaltsgarten konzipiert, wurde am Ende des 19. Jahrhunderts im Auftrag Dr. Schlobigs geschaffen. Nach Aufgabe der ursprünglichen Nutzung diente die Fläche der wohngebietsnahen Erholung. Zwischen 1990 und 1999 wurden nach dem fast vollständigen Abriß der Klinikgebäude eine neue Parkanlage geschaffen. Im Mittelpunkt der neuen Konzeption stand die Erhaltung des wertvollen Baumbestandes von 80 bis 100 Jahren und die Einbeziehung der benachbarten Flußlandschaft der Mulde.

Sachs 72 NEU
Größe: 4,3 ha
frei zugänglich
Führungen: nach Voranmeldung
Stadtinformation,

Promenade am Dr.-Friedrichs-Ring

Zwickau

Die Grünflächen des Dr.-Friedrichs-Rings kennzeichnen die Lage der ehemaligen Verteidigungsanlagen der Stadt Zwickau, die bis auf das 13. Jahrhundert zurückreichen. Nach dem Schleifen der Stadtmauern und dem Verfüllen

der Grabenanlagen entwickelte sich im 19. Jahrhundert weitgehend das heute denkmalgeschützte Ringgrün.
Den besonderen Charakter der Anlage prägen die mit einer doppelreihigen Kastanienallee gesäumte Promenade und angrenzende Schmuckplätze in Verbindung mit der weitgehend erhaltenen Gebäudesubstanz der Gründerzeit.
Am östlichen Rand des alten Stadtkerns erinnern Reste der Stadtmauer mit dem Pulverturm an den historischen Ursprung der Grünanlage.
Eigentümer/in: Stadt Zwickau, Garten- und Friedhofsamt, PF 200933, 08009 Zwickau,
Tel. 0375/836701, Fax 0375/836799,
E-Mail zwickau@zwickau.de, Internet www.zwickau.de

Tel. 0375/835270
DB Zwickau
7 Robert-Schumann-Platz, Neumarkt
13, 14, 19, 20, 23
Dr.-Friedrichs-Ring, Finanzamt
P gebührenpflichtig

Stadtpark Plauen

Stadtparkring, Plauen

Der Stadtpark wurde zwischen 1905 und 1910 nach Plänen des Düsseldorfer Gartenarchitekten Reinhold Hoemann auf dem Gelände eines Ziegeleigrundstücks angelegt. Seine anspechende, halbkreisförmige Hanglage, die durch die beiden Haine und gehölzreiche Privatgärten besonders betont wird, verdankt er den Quellmulden zweier Rinnsale, die den Parkteich speisen. Der westliche Parkteil wurde 1964 bis 1974 völlig umgestaltet. Im Mittelpunkt dieses Bereiches steht jetzt das Parktheater mit 2900 Zuschauerplätzen, in dem während der Saison Konzerte, Sommerfilmtage und andere Veranstaltungen stattfinden. In der Nähe liegen bunte Stauden- und Sommerblumenpflanzungen. Weitere interessante Elemente des Stadtparks sind Volieren, die Drachengrotte, das St.-Georgs-Standbild und der Schiller-Gedenkstein. Der Park ist mit 68 verschiedenen Arten Laub- und 18 Arten Nadelbäumen die dendrologisch umfassendste Anlage Plauens.

Sachs 73
Eigentümer/in: Stadt Plauen, Geschäftsbereich III, Fachbereich 08, Fachgebiet Grünflächen, Forstwirtschaft und Friedhof, Hammerstraße 74, 08523 Plauen,
Tel. 03741/229867,
Fax 03741/229868
Größe: 18 ha
frei zugänglich
6 Oberer Bahnhof
A Bethanienkrankenhaus
P

Schloßpark Wildenfels

Parkstraße, Wildenfels

Das Schloß wurde im 12. Jahrhundert erbaut. Am Fuß des Schloßberges befindet sich der Park mit dem Schloßteich. Ein Rundweg führt um den 3,5 Hektar großen Teich. In den Sommermonaten ist ein Gondelbetrieb möglich.
Eigentümer/in: GmbH Schloß Wildenfels, Poststraße 26, 08134 Wildenfels, Tel. 037603/8346, Fax 037603/8347
Veranstaltungen: Parkfest, Ende Juni Rosenschau auf Schloß Wildenfels, alle zwei Jahre

Sachs 74
Größe: 10 ha
frei zugänglich
Attraktionen: Gondelbetrieb Sommermonate
Kirchberg – Wildenfels Sternplatz Zwickau – Wildenfels Sternplatz
→ Autobahnausfahrt Zwickau Ost – 2 km
P

Sachsen-Anhalt

SaAn

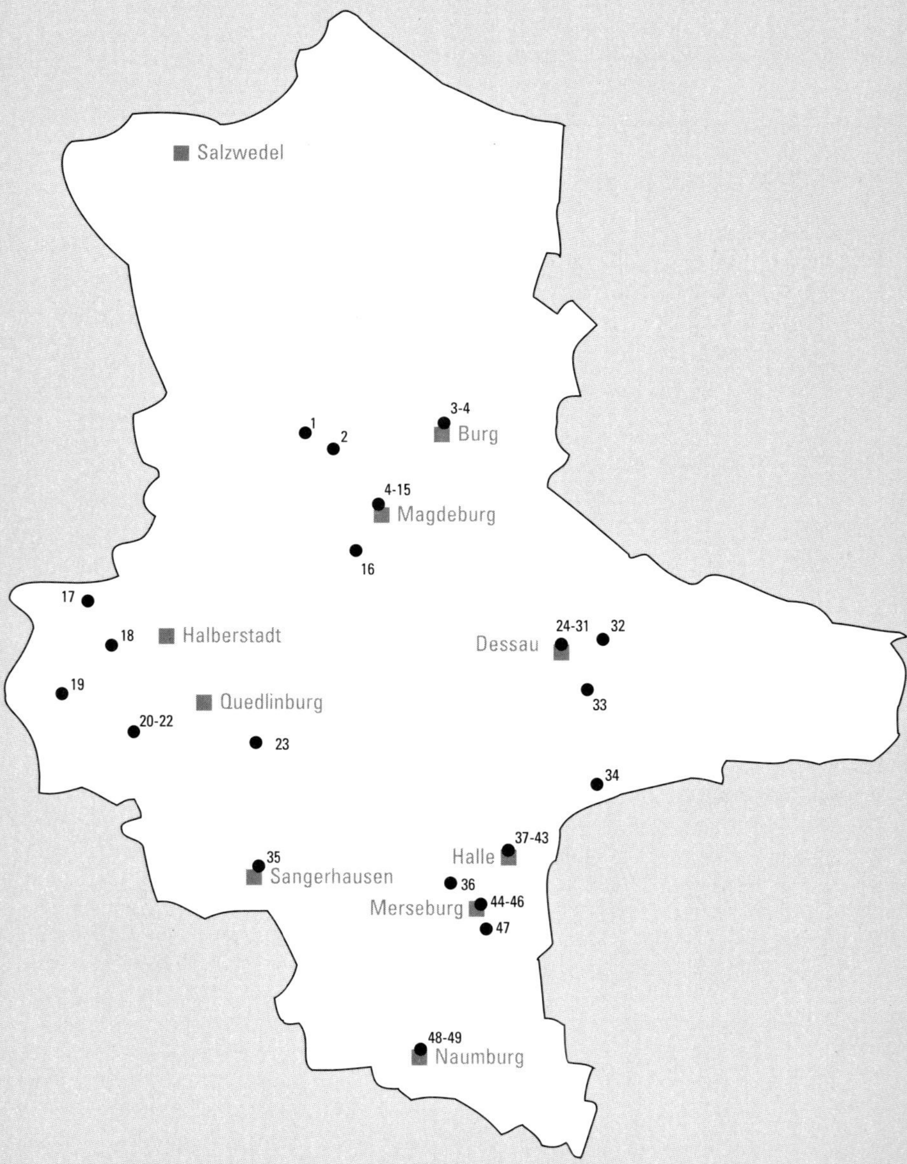

Privatgarten Otto

Alvensleber Straße 10, Haldensleben

Der Garten mit Ziergarten, Stauden, Rosen und großen Laubbäumen wurde 1936 angelegt. Die Grundkonzeption ist bis heute erhalten. In den letzten Jahren wurden viele Rosen in Kombination mit Clematis gepflanzt.
Eigentümer/in: Christine Otto, Alvensleber Straße 10, 39340 Haldensleben, Tel. 03904/40040

SaAn 1
Größe: 950 m²
Anmeldung für Gruppen erbeten,
Öffnungszeiten: ganzjährig geöffnet
Eintritt: frei
→ Bei Anmeldung

Barockgarten und Landschaftspark Hundisburg – Althaldensleben

Hundisburg

Foto: Blanke

Schloß und Barockgarten zu Hundisburg entstanden unter der Leitung des Wolfenbüttelschen Landbaumeisters Hermann Korb zwischen 1693 und 1719. In ihnen hat sich ein Hauptbeispiel barocker Bau- und Gartenkunst Norddeutschlands erhalten. Der sich anschließende Landschaftspark entstand ab 1811 unter Johann Gottlob Nathusius. Die Anlage erstreckt sich von Hundisburg aus über 2 Kilometer bis zum Kloster in Althaldensleben. Als Besonderheit wurde eine Sammlung alter Obstsorten in die Rekonstruktion der Anlagen integriert.

SaAn 2
Eigentümer/in:
KULTUR-Landschaft e.V., Gartenverwaltung Hundisburg, Oberhof, 39343 Hundisburg,
Tel. 03904/44265,
Fax 03904/2541
Größe: 100 ha
frei zugänglich
Führungen: nach Voranmeldung
DB Haldensleben
Bus HDL 13 Hundisburg
P ✂ ☕ 🐕 ♿ ℹ
Veranstaltungen:
Sommermusikakademie Klassik – Jazz
2. Augusthälfte und wechselndes Jahresprogramm

Goethepark

Bahnhofstraße, Burg

Eine ältere Gartenanlage zwischen dem Bahnhof und der Innenstadt wurde in den 70er Jahren neu gestaltet. Neben weiten Rasenflächen und einem schönen Altbaumbestand mit Tulpenbaum, Silbertanne und Schwarznußbäumen wird der Park durch größere Saisonbepflanzungen geschmückt. 1998 erhielt der Goethepark zusätzliche Sommerblumenbeete und einen Springbrunnen.
Eigentümer/in: Stadt Burg, Stadtverw. Burg, Bereich Tief-,

SaAn 3
Größe: 6,1 ha
frei zugänglich
DB Burg
P gebührenpflichtig
✂ 🐕 ♿

Hochbau und Grünanlagen, In der Alten Kaserne 2, 39288 Burg, Tel. 03921/921538, Fax 03921/921516

SaAn 4
Eigentümer/in:
Landeshauptstadt Magdeburg, Magdeburger Stadtgartenbetrieb, Maybachstraße 1, 39140 Magdeburg, Tel. 0391/5405901, Fax 0391/5405955
Größe: 21 ha (inkl. Zoo), frei zugänglich
1, 10 Zoo

Vogelgesangpark
Kastanienstraße, Magdeburg
Die heutige Gestalt des Vogelgesangparks beruht im wesentlichen auf den Plänen des Landschaftsgärtners Rudolf Schoch von 1842. Seitdem ist er beliebtes Ausflugsziel der Magdeburger. Neben großen, parkartigen Bereichen sind die zahlreichen Sondergärten wie Rosengarten mit Pergola und Brunnen, Senkgarten, Heidegarten und Rhododendrontal erwähnenswert. Sie wurden in den letzten Jahrzehnten liebevoll restauriert. Nördlich des Parks entstand in den frühen 50er Jahren der Zoo. Der Name Vogelgesang stammt von einem Waldstück, in dem Vogelfänger im Mittelalter ihre Netze spannten, um Singvögel zu fangen.

SaAn 5
Größe: 8,4 ha
frei zugänglich
1, 2, 8, 9, 10 Breiter Weg

Elbuferpromenade
Schleinufer, Magdeburg
Bis zum 2. Weltkrieg war der innerstädtische Zugang zum Elbufer durch Gleisanlagen, Packhof und andere Anlagen abgeschnitten. Zwischen 1973 und 1974 entstand eine 4 Kilometer lange, grüne Promenade. Zahlreiche Plastiken, Brunnenanlagen und Sitzbereiche wechseln sich mit üppigen Saison- und Rosenpflanzungen ab. Von der Promenade eröffnen sich immer wieder reizvolle Ausblicke auf die Stadt.
Eigentümer/in: Landeshauptstadt Magdeburg, Magdeburger Stadtgartenbetrieb, Maybachstraße 1, 39140 Magdeburg, Tel. 0391/5405901, Fax 0391/5405955

SaAn 6
Eigentümer/in:
Landeshauptstadt Magdeburg, Magdeburger Stadtgartenbetrieb, Maybachstraße 1, 39140 Magdeburg, Tel. 0391/5405901, Fax 0391/5405955
Größe: 200 ha, frei zugänglich

Rotehorn-Park
Magdeburg
Die Rotehorn-Insel in der Elbe, direkt gegenüber der Altstadt gelegen, ist das wichtigste Naherholungsgebiet Magdeburgs, für die innerstädtische Biotopvernetzung und den Naturschutz von außerordentlicher Bedeutung. Der Stadtgartendirektor Paul Niemeyer begann 1871 mit der landschaftsparkartigen Gestaltung, die seine Nachfolger bis in das 20. Jahrhundert fortsetzten. In den Park eingebettet liegt die 1928 erbaute Stadthalle mit angegliedertem Ausstellungsgelände. Der größte Teil der Insel dient der Freizeit und Naherholung für zahlreiche Sportvereine und Freizeitruderer. Zahlreiche Objekte wie Tempel, Brücken und Zitadellenbau sind unter Denkmalschutz gestellt.

SaAn 7
Größe: 0,4 ha
Öffnungszeiten:
ganzjährig geöffnet,

Gruson-Gewächshäuser
Schönebecker Straße 129a, Magdeburg
Die Gewächshäuser sind nach dem Magdeburger Industriellen Hermann Gruson benannt, der 1895 die Pflanzensamm-

lung seines Vaters der Stadt vererbte. Die Sammlung umfaßt über 3000 Pflanzenarten und -sorten. Neben 15 Meter hohen Palmen und riesigen Seerosen im Victoria-Regia-Haus sind die sogenannten Schwiegermuttersitze, die Kakteenart Echinocactus grusonii, besondere Anziehungspunkte. Der Kaktus wurde übrigens nach Hermann Gruson benannt.
Eigentümer/in: Landeshauptstadt Magdeburg, Magdeburger Stadtgartenbetrieb, Maybachstraße 1, 39140 Magdeburg, Tel. 0391/5405901, Fax 0391/5405955

im Sommer 9–17 Uhr,
im Winter 10–16 Uhr
Eintritt: 3,50 DM, ermäßigt 2 DM für Senioren, Schüler, Studenten, Soldaten, Zivis
Führungen: nach Voranmeldung, kostenlos
2, 8 Gruson-Gewächshäuser

Klosterbergegarten

Schönebecker Straße, Magdeburg

Auf dem Gelände des in den Napoleonischen Kriegen völlig zerstörten Klosters Berge ließ der Magistrat der Stadt Magdeburg zwischen 1825 und 1835 den ersten Volksgarten im deutschsprachigen Raum bauen. Die Pläne stammten von dem Preußischen Hofgartendirektor Peter Joseph Lenné, das Gesellschaftshaus wurde zwischen 1828 und 1829 nach Plänen des Berliner Baumeisters Karl Friedrich Schinkel gebaut. Von der ursprünglichen Größe von 33 Hektar sind heute noch 11 Hektar erhalten. In den letzten Jahren fanden schrittweise Sanierungsarbeiten statt. Unweit vom Gesellschaftshaus befinden sich die Gruson-Gewächshäuser.

SaAn 8
Eigentümer/in:
Landeshauptstadt Magdeburg, Magdeburger Stadtgartenbetrieb, Maybachstraße 1, 39140 Magdeburg, Tel. 0391/5405901, Fax 0391/5405955
Größe: 11 ha
frei zugänglich
2, 8 Gruson-Gewächshäuser

Garten der Möllervogtei

Hegelstraße, Magdeburg

1377 erstmalig erwähnt, ist anzunehmen, daß sich diese aus einem erzbischöflichen Baumgarten hervorgegangene Anlage seit dem Mittelalter kaum verändert hat. Durchläuft man den Garten, gelangt man zum einzig erhaltenen Stadttor Magdeburgs von 1493. Der Möllervogteigarten, etwas versteckt neben dem Domplatz liegend, wurde 1974 saniert. Er bietet dem Besucher eine unverwechselbare, in Magdeburg seltene Kleinteiligkeit. Zu seinen Besonderheiten gehören neben dem wertvollen Baumbestand die in die innere Zwingermauer eingelassenen Nischen, eine zu den Resten der Gangolfikapelle emporsteigende, steinerne Treppe sowie ein schlichter Brunnen.

SaAn 9
Eigentümer/in:
Landeshauptstadt Magdeburg, Magdeburger Stadtgartenbetrieb, Maybachstraße 1, 39140 Magdeburg, Tel. 0391/5405901, Fax 0391/5405955
frei zugänglich
2, 9, 10 Dom
→ Ausgang des Remtergangs zum Domplatz

Geschwister-Scholl-Park

Richard-Wagner-Straße, Magdeburg

1895 im Rahmen einer Gartenbauausstellung nach Plänen des Magdeburger Stadtgartendirektors Gottlieb Schoch auf einer ehemaligen Bastion entstanden, entwickelte sich der Königin-Luise-Garten zu einem Kleinod der Gartenbaukunst, wie es in zeitgenössischen Berichten heißt. Die An-

SaAn 10
Eigentümer/in:
Landeshauptstadt Magdeburg, Magdeburger Stadtgartenbetrieb, Maybachstraße 1, 39140 Magdeburg, Tel. 0391/5405901,

Fax 0391/5405955
Größe: 5 ha
frei zugänglich
1, 8, 9, 10 Lorenzweg

lage, 1951 in Geschwister-Scholl-Park umbenannt, wurde in den letzten Jahren umfassend und originalgetreu saniert. Umgeben von prächtigen gründerzeitlichen Villen ist dieser Park ein gutes Beispiel für die Gartenkunst der Jahrhundertwende.

SaAn 11
Größe: 1,3 ha
frei zugänglich
1, 10 Halberstädter Straße/ Südring

Schneidersgarten

Brunner-Straße, Magdeburg

Der Villengarten des späten 19. Jahrhunderts, der seit 1993 unter Denkmalsschutz steht, wurde 1907 von der Stadt Magdeburg gekauft und der Öffentlichkeit zugänglich gemacht. Das jetzige Wegenetz stammt von 1958. Ein alter Baumbestand und Rasenflächen kennzeichnen die Anlage. Am Rand des Gartens befindet sich ein Kinderspielplatz, in der Mitte stehen noch die alten Grabsteine der Familie Schneider.
Eigentümer/in: Landeshauptstadt Magdeburg, Magdeburger Stadtgartenbetrieb, Maybachstraße 1, 39140 Magdeburg, Tel. 0391/5405901, Fax 0391/5405955

SaAn 12
Eigentümer/in: Landeshauptstadt Magdeburg, Magdeburger Stadtgartenbetrieb, Maybachstraße 1, 39140 Magdeburg, Tel. 0391/5405901, Fax 0391/5405955
Größe: 1,7 ha
frei zugänglich
2, 9, 10 Dom

Park am Fürstenwall und Fürstenwall

Hegelstraße, Magdeburg

Der Park am Fürstenwall ist aus dem Umbau einer alten Festungsbastion entstanden und geht auf Entwürfe des Stadtgartendirektors Rudolf Schoch von 1900 zurück. Bei umfangreichen Sanierungen in den letzten Jahren wurden unter anderem die wertvollen Baumbestände mit Blühgehölzen und Stauden unterpflanzt. Blickpunkt ist das sog. Kriegerdenkmal, ein Monument zu Ehren der Gefallenen der Kriege 1866 und 1870/71. Der anschließende Fürstenwall, die verfüllte, ehemalige Zwingeranlage, ist mit regelmäßigen Baumpflanzungen und Rasenbanketten versehen. Neben den letzten Stadttürmen sind hier aus den Trümmern der Stadt geborgene Plastiken aufgestellt.

SaAn 13
Eigentümer/in: Landeshauptstadt Magdeburg, Magdeburger Stadtgartenbetrieb, Maybachstraße 1, 39140 Magdeburg, Tel. 0391/5405901, Fax 0391/5405955
Größe: 10 ha,
frei zugänglich
2 Peter-Paul-Straße

Nordpark Magdeburg

Hohepfortestraße, Magdeburg

Auf dem 1827 nach Plänen Peter Joseph Lennés angelegten Friedhof waren nur liegende Grabplatten gestattet. Ab 1898 wurde der Friedhof in einen öffentlichen Platz umgewandelt. Eine Sammlung schöner Grabsteinplatten bedeutender Magdeburger Bürger erinnert noch an seine Vergangenheit. Ein sowjetischer Ehrenfriedhof mit 1652 Einzelgräbern wurde in den Park eingefügt. Im zeitigen Frühjahr lockt der Park mit blauen Teppichen aus Scilla-Blüten.

SaAn 14
Eigentümer/in: Landeshauptstadt Magdeburg, Magdeburger

Herrenkrugpark

Herrenkrugstraße, Magdeburg

Die ersten parkartigen Strukturen gab es hier schon Ende des 18. Jahrhunderts. Somit ist der Herrenkrugpark Magdeburgs älteste Parkanlage. Ab 1824 war Peter Joseph Lenné aus Potsdam hier tätig. Weitere Umgestaltungen erfolgten bis in die 1930er Jahre. Nach starken Zerstörungen im 2.Weltkrieg wurden in den letzten Jahren große Anstrengungen zur Sanierung dieses idyllisch an der Elbe gelegenen Parks, seiner alten Gebäude und Gartenplastiken, wie die Löwenplastik von 1845 und die Kugelsonnenuhr von 1861 gemacht. Einen besonderen Reiz besitzt die alte Gaststätte mit Pergola und Schmuckbeeten. Der angrenzende Wiesenpark ist durch seinen Bestand an alten Bäumen bemerkenswert. 1999 entstand ein dendrologischer Lehrpfad mit zirka 120 verschiedenen Laub- und Nadelholzarten.

Stadtgartenbetrieb,
Maybachstraße 1,
39140 Magdeburg,
Tel. 0391/5405901,
Fax 0391/5405955
Größe: 64 ha,
frei zugänglich
6 Herrenkrug

Brockengarten, Schau- und Versuchsgarten auf dem Brocken (Hochharz)

SaAn 15
Eigentümer/in: Nationalpark Hochharz, Lindenallee 35, 38855 Wernigerode,
Tel. 03943/55020,
Fax 03943/550237
Größe: 1 ha
Öffnungszeiten:
Besichtigungen sind nur im Rahmen von Führungen möglich Mai bis Oktober
Eintritt: frei
Führungen: Mo bis Fr 11.30 und 14 Uhr, 11 und 13 Uhr durch Nationalparkdienst nach Rundwanderwegführung
DB Harzer Schmalspurbahn, Bahnhof Brocken
P in Drei-Annen, Hohne oder Schierke

Foto: Karske

Der Brockengarten wurde 1890 durch Prof. Dr. A. Peter, Göttingen, als Versuchs- und Schaugarten auf dem höchsten Berg des Harzes (1142 m) begründet. Er war als Alpenpflanzengarten sowie in seiner wissenschaftlichen Konzeption und Aufgabenstellung deutschlandweit die erste derartige Einrichtung. Da bereits 1961 der Brocken zum militärischen Sperrgebiet erklärt wurde, konnten die gärtnerischen Pflegemaßnahmen in den Folgejahren nur noch unregelmäßig durchgeführt werden. Ab 1971 mußten dann jedoch alle Arbeiten am Garten für fast zwei Jahrzehnte völlig eingestellt werden. Die 1990 eingeleiteten Aufbauarbeiten erfolgten gemeinsam durch die Universitäten Halle und Göttingen sowie den Nationalpark Hochharz, die den Garten auch gemeinsam betreuen. Heute enthält die Anlage einen Pflanzenbestand von zirka 1500 Arten, die nach pflanzengeographischen Gesichtspunkten angeordnet sind. Der Brockengarten dient wieder der Lehre und Forschung und ist gleichzeitig eine öffentliche Schauanlage für Hochgebirgspflanzen aus aller Welt. Darüber hinaus erfüllt er auch bedeutsame Naturschutzaufgaben und dient der Erhaltung vom Aussterben bedrohter Pflanzenarten.

SaAn 16 NEU
Eigentümer/in: Ilona Rossa,
Dorfstraße 1,
39171 Osterweddingen,
Tel. 039205/9065,
Fax 0391/6354628,
E-Mail
rossa@md.regiocom.net,
Internet www.hoernecke.com
Größe: 0,17 ha
nur telefonische Anmeldung erbeten
Öffnungszeiten: 2001 und 2002 geöffnet am
2. Wochenende im Juni,
14–19 Uhr und nach telef. Vereinbarung
Eintritt: frei
→ bei Anmeldung
P 🐕 ♿

Privatgarten Rossa

Dorfstraße 1, Osterweddingen

Foto: Rossa

Auf einem typischen Bördehof, umfriedet von Natursteinmauern und Scheunen, ist in nur fünf Jahren ein formaler Garten mit all seinen wesentlichen Merkmalen entstanden: Blickachsen, Alleen, Buchsparterre, Banknischen. Es gibt verschiedene Gartenräume wie Rasengarten mit gemischten Rabatten, ein kleiner Bauerngarten mit Wegekreuz, Poolgarten.

SaAn 17
Eigentümer/in: Elbauenpark GmbH Magdeburg,
Tessenowstraße 5 a,
39114 Magdeburg,
Tel. 0391/5957100,
Fax 0391/5957190
Größe: 100 ha
Öffnungszeiten: ganzjährig geöffnet
Eintritt: Kinder frei bis 6 Jahre, Eintrittshöhe bitte erfragen bei Eigentümerin, Führungen: nach Voranmeldung,
Tel. 0391/5957115
DB Magdeburg-Herrenkrug
🚌 6 Jerichower Platz Nord

Elbauenpark

Jerichoer Platz, Herrenkrugstraße, Magdeburg

Foto: BuGa 1999 GmbH

Im April 1999 als 25. Bundesgartenschau eröffnet, präsentiert sich heute das Areal als Freizeit- und Erholungspark im Elbauengebiet im Osten von Magdeburg. Eine Magnetschwebebahn verbindet den Haupteingang mit dem Messegelände, der Seebühne und dem Turm, dem Wahrzeichen der Gartenschau. Der Jahrtausendturm, eine Leimbinderkonstruktion von 60 Meter Höhe, beinhaltet Darstellungen zur Entwicklung der Menschheit. Neben zahlreichen Themengärten auf dem Kleinen Cracauer Anger an der Alten Elbe mit Spaßbad, Spielhaus sowie Natur- und Kreativzentrum beinhaltet der Große Cracauer Anger weitere Themengärten, die Schießwälle mit Sport- und Spielmöglichkeiten und die 1997 geschlossene Deponie. Die Mülldeponie, 40 Meter hoch und mit einer Fläche von 40 Hektar, war Teil der Bundesgartenschau.

51 Jerichower Platz
P gebührenpflichtig

Ehemaliger Lustgarten und Gutspark des Schlosses Hessen

Hessen

Kurz vor dem Dreißigjährigen Krieg ließ hier Herzogin Elisabeth von Braunschweig-Lüneburg einen bedeutenden manieristischen Lustgarten anlegen. Von der wahrhaft königlichen Anlage nördlich des Schlosses, von der es sehr gute zeitgenössische Stiche gibt, sind nur Fundamentreste der Kanalmauern und eines mehrschaligen Paradiesbrunnens erhalten. Der Großteil des bronzenen Figurenschmucks ist noch in Braunschweig, Amsterdam und Paris zu sehen. Westlich an den alten Lustgarten grenzt der Gutspark des Schlosses Hessen aus den 70er und 80er Jahren des 19. Jahrhunderts. Er befindet sich auf dem Terrain des ehemaligen fürstlichen Küchengartens. Imposant ist der Baumbestand des Parks mit einer 120jährigen Eiche, alten Platanen, Schwarzkiefern, einer Süntelbuche sowie einer nahezu vollständigen Allee aus Linden und Kastanien. In der nordöstlichen Ecke des Parks, am Eingang zur Kleingartenkolonie, steht am ehemaligen Trenngraben zwischen Lust- und Küchengarten ein Exemplar der vom Aussterben bedrohten 'Volckmarischen Birne'.

SaAn 18
Eigentümer/in:
Gemeinde Hessen,
Mittelstraße 15,
38835 Hessen,
Größe: 3 ha
frei zugänglich
Führungen: nach Voranmeldung, Thomas Scheliga, Stopfkuchen 3 a, 38304 Wolfenbüttel, Tel. 05331/41484, 70 DM/Gruppe
Halberstadt – Wolfenbüttel
→ im Ort Hessen bei Halberstadt, direkt an der B 79
P
über Förderverein Schloß Hessen, 38835 Hessen

Lustgarten Wernigerode

Wernigerode

Der schon seit dem 16. Jahrhundert bestehende Garten wurde 1715 bis 1723 unter Graf Christian Ernst im barokken Stil umgestaltet. Graf Henrich Ernst hielt den Lustgarten während seiner kurzen Regierungszeit 1771 bis 1778 instand. Danach setzte der Verfall des barocken Gartens ein und mündete 1790 im Verkauf der sich im Lustgarten befindenden 160 Sandsteinfiguren. Um 1828 erfolgte vermutlich die Umgestaltung in einen Englischen Landschaftspark un-

SaAn 19
Eigentümer/in: Stadt Wernigerode,
SG Grünanlagen,
Zaunwiese 23,
38855 Wernigerode,
Tel. 03943/654688,
Fax 03943/632756
Größe: 10 ha
frei zugänglich
P

ter Graf Henrich durch seinen Hofgärtner Karl Kunicke. Duch Anpflanzung zahlreicher ausländischer Gehölze erhielt der Park einen hohen dendrologischen Wert. Trotz großer Verluste im 2. Weltkrieg sind noch viele alte Bäume erhalten. Das Tor mit den wappentragenden Löwen und die Lustgartenmauer stammen aus dem Jahr 1722. Die barocke Orangerie von 1720 dient heute als Landeshauptarchiv von Sachsen-Anhalt, Außenstelle Wernigerode. Das westlich danebenstehende Palmenhaus wurde um 1877 errichtet. Der Park wird seit 1989 umfassend rekonstruiert.

SaAn 20
Eigentümer/in:
Stadt Blankenburg,
Stiftung Barocke Gärten,
Harzstraße 3,
38883 Blankenburg (Harz),
Tel. 03944/943480,
Fax 03944/365067
Größe: 3,3 ha
frei zugänglich
Attraktionen: beleuchteter Springbrunnen mit wechselnden Fontänenbildern Ende April bis Mitte Okt.
DB Blankenburg
→ Nur wenige Fußminuten vom Bahnhof entfernt
P
Veranstaltungen: Kurkonzert im Musikpavillon, Anfang Mai bis Ende Aug., sonntags 15 Uhr

Thiepark Blankenburg

Blankenburg

Schon in vorkarolingischer Zeit kamen Hunderte von Menschen auf der unter dem Schutz der Götter stehenden Gerichts- und Versammlungsstätte, auch Thingstätte genannt, zusammen.

An der Stelle des 1877 eingeweihten Gymnasiums standen zwei alte Linden, unter denen Gericht abgehalten und über Leben und Tod entschieden wurde. Hier pflegten später die Kaiser, sooft sie diese Gegend besuchten, Ämter und Würden zu verleihen und Recht zu sprechen für jedermann. Mehrmals war das Thie Schauplatz kriegerischer Auseinandersetzungen und Heerlager. Die Pflanzung der beiden Lindenalleen erfolgte 1717. Anläßlich der 700-Jahrfeier von Blankenburg im Jahr 1937 stifteten die Stadtwerke eine Springbrunnenanlage für den Thiepark. Mitte der 80er Jahre erfolgte die Rekonstruktion einer Lindenallee und in den Jahren 1991 bis 1994 die Sanierung der Wege, der Springbrunnen und Umgestaltung der Randbereiche.

SaAn 21
Eigentümer/in:
Stadt Blankenburg,
Stiftung Barocke Gärten,
Harzstraße 3,
38883 Blankenburg (Harz),
Tel. 03944/943480,
Fax 03944/365067
Größe: 27 ha
Schloßpark 1 ha
Terrassengarten, 78,6m²
Tiergarten 0,8 ha, Berggarten
frei zugänglich
Führungen: Führungen für Terrassengarten, Kurverwaltung, Tel.: 03944/2898, Führungen im Rahmen der Stadtführung 5 DM/Pers., 4 DM ab 10 Personen

Barocke Schloßgärten Blankenburg

Blankenburg

Blankenburg zählt zu den sehr gut erhaltenen Beispielen deutscher Kleinresidenzen des Barockzeitalters. Aus dieser Zeit sind in der Grundstruktur der Tiergarten, der Schloßpark, der Lustgarten der Herzogin Christine Luise und der Berggarten des Dr. Reck erhalten geblieben. Eine Besonderheit ist auch, daß auch im näheren Umfeld der Altstadt keine wesentlichen Abweichungen vom ursprünglichen Bild des frühen 18. Jahrhunderts erkennbar sind.

Schloßpark

Von 1705 bis 1718 ließ Herzog Ludwig Rudolph von Braunschweig-Lüneburg-Wolfenbüttel das damalige Renaissanceschloß von seinem Landesbaumeister Hermann Korb zu einer barocken Residenz umbauen. In dieser Zeit gelang-

ten auch die Schloßgärten zu einer neuen Blüte. Die heute noch vorhandenen Wegeverbindungen des Schloßparks entsprechen überwiegend denen des 17. und 18. Jahrhunderts. Größere Anpflanzungen, wie zum Beispiel die der Eßkastanienallee im Bereich der großen Schloßwiese, erfolgten vor zirka 150 bis 200 Jahren.
In seiner heutigen Gestalt bietet der Schloßpark von Blankenburg überwiegend das Bild eines Landschaftsparks, in dem weite Wiesenflächen mit zum Teil hainartig offenem Waldbestand wechseln und weite Ausblicke in die Umgebung möglich werden.

Attraktionen:
3 Springbrunnen,
Neptungrotte, Ende April bis Mitte Okt.
DB Blankenburg
→ Vom Bahnhof über die Herzogstraße, den Lühnertorplatz weiter zum Schnappelberg – zwischen Terrassen- und Fasanengarten führt der Weg direkt in den Schloßpark
P gebührenpflichtig
Veranstaltungen:
Serenadenkonzert, letztes Juniwochenende
Infos bei: Kurverwaltung, Lange Str. 17, 38889 Blankenburg, Tel. 03944/2898
nicht im Terrassen- und Berggarten

Terrassengarten

Der Terrassengarten entstand in den ersten drei Jahrzehnten des 18. Jahrhunderts als Ausdruck höfischer Repräsentanz, eine kleine, wohldurchdachte und geschickt proportionierte Lustgartenanlage mit einem Fürstlichen Gartenhaus, welches noch heute in seiner Grundstruktur erhalten ist. Neben Brunnenanlagen wurden die Terrassen des Gartens mit Vasen und Skulpturen ausgestattet. Die Gestaltung des Gartens ist zum Teil italienischen Vorbildern angenähert, während die ornamentale Struktur der Broderie unverkennbar französischen Beispielen folgte. Die um 1747 am Südrand des Terrassengartens entstandene und um 1976 restaurierte Neptungrotte akzentuiert den Übergang des regelmäßigen Gartens zum naturhaften Tiergarten.

Der Berggarten des Dr. Reck

Zu Beginn des 18. Jahrhunderts ließ hier der Leibarzt des Herzogs, Dr. Reck, einen Garten einrichten, dessen kompositorisch-gestalterisches Rückgrat eine rund 35 Meter lange Freitreppe war, an deren Enden sich jeweils Brunnenplätze befanden. Der Platz am Teehaus war durch seine Größe und künstlerische Gestaltung hervorgehoben. Die Terrassen unterhalb des Aussichtsplatzes am Teehaus bilden in ihrer noch heute ablesbaren Architekturform einen Gestaltzusammenhang mit dem angrenzenden Lustgarten. Das Kleine Schloß war ein wesentlicher Point de vue für den Berggarten, wie zugleich das Teehaus für den Lustgarten.
Im späten 19. Jahrhundert erwarb Prinzregent Albrecht von Preußen das Grundstück mit dem angrenzenden Rosenwinkel, um den Berggarten ausdehnen zu können.
Aus dieser Zeit stammen Veränderungen an der Gestalt des ehemaligen Aussichtsplatzes. Er erhielt 1894 zusätzliche Ausschmückungen durch 12 Kaiserbüsten auf hohen Postamenten sowie Pflanzungen mit Bäumen. Die Barocktreppe ist bis heute unverändert, der Garten verwildert. Mit der Rekonstruktion des Gartens wurde Ende 1997 begonnen.

Tiergarten, Fasanengarten

Den ältesten Teil des Gartenensembles am südlichen Rand der Altstadt Blankenburgs bildet der bereits 1668 unter Herzog Rudolph August von Braunschweig-Lüneburg-Wolfenbüttel eingefriedete Tiergarten. Der Charakter dieses Jagdparks ist bis heute in wesentlichen Teilen kaum verändert. Auf dem höchsten Punkt, dem Calvinusberg, wurde 1728 zu Ehren der Herzogin Christine Luise von Braunschweig-Lüneburg-Wolfenbüttel ein Aussichtsschlößchen, die Luisenburg, errichtet. Der Fasanengarten, in der Art eines barocken Parterregartens gegliedert, war mit kleinen Fasanenhäusern, Grotten und einem kreisförmigen Brunnen ausgestattet. Der Fasanengarten wird seit 1998 rekonstruiert.

SaAn 22 NEU
Größe: 0,18 ha
Öffnungszeiten:
Mai bis September
Di bis So 10–18 Uhr
Eintritt: 7 DM (Änderungen geplant), ermäßigt 4 DM für Senioren, Schüler, Studenten, Zivis
Führungen: nach Voranmeldung,
Tel. 03944/903018/16
Attraktionen: Grünes Museum mit u.a. Gartenmarkt
Termin im August
DB Blankenburg (Harz)
253 nach Wernigerode Waldmühle

Klostergärten Michaelstein

Michaelstein 3, Blankenburg (Harz)

Im ehemaligen Zisterzienser-Kloster Michaelstein wurden ab 1990 ein Kräuter- und ein Gemüsegarten nach mittelalterlichem Vorbild, vermutlich auf den Originalstellen, angelegt. Schmackhafte, würzige Gewächse mit oftmals farbenfrohen, duftigen Blüten wachsen in geometrisch angeordneten Beeten, zum Teil in originalgetreuen, hölzernen Hochbeeten, wie es bis zum 15. Jahrhundert in Klöstern üblich war. Die Gestaltung der Anlagen basiert auf wissenschaftlicher, botanischer und monastischer Literatur.
Eigentümer/in: Stiftung Kloster Michaelstein, Musikinstitut für Aufführungspraxis, Michaelstein 3, 38889 Blankenburg (Harz), Tel. 03944/903018, Fax 03944/903030,
E-Mail museum@kloster-michealstein.de,
Internet www.kloster-michaelstein.de

SaAn 23 NEU
Eigentümer/in: Gemeinde Wieserode, Anger 24, 06543 Wieserode,
Tel. 034742/257
Größe: 11,8 ha
Öffnungszeiten: ganzjährig geöffnet, Sommer 8–18 Uhr, im Winter 9–18 Uhr
Eintritt: frei
Führungen: nach Voranmeldung
→ zirka 3 Kilometer östlich der Burg Falkenstein/Harz
Veranstaltungen, Parkfest, 09. Bis 10. Juni 2001

Landschaftspark Degenershausen

Wieserode

Der Landschaftspark Degenershausen wurde von Johann Christian Degener 1835 angelegt und war bis 1947 im Besitz der Familie von Bodenhausen-Degener. 1924 wurde der Park durch einen Landschaftsarchitekten aus Kew-Gardens im englischen Stil umgestaltet. Seit der Rekonstruktion in den Jahren 1991 bis 1995 wachsen hier zirka 180 Gehölzarten und -sorten aus Amerika, Asien und Europa. Im Zentrum des Parks befindet sich ein 16 Meter hoher Obelisk zum Gedenken an den Begründer des Parks. Eine weitere Besonderheit ist der Staudenschau- und -sichtungsgarten mit einer Fläche von 1200 qm. Er befindet sich auf dem Gelände des früheren botanischen Gartens, der 1914 angelegt wurde. Er beherbergt über 200 Arten und Sorten sowie ein Kräuterbeet.

Luisium

Dessau-Waldersee

Das Luisium, östlich der Stadt Dessau gelegen, entstand als Teil des Gartenreiches Dessau-Wörlitz. Fürst Leopold III. Friedrich Franz von Anhalt-Dessau ließ für seine Frau, Prinzessin Luise Henriette Wilhelmine, das klassizistische Landhaus erbauen und den Garten anlegen. Das Bauwerk entstand in den Jahren 1774 bis 1778 nach Plänen von Friedrich Wilhelm von Erdmannsdorff. Der intime und besonders stimmungsvolle Charakter des Landschaftsgartens wurde von Zeitgenossen gelobt und ist noch heute erlebbar.

SaAn 24
Eigentümer/in:
Kulturstiftung DessauWörlitz,
Schloß Groß-Kühnau,
06846 Dessau,
Tel. 0340/646150,
Fax 0340/6461510,
E-Mail KsDW@t-online.de,
Internet www.ksdw.de
Größe: 14 ha
frei zugänglich
DB Dessau

Schloßpark Mosigkau

Knobelsdorffallee 2/3, Dessau

Foto: Fräßdorf

Zwischen 1752 und 1757 wurde mit der Erbauung des Schlosses der Park als Französischer Lustgarten angelegt. Im 19. Jahrhundert im Stile des Englischen Landschaftsgartens umgestaltet, erinnern heute noch Partien wie der Irrgarten, der Fischteich und Heckenquartiere an den Barockgarten. Botanische Exoten sind in den Orangerien untergebracht und finden in den Sommermonaten ihren Platz im Freien. Als Gartenarchitektur ist das Chinesische Teehaus, erbaut 1774, besonders erwähnenswert.

SaAn 25
Eigentümer/in:
Kulturstiftung DessauWörlitz,
Schloß Groß-Kühnau,
06846 Dessau,
Tel. 0340/646150,
Fax 0340/6461510,
E-mail KsDW@t-online.de
Internet www.ksdw.de
Größe: 6 ha
Anmeldung für Gruppen erbeten
Eintritt: frei
Öffnungszeiten: ganzjährig geöffnet 8 Uhr bis Einbruch der Dunkelheit
Führungen: Besichtigung Schloß nur innerhalb einer Führung
DB Strecke Dessau–Köthen, Bahnhof Mosigkau
L/D Kindergarten

SaAn 26
Eigentümer/in:
Stadtverwaltung Dessau,
Grünflächenamt,
Am Wörlitzer Bahnhof 1,
06844 Dessau,
Tel. 0340/2041067
Größe: 7,5 ha
frei zugänglich
DB Dessau
1, 2 Hauptpost

Stadtgarten Dessau

Kavalierstraße, Friedrichstraße, Dessau

Aus dem um 1800 entstandenen Palaisgarten wurde in den 20er Jahren des 20. Jahrhunderts und nach 1960 durch Hinzufügen größerer Flächen eine zentrale innerstädtische Grünanlage geschaffen. Die Grünfläche ist reich gegliedert und mit vielfältigen gärtnerischen Sonderanlagen versehen. Im Zentrum befindet sich die Gaststätte Teehäuschen, eine ehemalige Orangerie. Besonders erwähnenswert ist die dendrologisch wertvolle Ausstattung und Vielzahl von Skulpturen und Plastiken (W. Müller, F. Schneider, Moses Mendelssohn, Zentaur von Begas usw.). Die als Grabdenkmal um 1780 gestaltete sogenannte Eugenspyramide wurde nach 1950 entfernt.

SaAn 27
Eigentümer/in:
Stadtverwaltung Dessau,
Grünflächenamt,
Am Wörlitzer Bahnhof 1,
06844 Dessau,
Tel. 0340/2041067
Größe: 118 ha
frei zugänglich
DB Dessau

Georgengarten Dessau

Puschkinallee, Dessau

In der Zeit von 1780 bis 1800 wurde der Georgengarten vom Bruder des Fürsten Franz, Prinz Johann Georg, dem Architekten F. W. v. Erdmannsdorff und den Gärtnern I. F. Eyserbeck und I. G. Schoch angelegt. Ursprünglich außerhalb der Stadt in einer offenen Wiesenlandschaft gelegen, erstreckte sich der Park von den Römischen Ruinen, dem Georgenhaus, dem Beckerbruch bis zur Elbe. Es entstand eine Parkanlage mit einer Vielzahl von Parkarchitekturen (Römische Ruinen, Jonischer Tempel, Georgenhaus, Orangerie, Roter und Weißer Bogen, Vasenhaus, Schwarzer- und Fürstensitz und Wallwitzburg) und Kleindenkmalen (Diana, Flora, Apollino, medicäische Venus, Franz-Statue, Apollo, verschiedene Sitze und Vasen). Den gesamten Park durchziehen eine Reihe von Sichten. Die ursprünglichen Verbindungen zur Landschaft bestehen nur noch im Norden an der Elbe. Ansonsten ist der Park durch das Wachstum der Stadt zumindest im südlichen Teil zu einer innerstädtischen Parkanlage geworden. Ab 1815 erfolgten mehrfach strukturelle Veränderungen. Der Bau der Eisenbahnlinie, die Errichtung einer Landesbaumschule und Fasanerie, der Bau des Mausoleums, des Wasserbeckens im Beckerbruch und die Vergrößerung des Wallwitzsees sind hauptsächlich zu nennen.

SaAn 28
Größe: 11 ha
Öffnungszeiten: ganzjährig geöffnet,
im Sommer 9–18 Uhr,
im Winter 9–16 Uhr
Eintritt: 3,50 DM,
Kinder frei bis 3 Jahre,
1,50 DM bis 16 Jahre

Mausoleumspark

Querallee, Dessau

Mit dem Bau des Mausoleums 1894 bis 1898 für die anhaltinischen Herzöge wurde zeitgleich der Park nach Plänen von A. Hoof errichtet. Der Park liegt unmittelbar gegenüber dem Georgengarten. Die Parkgestaltung verwendete Elemente des Jugendstils, sie ist durch die Wegeführung und differenzierte Geländemodellierung stark gegliedert.

Das Mausoleum wird an zwei Seiten von einem Teich umfaßt. Seit 1958 dient der Park, in dem etwa 120 verschiedene Gehölzarten wachsen, als Lehrpark für Tier- und Pflanzenkunde. In einer 1992 erarbeiteten Konzeption wurde versucht, die unterschiedlichen Funktionen – Begräbnisstätte, Jugendstilpark und Lehrpark miteinander zu verknüpfen.
Eigentümer/in: Stadtverwaltung Dessau, Grünflächenamt, Am Wörlitzer Bahnhof 1, 06844 Dessau, Tel. 0340/2041067

ermäßigt 2,50 DM für Senioren, Schüler, Studenten, Zivis, Wehrpflichtige, Arbeitslose, Azubis
DB Dessau
P ✕ ♿ i
Veranstaltungen: Tierparkfest

Großkühnauer Landschaftspark
Burgkühnauer Allee, Dessau
In der Zeit von 1805 bis 1862 wurde der Landschaftspark als letzte große Parkschöpfung im Dessau-Wörlitzer Gartenreich angelegt. Besonders bemerkenswert ist die großräumige Einbeziehung der Elbaue mit dem Kühnauer See. Durch Hochwasser (besonders 1845) ist die Parkgestaltung mehrfach unterbrochen worden. Aus dem Park heraus eröffnen sich weiträumige Sichten in die Umgebung. Bemerkenswert sind das Weinberghaus als kleiner tempelartiger Bau mit toskanischer Säulenhalle (1820), das Rittertor und das Löwentor. Weinberghaus und See sind durch eine Sichtachse verbunden.
Veranstaltungen: Weinbergfest im Weinberghaus, September

SaAn 29
Eigentümer/in:
Stadtverwaltung Dessau, Grünflächenamt, Am Wörlitzer Bahnhof 1, 06844 Dessau, Tel. 0340/2041067
Größe: 77,5 ha
frei zugänglich
DB Dessau
Bus Großkühnau
→ zwischen Dessau und dem Vorort Großkühnau gelegen
P 🐕 ♿

Privatgarten Ostwald
Rebhuhnweg 14, Dessau
In dem Fuchsienliebhabergarten können zirka 160 Sorten Fuchsien in ungefähr 800 Töpfen als Ampeln, Bäumchen und Sträucher besichtigt werden.
Eigentümer/in: Anneliese und Günter Ostwald, Rebhuhnweg 14, 06847 Dessau, Tel. 0340/510989
Öffnungszeiten: Juli – September
Führungen: nach Voranmeldung

SaAn 30
Größe 500 m²
Anmeldung erbeten
Eintritt: frei
Bus Dessau – Alten Röntgenstraße
P Karl-Oder-Straße oder Röntgenstraße
🐕 ♿ ✿

Schillerpark
Ringstraße, Dessau
Mit dem um die Jahrhundertwende im Norden der Stadt entstandenen Wohnviertel wurde ab 1904 mit dem Bau des Schillerparks begonnen. Der Park gruppiert sich ellipsenförmig um einen kleinen See, an den sich eine zentrale große Wiesenfläche anfügt. Bedeutung erlangte der Park durch seine artenreiche Ausstattung mit heimischen Gehölzen und botanischen Besonderheiten.
Eigentümer/in: Stadtverwaltung Dessau, Grünflächenamt, Am Wörlitzer Bahnhof 1, 06844 Dessau, Tel. 0340/2041067

SaAn 31 NEU
Größe: 15 ha
frei zugänglich
DB Dessau
Bus Rosenhof Schillerstraße
→ vom Hauptbahnhof am nordöstlichen Rand von Dessau-Nord
P 🐕 ♿

SaAn 32
Eigentümer/in:
Kulturstiftung DessauWörlitz,
Schloß Groß-Kühnau,
06846 Dessau,
Tel. 0340/646150,
Fax 0340/6461510,
E-mail KsDW@t-online.de,
Internet www.ksdw.de
Größe: 112 ha, frei zugänglich
Führungen: nach Voranmeldung, Wörlitz-Information, Tel./Fax: 034905/20216 für Gruppen bis 40 Personen Führungen für Einzelpersonen tgl. 13.30 Uhr, Beginn: Nähe Schloß, Dauer: 2 Stunden, Museen sind nur mit Führung zu besichtigen
Attraktionen: Gondelrundfahrten, nach Vorbestellung auch mit Bewirtung April bis Okt. 10–17 bzw 18 Uhr
DB Dessau, auch mit Dessau-Wörlitzer Museumsbahn
P gebührenpflichtig

Wörlitzer Anlagen

Wörlitz

Die Wörlitzer Anlagen entstanden in der zweiten Hälfte des 18. Jahrhunderts. Leopold III. Friedrich Franz von Anhalt-Dessau ließ den Landschaftsgarten nach englischen Vorbildern errichten. Das Schloß im Stil eines englischen Landhauses entstand nach Plänen des Architekten Friedrich Wilhelm von Erdmannsdorff von 1769 bis 1773 und gilt als der Gründungsbau des Klassizismus in Deutschland. Fürst Franz machte den Kleinstaat Anhalt-Dessau im 18. Jahrhundert zu einem Musterland der Aufklärung. Von Anfang an war der Park für die Öffentlichkeit zugänglich. Das Schloßmuseum mit original klassizistischer Einrichtung und das Gotische Haus, ebenfalls mit Originalausstattung und bedeutender Schweizer Glasgemäldesammlung, können nur mit Führung von April bis Oktober besichtigt werden. Der Park mit seinem schönen Altbaumbestand, zahlreichen Bauwerken, Tempeln, Grotten, Brücken und der Vulkaninsel ist das bekannteste und am besten erhaltene Beispiel eines frühen Landschaftsgartens in Deutschland. Vom Elbdeich hat man einen guten Ausblick auf die weite Elbaue mit zum Teil jahrhundertealten Eichen.

SaAn 33
Eigentümer/in:
Kulturstiftung DessauWörlitz,
Schloß Groß-Kühnau,
06846 Dessau,
Tel. 0340/646150,
Fax 0340/6461510,
E-Mail KsDW@t-online.de,
Internet www.ksdw.de
Größe: 38 ha mit Wald
Öffnungszeiten: ganzjährig geöffnet,
im Sommer 6.30–21 Uhr,
im Winter 7.30–18 Uhr
Eintritt: frei
Führungen: nach Voranmeldung, für Gruppen bis 30 Personen, 60 DM/Gruppe
Attraktionen: Pagode Sa/So Mai bis Sept. 14–16 Uhr
P gebührenpflichtig

Schloßpark Oranienbaum

Schloß Oranienbaum, Dessau-Wörlitz

Von 1683 bis 1698 wurden der Ort Oranienbaum nach Plänen des niederländischen Baumeisters Cornelius Ryckwaert neu gestaltet, ein Barockschloß errichtet und ein Park angelegt, dessen regelmäßige Anlage sich im Kern weitgehend unzerstört erhalten hat. Der niederländische Einfluß ging auf die Prinzessin Henriette Katharina von Nassau-Oranien zurück, die mit Fürst Johann Georg II. von Anhalt-Dessau verheiratet war. Das Schloß dient heute als Landesarchiv, ein Museum befindet sich im Seitenflügel. Gegen Ende des 18. Jahrhunderts wurde der Inselgarten und ein Stück des angrenzenden Waldgebiets umgewandelt. Es entstand hier, in der Zeit des empfindsamen Landschaftsgartens, der wohl erste chinoise-englische Garten, eine gartenkünstlerische Schöpfung von bedeutendem Wert, die fast unverändert erhalten blieb. Seit über 300 Jahren besteht in Oranienbaum eine Tradition der Zitruskultur. Im 18. Jahrhundert standen über 500 Zitruspflanzen im Schloßpark von Oranienbaum. Nach großen Verlusten im Jahre 1961 wuchs der Bestand seit 1991 wieder auf 200 Zitruspflanzen an.

SaAn 34
Größe: 500 m²
Anmeldung erbeten
Öffnungszeiten: ganzjährig geöffnet

Kleingarten Werner

Kleingartenverein Goldene Aue e.V., Hahnstückenweg, Gartennummer 217, Bitterfeld

Ein Kleingarten mit einer umfangreichen Rosenanpflanzung mit vielen Neuheiten, aber auch Raritäten. Eine be-

sondere Attraktion in Fritzens Rosenranch ist ein Birnbaum mit 13 aufveredelten Sorten und andere Mehrsortenbäume
Pächter: Friedrich Werner, Humboldtstraße 14, 06749 Bitterfeld, Tel. 03493/26300
Attraktionen: Rosenblüte Ende Juni, Anfang Juli

Eintritt: frei
Führungen: nach Voranmeldung
DB Bitterfeld
P

Europa-Rosarium

Steinberger Weg, Sangerhausen

Das Europa-Rosarium ist mit 6500 Rosensorten und Arten die größte Rosensammlung der Welt. Es wurde 1903 vom Verein Deutscher Rosenfreunde gegründet. Ende Mai beginnt die Blüte des über 400 Arten umfassenden Wildrosensortiments. Mitte Juni setzt die Hauptblüte aller Beetrosen ein. Das Rosenfinale mit Park- und Kletterrosenpyramiden findet Ende Juni bis Anfang Juli statt. Die Hauptblüte aller Rosenklassen fällt in die Zeit von Mitte Juni bis Ende Juli. Alle modernen und öfterblühenden Rosen zeigen bis Saisonende Farbe. Besonders sehenswert sind die prächtigen Kletterrosenpyramiden, die in ungewöhnlicher Weise an Fichtenstangen kultiviert werden. 300 verschiedene Baum- und Straucharten geben der Rosensammlung einen würdigen Rahmen.
Eigentümer/in: Stadtverwaltung Sangerhausen, Europa-Rosarium, Steinberger Weg, 06526 Sangerhausen, Tel. 03464/572522, Fax 03464/578739
Veranstaltungen: Berg- und Rosenfest Heimatfest am letzten Wochenende im Juni. Infos bei: Tel. 03464/19433, Fax 03464/515336, wechselnde Ausstellungen

SaAn 35
Größe: 12,5 ha
Öffnungszeiten: 01. Mai bis 15. Okt. 8–19, bzw 20 Uhr
Eintritt: 10 DM, Kinder frei bis 6 Jahre, ermäßigt 8 DM, Kinder 4 DM, Gruppen ab 20 Personen 4 DM/Person
Führungen: nach Voranmeldung Sangerhäuser Fremdenverkehrsverein, Tel. 03464/19433, Fax 03464/515336
Gruppen bis 19 Pers. 35 DM/Gruppe, ab 20 Pers. 2 DM/Person
DB Sangerhausen
P gebührenpflichtig
Rosen

Historische Kuranlagen Bad Lauchstädt

Bad Lauchstädt

Im späten 18. Jahrhundert war Bad Lauchstädt als „sächsisches Pyrmont" berühmt, vor allem nachdem der Dresdener Kurfürst Friedrich August III. mehrere Jahre seine Sommerresidenz hierher verlegte. Der Merseburger Stiftsbaumeister Johann Wilhelm Chryselius schuf zwischen 1776 und 1787 eine bau- und gartenkünstlerische Anlage, die heute in Deutschland das einzige vollständig erhaltene Beispiel für ein Badeensemble dieser Zeit ist.
Der Gartenteil zwischen Schloß und Kursaal ist im formalen Stil mit Teich, Lindenalleen, geschnittenen Hecken, Beeten und Brunnen gehalten. Eingebettet sind mehrere Pavillons, Lauben, Kolonnaden. Der hintere Gartenbereich im Stil des Landschaftsgartens besitzt einen zum Teil 200 Jahre alten Baumbestand an Buchen, Platanen, Ahorn und Eichen.
Das Sommertheater, in dem Goethe einige Jahre als Oberdirektor wirkte, ist noch in seinem originalen Zustand ein-

SaAn 36 NEU
Eigentümer/in: Historische Kuranlagen und Goethe-Theater, Bad Lauchstädt GmbH, Parkstraße 18, 06246 Bad Lauchstädt, Tel. 034635/7820, Fax 034635/20083, E-Mail info@goethe-theater-bad-lauchstädt.de, Internet www.goethe-theater-bad-lauchstädt.de
Größe: 5 ha
frei zugänglich
Attraktionen: Teichfontänen April bis Oktober, tägl. 10–18 Uhr
DB Bad Lauchstädt
Halle–Bad Lauchstädt, Merseburg–Bad Lauchstädt Markt, Lindenstraße

P ✕ ☕ 🐕 ♿ ℹ

schließlich der Bühnentechnik von 1802 erhalten und wird von Mai bis Oktober bespielt.
Veranstaltungen: Kaffeehaus- und Blasmusik, ganzjährig Infos bei Eigentümer, Christkindl-Markt, Dezember

SaAn 37
Eigentümer/in:
Stadt Halle an der Saale,
Dezernat VI Bauen,
Grünflächenamt,
Marktplatz 1,
06100 Halle an der Saale,
Tel. 0345/1205900,
Fax 0345/4441382
Größe: 5,5 ha
frei zugänglich
Führungen: nach Voranmeldung
Attraktionen: Aussichtspunkte, Burg Giebichenstein, Jahnhöhle
🚋 7, 8 Burg Giebichenstein
Veranstaltungen: Laternenfest, Ende August
🐕

Amtsgarten

Seebener Straße, Halle an der Saale

Zwischen 1740 und 1750 wurde das Gelände der ehemaligen Obst- und Ziergärten der Erzbischöfe von Magdeburg in einen Barockgarten und 25 Jahre später in einen Englischen Landschaftsgarten umgestaltet. Nach der Nutzung als Küchengarten in der zweiten Hälfte des 19. Jahrhunderts ging das Gelände 1902 in städtischen Besitz über. 1907 bis 1909 schuf Stadtgartendirektor Emil Berckling die Grundlagen für den heutigen Amtsgarten. Der ehemalige Küchengarten wurde terrassiert und mit im architektonischen Stil angelegten Schmuckbeeten aus Rosen und Sommerblumen versehen. Neben vier Lederhülsenbäumen stehen hier auch der älteste Roßkastanienbaum und der schönste Gingko der Stadt Halle. Die Bercklingsche Gestaltung war 1966 bis 1967 Grundlage für Rekonstruktionsmaßnahmen. Der untere Teil der Saalepromenade ist im englischen Landschaftstil erhalten. Der Park bietet von seinem höchsten Punkt aus einen eindrucksvollen Blick über die Saale zum gegenüberliegenden Stadtteil Kröllwitz.

SaAn 38
Eigentümer/in:
Stadt Halle an der Saale,
Dezernat VI Bauen,
Grünflächenamt,
Liebenauer Str. 118,
06100 Halle an der Saale,
Tel. 0345/1205900,
Fax 0345/4441382
Größe: 3,4 ha
frei zugänglich
Führungen: nach Voranmeldung
🚋 7, 8 Burg Giebichenstein 2, 3 Kurallee
Veranstaltungen: Konzert anläßlich Reichardts Geburtstag, Juni
🐕

Reichardts Garten

Seebener/Wittekindstraße, Halle an der Saale

Johann Friedrich Reichardt, Komponist, Publizist und Hofkapellmeister preußischer Könige, erwarb 1794 ein vor den Toren der Stadt Halle, im Dorf Giebichstein, gelegenes Gut und ließ nach den Vorbildern Wörlitz und Weimar einen Englischen Garten anlegen. Zu Beginn des 19. Jahrhunderts entwickelte sich das Anwesen zum Giebichsteiner Dichterparadies beziehungsweise zur sogenannten Herberge der Romantik. Johann Wolfgang von Goethe, Novalis, Achim von Armin, Clemens von Brentano, Ludwig Tieck und Jean Paul waren hier zu Gast. Nach Zerstörungen durch Napoleons Truppen wechselte das Anwesen mehrmals den Besitzer. 1824 begann eine erste große Umgestaltung des Geländes. Neben einem Haus auf dem Hügel wurden Kaskaden angelegt und zahlreiche neue Bäume gepflanzt. 1902 kaufte die Stadt die Anlage und machte den Park als sogenannten Bürgergarten öffentlich zugänglich. Aus dieser Zeit stammen 18 Platanen und ein Kinderspielplatz. Ein einziger Baum aus Reichardts Zeit, eine Buche, hat die Zeit bis heute gut überstanden. An den Gründer des Gartens erinnert eine im Jahre 1947 aufgestellte Büste.

Pestalozzipark

Diesterwegstraße/Böllberger Weg, Halle an der Saale

Der Pestalozzipark im Süden der Stadt wurde vom Gartenarchitekten Franz Mengel als öffentliche Parkanlage im Zusammenhang mit dem Bau der Gartenvorstadt Gesundbrunnen, einem sozialen Wohnungsbauprojekt, 1926 bis 1931 geschaffen. In den 70er Jahren wurde er zum Wohngebietspark für die später entstandenen Neubaugebiete erweitert. Aufgrund der auf beiden Seiten anschließenden Klein- und Hausgärten wirkt der Park wie ein weiträumiger Grünzug, obwohl er in den meisten Abschnitten nur 60 Meter breit ist. Der insgesamt 1,5 Kilometer lange Park ist durch Straßenquerungen in fünf Abschnitte geteilt und weist verschiedene thematische Gliederungen auf: Schaugarten, Eichenwiese, Dahliengarten, Rosengarten, Birkenwiese, Kinderspielplätze, Festwiese. Traditionell sind der Jahreszeit entsprechende Pflanzenschauen, wie Frühlingsblumen- und Dahlienschau. Der Park weist verschiedene seltene Baumarten auf, wie Angelikabaum, Judasbaum und Ginkgo. Gegenwärtig wird der Rosengarten nach historischen Vorlagen rekonstruiert.

SaAn 39
Eigentümer/in:
Stadt Halle an der Saale,
Dezernat VI Bauen,
Grünflächenamt,
Marktplatz 1,
06100 Halle an der Saale,
Tel. 0345/1205900,
Fax 0345/4441382
Größe: 10,5 ha
frei zugänglich
Führungen: nach Voranmeldung
🚋 1, 6 Pestalozzischule
2, 3, 7 Paul-Suhr-Straße

Heinrich-Heine-Park

Riveufer/Burgstraße, Halle an der Saale

Der Park befindet sich an der Stelle eines mittelalterlichen Steinbruchs und späteren Weinbergs auf einem Hang an der Saale im Norden von Halle. Der hallesche Dichter August Gottlieb Eberhardt begann hier um 1820 mit dem Bau eines ländlichen Wohnhauses und eines romantischen Parks, der nach dem Erwerb des Geländes durch den Bankier Ludwig Lehmann völlig umgestaltet wurde. Ein Musentempel, Aussichtsturm, Zierteich und Sitzbänke wurden errichtet, ein verspieltes Wegesystem angelegt. Der ehemalige Privatpark wurde 1935 der Öffentlichkeit teilweise zugänglich gemacht. Der gesamte Lehmannsche Garten ist seit 1945 öffentlich nutzbar. 1956 erhielt er anläßlich des 100. Todestages von Heinrich Heine seinen neuen Namen. Von 1960 bis 1966 erfolgte eine Umgestaltung des Parks. Neue Wege mit Treppenanlagen ermöglichen dem Besucher aus Richtung Burgstraße beziehungsweise Riveufer den rund 30 Meter über dem Saaleufer liegenden Parkteil zu erreichen. Von den Aussichtspunkten an der Felskante sind eindrucksvolle Ausblicke über das Saaletal und die Stadt möglich.

SaAn 40
Eigentümer/in:
Stadt Halle an der Saale,
Dezernat VI Bauen,
Grünflächenamt,
Marktplatz 1,
06100 Halle an der Saale,
Tel. 0345/1205900,
Fax 0345/4441382
Größe: 3,6 ha
frei zugänglich
Führungen: nach Voranmeldung
🚋 8 Volkspark
Veranstaltungen: Laternenfest, Ende August

Gimritzer Park

An der Wilden Saale, Halle an der Saale

Der Gimritzer Park entstand aus dem Gelände des Vorwerks Gimritz, einem ursprünglichen Klosterbesitz, auf

SaAn 41
Eigentümer/in:
Stadt Halle an der Saale,
Dezernat VI Bauen,

Grünflächenamt,
Marktplatz 1,
06100 Halle an der Saale,
Tel. 0345/1205900,
Fax 0345/4441382
Größe: 3,5 ha
frei zugänglich
Führungen: nach Voranmeldung
4, 5, 9 Gimritzer Damm
Veranstaltungen: Laternenfest, Ende August

der südlichen Spitze der Peißnitzinsel zwischen der Schiffssaale und der Wilden Saale. Außer seinen dendrologischen Besonderheiten wie Gurkenmagnolie und Tulpenbaum weist er naturnahe Vegetation in den Uferbereichen des Flusses, eine reiche Wiesenflora und zahlreiche heimische Gehölzarten auf. Die Anfänge der Parkgestaltung und einige noch heute vorhandene Bäume gehen auf das Jahr 1850 zurück. Die Stadt erwarb das Gelände 1887. Aus dem zunächst nicht intensiv gepflegten Park baute Gartenbauinspektor Ernst Meyer zwischen 1925 und 1926 das heutige Erscheinungsbild auf. Dabei nahm er besonders auf den wertvollen alten Baumbestand Rücksicht und bezog auch die vorhandene, als ideal zu bezeichnende Wegeführung in die Gestaltung ein. Gleichzeitig entwarf er einen angrenzenden Obst- und Gemüsegarten. Besonders reizvoll ist der Park im Frühling zur Blüte von Lerchensporn und Anemonen. Der Parkteil unterhalb der zweiarmigen Eingangstreppe ist im architektonischen Stil gehalten, dahinter erstreckt sich der Landschaftspark.

SaAn 42
Eigentümer/in:
Stadt Halle an der Saale,
Dezernat VI Bauen,
Grünflächenamt,
Marktplatz 1,
06100 Halle an der Saale,
Tel. 0345/1205900,
Fax 0345/4441382
Größe: 4,6 ha
frei zugänglich
Führungen: nach Voranmeldung
2, 5, 7, 9 Universitätskliniken

Stadtpark

Magdeburger Straße, Halle an der Saale

Der einzige Park in der Innenstadt befindet sich unweit des Hauptbahnhofs und hat eine Verbindung zu den Ringanlagen der Stadt. Er grenzt an den aus dem 16. Jahrhundert stammenden Stadtgottesacker. Teile dieses Friedhofs wurden nach dem 2. Weltkrieg dem Park hinzugefügt. Ab 1876 legte der Städtische Verschönerungsverein in Verbindung mit der Neubebauung an der Magdeburger Straße die Grünanlage an. Umgestaltungsmaßnahmen erfolgten aus Anlaß der Parkerweiterung durch Hinzunahme ehemaliger Friedhofsflächen 1975 sowie 1993. Dabei wurden der repräsentative Eingangsbereich mit Wasserspiel, Pergolensitzplatz und den Spielflächen neu gestaltet. Ein Obelisk des halleschen Schiefer- und Ziegeldeckergewerbes weist im ehemaligen Friedhofsteil auf die Gefallenen der Befreiungskriege hin. Im Park befinden sich außerdem Plastiken und ein Trinkbrunnen als Ergebnis eines städtischen Wettbewerbs.

SaAn 43
Eigentümer/in: Martin-Luther-Universität Halle-Wittenberg,
Am Kirchtor 3,
06108 Halle (Saale),
Tel. 0345/5526271,
Fax 0345/5527096,
E-Mail botanischer-garten@botanik.uni-halle.de,
Internet www.biologie.uni-

Botanischer Garten der Martin-Luther-Universität

Am Kirchtor 3, Halle an der Saale

Der 1698 gegründete Hortus medicus der Universität in Halle war die älteste derartige Einrichtung im ehemaligen Preußen und zugleich eine der wenigen heute noch an ihrem Gründungsort existierenden Botanischen Gärten in Deutschland. Einer über 300jährigen, mit bedeutenden Wissenschaftspersönlichkeiten verbundenen Tradition verpflichtet, stellt er eine international anerkannte Lehr- und Forschungsstätte dar. Von den 12000 in den Schau-, Kultur- und Versuchsgewächshäusern sowie Freilandanlagen gezogenen Pflanzenarten gehören allein 5000 zu den Spezialsammlungen (Kakteen, Insektivoren, Bromelien, tropische Orchideen und Wasserpflanzen, Pflanzen Mittel- und Zentralasiens, der Kanarischen Inseln und der Mittelmeerländer). Hervorzuheben sind neben den Schauhäusern (Sukkulenten-Haus, Großes Tropen-Haus, Victoria-Haus, Immergrünen-Haus) die Freiland-Schauanlagen für winterharte Kakteen, Pflanzen der Winterregen- und Steppengebiete, Hochstauden, Farne und die umfangreiche Gehölzsammlung. Zwei neue Schaubeete dienen der Darstellung der Thematik Von der Wildpflanze zur Kulturpflanze und Wildwachsende Pflanzen unserer Äcker. Der gesamte Pflanzenbestand wird intensiv für Lehre, Forschung, Schulunterricht (Botanik-Schule Halle), die Öffentlichkeitsarbeit und den Artenschutz genutzt.

halle.de/Botany/garten.html
Größe: 4,5 ha
Öffnungszeiten:
Mai bis Mitte Oktober,
Mo bis Fr 14–18 Uhr
Sa, So und Feiert. 10–18 Uhr
Eintritt: 2 DM, Kinder frei bis 6 Jahre, ermäßigt 1 DM für Senioren und Kinder
Führungen: nach Voranmeldung
DB Halle (S.)
7 Universitätsring
P

Foto: Kümmel

Schloßgarten Merseburg
Oberaltenburg, Merseburg
Ein einfaches Barocktor und die Brücke über den ehemaligen Festungsgraben führen vom Schloß zum nördlich gele-

SaAn 44
Eigentümer/in:
Stadt Merseburg,
Grünflächenamt,

Lauchstädter Straße 1–3,
06217 Merseburg,
Tel. 03461/500182,
Fax 03461/525598
Größe: 3,8 ha
frei zugänglich

genen Schloßgarten. Der Park bietet sehenswerte Ausblicke zum Schloß, auf die Saale und das Wehr. Unter Herzog Christian dem Älteren wurde 1661 vom Königshof „ein gut Theill" zu einem schönen Lust-Garten umgestaltet und mit einer Mauer umgeben. Das Nordende schließt ab durch den Schloßgartensalon, von J. M. Hoppenhaupt dem Älteren ab 1727 erbaut. Der Salon wurde ursprünglich von zwei rechteckigen Orangerien eingefaßt. Im Park befinden sich zwei Obeliskenpaare aus der zweiten Hälfte des 17. Jahrhunderts. Ein Denkmal im westlichen Teil des Parks erinnert an die Völkerschlacht bei Leipzig. Die jetzige, regelmäßige Neugestaltung erfolgte 1968.

SaAn 45
Eigentümer/in:
Stadt Merseburg,
Grünflächenamt,
Lauchstädter Straße 1–3,
06217 Merseburg,
Tel. 03461/500182,
Fax 03461/525598
Größe: 8,7 ha
frei zugänglich
5 Am Stadtpark

Stadtpark Merseburg

Am Stadtpark, Merseburg

Im Norden der Stadt gelegen, geht der Stadtpark von einem denkmalgeschützten Landschaftsgarten im oberen Bereich über den Saalehang mit naturnahem Waldbestand in die Saaleaue über. Der Landschaftspark wurde Ende des 19. Jahrhunderts angelegt und zeichnet sich durch eine große Vielfalt in Flora und Fauna aus. Besondere Attraktionen sind die 1995 wiederhergestellte Quellenanlage Arnimsruh und der Rast- und Spielplatz an der 80jährigen Kastanie.

SaAn 46
Eigentümer/in:
Stadt Merseburg,
Grünflächenamt,
Lauchstädter Straße 1–3,
06217 Merseburg,
Tel. 03461/500182,
Fax 03461/525598
Größe: 23,9 ha
frei zugänglich
A/B Café Geiseltal

Südpark Merseburg

Feldschlößchenweg, Merseburg

In den 70er Jahren entstand im Süden der Stadt, angrenzend an die Geiselaue, eine neue Parkanlage, die attraktive Sport- und Spielangebote aufweist. Der integrierte Heimattierpark beherbergt etwa 280 Tiere in 52 Arten. Vom Südpark in Richtung Stadtmitte erreicht man die Grünanlagen des Vorderen und Hinteren Gotthardteiches mit einem Rosengarten, der fast 15000 Rosen in 92 Sorten zeigt.

SaAn 47
Eigentümer/in: Stadt Leuna
Rathausstraße 1,
06237 Leuna,
Tel. 03461/8400,
Fax 03461/813222
Größe: 8,2 ha
frei zugänglich
5 Pfalzplatz

Park mit Plastiken

Franz-Lehmann-Straße, Leuna

Die Parkanlage setzt sich aus einem größeren landschaftlichen Teil und einem kleineren architektonischen Bereich zusammen. Sie grenzt direkt östlich an das Stadtgebiet Leunas beziehungsweise an die Gartenstadtsiedlung Neu-Rössen an. Der landschaftliche Parkteil, die sogenannten Saale-Anlagen, umfaßt die Übergangszone von der Saale-Hochterrasse zur Saaleaue. In ihm befinden sich zahlreiche Quellaustritte. Durch die Topographie vorgeprägt, enthält dieser Parkteil viele Aussichtspunkte in die landwirtschaftlich genutzte Saale-Aue. Der architektonische Bereich wurde in der Zeit von 1962 bis 1965 durch den Gartenarchitekten Franz Mengel zu einer Freiluft-Ausstellungsfläche der Staatlichen Galerie Moritzburg, Halle, umgestaltet. Zahlreiche Plastiken zeitgenössischer Künstler prägen auch heute noch das Erscheinungsbild des Parks.

Bürgergarten Naumburg

Neidschützer Straße, Naumburg

Der Bürgergarten ist eine große Parkanlage im Süden der Stadt. Sie ist im gemischten Stil eines Volksgartens angelegt und besitzt daher keine einheitlichen Gestaltungsprinzipien. Die Erweiterungen der Anlage gehen bis in die 30er Jahre des letzten Jahrhunderts im jeweiligen Stil der Zeit zurück. Im Park befinden sich ein Rosengarten, ein Steingarten, eine Fontäne und mehrere Denkmäler.

Eigentümer/in: Stadt Naumburg an der Saale,
Gartenbauamt Markt 1, 06618 Naumburg an der Saale,
Tel. 03445/273435, Fax 03445/273460

SaAn 48
Größe: 20 ha
frei zugänglich
Attraktionen: Fontäne
Frühjahr bis Herbst
Stadtlinie Bürgergarten
Gaststätte

Stadtpark Naumburg

Postring, Naumburg

Der Stadtpark befindet sich im Zentrum der Stadt. Hervorgegangen ist die Anlage aus einem ehemaligen Friedhof, der seit Anfang des 20. Jahrhunderts aufgelassen ist. Nach Bombenschäden wurde die Fläche zu einer Parkanlage umgestaltet, vor einigen Jahren ein neues Wegesystem angelegt und eine Fontäne gebaut.

Eigentümer/in: Stadt Naumburg an der Saale,
Gartenbauamt Markt 1, 06618 Naumburg an der Saale,
Tel. 03445/273435, Fax 03445/273460

SaAn 49
Größe: 2 ha
frei zugänglich
Attraktionen: Fontäne
Frühjahr bis Herbst
Stadtlinie Postring
P gebührenpflichtig

SchH

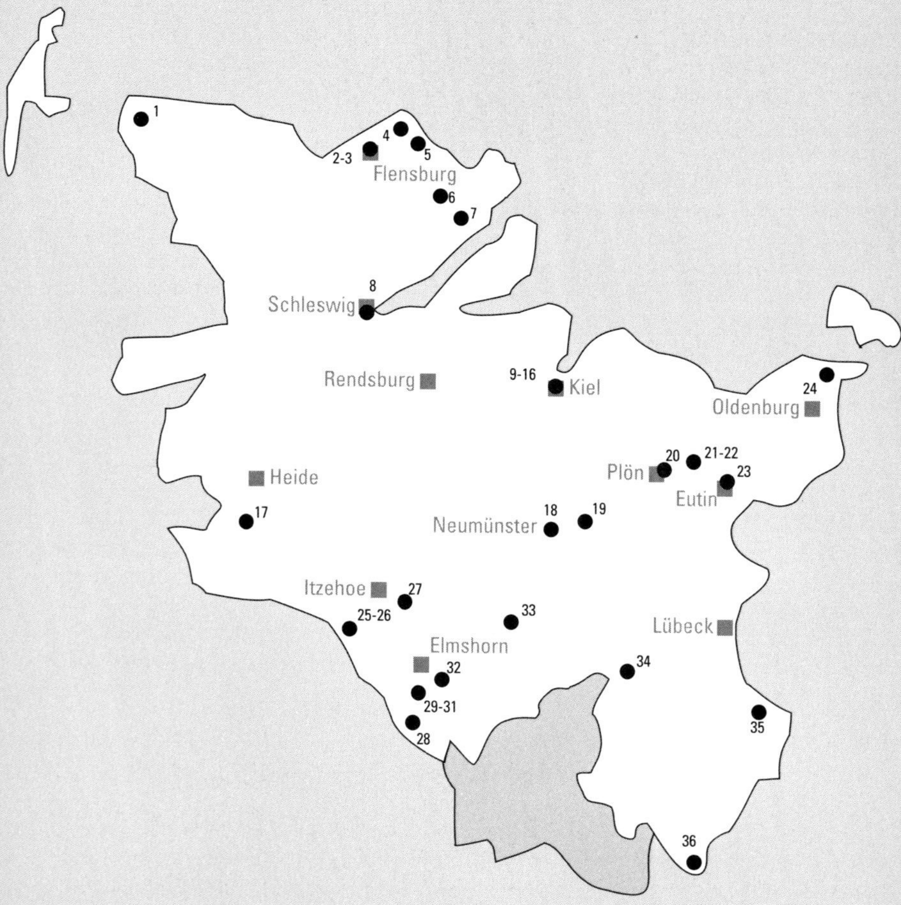
1
2-3
4
5
Flensburg
6
7
8
Schleswig
Rendsburg
9-16
Kiel
24
Oldenburg
Heide
20
21-22
Plön
23
Eutin
17
18
19
Neumünster
Itzehoe
27
25-26
33
Lübeck
Elmshorn
32
34
29-31
35
28
36

Nolde-Garten Seebüll

Seebüll, Neukirchen

Der Garten des expressionistischen Malers Emil Nolde (1867–1956) an seinem zwischen 1927 und 1937 erbauten Wohn- und Atelierhaus in Seebüll wurde nach seinen Entwürfen angelegt und blieb bis heute weitestgehend unverändert. Auch die Bepflanzung folgt dem Vorbild des Malers. Eigentümer/in: Nolde-Stiftung Seebüll, Seebüll, 25927 Neukirchen, Tel. 04664/364, Fax 04664/1475, Internet www.nolde-stiftung.de

SchH 1 NEU
Größe: 0,2 ha
Öffnungszeiten: März bis November,
im Sommer 9–19 Uhr,
im Winter 9–18 Uhr
Eintritt: frei
DB Niebüll, Klanxbüll
Bus Seebüll, Fischerhäuser

Christiansenpark

Westliche Höhe/Mühlenstraße/Stuhrsallee, Flensburg

Foto: Kroll

Der heutige Christiansenpark ist letzter Bestandteil der früher weitläufigen Gärten der Familie Christiansen, die 1820 aus ursprünglich zwei Landschaftsgärten zusammenwuchsen: aus dem westlich des Alten Friedhofs gelegenen, ab 1797 angelegten Landschaftsgarten des Kaufmannes Peter C. Stuhr und dem östlich des Friedhofs gelegenen Garten Christiansens mit der 1799–1800 erbauten Boreas-Mühle, dem heutigen Museum. Im Zentrum der damals schon öffentlichen Gärten lag der keilförmig eingeschobene Friedhof. Trotz Parzellierungen im 19. Jahrhundert sind wesentliche Elemente der einstigen Gärten erhalten.

SchH 2
Eigentümer/in:
Stadt Flensburg,
Fachbereich 4,
Rathausplatz 1,
24937 Flensburg,
Tel. 0461/852431,
Fax 0461/852974
Größe: 5 ha
frei zugänglich
Führungen: nach Voranmeldung Christa Kolhorst, Förderkreis Christiansenpark e.V.,
Tel. 0461/61429
Infozentrum Förderkreis Cristiansenpark e.V.
Frühj. u. Herbst,
So 15–17 Uhr u.n.V.
Bus 5 Kanonenberg
P gebührenpflichtig

Alter Friedhof

Mühlenstraße, Flensburg

Der Alte Friedhof mit seinen zahlreichen historischen Grabstätten und Kriegergräbern ist der wichtigste Parkfriedhof aus der Zeit des Klassizismus in Schleswig-Holstein. Als erster kommunaler Begräbnisplatz des Landes wurde er in den Jahren 1810 bis 1813 nach Plänen des Architekten

SchH 3 NEU
Eigentümer/in:
Stadt Flensburg,
Fachbereich 4,
Rathausplatz 1,
24937 Flensburg,
Tel. 0461/852431,
Fax 0461/852974

Größe: 2,61 ha
frei zugänglich
Führungen: nach Voranmeldung 0461/61429, Christa Kolhorst, Förderkreis Christiansenpark e.V.,
🚌 5 Kanonenberg
P gebührenpflichtig
♿

Axel Bundsen errichtet. In seiner langgestreckten Tropfenform bezeichnet der Friedhof einen antiken anthropoiden Sarkophag (Revolutionsarchitektur). Er lag damals noch vor den Toren der Stadt, als Teil der Englischen Gärten des Kaufmanns Peter Clausen Stuhr und der Kaufleute Christiansen. Der Begräbnisplatz bildet bis heute mit dem Christiansenpark und dem Museumsberg eine unzertrennliche Einheit.

SchH 4
Pächter: Rosen Jensen GmbH, Am Schloßpark 2 b, 24960 Glücksburg, Tel. 04631/60100, Fax 04631/2080
Größe: 0,9 ha
Öffnungszeiten: 15. Mai bis 30. Sept. 10–18 Uhr
Eintritt: 4 DM, Kinder frei bis 16 Jahre
Gruppen ab 10 Personen 3 DM/Person
Führungen: nach Voranmeldung, für Gruppen bis 25 Personen, 50 DM/Gruppe
🚌 ZOB
→ Neben dem Schloß
P gebührenpflichtig
Veranstaltungen: Rosenblütenausstellung, wechselnder Termin auf Anfrage
Infos bei: Tel. 04631/601020, Fax 04631/2080

Schloßpark Rosarium Glücksburg

Am Schloßpark 2b, Glücksburg

In einer der schönsten Gegenden Norddeutschlands, 10 Kilometer von Flensburg entfernt, an der Flensburger Förde, liegt das Renaissanceschloß Glücksburg. Das Wasserschloß wurde zwischen 1582 und 1587 erbaut. Auf dem Gelände der nördlich des Schlosses gelegenen ehemaligen Gärtnerei wurde in den Jahren 1990 bis 1991 ein Rosengarten nach Plänen von Günther Schulze, Hamburg, geschaffen. Der Garten beherbergt über 400 Rosensorten der bekannten Rosenfirma Rosen Jensen, die vor allem Historische Rosen, Kletterrosen und Englische Rosen in ihrem Sortiment führt. Es handelt sich nicht um einen normalen Rosengarten mit in regelmäßigen Beeten gepflanzten Beetrosen, sondern um die Vergesellschaftung von Rosen mit Stauden. Für diese Art der Bepflanzung eignen sich die Historischen sowie die Englischen Rosen hervorragend. Der Garten beginnt im Norden und Osten als Heckengarten. Eine Rasenachse trennt diesen Teil optisch vom westlichen Teil, der den Englischen Gärten nachempfunden ist. Dieser Bereich ist gleichzeitig das Bindeglied zum Schloßpark, der als Landschaftsgarten gehalten wird. Parallel zur Rasenachse verläuft eine aus 20 hintereinanderliegenden Bögen bestehende Rosenbogenallee. Eine Säulenallee mit Kletterrosen begleitet den Rundweg im hinteren Teil des Gartens am Hang.

Privatgarten Ehrmann-Green

Tösmus 1, Dollerup / Nordbullig

Seit 1992 entsteht auf einer ursprünglich landwirtschaftlich genutzten Fläche eine bewegte Gartenlandschaft mit Gewässerbiotopen. Eine üppige ganzjährige Blüten- und

SchH 5 NEU
Größe: 1,2 ha
nur telefonische Anmeldung erbeten
Öffnungszeiten: April bis September

Eintritt: frei
P einige vorhanden

Staudenvielfalt in harmonischen Farbabstimmungen und Formen inspirieren das Malerauge und das Gärtnerherz.
Eigentümer/in: Sibille Ehrmann-Green, Uwe Green, Tösmus 1, 24989 Dollerup / Nordbullig, Tel. 04636/1719, Fax 04636/976478

SchH 6 NEU
Größe: 1,5 ha
nur telefonische Anmeldung erbeten
Öffnungszeiten: Mai bis Juli, nach Vereinbarung
Eintritt: frei
→ bei Anmeldung
P

Privatgarten Streppel

Westerstraße 14, Ahneby

Der ländliche Garten besticht mit artenreichen Staudenbeeten, einem Kräuter- und Nutzgarten sowie einer Streuobstwiese. Etwa 1 Hektar ist ein naturbelassener Garten. Diese Parklandschaft wird von Knicks und einem Weiher umgeben.
Eigentümer/in: Helga und Friedrich Streppel, Westerstraße 14, 24996 Ahneby, Tel. 04637/1716

SchH 7 NEU
Größe: 0,1 ha
Anmeldung erbeten
Eintritt: 3 DM Garten und Museum, Kinder frei bis 12 Jahre
Führungen: nach Voranmeldung
→ bei Anmeldung
P

Bauerngarten Holländerhof

Holländerhof, Wagersrott

In dem Bauerngarten des alten Bauernhofs aus dem 17. Jahrhundert, in dem ein kleines Bauermuseum eingerichtet ist, wachsen viele alte Stauden. Die schönste Zeit ist von Mitte Juni bis Mitte Juli, wenn über 100 verschiedene Sorten und Arten Historischer Rosen blühen.
Eigentümer/in: Gretchen Bartel, Holländerhof, 24392 Wagersrott, Tel. 04641/2292
Öffnungszeiten: Mai bis Oktober, Mo 14–16 Uhr, für Gruppen nach telefonischer Vereinbarung

SchH 8
Eigentümer/in: Nordelbisches Bibelzentrum, St.-Johannis-Kloster, Am St.-Johannis-Kloster 4, 24837 Schleswig, Tel. 04621/25853, Fax 04621/23734
Größe: 500 m²
frei zugänglich
DB Schleswig
Bus 1, 3, 4 Kaserne Auf der Freiheit
→ Holm im St.-Johannis-Kloster (historische Fischersiedlung)
P

Bibelgarten St. Johanniskloster

Am St.-Johannis-Kloster 4, Schleswig

In dem 1996/97 von der Landschaftsarchitektin Gudrun Lang/Hamburg angelegten Bibelgarten werden biblische Pflanzen gezeigt, die in unserem Klima wachsen können, wie z. B. Feigenbaum, Wein, Alraune, Zeder und Ysop. Die Anlage hat die typische Form der Klostergärten, in dem die Wege ein Kreuz bilden, und die die Apotheke des Mittelalters waren. Einige dieser Kräuter wie Salbei, Süßholz, Frauenmantel und Lavendel werden hier gezeigt, ebenso wie Pflanzen aus christlicher Tradition und Legende wie Akanthus, Judasbaum und Christrose. Der Findling im Zentrum des Gartens erinnert an eine biblische Geschichte: Moses schlägt Wasser aus dem Felsen. Im hinteren Teil des Gartens stehen unter alten Bäumen Skulpturen zum Thema Prophetie.
Führungen: nach Voranmeldung, für Gruppen bis 30 Personen, 2 DM/Person

Botanischer Garten Kiel

Am Botanischen Garten 1–9, Kiel

Foto: Botanischer Garten Kiel

SchH 9
Größe: 8 ha
Öffnungszeiten: ganzjährig geöffnet, im Sommer 9–18 Uhr, im Winter 9–15 Uhr
Eintritt: frei
Führungen: nach Voranmeldung, Tel.: 0431/8804276, für Gruppen ab 15 Pers. 3 DM/Pers.
Attraktionen: Blüte Alpinum, 7 Schaugewächshäuser,
🚌 6, 22, 32, 81 Uni-Sportstätten
→ Beschilderung folgen
P ♿ ℹ

Der 1985 eröffnete Garten kultiviert über 14 000 Pflanzenarten aus der ganzen Welt. Im Freiland gibt es die Bereiche System, Alpinum, Arzneipflanzen, Blüten- und Ausbreitungsökologie, Arboretum, sowie die ökologischen Lehrbiotope Düne, Salzwiese, Teich, Moor und Heide.
Die Gewächshäuser sind in die Bereiche Mediterranhaus, Farne, Tropenpflanzen und Sukkulenten, darunter viele Kakteen, gegliedert. Es gibt eine große Sammlung tropischer und subtropischer Nutzpflanzen wie Kakao, Kaffee, Tee, Zuckerrohr, Ananas, Zitronen, Feigen, Granatäpfel, Bananen und Ingwer.
Eigentümer/in: Land Schleswig-Holstein, Christian-Albrechts-Universität, Olshausenstraße 40, 24098 Kiel, Tel. 0431/8804276, Fax 0431/8801527, E-mail hortus@bot.uni-kiel.de
Veranstaltungen: Lehrwanderung, Vorträge, 1. Sonntag im Monat, 11 Uhr, Infos bei: Tel. 0431/8804276, Fax 0431/8804275, Veranstaltungen des Freundeskreises Kunstausstellung, Konzerte, Vorträge, Führungen monatlich

Alter Botanischer Garten Kiel

Düsternbrooker Weg / Schwanenweg, Kiel

SchH 10
Eigentümer/in: Landeshauptstadt Kiel, Grünflächenamt, Postfach, 24099 Kiel, Tel. 0431/8804276, Fax 0431/8801527, E-Mail hortus@bot.uni-kiel.de
Größe: 2,5 ha
Öffnungszeiten: ganzjährig geöffnet 8 Uhr bis Eintritt der

Der Alte Botanische Garten liegt an der Kieler Förde. Dieser vierte Botanische Garten wurde 1884 eröffnet. Das von der Universität 1868 erworbene Gelände vergrößerte der Kieler Kaufmann A. C. Brauer zum Landschaftspark nach englischem Vorbild. Von 1878 bis 1884 wurde der Brauersche Garten unter Adolf Engler zum Botanischen Garten umgestaltet, wobei der alte Baumbestand erhalten blieb. 1978 wurde der Botanische Garten abermals verlegt: auf

Dunkelheit
Eintritt: frei
Führungen: nach Voranmeldung, jeden 2. So eines Monats, 10.30 Uhr, außer Dez./Jan.,
Treffpunkt: Eingang Schwanenweg
🚌 41, 42 Schwanenweg
Fördeschiffahrt Seegarten oder Reventlovallee

das neue Universitätsgelände an der Olshausenstraße. Der vierte Botanische Garten, jetzt der Alte geworden, hat einen entsprechend schönen Baumbestand. Auf einem relativ begrenzten Areal ist mit den Jahren eine erstaunlich artenreiche Gehölzsammlung entstanden. Hinzu kommt die ungemein reizvolle Hügellandschaft, in der er angelegt ist. Von seinem höchsten Punkt, der Plattform des historischen Aussichtspavillons, hat man eine herrliche Aussicht auf die Kieler Förde.

SchH 11
Eigentümer/in: Landeshauptstadt Kiel, Grünflächenamt, Postfach, 24099 Kiel, Tel. 0431/9013800, Fax 0431/9013509
Größe: 14,5 ha
frei zugänglich
🚌 32, 33, 41, 42, 61, 62 Yorckstraße, Düvelsbeker Weg
41, 42 Diederichsenpark

Forstbaumschule

Feldstraße/Schlieffenallee/Kösterallee, Kiel

1788 wurde für die Forstlehranstalt eine Baumschule eingerichtet. Die ehemalige Düvelsbeker Baumschule wies nicht nur Waldbäume auf, sondern auch in- und ausländische Zierbäume und -sträucher. Sie wurde 1808 erweitert. Die Auflösung der Lehranstalt erfolgte 1835, die öffentliche Handelsbaumschule bestand jedoch weiter. Es fand eine Vermehrung der Bestände ausländischer und einheimischer Gehölze statt. Schon bald wurde die um 1900 zu einem Landschaftspark vergrößerte Forstbaumschule zum beliebten Ausflugsziel der Kieler Bevölkerung.

SchH 12
Größe: 14,5 ha,
frei zugänglich
Attraktionen: Fontäne Frühjahr bis Herbst

Kleiner Kiel, Hiroshima-Park, Ratsdienergarten

Lorentzendamm/Jensendamm/Martensdamm/Rathausstraße, Kiel

Diese historisch gewachsene Anlage umschließt im Norden und Westen die Altstadt. Die beiden Gewässer des Kleinen

Kiel sowie der Bootshafen waren Teil der Kieler Förde, wurden aber durch Aufschüttungen und Straßenbau in ihrem ursprünglichen Umfang reduziert. Heute verbindet die Anlage die Ostseehalle und den Exerzierplatz mit zahlreichen öffentlichen Einrichtungen sowie der Innenstadt und dem Schloßgarten. Im Ratsdienergarten befindet sich ein Duft- und ein Blindengarten.
Eigentümer/in: Landeshauptstadt Kiel, Grünflächenamt, Postfach, 24099 Kiel, Tel. 0431/9013800, Fax 0431/9013509

🚌 22, 32, 33, 61, 62, 705 Schloßgarten
11, 21, 91, 200, 201, 500 Lorentzendamm
12, 51, 71, 100, 101 Fleethörn
Veranstaltungen: Kieler Woche, letzte volle Woche im Juni
🐕 ♿

Diederichsen-Park

Hindenburgufer/Niemannsweg/Parkstraße, Kiel

Den Diederichsen-Park legte 1786 Christian Cay Lorenz Hirschfeld, Verfasser der Theorie der Gartenkunst, als Teil seiner Fruchtbaumschule an. Von 1866 bis 1942 war die Anlage im Besitz der Familie Diederichsen, bis 1944 das Haus Forsteck zerstört wurde. 1958 übergab die Stadt Kiel anläßlich der Kieler Woche den Park der Öffentlichkeit. Er verbindet die Forstbaumschule mit dem Hindenburgufer. Vom Park aus bietet sich ein herrlicher Blick auf die Förde in Richtung Laboe.

SchH 13
Eigentümer/in:
Landeshauptstadt Kiel,
Grünflächenamt,
Postfach, 24099 Kiel,
Tel. 0431/9013800,
Fax 0431/9013509
Größe: 4,4 ha
frei zugänglich
🚌 32, 33, 41, 42, 61, 62 Yorckstraße, Düvelsbeker Weg
41, 42 Diederichsenpark
P 🐕 ♿

Schloßgarten und Prinzengarten

Düsternbrooker Weg, Kiel

Nördlich des Schlosses an der Kieler Förde gelegen, gehört der Garten mit seiner wechselvollen Geschichte zu den ältesten Anlagen in Schleswig-Holstein: Renaissance-Garten um 1558 bis 1568, Barockanlage ab 1695 in holländisch-französischem Stil, 1739 bis 1749 Anlage eines Französischen Gartens von Johann Christian Lewon. Ab 1838 erfolgte eine landschaftliche Umgestaltung mit Volksgartencharakter durch den Hannoverschen Hofgarteninspektor Christian Schaumburg, Ende des 19. Jahrhunderts zu einem kaiserlichen Volksgarten. Im 2. Weltkrieg wurden das Schloß und der Garten zerstört und danach zeitgemäß wiederaufgebaut.

SchH 14
Eigentümer/in:
Land Schleswig-Holstein,
Pflege durch die Landeshauptstadt Kiel,
Postfach, 24099 Kiel,
Tel. 0431/9013800,
Fax 0431/9013509
Größe: 2,7 ha, frei zugänglich
🚌 22, 32, 33, 61, 62, 705 Schloßgarten
41, 42 Kiellinie
Veranstaltungen:
Ausstellungen während der Kieler Woche, letzte volle Woche im Juni
🐕 ♿

Düsternbrooker Gehölz

Düsternbrooker Weg/Niemannsweg/Karolinenweg/Lindenallee, Kiel-Brunswik/Düsternbrook

Kiels ältester und bekanntester Erholungsraum ist ein großer Waldpark nördlich des Stadtkerns. Das Gebiet hat sich als Rest eines Waldgebiets seit der Mitte des 18. Jahrhunderts bis heute in seinen Außengrenzen erhalten. Bis 1874 Staatsbesitz, wurde es von der Stadt mit der Auflage gekauft, es als Wald zu erhalten. Der Gartentheoretiker Christian Cay Lorenz Hirschfeld hatte schon 1780 den landschaftlichen Reiz dieser Landschaft erkannt und den

SchH 15
Eigentümer/in:
Landeshauptstadt Kiel,
Grünflächenamt,
Postfach, 24099 Kiel,
Tel. 0431/9013800,
Fax 0431/9013509
Größe: 29 ha
frei zugänglich
🚌 41, 42 Roomstraße, Bellevue, Hindenburgufer, Institut für Weltwirtschaft
P 🐕

Veranstaltungen: Konzerte auf der Freilichtbühne, Sommerhalbjahr

natürlich gewachsenen Buchenwald mit seinen malerischen Ausblicken auf die Kieler Förde als Spaziergebiet für die Kieler Bürger entdeckt. Seit Anfang des 19. Jahrhunderts ist die Anlage öffentliches Ausflugsziel mit verschiedenen, heute nicht mehr erhaltenen Restaurationsbetrieben und Erholungseinrichtungen. Das topografisch sehr bewegte Gelände umfaßt im Süden die Krusenkoppel mit einer Freilichtbühne und Tennisplätzen, im Norden den Aussichtspunkt Bellevue mit Hotel.

SchH 16 NEU
Größe: 1,2 ha
Anmeldung erbeten
Eintritt: frei
Führungen: nach Voranmeldung
DB Kiel
Bus 22, 81 Bremerskamp

Steenbeker Garten

Bremerskamp 91, Kiel

Der Stauden-Natur-Garten umfaßt viele Pflanzen aus aller Welt. Schwerpunkte sind Buxus, 40 Hypericum, 100 Freilandfuchsien in Arten und Sorten sowie Kübelpflanzen. Eigentümer/in: Marta und Wolfgang Fräderich, Bremerskamp 91, 24106 Kiel, Tel. 0431/542944, Fax 0431/549244 Öffnungszeiten: Juli bis Oktober

SchH 17
Größe: 0,2 ha, frei zugänglich
Führungen: nach Voranmeldung
Dr. Jutta Müller, Tel. 04832/7252 für Gruppen bis 30 Personen, 40 DM/Gruppe
DB Meldorf
→ 10 Fußminuten vom Bahnhof

Historische Rosensammlung Meldorf

Jungfernstieg 4, Meldorf

50 verschollene Rosensorten aus 400 Jahren Dithmarscher Gartengeschichte wurden in alten Bauerngärten und Friedhofshecken wiederentdeckt und zusammen mit ländlichen Blütenstauden angepflanzt. Da die Sorten sehr alt sind, erstreckt sich die Blütezeit auf nur acht bis zehn Wochen im Jahr, von etwa Ende Mai bis Mitte Juni.
Eigentümer/in: Schleswig-Holsteinisches Landwirtschaftsmuseum, Jungfernstieg 4, 25704 Meldorf, Tel. 04832/3380

SchH 18 NEU
Größe: 0,7 ha
Anmeldung erbeten
Öffnungszeiten: April bis Oktober, nach Vereinbarung
Eintritt: frei
Führungen: nach Voranmeldung, 5 DM/Person
→ bei Anmeldung

Privatgarten Hildebrandt

Hartwigswalder Straße 59, Neumünster

Der noch relativ junge Garten hat seinen Schwerpunkt auf Stauden und Blütengehölze in großen Beeten und mit farblicher Sortierung, in dem es fast das ganze Jahr über blüht mit einem Blumenrausch im Sommer als Höhepunkt. Weiterhin gibt es einen Rosengarten, einen Bauerngarten mit viel Gemüse, eine Streuobstwiese und einen großen Teich. Eigentümer/in: Katja Hildebrandt, Hartwigswalder Str. 59, 24539 Neumünster, Tel. 04321/979348, Fax 04321/979820, E-Mail Khildebra@aol.com
Attraktionen: Rittersporn- und Rosenblüte Juni

SchH 19
Eigentümer/in: re-natur Staudenkulturen, Plöner Straße 10,

Die Staudengärten von re-natur

Plöner Straße 10, Bornhöved

Auf einem sonnigen Südhang wurden winterharte Arznei- und Gewürzkräuter, Duft- und Färbepflanzen zusammengetragen. Der begrünte Duftpavillon lädt ein zum Verweilen und Schwelgen in spannenden Farben, Formen und Gerüchen. Schnuppern und Probieren ist ausdrücklich erlaubt. Eine andere große Gartenanlage gibt jede Menge Ideen zur abwechslungsreichen Verwendung von Stauden, beispielsweise das blau-weiße Beet oder die Gräservielfalt. Der frühlingshafte Felsenbirnenwald und Sitzplätze unterschiedlichster Art laden zum Entspannen ein. Neu entstanden sind ein Dunkler, ein Geheimnisvoller und ein Grüner Garten mit vielen Grüntönen und Blattstrukturen.

Foto: re-natur

24619 Bornhöved,
Tel. 04323/6580,
Fax 04323/900838,
E-Mail info@re-natur.de,
Internet www.re-natur.de
Größe: 1,5 ha
Anmeldung für Gruppen erbeten
Öffnungszeiten: ganzjährig geöffnet, im Sommer Mo, Do, Fr 8–18 Uhr, Mi nach Vereinbarung, Sa 8–16 Uhr, im Winter Mo, Do, Fr 9–16.30 Uhr, Mi nach Vereinbarung, Sa 9–15 Uhr
Eintritt: frei
Führungen: nach Voranmeldung, Preis nach Vereinbarung
DB Neumünster, Plön, Kiel
→ Direkt an der B 430
P 🐕 ♿ ℹ
Veranstaltungen: Programm über Eigentümer
✿ Kräuter

Schloßgarten Plön

Plön

Der Schloßgarten der Residenz Plön liegt unterhalb des Schlosses über dem Nordufer des Großen Plöner Sees. Ab 1730 wurde er als aufwendiger Régencegarten mit Rokoko-Gartenhaus für die Herzöge von Schleswig-Holstein-Sonderburg-Plön angelegt. Nach 1784 diente er als Königlich-Dänische Fruchtbaumschule, bevor ihn der Hannoversche Hofgarteninspektor Christian Schaumburg um 1840 für das dänische Königshaus in einen vielbeachteten Landschaftsgarten umwandelte, wobei er viele Strukturen des Barockgartens beispielsweise die Lindenalleen, erhielt. Trotz Einfügung einer Sportanlage und eines Rosengartens sind die alten Gestaltungsmerkmale gut erkennbar, obwohl der Garten nicht denkmalpflegerisch betreut wird. Der Park mit der anschließenden Halbinsel mit Wiesen und Weiden und einem alten Bauernhaus mit Gastwirtschaft ermöglicht eine wunderschöne Aussicht auf den See und auf das Schloß.

SchH 20
Eigentümer/in: Land Schleswig-Holstein, frei zugänglich
DB Plön
→ Im Stadtzentrum, unterhalb des Schlosses
P gebührenpflichtig
✕ 🐕 ♿

Kurpark Bad Malente-Gremsmühlen

Bahnhofstraße 4a, Bad Malente-Gremsmühlen

Der naturnah angelegte Kurpark ist topographisch bedingt in zwei strukturell unterschiedliche Teile gegliedert. Die Buchen- und Eichenbestände des Brahmbergs sind mit Rhododendren, Lilien und Waldstauden unterpflanzt. Die

SchH 21
Größe: 5,8 ha
Öffnungszeiten: ganzjährig geöffnet, im Sommer 8–22 Uhr, im Winter 9–18 Uhr

Eintritt: frei
Führungen: nach Voranmeldung
DB Bad Malente-Gremsmühlen
Bus 4320 Kiel-Eutin Bad Malente-Gremsmühlen
P
Veranstaltungen, Diverse

Schwentinewiese mit ihren kreisrunden Tümpeln wird zeitweise von der Schwentine überflutet. Auf dieser sauren Wiese hat sich dadurch eine natürliche, üppige Sumpfvegetation mit Wiesenschaumkraut, Sumpfdotterblume, Schwertlilie, Pestwurz und Pfennigkraut aufgebaut.
Eigentümer/in: Kurverwaltung der Gemeinde Malente, Bahnhofstraße 4a, 23714 Bad Malente-Gremsmühlen, Tel. 04523/2356, Fax 04523/6221, E-mail TKV-malente@online.de

SchH 22 NEU
Größe: 0,4 ha
Anmeldung erbeten
Öffnungszeiten: Mai und Juni
Eintritt: frei
DB Bad Malente
P

Privatgarten Freese

Wöbbensredder 34, Bad Malente

Japanische Einflüsse prägen den Garten in Hausnähe: Kieselflächen mit Trittsteinen, Brunnen, Azaleen und Ahorne. Zum tiefergelegenen Flüsschen Schwentine hin entwickelt sich das Gelände über Schattenpartien mit farben- und formenreichen Blattstauden in ein Refugium für geschützte Pflanzen. Ende Mai/Anfang Juni wetteifern blühende Iris und Kermesina-Azaleen mit der Hochblüte der Feuchtwiese (Kuckuckslichtnelken, Knabenkrautorchideen).
Eigentümer/in: Julia Freese, Wöbbensredder 34, 23714 Bad Malente, Tel. 04523/1658, Fax 04523/1626, E-Mail bamboo.freese@t-online.de

SchH 23
Eigentümer/in: Stiftung Schloß Eutin, 23701 Eutin, Tel. 04521/709510
Größe: 14 ha
frei zugänglich
DB Eutin
P gebührenpflichtig
Veranstaltungen: Sommerspiele auf Freiluftbühne
Infos bei: Eutiner Sommerspiele GmbH, Tel. 04521/2161

Eutiner Schloßgarten

Jungfernstieg/Oldenburger Landstraße, Eutin

Der Schloßgarten Eutin, landschaftlich äußerst reizvoll am Großen Eutiner See gelegen, blickt auf eine fast 500jährige Gartengeschichte zurück. Nach mehreren kleineren Anlagen entstand um 1670 ein repräsentativer Barockgarten nach holländischem Vorbild auf der Schloßinsel, den ab 1716 ein luxuriöser französischer Barockgarten ablöste. Unter dem aufgeklärten Oldenburger Herzog Peter Friedrich Ludwig wurde der barocke Garten von 1787 bis 1803 in einen Englischen Landschaftsgarten umgestaltet und dabei um rund ein Viertel seiner Fläche vergrößert. Der Eutiner Schloßgarten ist das bedeutendste Gartenkunstdenkmal der Aufklärung in Schleswig-Holstein. Auf einer für Landschaftsgärten relativ kleinen Fläche bieten sich immer wieder wechselnde Bilder, Sichtachsen in den Garten und Ausblicke auf die umgebende Seenlandschaft. Die Anlage besteht aus dem Schloßplatz mit Marstall, Remise und Kavaliershaus, dem Schloß aus dem späten 17. Jahrhundert mit mittelalterlichem Rundturm, dem zentralen Gartenbereich südlich des Schlosses mit Lindenallee, Teich, Großem Wasserfall und Seepavillon, der Ländlichen Gegend mit einem Stauteich, dem Kleinen Wasserfall und dem Tuffsteinhaus, dem Küchengarten mit Orangerie sowie aus dem Tempelgarten mit Monopteros und Chinesischer Bogenbrücke.

Privatgarten Reise

Teichstraße 11–13, Großenbrode

Die kleine, aber geschützt gelegene Gartenanlage umfaßt neben Buchsbaum, Rhododendren und Rosen auch Hortensien. Rosenbögen, Kletterpflanzen, Efeu und verschieden gepflasterte Bereiche unterteilen den Garten in Räume.
Eigentümer/in: Heide Reise, Teichstraße 11–13, 23775 Großenbrode, Tel. 04367/361, Fax 04367/342

SchH 24
Größe: 150 m^2
Anmeldung erbeten
Öffnungszeiten: ganzjährig geöffnet
Eintritt: frei
Attraktionen: Rhododendrenblüte, Englische Rosen,
♿

Städtische Anlagen Glückstadt (Elbe)

Janssenstraße/Itzehoer Straße, Glückstadt (Elbe)

Die Städtischen Anlagen in Glückstadt entstanden nach Schleifung der Wallanlagen 1814 bis 1818 und Schenkung der ehemaligen Festungsländereien durch den dänischen König an die Stadt. Unter Federführung des Stadtpräsidenten Ernst Seidel wurde hier ab 1818 mit der Anlage eines Bürgerparks begonnen. Der Park entstand in drei Stufen: die Gestaltung des zentralen Bereichs um die ehemaligen Festungsteiche und Bastionen erfolgte bis 1850, die Anlage des nördlichen Parkbereichs nach gründerzeitlichen Gestaltungsprinzipien in der 2. Hälfte des 19. Jahrhunderts und die Anlage des südlichen Bereichs als Volkspark mit großer Liegewiese von 1900 bis 1950. Die Städtischen Anlagen werden derzeit mit Förderung des Landes Schleswig-Holstein denkmalgerecht saniert.

SchH 25
Eigentümer/in: Stadt Glückstadt (Elbe), Am Markt 4, 25348 Glückstadt (Elbe), Tel. 04124/930420, Fax 04124/930444
Größe: 9,5 ha
frei zugänglich
Führungen: nach Voranmeldung Tourist Information, Tel. 04124/937585 für Gruppen bis 35 Personen, 65 DM/Gruppe,
DB Glückstadt
P ♿

SchH 26
Größe: 500 m²
frei zugänglich
Attraktionen: Frühlingsblüher, Blüte historischer Rosen Mai, Juni/Juli
DB Glückstadt
→ 10 Fußminuten bis zum Hafen
P ☕ ℹ

Garten am Palais Quasi non Possidentes

Am Hafen 46, Glückstadt (Elbe)

Nach der Gründung der Stadt Glückstadt 1617 entstanden mehrere Spätrenaissance-Palais mit Gärten. Quasi non Possidentes war als einziges Palais mit Gartenanlage als Ensemble dargestellt. Die Neuformung und Pflanzung dieses öffentlichen, formalen Gartens mit von Buchsbaumhecken umfassten Beeten erfolgte 1992. Besonders hervorzuheben sind Historische Rosen, eine reiche botanische Sammlung von Heilpflanzen und Raritäten.
Eigentümer/in: Stadt Glückstadt, Pächterin: Palais für aktuelle Kunst, Am Markt 4, Rathaus, 29348 Glückstadt, Tel. 04124/9300, Fax 04124/930102

SchH 27
Größe: 0,3 ha
max. 20 Pers.
Anmeldung erbeten
Eintritt: frei freiwillige Spende
→ A 23 Abfahrt Hohenfelde, durch Lägerdorf, rechts Richtung Kellinghusen
P 🐕 ♿
auf Wunsch Kaffee und Kuchen

Immen un Blomen

Schinkelweg 4, Breitenberg

Staudenrabatten in verschiedenen Farbthemen, historische Rosen und Clematis, einen buchsgefaßten Bauerngarten, einen Heidegarten, einen formalen Rosengarten und einen Bienengarten umfaßt diese Gartenanlage.
Eigentümer/in: Helga Stäcker-Rick, Schinkelweg 4, 25597 Breitenberg, Tel. 04822/5761
Öffnungszeiten: April bis Okt.

SchH 28
Eigentümer/in: Gutsverwaltung Haseldorf, Schöneich v. Karolath, Schloßweg, 25489 Haseldorf, Tel. 04129/269
frei zugänglich
nur Außenbereiche
🚌 77, ab Wedel Haseldorf
P 🐕 ♿
Veranstaltungen: Schleswig-Holstein-Festival Konzerte im Schloß

Gutspark Haseldorf

Schloßweg, Haseldorf

Das Kernstück des Gutshofs und Parks, der sich in einer Ausbuchtung des Elbdeiches befindet, ist eine kreisrunde Burginsel aus dem 12. Jahrhundert, umgeben von einem Wall und einem doppelten Ringgraben. Von einem alten, geometrischen Garten aus der Mitte des 18. Jahrhunderts sind nur fünf hochgewachsene Linden erhalten, sogenannte Klopstocklinden nach dem berühmten Dichter benannt, der sich zeitweilig in Haseldorf aufhielt. Sie gehörten zu einem Salon aus sechs beschnittenen Linden. Auch die Linden an der Zufahrt stammen aus dieser Zeit. Um 1780 entstand hier eines der ältesten Arboreten Norddeutschlands, dessen ungewöhnlicher Artenreichtum in der waldarmen Marschlandschaft eine Besonderheit darstellt. Danach wurde der Garten mehrfach in landschaftlichem Stil verändert. Das Mausoleum des Architekten Schütte aus Quedlinburg und der umgebende Gartenbereich sind von 1884. In den letzten Jahren wurde die nur in den Außenbereichen frei zugängliche Anlage nach gartendenkmalpflegerischen Vorgaben betreut.

SchH 29
Führungen: mit Kopfhörer kostenlos,
frei zugänglich

Kloster Uetersen

Klosterhof 1, Uetersen

Im Jahre 1235 gründete Ritter Hinrich von Barmstede das Zisterzienserinnen-Kloster zu Ueterst End auf einem Land-

gut neben der Burg. Zwar ist diese heute verschwunden, der Spazierweg führt allerdings noch am Burggraben entlang in den Klosterbereich. Der Park ist nicht nur wegen der klösterlichen Gärten und Bepflanzungen sehenswert, sondern auch wegen der Gebäude. Neben dem Teehaus, dem Klosterfriedhof und der Klosterkirche sorgt das Erscheinungsbild des Parks mit seinem alten Kopfsteinpflaster dafür, daß man nicht mehr darüber staunen muß, daß selbst der junge Goethe hierhin schrieb.
Eigentümer/in: Adeliges Kloster,
Klosterprobst Graf Luckner, Klosterhof 1, 25436 Uetersen

DB Tornesch
62, 63, 65, 66, 67, 75, 77, 78 Buttermarkt
Veranstaltungen: Klostertage verschiedene Veranstaltungen zum früheren Klosterleben
1 x jährlich

Rosarium Uetersen

Wassermühlenstraße 7, Uetersen

SchH 30
Eigentümer/in: Stadt Uetersen, Wassermühlenstraße 7, 25436 Uetersen, Tel. 04122/714216, Fax 04122/714288
Größe: 7 ha
frei zugänglich
Führungen: nach Voranmeldung, Tel. 04122/714231
kostenlos,
DB Tornesch
61 Wassermühlenstraße

Foto: Stadt Uetersen

Das 1934 anläßlich der Deutschen Rosenschau eröffnete Rosarium zeigt 30 000 Rosen in 800 Sorten. Zu den Gründungsvätern zählen die bekannten Rosenzüchter Wilhelm Kordes und Mathias Tantau. Das Rosarium ist in streng klassischer Gestaltung um zwei Teiche angelegt und ganzjährig geöffnet. Uetersen, die nördlichste aller Rosenstädte, liegt im Zentrum des größten Baum- und Rosenschulgebietes der Welt. Das Gesicht des Rosariums hat sich durch Erweiterungen, Umbauten, Witterungseinflüsse und anderes mehrmals verändert. Besucher können heute in einer bunt gestaffelten Schaupflanzung ein breites Sortiment alter und neuer Park-, Beet-, Kletter- und Hochstammpflanzen bewundern.

Museumspark Langes Tannen

Heidgrabener Straße, Uetersen

1979 traf Werner Lange kurz vor seinem Tod die Entscheidung, der Stadt Uetersen sein Anwesen Langes Neue Mühle mit der denkmalgeschützten Gebäudegruppe zu vererben,

SchH 31
Eigentümer/in: Stadt Uetersen, Wassermühlenstraße 7, 25436 Uetersen, Tel. 04122/714216,

Fax 04122/714288
Größe: 26 ha
frei zugänglich
Führungen: nach Voranmeldung, Tel. 04122/714202
kostenlos
DB Tornesch
Bus 62, 67, 78 Langes Tannen
P
Veranstaltungen: Konzerte, Lesungen, wechselnde Ausstellungen

die aus einem klassizistischen Herrenhaus aus dem frühen 19. Jahrhundert, einer Scheune aus dem Jahre 1762 und dem oktagonalen Mühlenstumpf aus dem Jahre 1796 sowie einiger Nebengebäude besteht. Die Gebäudegruppe liegt idyllisch eingebettet in einem Großgrundbesitz von 26 Hektar Wald, Wiesen, Feldern, Parkanlagen und Teichen, der dem ganzen Anwesen auch seinen Namen gibt: Langes Tannen. Der großzügigen Stiftung lag der Wunsch zugrunde, daß dieser historisch gewachsene Besitz für die Öffentlichkeit erhalten bleibt. Das Gebäudeensemble dient seither als Museum mit Café, Wald, Wiesen und Park als Erholungsgebiet.

SchH 32
Größe: 17 ha
Öffnungszeiten: ganzjährig geöffnet, im Sommer 9–21 Uhr, im Winter 9 bis Eintritt der Dunkelheit
Eintritt: 4 DM als Spende erbeten
Führungen: nach Voranmeldung für Gruppen ab 20 Pers. 4 DM/Pers.
Bus 185 Arboretum (nicht am Wochenende)
→ Mit Bus von Pinneberg bis Arboretum, bis zum Park ca. 7 Min. Fußweg
P
sonntags 14 – 18 Uhr
im Sommerhalbjahr

Arboretum Baumpark Ellerhoop-Thiensen

Thiensen 17, Ellerhoop

Das Arboretum – eine Sammlung von lebenden Bäumen und Sträuchern – befindet sich am Rande der Bilsbekniederung, eingebettet in die typische holsteinische Knicklandschaft. 1956 von der Baumschule Timm & Co. gegründet, wurde das Gelände 1980 vom Landkreis Pinneberg erworben, um die weithin bekannte Gehölzsammlung zu erhalten und die Anlage der Öffentlichkeit für Informationszwecke und zur Naherholung zugänglich zu machen.
Die Sammlung des Arboretums enthält über 2200 verschiedene Baumarten und -sorten, Laub- und Nadelgehölze sowie große Sortimente von Zierkirschen und Zieräpfeln. Weitere Attraktionen der um einen kleinen See gestalteten Anlage sind unter anderem der Bauerngarten, der Blauregentunnel, der Heidegarten und die 27 Millionen Jahre alten versteinerten Baumstümpfe von Sumpfzypressen (Taxodium spec.).
Eigentümer/in: Kreis Pinneberg, Träger: Förderkreis Arboretum Baumpark Ellerhoop-Thiensen e.V., Thiensen 17, 25373 Ellerhoop, Tel. 04120/218, Fax 04120/218

SchH 33 NEU
Größe: 0,3 ha
Gruppen bis 5 Personen, nur telefonische Anmeldung erbeten
Eintritt: frei
Führungen: nach Voranmeldung
→ bei Anmeldung
P

Hof Hohenmoor

Kaltenkirchen

Die gemischten Rabatten in dem ländlichen Garten sind nach Farben sortiert. Außerdem bestimmen viele Bodendecker das Bild.
Eigentümer/in: Doris Freese, 24568 Kaltenkirchen, Tel. 04191/1217, Fax 04191/77338
Attraktionen: Rhododendronblüte Mai
Öffnungszeiten: Mai und Juni, Mo, Di, Do, Fr

SchH 34
Größe: 0,4 ha
Öffnungszeiten: April bis 15. Juli

Privatgarten Krüger

Tremsbütteler Weg 54, Bargteheide

Untergliedert in Teichgarten, Gemüsegarten, formalen Garten und parkartige Flächen bietet der um ein Stadthaus von

1910 angelegte Garten mit altem Obstbaumbestand eine Fülle von schönen Details. Insbesondere die Plazierung von Gartenkeramik – die Besitzerin ist Töpferin und darauf spezialisiert – und die harmonische Einfügung von Pavillons, Gewächshaus, Toren und Pfeilern sind sehenswert. Eigentümer/in: Eva Sabine Krüger, Tremsbütteler Weg 54, 22941 Bargteheide, Tel. 04532/7279
Veranstaltungen: Keramikausstellung 26./27. Juni, 11–17 Uhr

Anmeldung erbeten
Eintritt: frei
Führungen: nach Voranmeldung, Spende erbeten
DB Bargteheide
→ Vom Bahnhof in Richtung Tremsbüttel, ca. 10 Minuten Fußweg
P

Art and Garden Adelheid Sievers

Schmiedestraße 1, Ratzeburg

Foto: Streppel

Der historische Hinterhofgarten eines Hauses von 1693 in der Altstadt Ratzeburgs ist gemeinsam von der Mieterin und der Besitzerin im Stil eines Klostergartens mit zwei Beeten mit Wegekreuz, Rosen, Kräutern und Bauerngartenbepflanzung gestaltet worden. Auf dem Kopfsteinpflaster stehen zahlreiche Kübel- und Topfpflanzen, Objekte und Plastiken sind zu entdecken.

SchH 35
Eigentümer/in: Brigitte Schnur, Mieterin: Adelheid Sievers, Schmiedestraße 1, 23909 Ratzeburg, Tel. 04541/6721
Größe: 70 m²
nur telefonische Anmeldung erbeten
Öffnungszeiten: 15. Mai bis Oktober, Wochenenden
Eintritt: frei
Führungen: nach Voranmeldung ab 10 Personen
DB Ratzeburg
Bus Hamburg – Ratzeburg Marktplatz
P gebührenpflichtig
Veranstaltungen: Art and Garden Kunstausstellung jährlich ein Wochenende im Juni zur Rosenblüte, Termin auf Anfrage

Privatgarten Ohlrogge

Am Kuhgrund 4, Lauenburg

Rund um ein finnisches Holzhaus liegt ein Naturgarten mit vielen Stauden, Gemüse und einer Kräuterspirale.
Eigentümer/in: Marion Ohlrogge, Am Kuhgrund 4, 21481 Lauenburg, Tel. 04153/2586
Öffnungszeiten: 24.06.2001 und 01.07.2001, 14–18 Uhr, Termine 2002 bitte nachfragen

SchH 36 NEU
Größe: 0,18 ha
Anmeldung für Gruppen erbeten
Eintritt: frei
DB Lauenburg
P

Thür

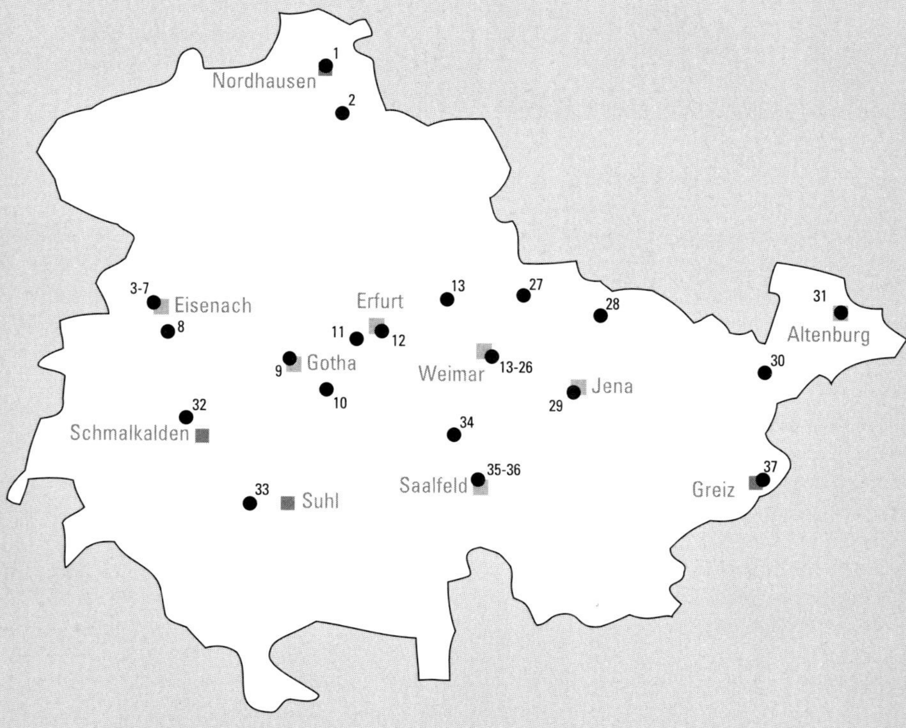
1
Nordhausen
2
3-7
Eisenach
8
Erfurt
11
12
13
27
28
31
Altenburg
9
Gotha
Weimar
13-26
30
Jena
29
10
32
Schmalkalden
34
35-36
Saalfeld
37
Greiz
33
Suhl

Staudenpark am Meyenburg-Museum

Alexander-Puschkin-Straße 31, Nordhausen

Thür 1
Eigentümer/in:
Stadt Nordhausen,
Bauamt, Abt. Grünflächen
und Friedhöfe,
Stresemannring 50,
99732 Nordhausen,
Tel. 03631/602311,
Fax 03631/602312
Größe: 0,7 ha
Öffnungszeiten: ganzjährig
geöffnet
Mo bis Do 10–17 Uhr,
So 11–17 Uhr
Eintritt: 4 DM inkl. Museum
Kinder frei bis 6 Jahre,
ermäßigt 3 DM für Senioren,
Schüler, Studenten,
Gruppen ab 10 Personen
3 DM/Person
Führungen: nach
Voranmeldung, für Gruppen
bis 30 Personen, 5 DM/Person
Attraktionen: Lapidarium mit
barocken Sandsteinfiguren,
1 Stolberger Straße

Foto: Bergel

Der Villengarten wurde 1918, genau zehn Jahre nach Fertigstellung der in einer Mischung aus Jugendstil und Historismus gebauten Villa, angelegt. Erst der zweite Besitzer, der Nordhäuser Fabrikant Carl Becker jr., ließ das Grundstück als Park gestalten. Er beauftragte damit den Dresdner Gartenarchitekten Wilhelm Röhnick. Zwar hat sich die Anlage seitdem nur wenig verändert, doch wirken sich Folgen mangelnder Gehölzpflege auf das Gesamterscheinungsbild ungünstig aus. Baumwuchs bildet den Rahmen des Parks, Stützmauern unterstreichen die Einteilung in drei Ebenen, Stauden sind das markanteste Gestaltungsmerkmal.

Schloßpark Sondershausen

Schloß Sondershausen, 99706 Sondershausen

Thür 2
Eigentümer/in: Stiftung
Thüringer Schlösser und
Gärten Schloß Heidecksburg,

Hinweise auf erste Gartenanlagen, vermutlich Küchengärten westlich des heutigen Schloßgebäudes, stammen aus

Postfach 142,
07393 Rudolstadt/Saale,
Tel. 03672/4470,
Fax 03672/447119,
E-Mail S.TSG@t-online.de
Größe: 30 ha
frei zugänglich
DB Sondershausen

dem Jahr 1530. Um 1700 entstanden auf einer erweiterten Fläche der Lustgarten mit Achteckhaus, Mailbahn und dem im 2. Weltkrieg zerstörten Orangeriehaus. Zur gleichen Zeit wurde der Lohplatz am westlichen Ende der heutigen Parkanlage gärtnerisch gestaltet. Um 1800 und 1837 erfolgte eine Neugestaltung des Lohplatzes. Hier fanden bereits ab 1801 regelmäßig Musikaufführungen statt, die als Lohmusik und Lohorchester bis heute bekannt sind. Nach 1835 begann die klassizistische Umgestaltung des Schloßbezirks nach Plänen des Schinkelschülers Carl Scheppig und die Erweiterung sowie Neugestaltung der bisherigen Gartenanlagen nach Planung und unter Leitung des Hofgarteninspektors Tobias Ekart. Eine Überarbeitung der Anlagen nach Plänen von Eduard Petzold und unter Leitung des späteren Gartendirektors Carl Arlt folgte nach 1850. Der Schloßpark Sondershausen zählt zu den ehemals fürstlichen Gartenanlagen in Thüringen, die durch Kriegseinwirkungen und nicht zuletzt durch außergewöhnliche Vernachlässigungen nach dem 2. Weltkrieg am stärksten in Mitleidenschaft gezogen wurden.

Thür 3
Eigentümer/in: Stadt Eisenach,
Gartenamt, Waisenstraße 2,
99817 Eisenach,
Tel. 03691/670760,
Fax 03691/670967
Größe: 0,7 ha,
frei zugänglich
→ Am Schloßberg,
am Weg zur Wartburg

Alter Friedhof Eisenach

Schloßberg, Eisenach

1599 wurde der Gottesacker vor dem Predigertor angelegt, besser bekannt unter dem Namen der Alte Friedhof. Sein Ausmaß reichte im östlichen Teil bis zu dem Platz, auf dem 100 Jahre später die Kreuzkirche gebaut wurde, im nördlichen Teil bis zur Stadtmauer am Georgentor. Mit der Erbauung der Leichenhalle durch den Architekt Coudray aus Weimar im Jahre 1829 erlangte der Alte Friedhof große Berühmtheit. Das Gebäude war zwar nicht die erste, aber die modernste Leichenhalle in Deutschland. Auf dem Alten Friedhof sind auch Mitglieder der Familie Bach beigesetzt. Eine weitere Prominente auf dem Eisenacher Friedhof ist Dorothea Grimm, die Ehefrau von Wilhelm Grimm. Auch Goethes Freundin Julie von Bechtolsheim fand hier ihre letzte Ruhestätte.

Thür 4
Eigentümer/in: Stadt Eisenach,
Gartenamt, Waisenstraße 2,
99817 Eisenach,
Tel. 03691/670760,
Fax 03691/670967
Größe: 26,7 ha,
frei zugänglich
→ Grenzt direkt an die
Wartburgallee, unmittelbar
an der B 19

Stadtpark Eisenach

Wartburgallee, Eisenach

Ende der 30er Jahre des 19. Jahrhunderts erwarb Friedrich Eichel den Garten im Flurstück Pflugensberg und ließ ihn durch den Gartenkünstler Eduard Petzold zwischen 1841 und 1844 in einen Landschaftsgarten umwandeln. In der Zeit von 1890 bis 1892 baute die Familie Eichel-Streiber das schloßähnliche Gebäude im spätgotischen Stil inmitten des Parks, weitere Grundstücke wurden hinzugekauft.
Mit deren Einbeziehung in die vorhandene Anlage veränderten sich Wege- und Wasserführung. Mit dem Königlich-

Sächsischen Gartendirektor Max Bertram aus Dresden änderte sich der Gartenkunststil in Eisenach. Als Bertram 1902 eine Neuauflage des Lehrbuchs der schönen Gartenkunst seines Lehrmeisters Gustav Meyer bearbeitete, lieferte er einen ausführlichen Ergänzungsbestand, in dessen Mittelpunkt er die Erweiterung der Pflugensberger Anlage rückte. Sie bildete für ihn das Muster, an der er Anfänger in allen technischen Einzelheiten moderner Gartenkunst schulen wollte.

Kartausgarten
Wartburgallee, Eisenach
Die Geschichte des Kartausgartens reicht bis 1378 zurück, als die Kartäuser ihr Kloster gründeten und um 1390 einen Garten anlegten. 1694 diente er als herzoglicher Küchengarten, später folgte eine Schweizerei und um 1790 die Umgestaltung in einen ersten Landschaftsgarten. Auf Veranlassung Johann Wolfgang von Goethes entstand daraus 1802 ein Botanischer Garten mit Gewächshäusern zur Pflanzenzucht. Ab 1930 als Privatgärtnerei genutzt, kam die Anlage erst 1942 in städtische Hand.

Thür 5
Eigentümer/in: Stadt Eisenach, Gartenamt Waisenstraße 2
99817 Eisenach,
Tel. 03691/670760,
Fax 03691/670967
Größe: 3,8 ha, frei zugänglich
🚌 3 Wandelhalle
Veranstaltungen: Wandelhallenkonzerte des Eisenacher Sängerkreises, Mai bis Juli

Dürrerhof
Eisenach-Hötzelsroda
Der landschaftlich gestaltete Gutspark wurde von 1839 bis 1843 von Eduard Petzold angelegt. Petzold bezog vorhandene Strukturen wie die zuführenden Alleen, die beiden Teiche und bestehende Bäume in die Planung ein. Unter Berücksichtigung grandioser Fernsichten auf die Wartburg, den Thüringer Wald, die Hörselberge und den Hainich legte er Wegenetz und Pflanzungen an. Nach seinem Fortgang 1843 sorgte Fachpersonal aus der Muskauer Schule für den Dürrerhof.

Thür 6
Eigentümer/in: Stadt Eisenach, Gartenamt, Waisenstraße 2,
99817 Eisenach,
Tel. 03691/670760,
Fax 03691/670967
Größe: 10 ha,
frei zugänglich
🚌 Hötzelsroda Soldatenfriedhof/Dürrerhof
→ An der B 84 Richtung Bad Langensalza

Villen-Garten Herrmann
Fritz-Koch-Straße 3, Eisenach
Der Garten aus der Jahrhundertwende liegt am Fuße der Wartburg in einem einmaligen Villengebiet von etwa 600 Villen. Bemerkenswert sind der alte Baumbestand und die Rhododendren. Nach längerer Zeit der Vernachlässigung ensteht der Garten langsam wieder in seiner alten Schönheit.
Eigentümer/in: Thomas Herrmann, Fritz-Koch-Straße 3, 99817 Eisenach, Tel. 03691/29970, Fax 03691/29975

Thür 7
Größe: 0,4 ha
Anmeldung erbeten
Öffnungszeiten: Juni
Eintritt: frei
Führungen: nach Voranmeldung
🚌 3, 10 Prinzenteich

Schloßpark Wilhelmsthal
Wilhelmsthal
Benannt ist das Schloß-Park-Ensemble nach seinem Erbauer, dem Eisenacher Herzog Johann Wilhelm, der sich

Thür 8
Größe: 63 ha
frei zugänglich
Anmeldung erbeten,

Bernhard Kaul,
Barfüßer Straße 18,
99817 Eisenach,
Tel. 03691/283450
Führungen: nach Voranmeldung Bernhard Kaul, Tel. 03691/283450 für Gruppen bis 30 Personen, 50 DM/Gruppe
DB Eisenach
Bus TB2 – Wilhelmsthal
→ 5 km südlich von Eisenach, an der Bundesstraße 19
P

von 1712 bis 1715 von dem Eisenacher Oberbaumeister Johann Mützel eine barocke Sommerresidenz errichten ließ. Eine wichtige Bedeutung für das Gesamtkunstwerk ist die Einheit von Schloß und Park. Die Anlage wurde seit der Zeit von Großherzog Carl August in einen Landschaftsgarten umgestaltet und zwischen 1852 und 1855 von dem Hofgarteninspektor Hermann Jäger, vom Landschaftsgärtner Eduard Petzold und Fürst Pückler mehrmals überarbeitet. Nach 1960 sind leider in einigen Bereichen des Parks Neubauten entstanden, doch ist er mit seinen langen Sichtachsen, dem aufgestauten Wilhelmsthaler See und den alten Baumgruppen ein wichtiges und schönes Zeugnis der Landschaftsgartenkunst.
Eigentümer/in: Ministerium für Soziales und Gesundheit, Werner-Seelenbinder-Straße 6, 99096 Erfurt, Tel. 0361/34720
Veranstaltungen: Sommerfest des Förderkreises Schloßanlage Wilhelmsthal, Infos bei Michael Salzmann, Auf der Viehburg 1, 99819 Förtha, Tel. 03691/743875, Fax 03691/743877

Thür 9
Größe: 37 ha
frei zugänglich
Führungen: nach Voranmeldung, Gartenamt, Tel.: 03621/852714 kostenlos,
Attraktionen: Orangerie, Rosengarten
DB Gotha
Tram 1, 2, 4 Friedrichstraße
P gebührenpflichtig
Veranstaltungen: Ekhoftheater im Schloß Friedenstein
Infos bei: Gotha-Information, Tel. 03621/854036, Fax 03621/222134, Naturkundliche Ausstellung, Wechselnde Sonderausstellungen im Schloß Friedenstein
✕ im Schloß Friedenstein-Pagenhaus

Parkanlagen um Schloß Friedenstein

Parkallee, Gotha

Schloß Friedenstein wurde nach der Gründung des Herzogtums Sachsen-Gotha 1640 gebaut. In den darauffolgenden 250 Jahren entstanden um das Schloß Gärten und Parkanlagen, deren Strukturen noch heute gut erkennbar sind. Der Tannengarten verdankt seinen Namen den vielen Nadelgehölzen, die bei der landschaftlichen Anlage um 1880 verwendet worden waren. Vorher existierte an dieser Stelle lange Zeit ein Küchengarten.
Ein Entwurf für einen großartigen Barockgarten aus dem Jahre 1747 wurde nicht verwirklicht. Nur das geplante Treib- und Orangenhaus wurde einige Zeit später gebaut. Auf dem als Rasenplatz angelegten Orangeriegarten standen im Sommer nahezu 3000 Kübelpflanzen. Die Orangerie zählt zu den herausragenden Leistungen des Barock in Thüringen.
Südlich des Leinekanals liegt der ehemalige Herzogliche Park oder auch Englische Garten. Dieser wohl älteste Landschaftsgarten Thüringens wurde 1769 zeitgleich mit Wörlitz begonnen. Der östliche Teil mit dem Merkurtempel wurde 1782 fertiggestellt. Auf der Insel im künstlichen Parkteich liegen mehrere Mitglieder der herzoglichen Familie begraben. Nach 1804 wurde der Park nach Westen erweitert.
Eigentümer/in: Stadt Gotha, Gartenamt, Breite Gasse 15, 99867 Gotha, Tel. 03621/2220, Fax 03621/222230, E-Mail info@gotha.de, Internet www.gotha.de

Schloßgarten Arnstadt

Bahnhofstraße, Arnstadt

Einst eine der berühmtesten Renaissance-Anlagen Deutschlands, wurde die Parkanlage des Schlosses Neideck 1553 bis 1560 angelegt. Ursprünglich war sie etwa doppelt so groß wie heute. Der Garten unterlag vielfachen Veränderungen und Zerstörungen. Er wurde unter anderem über 100 Jahre gärtnerisch und landwirtschaftlich genutzt. Gegenwärtig werden alle Bemühungen unternommen, die größte und im Herzen der Stadt liegende Park- und Gartenanlage zu sanieren. Dies betrifft sowohl die gärtnerische Gestaltung, die Baumpflege und die Instandhaltung der historischen Mauer sowie Wegebeziehungen.

Thür 10
Eigentümer/in: Stadt Arnstadt, Markt 1, 99310 Arnstadt, Tel. 03628/620011, Fax 03628/620014
Größe: 9,8 ha
frei zugänglich
DB Arnstadt
Veranstaltungen: Kinderfest am Weltkindertag

Schloßpark Molsdorf

Hauptstraße 99192 Neudietendorf-Molsdorf

Die Anfänge der Gartengestaltung gehen auf die Zeit um 1716 und 1717 zurück. Nach 1734 entstand nachweislich im Zusammenhang mit baulichen Veränderungen am und im Schloß ein regelmäßig-architektonischer Garten. Um 1826 erfolgte eine Überformung der Anlage nach den Gestaltungsvorstellungen eines Landschaftsgartens unter Einbeziehung von Teilen des ehemaligen Achsen- und Kanalsystems und der Alleen sowie der Umfassungsmauer und der schmiedeeisernen Gitter. Nach 1988 begannen Instandsetzungsmaßnahmen in der jahrzentelang vernachlässigten Anlage. 1998 wurde ein kleines Lapidarium am Parkeingang geschaffen, in dem einige Exemplare des ursprünglich reichen Skulpturbestands des barocken Gartens zur Demonstration aufgestellt sind.

Thür 11
Eigentümer/in: Stiftung Thüringer Schlösser und Gärten Schloß Heidecksburg, Postfach 142, 07393 Rudolstadt/Saale, Tel. 03672/4470, Fax 03672/447119, E-Mail S.TSG@t-online.de
Größe: 9 ha
frei zugänglich
DB Erfurt oder Arnstadt
Erfurt – Molsdorf, Arnstadt – Molsdorf

ega – Cyriaksburg

Gothaer Straße, Erfurt

Der von dem Landschaftsarchitekten Reinhold Lingner in den 60er Jahren gestaltete Park ist als Gartenensemble rund um die Zitadelle Cyriaksburg mit seinen Gärten, Parkanlagen, Schauhäusern und Erlebnisbereichen erhalten. Ein Rosengarten mit über 20 000 Rosen, eine große Fuchsiensammlung, Erlebnisgärten, Wasserspiele, Staudenanlagen und Europas größtes ornamental gestaltetes Blumenbeet von 6000 Quadratmeter Größe sind die gärtnerischen Attraktionen, die um Pflanzenschauhäuser mit Schmetterlings-, Victoria-, Kakteen-, Tropen- und Orchideenhaus bereichert werden. Für Kinder sind ein riesiger Spielplatz, Kinderbauernhof und ein Nutriagehege interessant. Eigentümer/in: Stadt Erfurt, Pächterin: Erfurter Garten- und Ausstellungs-GmbH, Gothaer Straße 38, 99094 Erfurt, Tel. 0361/223220, Fax 0361/2232222, E-Mail info@ega-online.de, Internet www.thueringen-direkt.de/ega

Thür 12 NEU
Größe: 40 ha
Öffnungszeiten: ganzjährig geöffnet 9–18 Uhr
Eintritt: 5 DM, Kinder frei bis 2 Jahre, ermäßigt 4 DM für Senioren, Schüler, Studenten, Zivis, Arbeitslose
Gruppen ab 12 Personen: 20 % Erm.
Führungen: nach Voranmeldung, für Gruppen bis 35 Personen, 50 DM/Gruppe
DB Erfurt Hbf
2 ega / messe
P gebührenpflichtig
Veranstaltungen Infobroschüre anfordern, diverse Ausstellungen, Feste

Thür 13
Eigentümer/in: Stiftung Weimarer Klassik, Burgplatz 4, 99423 Weimar, Tel. 03643/5450, Fax 03643/545151, E-Mail verwaltung@weimar-klassik.de
Internet www.weimar-klassik.de
Größe: 6 ha
frei zugänglich
Führungen: nach Voranmeldung, Tel.: 03643/545102
100 DM/Gruppe,
DB Weimar
Bus 6 Ettersburg
→ Ettersburger Straße in Richtung Sömmerda bis Abzweig Ettersburg

Schloßpark Ettersburg und Pücklerschlag

Ettersburg

Der barocke Ettersburger Schloßkomplex besteht aus dem dreiflügligen Alten Schloß mit östlich anschließender Kirche und dem südlich als Corps de Logis vorgelagerten Neuen Schloß mit Blumenparterre. Aus der gleichen Zeit stammt der aus Brunfthof und neun Schneisen bestehende Jagdstern. Von 1776 bis 1780 war Ettersburg Sommersitz der Herzogin Anna Amalia, die im Ettersburger Forst ihre ersten Anlagen im englischen Stil anlegte. Nach 1842 entstand der Schloßpark und die barocken Schloßparterres wurden nach Plänen Eduard Petzolds umgestaltet. 1845 wurde auf Anregung des Fürsten Hermann von Pückler-Muskau zur Verbesserung der Aussicht aus dem Neuen Schloß die zum ehemaligen barocken Jagdstern gehörende schmale Schloßallee zu einer breiten, den Hang hinaufziehenden Waldwiese, dem sogenannten Pücklerschlag umgestaltet. Als besondere Gehölze sind ein über 200jähriger Tulpenbaum, Gurken-Magnolie, Breitblättrige Mehlbeere, Einblättrige Esche, Pyramideneiche unter anderen zu nennen. Seit 1999 verbindet eine der alten Jagdschneisen als sogenannte Zeitschneise Schloß Ettersburg mit der Gedenkstätte Buchenwald.

Foto: Geske

Park an der Ilm

Weimar

Foto: Geske

Thür 14
Eigentümer/in: Stiftung Weimarer Klassik, Burgplatz 4, 99423 Weimar, Tel. 03643/5450, Fax 03643/545151, E-Mail verwaltung@weimar-klassik.de
Internet www.weimar-klassik.de
Größe: 48 ha
frei zugänglich
Führungen: nach Voranmeldung, Tel.: 03643/545102, Besucherinformation, Tel.: 03643/545102, Fax: 03643/419816, 100 DM/Gruppe,
Attraktionen: Goethes Garten mit Gartenhaus am Stern, Parkhöhlen
→ Am Stadtschloß beginnend oder über die Belvederer Allee
ℹ Besucherinfo der SWK, Frauentorstraße

Der Park an der Ilm entstand in den Jahren zwischen 1778 und 1828. In der Anfangsphase nahm Goethe, in den darauffolgenden Jahren immer mehr der Herzog Carl August regen Anteil an der Parkgestaltung. Ausgehend von den ersten englischen Anlagen in der Nähe des Borkenhäuschens im Jahre 1778 bezog man nach und nach die noch vorhandenen alten Schloßgärten sowie weitere Flächen des Ilmtals und seiner Uferhänge ein und gestaltete sie zu einem großen Landschaftspark um. Empfindsam-kleinteilige Parkszenerien, die die ersten Jahre der Gestaltung kennzeichneten, wurden im Laufe der Zeit um großzügige Wiesenflächen mit Baum- und Strauchgruppen sowie sparsamen Staffagen erweitert. Zum Höhepunkt der Parkentwicklung wurde die Errichtung des Römischen Hauses 1791 bis 1797, das dem Herzog zum Sommeraufenthalt diente und zu den bedeutendsten klassizistischen Bauwerken in Deutschland gehört. Eine Dauerausstellung im Souterrain des Gebäudes informiert über die Geschichte des Parks. Zahlreiche Sichtachsen schaffen Blickbeziehungen zwischen den verschiedenen Parkteilen und in die Landschaft hinaus. Mit dem Tod Carl Augusts 1828 endete auch weitestgehend die Entwicklung des Parkes. 1848 leitete Eduard Petzold die dringend notwendigen Regenierungsmaßnahmen am Gehölzbestand ein, die von Julius Hartwig fortgesetzt wurden. Bis heute blieb der Park in Größe und Gestaltung im wesentlichen erhalten. Der Park an der Ilm gehört zu einem 7 Kilometer langen, die Altstadt berührenden Grünzug, der den Schloßpark Belvedere mit dem Schloßpark Tiefurt verbindet.

Thür 15
Eigentümer/in: Stiftung Weimarer Klassik, Burgplatz 4, 99423 Weimar, Tel. 03643/5450, Fax 03643/545151, E-Mail verwaltung@weimar-klassik.de
Internet www.weimar-klassik.de
Größe: 43 ha
frei zugänglich
Führungen: nach Voranmeldung, Tel.: 03643/545102, 100 DM/Gruppe
🚌 12 Belvedere
P ✕ 🐕
ℹ im Schloß

Schloßpark Belvedere und Orangerie

Belvederer Allee, Weimar

Der Weimarer Herzog Ernst August ließ im Jahre 1724 den Grundstein zu einem Jagdhaus legen, das ab 1728 zu einer repräsentativen Sommerresidenz nach französischem Vorbild erweitert wurde. Bis 1748 wurde das Schloß mit einer barocken Gartenanlage umgeben, zu der auch eine umfangreiche Orangerie gehörte. Nach 1758 setzte eine allmähliche Auflösung der regelmäßigen symetrischen Gartenstruktur ein. Ab 1811 entstand unter Erbgroßherzog Carl Friedrich ein Landschaftsgarten nachklassisch-romantischer Prägung mit zahlreichen Architekturen und Schmuckplätzen im Hangbereich. Gleichzeitig ließ er für seine Gemahlin, die Zarentochter Maria Pawlowna, den regelmäßig gestalteten Russischen Garten anlegen, der in vielen Details dem Pawlowsker Höchsteigenen Garten der Zarenfamilie in der Nähe von St. Petersburg nachgebildet ist. 1823 wurde das Heckentheater und 1843 der Irrgarten angefügt. Das Parkbild wird von markanten alten Eichen geprägt. Neben einheimischen Baumarten sind auch dendrologische Besonderheiten wie Coloradotanne, Nikkotanne, Götterbaum, Panaschierter Eschenahorn, Trompetenbaum und eine Paulownie zu finden. Im Blumengarten wird jedes Jahr ein reiches Sortiment an Frühjahrs- und Sommerblumen gepflanzt. Der Rote Turm, von Carl August in den 20er Jahren des 19. Jahrhunderts als botanisches Studienkabinett genutzt, ist mit chinesischen Landschaftsbildern geschmückt.
Die Orangerie beherbergt eine mehrere hundert Arten umfassende Sammlung in- und ausländischer Gewächse, die im Sommer den Orangerieplatz zieren.

Thür 16
Eigentümer/in: Stiftung Weimarer Klassik, Burgplatz 4, 99423 Weimar, Tel. 03643/5450, Fax 03643/545151, E-Mail verwaltung@weimar-klassik.de
Internet www.weimar-klassik.de
Größe: 21 ha
frei zugänglich
Führungen: nach Voranmeldung, Tel.: 03643/545102, nur Fachführungen!
100 DM/Gruppe
🚌 Tiefurt Tiefurt (Endhaltestelle)
→ Über Tiefurter Allee und Robert-Blum-Straße oder über

Schloßpark Tiefurt

Tiefurt

Foto: Geske

1776 erhielt Prinz Constantin, der jüngste Sohn der Herzogin Anna Amalia, das zu einem Landschlößchen umgebaute ehemalige Gutspächterhaus zur eigenen Hofhaltung. Gemeinsam mit seinem Erzieher Karl Ludwig von Knebel legte er nach Anregungen von Adam Friedrich Oeser die ersten englischen, das heißt landschaftlich gestalteten Partien an. Ab 1781 verlegte Herzogin Anna Amalia ihren Sommersitz nach Tiefurt und setzte die Parkgestaltung schrittweise fort, indem sie den Park mit Erinnerungsmalen, Gesellschaftsplätzen und einem Musentempel ausstattete. In den 80er Jahren des 18. Jahrhunderts entfaltete die Hofgesellschaft um Anna Amalia in Tiefurt ein reges gesellschaftliches Leben, unter anderem mit Theateraufführungen im Park und einer eigenen literarischen Zeitschrift, dem „Tiefurter Journal". Unter den Gästen der Tiefurter Runde waren Johann Wolfgang von Goethe und Christoph Martin Wieland, Johann Gottfried Herder und Friedrich von Schiller zu finden.
In den Jahren 1846 bis 1850 wurde der Gehölzbestand des Parks durch den Gartenkünstler Eduard Petzold regeneriert und der Park teilweise umgestaltet. Viele der heute das Parkbild bestimmenden Baumgruppen wurden in dieser Zeit gepflanzt, unter ihnen Blutbuche, Silberahorn, Panaschierter Bergahorn und der aus Nordamerika stammende Geweihbaum.

Eduard-Rosenthal-Straße
P 🐕
ℹ Verkauf im Schloß Tiefurt

Weimarhallenpark

Schwanseestraße, Weimar
Die Geschichte des Parks begann mit einem einen Teich umfassenden Baumgarten schon 1569. Von 1778 bis 1925 war er im Besitz der Familie Bertuch/Froriep, die ihn zunächst als Hausgarten mit Obst und Gemüse und anschließendem parkartigen Teil anlegte. Ab 1830 wurde die gesamte Anlage zu einem Landschaftsgarten umgestaltet, 1907 teilweise verändert. Nach dem Kauf durch die Stadt 1925 wurde der Park durch die westlich angrenzenden Schwansee- und Sportanlagen zu einem städtischen Grünzug erweitert und durch den Bau der Weimarhalle zwischen 1930 und 1932 wieder verkleinert. An seine Geschichte erinnern viele alte Bäume wie Gingko, Lederhülsenbaum, Eiche und Urweltmammutbaum sowie die Grabstätte der Familie Bertuch.

Thür 17
Eigentümer/in:
Stadtverwaltung Weimar,
Markt 13,
99423 Weimar,
Tel. 03643/7620
frei zugänglich
→ Im Stadtzentrum
☕ 🐕

Goethes Garten am Stern

Corona-/Schröter-Straße im Park an der Ilm, Weimar
Der Goethegarten am Stern ist der Garten um Johann Wolfgang von Goethes Gartenhaus. Herzog Carl August schenkte Goethe das Grundstück ein Jahr nach seiner Ankunft in Weimar 1776 und Goethe nutzte es bis zu seinem

Thür 18
Eigentümer/in: Stiftung
Weimarer Klassik,
Burgplatz 4,
99423 Weimar,
Tel. 03643/5450,

Fax 03643/545151,
E-Mail verwaltung@weimar-klassik.de
Internet
www.weimar-klassik.de
Größe: 0,9 ha
Öffnungszeiten: ganzjährig geöffnet
Mi bis Mo im Sommer
9–12 Uhr, 13–17 Uhr,
im Winter 9–12 Uhr,
13–16 Uhr
Eintritt: frei, Gartenhaus 4 DM
→ im Park an der Ilm
ⓘ im Gartenhaus

Tode 1832. Der nach historischem Vorbild wiederhergestellte Garten ist ein Zeugnis der einfachen, naturverbundenen Lebensweise Goethes in seiner ersten Weimarer Zeit. Bis 1782 war das Gartenhaus sein Hauptwohnsitz. Der Aufenthalt dort schlägt sich in Naturzeichnungen und zahlreichen lyrischen Gedichten nieder.

Foto: Geske

Thür 19
Größe: 0,2 ha
Anmeldung für Gruppen erbeten unter,
Tel. 03643/545500,
Fax 03643/545503
Eintritt: 8 DM für Museum und Garten
ermäßigt 5 DM für Senioren, Schüler, Studenten, Zivis, Wehrdienstleistende, Behinderte, Vorruheständler, Azubis, Sozialhilfeempfänger
Führungen: nach Voranmeldung,
Tel.: 03643/545102
100 DM/Gruppe

Goethes Hausgarten am Frauenplan

Frauenplan 1, Weimar

Das 1709 im barocken Stil erbaute Haus am Frauenplan hat Johann Wolfgang von Goethe bis zu seinem Tod fast 50 Jahre bewohnt. Der Hausgarten am Frauenplan steht seit 1886 den Besuchern offen. Er wurde vor allem von Goethes Frau Christiane betreut und hauptsächlich zur Versorgung des Haushalts mit Obst und Gemüse genutzt. Der Garten wird heute annähernd so gehalten, wie er in den 20er Jahren des 19. Jahrhunderts aussah. Auf den Rabatten wachsen Rosen, Aurikel, Dahlien und viele Sommerblumen. Die früheren Gemüsebeete sind durch Rasenflächen ersetzt worden.

Eigentümer/in: Stiftung Weimarer Klassik, Burgplatz 4, 99423 Weimar, Tel. 03643/5450, Fax 03643/545151,
E-Mail verwaltung@weimar-klassik.de,
Internet www.weimar-klassik.de

Öffnungszeiten: nur bei schönem Wetter u. im Rahmen des Museumsbesuches zu besichtigen, ganzjährig geöffnet, im Sommer 9–17 Uhr, im Winter 9–16 Uhr

Herdergarten

Herderplatz 8, Weimar

Von 1776 bis 1803 hatte Johann Gottfried von Herder hier eine Dienstwohnung, deren Hausgarten er mit zahlreichen Blumenrabatten, Obstbäumen, Beerensträuchern und Gemüsebeeten gestaltete. 1994, anläßlich des 250. Geburtstags Herders, wurde der Garten, der heute zur Wohnung des Superintendenten gehört, nach alten Plänen rekonstruiert. Öffnungszeiten: ganzjährig geöffnet, Mo bis Fr 8–16 Uhr

Thür 20
Eigentümer/in: Evangelisch-lutherische Kirchgemeinde Weimar, Herderplatz 8, 99423 Weimar,
Tel. 03643/851518,
Fax 03643/419772
Größe: 0,2 ha
Eintritt: frei
→ hinter der Herderkirche

Haus Hohe Pappeln

Belvederer Allee 58, Weimar

In die Diskussion um die Reformierung der Gartengestaltung schaltete sich Henry van de Velde aktiv mit einem ausgeführten Gartenplan am eigenen, neu errichteten Haus Hohe Pappeln in Weimar ein. Nach der Fertigstellung 1908 war sein Wohnhaus Endpunkt einer noch unvollständigen Villenbebauung an der Belvederer Allee. Die Pappeln standen als Baumgruppe am Papiergraben und waren Teil des Galeriewalds entlang der Belvederer Allee. Der Garten darf als direkte Fortsetzung der Wohnung, als Wohnung im Freien verstanden werden. Er gliederte sich in drei Teile: in den öffentlichen Teil mit Rondell und zwei Einfahrten, der der Begrüßung und Repräsentation diente, den privaten Teil auf der Seite zur Belvederer Allee im Bereich der Terrasse mit Streuobstwiese, Pergola und Brunnen sowie in den Nutzgarten auf der Seite zum Papiergraben. Alle drei Teile waren durch Stufen, die die natürlichen Niveauunterschiede ausglichen, deutlich voneinander abgesetzt. Verstärkt wurde die Trennung durch die unterschiedlichen Bodenbeläge und Bepflanzungen. Nach dem Verkauf des Hauses 1919 gingen van de Veldes Ideen durch die veränderten Nutzungen sowie die Um- und Ausbauten weitestgehend verloren. Von 1991 bis 1993 wurde das Haus in die Form von 1908 zurückgebaut. Seit 1994 wird jedes Jahr ein Stück des Gartens entsprechend der Planung van de Veldes hergerichtet. Inzwischen sind die wichtigsten Gartenbereiche mit ihren streng-architektonischen Elementen wiederhergestellt und bilden einen angemessenen Rahmen für das imposante und eigenwillige Wohnhaus.

Thür 21
Eigentümer/in: Evangelisch-Lutherische Landeskirche in Thüringen,
Belvederer Allee 58,
99423 Weimar
Größe: 0,2 ha
frei zugänglich
Anmeldung für Gruppen erbeten bei Frau Minckwitz,
Tel. 03643/501683
Führungen: nach Voranmeldung, gegen Spende
1, 12 Papiergraben

Gartenanlage der Villa Haar

Dichterweg 2a, Weimar

Mit oder kurz nach dem Bau der Villa des Weimarer Justizrats Werner Voigt 1885, der heutigen Villa Haar, erfolgte die Gartengestaltung und der Bau der Treppenanlage. Ausgehend von streng linearen Strukturen um die Villa und entlang der Treppenachse, wechselten die Gartenformen über eine locker symmetrische Verwendung gleicher Ele-

Thür 22
Eigentümer/in: Stiftung Dr. Georg Haar,
Dichterweg 2a, 99425 Weimar,
Tel. 03643/83540,
Fax 03643/83540
Größe: 4,7 ha
Anmeldung erbeten

Öffnungszeiten: ganzjährig geöffnet
Eintritt: frei
🚌 2 Bodelschwinghstraße 1 Falkenburg
♿

mente bis hin zu einem, dem natürlichen Gelände angepaßten, jedoch kleinbürgerlich-verkitschten, landschaftsparkähnlichen Stil. Die Familie Haar erwarb das Grundstück 1905, nahm aber außer einem Wintergartenanbau im Jugendstil keine größeren Umgestaltungen vor. Mit Übergang an die Stadt Weimar 1945, der Errichtung einer Stiftung und der Umnutzung der Villa Haar als Waisenhaus sank das Interesse an der Gartenanlage. Trotz Verlusts von zahlreichen Elementen ist die Grundgestaltung aber bis heute erlebbar. Als prägende Struktur ist die Treppenachse mit der ehemaligen Wasserkunst zu sehen. Hinzu kommt die Gebäudearchitektur, die sich an Gestaltungselementen von Prunkbauten früherer Stilrichtungen anlehnt und auf die näheren Gartenbereiche übergreift. Dem Bauensemble Villa und Treppenachse kann in Verbindung mit der über 4 Hektar großen Gartenanlage eine gewisse Einzigartigkeit in Weimar zugesprochen werden. Die Anlage wird heute als Künstlergarten in Kooperation mit der Bauhaus-Universität genutzt.

Thür 23
Eintritt: frei
Öffnungszeiten: ganzjährig geöffnet 8 Uhr bis Einbruch der Dunkelheit
🚌 6, 8 Posseckscher Garten

Historischer Friedhof

Rosseckscher Garten / Berkaer Straße, Weimar

Auf dem 1818 eröffneten, parkartig gestalteten Friedhof sind zahlreiche Grabstätten aus klassischer und nachklassischer Zeit zu finden. Herausragend sind die 1822 bis 1827 als Fürstengruft erbaute Goethe- und Schillergruft und die 1859 angebaute Russisch-Orthodoxe Kapelle, Grabstätte der Großherzogin Maria Pawlowna.
Eigentümer/in: Stadtverwaltung, Weimar Markt 13, 99423 Weimar, Tel. 03643/7620

Thür 24
Eigentümer/in: Stadt Weimar, Umwelt- und Grünflächenamt, Steubenstraße 25, 99423 Weimar, Tel. 03643/202991, Fax 03643/202590
Länge: 3 km, frei zugänglich
🚌 6 Rießner Straße/ Buchenwaldstraße
🐕 ♿

Ettersburger Allee

Weimar

Die Ettersburger Allee verbindet das Stadtgebiet mit dem Ettersburger Wald und dem Schloß. Die Alleebepflanzung wurde 1835 bis 1840 von Großherzogin Maria Pawlowna begonnen und von Petzold 1844 bis 1848 durch eine beidseitige 20 Meter breite, parkartige Saumbepflanzung weitergeführt und verbessert. Diese Anlage wurde beispielgebend von Petzold in Lehrbüchern für Alleebepflanzungen in der Landschaft angeführt.

Thür 25
Eigentümer/in: Stadt Weimar, Markt 13, 99423 Weimar, Tel. 03643/202991,

Gut Holzdorf

Weimar-Holzdorf

Der Mannheimer Industrielle und Kunstsammler Otto Krebs erwarb das Gut 1917. Die Erneuerung des Herrenhauses begann 1923. Zeitgleich wurden Gärten und Park angelegt. Direkt östlich des Herrenhauses schlossen sich Stauden- und Begoniengarten an. Außerhalb des Parks lag noch ein Rosengarten, im Anschluß daran ein landschaftsparkähnlich gestalteter Teil mit künstlicher Felsenwelt. Gärten und Park waren mit Skulpturen des Weimarer Bildhauers Josef Heise ausgestattet. Mit der Roten Armee verschwanden 1951 die Kunstwerke aus Haus und Park. Danach fanden mehrfach Besitzer- und Nutzungswechsel statt. In den 80er Jahren wurde der Park saniert, der Begoniengarten anhand alter Unterlagen neu angelegt und das Bad instandgesetzt. Die heutige Form entspricht noch in wesentlichen Zügen der Gestaltung aus den 20er Jahren. In der Gesamtheit der Anlage fehlen nur der Rosengarten, der nach dem Krieg abgetrennt wurde. Jetzt sind Gut und Park Eigentum des Diakonischen Werks und werden saniert.

Fax 03643/202590
Größe: 8 ha
frei zugänglich
DB Holzdorf

Schloßpark Kromsdorf
Kromsdorf
Der zwischen 1664 und 1668 entstandene Renaissancegarten ist in seinen Grundzügen noch vorhanden. Eine Mauer mit 64 Nischen, in der Porträtbüsten stehen, umschließt den Garten. Vasen bekrönen die Torpfeiler, zwei weitere barocke Sandsteinvasen auf Sockeln stehen im Garten, zwei Bären aus Sandstein vor dem Schloßportal. Diese werden zur Zeit saniert, ebenso wie die Skulpturen der Juno, Aurora, Vesta und Diana, die ihren Standort in den Bastionen der Parkmauer haben.

Thür 26
Eigentümer/in: Gemeindeverwaltung Kromsdorf, Platz der Demokratie 47, 99441 Kromsdorf, Tel. 03643/421836
Größe: 1 ha
frei zugänglich
P

Gutspark Oßmannstedt
Oßmannstedt
Das zwischen Weimar und Apolda gelegene Gut Oßmannstedt war von 1797 bis 1803 im Besitz Christoph Martin Wielands. Daran erinnert ein kleines Museum im Erdgeschoß des barocken Herrenhauses. Im ehemaligen gestalteten Gutspark befindet sich die Grabstätte Wielands, in der auch seine Frau Anna Dorothea und die ebenfalls in Oßmannstedt gestorbene Sophie Brentano, Enkelin seiner Jugendfreundin Sophie La Roche, beigesetzt sind.
Attraktionen: Wieland-Gedenkstätte im Gutshaus

Thür 27
Eigentümer/in: Stiftung Weimarer Klassik, Burgplatz 4, 99423 Weimar, Tel. 03643/5450, Fax 03643/545151, E-Mail verwaltung@weimar-klassik.de
Internet www.weimar-klassik.de
Größe: 6 ha, frei zugänglich
DB Oßmannstedt
P

Dornburger Schloßgärten
Dornburg
Oberhalb der Saale liegen an einem Steilhang die drei Dornburger Schlösser, von denen das Renaissance- und das Rokokoschloß als Museum eingerichtet sind. Zu den reizvollen gärtnerischen Anlagen gehört ein landschaftlicher Garten am Renaissanceschloß, ein Rosengarten mit Rosen-

Thür 28
Größe: 4 ha
Öffnungszeiten: ganzjährig geöffnet 8 Uhr bis Einbruch der Dunkelheit
Eintritt: frei
Attraktionen: Rosenblüte
DB Dornburg → B 88

P gebührenpflichtig
✗ im Renaissanceschloß

laubengang und ein kleiner in den 1950er Jahren rekonstruierter Barockgarten. Auf den Schloßterrassen wird seit Jahren wieder Wein angebaut. Von den Dornburger Schlössern hat man einen weitreichenden Blick in das mittlere Saaletal. Zur Zeit der Rosenblüte präsentieren sich die Gärten in besonderer Schönheit.
Eigentümer/in: Stiftung Weimarer Klassik, Burgplatz 4, 99423 Weimar, Tel. 03643/5450, Fax 03643/545151, E-Mail verwaltung@weimar-klassik.de
Internet www.weimar-klassik.de

Thür 29
Eigentümer/in: Friedrich-Schiller-Universität, Institut für Spezielle Botanik, Fürstengraben 26, 07743 Jena, Tel. 03641/949270, Fax 03641/949272
Größe: 4,5 ha
Öffnungszeiten: ganzjährig geöffnet, im Sommer 9–18 Uhr, im Winter 9–17 Uhr
Eintritt: 2 DM, Kinder frei bis 6 Jahre, ermäßigt 1 DM für Senioren, Schüler, Studenten, Zivis, Wehrdienstleistende und Arbeitslose
Führungen: nach Voranmeldung, Tel.: 03641/949274, 25 DM/Gruppe
→ Im Stadtzentrum, neben dem runden Universitätsturm
Veranstaltungen: s. Jahresprogramm, Infos bei: Tel. 03641/949250, Fax 03641/949252
✿ Pflanzen gegen Spende

Botanischer Garten der Friedrich-Schiller-Universität Jena

Fürstengraben 26, Jena

Der Botanische Garten Jena wurde bereits im Jahre 1586 als Hortus medicorum in Collegio gegründet und ist damit nach Leipzig (1542) die zweitälteste Einrichtung dieser Art in Deutschland. Seit 1631 auf dem Standort ansässig ist der Garten heute eine Abteilung des Instituts für Spezielle Botanik und damit auch ein der Öffentlichkeit zugänglicher Teil der FSU. Auf 4,5 Hektar Grundfläche werden in Frei- und Gewächshausanlagen zirka 11 000 Pflanzenarten aus allen wichtigen Vegetationseinheiten der Erde kultiviert und ästhetisch wirksam präsentiert. In den Freilandanlagen sind die Pflanzen nach ökologischen, pflanzengeographischen, systematischen und ästhetischen Gesichtspunkten geordnet: in ein Arboretum, ein Alpinum, eine Wald-, Steppen-, Moor-, Heide- und Teichanlage, eine Anlage für Nutz- und Heilpflanzen, eine systematische Pflanzung und eine Terrassenanlage, in der morphologische und biologische Besonderheiten gezeigt werden. Die öffentlich zugänglichen Gewächshäuser wurden in den Jahren 1980 bis 1983 rekonstruiert und erweitert. Ein Eingangsgebäude mit Ausstellungsvitrinen verbindet einen Komplex von fünf Glashäusern, Kakteen- und Sukkulentenhaus, Hartlaub- und Lorbeerwaldhaus, Palmen- und Tropenhaus, Aquarien- und Paludarienhaus und Victoria-Haus, die einen freien Innenhof mit einem beheizbaren Wasserbecken umschließen, der auch für Ausstellungen und Konzerte genutzt wird. Eine Besonderheit ist ein Microcycus calocoma aus West-Cuba, von dem weltweit nur noch wenige Exemplare existieren.

Thür 30
Eigentümer/in: BfA Nutzer, Landkreis Altenburg, Heime GmbH, Schloß, 04626 Löbichau/Tannenfeld
Größe: 14 ha
frei zugänglich
Attraktionen: Geophytenblüte,

Schloßpark Tannenfeld

Löbichau/Tannenfeld

Ab 1796 initiierte Herzogin Anna Dorothea von Kurland den Bau von Schlößchen und Park Tannenfeld, der Gärtner ist unbekannt. Bemerkenswert ist die Dreiteilung des Parks in einen deutschen Wald, einen Englischen Landschaftsgarten und ein französisches Parterre am Schloß. Der Eng-

lische Landschaftsgartenteil ist noch ursprünglich erhalten. Er wurde in einem den Park in Ost-West-Richtung durchziehenden Tal angelegt – mit Quelle, Bach, Teich und Insel, die eine Eremitage en miniature bildet. Der französiche Gartenteil auf der Südseite des Schlößchens wurde 1911 in einen formalen Rosengarten umgewandelt.
Vielfältige Blickbeziehungen sind sowohl innerhalb des Parks als auch nach außen erlebbar. Bei klarem Wetter reicht der Blick bis zum Erzgebirge. Im Frühjahr sind die arten- und zahlreichen Blumenzwiebeln, die über 100 Jahre lang von den Gärtnern in die Parkwiesen eingebracht wurden, und die mächtigen alten Rhododendren und Azaleen eine besondere Attraktion.

Rhododendrenblüte März bis Juni
DB Nöbdenitz
→ vom Bahnhof 3 km zu Fuß, BAB 4, Abfahrt Ronneburg
in Richtung Altenburg, nach 1 km liegt die Einfahrt zum Park auf der rechten Seite
P

Botanischer Garten der Stadt Altenburg

Heinrich-Zille-Straße 12, Altenburg

Der pflanzenliebende Nähmaschinenfabrikant Karl K. Dietrich ließ sich von 1928 bis 1930 einen botanisch vielfältigen Garten anlegen, dessen Wegeführung und Profilierung ebenso wie einige ältere Bäume noch erhalten sind. 1949 übernahm die Stadt die Anlage und wandelte sie Jahre später in einen Botanischen Garten um. Der Außenbereich zeigt Pflanzungen mit Rhododendren, Heide, Farnen, Stauden, Gräsern, Rosen und Sommerblumen. Die drei Gewächshausbereiche sind in Sukkulente, Bromelien und Farne und in tropische Nutzpflanzen aufgeteilt.
Eigentümer/in: Stadt Altenburg, Markt 1,
04600 Altenburg, Tel. 0347/316982, Fax 03447/505921
Veranstaltungen: Pilzausstellung, Ausstellung und Beratung jeweils 3. Septemberwochenende

Thür 31
Größe: 0,8 ha
Öffnungszeiten: ganzjährig geöffnet Mai bis Okt. Mo bis Fr 9–18 Uhr, Sa, So, feiertags 10–18 Uhr, Okt. bis April Mo bis Fr 8–15 Uhr
Eintritt: 1 DM, Kinder frei bis 12 Jahre, ermäßigt 0,50 DM für Senioren, Schüler, Studenten, Zivis, Wehrdienstleistende und Behinderte, Gruppen ab 10 Personen 0,25 DM
Führungen: nach Voranmeldung, 3 DM/Person
DB Altenburg
P i
✿ Pflanzenbörse gegen Spende

Park Altenstein

Schloß Altenstein, 36448 Bad Liebenstein

1799 begann die Parkgestaltung auf Anweisung Herzog Georg I. von Sachsen-Meiningen. Es entstand eine Vielzahl der für den Landschaftsgarten typischen Parkarchitekturen, wie die Schweizer Sennhütte mit künstlichem Wasserfall, die Chinesische Rotunde, das Chinesische Häuschen, die Ritterkapelle und die Teufelsbrücke. Nach 1845 erfolgte die Neugestaltung eines Teils der Anlage nach Vorschlägen Fürst Pücklers und Carl Eduard Petzolds. Eine weitere Umgestaltung des Innenparks und der Neubau des Schloßgebäudes folgte 1888. Das Schloßgebäude brannte 1982 aus, wurde aber in den Folgejahren in den äußeren Formen wieder aufgebaut. Charakteristisch für die Anlage sind weite Sichtbeziehungen aus dem Altensteiner Park bis in das Werratal und in die Rhön. Seit 1990 wird die Anlage im Rahmen eines Gartendenkmalpflegekonzepts erhalten.

Thür 32
Eigentümer/in:
Stiftung Thüringer Schlösser und Gärten
Schloß Heidecksburg,
Postfach 142,
07393 Rudolstadt/Saale,
Tel. 03672/4470,
Fax 03672/447119,
E-Mail S.TSG@t-online.de
Größe: 160 ha
frei zugänglich
DB Eisenach oder Bad Salzungen
Eisenach–Bad Liebenstein, Bad Liebenstein–Altenstein, Bad Salzungen–Bad Liebenstein
P i

Thür 33
Größe: 7 ha
Öffnungszeiten: Mai bis Okt. 9–17 bzw. 18 Uhr
Eintritt: 3,50 DM, Kinder frei bis 6 Jahre, ermäßigt 2,50 DM
Gruppen ab 20 Personen 2,50 DM/Person
Führungen: nach Voranmeldung oder kurzer Einführungsvortrag, Führung 30 DM, Einführung 15 DM
DB Oberhof
Bus Suhl – Oberhof Parkplatz Rondell
P gebührenpflichtig
Veranstaltungen: Blütenfest, letztes Wochenende Juni
Herbstfest, September
Gebirgspflanzen

Rennsteiggarten Oberhof – Botanischer Garten für Gebirgspflanzen
Am Pfanntalskopf, PSF 12–18, Oberhof/Thüringen
Unter den klimatischen Bedingungen des Rennsteiggartens, der auf über 800 Meter Höhe in Kammlage des Thüringer Walds mit niedriger Jahresdurchschnittstemperatur, hoher Niederschlagsmenge und bis zu 150 Tagen Schneebedekkung liegt, können die Gebirgspflanzen ihren typischen Wuchs und Blütenflor entfalten. Die fast 4000 verschiedenen Pflanzenarten aus den Gebirgen Europas, Asiens, Nord- und Südamerikas, Neuseelands und aus der arktischen Region sind nach ihren ökologischen Ansprüchen und ihrer geographischen Verbreitung Pflanzflächen angesiedelt. Ein künstlich geschaffenes kleines Hochmoor ermöglicht das Kennenlernen typischer Pflanzenarten dieser sonst nicht zugänglichen Biotope.
Eigentümer/in: Kulturbund e.V. Am Pfanntalskopf, PSF 12–18, 98557 Oberhof in Thüringen, Tel. 036842/22245, Fax 036842/20753, E-Mail rennsteiggarten@t-online.de
Internet www.rennsteiggartenoberhof.de

Thür 34
Größe: 6 ha
Öffnungszeiten: ganzjährig geöffnet 8 Uhr bis Einbruch der Dunkelheit
Eintritt: frei
Bus Rudolstadt – Großkochberg
P
Veranstaltungen: Konzerte und Theateraufführungen im Liebhabertheater, im Sommer

Schloßpark Großkochberg
Großkochberg
Das um 1600 gebaute Schloß wurde bis zum 19. Jahrhundert mehrfach verändert. Das Gebäude beherbergt neben einer Goethe-Erinnerungsstätte eine Ausstellung über die Geschichte des Schlosses. Der in eine reizvolle Landschaft eingebettete Schloßpark mit Badeteich, Wasserläufen und Blumengarten sowie einem prächtigen alten Baumbestand wurde unter Carl von Stein im ersten Drittel des 19. Jahrhunderts angelegt.
Eigentümer/in: Stiftung Weimarer Klassik, Burgplatz 4, 99423 Weimar, Tel. 03643/5450, Fax 03643/545151, E-Mail verwaltung@weimar-klassik.de
Internet www.weimar-klassik.de

Thür 35
Eigentümer/in: Land Thüringen, Stadt Saalfeld (Erbpachtvertrag), Grünflächenamt, Markt 1, 07318 Saalfeld, Tel. 03671/598360
Größe: 15 ha, frei zugänglich
Attraktionen: Glockenspiel im Park zu besonderen Anlässen
Bus D Freibad
P

Park Bergfried
Tiefer Weg 7, Saalfeld
Von dem auf einer Anhöhe im Süden der Stadt gelegenen Herrenhaus mit Schmuckhof führt eine beschnittene Lindenallee zum Weiherhäuschen. Weiter nach Süden schließt sich das Gelände des ehemaligen Golfplatzes an. Am nördlich gelegenen Hang zur Stadt sind ein Japanischer Garten sowie der Stein- und Wassergarten (Nympheum) eingeordnet. Zum baulichen Ensemble gehört unter anderem auch ein Glockenturm. Als Villa der 20er Jahre des 20. Jahrhunderts zeigt das Ensemble eine völlige Einheitlichkeit in der Gestaltung von Haus, Nebengebäuden und umgebendem

Parkgelände. Diese Einheitlichkeit in der Umsetzung der Gestaltungsidee ist als einmalig im Thüringer Raum anzusehen. Max-Hans Kühne von Lossow und Kühne in Dresden entwarf die Gesamtanlage sowie die Architektur und Innenausstattung der einzelnen Gebäude. Die gärtnerische Gestaltung ist bis auf geringfügige Änderungen in ihrer ursprünglichen Form erhalten und kommt erst jetzt, nach zirka 70 Jahren Wachstum, voll zur Geltung.

Schloßpark Saalfeld

Schloßstraße/Halbe Gasse, Saalfeld

Die ursprüngliche Gliederung des ehemaligen Barockgartens am Schloß Saalfeld in Parterrebereich, Kastanienwäldchen und Orangengärten mit geschnittenen Hecken und regelmäßigen Bepflanzungen ist heute nur noch andeutungsweise zu erkennen. Der Park wird maßgeblich durch die in den 60er Jahren erfolgte Umgestaltung zum Heimattiergarten mit Schwanenteich und Vogelvolieren bestimmt. Öffnungszeiten: ganzjährig geöffnet, im Sommer 7–19 Uhr, im Winter 9–17 Uhr

Thür 36
Eigentümer/in: Stadt Saalfeld, Grünflächenamt, Markt 1, 07318 Saalfeld, Tel. 03671/598360
Größe: 2 ha
Eintritt: frei
A Landratsamt

Greizer Park

Brückenstraße, 07973 Greiz

Die Anfänge der Gartengestaltung des heutigen Greizer Parks gehen bis auf die Zeit um 1650 zurück. Zwischen 1779 und 1789 entstand das Sommerpalais und eine regelmäßig-architektonisch gestaltete Gartenanlage. Um 1800 erfolgte eine grundlegende Umgestaltung und Erweiterung der bisherigen Anlage als Landschaftsgarten, an die 1828 das Pinetum im Zusammenhang mit einer erneuten Umgestaltung nach dem Plan des Laxenburger Schloßhauptmanns von Riedl anschloß. Fünfzig Jahre später entwarf Carl Eduard Petzold neue Pläne, die der ausführende Gartendirektor Rudolph Reinecken jedoch nur teilweise umsetzte. Nach 1967 wurde das ehemalige Orangeriegebäude am Parkeingang Brückenstraße zur Parkverwaltung umgebaut. 1971 entstand ein Mahnmal für die Befreiung vom Faschismus nach dem Entwurf des Berliner Bildhauers Jürgen Raue und 1975, anläßlich der 30. Wiederkehr der deutschen Kapitulation, entlang der Ufermauer zur Weißen Elster eine kleine Gedenkstätte für sowjetische Soldaten und Zivilpersonen, die im 2. Weltkrieg und in den ersten Jahren danach in Greiz umgekommen sind.

Thür 37
Eigentümer/in: Stiftung Thüringer Schlösser und Gärten Schloß Heidecksburg, Postfach 142, 07393 Rudolstadt/Saale, Tel. 03672/4470, Fax 03672/447119, E-mail S.TSG@t-online.de
Größe: 60 ha
frei zugänglich
DB Gera
Gera-Greiz

Regionale Gartenbücher (Auswahl)

Schleswig-Holstein
Herwyn Ehlers, Gärten und Parks in Schleswig-Holstein. Christians-Verlag, Hamburg

Hamburg
Martina Nath-Esser (Hrsg.), Hamburg Grün - Die Gärten und Parks der Stadt. L&H Verlag, Hamburg, 1998

Mecklenburg-Vorpommern
Herwyn Ehlers/Teresa Funke, Gärten und Parks in Mecklenburg Vorpommern. Christians-Verlag, Hamburg, 2000

Weser-Ems
Dr. Eberhard Pühl, Parks und Gärten zwischen Weser und Ems. 2. Auflage. Isensee-Verlag, Oldenburg 1994

Hannover
Swantje Duthweiler/Peter Gauditz, Die Offene Pforte. Gärten in und um Hannover. Eugen Ulmer Verlag, Stuttgart, 2000

Berlin
Sabine Huth/Cordula Rische, Schlösser, Parks und Gärten in Berlin und Brandenburg. FAB Verlag, Berlin, 1996

Ostwestfalen
Thomas Bufe, Gartenreise. Ein Führer durch Gärten und Parks in Ostwestfalen-Lippe. Landwirtschaftsverlag, Münster-Hiltrup, 2000

Ruhrgebiet
Wolfgang Gaida/Helmut Grothe, Kommunalverband Ruhrgebiet (Hrsg.), Vom Kaisergarten zum Revierpark. Ein Streifzug durch historische Gärten und Parks im Ruhrgebiet. Pomp, Bottrop, Essen, 1997

Sachsen
Bernd Wähner, Gärten und Parks in Sachsen. L&H Verlag, Hamburg 1997

Rheinland-Pfalz
Ministerium für Umwelt und Forsten Rheinland-Pfalz, Mainz (Hrsg.), Park- und Gartenanlagen in Rheinland-Pfalz. Juni 2000. Vertrieb über Ministerium für Umwelt und Forsten, Kaiser-Friedrich-Str. 1, 55116 Mainz gegen eine Schutzgebühr von 10 DM

Nordbaden, Pfalz, Südhessen
Heinrich Warwick/Paul Weißer, Parks und Gärten im Rhein-Neckar-Dreieck, K.F. Schimper-Verlag, Schwetzingen, 1996

Die Offene Pforte

oder **Gartentür oder -tor, Quer durch die Beete, in Nachbars Garten** oder **der offene Garten**

Bundesweit
◆ Die offene Pforte. Gesellschaft der Staudenfreunde.
Ca. 150 Gärten
Verzeichnis: 6 DM; Bezug: Ilse Köcher, Rotdornweg 17, 21255 Tostedt

◆ Bett und Brot für Blumenfreunde
Zirka 25 Gärten
Liste: Verzeichnis 3 DM gegen frankierten Rückumschlag (3 DM) über:
Bett und Brot für Blumenfreunde
c/o Gesellschaft für Umwelt und angepaßte Technologie e.V.; Charles-Ross-Weg 24, 24601 Ruhwinkel

Bielefeld/Herford
◆ Das offene Gartentor
Ca. 40 Gärten
Prospekt: gegen frankierten Rückumschlag über DGGL-Westfalen,
Jan Höft, Eimterstraße 85, 32049 Herford, Tel. 0 52 21/2 48 99

Bodensee
◆ Die Garten Kult-Tour Gärten am Untersee
8 Gärten
Information: Tourismus-Information, Im Bahnhof, 78315 Radolfzell am Bodensee, Tel. 0 77 32/8 15 00, Fax 0 77 32/8 15 10
Internet: www.radolfzell.de

Coesfeld
◆ Offene Gärten
Schwerpunkt Naturnahe Gärten
17 Gärten
Broschüre gegen mit 3 DM frankierten DIN-A5-Rückumschlag über Naturschutzbund Deutschland, Kreisgruppe Coesfeld e.V., Winfried Rusch, Lindenstraße 6, 48727 Billerbeck

Ems-Dollart
◆ In Nachbars Garten
Seit 1994 auf deutscher Seite, ca. 50 Gärten in Deutschland, ca. 115 in den Niederlanden
Broschüre gegen 10-DM-Schein im mit 3 DM frankierten DIN-A5-Rückumschlag über Wolfgang und Hille Haucke, Grafestraße 29, 26180 Rastede
(ab 2002 evtl. höherer Preis)

Frankfurt/Main
◆ Tage der offenen Gartentür
Ca. 5 Gärten
Information: gegen frankierten Rückumschlag über Sylvia V. Rumscheidt, Eschersheimer Landstraße 410, 60433 Frankfurt/M

Hannover
◆ Die offene Pforte
Ca. 75 Gärten
Liste: gegen frankierten Rückumschlag über Grünflächenamt Hannover, Langensalzastr. 17, 30169 Hannover, Tel. 05 11/16 84 38 01, Fax 05 11/16 84 29 14

Hamburg/Schleswig-Holstein
◆ Die offene Pforte
Ca. 20 Gärten
Liste: gegen frankierten Rückumschlag über Ursula Wegener, Quellental 12, 22609 Hamburg
Tel. 0 40/82 49 79, Fax 0 40/82 49 50

Leiferde bei Gifhorn
◆ Tag der offenen Gartentür
Alle zwei Jahre
Information gegen frankierten Rückumschlag über Hannelore und Georg Thiem, Breslauer Ring 10, 38542 Leiferde

Mittelfranken
◆ Tag der offenen Gartentüre
Ca. 35 Gärten
Liste: gegen frankierten Rückumschlag über Regierung von Mittelfranken, Sachgebiet Gartenbau, Postfach 606, 91511 Ansbach, Tel. 09 81 53/6 46
Email: Brigitte.Geisss@reg-mfr.bayern.de
Internet: www.lv-gartenbauvereine.bayern.de

Nienburg/Weser
◆ Quer durch die Beete
Seit 1996, ca. 15 Gärten
Liste gegen frankierten Rückumschlag über Anne Pagels, Kleine Rolle 8, 31582 Nienburg/Weser oder Sabine Cordts, Am Riedekamp 24, 31582 Nienburg/Weser

Oberbayern
◆ Tag der offenen Gartentür
Ca. 110 Gärten
Liste: gegen frankierten Rückumschlag über Regierung von Oberbayern, Sachgebiet Gartenbau, 80534 München, Tel. 0 89/21 76 37 88
Internet: www.lv-gartenbauvereine.bayern.de
www.regierung.oberbayern.bayern.de

Ortenaukreis (Mittlerer Schwarzwald)
◆ Die offene Gartentür
Ca. 15 Gärten
Liste: gegen frankierten Rückumschlag über Landratsamt Ortenaukreis, Beratungsstelle für Obst- und Gartenbau, Julius-Allgeyer-Straße 1, 77716 Haslach
Tel./Fax 0 78 32/24 25

Osnabrück
◆ Das offene Gartentor
Ca. 50 Gärten
Liste gegen frankierten Rückumschlag über Rüdiger Weddige, Stollenweg 22b, 49134 Wallenhorst
Tel. 05 41/68 42 38

Schwaben/Bayern
◆ Offene Gartentür
Ca. 25 Gärten
Liste: gegen frankierten Rückumschlag über Gerhard Sandtner, Bürgermeister-Grimminger-Straße 14, 89420 Höchstädt
E-Mail: Gerhard.Sandtner@t-online.de
Internet: www.offene-gaerten.de und www.staudengaissmayer.de

Südpfalz
◆ Die offene Gartenpforte
Ca. 15 Gärten
Liste: gegen frankierten Rückumschlag über Dipl.-Ing. G. Westermann, Schießmauer 7, 76872 Minfeld

Unterfranken
◆ Tag der offenen Gartentür
Ca. 60 Gärten
Liste: gegen frankierten Rückumschlag über Regierung von Unterfranken, Sachgebiet Gartenbau, Peterplatz 9, 97070 Würzburg
Internet: www.lv-gartenbauvereine.bayern.de
www.regierung.unterfranken.bayern.de

Weser-Ems
◆ Das offene Tor
Zirka 20 Bauerngärten
Prospekt: gegen frankierten Rückumschlag über Landwirtschaftsamt, Am Röttgen 60, 26655 Westerstede
Tel. 04 41/80 18 05, Fax 04 41/80 18 19

DGGL

Deutsche Gesellschaft
für Gartenkunst und Landschaftskultur e.V.

Die DGGL stellt sich vor

Die Deutsche Gesellschaft für Gartenkunst und Landschaftskultur e.V. ist ein gemeinnütziger Verein, aktiv in allen Bundesländern und einer Bundesgeschäftsstelle in Berlin. Die DGGL ist ein berufs- und parteipolitisch neutraler Bundesverband.
Die DGGL wurde 1887 in Dresden gegründet: Garten- und Landschaftsplaner traten für die Erhaltung der gartenkünstlerischen und landschaftskulturellen Werte ein.
Für diese traditionellen Werte setzt sich die DGGL nach wie vor ein, um nachhaltig die Qualität unserer Landschaften, Parks und Gärten zu gewährleisten. Die DGGL will erreichen, daß verstärkt ästhetische, ökologische und landschaftsplanerische Argumente die Politik beeinflussen. Die DGGL fordert Bürger und Politiker zum Handeln auf.

Ziele der DGGL

Die DGGL setzt sich für grün- und umweltpolitische Ziele in unserer Gesellschaft ein:
- Erhalt und Förderung der Landschaftskultur und des Landschaftsbildes,
- Sicherung und Entwicklung von Natur und Landschaft in ihrer Eigenart, Vielfalt und Leistungsfähigkeit,
- Erhaltung und Schaffung von künstlerisch gestalteten Freiräumen in Stadt und Land, insbesondere Gärten und Parks,
- Förderung von Wissenschaft, Forschung und Lehre, Ausbildung in Schulen und Hochschulen.
- Für die Weiterführung dieser Ziele sucht die DGGL verantwortungsbewußte Mitstreiter.

Aktivitäten der DGGL

Veranstaltungen
Die DGGL ist ein Forum für Informationsaustausch, Diskussion und Fortbildung. Im gesamten Bundesgebiet finden Veranstaltungen der Landesverbände und Arbeitskreise statt: Vorträge und Diskussionen, Seminare und Kongresse, Exkursionen und Studienreisen.

Stellungnahmen
Die DGGL mischt sich ein in das politische und planerische Geschehen vor Ort und verfaßt Stellungnahmen zu aktuellen Fragen, Bauvorhaben oder Gesetzen.

Veröffentlichungen
In loser Folge werden Publikationen der Arbeitskreise, zu den Fachkongressen oder Dokumentationen der Wettbewerbe veröffentlicht.
Monatlich erscheint die Zeitschrift „Garten + Landschaft" im Callwey-Verlag, München, herausgegeben von der DGGL.
Der „Reiseführer zu privaten und öffentlichen Gärten und Parks in Deutschland" erscheint jährlich.

Arbeitskreise

Historische Gärten
Der Arbeitskreis führt Seminare und Fachexkursionen durch und trägt zur Erforschung und Sicherung historischer Gärten und Parkanlagen bei.

Spiel(T)raum
Die Mitglieder des Arbeitskreises entwickeln planerische und pädagogische Konzepte zum Spielen für jung und alt und stellen die Ergebnisse in Vorträgen und Workshops vor.

Junge Landschaftsarchitekten
Mit diesem Arbeitskreis fördert die DGGL den Erfahrungsaustausch der Studenten und Berufsanfänger und eröffnet ihnen eine Weiterqualifizierung durch Wettbewerbsausschreibungen und Workshops.

Landschaftskultur
Mit diesem Arbeitskreis werden Wege zur Erhaltung der Kulturlandschaft vor allem in Deutschland erarbeitet und im Rahmen von Seminaren und Vorträgen diskutiert.

Finanzen

Die DGGL hat einen Fonds zur Förderung des Berufsnachwuchses eingerichtet. Abschlußarbeiten und Projekte können finanziell gefördert werden, junge Landschaftsarchitekten haben die Möglichkeit, alle zwei Jahre am DGGL-Förderwettbewerb „Ulrich Wolf" teilzunehmen.
Die DGGL erhebt einen Jahresbeitrag; auf Antrag erhalten Studenten, Erwerbslose und Familien Beitragsermäßigungen.
Die DGGL bietet auch Förder- oder Firmenmitgliedschaften sowie Patenschaften für einzelne Projekte.

Mitglieder

Die DGGL steht allen offen, die sich von ihren Zielen und Aktivitäten angesprochen fühlen und sich engagieren wollen.
Die DGGL freut sich auf Ihre Teilnahme oder Ihre finanzielle Unterstützung. Spenden und Beiträge sind steuerlich absetzbar: DGGL e.V., Berliner Sparkasse, Konto 113 000 5280, BLZ 100 500 00

Informationen und Programme

Bundesgeschäftsstelle
Wartburgstraße 42
10823 Berlin
Telefon 0 30/7 88 11 25
Fax 0 30/7 87 43 37
HYPERLINK mailto:DGGL-BUND@t-online.de
DGGL-BUND@t-online.de
www.DGGL.LANET.de

Index

Botanische Gärten

Rosengärten

Privatgärten

Kurparks

Orte